WIRESHARK® 을 이용한
네트워크 분석

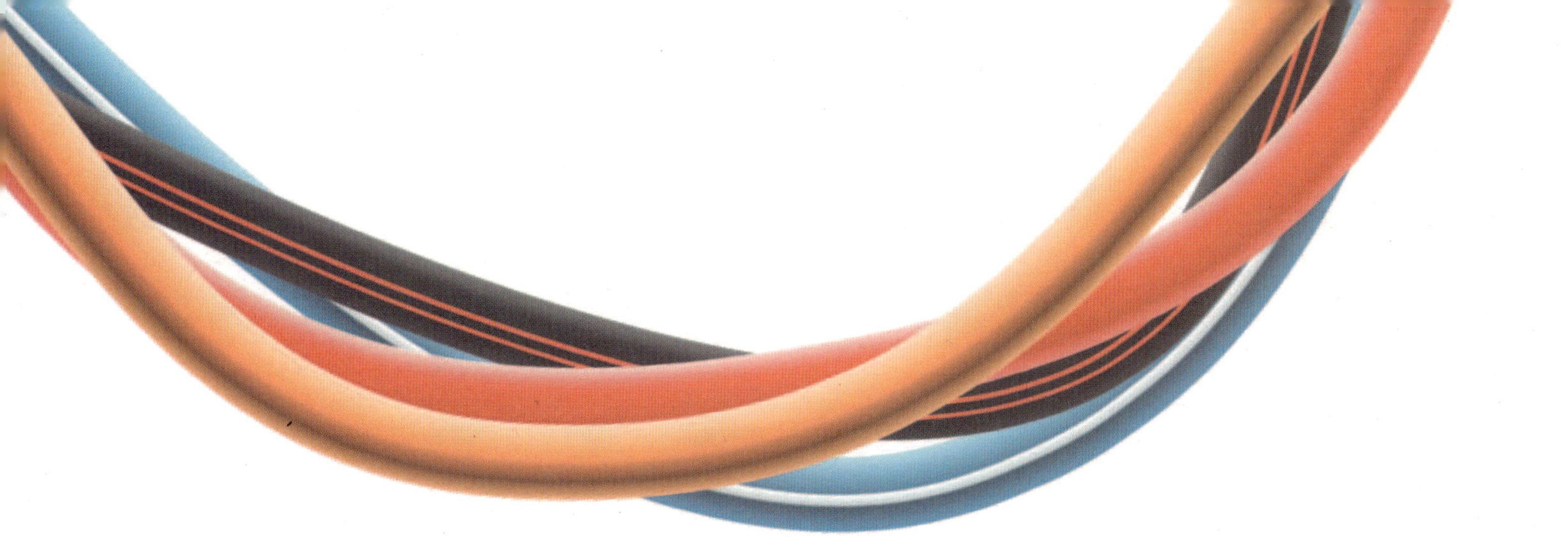

WIRESHARK® 을 이용한 네트워크 분석

WireShark : Network Analysis

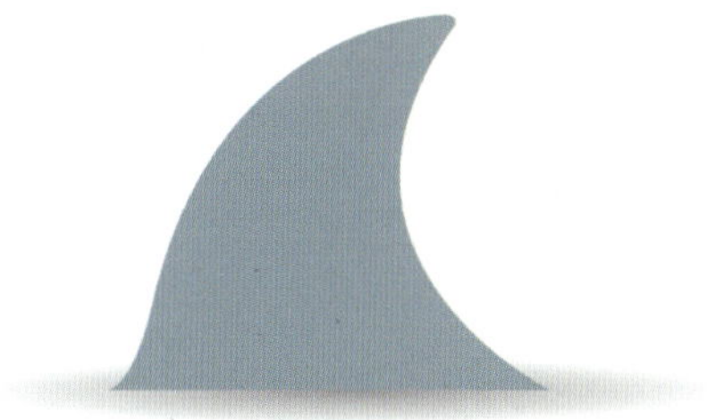

이재광 지음

Mc Graw Hill Education

WireShark: Network Analysis

1 2 3 4 5 6 7 8 9 0 MHE-KOREA 20 15

Korean ISBN 979-11-321-0083-6 93560

Printed in Korea

WireShark®을 이용한 **네트워크 분석**

발 행 일 / 2015년 7월 30일 초판발행
저 자 / 이재광
발 행 인 / 신디존스(CINDY JONES)
발 행 처 / 맥그로힐에듀케이션코리아 유한회사
주 소 / 서울시 마포구 동교로 18길 38, 2-3층
(서교동, 지우빌딩)
전 화 / (02)325-2351
등록번호 / 제 2013-000122호(2012.12.28.)

I S B N 979-11-321-0083-6

판 매 처 / 홍릉과학출판사
문 의 / 02)999-2274
가 격 / 35,000원

머리말

인터넷은 지난 수 십 년 동안 우리의 삶에 엄청난 변화를 가져왔다. 최근에 우리는 거의 매일 인터넷을 사용하여 많은 일 들을 처리하고 있다. 하지만 우리가 이용하고 있는 웹서핑, 검색, 파일전송, 이메일, 메신저 등을 실제로 인터넷에서 어떠한 형태로 전달되는지 확인해 본 적이 있는가? 대부분의 많은 학생들이 학교에서 인터넷, TCP/IP, 컴퓨터 네트워크 등에 대해 배우고 있지만, TCP/IP 프로토콜을 통하여 주고받는 내용들을 실제로 확인하면서 프로토콜을 보다 분명하게 이해하는 과정을 접해본 학생들은 많지 않을 것이다. 뿐만 아니라 대부분의 대학에서 진행되고 있는 강의가 이론 중심으로 이루어지고 있어 실제 프로토콜에 따라 진행되는 내용이 어떻게 이루어지는지 궁금한 생각을 가지고 있는 학생들이 많을 것이라 생각한다. TCP/IP 프로토콜을 보다 분명하게 이해한다면 네트워크에서 일어날 수 있는 트러블슈팅을 해결하거나 보안 침해 사고 발생 시에도 직절하게 대처힐 수 있는 전문가가 될 수 있을 것이다.

최근 와이어샤크는 섹툴즈(sectools.org)의 TOP 125 네트워크 보안 툴에서 당당히 1위를 차지하고 있는 아주 유명한 네트워크 분석 툴이다. 네트워크 분석은 모든 IT 엔지니어들이 갖추어야 할 핵심 기술이며, 이것을 이용하여 유/무선 트래픽을 실제로 캡처하여 네트워크를 효과적으로 분석할 수 있다.

이 책은 IT 전문가가 되고자 하는 학생들이 트러블슈팅, 보안 및 네트워크 최적화를 위해 사용되는 필수 도구인 와이어샤크에 대해 설명한 책으로 이 책에서 설명한 내용을 차근차근 따라하다 보면 TCP/IP 프로토콜을 정확하게 이해할 뿐만 아니라 각종 문제점을 잘 해결할 수 있는 전문가가 될 수 있을 것으로 생각한다. 와이어샤크 홈페이지에 접속해서 프로그램을 다운로드하고, 설치하는 방법에서부터 와이어샤크가 가지고 있는 다양한 기능들을 익힌 다음, 패킷 캡처링을 시작해서 여러 가지 프로토콜을 하나하나씩 이해해 나아가면 유능한 IT 전문가로서 성장할 수 있을 것이다.

이 책은 Wireshark 1.12.3을 기반으로 작성되었다. 현재 7월 초에 1.12.6 버전이 발표되었다. 버전업은 되었지만 익히는 데는 큰 차이가 없기에 1.12.3 버전을 중심으로 작성되었다. 버전업에 대한 자세한 내용은 추후 개정판에서 자세하게 다룰 예정이다. 이 책이 많은 독자들에게 큰 도움이 될 수 있기를 기대해 본다.

끝으로 이 책이 출간 되어 나오는데 많은 도움을 준 한남대학교 컴퓨터공학과 컴퓨터네트워크실험실 대학원생들에게 진심으로 감사의 마음을 드리며, 이 책을 발간함에 있어서 출판에 힘써 주신 맥그로힐코리아와 담당 직원분들께도 감사를 드린다. 책의 내용 중에 잘못된 부분이 있는 경우에는 좀 더 좋은 책을 만들 수 있도록 저자의 메일 주소로 보내주시기를 기대한다.

2015년 7월 25일

한남대학교 공과대학 컴퓨터공학과 이재광교수
jklee@hnu.kr

차례 요약

CHAPTER 01 개요

CHAPTER 02 OSI 모델과 TCP/IP 프로토콜

CHAPTER 03 와이어샤크 개요

CHAPTER 04 와이어샤크 설치와 실행

CHAPTER 05 패킷 캡처하기

CHAPTER 06 패킷 헤더 확인과 덤프 분석

CHAPTER 07 근거리 통신망: 유선 이더넷

CHAPTER 08 ARP

CHAPTER 09 IP

CHAPTER 10 ICMP

CHAPTER 11 UDP

CHAPTER 12 TCP

CHAPTER 13 DNS

CHAPTER 14 HTTP

CHAPTER 15 GeoIP 기능을 이용하여 세계 지도에 IP 주소 표시하기

부록 01 커맨드라인 도구 활용

부록 02 ASCII 문자 코드표

부록 03 Internet Explorer 캐시 삭제 방법

차례

머리말 • v

CHAPTER 01
개요

1.1 인터넷의 역사 • 2
1.2 프로토콜과 표준 • 10
1.3 표준화 기구 • 12
1.4 인터넷 표준 • 17
1.5 인터넷 관리 • 19
연습문제 • 22

CHAPTER 02
OSI 모델과 TCP/IP 프로토콜

2.1 OSI 모델 • 24
2.2 TCP/IP 프로토콜 • 35
2.3 주소지정 • 38
연습문제 • 49

CHAPTER 03
와이어샤크 개요

3.1 패킷 분석기 • 52
3.2 와이어샤크 개요 • 54
3.3 와이어샤크에서 패킷을 캡처/처리하는 방법 • 57
3.4 와이어샤크 정보 • 61
연습문제 • 66

CHAPTER 04

와이어샤크 설치와 실행

4.1 와이어샤크 설치와 시작 • 68
4.1.1 와이어샤크 다운로드 • 68
4.1.2 와이어샤크 설치 • 70
4.1.3 설치 확인과 실행 • 78
4.1.4 와이어샤크 커맨드라인 도구 • 80
4.2 와이어샤크 사용자 인터페이스 • 81
4.2.1 와이어샤크 화면 구성 • 81
4.2.2 와이어샤크 화면의 세부 구성 • 85
4.2.3 메뉴 바 • 93
4.2.4 툴바 • 116
4.3 와이어샤크의 단축 키 • 120
4.3.1 기본 단축 키 • 120
4.3.2 실행 단축 • 122
연습문제 • 126

CHAPTER 05

패킷 캡처하기

5.1 와이어샤크를 이용한 패킷 캡처 시작 • 128
5.1.1 패킷 캡처를 위한 준비 • 128
5.1.2 패킷 캡처를 시작하는 방법 • 129
5.1.3 홈페이지 접속 패킷 캡처하기 • 138
5.1.4 캡처 파일 저장 • 145
5.1.5 캡처 파일 출력 • 147
5.2 와이어샤크 캡처 처리 • 150
5.2.1 캡처 필터 • 150
5.2.2 디스플레이 필터 • 154
5.2.3 디스플레이 필터 서식 • 156
5.2.4 디스플레이 필터 정의 • 160
5.2.5 미리 정의된 디스플레이 필터 적용 • 165
5.2.6 패킷 검색 • 169
5.2.7 원하는 패킷으로 바로 이동 • 172

5.2.8 패킷 마크 • 174
5.2.9 패킷의 Time 열 디스플레이 • 177
5.2.10 TCP Stream 디스플레이 • 181
5.2.11 패킷 이름 변환 • 184
5.2.12 패킷의 Flow Graph 디스플레이 • 188
5.3 와이어샤크 파일 처리 • 190
5.3.1 캡처 파일을 여는 법 • 190
5.3.2 캡처 파일 저장 • 192
5.3.3 캡처 파일 결합 • 193
5.3.4 캡처 파일 일괄 처리 • 194
5.3.5 캡처 파일 출력 • 195
5.3.6 캡처 파일 인쇄 • 198
연습문제 • 201

CHAPTER 06 **패킷 헤더 확인과 덤프 분석**

6.1 개요 • 204
6.1.1 홈페이지 패킷 캡처 • 204
6.1.2 헤더 확인 • 209
6.1.3 프레임, 패킷, 세그먼트 구분 • 209
6.1.4 Ethernet II 헤더 • 210
6.1.5 IP 헤더 • 214
6.1.6 TCP 헤더 • 217
6.1.7 HTTP 헤더 • 220
6.2 덤프 분석 • 223
연습문제 • 229

CHAPTER 07 **근거리 통신망: 유선 이더넷**

7.1 Ethernet II 프레임 형식 • 234
7.2 Ethernet II 덤프 분석 • 236
연습문제 • 241

CHAPTER 08

ARP

8.1 ARP 프로토콜 • 245
8.2 ARP 덤프 분석 • 250
연습문제 • 256

CHAPTER 09

IP

9.1 데이터그램 • 260
9.2 단편화 • 268
9.3 옵션 • 272
9.4 검사합 • 279
9.5 IP 덤프 분석 • 282
연습문제 • 290

CHAPTER 10

ICMP

10.1 메시지 유형 • 295
10.2 메시지 형식 • 296
10.3 오류 보고 • 296
10.4 조회 • 303
10.5 ping 명령어를 이용한 ICMP 덤프 분석 • 308
10.5.1 패킷 캡처 개시와 ping 명령어 실행 • 308
10.5.2 패킷 캡처 정지와 내용 확인 • 311
10.5.3 ICMP 덤프 분석 • 314
연습문제 • 318

CHAPTER 11

UDP

11.1 프로세스–대–프로세스 통신 • 327
11.2 사용자 데이터그램 • 331
11.3 UDP 동작 • 332
11.4 UDP 사용 • 335
11.5 UDP 덤프 분석 • 336
연습문제 • 339

CHAPTER 12

TCP

12.1 프로세스 간 통신 • 343
12.2 TCP 서비스 • 345
12.3 바이트 번호화 • 348
12.4 흐름 제어 • 349
12.5 어리석은 윈도우 신드롬 • 353
12.6 오류 제어 • 356
12.7 TCP 타이머 • 359
12.8 혼잡 제어 • 363
12.9 세그먼트 • 366
12.10 옵션 • 368
12.11 연결 • 371
12.12 상태 천이 다이어그램 • 375
12.13 TCP 동작 • 380
12.14 TCP 덤프 분석 • 383
연습문제 • 391

CHAPTER 13

DNS

13.1 이름 공간 • 396
13.2 도메인 이름 공간 • 397
13.3 이름 공간의 분산 • 400
13.4 인터넷 내에서의 DNS • 402
13.5 해석 • 406
13.6 DNS 메시지 • 409
13.7 레코드의 종류 • 412
13.8 DDNS • 414
13.9 캡슐화 • 415
13.10 DNS 덤프 분석 • 415
연습문제 • 422

CHAPTER 14

HTTP (Hypertext Transfer Protocol)

14.1 HTTP 트랜잭션 • 430
14.2 요청 메시지 • 431
14.3 응답 메시지 • 434
14.4 헤더 • 437
14.5 HTTP 덤프 분석 • 440
연습문제 • 445

CHAPTER 15

GeoIP 기능을 이용하여 세계 지도에 IP 주소 표시하기

연습문제 • 468

부록 01
커맨드라인 도구 활용
부록 • 469

부록 02
ASCII 문자 코드표
부록 • 483

부록 03
Internet Explorer 캐시 삭제 방법
부록 • 485

참고문헌 • 491

찾아보기 • 493

CHAPTER 01
개요

1.1 인터넷의 역사
1.2 프로토콜과 표준
1.3 표준화 기구
1.4 인터넷 표준
1.5 인터넷 관리

오늘날 인터넷(Internet)은 우리의 일상생활에 엄청난 변화를 가져왔다. 휴가를 위한 여행 정보를 얻는 방법에서부터 사업에 이르기까지 거의 모든 분야에 영향을 주었다. 최근에 인터넷을 사용하는 방법을 살펴보면 개인적으로나 사업적으로 전자우편을 보내고, 각종 증명서를 발급받고, 공공요금을 지불하고, 전 세계의 신문을 읽을 수 있고, 사고 싶은 물건을 구매하고, 지역의 영화나 연극 또는 호텔, 기차, 비행기 표를 예약할 수 있는 것은 모두 인터넷을 사용할 수 있기 때문에 가능하게 된 것이다.

인터넷은 구조적이고 조직화 되어있는 시스템이다. 인터넷의 동작과정과 TCP/IP에 대한 관계를 이해하기 위해 먼저 간단하게 인터넷에 대한 역사를 설명한다. 물론 우리나라에서 진행되었던 인터넷과 관련된 초고속통신망의 발전과정도 살펴본다. 그런 다음 각 프로토콜의 개념과 표준, 그리고 서로에 대한 관계에 대해 설명한다. 인터넷 표준 개발에 포함된 여러 기관들을 설명한다. 이 표준은 어떤 특정 기관에 의해서가 아니라, 많은 사용자들이 의견 교환을 통하여 개발되어지고 있다. 표준이 만들어지고 발전해 가는 메커니즘에 대해서도 살펴보도록 한다. 또한 이 장에서는 인터넷을 관리하는 그룹과 간단한 역사에 대해서도 살펴보도록 한다.

1.1 인터넷의 역사

네트워크(network, 또는 망)는 컴퓨터나 교환기, 라우터 등과 같은 통신 장치들을 서로 연결한 그룹이다. 인터넷(internet－소문자 i)은 서로 통신할 수 있는 둘 또는 그 이상의 네트워크이다. 인터넷(Internet－대문자 I)이라고 부르는 가장 대표적인 인터넷(소문자 i)은 수 백 만개 이상의 네트워크가 상호 연결된 네트워크이다. 100개 이상의 국가에서 정부 기관, 학교, 연구 기관, 회사와 도서관 등과 같은 기관 뿐만 아니라 일반 개인들도 인터넷을 사용하고 있다. 이 중의 대부분은 일반 사용자이다. 이렇게 엄청난 규모의 통신 시스템은 1960년대 후반부터 시작되었다.

ARPANET

1960년대 중반에 연구기관의 대형 컴퓨터들은 대부분 독립실행형(stand-alone) 장비였으며, 제조업자가 서로 다른 컴퓨터와는 통신을 할 수 없었다. 미 국방성(DOD; Department of Defense)의 고등연구계획국(ARPA; Advanced Research Project Agency)에서 연구원들이 비용도 줄이고, 중복 연구가 이루어지지 않도록 연구 내용을 공유하기 위하여 컴퓨터를 서로 연결하는 방법을 연구하기 시작하였다.

1967년 ACM(Association for Computing Machinery) 모임에서 ARPA는 컴퓨터를 연결한 소규모 네트워크인 ARPANET에 대한 아이디어를 제안하였다. 이 아이디어는 각 호스트 컴퓨터(같은 제조업자가 아닌)를 IMP(Interface Message Processor)라는 특정 컴퓨터에 연결하는 것이었다. 그런 다음 IMP들을 서로 연결하였다. 각 IMP는 연결된 호스트뿐만 아니라 다른 IMP와 통신할 수 있는 기능을 가지고 있었다.

1969년에 ARPANET은 IMP를 통하여 4개의 노드인 캘리포니아대학교 로스앤젤로스캠퍼스(UCLA)와 캘리포니아대학교 산타바바라캠퍼스(UCSB), 스탠포드연구소(SRI), 그리고 유타대학교(U of U)에 있는 호스트를 연결하여 네트워크를 구성하였다. 이때에 NCP(Network Control Protocol)라는 소프트웨어가 호스트들 간 통신을 제공하였다.

인터넷의 탄생

1972년에 ARPANET 그룹의 핵심 멤버인 빈 서프(Vint Cerf)와 밥 칸(Bob Kahn)은 네트워크를 상호 연결하는 프로젝트(Internetting Project)를 시작하였다. 이들은 어떤 네트워크에 있는 모든 호스트가 또 다른 네트워크상에 있는 호스트들과 통신하기 위해서 네트워크를 연결하고자 하였는데, 이는 다양한 패킷 크기와 인터페이스, 그리고 다양한 전송 속도뿐만 아니라 서로 다른 신뢰성 요구 등 해결해야 할 많은 문제점들이 있었다. 서프와 칸은 하나의 네트워크로부터 다른 네트워크로 패킷을 전송하는 중계 하드웨어 역할을 하는 게이트웨이(gateway)라는 장비를 고인하였다.

TCP/IP

1973년 서프와 칸은 논문에서 종단-대-종단 패킷 전달을 위한 프로토콜을 제안하였다. 이것은 NCP의 새로운 버전이었다. 이 논문에는 TCP 캡슐화, 게이트웨이 기능, 데이터그램과 같은 개념이 포함되었다. 가장 발전적인 아이디어는 오류 교정 임무를 IMP에서 호스트로 옮기는 것이었다. 이러한 ARPA 인터넷은 ARPANET에 대한 책임이 DCA(Defense Communication Agency)로 넘어간 이후부터 주요 통신 수단이 되었다.

1977년 10월에 3개의 서로 다른 네트워크(ARPANET, 패킷 라디오, 패킷 위성)로 구성된 인터넷이 성공적으로 시연되었다. 이때부터 네트워크 간 통신이 가능하게 되었다. 그리고 관계자들은 TCP를 2개의 프로토콜인 TCP(Transmission Control Protocol)와 IP(Internetworking Protocol)로 나누기로 결정하였다. TCP는 세그먼트, 재조립, 오류 검출 등과 같은 상위 수준의 기능에 대한 책임을 맡고, IP는 데이터그램 라우팅(경로 지정)을 처리하도록 하였다. 이때부터 네트워크 간 연결 프로토콜은 TCP/IP로 알려지게 되었다.

1981년에 방위고등연구계획국(DARPA; Defense Advanced Research Projects Agency) 계약에 따라서 UC 버클리 대학은 TCP/IP를 포함시키기 위해서 유닉스 운영체제를 수정하였다. 많은 사람들이 사용하는 운영체제에 네트워크 소프트웨어를 포함시키자 네트워킹에 대한 인기가 높아지게 되었다. 버클리 유닉스의 개방형 구현(특정 제조업자에 한정되지 않은)은 모든 제조업자에게 기본적인 작업 코드를 제공하였다.

1983년에 관계자들은 원래의 ARPANET 프로토콜을 폐지하고, TCP/IP를 ARPANET에 대한 공식적인 프로토콜로 결정하였다. 따라서 다른 네트워크상에 있는 컴퓨터에 접속하기 위하여 인터넷을 사용하는 사람은 반드시 TCP/IP를 실행시켜야 했다.

MILNET

1983년에 ARPANET은 군사용을 위한 MILNET(Military Network)과 군사용이 아닌 ARPANET이라는 두 개의 네트워크로 나뉘어졌다.

CSNET

인터넷 역사에서 또 하나의 이정표는 1981년에 탄생한 CSNET이다. CSNET(Computer Science Network)은 미국 국립 과학 재단(NSF; National Science Foundation)에 의해서 지원된 네트워크로서 네트워크 통신에 관심이 있지만 DARPA에 동참하지 않아서 ARPANET에 접속할 수 없는 대학들에 의해서 제안되었다. CSNET는 비교적 저렴한 네트워크이어서 여분의 링크가 거의 없고 전송 속도가 느렸다. 이것은 ARPANET과 첫 번째 상업용 패킷 데이터 서비스인 텔넷(telnet)이 연결되었다.

1980년대 중반에 대부분의 전산학과가 있는 미국 대학들은 CSNET에 속해 있었다. 그 밖의 여러 연구소와 회사들도 자체적인 네트워크를 구성하였고, 상호 연결을 위해 TCP/IP를 사용하였다. 인터넷(Internet)이란 용어는 정부 지원으로 연결된 네트워크로 생각하였으나 이제는 TCP/IP 프로토콜을 사용하여 연결된 네트워크를 의미하게 되었다.

NSFNET

CSNET의 성공에 힘입어 1986년 NSF는 NSFNET을 지원하였는 데, 이는 미국에 산재된 5개의 슈퍼컴퓨터를 1.544Mbps 통신 속도를 제공하는 T1 라인으로 연결하는 백본(backbone)으로서 미국 전역에 대한 연결을 제공하였다. 1990년 ARPANET은 공식적으로 없어지고 NSFNET으로 대체되었다. 1995년에 NSFNET는 원래 의도였던 연구용 네트워크로 바뀌었다.

ANSNET

1991년에 미국 정부는 NSFNET가 인터넷 트래픽의 급격한 증가를 지원할 수 없다고 판단하였다. 3개의 회사인 IBM, Merit 그리고 MCI 사는 ANSNET이라는 새로운 고속 인터넷 백본을 구축하기 위해 ANS(Advanced Network and Service)라는 비영리 기관을 구성하여 부족한 부분을 보충하였다.

현재의 인터넷

현재의 인터넷은 단순한 계층 구조가 아니다. 인터넷은 연결 장치와 교환(switching) 지국들로 결합된 수많은 근거리 통신망(LAN)과 광역 통신망(WAN)으로 구성되어 있다. 이러한 인터넷은 새로운 네트워크가 추가되고, 기존의 네트워크들은 더 많은 주소를 요구하고, 없어져 버린 회사의 네트워크는 삭제해야 하는 등 끊임없이 변하기 때문에 정확히 표현하기가 어렵다. 현재 인터넷 연결을 원하는 대부분의 종단 사용자들은 ISP(Internet Service Provider)를 이용한다. ISP에는 국제 서비스 제공자, 국가 서비스 제공자, 지역 서비스 제공자, 로컬 서비스 제공자가 있다. 현재의 인터넷은 정부에 의해서가 아니라 개인 회사들에 의해 운영된다. 그림 1.1은 인터넷의 개념(지리학적 인터넷이 아님)을 보여준다.

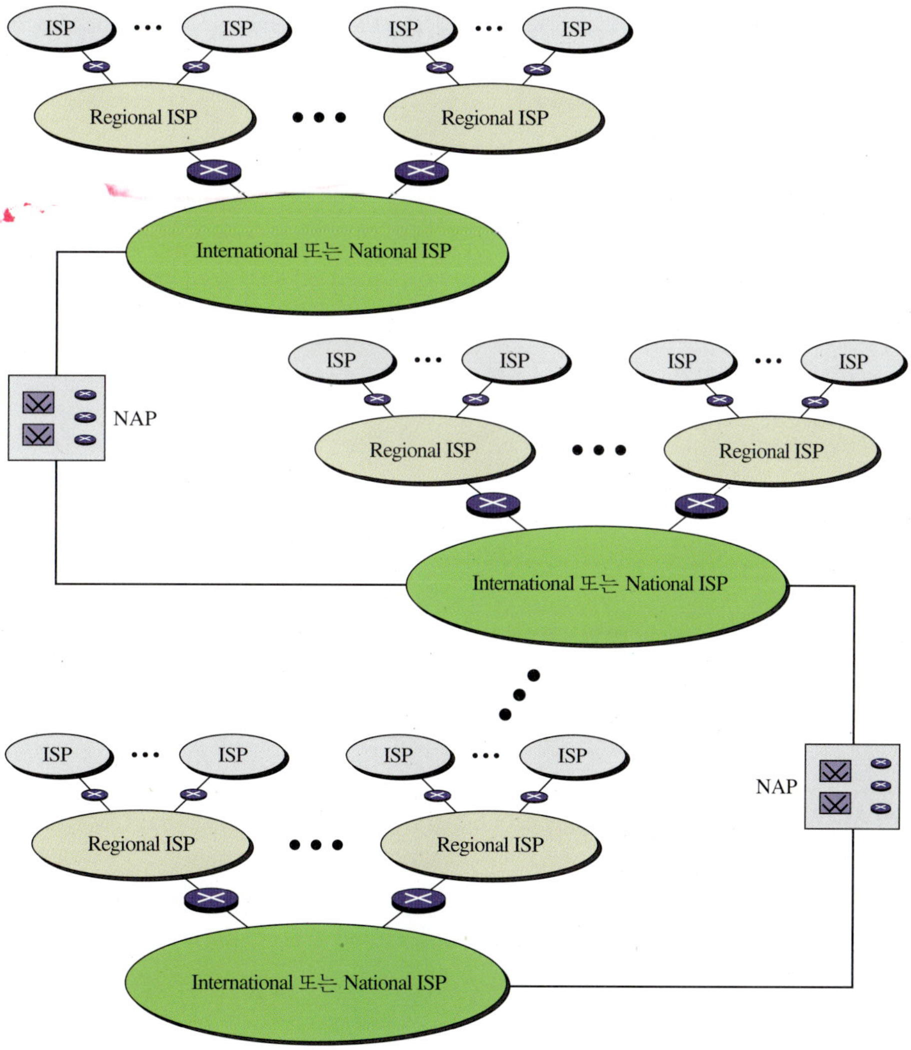

그림 1.1 오늘날의 인터넷

백본 ISP

백본(Backbone) ISP는 전문화된 회사들에 의해 만들어지고 유지되고 있다. 현재 북미에서는 많은 ISP들이 운영 중이다. 북미 ISP 중에서 널리 알려진 것은 SprintLink, PSINet, UUNet Technology, AGIS, internet MCI 등이 있다. 국내에서는 SK브로드밴드, KT, LGU$^+$ 등이 있다. 종단 사용자들 간의 접속을 제공하기 위해서 백본 네트워크는 네트워크 접속점(NAP; Network Access Point)이라는 복잡한 교환기 지국들에 의해 연결된다. 일부 지역 ISP는 대등점(Peering Point)이라는 사설 교환기 지국들에 의해서도 서로 연결된다. 백본 ISP는 보통 10Gbps 이상의 고속 데이터 전송률을 제공한다.

지역 ISP

지역(Regional) 인터넷 서비스 제공자 또는 지역 ISP는 하나 이상의 백본 ISP에 연결된 작은 규모의 ISP들이다. 계층구조의 두 번째 레벨에서 더 낮은 데이터 전송률을 제공한다.

로컬 ISP

로컬(Local) 인터넷 서비스 제공자는 종단 사용자들에게 직접 서비스를 제공한다. 로컬 ISP는 지역 ISP에 연결되거나 직접 백본 ISP에 연결될 수 있다. 대부분의 종단 사용자들은 로컬 ISP에 연결된다. 이 경우, 로컬 ISP는 고객들에게 서비스를 제공하기 위해 네트워크를 가지고 있는 회사들이나 자체적으로 네트워크를 운영하는 대학과 같은 비영리 기관들에게 인터넷 서비스를 제공하는 회사가 될 것이다. 이들 각각은 지역 또는 백본 서비스 제공자에 연결될 수 있다.

월드 와이드 웹

1990년대에 월드 와이드 웹(WWW: World Wide Web)이 나타남으로서 인터넷 응용의 새로운 변화를 가져왔다. 웹은 CERN에 있는 Tim Berners-Lee에 의해 개발되었다. 이 발명은 인터넷에 상업적인 응용이 더해지게 되었다.

인터넷의 성장

인터넷은 엄청나게 빠른 속도로 성장해왔다. 불과 몇 십 년 만에 네트워크의 수는 수십 개에서 수십만 개 이상으로 증가하였다. 현재, 네트워크에 연결된 컴퓨터의 수는 수백 개에서 수억 개로 늘어났다. 인터넷은 여전히 성장하고 있다. 이러한 성장에 영향을 주는 요인은 다음과 같다.

- 새로운 프로토콜(New Protocols). 필요한 새로운 프로토콜은 추가되고 사용 가치가 없어진 것은 삭제되고 있다. 예를 들어, 여러 가지 면에서 IPv4보다 우수한 프로토콜을 표준으로 승인했지만 아직 완전히 구현되지 않고 있다.
- 새로운 기술(New Technology). 네트워크의 용량을 늘리고 인터넷 사용자에게 보다 넓은 대역폭(Bandwidth)을 제공할 수 있는 새로운 기술들이 개발 중이다.
- 멀티미디어 사용 증가(Increasing Use of Multimedia). 데이터를 공유하기 위한 전송 수단으로서 인터넷은 멀티미디어(오디오와 비디오)를 더 많이 사용하게 될 것이다.

국내 인터넷 역사

우리나라 최초의 컴퓨터 네트워크의 개발은 1981년 과학기술부의 컴퓨터 구조 개발의 일환으로 컴퓨터 네트워크에 대한 경험을 쌓고 지리적으로 분산되어 있는 연구기관 간의 자원 공유를 통한 신학협동을 위한 연구 목적으로 SDN(System Development Network) 프로젝트가 시작되었다. SDN은 오픈 시스템을 기반으로 우리나라 인터넷 초창기의 십여 년간 다양한 표준 프로토콜과 실험이 이루어지던 공간이었으며, 우리나라의 엔지니어들이 함께 공유하는 커뮤니티였다. 1982년 5월, 구미에 있던 KIET(ETRI의 전신)와 서울대학교의 컴퓨터공학과에 있던 PDP11 컴퓨터 두 대를 TCP/IP 프로토콜을 이용하여 1,200bps 전용선으로 연결하였는데, 이것이 우리나라 최초의 컴퓨터 네트워크 SDN이다. 1983년 KAIST에 네트워크 운영센터를 설치하고, VAX 11/750 컴퓨터를 SDN 전용허브로 설치하면서 확산이 시작되었다. 1983년에는 연결된 기관이 5개였는 데, 1984년에는 12개, 1985년에는 20개로 늘어나 대학과 국책연구소, 기업연구소 등이 연결되었다. 1985년에는 일반전화망 대신 패킷망인 X.25/X.28/X.29 연동을 통해 미국 CSNET 등 국제망과 연결하였다. 1986년 7월에는 미국 IANA(Internet Assigned Numbers Authority)로부터 SDN을 위한 IP 주소(128.134.0.0)를 확보하였고, .kr이라는 국가 레벨의 도메인(ccTLD)을 등록하여 DNS(Domain Name Service)를 시작하였다. 또한 ac, co, re, go, or이라는 5가지의 2단계 도메인 이름을 확정하여 운영을 시작하였다. 이와 동시에 당시로는 세계 처음으로 미국에 직접 연결할 수 있는 허가를 독일과 함께 확보하였다. 그 후 SDN은 수년간의 노력 끝에 연구망과 교육망을 포함하여 HANA망을 공동 구축하고 1990년 3월 24일 드디어 미국의 하와이 대학에 56kbps 전용선으로 직접 연결하였다. 이로써 하와이 대학을 중심으로 구성된 PACCOM망을 통하여 세계 인터넷에 TCP/IP 프로토콜로 직접 연결했던 것이다. 이때부터 한국의 연구 전산망은 세계 인터넷의 한 일원으로 직접 연동하게 되었으며 선진국과의 연구 협력은 점점 더 활성화 되기 시작하였다.

국가초고속통신망

1995년 정부의 최대 프로젝트 중 하나인 초고속정보통신망 마스터플랜이 기획되었다. 마스터플랜 1단계는 2년 동안 국내의 80개 도시를 서로 연결한 광케이블망을 구축하였으며 ATM

테스트베드 네트워크를 구축하였다. 1998년부터 시행된 2단계에서는 전국에 ATM 망을 구축하였으며, 주요 도시 사이에서 광케이블망을 이용하여 622Mbps의 백본을 구축하였고, 2000년까지 광케이블망을 144개 지역으로 확대하였다. 3단계(2003-2010)는 완성단계로 초고속교환망의 고도화 추진으로 음성, 데이터, 영상 등을 동시에 전송할 수 있는 Gbps 또는 Tbps 용량의 전송망 구축하여 622Mbps 용량의 멀티미디어서비스 제공이 가능한 통신망을 구축하여 공공 응용 서비스의 대부분을 멀티미디어화 하여 서비스 고도화를 이루었다.

현재 국내 인터넷과 관련된 정책기획, 문화진흥, 주소관리, 침해대응, 산업진흥, 해외진출 및 국제협력 등을 담당하고 있는 한국인터넷진흥원(www.kisa.or.kr 참조)에서 제공하는 자료를 요약하면 다음과 같다(http://isis.kisa.or.kr 참조).

■ 인터넷 이용자 수

출처: KISA ISIS 홈페이지

■ 인터넷 이용률

출처: KISA ISIS 홈페이지

■ 한국 도메인 통계

출처: KISA ISIS 홈페이지

■ IP 주소 통계

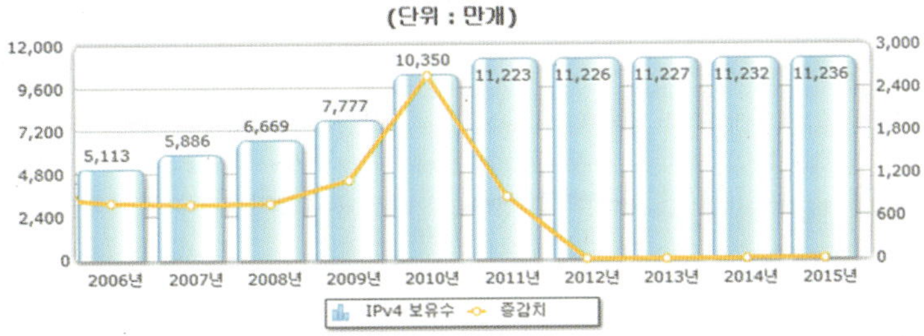

출처: KISA ISIS 홈페이지

■ 국내 인터넷망 연동 현황

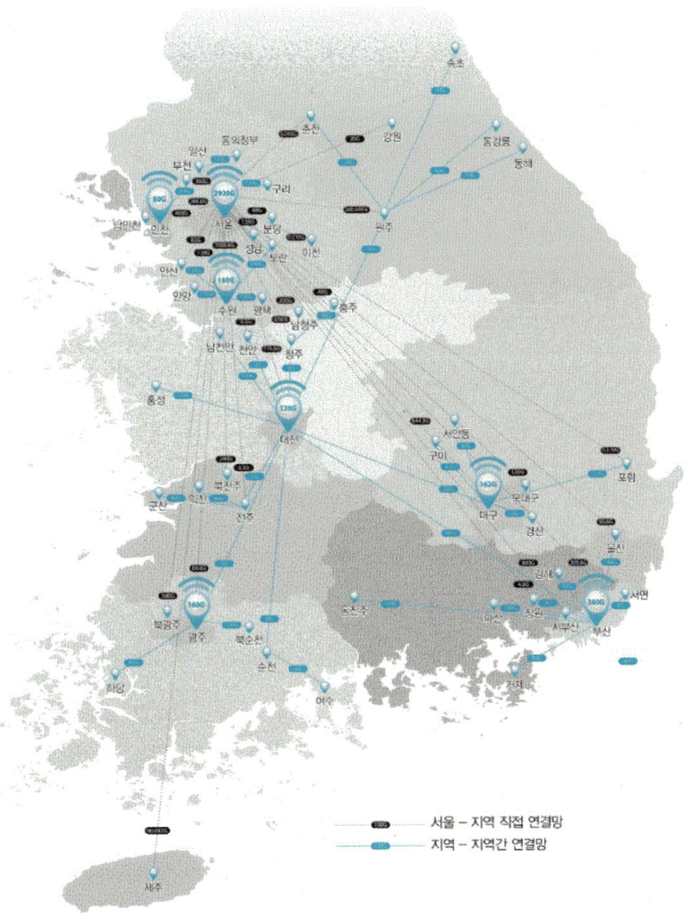

출처: KISA ISIS 홈페이지

■ 해외 인터넷망 연동 현황

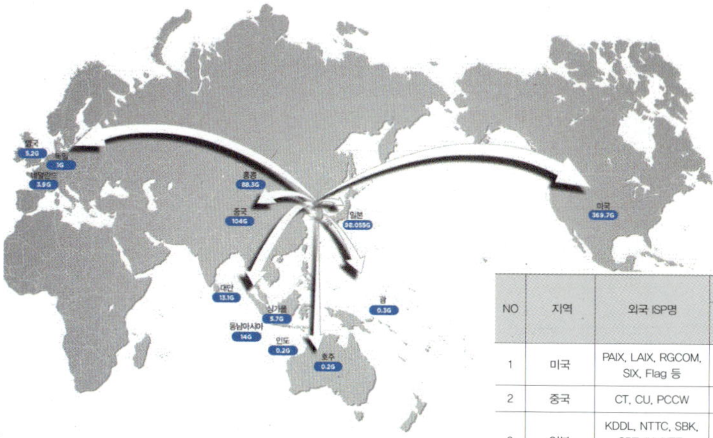

NO	지역	외국 ISP명	bandwidth					Total
			KT	LGU+	SK 브로드밴드	세종 텔레콤	온세 텔레콤	
1	미국	PAIX, LAIX, RGCOM, SIX, Flag 등	140G	120G	105.7G	2G	2G	369.7G
2	중국	CT, CU, PCCW	54.8G	27G	17.2G	3G	2G	104G
3	일본	KDDL, NTTC, SBK, SBT, IU, NTT, SOFTBANK, OTNet	57.2G	18G	26.7G	2G	0.155G	98.059G
4	홍콩	HKIX, PCCW, Reach, HGC	41.9G	36G	10.4G			88.3G
5	동남아시아 (기타)	PACNET, TM, CAT, PLDT, ETPL	2.9G	5G	4.1G	2G		14G
6	대만	CTH, TWG, Hinet, TWG	4.2G	4G	4.9G			13.1G
7	영국	LNX, KORNET	2G		1.2G	2G		5.2G
8	싱가폴	Singtel Startrub	2.8G		2.9G			5.7G
9	네덜란드	AMSIX	1G		2.9G			3.9G
10	독일	DECK	1G					1G
11	괌	MCV	0.3G					0.3G
12	인도	TATA	0.2G					0.2G
13	호주	Telstra	0.2G					0.2G

출처: KISA ISIS 홈페이지

1.2 프로토콜과 표준

이 절에서는 많이 사용되고 있는 프로토콜과 표준에 대해서 살펴본다. 먼저 규칙(rule)을 의미하는 프로토콜(Protocol)을 살펴본 다음 합의된 규칙인 표준(Standards)에 대해서 알아보자.

프로토콜

두 사람 또는 두 장치 간에 이루어지는 통신은 일련의 **프로토콜**(protocol)을 필요로 한다. 프로토콜은 통신을 주도하는 규칙들의 집합이다. 예를 들면 두 사람 간에 얼굴을 대면해서 이루어지는 대화는 두 사람이 어떻게 대화를 시작하고, 어떻게 대화를 계속하고, 어떻게 대화를 끝내는 암묵적인 규칙의 집합이 있다. 이와 유사하게 전화 대화에서 일련의 필요한 규칙의 집합이 있다. 이 규칙에는 어떻게 연결을 만들고(전화번호 다이얼링), 어떻게 호출에 응답하고(수신자가 전화를 들고), 인사는 어떻게 하고, 상대방이 말을 하면 들어줌으로서 통신 흐름을 원활하게 하고, 마지막으로 어떻게 통신을 종료(수화기를 놓고)하는 등이 있다.

컴퓨터 네트워크에서 통신은 서로 다른 시스템에 있는 개체들 간에 이루어진다. 개체(entity)는 정보를 보내고 받는데 필요한 모든 일을 담당한다. 그렇지만 두 개체가 서로 단순하게 비트 스트림을 보낸다고 해서 서로 내용을 바로 이해할 수 있는 것은 아니다. 통신을 하기 위해서는 반드시 개체들이 프로토콜에 합의해야 한다. 프로토콜은 데이터 통신을 위한 규칙의 집합이다. 프로토콜로 무엇을, 어떻게, 그리고 언제 통신할 것인가를 규정한다. 프로토콜의 주요 요소는 구문과 의미 그리고 타이밍이다.

- 구문(Syntax). 구문은 데이터의 구조나 형식을 가리키며, 데이터가 표현되는 순서를 의미한다. 예를 들면 간단한 프로토콜에서 데이터의 처음 8비트는 송신자의 주소를 의미하고, 두 번째 8비트는 수신자의 주소를 의미하며, 나머지는 메시지를 의미한다. 데이터 순서는 또 이를 저장하거나 전송할 때 비트 순서로 적용된다. 서로 다른 컴퓨터는 서로 다른 비트 순서로 데이터를 저장할 수 있다. 이 컴퓨터들이 통신할 때 차이점을 해결하는 것이 필요하다.
- 의미(Semantics). 의미는 비트들의 영역별 의미를 나타낸다. 즉 특정 패턴을 어떻게 해석하고, 그를 기반으로 어떤 동작을 할 것인가를 결정하게 된다. 예를 들면 주소는 메시지 최종 목적지나 선택되어지는 경로를 구분하게 된다.
- 타이밍(Timing). 타이밍은 두 가지 특징을 갖는 데, 언제 데이터를 전송하고 얼마나 빠른 속도로 전송할 것인가를 나타낸다. 예를 들어 송신자가 100Mbps로 데이터를 보내는데, 수신자가 1Mbps로 처리하게 되면 감당할 수 없을 정도로 많은 데이터가 전송되어 대부분의 데이터는 잃어버리게 될 것이다.

표준

국제표준화기구인 ISO에서는 표준(standard)이란 '사회 이익 증진을 목적으로 과학기술 및 경험의 종합적인 결론이나 이해 관계자의 협력과 모든 의견, 대다수의 승인에 의해서 작성된 기술 규격서(technical specification) 또는 그 외의 문서로서 국가, 지역 또는 국제 레벨에서 인정된 단체에 의해서 승인된 것이다'라고 정의하고 있다. 오늘날과 같이 개방적이고 경쟁적인 시장과 국제 통신에 있어서 제조업자, 판매업자, 정부기관, 그 밖의 서비스 제공자에게 상호 연동성을 보장하는 것은 매우 중요한 일이다. 따라서, 이러한 표준에 준해서 만들어진 제품들은 비록 서로 제조업체가 다를 지라도 다른 부가적인 장비없이 서로 통신이 가능할 뿐만 아니라 제품에 대해 자유 경쟁 시장을 형성함으로써 생산성 향상에도 영향을 끼칠 것이다. 또한 정확하고 효율적인 통신을 위해서는 여러 가지 동기화해야 할 요인이 많기 때문에 네트워크의 노드 간에 여러 가지 조정이 필요하다. 따라서, 정보통신에는 다양한 표준이 존재하며, 이러한 표준은 국내 및 국제간 데이터 및 전기통신 기술의 상호 연동성을 보장하기 위해서 필수적이다.

정보통신 표준은 **사실 표준**(De facto Standard; "사실에 의해서" 또는 "협의회에 의해서" 라는 의미) 표준과 **법률 표준**(De jure Standard; "법률에 의해" 또는 "법규기관에 의해"라는 의미) 표준으로 구분된다. 법률 표준은 공식적인 권위를 인정받은 단체 혹은 기관에서 제정된 표준이다. 사실 표준은 권위를 인정받은 단체 혹은 기관에 의해서 승인되지는 않았지만 일반에 널리 사용되는 표준이다. 사실 표준은 신제품이나 신기술의 기능을 규정하는 제조업체에 의해 만들어진다. 사실 표준은 다시 두 가지 종류로 나눌 수 있는데, 이는 **특허**(proprietary) **표준**과 **비특허**(non-proprietary) **표준**이다. 특허 표준은 원래 자기 제품의 기본 원리를 영리 기관이 창안한 것이다. 창안한 회사가 독점적으로 권리를 소유하고 있기 때문에 특허 표준이라고 한다. 이러한 표준을 **폐쇄**(closed) **표준**이라고도 하는데, 이는 다른 회사의 제품과 호환이 되지 않기 때문이다. 비특허 표준은 원래 집단이나 위원회에서 개발하여 공개 영역(public domain)에 공개한 표준으로, 서로 다른 시스템과의 통신을 개방하므로 **개방**(open) **표준**이라고도 한다. 다음 절에서 정보통신과 관련된 권위 있는 표준화 기구와 단체를 살펴본다.

1.3 표준화 기구

국내외적으로 표준을 제정하는 기관과 표준안을 살펴보면 다음과 같다.

- 국제 표준화 기구(ISO; International Standards Organization)
- 국제 전기 통신 연합(CCITT의 후신, ITU-T; International Telecommunication Union)
- 미국 국립 표준 기구(ANSI; American National Standards Institute)
- 전기 전자 공학자 협회(IEEE; Institute of Electrical and Electronics Engineers)
- 전자 산업 협회(EIA; Electronic Industries Association)
- 미국 국립표준기술협회(NIST; National Institute Standards and Technology)
- 광대역(broadband) 포럼과 인터넷(Internet) 포럼
- 지식경제부 기술 표준원(KATS; Korea Agency for Technology Standards)
- 한국산업표준원(KISC; Korea Industry Standard Certificate)
- 한국정보통신기술협회(TTA; Telecommunication Technology Associate)
- (사)개방형컴퓨터연구회(OSIA: Open Standards and Internet Association)

국제 표준

국제 표준화 기구(ISO; International Standards Organization)

ISO는 1946년 10월에 25명의 국제표준단체 대표자들이 참석한 런던 회의에서 논의된 결과로 1947년에 창설되었다. 현재 전 세계 각국의 표준 제정 위원회에서 선정된 위원들로 구성

된 다국적 기구이며, 범세계적인 국제 표준을 협의하는 임의 기구이다. 현재 전 세계 165개국의 국가표준단체로 구성되어 있으며, 이들 중 정회원 117개국과 준회원 48개국, 간행물구독회원 9개국 등이 있으며, 상호 호환성, 품질 개선, 생산성 향상, 가격 저하를 위한 모델을 제공함으로써 국제간 상품과 서비스 교환을 촉진하는 것을 목표로 하고 있다. ISO는 과학, 기술, 경제 분야의 협력 증진을 위한 적극적인 활동을 하고 있다. 특히, 정보 기술 분야에 있어서는 ISO/IEC JTC 1(International Organization for Standardization/International Electrotechnical Commission Joint Technical Commission 1)에서 관련된 모든 업무를 담당하고 있다. 이 책에서는 ISO의 정보 기술 분야의 노력이 주 관심 대상이 되며, ISO의 노력의 결과로 네트워크 통신의 개방 시스템 상호 연결(OSI, Open Systems Interconnection) 모델이 만들어졌다(http://www.iso.ch 참조). 우리나라는 1963년 정회원으로 가입되어 활동하고 있다.

ITU-T

ITU(International Telecommunication Union, 국제 전기통신 연합)는 1947년 UN 산하기관으로 창설되어 1953년부터 1993년까지는 CCITT(Consultative Committee for International Telegraphy and Telephony)라는 이름으로 표준화 활동을 해왔다. CCITT는 전기 통신 일반 및 전화와 데이터 통신 시스템의 표준 세정에 헌신하였다. 1993년에 국제 전기 통신 연합-전기 통신 표준 영역(ITU-T, Telecommunication Standard Sector)으로 이름을 바꾸었다. 2011년 1월 현재 192개 회원국이 참여하고 있으며, 우리나라는 1952년 ITU에 가입하였다.

ITU는 3개의 중요한 섹터[Radiocommunication(ITU-R), Standardization(ITU-T), Development(ITU-D)]로 구성되어 표준화 활동을 하고 있다. 이 중 ITU-T는 전화 전송, 전화 교환, 신호방법 등에 관한 여러 표준을 권고하고 있다. 매 4년마다 총회를 개최하여 권고집을 발간하고 있는데, 그때마다 표지색을 다르게 발행하여 표지색에 따른 발행 년도를 알 수 있게 되어있다.

ITU-T 표준 중 데이터 통신과 관련된 것으로는 전화선을 이용한 데이터 전송을 규정한 V 시리즈(V.32, V.33, V.42 등)와 공중 디지털망을 통한 전송을 규정한 X 시리즈(X.25, X.400, X.500 등), 전자 우편과 디렉토리 서비스(directory service), 국제 디지털망을 규정한 디지털 종합 정보 통신망(ISDN, Integrated Services Digital Network), ISDN을 확장한 광대역 ISDN 등이 있다(http://www.itu.int 참조).

ANSI

ANSI(American National Standards Institute)는 미국의 표준안을 제정하는 사단법인으로서 ISO의 미국 대표단체이다. ANSI의 모든 활동은 미국 및 미국 시민의 복리증진을 위해서 수행된다. ANSI는 미국 내 임의 표준의 국가 조정 기구로서 역할을 하며, 나아가 미국의 경제 증진 방안으로 표준을 채택하고, 공공의 이익에 참여하여 보호할 것을 기구의 목표로 명시하고 있다. ANSI의 구성원은 전문 학회, 산업 협회, 정부 및 규제 기관, 소비자 단체 등을 포함하고 있다.

ANSI는 ITU-T에 제안서를 제출하며, ISO에서 미국을 대표하는 투표권을 가진 단체이다. 주요 규격 작성기관이 제정한 규격 중 미국 전체에 중요하다고 생각되는 것에 ANSI의 규격번호를 부여하며 ANSI 표준으로 제정하고 있다. 대표적인 표준으로는 ASCII(American Standard Code for Information Interchange)가 있다(http://www.ansi.org 참조).

IEEE

IEEE(Institute of Electrical and Electronics Engineers)는 1984년에 설립된 미국 전기학회(AIEE; Institute of Electrical and Electronics Engineers)와 1912년에 설립된 무선학회(IRE; Institute of Radio Engineers)가 1963년에 현재의 명칭과 조직으로 합병하여 설립된 미국 최대의 학회로서 미국뿐만 아니라 전세계 각국의 학자들과 전문기술자들로 구성된 세계 최대 규모의 전기, 전자, 전기통신, 컴퓨터 분야의 전문 공학 학회이다. 국제적인 규모로서 IEEE는 전기 공학, 전자 공학, 무선 공학, 컴퓨터공학 및 공학의 제반 관련 분야의 학술 증진, 창안, 제품 품질의 제고를 목표로 하고 있다. IEEE 설립 목표의 하나는 컴퓨터와 통신의 국제 표준을 개발하고 채택하는 것을 감시하는 것이다. IEEE에는 근거리 통신망(LAN; Local Area Network) 특별 위원회가 있으며, 위원회에서 만든 802 프로젝트(즉 802.1부터 802.24까지)가 있다. IEEE 표준은 ANSI/IEEE 표준이 되고, 이는 그대로 ISO 표준 등 국제표준으로 채택되기도 한다(http://www.ieee.org 참조).

EIA

ANSI와 함께 전자산업협회(EIA; Electronic Industries Association)는 미국의 전자기기 제조업체를 대표하는 단체로서 1924년에 RMA(Radio Manufacture Association)으로 창설되어, 1957년에 EIA로 개칭되어 전자기기 관련 산업을 촉진하기 위해 설립된 비영리 기관이다. EIA는 여러 분야의 표준화와 표준화 보급 활동을 전개하고 있는데, 정보 통신 분야에서는 데이터 통신의 물리적인 연결 인터페이스와 신호 체계 규격을 규정하는 등의 중요한 일을 해왔다. 특히, 단말장치와 모뎀간의 인터페이스를 규정한 RS-232-C 등이 유명하다. RS-232-C는 현재 ANSI/EIA 232-D로 개정되었고, 이외에도 EIA-449, EIA-530 등이 있다(http://www.eia.org 참조).

NIST

NIST(National Institute Standards and Technology)는 미국 상무부에서 1901년 창설된 미국 국립표준기술연구소로서 경제 분야의 보안을 강화하고, 우리 삶의 질을 개선하는 방법으로 측정 과학, 표준 및 기술을 발전하여 미국의 혁신과 산업 경쟁력을 촉진하는 것을 목표로 하고 있다. 여기서는 미연방정부에서 구입하는 장비에 대해 FiPS(Federal Information

Processing Standards)라는 정보처리 표준안을 발간하고 있다. 고급 암호 표준으로 가장 널리 사용되고 있는 AES(Advaned Encryption Standard)도 여기서 제정한 표준 규격이다(http://www.nist.gov 참조).

포럼

정보통신 기술은 표준화 기구에서 표준을 제정하는 데 따른 시간이 필요함에 따라 발전 속도를 따라가기가 어려운 실정에 있다. 일반적으로 표준화 기구에서 활동하는 위원회는 절차가 까다로운 기구로서 표준 제정이 상당히 느리게 진행된다. 따라서, 현재 사용 중인 모델과 합의를 수용하고 표준화 작업을 촉진하기 위하여 특정 집단들은 관련 법인 대표로 구성된 포럼(forum, 또는 협의회)을 구성하여 운영하고 있다. 협의회는 기업과 대학, 사용자와 공동 작업을 하여 신기술을 시험하고, 평가하며, 표준을 제정한다. 특정 분야의 기술에만 전념함으로써 포럼은 정보통신 분야의 신기술 사용과 채택을 가속화 할 수 있다. 포럼에서 내린 결론은 표준화 기구에 제출된다. 현재 가장 많이 알려진 포럼으로는 광대역(broadband) 포럼과 인터넷(Internet) 포럼이 있다.

광대역 포럼

기업, 서비스 제공업체, 네트워크 통신장비업체 등 200여 개 이상의 기관으로 구성된 광대역 포럼은 DSL(Digital Subscriber Line) 포럼, ATM(Asynchronous Transfer Mode) 포럼, 프레임 중계(Frame Relay) 포럼, IP(Internet Protocol)/MPLS(Multiprotocol Label Switching) 포럼 등이 통합되어 운영되고 있다(http://www.broadband-forum.org 참조).

인터넷 협회와 인터넷 공학 전문팀

인터넷 협회(Internet Society)와 인터넷 공학 전문팀(Internet Engineering Task Force)의 주 업무는 인터넷 통신의 성장과 진화를 촉진시키는 것이다. 인터넷 협회는 TCP/IP 프로토콜을 개선하는 것을 포함하여 사용자 문제들을 집중적으로 다룬다. 특히, IETF는 인터넷 표준안을 제정하는 기술위원회로서 여러 개의 영역(area)으로 구성되며, 각 영역은 한 명 이상의 영역 의장에 의해 운영되고 있다. 각 영역은 여러 개의 작업반(working group)으로 구성되어 작업반 단위로 표준 및 절차에 관한 협의가 이루어진다. IETF는 매년 3회의 회의를 통해 인터넷 관련 기술을 논의하며, 일반적으로 전자우편을 통하여 의견교환 및 수렴이 이루어지므로 표준화 절차가 매우 빠른 장점을 가지고 있다(http://www.isoc.org 또는 http://www.ietf.org 참조).

W3C

월드 와이드 웹 컨소시엄(W3C; World Wide Web Consortium)은 팀 버너스 리(Tim Berners-Lee)를 중심으로 MIT의 컴퓨터 과학 기술실험실에서 창설되었다. 이는 새로운 표준에 대해 상호 운용성을 제공하기 위해 설립되었다. 설립 취지는 웹의 지속적인 성장을 도모하는 프로토콜과 가이드라인을 개발하여 월드 와이드 웹의 모든 잠재력을 이끌어내는 것이다. 즉 가장 기본적인 웹 기술은 상호 간의 호환성이 있어야 한다는 것과 어떤 소프트웨어나 하드웨어에서 웹에 접근할 수 있어야 한다는 것이다. W3C는 전 세계적으로 지역 사무소가 개설되어 있다(www.w3c.org 참조).

OMA

개방형 모바일 연합(OMA; Open Mobile Alliance)은 여러 컴퓨터 네트워킹과 무선 기술들의 포럼을 하나의 공식기관으로 만들기 위해 설립되었다. 주요 임무는 응용 프로토콜을 위한 단일화된 표준을 제공하기 위한 것이다(openmobilealliance.org 참조).

국내 표준

한국산업표준원(KISC; Korea Industry Standard Certificate)은 기업의 경쟁력 향상을 위해 ISO 관련 시스템 인증과 KS(korea standard), CE(Communaut' European) 등과 관련된 제품 인증, 그리고 이노비즈, 벤처 등과 관련된 기술 규격 획득을 지원하고 있다(www.kisc9001.co.kr 참조).

국가기술표준원

지식경제부 산하기관인 국가기술 표준원은 1883년(고종 20년) 화폐주조를 위해 설립한 궁내부 전환국 분석시험소부터 시작하여 1949년 상공부 중앙공업연구소, 1973년 공업진흥청 국립공업시험원, 1996년 중소기업청 국립기술품질원 등으로 명칭이 변경되었고, 1999년부터 지식경제부 기술 표준원(KATS; Korea Agency for Technology Standards)으로 개칭되었다.

기술 표준원은 표준화 관련 국제기구와의 협력에 있어서 우리나라의 ISO 대표기구(National Body)로 참가하고 있으며, 국가표준과 기술, 산업의 전략적 연계를 통해 우리나라의 미래 성장 동력을 확충하고, 고도 지식경제사회로의 전환을 준비해 나가고, 또한 국민생활 속의 다양한 표준화를 통해 편리하고 안전한 사회를 만들어나가는 것을 목표로 하고 있다. 특히, 대외환경 변화를 새로운 성장의 디딤돌로 삼아 세계 일류의 국가표준체계와 안전기반을 확고히 구축하는 것을 목표로 국내 기술의 국제표준화와 국가표준화를 통한 품질과 안전경영을 위한 기반을 마련하고 인증제도 및 시험 분석 서비스 등의 적합성제도 확립을 통한 수출지원, 국민의 생활 안전, 편의와 밀접한 국가표준(한국산업표준, KS 표시인증제도, 단체표준 등)을 제정하고 있다(www.kats.go.kr 참조).

한국정보통신기술협회

TTA(Telecommunication Technology Associate)는 1988년 설립된 기관으로 정보통신 기술의

표준화 계획을 수립하고 표준 제정, 제품에 대한 시험 및 인증서비스를 제공하는 민간자율의 표준 선도 기관이다. 특히, 최근 정보통신 환경이 정보통신과 방송, BT, NT, 문화, 교육 등 다양한 분야들과 융합되어 새로운 형태로 변화되고 있으므로, 이러한 변화에 관련 산업이 적절하게 대응할 수 있도록 새로운 기술 및 표준화 동향 정보의 제공 등을 통하여 관련 산업을 지원하고 있다(http://www.tta.or.kr 참조).

OSIA

(사)개방형컴퓨터연구회(OSIA; Open Standards and Internet Association)는 민간표준화연구단체로서 정보통신표준화 활동 및 전문가 조직과 유관기관과의 협력을 통해 국내 정보통신 산업에 기여하기 위해 1987년 2월 산, 학, 연 전문가 105명이 발기하여 설립되었다. OSIA는 국내 표준 전문가들의 구심체로서 전문분야별 기술 분과를 조직하여 연구 활동과 기술 보급 확산을 추진하고 있다. 설립 목적은 정보통신표준화 기술연구 및 개발, 국내 IT 전문가 조직 및 활동 지원, 유관기관과 협력을 통한 표준(안) 개발 등이다(www.osia.or.kr 참조).

1.4 인터넷 표준

인터넷 표준(Internet Standard)은 인터넷을 이용하여 작업하는 사람들에 의해 완전한 시험을 거쳐서 사용되는 규격이다. 이것은 반드시 지켜야하는 협약된 규약이다. 이러한 규격은 인터넷 표준 상태에 따라 완성되는 처리 절차가 있다. 이는 **인터넷 초안**(Internet Draft)으로 시작된다. 인터넷 초안은 공식적이 아닌 상태에서 6개월 정도의 유효기간을 갖는 작업 문서이다. 인터넷 관련 기관들로부터 받은 권고안에 따라서 초안은 RFC(Request For Comment)로 발간된다. 각 RFC는 편집되어 문서번호가 지정되고, 관심 있는 모든 사람들이 이용할 수 있도록 만들어진다.

RFC는 완성 단계를 거친 후 요구 수준에 따라 분류되어진다.

완성 단계

RFC는 유효기간동안 6개의 **완성 단계**(maturity levels)를 거치게 되는데, 이는 제안 표준, 드래프트 표준, 인터넷 표준, 기록 단계, 실험 단계, 정보 제공 중의 하나로 지정된다(그림 1.2 참조).

제안 표준

제안 표준(Proposed Standard)은 인터넷 공동체를 통하여 많은 노력과 충분한 논의를 거친 안정된 규격이다. 이 단계에서 규격은 여러 그룹들에 의해 시험을 거쳐서 구현되어진다.

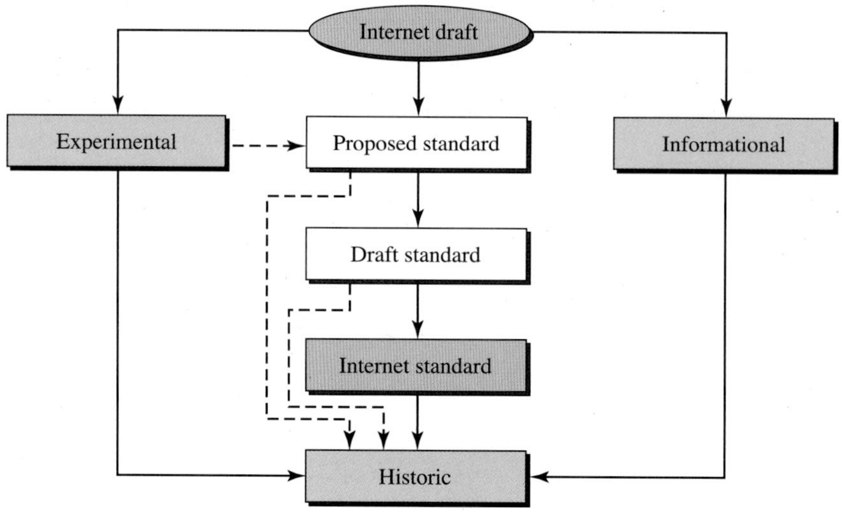

그림 1.2 RFC 완성 단계

드래프트 표준

제안 표준은 적어도 2번의 독자적인 성공과 상호 운용성이 이루어져야만 드래프트 표준(Draft Standard) 상태로 넘어간다. 드래프트 표준 단계에서 문제점이 발생하면 수정이 되고, 문제점이 없으면 통상적으로 인터넷 표준으로 넘어간다.

인터넷 표준

드래프트 표준에서 구현이 완전하게 이루어지면 인터넷 표준(Internet Standard)이 된다.

기록 단계

기록단계(Historic) RFC는 역사적인 면에서 중요한 의미를 갖는다. 이 RFC는 최종 규격에 의해 대치되었거나, 인터넷 표준이 되기 위해 필요한 단계를 통과하지 못한 것이다.

실험 단계

실험 단계(Experimental)로 분류된 RFC에는 인터넷 운영에는 영향을 주지 않고 실험적인 상황과 관련된 작업을 나타낸다. 이러한 RFC는 인터넷 서비스 기능으로 구현되지 않을 수 있다.

정보제공

정보 제공(Informational)으로 분류되는 RFC는 인터넷과 관련된 일반적이면서 역사적인 튜토리얼 정보가 들어있다. 이것은 항상 인터넷 관련 기관이 아닌 제조업체와 같은 곳에서 작성한다.

1.5 인터넷 관리

초기 연구 영역에서 주로 이용되던 인터넷은 발전을 거듭하여 상업적인 분야에 활용되면서 많은 사용자가 생기게 되었다. 인터넷에 필요한 주요 사항을 조정하는 여러 그룹들이 인터넷 성장과 발전을 유도해 가고 있다. 그림 1.3은 인터넷 관리를 담당하는 일반적인 조직을 나타낸다.

ISOC

ISOC(Internet Society)는 1992년에 국제적인 비영리단체로 인터넷 표준 제정을 지원하기 위해 결성되었다. 이를 위하여 ISOC는 IAB, IETF, IRTF, 그리고 IANA와 같은 행정상의 다른 인터넷 단체에 대한 관리와 지원을 계속하고 있다. 또한 ISOC는 인터넷과 관련된 학술적인 활동과 연구를 담당하고 있다(www.internetsociety.org 참조).

IAB

IAB(Internet Architecture Board)는 ISOC을 위한 기술적인 자문위원회이다. IAB의 주요 목적은 TCP/IP 프로토콜 그룹의 지속적인 개발을 감독하는 것과 인터넷 공동체의 연구원에게 기술적인 조언을 제공하는 것이다. 이를 위하여 IAB는 IETF(Internet Engineering Task Force)와 IRTF(Internet Research Task Force)라는 조직을 통하여 이러한 작업을 수행한다. IAB의 또 다른 역할은 이 장의 앞에서 설명한 RFC에 대한 편집 관리이다. 또한 IAB는 인터넷과 다른 표준 기관 및 포럼 사이의 대외적인 접촉을 담당한다.

IETF

IETF(Internet Engineering Task Force)는 IESG(Internet Engineering Steering Group)에 의해

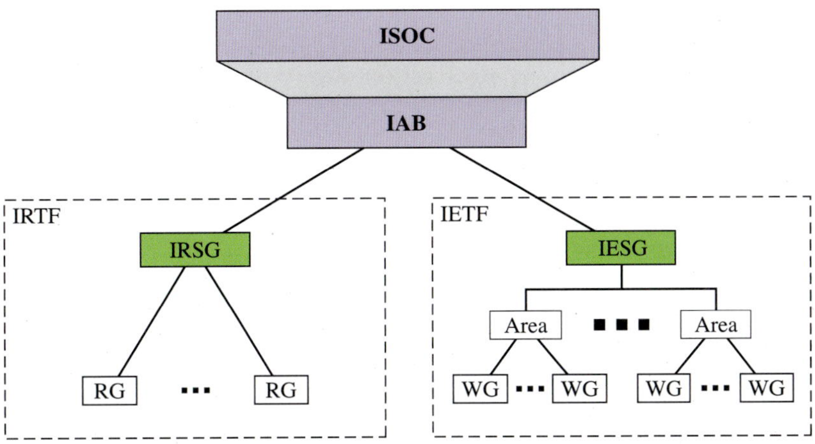

그림 1.3 인터넷 관리 조직

관리되는 작업 그룹의 포럼이다(www.ietf.org 참조). IETF는 운영상의 문제점을 파악하고, 이러한 문제점에 대한 해결책을 제공하는 책임을 맡고 있다. 또한 IETF는 인터넷 표준과 같은 계획한 규격을 개발하고 검토한다. 작업그룹은 영역별로 나누어져 있고, 각 영역은 특정 주제를 맡아서 작업한다. 현재는 8개의 영역으로 나누어져 있는데, 각 영역은 다음과 같다.

- 응용(Application)
- 인터넷(Internet)
- 라우팅(Routing)
- 실시간 응용과 기반구조(Real-time Applications and Infrastructure)
- 운영과 관리(Operations and management)
- 일반(General)
- 전송(Transport)
- 보안(Security)

IRTF

IRTF(Internet Research Task Force)는 IRSG(Internet Research Steering Group)에 의해서 관리되는 작업 그룹의 포럼이다(http://irtf.org 참조). IRTF는 인터넷 프로토콜과 응용, 구조, 기술과 관련된 장기 연구주제를 중점적으로 다루고 있다.

IANA와 ICANN

미국 정부의 지원을 받는 IANA(Internet Assigned Numbers Authority)는 1998년 10월까지 인터넷 도메인 네임(domain name)과 주소 관리에 대한 책임을 맡고 있었다(www.iana.org 참조). 그 당시에 국제 위원회에 의해서 관리된 사설 비영리 법인인 ICANN(Internet Corporation for Assigned Names and Numbers)은 IANA의 운영을 물려받았다(www.icann.org 참조).

NIC

NIC(Network Information Center)은 TCP/IP 프로토콜에 관한 정보 수집과 분배에 대한 책임을 맡고 있다.

국내 인터넷 관리

국내 인터넷 진흥을 위해 설립된 한국인터넷진흥원(www.kisa.or.kr)에서는 관련 정책 개발 및 법제도 개선을 담당하고 있으며, 이 가운데 특히 중요 자원인 IP 주소/AS 번호는 전 세계 인터넷 주소자원의 총괄 관리기관인 IANA(Internet Assigned Names Authority)에서 관리하며, IANA에서는 각각의 대륙별 인터넷 주소자원 관리기관인 RIR(Regional Internet Registry)에 주소를 분배한다.

RIR은 자신이 관할하는 대륙의 국가 인터넷 주소자원 관리기관인 NIR(National Internet

Registry) 또는 인터넷 접속서비스 제공자인 ISP(Internet Service Provider)에 주소를 분배한다.

국내에서는 1996년부터 한국인터넷정보센터(한국인터넷진흥원의 전신)가 국내 인터넷 주소자원 관리기관으로 아 · 태평양지역의 대륙별 관리기관인 APNIC으로부터 IP 주소를 확보하여 국내 IP 주소 관리대행자(인터넷 접속서비스 제공자) 또는 독자적인 네트워크를 운영하는 일반기관에 할당하고 있다. 한국인터넷진흥원은 2004년 7월 인터넷 주소자원에 관한 법률(법률 제7142호)의 제정과 함께 IP 주소에 대한 공공성을 인정받아 법정관리기관으로 IP 주소/AS 번호의 할당 관리 업무를 수행하고 있다. 일반 인터넷 사용자는 인터넷 접속서비스 제공자(ISP; Internet Service Provider)로부터 IP 주소를 할당받아 사용한다.

IP 주소의 할당에 관한 업무의 일부를 대행하기 위하여 인터넷 주소자원에 관한 법률 제14조 제1항의 규정에 의거하여 한국인터넷진흥원으로부터 선정된 기관을 관리대행자(ISP)라 한다. 관리대행자(ISP)는 개인 또는 일반기관에게 인터넷 접속서비스를 제공하는 자로 국내의 ISP는 교육, 연구 목적으로 사용되는 네트워크를 제공하는 비영리망과 요금을 내고 사용되는 영리망 두 종류가 있다. 영리망에는 한국통신(KORNET), 엘지데이콤(BORANET), SK브로드밴드(broadNnet) 등이 있고, 비영리망에는 한국교육전산망(KREN), 과학기술연구망(KREONET)등이 있다. 독립사용자는 한국인터넷진흥원으로부터 직접 IP 주소를 할당받은 자(관리대행자 제외)를 말한다(인터넷프로토콜주소관리준칙 제2조). 독립사용자와 관리대행자는 한국인터넷진흥원으로부터 직접 IP 주소를 할당받을 수 있다는 점에서는 유사하지만, 독립사용자는 할당받은 IP 주소를 가입자 등에게 재할당할 수 없다는 점에서 차이가 있다. 그 밖의 자세한 내용은 http://krnic.or.kr을 참고하기 바란다.

연습문제

1. 인터넷을 이용하여 RFC 문서 번호를 찾아보라.
2. 인터넷을 이용하여 RFC 2418과 RFC 1603 문서의 제목을 찾아보라.
3. 인터넷을 이용하여 IRTF 워킹그룹의 지침과 절차를 논의한 RFC 문서를 찾아보라.
4. 인터넷을 이용하여 기록 단계 RFC 문서 중 두 가지 예를 찾아보라.
5. 인터넷을 이용하여 실험 단계 RFC 문서 중 두 가지 예를 찾아보라.
6. 인터넷을 이용하여 정보 제공 RFC 문서 중 두 가지 예를 찾아보라.
7. 인터넷을 이용하여 FTP 응용을 논의한 RFC 문서를 찾아보라.
8. 인터넷을 이용하여 인터넷 프로토콜(IP)에 대한 RFC 문서를 찾아보라.
9. 인터넷을 이용하여 전송 제어 프로토콜(TCP)에 대한 RFC 문서를 찾아보라.
10. 인터넷을 이용하여 인터넷 표준의 처리 과정이 기술되어 있는 RFC 문서를 찾아보라.

CHAPTER 02

OSI 모델과 TCP/IP 프로토콜

2.1 OSI 모델

2.2 TCP/IP 프로토콜

2.3 주소지정

와이어샤크(Wireshark)는 근거리통신망(LAN; Local Area Network) 상에서 전달되는 패킷을 해석하는 도구이다. 패킷을 정확하게 해석하고, 이해하기 위해서는 패킷(packet)과 패킷을 전달하는 네트워크에 대한 이해가 필요하다. 패킷이란 네트워크에 접속하는 컴퓨터끼리 통신하기 위해 주고받는 데이터 단위를 말한다. 이 데이터는 약속에 따라 작성되고, 정해진 약속에 따라 송/수신된다. 서로 떨어져있는 컴퓨터끼리 서로 제멋대로 데이터를 보낸다면 통신은 성립되지 않기 때문이다. 서로 떨어져있는 컴퓨터끼리 통신을 수행하기 위한 약속을 통신 규약이라 하고, 영어로는 Protocol(프로토콜)이라 한다. 따라서 통신에 대한 전체 모델을 이해하기 위해서는 OSI 모델과 TCP/IP 모델을 이해해야 한다.

1990년대 이전까지는 데이터 통신과 네트워크에 대한 계층 모델은 **개방 시스템 상호연결(OSI; Open System Interconnection) 모델**이었다. 모든 사람은 OSI 모델이 데이터 통신의 최종적인 표준이 될 것으로 믿었으나, 그렇게 되지 않았다. **TCP/IP 프로토콜**은 인터넷에서 광범위하게 시험을 거쳐서 사용되어 왔기 때문에 지배적인 상업적 구조가 되었으나 OSI 모델은 완전히 구현되지 않았다.

이 장에서는 OSI 모델을 간단히 살펴보고, TCP/IP 프로토콜에 대해 중점적으로 설명한다.

2.1 OSI 모델

1947년에 설립된 **국제표준화기구(ISO; International Standards Organization)**에서 제정한 네트워크 통신에 대한 ISO 표준이 OSI(Open System Interconnection) 모델이다. OSI 모델은 1970년 후반에 처음 소개되었다.

개방 시스템(Open System)은 기반 구조와 관계없이 서로 다른 시스템간의 통신을 제공하는 프로토콜의 집합이다. OSI 모델은 하드웨어나 소프트웨어 기반의 논리적인 변화에 대한 요구 없이 서로 다른 시스템간의 통신을 원활하게 하는데 그 목적이 있다. OSI 모델은 유연하고, 안전하며, 상호 연동이 가능한 네트워크 구조를 이해하고 설계하기 위한 모델이다.

OSI 모델은 모든 종류의 컴퓨터 시스템 간 통신을 가능하게 하는 네트워크 시스템 설계를 위한 계층 구조이다. 이 모델은 서로 연관된 7개의 계층으로 구성되어 있고, 각 계층에는 네트워크를 통해 정보를 전송하는 일련의 과정이 규정되어 있다(그림 2.1 참조). OSI 모델을 이해하는 것은 컴퓨터 통신을 공부하는 데 반드시 필요한 기본 지식을 제공한다.

계층화된 구조

OSI 모델은 물리 계층(제1계층), 데이터링크 계층(제2계층), 네트워크 계층(제3계층), 전송 계층(제4계층), 세션 계층(제5계층), 표현 계층(제6계층), 그리고 응용 계층(제7계층)으로 구

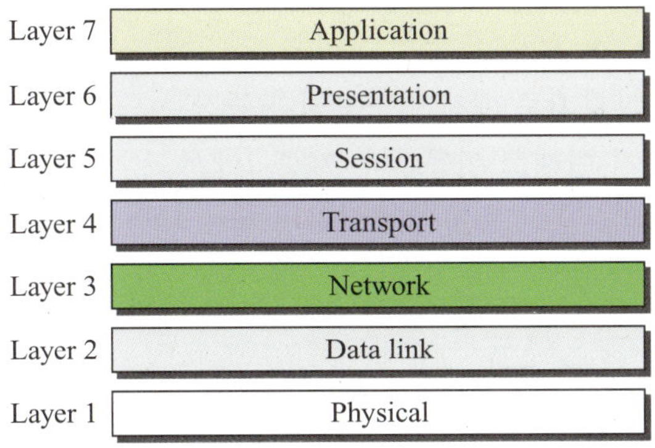

그림 2.1 OSI 모델

성되어 있다. 그림 2.2는 메시지가 장치 A에서 장치 B로 전송될 때 관련되는 계층을 보여주고 있다. 메시지가 A에서 B로 전송되는 도중에 많은 중간 노드를 거칠 수 있다. 이 중간 노드는 항상 OSI 모델의 처음 3계층만 포함된다.

하나의 장치에서 각 계층은 바로 아래 계층의 서비스를 요구한다. 제3계층은 제2계층에서 제공하는 서비스를 이용하고 또한 제4계층에게 서비스를 제공한다. 장치 간의 경우 한 장치의 X 계층은 다른 장치의 X 계층과 통신한다. 이러한 통신은 프로토콜(protocol)이라는 협의된 규칙과 규약에 의해 제어된다.

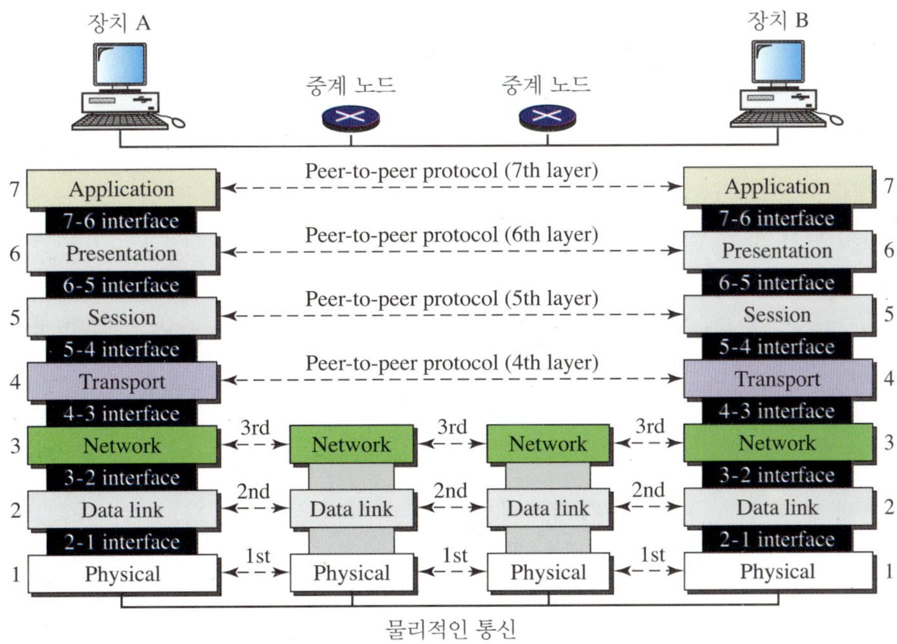

그림 2.2 OSI 계층구조

계층 대 계층 통신

그림 2.2에서 장치 A는 장치 B로 메시지를 보낸다(중간 노드를 거쳐서). 송신 측에서 메시지는 계층 7에서 계층 1까지 아래로 이동한다. 계층 1에서 전체 패키지는 수신 측으로 전송될 수 있는 형식으로 전환된다. 수신 측에서 메시지는 계층 1에서 계층 7까지 이동된다.

계층 간의 인터페이스

데이터와 네트워크 정보가 송신장치의 각 계층을 따라 하위층으로 전달되고, 다시 수신 장치의 각 계층을 따라 상위층으로 올라가는 것은 인접한 계층 간의 인터페이스(Interface)를 통해 이루어진다. 각 인터페이스는 한 계층이 바로 위의 계층에게 제공해야 하는 정보와 서비스를 정의한다.

계층의 구성

7개의 계층은 3개의 그룹으로 나눌 수 있다. 제1, 2, 3계층은 물리 계층, 데이터링크 계층, 그리고 네트워크 계층으로, 한 장치에서 다른 장치로 데이터를 전송할 때 필요한 물리적인 면(전기적인 규격, 물리적인 연결, 물리 주소, 전송시간과 신뢰도 등)을 처리한다. 제5, 6, 7계층인 세션 계층, 표현 계층, 응용 계층은 사용자 지원 계층으로 생각될 수 있다. 이들은 서로 관련이 없는 소프트웨어 시스템 간의 상호 연동을 가능하게 한다. 전송 계층인 제4계층은 지금 설명한 두 그룹을 연결하고, 하위 계층에서 전송한 내용을 상위 계층이 사용할 수 있는 형태가 되도록 보장한다. OSI 모델의 상위 계층은 거의 대부분 소프트웨어로 구현된다. 하위 계층은 대부분 하드웨어로 구성되는 물리 계층만을 제외하고 하드웨어와 소프트웨어의 조합으로 이루어진다.

전체적인 OSI 계층 구조를 나타낸 그림 2.3에서 D7 데이터는 제7계층의 데이터 단위를 의미하고, D6 데이터는 제6계층의 데이터 단위를 의미하며 다른 것들도 마찬가지이다. 프로세스는 제7계층(응용 계층)에서 시작해서 순차적으로 하위 계층으로 이동한다. 각 계층에서 헤더(header)가 데이터 단위에 추가된다. 제2계층에서는 트레일러(trailer)도 추가된다. 정형화된 데이터가 물리 계층(제1계층)을 통해 보내질 때, 데이터는 전자 신호로 변환되어 물리 링크를 따라 전송된다.

목적지에 도달하면, 신호는 제1계층에서 디지털 형태로 변환된다. 그런 다음, 데이터 단위는 OSI 계층을 통해 상위 계층으로 올라간다. 각 데이터 블록이 다음 상위 계층에 도달하면, 해당 송신 계층에서 붙였던 헤더와 트레일러는 삭제되고 그 계층에서 해야 할 일들이 수행된다. 제7계층에 도달하게 되면, 메시지는 응용 프로그램에 적절한 형태로 수신자에게 전해진다.

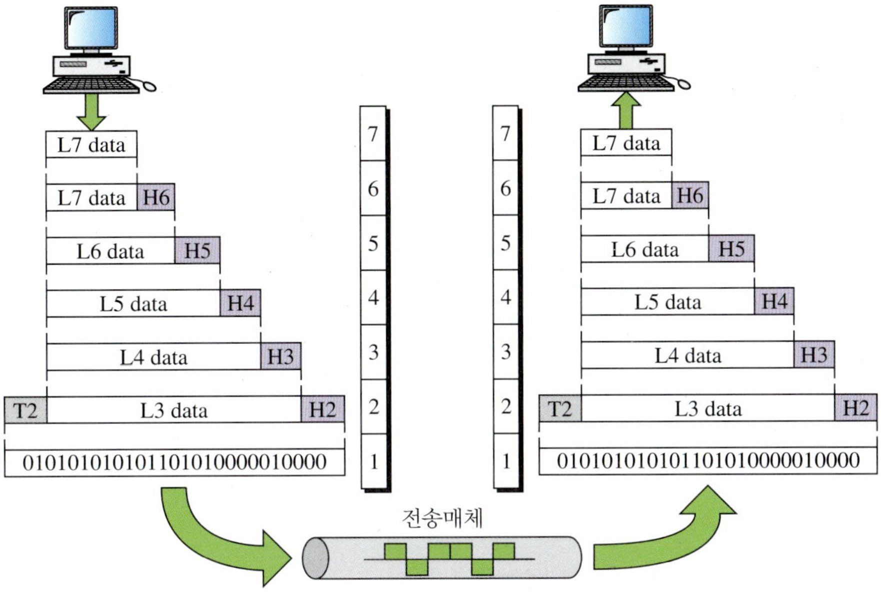

그림 2.3 OSI 모델을 이용한 데이터 교환

캡슐화

그림 2.3은 OSI 모델에서 캡슐화(encapsulation)라는 데이터 통신의 중요한 면을 나타낸다. 제7계층의 패킷은 제6계층의 패킷으로 캡슐화된다. 제6계층의 모든 패킷은 제5계층의 패킷으로 캡슐화되며 이후도 마찬가지이다. 즉 N 계층의 전체 패킷(데이터와 오버헤드)은 N–1 계층 패킷의 데이터 부분으로 전송된다. N–1 계층은 캡슐화된 패킷이 데이터인지 헤더 또는 트레일러인지 모르기 때문에 캡슐화라고 한다. N–1 계층은 N 계층에서 오는 패킷을 하나의 단위로 취급한다.

OSI 모델의 계층구조

이 절에서는 OSI 모델의 각 계층의 기능을 간단하게 설명한다.

물리 계층

물리 계층(physical layer)은 물리 매체를 통하여 비트 스트림을 전달하는 데 필요한 기능들을 조정한다(그림 2.4 참조). 여기서는 전송 매체와 인터페이스의 기계적이고 전자적인 규격을 다룬다. 이는 또 물리 장치와 인터페이스가 전송을 위해 수행해야 하는 절차들과 기능들을 규정한다.

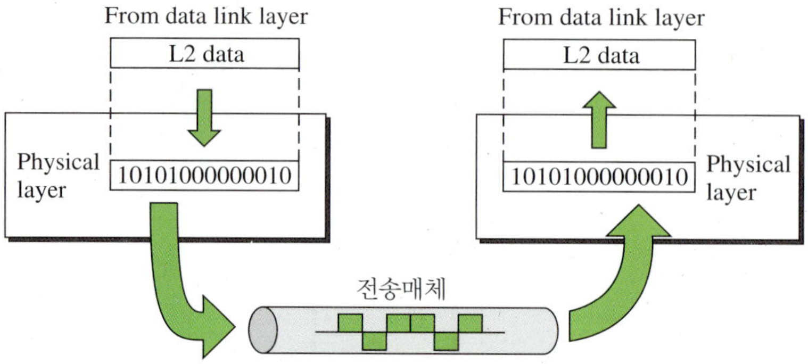

그림 2.4 물리 계층 기능

물리 계층은 다음과 관련이 있다.

- **인터페이스와 매체의 물리적인 특성.** 물리 계층은 장치와 전송 매체 간에 인터페이스의 특성을 규정한다. 또, 전송 매체의 유형도 규정한다.
- **비트 표현.** 물리 계층 데이터는 해석되지 않은 비트(bit) 스트림(0과 1의 연속)으로 구성되어 있다. 전송되기 위해서 비트는 신호로 부호화되어야 한다(전기적 또는 광학적으로). 물리 계층은 부호화(encoding)의 유형을 규정한다(어떻게 0과 1이 신호로 바뀌는지).
- **데이터 전송률.** 전송률(초당 보내지는 비트의 수)도 물리 계층에서 규정된다. 다시 말하면 물리 계층은 비트가 얼마나 길게 유지되는 가인 비트의 주기를 규정한다.
- **비트의 동기화.** 송신자와 수신자는 같은 비트율을 사용할 뿐만 아니라 비트 레벨에서 동기화되어야 한다. 다시 말하면, 송신자와 수신자 시계가 동기화되어야 한다.
- **회선 구성.** 물리 계층은 매체에 대한 장치들의 연결과 관련 있다. 점-대-점 구성(point-to- point configuration)에서 두 장치는 전용 링크를 통하여 연결된다. 다중점 구성(multipoint configuration)에서 링크는 여러 장치에 의해 공유된다.
- **물리적 접속형태.** 물리적 접속형태는 장치들이 네트워크를 만들기 위해 어떻게 연결되는지를 규정한다. 장치들은 그물형 접속형태(mesh topology, 모든 장치는 다른 모든 장치들과 연결), 성형 접속형태(star topology, 모든 장치는 중앙 장치를 통하여 연결), 링형 접속형태(ring topology, 각 장치는 링을 구성하도록 이웃하는 장치와 연결) 또는 버스형 접속형태(bus topology, 모든 장치가 공통 링크 상에 있는) 등을 사용하여 연결될 수 있다.
- **전송 모드.** 물리 계층은 두 장치 사이의 전송 방향(단방향, 반이중, 전이중)도 규정한다. 단방향 모드(simplex mode)에서 어느 한 장치는 보내기만 할 수 있고 다른 장치는 받을 수만 있다. 단방향 모드는 일방향 통신이다. 반이중 모드(half-duplex mode)에서 두 장치는 보내고 받을 수 있지만 같은 시간에는 안 된다. 전이중 모드(full-duplex mode)에서는 두 장치는 같은 시간에 보내고 받을 수 있다.

데이터링크 계층

데이터링크 계층(data link layer)은 물리 계층의 있는 전송 설비를 신뢰할 수 있는 링크로 변환한다. 이는 상위 계층인 네트워크 계층에게 오류 없는 물리 계층으로 보이도록 한다. 데이터링크 계층이 담당하는 책임은 다음과 같다.

- **프레임 구성.** 데이터링크 계층은 네트워크 계층으로부터 받은 비트 스트림을 프레임(frame)이라는 데이터 단위로 나눈다.
- **물리주소 지정.** 프레임이 네트워크 상에 서로 다른 시스템에 전달되려면 데이터링크 계층은 프레임의 송신자 그리고/또는 수신자를 지정하기 위해 프레임에 헤더를 추가한다. 만약 프레임 수신자가 송신자 네트워크가 아닌 다른 네트워크에 있는 시스템이라면, 수신자 주소는 다음 네트워크로 가도록 연결된 연결 장치의 주소가 된다.
- **흐름 제어.** 수신자에 의해 처리되는 데이터율이 송신자가 보낸 데이터율보다 낮으면 데이터링크 계층은 수신자가 흐름 제어 메커니즘이 수행된다.
- **오류 제어.** 데이터링크 계층은 손상되고 손실된 프레임을 탐지하고 재전송하는 메커니즘을 가지고 있다. 이는 또 중복된 프레임을 인식하기 위한 메커니즘도 이용한다.
- **접근 제어.** 둘 또는 그 이상의 장치가 같은 링크에 연결되어 있을 때 데이터링크 프로토콜은 어떤 주어진 시간에 어느 장치가 제어권을 갖는지를 결정하는 것이 필요하다.

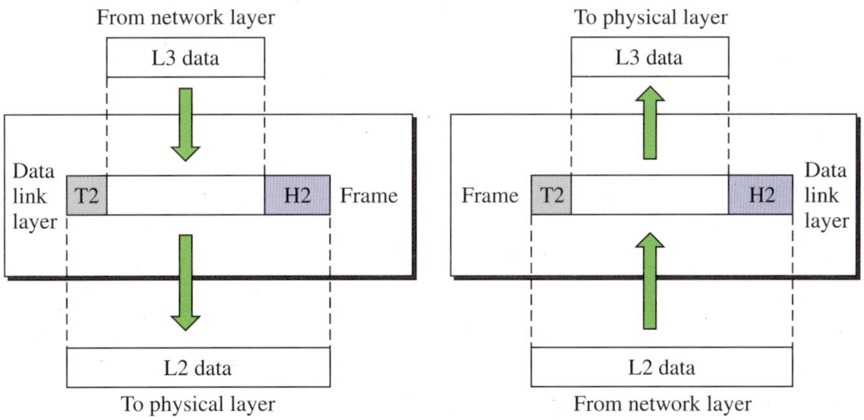

그림 2.5 데이터링크 계층 기능

네트워크 계층

네트워크 계층(network layer)은 다중 네트워크(링크)를 통하여 전달되는 발신지 대 목적지 전달을 책임진다. 데이터링크 계층이 같은 네트워크(링크) 상에서 두 시스템 간에 프레임의 전달을 책임지지만 네트워크 계층은 각 패킷이 발신지에서 최종 목적지까지 갈 수 있도록 보장한다.

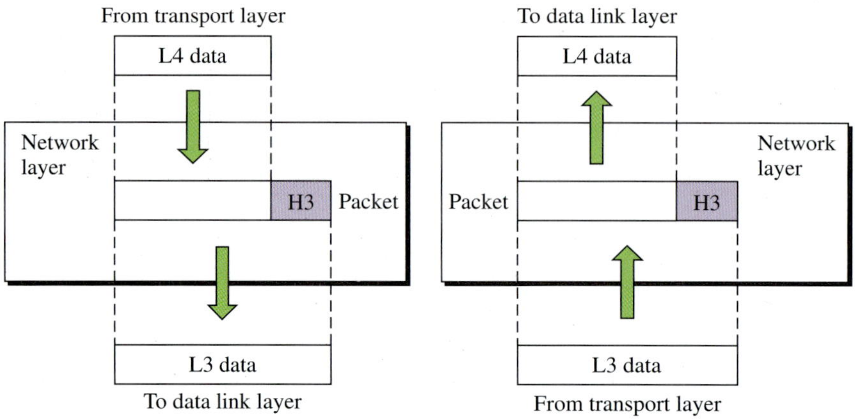

그림 2.6 네트워크 계층 기능

만약 두 시스템이 같은 링크에 연결되어 있다면, 항상 네트워크 계층이 필요 없다. 그렇지만 두 시스템이 네트워크(링크) 간에 연결 장치를 통하여 서로 다른 네트워크에 연결되어 있다면 발신지 대 목적지 전달을 위해 네트워크 계층이 필요하다. 그 밖의 네트워크 계층의 주요 기능은 다음과 같다.

- **논리주소 지정.** 데이터링크 계층에 의해 구현된 물리주소는 같은 네트워크 내에서의 주소지정 문제를 처리한다. 만약 패킷이 네트워크의 범위를 벗어난다면 발신지와 목적지를 구분하기 위한 또 다른 주소지정 시스템이 필요하다. 네트워크 계층은 상위 계층으로부터 오는 패킷에 송신자와 수신자의 논리주소를 포함하는 헤더를 추가한다.
- **경로 지정.** 독립된 네트워크나 링크를 **네트워크 간 연결**(internetworks) 또는 규모가 큰 네트워크를 만들기 위해 서로 연결하려고 하면 연결 장치(라우터 또는 스위치)는 패킷의 최종 목적지까지 경로지정(라우팅)이나 스위칭하게 된다.

전송 계층

전송 계층(transport layer)은 전체 메시지의 **프로세스-대-프로세스 전달**(process-to-process delivery)을 책임진다. 프로세스는 호스트에서 실행 중인 응용 프로그램이다. 네트워크 계층이 개별 패킷의 **발신지-대-목적지 전달**(source-to-destination delivery)을 책임지지만 이들 패킷간의 관계는 인식하지 않는다. 이는 각 패킷을 각 단편이 분리된 메시지에 속하는지 여부에 따라 독립적으로 처리한다. 다시 말하면 전송 계층은 발신지 대 목적지 레벨에서 오류 제어와 흐름 제어를 통하여 순서대로 도착하는 것을 보장한다. 그 밖의 전송 계층의 책임은 다음과 같다.

- **서비스 지점 주소지정.** 컴퓨터는 같은 시간에 여러 개의 프로그램을 실행한다. 이러한 이유 때문에, 발신지 대 목적지 전달은 하나의 컴퓨터에서 다음 컴퓨터까지 전달하는 것뿐

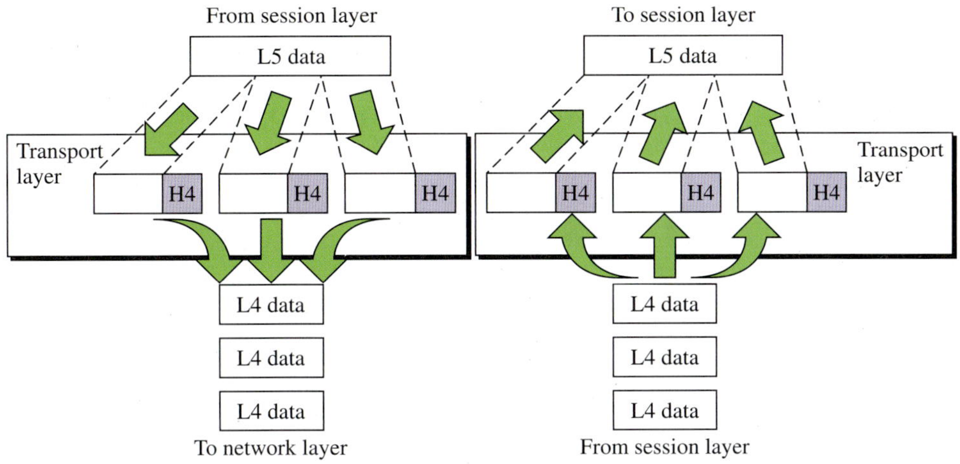

그림 2.7 전송 계층 기능

만 아니라 한 컴퓨터상에 특정 프로세스(실행 중인 프로그램)에서 다른 컴퓨터에 있는 특정 프로세스(실행 중인 프로그램)까지 전달을 의미한다. 그래서 전송 계층 헤더는 **서비스 지점(service-point) 주소**(또는 포트 주소)라는 주소 유형을 포함한다. 네트워크 계층은 정확한 컴퓨터에 각 패킷을 전달하게 하지만 전송 계층은 컴퓨터상의 정확한 프로세스에게 전체 메시지를 전달한다.

- **분할과 재조립.** 전체 메시지는 순서번호가 들어있는 전송 가능한 세그먼트로 나눈다. 이 순서번호는 전송 계층에 메시지가 목적지에 정확하게 도착하여 재조립되고 패킷이 전송 중에 손실되거나 교체된 것에 대한 식별이 가능하게 한다.
- **연결 제어.** 전송 계층은 비연결형이거나 연결형일 수 있다. 비연결형 전송 계층은 각 세그먼트를 독립적인 패킷으로 처리하고 목적지 시스템에 있는 전송 계층에 전달한다. 연결형 전송 계층은 패킷을 전달하기 전에 먼저 목적지 시스템에 있는 전송 계층과 연결을 만든다. 모든 데이터가 전송된 후에 연결이 종료된다.
- **흐름 제어.** 데이터링크 계층처럼 전송 계층은 흐름 제어를 책임진다. 그렇지만 이 계층에서 흐름 제어는 단일 링크라기보다 종단 대 종단에서 수행된다.
- **오류 제어.** 데이터링크 계층처럼 전송 계층은 오류 제어를 책임진다. 그렇지만, 이 계층에서 오류 제어는 단일 링크를 따라 수행되기보다는 프로세스-대-프로세스로 수행된다. 보내는 전송 계층은 전체 메시지가 수신 측 전송 계층에 오류(손상, 손실, 중복)없이 도착하는 것을 보장한다. 오류 교정은 항상 재전송을 통해 이루어진다.

세션 계층

처음 4계층(물리, 데이터링크, 네트워크, 전송)에 의해 제공되는 서비스는 일부 프로세스에 대해서는 충분하지 않다. **세션 계층(session layer)**은 네트워크 대화 제어기(dialog controller)

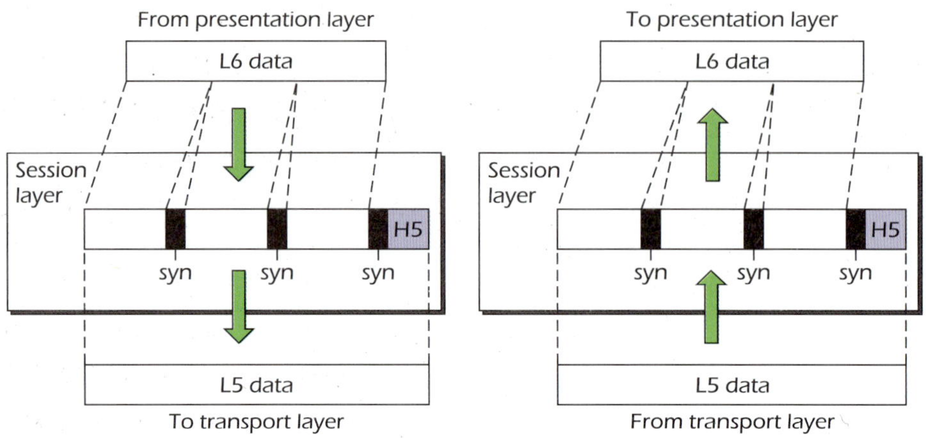

그림 2.8 세션 계층 기능

이다. 이는 통신 시스템 간에 상호대화를 설정하고, 유지하고, 동기화한다(그림 2.8 참조).

세션 계층의 주요 책임은 다음과 같다.

- **대화 제어.** 세션 계층은 두 시스템이 대화하는 것을 허용한다. 이는 두 프로세스 간에 반이중이나 전이중 모드로 통신하는 것을 허용한다.
- **동기화.** 세션 계층은 데이터 스트림에 **확인점**(synchronization point)을 추가하는 것을 허용한다. 예를 들면 어떤 시스템이 2,000쪽 분량의 파일을 보내려고 한다면 100쪽 단위로 수신되고 확인응답되도록 보장하기 위해 매 100쪽 마다 확인점을 추가하는 것이 좋다. 이 경우에, 만약 523쪽을 전송 중에 문제가 생겼다면 시스템이 복구된 후에 501쪽부터 523쪽까지만 재전송하면 된다. 501쪽 앞의 페이지들은 재전송할 필요가 없다.

표현 계층

표현 계층(presentation layer)은 두 시스템 간에 교환되는 정보의 구문과 의미와 관련이 있다. 표현 계층의 특정 기능은 다음과 같다(그림 2.9 참조).

- **변환.** 두 시스템에 있는 프로세스(실행 중인 프로그램)는 항상 문자 스트링, 숫자 등의 형식으로 정보를 교환한다. 정보는 전송되기 전에 비트 스트림으로 변경된다. 서로 다른 컴퓨터는 서로 다른 부호화 시스템을 사용하기 때문에 표현 계층은 서로 다른 부호화 방법 간에 상호 운용성을 책임진다. 송신자의 표현 계층은 송신자 의존 형식을 공통 형식으로 변경한다. 수신자의 표현 계층은 공통 형식을 수신자 의존 형식으로 변경한다.
- **암호화.** 중요한 정보를 전달하기 위해서 시스템은 프라이버시를 보장해야 한다. 암호화는 송신자가 원래의 정보를 다른 형식으로 변환하고 변환된 메시지를 네트워크를 통하여 보내는 것을 의미한다. 복호화는 메시지를 원래의 형식으로 변환하는 반대과정이다.

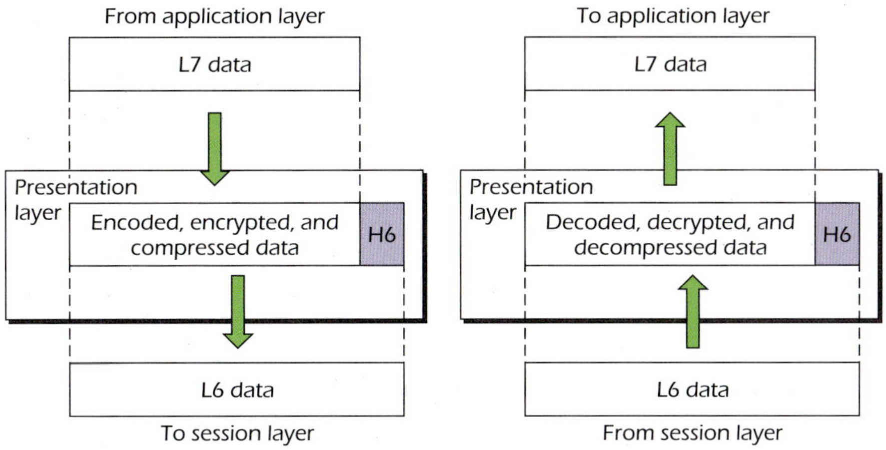

그림 2.9 표현 계층 기능

- **압축.** 데이터 압축은 정보에 들어있는 비트의 수를 줄여준다. 데이터 압축은 텍스트, 오디오, 비디오와 같은 멀티미디어 전송에 매우 중요하다.

응용 계층

응용 계층(application layer)은 사용자(사람 또는 소프트웨어)가 네트워크에 접속하는 것을 가능하게 한다. 전자우편, 원격 파일 접속과 전송, 공유된 데이터베이스 관리, 분산된 정보 서비스의 또 다른 유형과 같은 서비스를 지원하고 사용자 인터페이스를 제공한다(그림 2.10 참조). 응용 계층에 의해 제공되는 특정 서비스는 다음과 같다.

- **네트워크 가상 터미널.** 네트워크 가상 터미널은 사용자에게 원격 호스트에 로그온을 허용하는 물리적인 터미널의 소프트웨어 버전이다. 그렇게 하기 위해 응용은 원격 호스트에

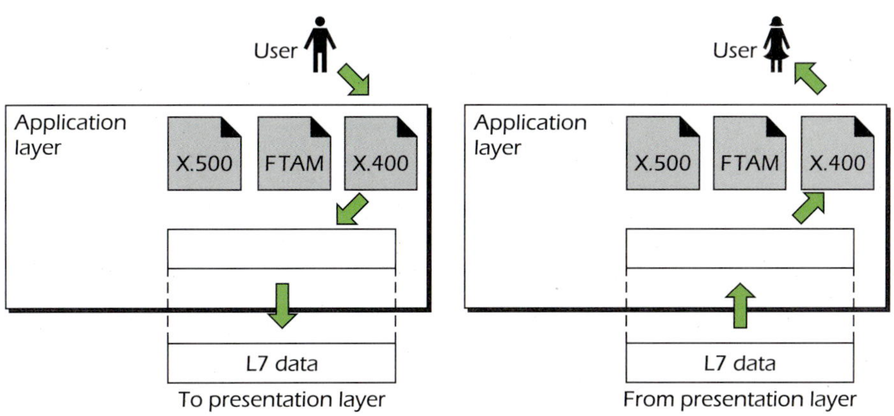

그림 2.10 응용 계층 기능

터미널의 소프트웨어 에뮬레이션을 생성한다. 사용자의 컴퓨터가 소프트웨어 터미널에게 이야기하고, 교대로 호스트에게 이야기하고 또는 그 반대로 이야기한다. 원격 호스트는 자신의 터미널 중 하나와 통신하는 것으로 믿고 로그온을 허용한다.

- **파일 전송, 접근, 관리(FTAM).** 이 응용은 사용자에게 로컬 컴퓨터에서 사용하기 위해, 원격 컴퓨터로부터 파일을 검색하기 위하여, 자체적으로 원격 컴퓨터에 있는 파일을 관리하거나 제어하기 위하여 원격 호스트에 있는 파일 접근(데이터를 읽거나 변경하기 위하여)을 허용한다.
- **전자우편 서비스.** 이 응용은 전자우편을 전달하거나 저장하는 것을 제공한다.
- **디렉토리 서비스.** 이 응용은 분산 데이터베이스 자원을 제공하고 여러 가지 객체와 서비스들에 대한 글로벌 정보에 대한 접근을 제공한다.

OSI 계층의 요약

그림 2.11은 각 계층의 주요 임무에 대한 요약을 보여준다. 다음 절에서, 이 임무들이 어떻게 TCP/IP 프로토콜에 5개의 범주로 혼합되었는가를 설명한다.

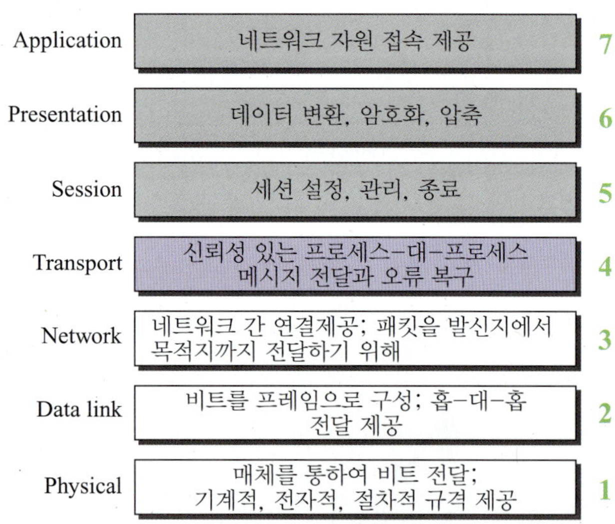

그림 2.11 OSI 계층 요약

2.2 TCP/IP 프로토콜

TCP/IP 프로토콜은 OSI 모델보다 먼저 개발되었다. 그러므로 TCP/IP 프로토콜에서 계층은 OSI 모델의 계층과 정확하게는 일치하지 않는다. TCP/IP 프로토콜은 다섯 계층인 물리 계층, 데이터링크 계층, 네트워크 계층, 전송 계층, 응용 계층으로 구성되어 있다. 처음 네 계층은 OSI 모델의 네 계층과 일치하는 물리적인 표준, 네트워크 인터페이스, 네트워크 간 상호연결, 그리고 전송 기능을 제공한다. 그러나 OSI 모델의 최상위 세 계층(세션, 표현, 응용)은 TCP/IP에서 응용 계층이라는 다른 하나의 계층으로 표현된다(그림 2.12 참조). 각 계층에서 사용되는 프로토콜을 요약하면 다음과 같다.

물리 계층과 데이터링크 계층

물리 계층과 데이터링크 계층에서 TCP/IP는 특정 프로토콜을 규정하지 않고, 현재 사용 중인 모든 표준과 기술적인 프로토콜을 지원한다. TCP/IP 네트워크 간 상호 연결에서 네트워크는 LAN(Local Area Network), MAN(Metropolitan Area Network), 또는 WAN(Wide Area Network)이 될 수 있다.

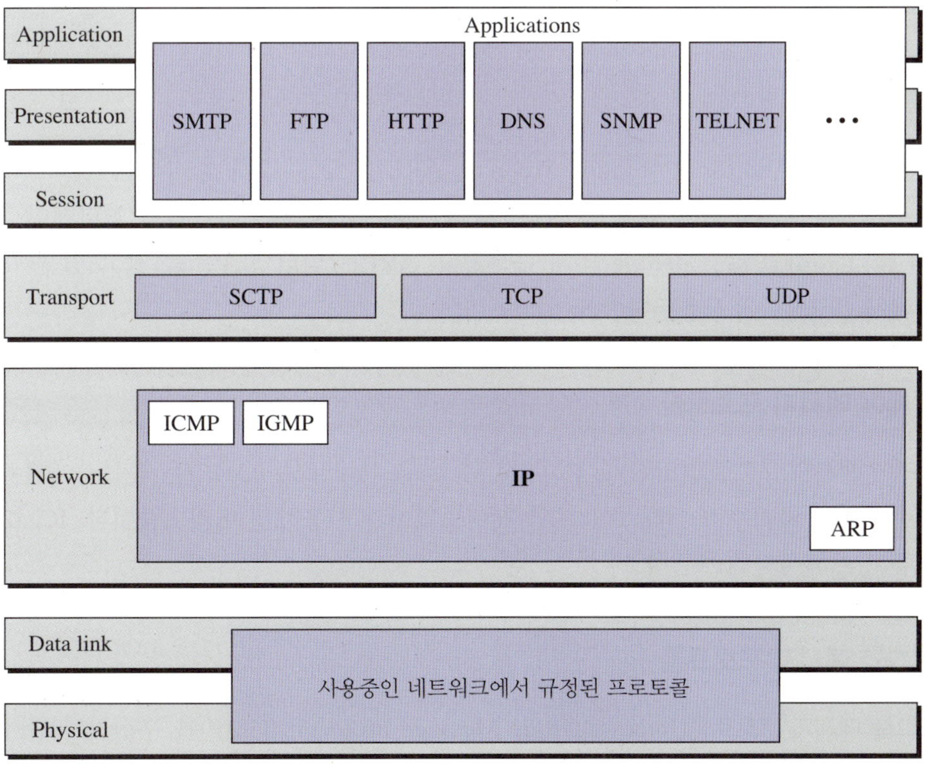

그림 2.12 TCP/IP와 OSI 모델

네트워크 계층

네트워크 계층에서, TCP/IP는 인터네트워킹 프로토콜(IP)을 지원한다. 아울러 IP는 3개의 지원 프로토콜(ARP, ICMP, IGMP)을 포함한다.

인터넷 프로토콜

인터넷 프로토콜(IP)은 TCP/IP 프로토콜에서 사용하는 전송 메커니즘이다. 이 프로토콜은 신뢰성이 없는 비연결형 데이터그램 프로토콜로서 최선의 노력으로 전달을 제공하는 전송 서비스이다. 최선의 노력(Best-Effort)이란 IP가 오류검사나 추적을 제공하지 않는다는 것을 의미한다. IP는 계층의 신뢰성이 없음을 가정하고 목적지까지 전송이 제대로 이루어지도록 최선을 다하지만 완전한 보장은 없다.

IP는 각기 개별적으로 전송되는 데이터그램(Datagram)이라는 패킷 형태로 데이터를 전송한다. 데이터그램은 서로 다른 경로로 전달될 수 있으므로 순서대로 도착하지 않거나 중복되어 도착할 수 있다. IP는 경로를 기록하지 않고, 일단 목적지에 도착한 데이터그램을 재전송하는 기능도 제공하지 않는다.

이러한 IP의 제한된 기능성을 약점이라고 할 수는 없다. IP는 사용자가 주어진 응용에 필요한 기능을 자유롭게 추가할 수 있는 전송기능을 제공하므로 최대한의 효율성을 제공한다.

주소변환 프로토콜

주소변환 프로토콜(Address Resolution Protocol; ARP)은 IP 주소를 물리적인 주소로 변환해준다. LAN과 같은 물리적인 네트워크에서 링크 상의 각 장치는 네트워크 인터페이스 카드(NIC)의 물리 주소인 로컬 주소에 의해 구분된다. ARP는 인터넷 주소를 알고 있을 때 노드의 물리 주소를 찾는 데 사용된다.

인터넷 제어 메시지 프로토콜

인터넷 제어 메시지 프로토콜(Internet Control Message Protocol; ICMP)은 송신자에게 데이터그램의 문제점을 알려주기 위해 호스트와 게이트웨이가 사용하는 메커니즘이다. ICMP는 조회와 오류보고 메시지를 보낸다.

인터넷 그룹 메시지 프로토콜

인터넷 그룹 메시지 프로토콜(Internet Group Message Protocol; IGMP)은 수신자 그룹에게 메시지를 동시에 전송하는 데 사용된다.

전송 계층

TCP/IP에서 전송 계층은 3개의 프로토콜(TCP, UDP, SCTP)을 갖는다. IP는 호스트-대-호스트 프로토콜(Host-to-Host Protocol)로서 패킷을 하나의 물리적인 장치에서 다른 물리적인 장치로 전달할 수 있다는 것을 의미한다. UDP, TCP, SCTP는 하나의 프로세스(실행 중인 프로그램)에서 다른 프로세스로 메시지를 전달하는 기능을 갖는 전송 레벨 프로토콜(Transport Level Protocol)이다.

사용자 데이터그램 프로토콜

사용자 데이터그램 프로토콜(User Datagram Protocol; UDP)은 표준 TCP/IP 전송 프로토콜보다 단순하다. 이것은 포트 주소, 검사합 오류제어, 상위 계층으로부터 받은 데이터 길이 정보만 추가한다. 프로세스-대-프로세스 프로토콜이다.

전송 제어 프로토콜

전송 제어 프로토콜(Transmission Control Protocol; TCP)은 응용에 대한 모든 전송 계층 서비스를 제공한다. TCP는 신뢰성 있는 스트림(stream) 전송 프로토콜이다. 여기서 스트림이란 용어는 연결형을 의미한다. 데이터를 전송하기 전에 양 종단 간에 연결을 설정해야 한다.

각 전송의 송신종단에서 TCP는 데이터 스트림 세그먼트(Segment)라는 작은 단위로 나눈다. 각 세그먼트는 수신된 세그먼트에 대한 확인응답 번호와 함께, 수신 후에 순서를 맞추기 위한 순서번호를 포함하고 있다. 세그먼트 IP 데이터그램으로 캡슐화 되어 인터넷을 통하여 전달된다. 수신 종단에서 TCP는 수신되는 각 데이터그램을 수집하여 순서번호에 따라 순서를 맞춘다.

스트림 제어 전송 프로토콜

스트림 제어 전송 프로토콜(SCTP; Stream Control Transmission Protocol)은 IP 텔레포니와 같은 새로운 응용을 제공한다. 스트림 제어 전송 프로토콜은 UDP와 TCP의 장점을 결합한 전송 제어 프로토콜이다.

응용 계층

TCP/IP에서 응용 계층은 OSI 모델의 세션, 표현, 그리고 응용 계층을 합친 것과 같다. 종단 사용자가 직접 눈으로 볼 수 있는 층으로 사용자에 대해서 직접 통신 기능을 제공한다. 이 계층에는 많은 프로토콜이 정의되어 있다. 뒷 장에서 여러 가지 표준 프로토콜(NFS, SNMP, DNS, HTTP, FTP 등)을 다루도록 한다.

2.3 주소지정

TCP/IP 프로토콜을 이용한 인터넷은 3개의 서로 다른 계층의 주소가 사용되는 데, 이는 물리(링크) 주소(physical address), 논리(IP) 주소(logical address), 그리고 포트 주소(port address)이다. 그림 2.13에 나타난 것처럼 각 주소는 TCP/IP 구조에서 하나의 계층과 관련이 있다.

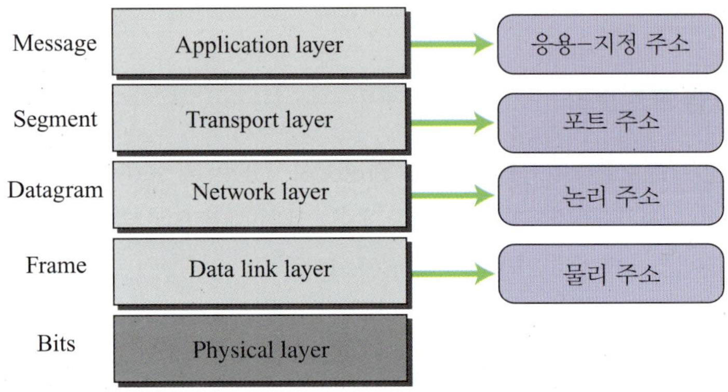

그림 2.13 TCP/IP에서 사용하는 주소들

물리 주소

링크 계층 주소(link-layer address)로 잘 알려진 물리 주소(physical address)는 링크 주소(link address) 또는 MAC 주소(MAC address)라고도 하는데 LAN이나 WAN에서 정의된 노드의 주소이다. 이 주소는 데이터링크 계층에서 사용되는 프레임(frame)에 포함된다. 이것이 최하위 계층 주소이다. 물리 주소는 링크(LAN 또는 WAN) 상의 권한을 갖는다. 가장 대표적인 이더넷(Ethernet)에서는 네트워크 인터페이스 카드(NIC; Network Interface Card)에 있는 6바이트(48비트)의 물리 주소를 사용한다. 대부분의 로컬 네트워크는 다음과 같이 2바이트마다 콜론(:)으로 나누어지는 16진수 12자리로 구성된 48비트(6바이트)의 물리 주소를 사용한다.

07:01:02:01:2C:4B
6바이트(16진수 12자리) 물리 주소

유니캐스트, 멀티캐스트, 그리고 브로드캐스트 물리 주소

이더넷에서는 유니캐스트(unicast, 단일 수신자), 멀티캐스트(multicast, 그룹 수신자), 또는 브로드캐스트(broadcast, 네트워크의 모든 시스템이 수신)라는 세 가지 주소를 지정해서 사용할 수 있다.

유니캐스팅(unicasting)은 일-대-일 통신을 의미한다. 유니캐스트 주소를 목적지로 갖는 프레임은 링크에서 하나의 개체에 전달된다. LAN과 이더넷에서 사용하는 유니캐스트 링크 계층 주소는 48비트(6바이트)이다. 예를 들어 이것을 콜론(:)으로 나누어 12개의 16진수로 표현하면 다음과 같이 링크 계층 주소로 표현할 수 있다.

A3:34:45:11:92:F1

멀티캐스팅(multicasting)은 일-대-다 통신을 의미한다. 그러나 그 범위는 로컬 링크로 제한한다.

LAN과 이더넷에서 사용되는 멀티캐스트 링크 계층 주소는 48비트(6바이트)이다. 이것은 콜론으로 구분된 12개의 16진수로 표현되어 있다. 그러나 두 번째 수는 16진수로 짝수여야 한다. 다음 주소는 16진수로 표현된 멀티캐스트 주소를 나타낸다.

A2:34:45:11:92:F1

브로드캐스팅(broadcasting)은 일-대-전체 통신을 의미한다. 목적지로 브로드캐스트 주소를 갖는 프레임은 링크내의 모든 장치로 전달된다. LAN과 이더넷에서 사용되는 브로드캐스트 링크 계층 주소는 48비트로 모두 "1"이다. 이것은 콜론으로 구분된 12개의 16진수로 표현된다. 다음은 16진수로 표현된 브로드캐스트 주소를 나타낸다.

FF:FF:FF:FF:FF:FF

논리주소

네트워크(또는 IP) 계층에서는 모든 장치들 간에 전 세계적인 통신을 할 수 있도록 인터넷에 연결된 모든 장치를 유일하게 구분할 수 있는 방법이 필요하다. 이것은 국제 통화를 위해 각 나라에서 사용하는 전화 가입자가 국가 번호, 지역 번호, 가입자 번호라는 유일한 전화번호를 갖는 전화 시스템과 유사하다. 논리주소는 이러한 목적을 위해 설계되었다. 논리주소는 현재 인터넷에 연결된 각 호스트를 유일하게 구별할 수 있는 식별자로서 인터넷 주소(Internet Address) 또는 IP 주소(IP Address)라고 하며 32비트 2진 주소 체계(IPv4)를 사용한다. 인터넷상에 있는 두 개의 장치(호스트나 라우터)는 절대로 같은 IP 주소를 사용할 수 없다. 그러나, 만약 어떤 장치가 네트워크를 통해 인터넷에 두 개의 연결을 갖는다면, 두 개의 IP 주소를 갖는다. 그리고 현재 IPv4 주소가 고갈되어 차세대 주소지정 메커니즘인 IPv6가 사용 중에 있다.

IP 주소는 주소를 지정하는 주소 공간(address space)을 가지고 있다. 주소 공간은 프로토콜에서 사용되는 주소의 총 숫자이다. 만약 프로토콜이 주소를 정의하기 위해 N 비트를 사용한다면, 주소 공간은 2^N이다. 즉 각 비트가 두 개의 다른 값(0 그리고 1)을 가지고 있기 때문에 N 비트는 2^N개의 값을 가질 수 있다. IPv4는 주소 공간이 2^{32}개 또는 4,294,967,296(40억 이상)개의 값을 가질 수 있다는 것을 의미하는 32비트 주소를 사용한다. 만약 제약이 없다면, 이론상으로 40억개 이상의 장치를 인터넷에 연결할 수 있다는 것을 의미한다.

IP 주소를 나타내기 표기법에는 세 가지가 있는데, 이는 2진 표기법, 10진 표기법(점으로 구분되어지는), 16진 표기법이 있다.

2진 표기법(binary notation)에서 IP 주소는 32비트로 나타낸다. 이는 주소를 보다 읽기 쉽도록 하기 위해 사용하는 표기법으로 항상 각 옥텟(8비트) 사이에 하나 또는 그 이상의 공간을 삽입한다. 각 옥텟은 바이트(Byte)로 나타내기도 한다. 따라서 IP 주소를 32-비트 주소, 4-옥텟 주소, 또는 4-바이트 주소로 나타내는 것이 일반적이다. 다음은 2진 표기법으로 표기한 IP 주소의 예를 보여주고 있다.

01110101 10010101 00011101 11101010

IP 주소를 보다 편리하고 읽기 쉽도록 만들기 위해서, 인터넷 주소를 보통 바이트를 구분하는 소수점(점)을 이용하여 10진 형식으로 표기한다. 그림 2.14는 IP 주소를 점-10진 표기법(dotted-decimal notation)으로 나타내고 있다. 각 바이트(Octet)는 8비트로 표현되기 때문에, 10진 표기법에서 표현되는 각 숫자는 0과 255 사이의 값을 갖는다. 다음은 10진 표기법으로 표현한 IP 주소의 예를 보여주고 있다.

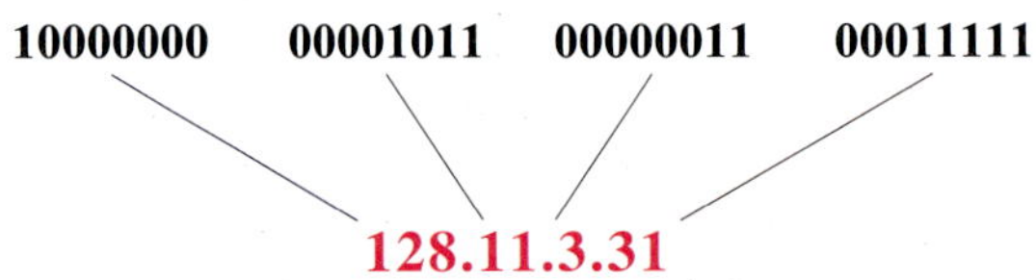

그림 2.14 점-10진 표기법

가끔 16진 표기법(hexadecimal notation)으로 표현된 IP 주소를 볼 수 있다. 각 16진수 숫자는 4비트와 대응된다. 이것은 32-비트 주소는 8개의 16진 숫자로 구성된다는 것을 의미한다. 다음은 16진 표기법으로 표현한 IP 주소의 예를 나타내고 있다.

$C1831CFF_{16}$

IP 주소는 맨 처음 시작할 때부터 클래스(class) 개념을 사용하였다. 이러한 구조를 클래스 기반 주소지정(classful addressing)이라 한다. 1990년대 중반에 클래스 없는 주소지정(Classless

Addressing)이라는 새로운 구조가 등장하였는 데, 원래의 구조를 대체할 것이라고 소개되었다. 그러나 아직도 대부분의 인터넷에서 클래스 기반 주소지정을 사용하고 있으며, 클래스 없는 주소지정으로의 전환은 천천히 진행되고 있다. "클래스 없는(Classless)" 주소지정을 이해하기 위해서는 "클래스 기반(Classful)" 주소지정 개념을 이해해야 한다.

클래스 기반 주소지정에서 IP 주소 공간은 다섯 개의 클래스(A, B, C, D, E)로 나뉘어 진다. 각 클래스는 전체 주소 공간의 일부분을 차지한다. 그림 2.15는 주소 공간에 대한 각 클래스의 점유를 보여주고 있다.

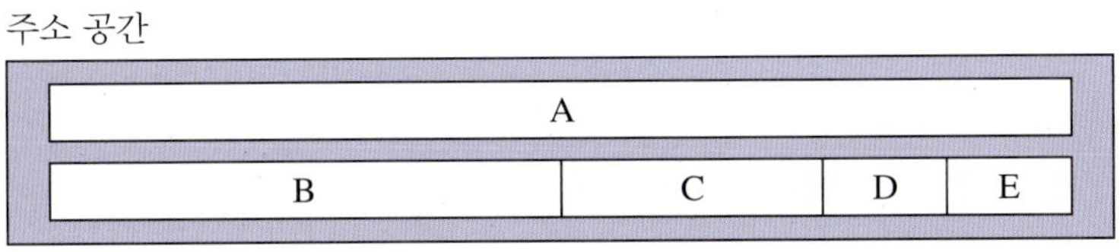

그림 2.15 주소 공간 점유율

그림 2.15에서 클래스 A가 주소 공간의 절반을 차지하고 있다는 것을 알 수 있으며, 이는 심각한 설계 결함으로 볼 수 있다. 클래스 B는 전체 주소 공간의 1/4을 차지하고 있으며, 이것 또한 설계 결함으로 볼 수 있다. 클래스 C는 주소 공간의 1/8을 차지하고 있으며, 클래스 D와 E는 주소 공간의 1/16씩을 차지하고 있다. 표 2.1은 각 클래스의 주소 개수를 보여주고 있다.

표 2.1 클래스별 주소 갯수

클래스	주소의 갯수	%
A	2^{31} = 2,147,482,648	50%
B	2^{30} = 1,073,741,824	25%
C	2^{29} = 536,870,912	12.5%
D	2^{28} = 268,435,456	6.25%
E	2^{28} = 268,435,456	6.25%

클래스 인식

주소가 2진 표기법, 또는 점-10진 표기법으로 주어졌을 때, 주소의 클래스를 알 수 있다. 그림 2.16과 같이 주소가 2진 표기법으로 주어졌다면, 맨 앞의 몇 개 비트를 보고 주소의 클래스를 즉시 알 수 있다.

주소가 점-10진 표기법으로 주어졌을 때, 주소의 클래스를 결정하기 위해서 첫 번째 바이트를 살펴보아야 한다. 각 클래스는 지정된 숫자의 범위를 가지고 있다. 그림 2.17은 이와 같은 내용을 보여주고 있다.

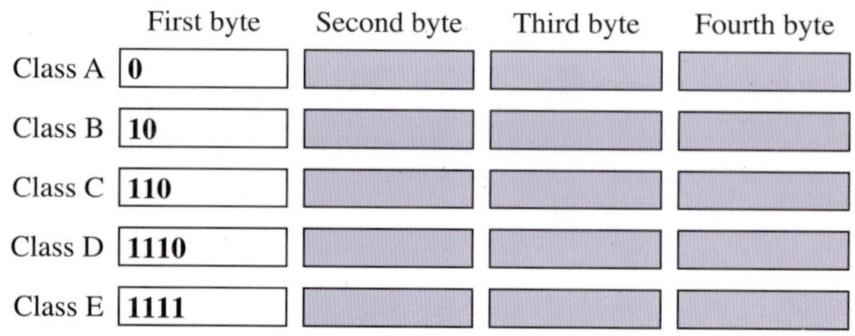

그림 2.16 2진 표기법에서 주소 클래스 인식

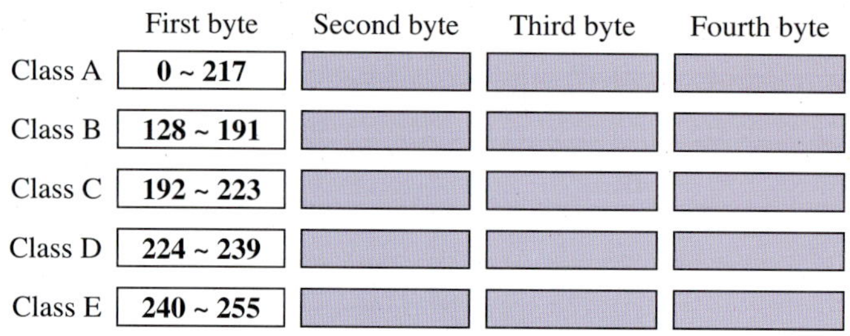

그림 2.17 10진 표기법의 주소 인식

그림 2.17에서 알 수 있듯이, 첫 번째 바이트(10진수 표현)가 0과 127 사이의 값을 가지면 클래스 A이다. 또한 첫 번째 바이트가 128과 191 사이의 값을 가지고 있다면 클래스 B이다. 나머지 클래스들도 그림에서 보는 바와 같이 지정된 숫자의 범위로 표현된다.

Netid와 Hostid

클래스 기반 주소지정에서 클래스 A, B, C의 IP 주소는 netid와 hostid로 나뉘어진다. 이 부분들은 주소의 클래스에 따라 길이가 변한다. 그림 2.18은 netid와 hostid의 바이트를 보여주고 있다. 클래스 D와 E는 netid와 hostid로 나뉘어지지 않는다.

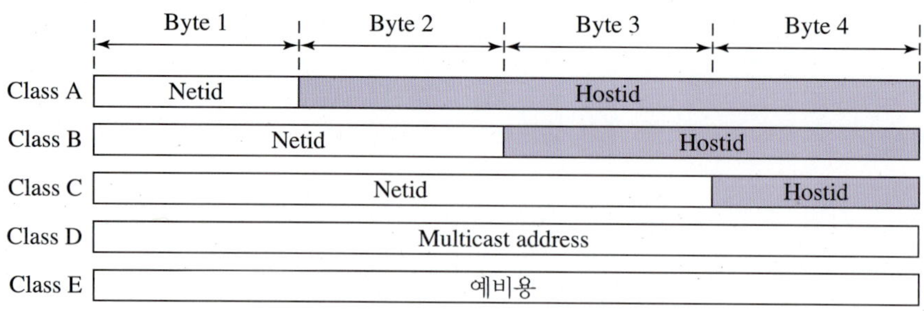

그림 2.18 클래스 주소에서 netid와 hostid

클래스와 주소블록

클래스 기반 주소지정에서 각 클래스는 고정된 크기의 블록을 가지고 있고, 각 블록은 고정된 크기를 갖는다는 것이다. 각 클래스에 대해 살펴보도록 하자.

클래스 A

클래스 A는 서로 다른 netid를 갖는 128개의 블록으로 나뉜다. 첫 번째 블록은 0.0.0.0에서 0.255.255.255(netid는 0) 사이의 주소를 갖는다. 두 번째 블록은 1.0.0.0에서 1.255.255.255(netid는 1) 사이의 주소를 갖는다. 그리고 마지막 블록은 127.0.0.0에서 127.255.255.255(netid는 127) 사이의 주소를 갖는다. 각 주소 블록에서 첫 번째 바이트(netid)는 동일하지만, 다른 3바이트(hostid)는 주어진 범위에 따라 해당하는 값을 갖는다.

클래스 A에서 첫 번째와 마지막 블록은 특별한 목적을 위해 예약해 놓은 것이다. 또한 netid가 10인 블록은 사설(Private) 주소로 사용된다. 나머지 125개의 블록은 기관에 할당할 수 있다. 이는 클래스 A 주소를 사용할 수 있는 기관의 총 수는 오직 125개이다. 그러나 클래스 A의 각 블록은 16,777,216개의 주소를 가질 수 있으며, 이는 한 기관이 하나의 블록을 사용함으로써 각 블록이 갖는 모든 수소를 사용한나는 것을 의미한다. 클래스 A 주소는 자신의 네트워크에 속해 있는 대규모의 호스트나 라우터를 사용하는 규모가 큰 기관을 위해 설계되었다. 그러나 각 블록당 16,777,216개의 주소를 가질 수 있기 때문에 아마도 대부분의 기관에서 필요한 주소의 수보다 많을 것이다. 따라서 클래스 A에서 많은 주소가 낭비되고 있다.

클래스 B

클래스 B는 서로 다른 netid를 갖는 16,384개의 블록으로 나뉜다. 16개의 블록은 사설 주소를 위해 예약되어 있으며, 나머지 16,368개의 블록은 기관에 할당되어 진다. 첫 번째 블록은 128.0.0.0에서 128.0.255.255(netid는 128.0) 사이의 주소를 갖는다. 마지막 블록은 191.255.0.0에서 191.255.255.255(netid는 191.255) 사이의 주소를 갖는다. 각 주소 블록에서 첫 번째 2 바이트(netid)는 동일하지만, 다른 2바이트(hostid)는 주어진 범위에 따라 해당 값을 가지게 된다.

클래스 B는 16,368개의 블록을 할당할 수 있다. 이는 클래스 B를 사용할 수 있는 기관의 전체 수가 16,368개임을 의미한다. 그러나 클래스 B에서 각 블록당 65,636개의 주소를 가질 수 있기 때문에 기관이 모든 주소를 사용할 만큼 규모가 커야 한다.

클래스 B 주소는 자신의 네트워크에 속해 있는 만 여개 정도의 호스트나 라우터를 사용하는 중형 기관을 위해 설계되었다. 그러나 각 블록당 65,636개의 주소를 가질 수 있기 때문에 아마도 중형 기관에서 필요한 주소의 수보다 많을 것이다. 따라서 클래스 A와 마찬가지로 클래스 B에서도 많은 주소가 낭비되고 있다.

클래스 C

클래스 C는 서로 다른 netid를 갖는 2,097,152개의 블록으로 나뉜다. 256개의 블록은 사설 주소를 위해 예약되어 있으며 나머지 2,096,896개의 블록은 기관에 할당되어진다. 첫 번째 블록은 192.0.0.0에서 192.0.0.255(netid는 192.0.0) 사이의 주소를 갖는다. 마지막 블록은 223.255.255.0에서 223.255.255.255(netid는 223.255.255) 사이의 주소를 갖는다. 각 주소 블록에서 첫 번째 3바이트(netid)는 동일하지만, 남은 1바이트(hostid)는 주어진 범위에 따라 해당 값을 가지게 된다.

클래스 C에는 2,096,902개의 블록이 할당되어 있다. 이는 클래스 C를 사용할 수 있는 전체 기관의 수가 2,096,902개임을 의미한다. 그러나 클래스 B에서 각 블록 당 256개의 주소를 가질 수 있기 때문에 기관이 256개보다 작은 주소를 사용하는 작은 규모의 기관을 위해 설계되었다.

클래스 D

클래스 D 주소는 단지 한 블록이다. 따라서 클래스 D는 멀티캐스팅(Multicasting, 그룹통신)을 위해 설계되었다. 클래스 D의 각 주소는 인터넷 호스트들의 한 그룹을 정의하는 데 사용된다. 한 그룹에 클래스 D의 주소가 할당 되어지면, 이 그룹의 멤버에 속하는 모든 호스트가 일반적인(유니캐스트) 주소에 추가적으로 멀티캐스트 주소를 가지게 될 것이다.

클래스 E

클래스 E 주소도 단지 하나의 블록을 갖는다. 클래스 E는 예약된 주소로 사용하기 위해 설계되었다. 클래스 E에서 마지막 주소는 255.255.255.255로서 특별한 주소로 사용된다.

유니캐스트, 멀티캐스트, 브로드캐스트 주소

논리주소는 유니캐스트(단일 수신자), 멀티캐스트(그룹 수신자), 또는 브로드캐스트(네트워크 내의 모든 시스템)가 될 수 있다. 단, 브로드캐스트 주소에는 제한이 있다.

IPv6

현재 인터넷에서 사용되고 있는 네트워크층 프로토콜은 IPv4이다. IPv4는 잘 설계되었지만, 다음과 같이 빠르게 성장해가고 있는 인터넷에서 맞지 않는 몇 가지 문제점을 가지고 있다.

- IPv4는 네트워크 아이디(net ID)와 호스트 아이디(host ID)라는 두 계층의 주소 체계를 가지고 5개의 클래스(A, B, C, D, E)로 나뉘어져 있다. 이러한 주소 공간의 사용은 비효율적이다.

- 인터넷은 실시간 오디오와 비디오 정보를 수용해야 한다. 이런 형태의 전송은 IPv4 설계에서 고려되어져 있지 않은 최소 지연 방안과 자원 예약을 필요로 한다.
- 인터넷은 일부 응용의 데이터에 대한 암호화와 인증을 수용해야 한다. 초기의 IPv4는 보안 기능을 제공하지 않는다.

이러한 결점을 보완하기 위해 IPv6(Internet Protocol Version 6 혹은 Internetworking Protocol, next generation: IPng)로 알려진 프로토콜이 제안되었고, 현재는 표준이 되었다. IPv6에서는 인터넷의 예측할 수 없는 성장을 고려하여 많은 부분이 수정되었다. IP 주소의 길이나 형식이 패킷 형식과 함께 수정되었다.

IPv6(IPng)는 IPv4에 비해 다음에 요약된 것과 같은 몇 가지 장점을 가지고 있다.

- **더 큰 주소 공간** IPv6의 주소 공간은 128비트이다. 이것은 32비트 주소 공간을 갖는 IPv4에 비해 주소 공간이 엄청나게 증가(2^{96})한 것이다.
- **더 나은 헤더 형식** IPv6는 주소의 선택사항 부분을 기본 헤더에서 분리하여 필요할 때 기본 헤더와 상위 계층 데이터 사이에서 따로 삽입하여 사용하는 새로운 형식이다. 이것은 라우터가 대부분의 선택사항을 검사할 필요가 없어지기 때문에 라우팅 처리가 간단해지고 속도를 향상시킨다.
- **새로운 선택사항들** IPv6는 추가적인 기능을 위해 새로운 선택사항을 가지고 있다.
- **확장을 위한 승인** IPv6는 새로운 기술이나 응용에 의해 요구되면 프로토콜의 확장이 가능하게 설계되었다.
- **자원 할당의 지원** IPv6에서는 서비스 유형(type of service) 필드가 없어지고, 발신지가 패킷의 특별한 처리를 요구할 수 있도록 흐름 표지(flow label)라고 부르는 방법이 추가되었다. 이 방법은 실시간 오디오나 비디오와 같은 트래픽을 지원하는데 사용될 수 있다.
- **강화된 보안의 지원** IPv6에서 암호화와 인증 선택사항은 패킷의 기밀성(confidentiality)과 무결성(integrity)을 제공해 준다.

IPv6 주소

IPv6는 16바이트 또는 128비트 길이를 갖는다(그림 2.19 참조).

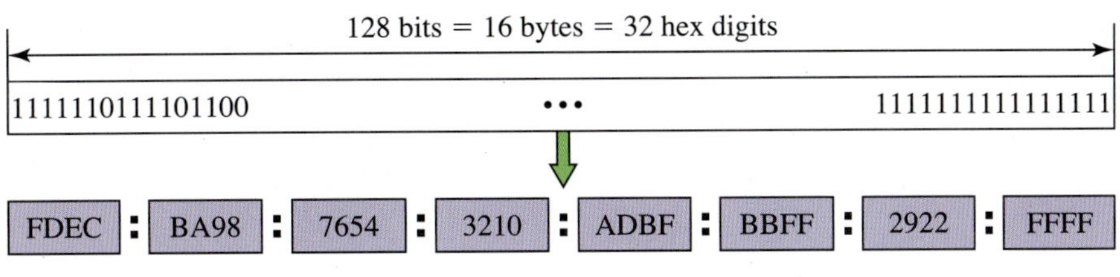

그림 2.19 IPv6 주소

16진수 콜론(Colon) 표기

보다 읽기 쉽게 하기 위해 IPv6는 16진수 콜론 표기로 정의한다. 이러한 표현 형식에서 128비트가 2바이트 길이씩, 8부분으로 나누어진다. 16진수 표기에서 2바이트는 4개의 16진수로 표기된다. 그래서 주소체계는 매 32개의 16진수로 구성되는 데, 이는 4개의 16진수마다 콜론으로 분리된다.

생략형

16진수 형식으로 표현된 IP 주소는 매우 길기는 하지만 많은 수의 0을 포함하고 있다. 이런 경우 주소를 간단히 생략할 수 있다. 섹션(두 개의 콜론 사이에 있는 4개의 숫자)의 앞에 있는 0들은 생략(Abbreviation)할 수 있다. 섹션의 앞에 있는 0들만 생략될 수 있으며 뒤에 붙은 0들은 생략할 수 없다. 그림 20.20은 예를 들어 보이고 있다.

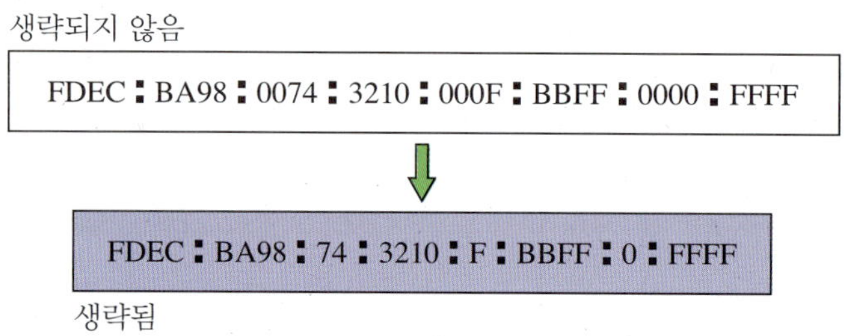

그림 2.20 주소의 생략형

이러한 생략형 표현을 사용함으로써, 0074는 74로 표기할 수 있으며, 000F는 F로, 0000은 0으로 표현할 수 있다. 여기서 3210은 321로 축약할 수 없음을 알아야 한다. 연속되는 섹션이 0으로만 구성되었다면 더욱 많은 생략이 가능하다. 0을 모두 제거하고 이는 더블콜론(double colon)으로 대체할 수 있다. 그림 2.21은 이 개념을 보이고 있다.

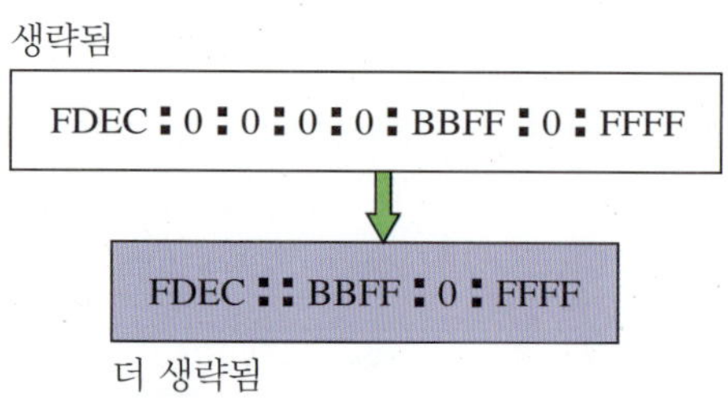

그림 2.21 연속적인 0을 가진 생략형 주소

이러한 형식의 생략은 주소당 한번만 가능하다는 것에 유의하라. 만일 0만을 포함하고 있는 섹션이 두 부분에 존재한다면 이들 중 단지 한 부분만 축약이 가능하다. 축약된 주소의 재확장 표현은 매우 간단하다. 축약되지 않은 부분을 정렬하고 0들을 삽입하면 원래 확장된 주소를 얻게 된다.

CIDR 표기

IPv6은 클래스가 없는 주소체계와 CIDR(Classless Inter-Domain Routing) 표현을 수용한다. 예를 들어 그림 2.22는 CDIR을 사용하여 60비트의 접두사(prefix)를 정의할 수 있는가를 보여주고 있다.

FDEC : 0 : 0 : 0 : 0 : BBFF : 0 : FFFF/60

그림 2.22 CIDR 주소

주소 분류

IPv6는 유니캐스트, 애니캐스트와 멀티캐스트라는 세 유형의 주소를 정의한다.

유니캐스트 주소

유니캐스트 주소(Unicast Address)는 하나의 컴퓨터를 정의한다. 유니캐스트로 전송된 패킷은 특정한 컴퓨터에게만 전달된다.

애니캐스트 주소

애니캐스트 주소(Anycast Address)는 같은 접두사(prefix)를 가지고 있는 한 그룹의 컴퓨터를 정의한다. 예를 들어 같은 물리적 네트워크에 연결된 모든 컴퓨터들은 같은 접두사를 갖는 주소를 공유한다. 애니캐스트 주소로 전송된 패킷은 정확히 그룹의 멤버들 중 하나에게 전송된다(가장 가깝거나 가장 쉽게 접속할 수 있는 소속원).

멀티캐스트 주소

멀티캐스트 주소(Multicast Address)는 같은 접두사를 공유할 수도 있고 아닐 수도 있으며, 같은 물리적 네트워크로 연결되어 있을 수도 있고, 아닐 수도 있는 컴퓨터들의 그룹이다. 멀티캐스트 주소로 전송된 패킷은 그 그룹의 각 소속원들에게 모두 전달되어야만 한다.

포트 주소

데이터를 발신지에서 목적지 호스트까지 전송하기 위해서는 IP 주소와 물리 주소가 필요하다. 그러나 목적지 호스트에 도착하는 것이 인터넷을 통한 데이터 전송의 최종 목적이 아니다. 단지 하나의 컴퓨터에서 다른 컴퓨터로 데이터를 전송하는 시스템이 아니라 오늘날에는 한 대의 컴퓨터에서 여러 개의 프로세스를 동시에 실행할 수 있다. 인터넷 통신의 최종 목적은 한 프로세스가 다른 프로세스와 통신할 수 있도록 하는 것이다. 예를 들면 컴퓨터 A는 TELNET을 이용하여 컴퓨터 C와 통신할 수 있다. 동시에 컴퓨터 A는 FTP를 이용하여 컴퓨터 B와 통신을 한다. 동시에 발생되는 이러한 프로세스들을 위해 서로 다른 프로세스를 식별하는 방법이 필요하다. 다시 말해 주소가 필요하다. TCP/IP 구조에서 프로세스에 할당된 레이블을 포트 주소(또는 포트 번호)라고 한다. TCP/IP에서 포트 주소 길이는 16비트이다. 따라서, 포트 번호는 0에서 65,535의 범위 내에 있을 수 있다. 포트 번호는 잘-알려진 포트와 임시 포트로 나눌 수 있다. **잘-알려진 포트**(well-known port)로 0부터 1023 범위 내의 포트로서 서버가 사용하는 포트이고, **임시 포트**(ephemeral port number)는 클라이언트가 사용하는 포트 번호이다. 포트 주소는 다음과 같이 하나의 10진수로 표현된다.

> 753
>
> 16비트 포트 주소는 하나의 숫자로 표현된다.

응용 지정 주소

특정 응용을 위해 설계된 응용에서는 사용자에게 친숙한 주소를 사용한다. 예를 들면 전자우편 주소(예: jklee@hnu.kr), URL(Universal Resource Locator, 예: www.google.com)이다. 전자우편 주소는 송/수신자를 나타내고, URL은 월드 와이드 웹상의 문서를 찾는 데 사용된다. 그렇지만 이들 주소는 컴퓨터에 의해서 대응되는 포트와 논리주소로 변경된다.

연습문제

1. OSI와 ISO는 서로 어떤 관련이 있는가?

2. 다음 설명에 해당하는 기능을 수행하는 OSI 모델의 계층을 기술하라.
   a. 경로 선택과 경로 지정
   b. 흐름 제어
   c. 전송 매체의 인터페이스
   d. 종단 사용자를 위한 응용 접근 제공
   e. 신뢰성 있는 프로세스-대-프로세스 전달
   f. 프레임 구성
   g. 전자우편과 파일 전송 같은 사용자 서비스 제공
   h. 물리 매체를 통한 비트 스트림 전송
   i. 오류 교정 및 재전송
   j. 기계적, 전기적, 기능적 인터페이스
   k. 인접한 노드들 사이 프레임에 대한 전달 책임
   l. 데이터 형식 및 코드 변환 서비스
   m. 세션 설정, 관리, 종료
   n. 로그인과 로그아웃 처리절차

3. 물리 계층에서 주소가 필요 없는 이유는 무엇인가?

4. 다음 각 시스템에 대한 주소 공간은 얼마인가?
   a. 8비트 주소를 갖는 시스템
   b. 16비트 주소를 갖는 시스템
   c. 64비트 주소를 갖는 시스템

5. 주소 공간이 1,024개의 주소를 가지고 있다. 주소를 표현하기 위해 몇 개의 비트가 필요한가?

6. 다음 IP 주소는 어느 클래스에 속하는가?
   a. 208.34.54.12
   b. 238.34.2.1
   c. 242.34.2.8
   d. 129.14.6.8

CHAPTER 03
와이어샤크 개요

3.1 패킷 분석기
3.2 와이어샤크 개요
3.3 와이어샤크에서 패킷을 캡처/처리하는 방법
3.4 와이어샤크 정보

오늘날 우리는 거의 매일 인터넷을 사용하고 있다. 그런데 우리가 많이 이용하고 있는 웹서핑, FTP, 이메일, 인터넷전화 등이 실제로 인터넷에서 어떤 형태로 전달되는지 확인해 본 적이 있는가? 이를 위해서 **와이어샤크**(Wireshark)라는 도구를 이용하여 네트워크를 분석할 수 있다면 관련된 여러 가지 많은 일을 할 수 있을 것이다. 일반적으로 컴퓨터 간의 데이터 교환은 통신 프로토콜에 따라 **패킷**(packet)이라는 데이터 단위를 사용하여 이루어진다. 이 패킷을 해석(분석)할 수 있다면 통신에 대한 개념을 명확하게 이해할 뿐만 아니라 어떤 문제점이 발생했을 때에 문제점을 해결하는 것이 가능해진다. 패킷을 해석하려면 먼저 패킷을 확보해야 한다. 통신이 이루어지는 과정에 있는 패킷을 붙잡는 것을 **캡처한다**(capture, 또는 **수집**)고 말한다. 네트워크 분석(또는 프로토콜 분석)이란 네트워크를 통하여 전달되는 트래픽을 살펴보고, 분석하는 행위이다. 이를 위해서 패킷 가로채기 또는 **스니핑**(sniffing)이라는 것을 하게 되는데, 이는 네트워크의 통신 내용을 도청하는 행위이다. 이때 사용되는 도구를 **패킷 분석기**(packet analyzer/network analyzer), LAN **분석기**(LAN analyzer) 또는 **패킷 스니퍼**(packet sniffer/network sniffer)라고 하며, 네트워크를 통하여 전달되는 트래픽의 내용을 캡처하는 기능을 갖는 소프트웨어 또는 하드웨어이다. 또는 프로토콜 분석기라고도 불리며, 특정한 종류의 네트워크에서는 **이더넷 스니퍼**(ethernet sniffer) 또는 **무선 스니퍼**(wireless sniffer)라고 불린다. 데이터 스트림은 네트워크를 통하여 전달되며, 스니퍼는 각 패킷을 캡처해서 해석하고, 적절한 RFC(*Request for Comments*)나 규격에 따라 내용을 분석한다.

와이어샤크를 이용하면 네트워크를 분석하는 일은 어려운 일이 아니다. 누구나 네트워크 통신을 분석할 수 있다. 이를 통하여 성능에 따른 문제점 파악, 침해당한 시스템의 흔적 찾아내기, 오동작하는 응용 프로그램이나 네트워크 과부하 문제의 원인 파악 등을 할 수 있는 전문적인 네트워크 분석가가 되려면 기본적으로 다음 세 가지를 잘 알아야한다.

- TCP/IP 통신 프로토콜에 대한 이해
- 와이어샤크 사용법
- 패킷 구조와 패킷 흐름

3.1 패킷 분석기

패킷 분석기(packet analyzer)는 네트워크를 통해 전달되는 패킷을 캡처하여 패킷의 내용을 화면에 나타내 주는 소프트웨어이다. 패킷 분석기에는 상용과 무료(오픈 또는 프리 소스)가 있으며, 그 기능도 여러 가지가 있다. 패킷 분석기는 대부분 공공기관, 금융기관, 일반회사, 학교 등에 있는 정보기기들을 케이블과 같은 전송매체로 연결한 근거리 통신망(LAN; Local Area Network)에서 사용되는 분석 도구이다. 즉 네트워크 분석 도구라고도 한다.

좀 더 간단히 말하면 패킷 분석기는 네트워크의 투시 카메라와 같다고 할 수 있다. 예를 들면 전기를 수리할 때에 전류계나 전압계를 이용하여 전기 케이블에 흐르는 전기를 계측하기도 하고 기계를 수리하기도 한다. 이와 마찬가지로 네트워크 케이블을 따라 전달되는 모든 내용을 볼 수 있는 것이다.

패킷 분석기는 LAN 케이블을 따라 전달되는 전자기 신호를 데이터(패킷)로 캡처하여 패킷의 내용을 볼 수 있다. LAN 케이블을 따라 흐르는 전기 신호를 데이터로 획득하는 것을 「패킷 캡처(packet capture)」라고 한다. 또한 획득한 패킷의 의미를 알아보는 것을 「덤프 분석(dump analysis)」이라고 한다.

패킷 분석기는 전송매체를 따라 전송되는 신호를 획득하여 패킷을 캡처한다. 그렇기 때문에 환경에 따라서는 자신의 컴퓨터 이외의 신호, 즉 타인의 통신이나 네트워크 전체의 통신 신호에 대해서도 패킷을 캡처할 수 있다. 이것은 네트워크의 문제를 알아보거나 원인이 명확하게 발견되지 않는 네트워크 전체에 대하여 트러블슈팅(문제점 해결)을 시도하는 경우에 상당히 도움이 된다.

그러나 다른 한편으로 타인의 통신을 도청하여 통신 내용을 몰래 알 수도 있다. 물론 이 책을 공부한 후에 도청으로 이어지는 일은 없어야 한다. 인터넷이나 회사 등의 LAN에서 의도적으로 도청을 하거나 도청한 정보를 악용하면 법률로 처벌받을 수 있다. 타인의 통신을 도청하는 일은 절대로 하지 말기 바란다.

패킷 분석기의 종류

패킷 분석기는 크게 하드웨어 분석기와 소프트웨어 분석기로 나눌 수 있다.

하드웨어 분석기

하드웨어 분석기는 들고 다닐 수 있는 휴대형으로 액정화면이나 네트워크에 접속하기 위한 커넥터가 달려 있다. 이 커넥터를 조사하고자 하는 네트워크에 직접 접속하여 패킷을 살펴보거나 네트워크의 안전성을 확인하거나 한다.

하드웨어 분석기는 주로 네트워크에 트러블이 발생할 때 직접 현장에 가지고 가서 트러블을 해결하기 위해 사용한다. 하드웨어 분석기의 이점은 소프트웨어 분석기에서는 어려운 케이블의 품질 조사라든가 오류 프레임 등을 정확히 측정할 수 있다는 점이다. 다만 비교적 가격이 비싸기 때문에 일반 개인 사용자용이라기보다는 기업용이라고 말할 수 있다. 실제로 대부분이 규모가 큰 기관의 네트워크 시스템 관리에서 이용되고 있다.

소프트웨어 분석기

소프트웨어 분석기는 노트북이나 서버에 설치하여 컴퓨터의 네트워크 인터페이스 카드를 이용하여 네트워크에 접속한다. 소프트웨어 분석기에는 상용과 무료(오픈 소스)가 있다.

특히, 상용은 통계(trend) 기능, 보고(report) 기능, 임계치(threshold) 설정 기능이 뛰어나다. 통계 기능은 일정 시간 패킷을 캡처한 내용을 토대로 특정 조건을 충족하는 패킷의 경향이라든가 특징에 대하여 시간을 기준으로 통계를 작성하는 것이다. 예를 들면 네트워크 이용률, 오류율, 브로드캐스트율 등이라든가 프로토콜 분포, 호스트의 통신량 분포 등 통계나 보고서를 실시간으로 작성할 수 있다.

또한 보고 기능은 패킷 캡처 내용에 대한 보고서를 작성하는 것이다. 이 보고서는 파이 차트(원 그래프)나 히스토그램(막대그래프), 일람표 등으로 가공하여 보여준다.

또한 임계치 설정 기능이란 패킷을 캡처하기 전에 임계치를 설정할 수 있다. 참고로 임계치는 통계 분석을 할 때의 기준치를 말한다. 예를 들면 브로드캐스트율로 20%, 오류율로 0.1%라는 식으로 임계치를 설정한다. 그리고 캡처할 때 이 설정치를 초과하면 분석기 화면에 경고 메시지를 표시한다든가 관리자에게 메일을 보낼 수 있다.

이상의 기능이 상용 패킷 분석기의 가장 큰 이점이라고 할 수 있다. 다만 하드웨어 분석기와 마찬가지로 비교적 고가이기 때문에 일반적으로 기업의 시스템 관리나 네트워크 관리 부서에서 많이 사용하고 있다.

상용 하드웨어 분석기나 소프트웨어 분석기가 상당히 고가인데 반해 무료 소프트웨어 분석기는 무료로 이용할 수 있다는 장점이 있다. 개인이나 학교, 기업에서 자유롭게 이용할 수 있다. 또한 소스 코드가 GPL(General Public License) 등의 오픈 소스로 공개되어 있기 때문에 소스 코드를 바꾸어 사용하기 쉽도록 커스터마이즈하는 것도 가능하다. 다만 저작권을 포기하지 않았기 때문에 기능을 추가한 부분은 커뮤니티(개발자 그룹)에 피드백을 해주어야 한다.

이 책에서 설명할 와이어샤크는 패킷 분석기로서 가장 대표적인 무료 소프트웨어이다.

3.2 와이어샤크 개요

와이어샤크(Wireshark)은 LAN 상에서 전달되는 패킷을 해석하는 도구이다. 와이어샤크는 미국의 미주리대학에서 전산학을 공부한 제럴드 콤즈(Gerald Combs)가 개발한 LAN 분석기이다. 콤즈는 이것을 GPL이라는 라이센스 형태로 배포하고 있다. 콤즈는 당초 1988년에 "Ethereal"이라는 명칭으로 LAN 분석기를 개발하여 GPL로 공개하였다. 그는 당시 근무하고 있던 회사에서 개발 팀의 핵심 멤버로서 일하고 있었는데, 8년 후에 WinPcap의 개발로 유명한 CACE 테크놀로지 사로 직장을 옮기게 되었다. 그 결과 Ethereal 프로젝트는 더 이상 개발을 계속할 수 없게 되었고, 원래 회사는 저작권을 양도하려고 하지 않아서 콤즈 팀은 와이어샤크라는 새로운 상표로 개발을 계속하게 되었다. 현재 와이어샤크는 엄청난 규모로 성장하였다. 와이어샤크는 오픈 소스 애플리케이션이기 때문에 누구나 자유롭게 자신의 PC에 설치하여 사용할 수 있다. 또한 소스 코드가 공개되어 있기 때문에 기능을 추가하여 사용하기 쉽게 업그레이드하는 것도 가능하다. 업그레이드한 부분에 대해서도 소스 코드가 공개되기 때문에 해당 내용은 커뮤니티에 반영되어 커뮤니티 전체에서 유지 관리되고 있다. 이러한 와이어샤크는 많은 기능을 가지고 있을 뿐만 아니라 WinPcap란 소프트웨어를 같이 사용함으로써 윈도우에서 패킷 캡처를 할 수 있다. 와이어샤크는 유닉스, 리눅스 등 다양한 운영체제에서 사용할 수 있게 개발되어 배포하고 있다.

이제 와이어샤크의 주요 기능과 장점에 대해 설명한다.

와이어샤크의 용도

와이어샤크는 GPL에서 배포하는 무료 패킷 분석기이다. 이 책에서는 와이어샤크를 사용하여 패킷을 캡처해서 TCP/IP 프로토콜을 이해하는 데 활용해 보도록 한다.

와이어샤크는 누구나 자유로이 컴퓨터에 설치하여 이용할 수 있다. 또한 소스 코드도 공개되어 있으므로 기능을 추가하여 자기가 사용하기 쉽게 개량하거나 새로운 프로토콜을 추가할 수도 있다. 개선된 내용은 커뮤니티에 반영되어 전 세계적으로 관리되고 있다. 와이어샤크의 도큐멘트(『Wireshark User's Guide』, http://www.Wireshark.org/docs/wsug_html_chunked/)에 의하면 와이어샤크는 다음과 같은 목적으로 이용할 수 있다.

- 네트워크 프로토콜을 학습하는 데 사용한다.
- 네트워크 관리자가 네트워크의 트러블을 해결하기 위하여 사용한다.
- 보안 기술자가 보안 문제를 테스트하거나 확인/해결하기 위하여 사용한다.
- 개발자가 프로토콜을 구현할 때 디버그(오류 확인)하기 위하여 사용한다.

이 중에서 우리에게 필요한 와이어샤크의 최대 이용 목적은 네트워크 프로토콜의 학습이라고 생각한다. 지금까지 패킷 분석기는 네트워크 전문가가 사용하는 고가이면서 복잡한 도구였다면 와이어샤크는 누구나 자유로이 사용할 수 있는 도구이다. 이것은 자신이 컴퓨터를 이용하여 통신할 때에 실제로 전달되는 패킷을 캡처해서 실제로 네트워크 프로토콜을 학습할 수 있는 용도로 사용할 수 있다. 실제로 인터넷 통신 구조인 TCP/IP나 LAN에 대하여 배우려고 해도 네트워크 서적도 어렵고, 영문 인터넷 표준 문서(RFC; Request for Comments)를 읽자니 더 어렵다고 생각할 수 있다. 또한 패킷 헤더의 그림을 보아도 좀처럼 이미지를 떠올리기 힘들다. 하지만 자기가 평상시 보고 있는 인터넷의 통신 내용을 와이어샤크를 사용하여 자신이 직접 해석해 나갈 수 있다면 재미있고 흥미로운 일이 아닐 수 없다.

와이어샤크의 주요 기능

와이어샤크는 다음과 같은 주요 기능을 가지고 있다.

- 현재 대부분의 OS(유닉스, 리눅스, 윈도우 등)를 지원하고 있다.
- 네트워크 인터페이스로부터 패킷을 캡처하여 오프라인으로 분석할 수 있다.

- 패킷의 내용을 자세하게 보여준다.
- 패킷 캡처 데이터를 열거나 저장할 수 있다.
- 다른 패킷 분석기가 획득한 패킷 캡처 데이터를 변환하여 읽거나 출력할 수 있다.
- 여러 조건으로 패킷을 제한해서 검색할 수 있다.
- 필요한 패킷을 원하는 색으로 나타낼 수 있다.
- 캡처한 데이터를 다양한 형식으로 출력할 뿐만 아니라 여러 가지 통계를 만들 수 있다.
- 여러 가지 암호화 프로토콜의 복호를 지원한다.

와이어샤크의 장점

와이어샤크의 가장 큰 장점은 패킷의 내용을 자세하게 나타내는 것과 패킷 해석이다. 또한 버전 업이 자주 이루어지는 것도 강점이다.

와이어샤크는 패킷의 내용을 자세하게 보여주고, 상용 패킷 분석기보다 훨씬 쉽게 패킷을 해석할 수 있다. 또한 새로운 프로토콜이 나오면 바로 이에 대응하는 버전이 등장한다. 예를 들면 와이어샤크가 해독할 수 있는 프로토콜 중 하나로 Quake가 있다. 이것은 FRS(First Person Shooting)라는 온라인 게임에 이용되고 있는 프로토콜이다. 또한 Yahoo 메신저 프로토콜(Yahoo Messenger Protocol)이라는 것도 있다. 이것은 메신저(messenger)에 이용되고 있는 프로토콜이다. 이러한 새로운 프로토콜도 와이어샤크로 해설할 수 있다.

패킷 변환도 와이어샤크가 장점으로 삼는 부분이다. 와이어샤크는 상용 패킷 분석기가 캡처한 패킷이 저장된 파일(이후 캡처 파일(capture file), 또는 추적 파일(trace file)이라 한다)을 읽어 들여 다른 파일 형식으로 출력하거나 복수의 캡처 파일을 결합하고, 이것을 바탕으로 분석할 수 있다.

와이어샤크의 취약 분야

와이어샤크는 상용 LAN 분석기에 비해 통계 기능이나 보고 기능, 임계치 기능이 비교적 약하다고 할 수 있다. 다만 통계 기능과 보고 기능에 대해서는 현재 버전 업이 계속 진행되고 있으며, 패킷 캡처의 내용을 표 형식으로 알기 쉽게 표시하거나 통신량의 꺾은 선 그래프나 막대그래프를 작성할 수 있게 되어 있다.

또한 와이어샤크는 침입탐지시스템(IDS; Intrusion detection system)으로서 개발된 것이 아니기 때문에 네트워크의 변화를 감지하고 화면에 경고 메시지를 표시하거나 관리자에게 메일을 송신할 수는 없다. 하지만 패킷을 캡처해서 네트워크의 이상을 파악할 수 있다. 나아가 와이어샤크는 네트워크를 직접 조작할 수도 없다. 상용 LAN 분석기에는 「패킷 생성기」라는 패킷 생성 도구가 포함되어있으며, 실제로 특정 패킷을 생성하여 네트워크에 송신할 수 있다. 이에 비해 와이어샤크는 어디까지나 네트워크를 측정하는 기능만 가지고 있다.

와이어샤크의 버전 업

와이어샤크의 공식 사이트에 의하면 와이어샤크의 버전 업은 대략 4주~8주마다 이루어지고 있다. 이 책을 쓰고 있는 2015년 5월 초의 안정판 버전은 1.12.3이다. 이 책에서는 버전 업이 이루어지고 있는 내용을 중심으로 하기보다 네트워크 프로토콜의 학습에 필요한 기본적인 기능을 중심으로 설명해 나갈 것이므로 이전 버전을 사용해도 큰 무리는 없을 것으로 생각된다. 하지만 가능하면 최신 버전으로 공부하는 것이 좋다. 현재 버전은 1.12.6이다.

와이어샤크의 안정판과 개발판 버전

와이어샤크의 버전은 안정판(Stable Release)와 개발판(Development Release)으로 나눌 수 있다.

안정판은 어느 정도 개발이 완료된 버전임과 동시에 오류를 많이 수정하고서 공개된다. 그렇기 때문에 통상적으로 와이어샤크를 이용할 경우에는 안정판을 다운로드해서 사용하는 것이 좋다. 이 책에서도 안정판을 이용하여 설명한다. 한편 개발판은 개발자에 의해 추가된 새로운 기능을 반영한 버전이다. 새로운 분석 기능이 추가되어 있는 반면에 보안상의 문제라든가 프로그램이 강제 종료되는 문제를 포함하고 있을 가능성도 있다. 개발판은 와이어샤크의 최신 기능을 시험해 보고 싶은 경우, 커뮤니티에 참가하여 문제를 보고하거나 최신 소스코드를 참조하면서 디버그할 경우에 적합하다.

안정판과 개발판은 와이어샤크의 공식 사이트(http://www.wireshark.org/download.html)에서 다운로드할 수 있으므로 자신에게 맞는 것을 이용하면 좋다.

3.3 와이어샤크에서 패킷을 캡처/처리하는 방법

와이어샤크는 우수한 패킷 분석기이지만 와이어샤크 하나만으로는 패킷을 자유롭게 캡처할 수 없다. 네트워크를 따라 전달되는 패킷을 캡처하기 위해서는 패킷 캡처 드라이버가 필요하다.

여기서 패킷 캡처 드라이버(packet capture driver)가 왜 필요한지 간단하게 살펴보자. 원래 통상적인 애플리케이션에서는 소켓(socket)을 통하여 데이터를 송/수신한다. 소켓이란 OS가 가진 기능의 하나로 별도 프로그램에서 이용하기 위한 함수(API; Application Program Interface)를 말한다. 그러나 이 소켓을 경유하면 네트워크를 통해 전달되는 데이터를 직접 캡처할 수 없게 된다. 이 때에 패킷 캡처 드라이버를 이용하면 소켓을 건너뛰고 직접 패킷 분석기에서 네트워크를 통해 전달되는 모든 패킷을 조작할 수 있게 된다.

또한 패킷 캡처 드라이버는 무차별 모드(Promiscuous Mode)라는 특수한 설정으로 동작할 수 있다. 통상적인 네트워크 인터페이스 카드(NIC; Network Interface Card)는 기본적으로 자신과 관계가 있는 패킷만 캡처한다. 즉 다른 컴퓨터의 통신은 캡처할 수 없다. 이에 비해 패킷 캡처 드라이버는 목적지가 자신과 관계없는 패킷일지라도 모두 캡처할 수 있는 상태[무차별 모드(Promiscuous Mode)]로 NIC를 설정할 수 있게 되어 있다.

와이어샤크에서 사용되는 패킷 캡처 드라이버는 다음 세 가지가 있다.

- WinPcap(Windows용 패킷 캡처 드라이버)
- LibPcap(UNIX/Linux용 패킷 캡처 드라이버)
- AirPcap(무선용 패킷 캡처 드라이버)

따라서, 와이어샤크가 유선 및 무선 네트워크에 연결되어 있다면, 트래픽 캡처 처리 과정은 그림 3.1과 같이 WinPcap, AirPcap 및 libpcap 링크-계층 인터페이스 중 하나의 인터페이스에 의해 처리된다.

여기서 libpcap은 유닉스/리눅스 호스트에서 트래픽을 수집하기 위한 데이터링크 계층 드라이버로서 네트워크 상에서 있는 그대로의 데이터(raw data)에 대한 접근을 제공한다. Airpcap은 윈도우즈 운영체제에서 802.11 무선 트래픽을 수집하기 위한 링크 계층 인터페이스 및 네트워크 어댑터이다. AirPcap 어댑터는 WLAN 데이터를 캡처하기 위해 수동 모드로 동작하며 프레임을 관리하고 제어한다. libpcap과 관련된 정보는 www.tcpdump.org에서 구할 수 있고, Airpcap에 관한 정보는 www.riverbed.com에서 구할 수 있다.

이 책에서는 윈도우즈 환경에서 패킷을 캡처하기 위해 WinPcap을 사용한다. WinPcap은 윈도우즈에서 이용되는 오픈 소스 패킷 캡처 드라이버로서 BSD 라이센스이기 때문에 GPL 보다도 약간 유연한 라이센스이며 재배포 할 때 저작권 표시만을 조건으로 하고 있다. WinPcap에 대한 자세한 정보는 공식 사이트인 http://www.Winpcap.org를 살펴보기 바란다.

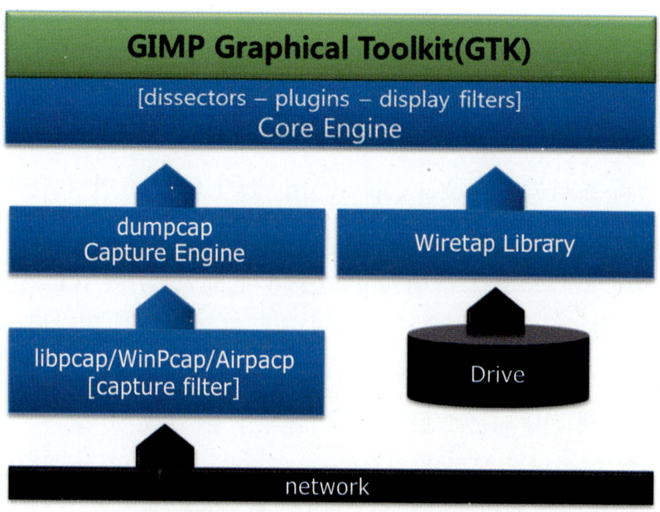

그림 3.1 트래픽 캡처 처리 과정

와이어샤크로 트래픽 수집을 시작할 때 dumpcap이라는 도구가 실제 캡처를 시작하게 한다. 네트워크에서 온 프레임들은 특수 목적 링크-계층 드라이버 중 하나를 통하여 바로 와이어샤크의 캡처 엔진으로 전달된다. 캡처 필터를 적용하면(예를 들어 브로드캐스트 트래픽만 수집하기), 캡처 필터를 경유하여 통과된 프레임은 캡처 엔진으로 전달된다. 캡처 필터는 버클리 패킷 필터링(BPF; Berkeley Packet Filtering) 문법을 준수한다.

캡처/추적 파일을 열 때, WinPcap, AirPcap 및 libpcap 인터페이스는 사용되지 않는다. Wiretap 라이브러리는 저장된 추적 파일에 대한 입력/출력 기능을 위해서 사용된다. 추적 파일(와이어샤크나 또 다른 분석 도구로 수집되었더라도)을 읽을 때 Wiretap 라이브러리는 프레임을 코어 엔진에게 전달한다. 공개된 추적 파일은 그림 3.2에 나타난 것과 같이 와이어샤크 wiretap 라이브러리를 통해 처리된다.

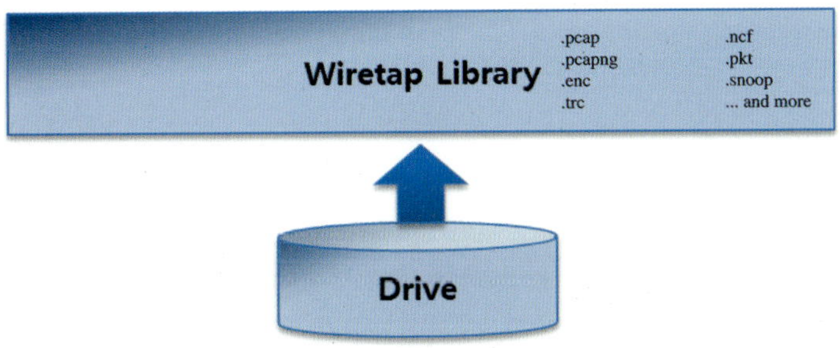

그림 3.2 추적 파일을 열 때 사용되는 Wiretap 라이브러리

와이어샤크 wiretap 라이브러리는 다음과 같은 다양한 유형의 캡처/추적 파일을 읽을 수 있게 해준다.

Wireshark/tcpdump-libcap	Microsoft NetMon	Endace ERF capture
AIX tcpdump-libcap	Network General SnifFer	TamoSoft CommView
RedHat 6.11cpdump-libpcap	NI Observer	Shomiti/Finisar Surveyor
SuSE 6.3 tcpdump-libpcap	Sun snoop	WildPackets *Peek

와이어샤크 wiretap 라이브러리에 있는 추적 파일 유형의 전체 목록을 보려면, 와이어샤크를 실행하고 File | Open을 선택한다음 File of Type의 드롭다운 목록을 클릭하면 된다.

와이어샤크에서 패킷을 처리하는 방법은 그림 3.3에 나타난 바와 같이 libpcap, WinPcap 및 AirPcap에 의해 처리되거나 wiretap 라이브러리에 의해 공개된 추적 파일은 코어 엔진(core engine)에서 처리된다.

캡처 엔진은 프레임을 코어 엔진으로 전달한다. 이것은 와이어샤크의 주요 핵심 기능이다. 와이어샤크는 들어오는 바이트를 사람이 읽을 수 있는 형식의 프레임으로 변환하는 수천 개의 해석기(dissector)를 제공한다. 해석기는 프레임의 필드를 쪼개서 내용에 대한 분석을 수행한다.

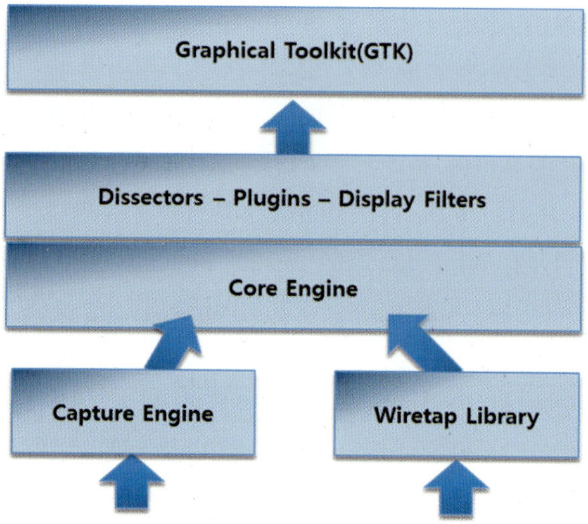

그림 3.3 패킷 처리 요소들

해석기, 플러그인 및 디스플레이 필터

해석기(dissectors), 플러그인(plugins, 해석을 위한 특별한 루틴) 및 디스플레이 필터(display filters, 디스플레이되는 패킷을 정의하기 위해 사용)는 해석기가 필드 내용과 해석된 값(가능한 경우)을 디스플레이하기 위해 패킷을 해석할 때 들어오는(incoming) 트래픽에 대해 적용된다.

패킷이 들어오면 와이어샤크는 먼저 프레임 유형을 감지하고, 해당 프레임 해석기(예: 이더넷)에게 패킷을 넘긴다. 이후 프레임 헤더의 내용을 세분화 한 후, 해석기는 다음에 무엇이 있는지를 살핀다. 예를 들어 이더넷 헤더의 유형 필드 값 0x0800은 다음에 IP가 온다는 것을 나타낸다. 와이어샤크 이더넷 해석기는 IP 해석기에게 패킷을 전달한다. IP 해석기는 IP 헤더의 프로토콜 필드를 살핀다. 만약 값이 0x06(TCP)인 경우, IP 해석기는 TCP 해석기에게 패킷을 넘긴다. 이런 프로세스는 다른 세분화가 가능하지 않을 때까지 계속된다.

그래픽 툴킷

GIMP(GNU Image Manipulation Program) 그래픽 툴킷은 와이어샤크를 위한 그래픽 사용자 인터페이스(GUI)를 제공한다. 하나의 플랫폼에서 동작되는 와이어샤크 시스템은 다른 플랫폼에서 동작되는 와이어샤크 시스템으로 아무런 문제없이 자연스럽게 변경할 수 있다. 기본 인터페이스 요소들은 동일하다. GTK+에 대한 더 자세한 정보는 www.gtk.org를 참고하기 바란다.

3.4 와이어샤크 정보

네트워크 분석에 대한 자원이나 와이어샤크에 관한 최신 정보를 제공하는 사이트가 많이 있다. 이를 정리하면 다음과 같다. 또한 와이어샤크와 직접 관계가 없지만 유용한 사이트도 있다.

- **와이어샤크의 공식 홈페이지**(http://www.wireshark.org/)

  와이어샤크에 관한 정보원으로서는 공식 웹 사이트이다. 여기서는 와이어샤크의 안정판과 개발판 버전을 배포하고 있다.

- **와이어샤크의 Wiki**(http://wiki.wireshark.org/)

  와이어샤크의 Wiki이다. Wiki는 자유로이 컨텐츠를 추가하거나 편집할 수 있는 웹 애플리케이션으로 정보 공유에 널리 이용되고 있다. 와이어샤크의 Wiki에서는 일반적으로 패킷 캡처와 관련한 광범위한 정보가 제공되고 있다. 이용자 가이드에 게재되어 있지 않은 정보로 예를 들면 스위치에 접속된 네트워크에서의 캡처 방법이나 독자적인 패킷 해석의 정의 방법 등 여러 가지 정보를 제공하고 있다.

- **샘플 캡처**(http://wiki.wireshark.org/SampleCaptures)

  와이어샤크의 Wiki에서 특히 권장하고 싶은 곳은 샘플 캡처 페이지이다. 이 페이지에는 이용자가 여러 가지 네트워크 환경에서 실시한 패킷 캡처 데이터가 저장되어 있다. 예를 들면 평상시 보기 힘든 MPLS(Multi Protocol Label Switching) 패킷이라든가 시스코의 HSRP(Hot Standby Routing Protocol) 등의 특정 벤더 프로토콜, 실제 이용할 기회가 적은 IPv6(Internet Protocol Version 6) 패킷, 바이러스나 웜 패킷, 네트워크가 공격을 받아 해킹될 때의 패킷에 이르기까지 모든 패킷의 예를 제공하고 있다.

  설령 자신이 캡처할 수 있는 상태가 아니더라도 홈 페이지에 공개되어 있는 샘플 패킷을 열어 보면 이미지를 파악할 수 있다. 또한 평소 접할 기회가 별로 없는 프로토콜의 학습 자료로 활용할 수 있다.

- **와이어샤크 추적 파일**(www.wiresharkbook.com)

  와이어샤크에서 경험할 수 있는 다양한 추적 파일을 다운로드해서 경험해 볼 수 있다. 홈 페이지에 나타난 4권의 책을 각각 클릭하면 Book Supplements에서 여러 가지 추적 파일(Trace File)을 다운로드할 수 있다.

- **와이어샤크의 FAQ 페이지**(http://www.wireshark.org/faq.html)

  와이어샤크의 다운로드, 설치, 이용 방법 등 와이어샤크에 대해 자주 물어보는 일반적인 질문과 답변이 정리되어 있다.

- **와이어샤크의 메일링리스트(http://www.wireshark.org/lists/)**

  와이어샤크에 관한 메일링리스트에는 다음과 같은 것이 있다.

표 3.1 와이어샤크에 관한 메일링리스트 목록

메일링리스트	내용
Wireshark Announce	새롭게 출시된 버전에 대해 알려준다.
Wireshark–users	와이어샤크의 이용자용 메일링리스트이다. 대부분 와이어샤크의 설치와 사용법에 관한 Q&A이다.
Wireshark–dev	와이어샤크 개발자용 메일링리스트이다. 프로토콜 해석을 시작한다면 참가해도 좋다.
Wireshark–bugs	와이어샤크의 버그 관련 메일링리스트이다.
Wireshark–commits	와이어샤크의 소스 코드에 대해 변경 승인을 위한 메일링리스트이다.

- Protocols.com(http://www.protocols.com)

  이것은 와이어샤크의 사이트는 아니지만 유익한 정보가 많이 게재되어 있다. TCP/IP, VoIP, 모바일, 각종 전송 기술 등의 패킷 구성이 소개되어 있다. 패킷 캡처에 등장하는 주요 프로토콜의 패킷 형식이나 역사, 기술 문서 등이 포함되어 있다.

- www.wireshark.org/docs

  와이어샤크와 관련된 문서 링크들이 들어있다. 여기에는 Wireshark Training, User Documentation, Development, Video and Presentations 등이 포함되어있다.

- ask.wireshark.org

  와이어샤크 창시자인 제너럴 콤즈가 개설한 Q&A 포럼이다. 의문사항이 있을 때는 언제든지 방문하여 입력할 수 있다. 하지만 여기에 질문을 보내려면 반드시 무료 계정을 등록해야 한다. 홈페이지의 첫 화면은 그림 3.4와 같다.

  홈페이지에 나타난 내용 중 핵심 영역의 주요 기능은 다음과 같다.

  ❶ 질문(questions) 탭 – All Questions 영역으로 돌아가려면 클릭한다.
  ❷ 태그(tags) 탭 – 질문과 관련된 태그의 목록을 볼 수 있다. 유용한 정보를 살펴보려면 관심 있는 주제와 관련된 태그를 클릭한다.
  ❸ 사용자(users) 탭 – Q&A 포럼에 참여한 사용자를 볼 수 있다.
  ❹ 상태(badge) 탭 – Q&A 포럼에 참여한 참가자들이 얼마나 많은 공헌을 했는지 볼 수 있다.
  ❺ 응답하지 않은(unanswered) 탭 – 아직 응답하지 못한 질문들을 볼 수 있다.
  ❻ 질문하기(ask a question) 탭 – 사용자가 질문할 수 있다. 아직 무료 계정이 없으면,

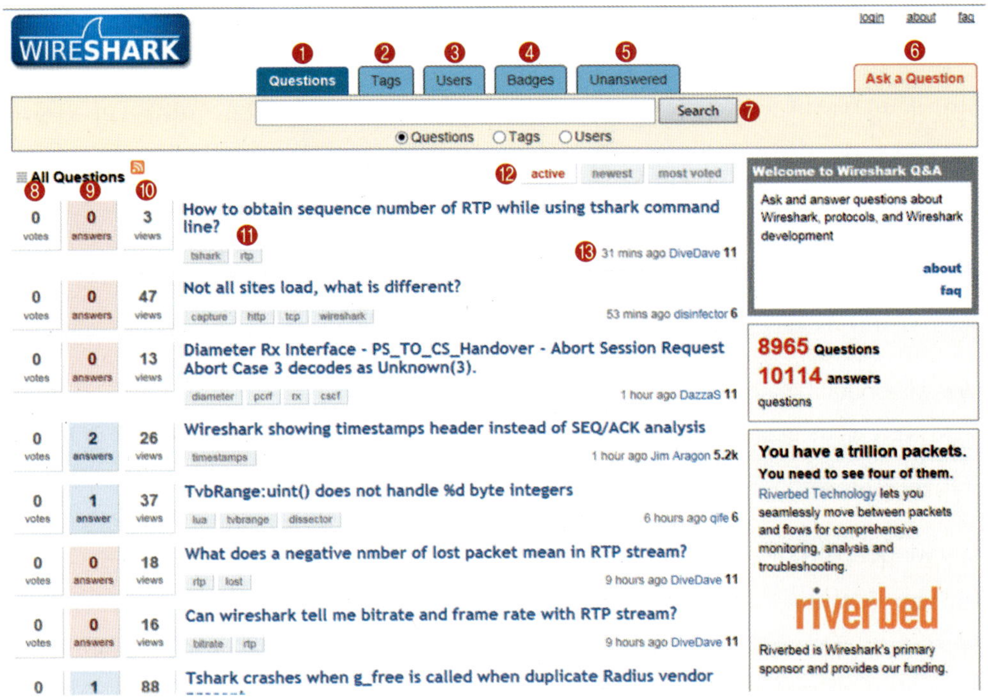

그림 3.4 와이어샤크 Q&A 포럼 홈페이지

계정을 생성하고 새로운 신임장으로 로그인해서 질문할 수 있다.

❼ 검색(search) 영역 – 관심 있는 주제를 검색할 수 있다.

❽ 투표 개수(vote count) – 포럼 사용자들이 질문에 대한 (선호/비선호)를 투표할 수 있다.

❾ 응답 개수(answer count) – 숫자는 질문에 대해 얼마나 많은 응답이 되었는지를 나타낸다 .

❿ 보기 개수(view count) – 숫자는 질문을 얼마나 많이 보았는지를 나타낸다.

⓫ 질문 제목(하이퍼링크)와 태그들 – 질문 페이지로 점프하려면 질문 제목을 클릭한다. 태그는 질문에서 해결된 주제를 표시한다.

⓬ 버튼으로 점프하기(active) – 진행 중인 질문 목록, 새로운 질문, 가장 많이 투표한 질문 등으로 점프하려면 이 버튼을 클릭한다.

⓭ 질문 활동 연혁과 공헌자 정보 – 질문이 얼마나 오래되었는가(질문 올리기나 응답, 설명문 등의 최근 활동에 근거하여), 누가 최근에 질문에 공헌하였는가, 마지막 공헌자의 정보를 이 영역에서 표시한다. 공헌자 정보는 Karma 수준(신뢰 수준)과 관리 수준을 포함한다.

Q&A 포럼에 대한 자세한 사항은 ask.wireshark.org/faq/를 방문해 보라.

- www.wireshark.org/download

  와이어샤크 소스를 다운로드할 수 있는 페이지로서 현재 안정판 및 개발자 버전 등이 포함되어있다. 방문하면 사용 중인 운영체제를 인식하고 가장 적합한 와이어샤크의 최상위 버전을 보여준다.

- blog.wireshark.org

  제널드 콤즈가 만든 와이어샤크 네트워크 프로토콜 분석기의 공식적인 블로그이다. 이 블로그에는 와이어샤크를 위한 다양한 링크들이 포함되어있다.

- www.wiresharktraining.com

  와이어샤크 대학 홈페이지 및 와이어샤크 공인 네트워크 분석가 인증 시험 정보가 들어있는 홈페이지이다.

- www.winpcap.org

  WinPcap 홈페이지에는 pcap에 필요한 다양한 정보들이 들어있다. pcap(packet capture, 패킷 캡처)은 컴퓨터 네트워크 관리 분야에서 네트워크 트래픽 캡처용 API를 구성하고 있다. 유닉스 계열 운영체제는 libpcap 라이브러리에 pcap을 포함하고 있다. 윈도우즈는 WinPcap 이라는 libpcap 포팅을 이용한다.

  감시 소프트웨어는 libpcap이나 WinPcap을 이용하여 네트워크를 따라 전달되고 있는 패킷을 캡처할 수 있으며, 새로운 버전에서는 데이터링크 계층 상의 네트워크 패킷을 전송할 수 있을 뿐 아니라 libpcap이나 WinPcap과 함께 이용할 수 있는 네트워크 인터페이스 목록을 가져올 수 있다.

  pcap API는 C로 작성되었으며 자바, 닷넷 언어, 스크립트 언어와 같은 다른 언어들은 일반적으로 래퍼(wrapper)를 이용한다. 이러한 래퍼들은 libpcap이나 WinPcap 자체적으로 제공되지는 않는다. C++ 프로그램은 C API에 직접 연결할 수도 있다. 오직 하나의 부분적인 객체 지향 C++ 래퍼는 현재 외부 소스로부터 이용할 수 있다.

- www.tcpdump.org

  tcpdump와 libpacp에 관한 모든 정보가 들어있는 홈페이지이다. tcpdump는 커맨드라인(command line)에서 실행하는 일반적인 패킷 캡처 소프트웨어로서 사용자가 TCP/IP뿐 아니라, 컴퓨터에 연결된 네트워크를 통해 송/수신되는 패킷을 캡처해서 디스플레이할 수 있게 도와준다. BSD 허가서를 통해 배포되는 tcpdump는 무료 소프트웨어이다.

  tcpdump는 리눅스, 솔라리스, BSD, 맥 OS X, HP-UX, AIX 등의 대부분의 유닉스 계열 운영체제에서 동작하며 여기서 libpcap 라이브러리를 사용하여 패킷을 캡처한다. 윈도우즈용 tcpdump 판으로는 WinDump가 있으며, 이는 libpcap의 윈도우즈 판인 WinPcap을 이용한다.

- **www.iana.org**

IANA(Internet Assigned Numbers Authority)는 인터넷 할당 번호 관리기관의 약자로 IP 주소, 최상위 도메인 등을 관리하는 단체이다. 현재 ICANN이 관리하고 있다. 처음에는 남가주 대학교 정보과학학회의 존 퍼스텔이 남가주 대학교 정보과학학회와 미국 국방부 간에 맺어진 계약 아래 관리했으며, 퍼스텔은 미국 상무부 계약으로 ICANN이 설립될 때까지 이 업무를 수행했다.

- **국제 인터넷 표준화 기구(www.ietf.org)**

국제 인터넷 표준화 기구(IETF; Internet Engineering Task Force)는 인터넷의 운영, 관리, 개발에 대해 협의하고 프로토콜과 구조적인 사안들을 분석하는 인터넷 표준화 작업기구이다. 인터넷 아키텍처 위원회(IAB)의 산하기구로 인터넷의 운영, 관리 및 기술적인 쟁점 등을 해결하는 것을 목적으로 망 설계자, 관리자, 연구자, 망 사업자 등으로 구성된 개방된 공동체이다. 주로 자발적인 참여와 논의 과정을 통하여 인터넷 관련 기술표준을 마련하고 있다.

연습문제

1. 네트워크 분석의 목적은 무엇인가?
2. winPcap의 주요 기능은 무엇인가?
3. AirPcap의 주요 기능은 무엇인가?
4. Wiretap 라이브러리의 주요 기능은 무엇인가?
5. libpcap의 주요 기능은 무엇인가?

CHAPTER 04
와이어샤크 설치와 실행

4.1 와이어샤크 설치와 시작
4.2 와이어샤크 사용자 인터페이스
4.3 와이어샤크의 단축 키

4.1 와이어샤크 설치와 시작

와이어샤크는 무료로 제공하는 GPL 라이선스로 배포되며, 소스 코드뿐만 아니라 언제든지 설치가 가능한 형태로 제공되고 있다. 또한 패킷 캡처 드라이브인 WinPcap은 별도의 라이센스로 배포되고 있으며, 와이어샤크의 셋업 프로그램에 함께 포함되어 있다.

이제 와이어샤크와 WinPcap을 설치하여 패킷을 캡처할 환경을 준비해 보자.

4.1.1 와이어샤크 다운로드

와이어샤크와 WinPcap은 와이어샤크의 공식 홈페이지에서 무료로 다운로드 받을 수 있다. 여기서는 윈도우즈 환경에서 사용할 수 있는 바이너리 배포판(컴파일이 필요 없는 버전)을 소개한다. 와이어샤크의 윈도우즈용 바이너리 패키지에는 WinPcap도 함께 포함되어 있어 한꺼번에 설치가 가능하다.

■ **다운로드 순서**

웹브라우저에서 와이어샤크의 홈페이지(http://www.wireshark.org)에 접속(그림 4.1 ❶ 참조)하여 Download(Get Started Now)를 클릭한다(그림 4.1 ❷ 참조). 그러면 다운로드 페이지가 나타난다(그림 4.2 참조).

다운로드 페이지(http://www.wireshark.org/download.html)에서 Stable Release(버전 1.12.3, 2015년 7월 현재 1.12.6)에 있는 항목 중 자신의 OS에 맞는 설치 파일(32비트 윈도우즈를 사용

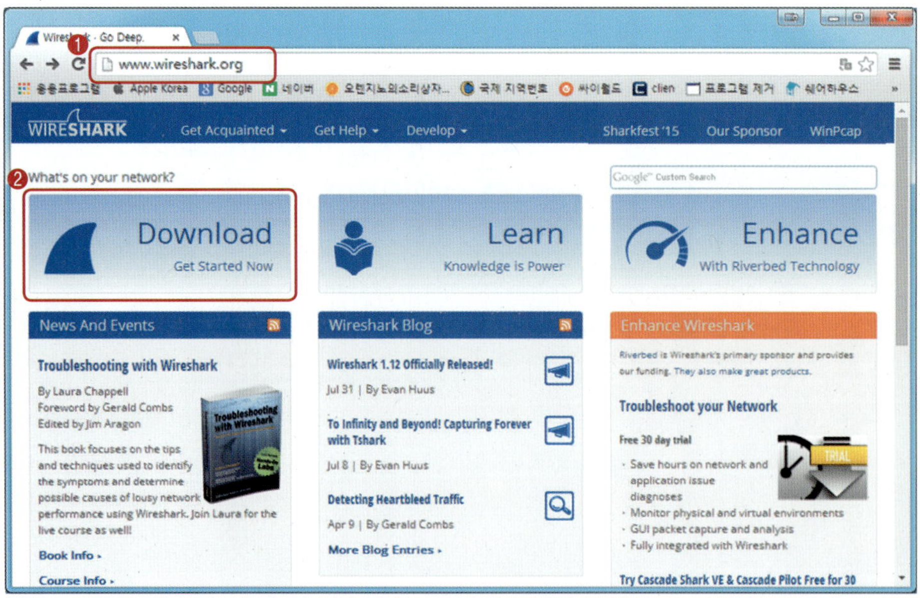

그림 4.1 와이어샤크 홈페이지

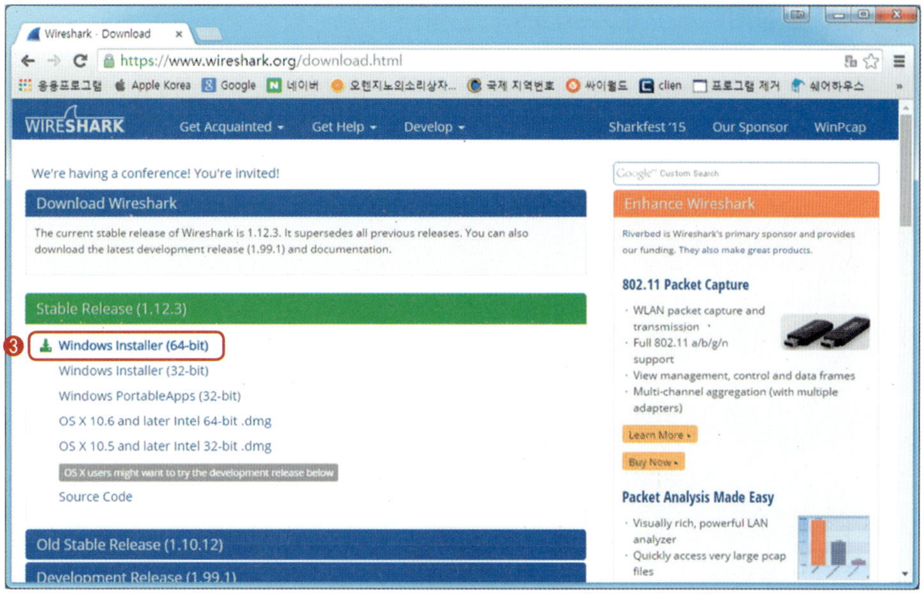

그림 4.2 다운로드 화면에서 자신의 운영체제에 맞는 다운로드 파일 선택

하고 있는 경우에는「Windows Installer(32-bit)」, 64비트 윈도우즈를 사용하고 있는 경우에는「Windows Installer(64-bit)」)을 클릭한다. 여기서는 Windows Installer(64-bit)를 선택한다(그림 4.2 ❸ 참조).

그러면 파일 다운로드가 시작된다(그림 4.3 참조). 여기서는「Wireshark-win64-1.12.3.exe」파일(64-비트 배포판)이 다운로드 폴더에 저장된다(그림 4.4 참조).

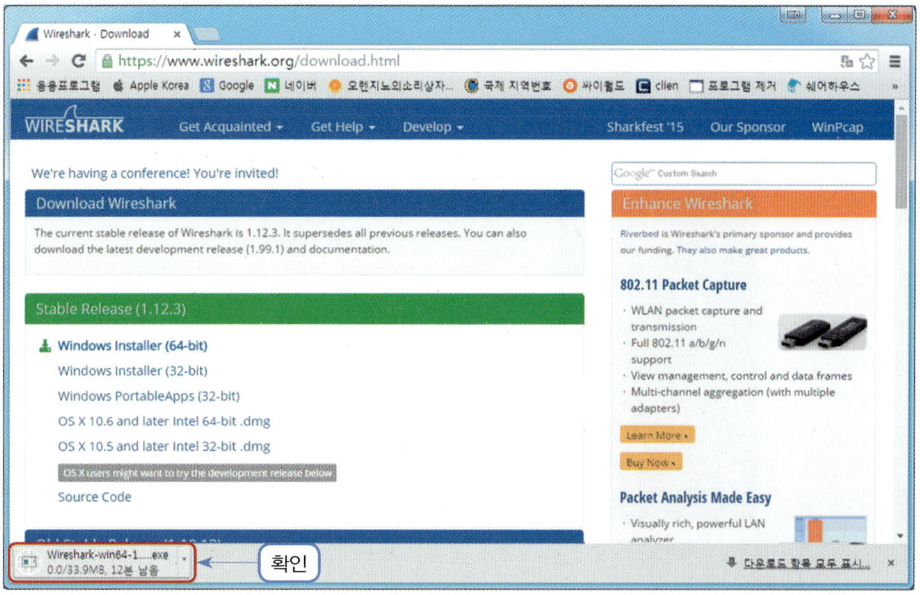

그림 4.3 다운로드 화면

4.1.2 와이어샤크 설치

여기서는 윈도우즈 바이너리 패키지를 이용한 와이어샤크 설치 순서를 설명한다. 앞에서 다운로드한「Wireshark-win64-1.12.3.exe」를 더블 클릭하면 설치가 시작된다.

설치 순서

❶ 파일 탐색기에서 다운로드 폴더로 들어간 다음(그림 4.4 ❹ 참조) 참조 폴더 안에 있는 와이어샤크 설치 파일을 클릭한다(그림 4.4 ❺ 참조).

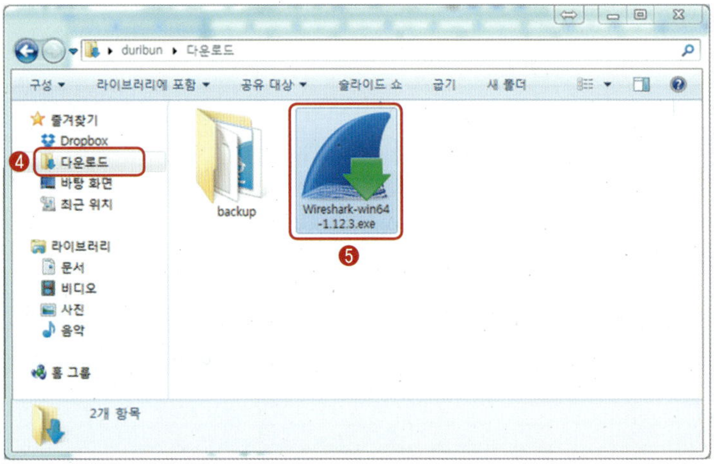

그림 4.4 다운로드 폴더

❷ Wireshark 1.12.3(64-bit) Setup Wizard 화면이 나타나면 [Next] 버튼을 클릭한다(그림 4.5 ❻ 참조).

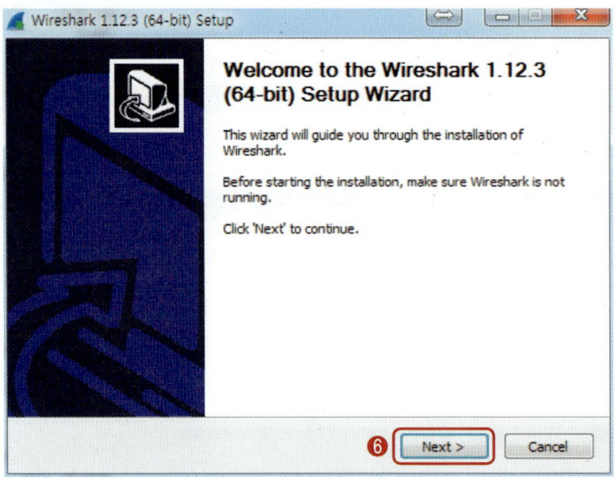

그림 4.5 와이어샤크 Setup Wizard 화면

❸ 여기서 라이센스 동의(License Agreement) 화면이 나타나면 [I Agree] 버튼을 클릭한다(그림 4.6 ❼ 참조).

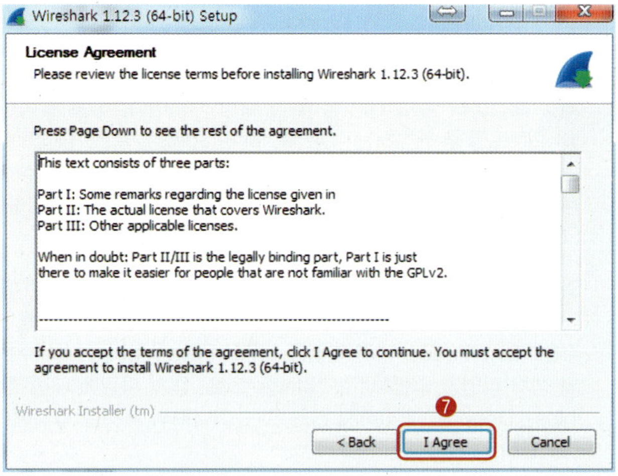

그림 4.6 라이센스 동의 화면

❹ 그러면 컴포넌트 선택(Choose Components) 화면이 나타난다. 여기서 설치할 컴포넌트를 선택한다(기본적으로 디폴트대로 하면 된다). 각 컴포넌트에 대한 설명은 표 4.1과 같다. 그런 다음 [Next] 버튼을 클릭한다(그림 4.7 ❽ 참조).

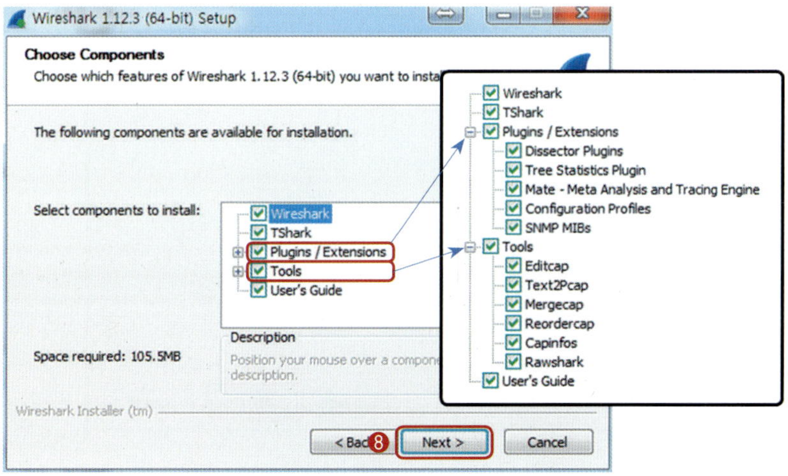

그림 4.7 컴포넌트 선택 화면

표 4.1 컴포넌트에 대한 설명

컴포넌트 이름	내용
Wireshark	GUI판 와이어샤크이다.
TShark	텍스트판 와이어샤크이다(TShark.exe).
Plugins/Exten-sions	패킷 해석이나 통계 기능 등 추가 확장 기능이다. ⊞를 클릭하면 ⊟로 바뀌면서 개별 프로토콜을 해석하는 「Dissector Plugins」, 트리 형식으로 통계 정보를 작성하는 「Tree Statistics Plugin」, 패킷에 대한 메타 분석이나 해석하는 엔진인 「Mate」, 환경설정 프로파일을 설정하는 「Configuration Profiles」, 네트워크 관리 프로토콜인 SNMP 관리 정보 데이터베이스 「SNMP MIBs」가 나타난다.
Tools	와이어샤크 설치 폴더와 같은 장소에 있는 커맨드라인 도구이다. ⊞를 클릭하면 캡처 파일을 분할하고, 편집해주는 「Editcap」, 텍스트 데이터를 pcap 형식으로 변환해주는 「Text2Pcap」, 캡처 파일을 타임스탬프에 따라 정리해주는 「Reordercap」, 복수의 캡처 파일을 결합해주는 「Mergecap」, 캡처 파일에 대한 정보를 보여주는 「Cap-infos」, Decode(해석)하지 않은 있는 그대로의 패킷을 필터해주는 「Rawshark」 등이 나타난다.
User's Guide	와이어샤크를 이용하는 방법이 설명된 사용설명서이다.

❺ 추가 타스크 선택 화면(Select Additional Tasks)이 나타난다(그림 4.8 참조). 추가할 타스크를 선택한다. 필요에 따라 다음 처리를 한다(그림 4.8 ⓐ, ⓑ 참조).

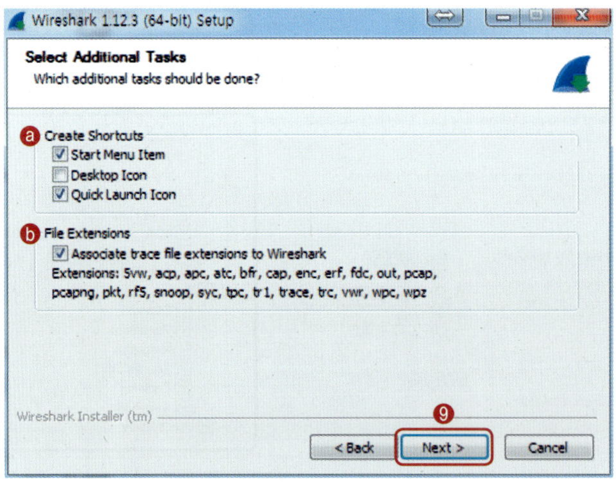

그림 4.8 추가 타스크 선택(Select Additional Tasks) 화면

❻ ⓐ 「Create Shortcuts」란에서 와이어샤크의 숏컷 작성 방법을 선택한다. 각 선택항목에 대한 설명은 다음과 같다.

■ 선택 항목

항목명	내용
Start Menu Item	시작 메뉴 항목으로 숏컷을 작성한다.
Desktop Icon	데스크 톱에 아이콘으로 숏컷을 작성한다.
Quick Launch Icon	시작 메뉴 옆의 빠른 시작 아이콘으로 숏컷을 작성한다.

ⓑ 「File Extensions」란에서 와이어샤크와 연관된 파일 확장자를 선택한다.

이 항목을 선택하면 캡처 파일을 더블 클릭만 하면 와이어샤크가 실행된다. 또한 디폴트로 .cap 등의 확장자가 미리 설정되어 있다. 이 화면에 있는 그대로 [Next] 버튼(그림 4.8 ❾ 참조)을 클릭한다. 그러면 그림 4.9와 같이 나타난다. 여기서 「Destination Folder」란의 텍스트 박스에 설치할 장소의 경로를 입력하든지, [Browse...] 버튼을 클릭하여 설치할 곳을 선택한다. 디폴트로는 「C:₩Program Files₩Wireshark」가 선택되어 있다. 이제 [Next] 버튼(그림 4.9 ❿ 참조)을 클릭한다. 그러면 WinPcap을 설치할 것인지를 묻는 화면이 나타난다(그림 4.10 참조).

「Install」란의 「Install WinPcap 4.1.3」에 선택하고 [Install] 버튼(그림 4.10 ⓫ 참조)을 클릭하면 와이어샤크 설치가 시작된다.

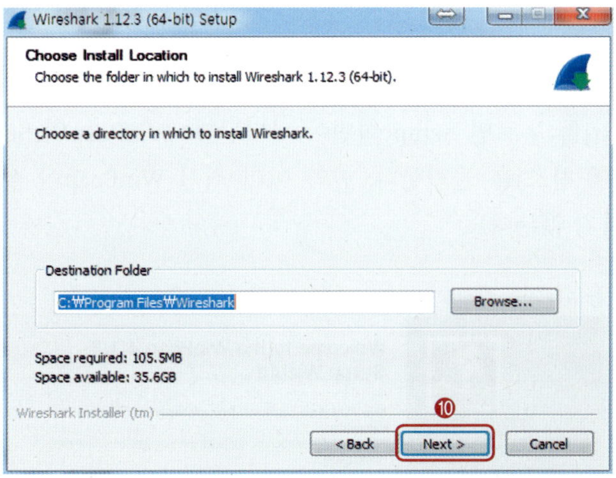

그림 4.9 설치 장소 선택(Choose Install Location)화면

이때에 WinPcap이 이미 설치되어 있는 경우에는 「Currently installed WinPcap version」란에 현재 WinPcap의 버전이 나타난다. 이때 WinPcap 버전이 최신 것이 아니면 설치 화면이 나타난 다음 최신 버전의 설치 화면이 나타난다.

만약 이전에 Ethereal이나 와이어샤크를 사용하고 있어서 예전 버전의 WinPcap이 설치되어 있는 경우에 설치할 때에 트러블의 원인이 될 수 있다. 따라서 윈도우즈의

「시작」 메뉴에서 「제어판」 → 「프로그램 제거」를 선택하고 「프로그램 제거 또는 변경」 화면에서 옛 버전의 와이어샤크나 WinPcap을 미리 삭제해 놓는 것이 좋다.

[What is WinPcap?] 버튼을 클릭하면 웹브라우저가 가동된 다음 WinPcap의 홈페이지가 나타난다. 여기서 WinPcap에 관한 정보를 얻을 수 있다.

❼ 그런 다음 설치 진척 상황 화면으로 Progress Bar가 진행되고 있음을 확인(그림 4.11 참조)한다.

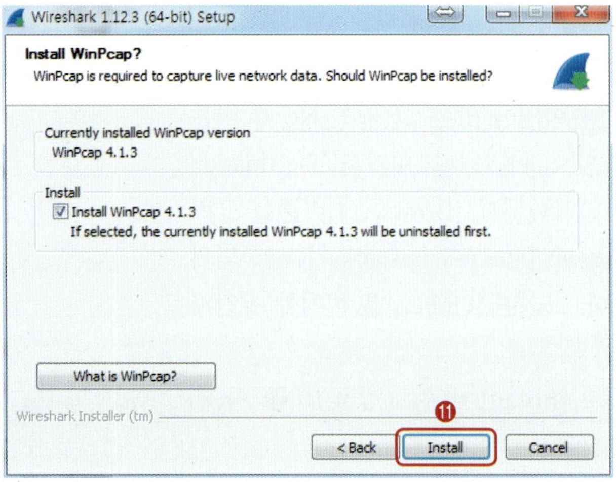

그림 4.10 WinPcap 설치 질문 화면

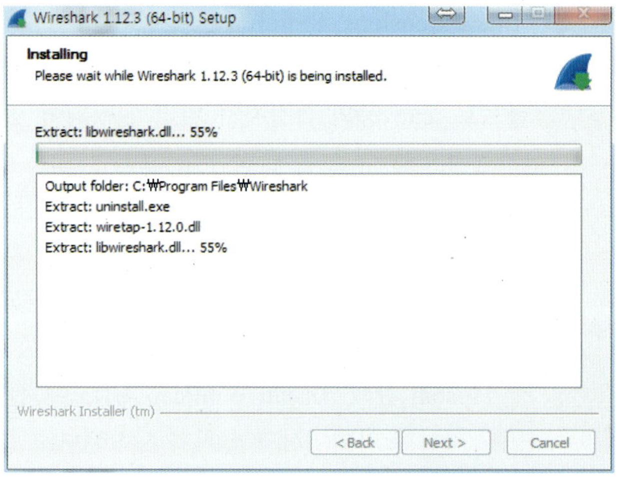

그림 4.11 설치 진척 상황 화면

❽ 와이어샤크가 설치되는 과정에 WinPcap의 설치자가 자동적으로 실행된다(그림 4.12 참조). 여기서 [Next]를 누르면 Setup 화면이 나타난다. WinPcap의 Setup 화면에서 [Next] 버튼(그림 4.12 ⓬ 참조)을 클릭한다. 만약 이미 최신 WinPcap이 설치되어 있는 경우에 이 화면은 나타나지 않는다.

그림 4.12 Winpcap 4.1.3 Setup wizard 화면

❾ 그러면 라이선스 동의 화면이 나타난다. [I Agree] 버튼을 클릭한다(그림 4.13 ⓭ 참조).

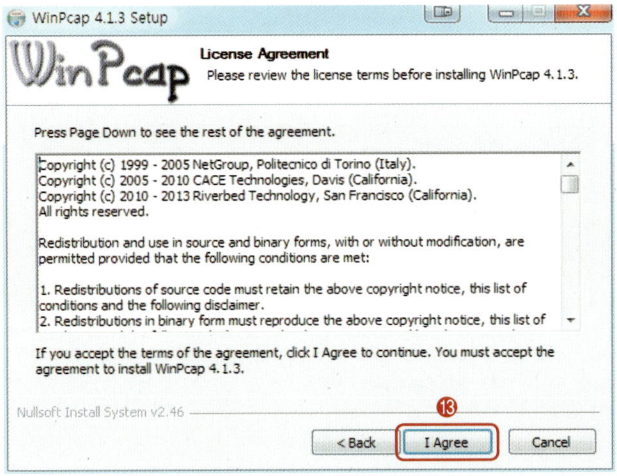

그림 4.13 WinPcap 라이선스 동의 화면

❿ WinPcap의 설치 옵션 화면이 나타나면 WinPcap의 설치 옵션을 설정한다. 디폴트로 시스템이 가동될 때에 WinPcap도 동작을 개시하도록 「Automatically start the WinPcap driver at boot time」에 체크가 되어 있다. 여기서는 바로 [Install] 버튼을 클릭하면 된다(그림 4.14 ⓮ 참조).

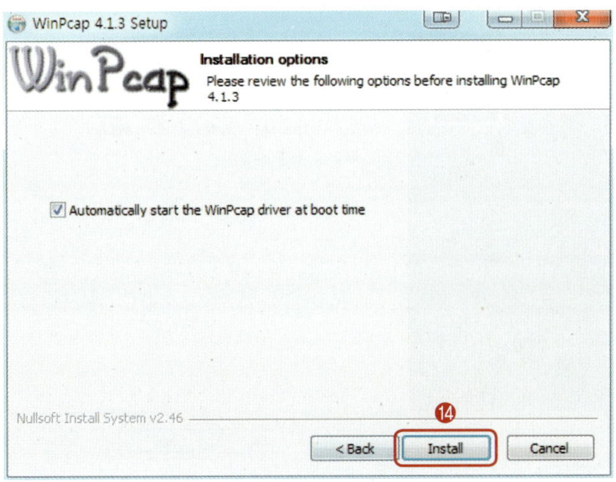

그림 4.14 WinPcap 설치 옵션

⓫ 그러면 WinPcap의 설치가 시작된다(그림 4.15 참조).

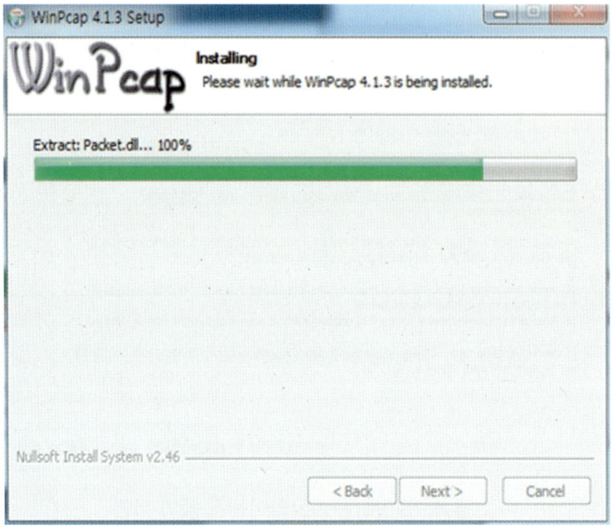

그림 4.15 WinPcap 설치 진행

⓬ WinPcap의 설치가 종료되면 화면상에 「Completing the WinPcap 4.1.3 Setup Wizard」라고 나타난다. 내용을 확인하고 [Finish] 버튼을 클릭한다(그림 4.16 ⓯ 참조). 이제 WinPcap의 설치가 완료된 것이다.

그림 4.16 WinPcap 설치 종료

⓭ WinPcap의 설치가 완료된 후에도 와이어샤크의 설치는 이어진다. Progress Bar가 진행되고 있으므로 내용을 확인하기 바란다.

⑭ Progress Bar가 끝까지 진행되면 화면상에 「Installation Complete」, Progress Bar에 「Completed」라고 나타난다. 이제 [Next] 버튼(그림 4.17 ⑯ 참조)을 클릭하면 Wireshark 1.12.3 Setup 화면이 나타난다.

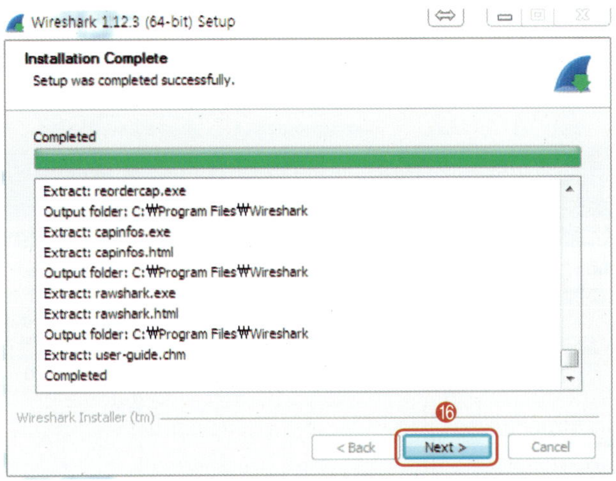

그림 4.17 Wireshark Setup Progress 완료

⑮ Wireshark 1.12.3 Setup 화면상에 설치 완료 메시지(Completing)가 나타난 것을 확인하고 [Finish] 버튼을 클릭한다(그림 4.18 ⑰ 참조).

그림 4.18 Wireshark 설치 완료

⑯ 이것으로 와이어샤크의 설치가 완료된 것이다. 여기서 「Run Wireshark 1.12.3」을 선택하면 설치 종료 후 바로 와이어샤크를 실행할 수 있다. 또한 「Show News」를 체크하면 와이어샤크의 Release Note를 참조할 수 있다.

4.1.3 설치 확인과 실행

와이어샤크의 설치가 종료되면 윈도우즈의 「시작」 메뉴에서 와이어샤크를 선택하거나 와이어샤크 아이콘을 클릭한다. 그러면 그림 4.19와 같이 시작 화면이 나타난다.

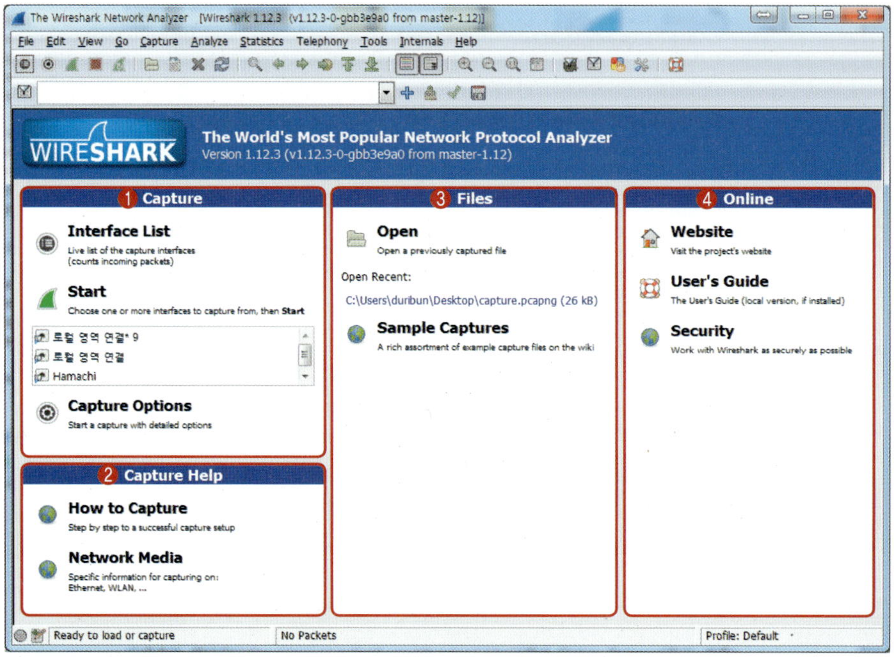

그림 4.19 Wireshark 메인 화면

■ **와이어샤크 시작 화면**

시작 화면에는 와이어샤크의 주요 작업을 시작할 수 있게 되어 있다. 와이어샤크 시작 화면은 「Capture」, 「Capture Help」, 「Files」, 「Online」이라는 네 개의 칸으로 나뉘어져 있다.

❶ 「Capture」 칸

「Interface List」를 클릭하면 캡처 인터페이스 화면이 나타나고, 패킷을 캡처할 수 있는 LAN 카드 정보가 나타난다. 또한 그 밑에는 와이어샤크에서 인식된 LAN 카드 목록이 나타나고(화면 예에서는 로컬 영역 연결), 이 링크를 클릭하면 캡처를 바로 시작할 수 있게 된다. 「Capture Options」를 클릭하면 각종 옵션을 설정하는 캡처 옵션 화면이 나타난다.

❷ 「Capture Help」 칸

「How to Capture」를 클릭하면 와이어샤크의 Wiki가 표시되며 웹브라우저 상에서 패킷 캡처 순서를 확인할 수 있다. 또한 「Network Media」를 클릭하면 와이어샤크에서 패킷을 캡처할 수 있는 Ethernet이나 무선 LAN과 같은 네트워크 매체와 그 사양이 OS 종류별로 나타난다(그림 4.20 참조).

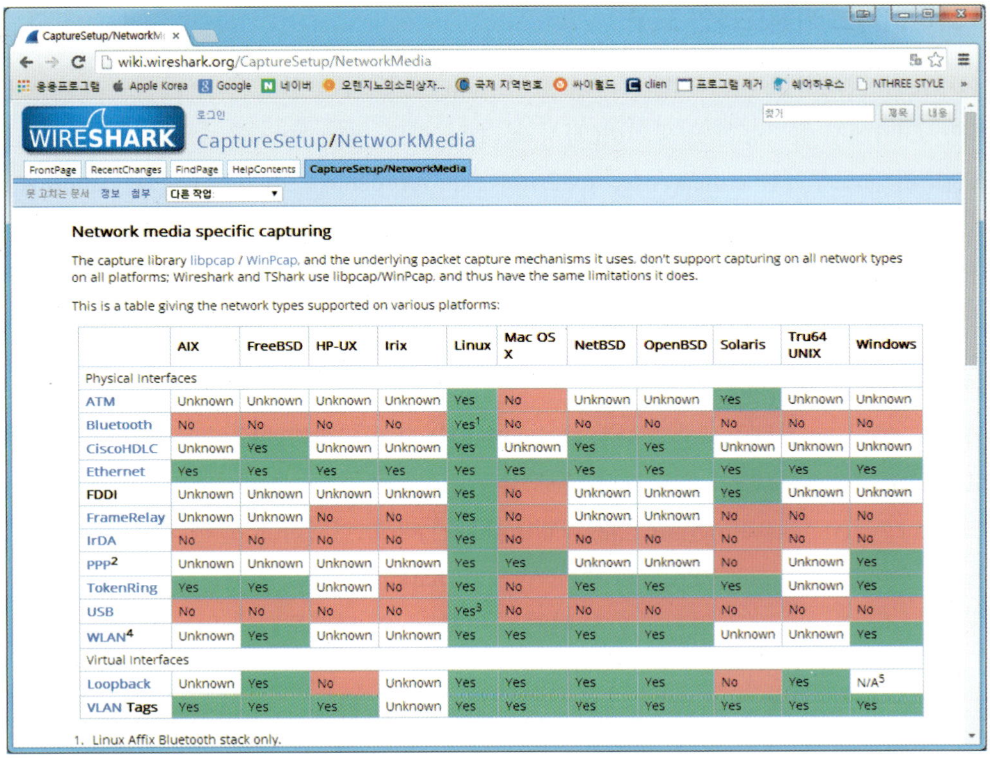

그림 4.20 Capture Setup Network Media 페이지

❸ 「Files」 칸

「Open」을 클릭하면 열고 싶은 캡처 파일을 선택하는 화면이 나타난다. 또한 「Open Recent」란에 직전에 연 캡처 파일의 링크가 나타나므로 거기에서 열 수도 있다. 또한 「Sample Captures」를 클릭하면 와이어샤크의 Wiki 샘플 캡처 페이지가 나타나며 캡처 파일의 샘플을 다운로드할 수 있다.

❹ 「Online」 칸

「Website」를 클릭하면 와이어샤크의 홈페이지, 「User's Guide」를 클릭하면 와이어샤크의 사용자 설명서가 나타난다. 또한 「Security」를 클릭하면 와이어샤크의 Wiki가 표시되며 보안에 관한 항목을 확인할 수 있다.

이렇게 시작 화면이 잘 나타나면 와이어샤크의 설치가 완료된 것이다. 와이어샤크를 종료하고자 할 때는 화면 우측 맨위에 있는 [X] 를 클릭하면 된다.

4.1.4 와이어샤크 커맨드라인 도구

와이어샤크를 설치하면 여러 커맨드라인 도구(tools)도 동시에 설치된다. 커맨드라인 도구를 사용하면 GUI에서 불가능한 일괄처리(배치 처리)나 파일 변환 등을 할 수 있다.

커맨드라인 도구에는 editcap.exe, text2pcap.exe, reorder.exe, mergecap.exe, capinfos.exe, tshark.exe 등이 있다. 이 도구들은 설치기의 컴포넌트 선택 화면에서 추가 또는 삭제할 수 있다. 디폴트로는 모든 도구가 설치된다. 또한 설치할 곳은 와이어샤크와 같은 디렉토리이다(디폴트로는 C:₩Program Files₩Wireshark).

■ 커맨드라인 도구 설치 확인

먼저 커맨드라인 도구들이 정상적으로 설치되어 있는지 확인한다. Windows의 「시작」 메뉴에서 「모든 프로그램」 → 「보조 프로그램」 → 「명령 프롬프트」를 선택하라. 그리고 명령 프롬프트가 나타나면 「cd "C:₩Program Files₩Wireshark"」라고 입력하고 엔터 키를 누른다. 디폴트 장소에 설치할 경우 「C:₩Program Files₩Wireshark〉」와 같이 커맨드 디렉토리가 이동한다. 다음에 「dir ＊.exe」라고 입력하고 엔터키를 누른다. 이 디렉토리에 있는 실행 프로그램이 나타난다(그림 4.21 참조).

그림 4.21과 같이 다음 파일이 화면에 나타나면 설치가 완료된 것이다.

• editcap.exe, • text2pcap.exe, • mergecap.exe, • reordercap.exe, • capinfos.exe,
• tshark.exe • dumpcap.exe • rawshark.exe

그림 4.21은 윈도우즈에서 명령 프롬프트를 이용하여 화면에 나타낸 예이다.

```
Microsoft Windows [Version 6.1.7601]
Copyright (c) 2009 Microsoft Corporation. All rights reserved.

C:₩Users₩User>cd "C:₩Program Files₩Wireshark"

C:₩Program Files₩Wireshark>dir *.exe
 C 드라이브의 볼륨에는 이름이 없습니다.
 볼륨 일련 번호: 9EF3-CF06

 C:₩Program Files₩Wireshark 디렉터리

2014-08-01  오전 04:35           322,480 capinfos.exe
2014-08-01  오전 04:35           391,600 dumpcap.exe
2014-08-01  오전 04:35           326,576 editcap.exe
2014-08-01  오전 04:36           311,728 mergecap.exe
2014-08-01  오전 04:35         3,627,520 qtshark.exe
2014-08-01  오전 04:36           351,152 rawshark.exe
2014-08-01  오전 04:36           307,120 reordercap.exe
2014-08-01  오전 04:36           339,888 text2pcap.exe
2014-08-01  오전 04:36           544,176 tshark.exe
2014-08-01  오전 04:36           416,224 uninstall.exe
2013-03-09  오전 09:46           915,128 WinPcap_4_1_3.exe
2014-08-01  오전 04:36         3,080,112 Wireshark.exe
              12개 파일          10,933,704 바이트
               0개 디렉터리  36,934,598,656 바이트 남음

C:₩Program Files₩Wireshark>
```

그림 4.21 Windows7 Wireshark 설치 폴더 확인

커맨드라인 도구의 활용에 대해서는 부록 1을 참고하기 바란다.

4.2 와이어샤크 사용자 인터페이스

와이어샤크가 실행되면 나타나는 사용자 인터페이스에는 패킷을 캡처하기 위해 필요한 여러 가지 메뉴나 툴바로 구성되어 있다. 또한 우측을 클릭하여 불러오는 컨텍스트 메뉴나 계층화된 서브 메뉴도 준비되어 있다.

여기서는 와이어샤크의 화면 구성이나 메뉴 항목 등에 대해서 설명한다. 또한 실제로 패킷을 캡처하고, 이것을 화면에 나타내는 순서는 다음 장에서 자세히 설명한다.

4.2.1 와이어샤크 화면 구성

이제 패킷 캡처를 시작하기 전에 화면의 구성을 살펴보자. 와이어샤크의 화면은 윈도우즈 애플리케이션 화면과 비슷하다(그림 4.22 참조).

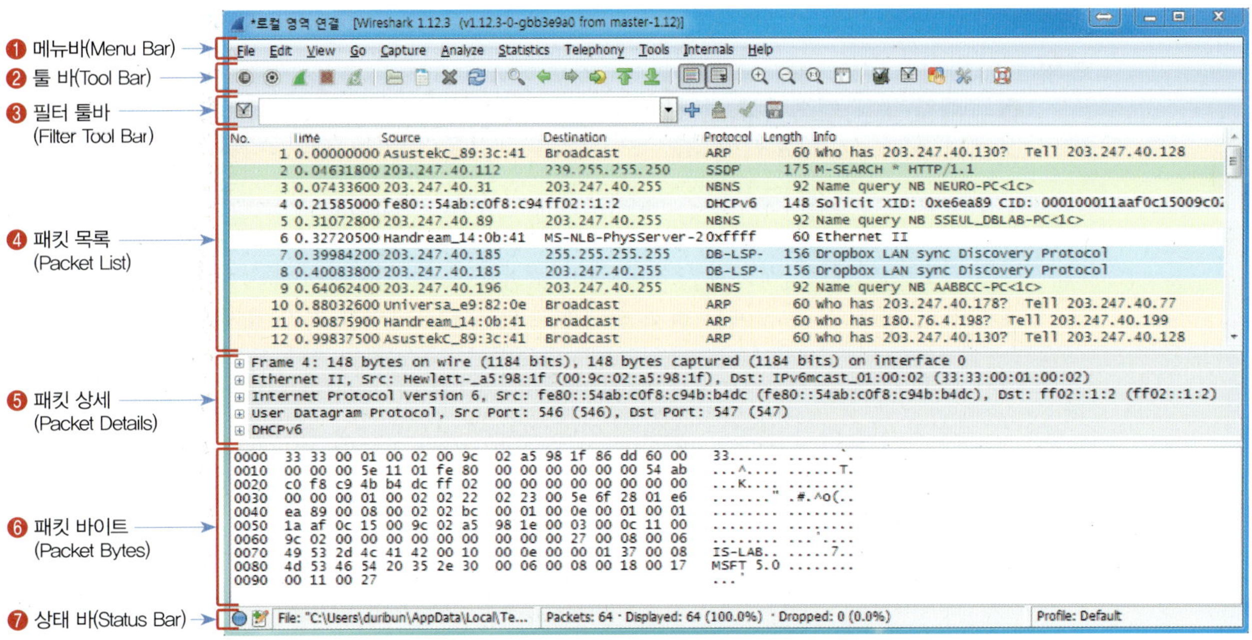

그림 4.22 와이어샤크 화면 구성

❶ 메뉴 바

와이어샤크의 각 주요 기능을 시작할 때 사용한다.

❷ 툴 바

자주 사용하는 기능이 버튼으로 준비되어 있다. 또한 와이어샤크를 보다 효율적으로 조작하려면 버튼뿐만 아니라 단축키도 이용하면 좋다(자세한 것은 「4.2.4」 참조).

❸ 필터 툴 바

살펴보는 패킷의 양을 줄여주는 데 사용한다.

❶ ~ ❸의 밑에 크게 셋으로 분할된 ❹ ❺ ❻은 와이어샤크의 메인이 되는 부분이다.

❹ 패킷 목록 정보

캡처한 패킷의 개요를 나타낸다. 한 줄에 하나의 패킷(프레임)이 표시되며 간단한 설명이 포함된다. 이 줄을 클릭하면 해당 패킷의 자세한 내용이 ❺ 패킷 상세 정보와 ❻ 패킷 바이트 정보로 표시된다(자세한 것은「4.2.2」참조).

❺ 패킷 상세 정보

❹의 패킷 목록 정보에서 선택한 패킷의 내용을 보다 자세하게 나타낸다. 패킷을「디코드(해석)」한 내용(예를 들면 프로토콜이나 필드의 의미)이 여기에 나타난다(자세한 것은「4.2.2」참조).

❻ 패킷 바이트 정보

❹의 패킷 목록 정보에서 선택한 패킷의 내용을 16진수나 ASCII 문자 코드 등으로 나타낸다(자세한 것은「4.2.2」참조).

❼ 상태 바

바의 가장 왼쪽 끝에 패킷의 상태를 색이 들어간 ○ 표시로 나타낸다. 또한 중앙에는 현재 패킷 캡처 정보, 우측 끝에는 현재 선택하고 있는 프로파일을 각각 표시한다.

패킷 목록 정보, 패킷 상세 정보, 패킷 바이트 정보의 각 표시 항목이나 상태 바의 표시/비표시는 자기가 사용하기 쉽게 조정할 수 있다(자세한 것은「4.2.2」참조).

■ 와이어샤크 환경설정

와이어샤크는 사용자가 필요로 하는 다양한 환경설정을 제공하고 있다. 와이어샤크에서 환경설정을 하기 위해서는 메인 메뉴에서 Edit를 선택한 다음 Preferences를 클릭한다. 그러면 그림 4.23과 같은 사용자가 지정할 수 있는 옵션이 포함되어 있는 Preference 대화상자를 볼 수 있다.

와이어샤크의 환경설정은 6개의 중요한 부분으로 나눠져 있다.

User Interface(사용자 인터페이스)

와이어샤크가 어떻게 데이터를 보여주는지를 지정한다. 사용자는 개인의 선호도에 따라 얼마든지 옵션을 바꿀 수 있다. 예를 들어 3개의 메인 창의 레이아웃에 대해 변경할 수 있으며, 스크롤바와 패킷 목록 정보의 위치와 캡처 데이터를 나타내는 글자나 바탕 화면이나 실행되는 화면의 색상 등을 설정할 수 있다.

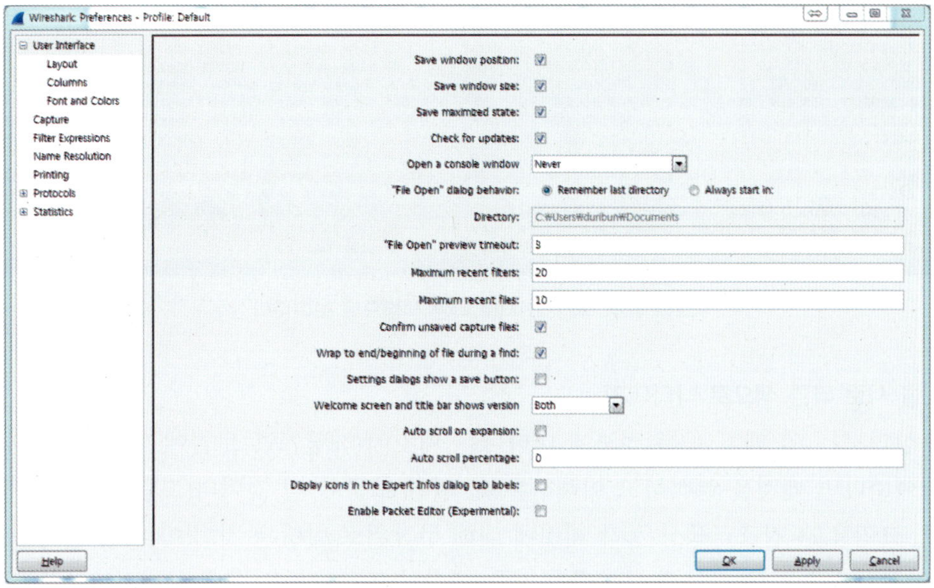

그림 4.23 Preference 옵션 화면

Capture(캡처)

기본적인 캡처 인터페이스를 포함하여, 무차별 모드 사용 여부, 패킷 목록 정보의 실시간 업데이트 여부와 같은 패킷을 캡처하는 데 관련된 옵션을 지정한다.

Filter Expression(필터 표현)

화면 필터와 컬러링 규칙을 추가하는 데 사용된다.

Name Resolution(이름 변환)

주소를 알아보기 쉬운 이름으로 변환하도록 와이어샤크의 기능을 활성화할 수 있다(MAC, 네트워크, 그리고 전송 이름 변환을 포함). 그리고 동시에 이름 변환 요청의 최대 수를 지정할 수 있다.

Printing(출력)

와이어샤크가 데이터를 어떻게 출력하는가와 관련된 다양한 옵션을 지정한다.

Protocol(프로토콜)

와이어샤크가 해석 가능한 프로토콜에 대한 수집과 이를 화면으로 보여주는 기능을 제공한다. 모든 프로토콜을 지정할 수 있는 것은 아니지만 몇 개의 프로토콜은 옵션을 바꿀 수 있다. 이 옵션들은 변경할 이유가 없다면 바꾸지 않고 그냥 놔두는 것이 좋다.

Statistics(통계)

이 영역에서 와이어샤크의 통계 기능에 대한 몇 가지 구성 옵션을 제공한다.

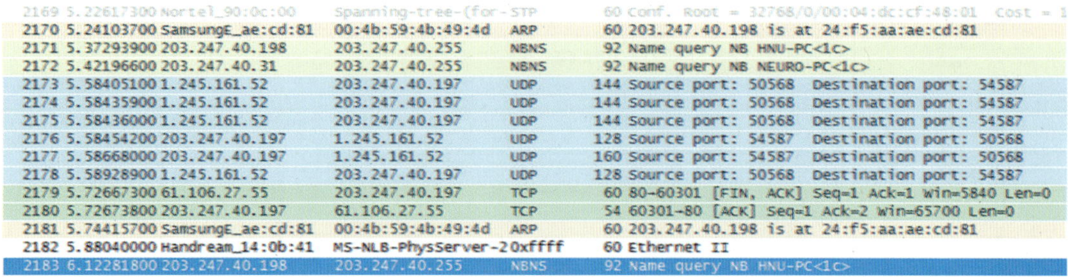

그림 4.24 패킷을 서로 다른 색상으로 보여준다

■ 패킷을 서로 다른 색으로 나타내기

패킷을 살펴보는 데 패킷 목록 정보에 나타나는 패킷이 해당 프로토콜에 따라 서로 다른 색으로 보여준다면 패킷을 분석하고 이해하는 데 훨씬 도움이 될 것이다(그림 4.22 ❹ 패킷 목록 정보, 그림 4.24 참조). 색상은 각 패킷에 대해 무작위로 할당된 것이 아니다.

패킷마다 색을 서로 다르게 나타내는 것은 패킷의 프로토콜을 쉽게 구별하고 이해하기 위한 것이다. 예를 들어 모든 DNS 트래픽은 파란색이고, 모든 HTTP 트래픽은 녹색이다. 그러면 많은 패킷을 패킷 목록 정보를 통해 볼 때 한눈에 쉽게 알아볼 수 있다. 캡처한 패킷을 서로 다른 색으로 보여줄 때에 패킷 수가 많을수록 패킷을 분석하는 시간을 줄일 수 있다.

와이어샤크에서 그림 4.25와 같이 Coloring Rules 창을 보면 각 프로토콜이 어떤 색으로 지정되어 있는지 보여준다. Coloring Rules 창을 열려면 메인 메뉴에서 View를 선택하고 Coloring Rules를 선택하면 된다.

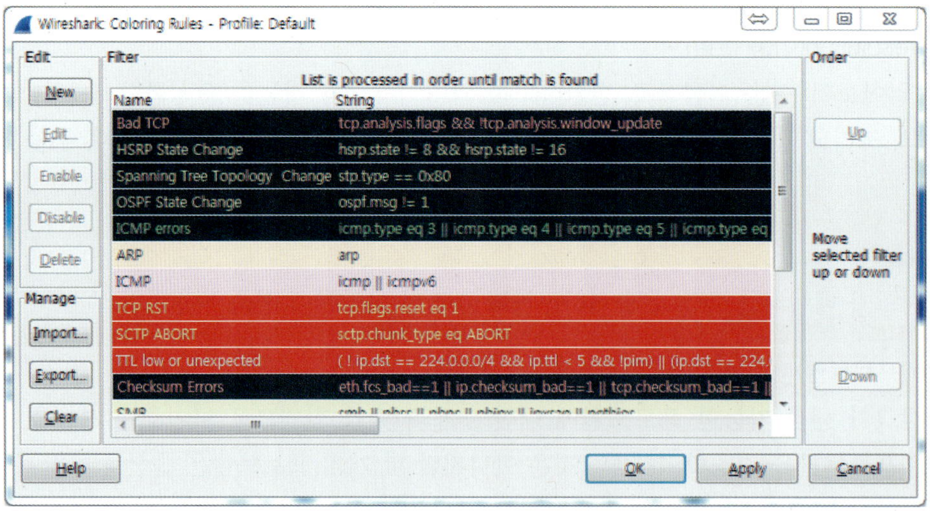

그림 4.25 Coloring Rule 창

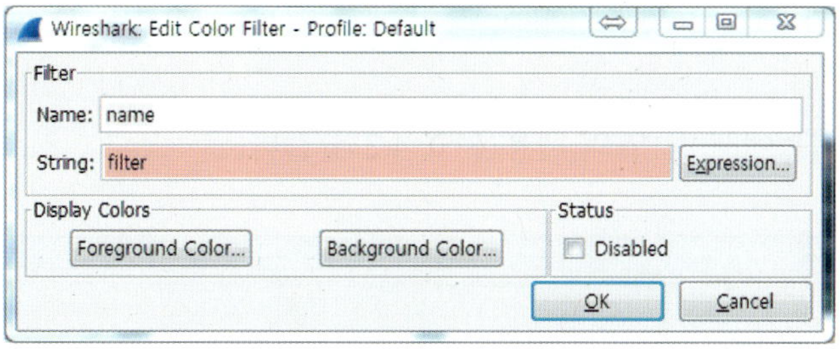

그림 4.26 패킷 색상 수정 화면

사용자가 원하는 색을 지정할 수 있고 기존의 색상 규칙을 수정할 수 있다. 예를 들어, HTTP 트래픽의 백그라운드 색깔을 초록색에서 붉은색으로 바꿀 경우 다음 단계를 따라하면 된다.

① 와이어샤크를 열고 Coloring Rules 창을 연다(View → Coloring Rules).
② 컬러 규칙 목록에서 HTTP 컬러 규칙을 찾아 클릭해서 선택한다.
③ Edit 버튼을 누른다. 그림 4.26과 같이 Edit Color Filter 대화 상자가 나타난다.
④ Display Colors에 있는 Background Color 버튼을 클릭한다.
⑤ 색상 표에서 붉은색을 선택하고 OK 버튼을 누른다.
⑥ 색을 선택하고 메인 창으로 돌아가기 위해 OK 버튼을 두 번 누른다. 메인 창에서 색상이 바뀐 것을 확인할 수 있다.

와이어샤크로 네트워크를 관리할 때 어떤 특정 프로토콜이 다른 프로토콜보다 많이 사용되는 경우를 볼 수 있다. 이때에 색상 지정을 이용하면 좋다. 예를 들어 네트워크상에 가짜(rogue) DHCP가 IP 정보를 보내고 있다면 DHCP의 색상을 밝은 노란색(또는 구분하기 쉬운 색)으로 편집하여 구별하기 쉽게 나타낼 수 있다. 이렇게 하면 DHCP 트래픽을 더 쉽고 빨리 구별해 낼 수 있고, 패킷 분석 역시 더 효율적으로 할 수 있다.

4.2.2 와이어샤크 화면의 세부 구성

이제 와이어샤크의 화면 구성을 보다 자세히 살펴보기로 한다.

그림 4.27의 「❹ 패킷 목록 정보」「❺ 패킷 상세 정보」「❻ 패킷 바이트 정보」「❼ 상태 바」에 대해 더 자세히 확인해 보자.

④ 패킷 목록 정보

캡처한 패킷의 개요를 보여준다. 한 줄에 하나의 패킷(Ethernet 프레임)이 표시되며 간단한 설명이 들어있다. 이 줄을 클릭하면 그 패킷의 자세한 내용이 ❺ 패킷 상세 정보와 ❻ 패킷 바이트 정보에 나타난다.

패킷 목록 정보(그림 4.28 참조)의 「Info」 열에는 가장 상위 계층의 정보가 나타난다. 따라서 패킷 분석 중에 가끔 패킷 목록 내용이 하위 계층 정보에서 보다 상위 계층의 정보로 바뀌는 경우가 있다.

그림 4.28의 테이블에서 각 열의 내용은 표 4.2와 같다.

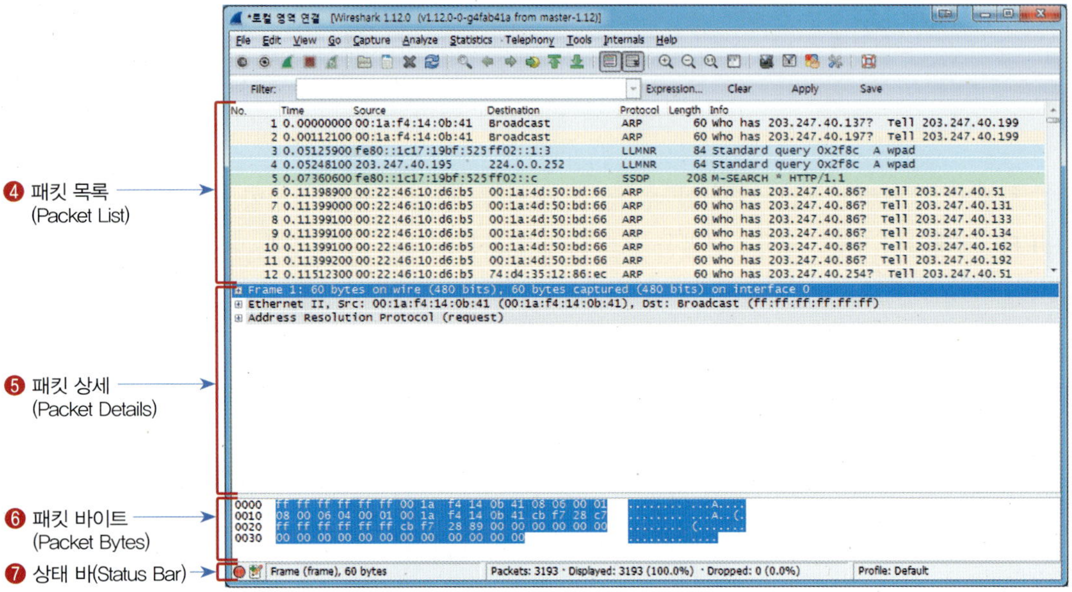

그림 4.27 Wireshark 화면 주요 구성 요소

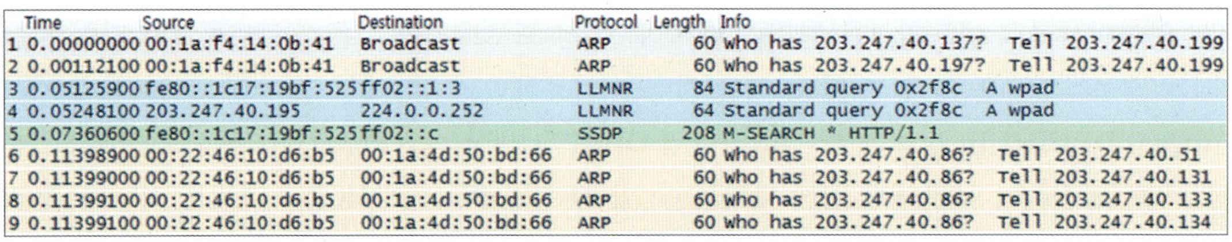

	Time	Source	Destination	Protocol	Length	Info
1	0.00000000	00:1a:f4:14:0b:41	Broadcast	ARP	60	Who has 203.247.40.137? Tell 203.247.40.199
2	0.00112100	00:1a:f4:14:0b:41	Broadcast	ARP	60	Who has 203.247.40.197? Tell 203.247.40.199
3	0.05125900	fe80::1c17:19bf:525	ff02::1:3	LLMNR	84	Standard query 0x2f8c A wpad
4	0.05248100	203.247.40.195	224.0.0.252	LLMNR	64	Standard query 0x2f8c A wpad
5	0.07360600	fe80::1c17:19bf:525	ff02::c	SSDP	208	M-SEARCH * HTTP/1.1
6	0.11398900	00:22:46:10:d6:b5	00:1a:4d:50:bd:66	ARP	60	Who has 203.247.40.86? Tell 203.247.40.51
7	0.11399000	00:22:46:10:d6:b5	00:1a:4d:50:bd:66	ARP	60	Who has 203.247.40.86? Tell 203.247.40.131
8	0.11399100	00:22:46:10:d6:b5	00:1a:4d:50:bd:66	ARP	60	Who has 203.247.40.86? Tell 203.247.40.133
9	0.11399100	00:22:46:10:d6:b5	00:1a:4d:50:bd:66	ARP	60	Who has 203.247.40.86? Tell 203.247.40.134

그림 4.28 패킷 목록 정보

표 4.2 패킷 목록 정보에서 각 열의 내용

열 이름	내용
No.	패킷의 순서번호를 나타낸다. 이 번호는 디스플레이 필터가 적용되어도 변하지 않는다.
Time	패킷을 캡처한 시간을 나타낸다. 시간을 나타내는 형식은 변경할 수 있다.
Source	패킷의 발신지 주소를 나타낸다.
Destination	패킷의 목적지 주소를 나타낸다.
Protocol	프로토콜 이름을 나타낸다.
Length	패킷 길이를 나타낸다.
Info	패킷 개요를 나타낸다.

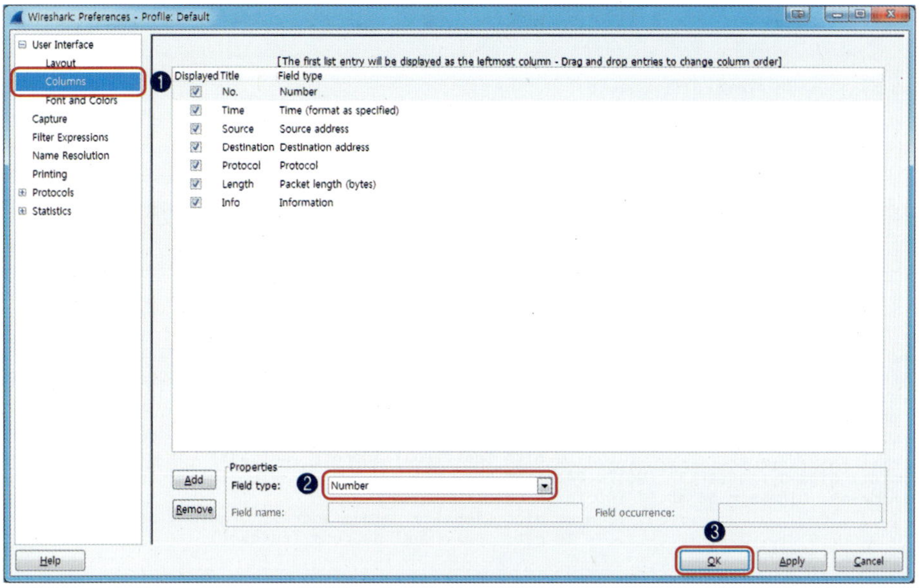

그림 4.29 패킷 목록 열 정보 수정 화면

각 열의 디스플레이 내용은 자유롭게 설정할 수 있다. 메뉴 바에서 「Edit → Preferences」를 선택하라. 그러면 그림 4.29와 같이 설정 화면이 열린다. 여기서 화면 좌측의 「User Interface」 아래에 있는 「Columns」를 클릭한다(그림 4.29 ❶ 참조). 그런 다음 화면 우측에서 패킷 목록에 디스플레이할 내용을 설정하고 「OK」 버튼을 클릭하면 된다(그림 4.29 ❸ 참조). 만약 추가할 내용이 있다면 ❷번에서 Field Type을 변경하면 된다.

⑤ 패킷 상세 정보

그림 4.27 ❹의 패킷 목록 정보에서 선택한 패킷의 내용을 보다 자세하게 보여준다. 와이어샤크가 패킷을 해석한 내용(예를 들면 프로토콜이나 필드의 의미)이 여기에 나타난다.

패킷 상세 정보는 계층마다 트리(tree) 형식으로 나타난다. 또한 ⊞를 클릭하면 보다 더 자세한 정보를 확인할 수 있다. 좀 더 자세하게 설명하면 패킷 상세 정보는 그림 4.27에 있는 ❹의 패킷 목록 정보에서 선택한 패킷에 대해 프로토콜이나 필드의 내용을 보여준다. 패킷에는 많은 정보가 포함되기 때문에 헤더나 계층별로 ⊞가 붙어 있다. ⊞를 클릭하면 헤더나 계층의 상세한 내용이 나타난다. 플래그나 제어 필드와 같은 상세한 정보에 대해서는 복수의 ⊞가 계층적으로 준비되어 있으며, 이들을 클릭하여 전개함으로써 정보를 나타낼 수 있다.

또한 전개한 내용은 ⊟가 붙은 상태로 표시된다. 이 ⊟를 클릭하면 전개된 내용이 닫히고 원래의 ⊞로 되돌아간다. 패킷 분석의 요점은 우선 각 필드가 닫힌 상태에서 패킷의 개요를 확인한다(그림 4.30 참조).

다음으로 더 자세하게 알고 싶은 헤더에 대해서 ⊞를 클릭하여 필드를 전개하고 의미를 살펴본다. 패킷에 따라서 더 자세한 내용이 계층화되어 있는 경우가 있다. 그럴 경우에는 보

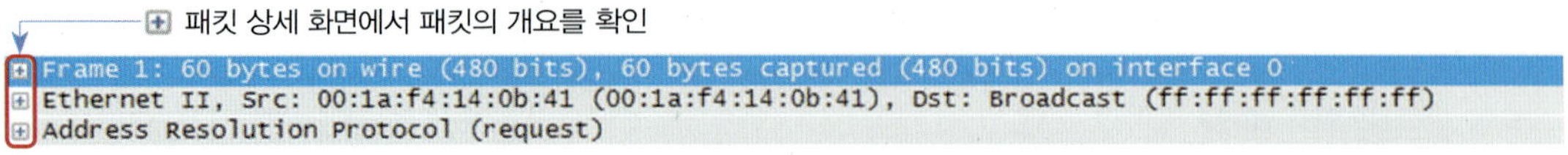

그림 4.30 Ethernet Ⅱ 상세정보 ⊞ 상태

다 하위의 ⊞에 대해서도 전개해 보라. 그러면 더 자세하게 해석할 수 있다.

예를 들어 Ethernet Ⅱ 부분을 전개하면 다음과 같이 나타난다(그림 4.31 참조).

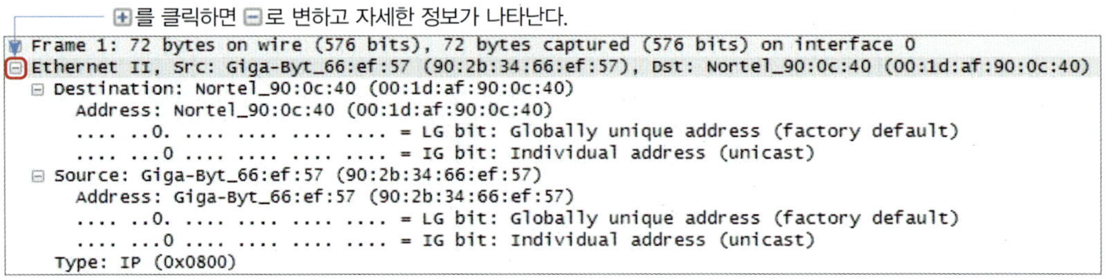

그림 4.31 Ethernet Ⅱ 상세정보 상태

또한 패킷 상세 정보에서 컨텍스트 메뉴(임의의 장소에서 마우스를 오른쪽 클릭하면 나타난 메뉴)를 이용할 수 있다(그림 4.32 참조). 컨텍스트 메뉴는 선택한 패킷과 관련한 조작을 간단하게 불러내 작업을 할 수 있으므로 편리하다.

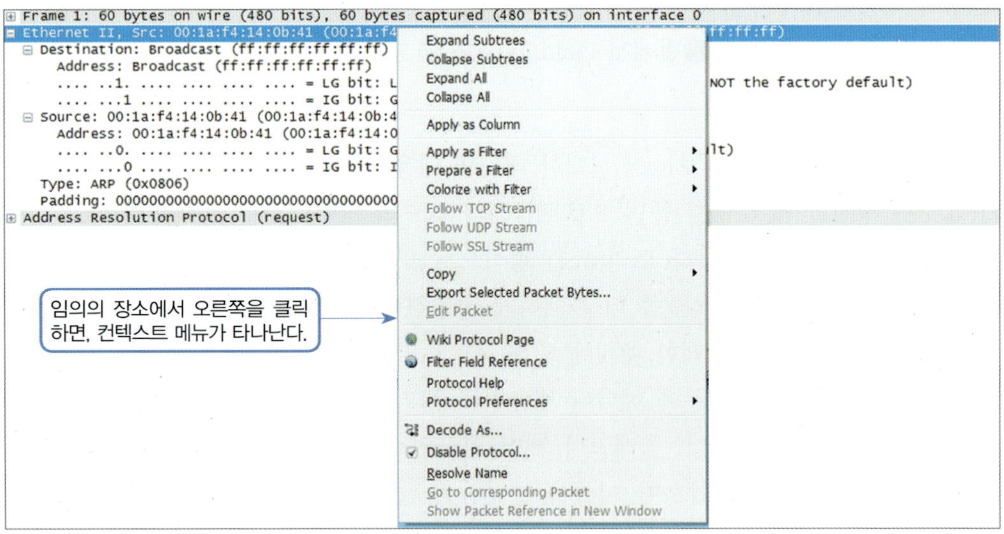

그림 4.32 패킷 상세 정보에서 컨텍스트 메뉴

이 패킷 상세 정보에서 특정 프로토콜에 대해서 일반적인 패킷의 자세한 내용에 추가하여 다음과 같은 필드도 보여준다.

- Generated fields(생성된 필드)
  와이어샤크 자체가 생성한 임시 프로토콜 필드이며 [ ] 기호로 표시된다. 와이어샤크는 앞뒤의 패킷을 결합하거나 의미를 해석하여 추가된 정보를 「Generated fields」에 추가한다. 예를 들어 그림 4.33에 있는 TCP의 [SEQ/ACK analysis] 필드는 TCP의 앞뒤 순서번호나 확인응답 번호의 변화를 와이어샤크가 자동적으로 분석하여 생성한다.
- Links(링크)
  해석하고 있는 패킷이 다른 패킷과 관계가 있을 경우 와이어샤크는 자동적으로 링크를 작성한다. 예를 들어 웹과 같은 통신에서 HTTP 데이터가 1개의 패킷에 다 들어가지 않고 복수의 TCP 패킷(세그먼트, 단편)으로 분할되어 있는 경우가 있다.
  이때 와이어샤크는 자동으로 TCP의 분할된 세그먼트를 재조립하고 그림 4.33의 [Reassembled PDU in frame: 317]과 같은 링크가 만들어진다. 그리고 이 링크를 더블 클릭하면 관련된 패킷이 나타난다.

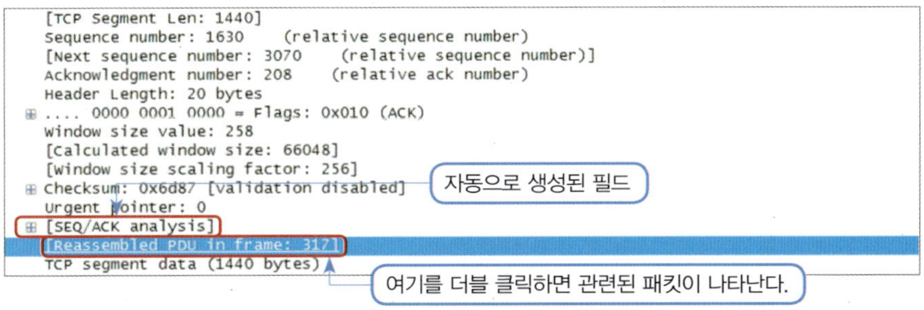

그림 4.33 TCP 패킷 상세 정보

⑥ 패킷 바이트 정보

그림 4.27 ❹의 패킷 목록 정보에서 선택한 패킷의 내용을 16진수나 ASCII 문자 코드 등으로 나타내준다(그림 4.34 참조).

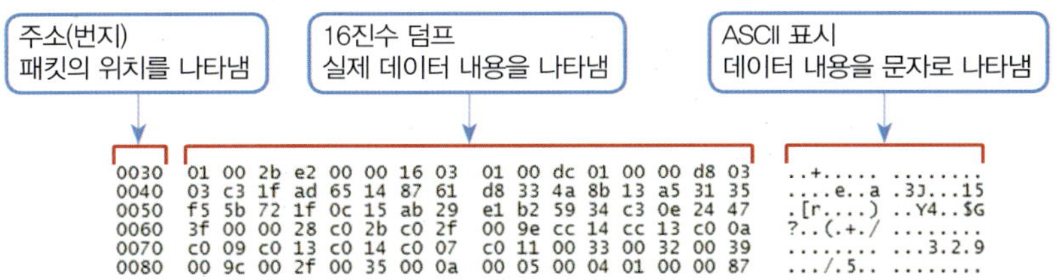

그림 4.34 패킷 바이트 정보 창

가장 좌측 열의 「0030, 0040, 0050 …」 부분은 패킷의 위치(처음부터 몇 바이트 째인지)를 16진수로 나타낸다. 일반적으로 데이터의 위치를 나타내는 부분을 「주소(번지)」라고 한다. 주소는 0부터 시작하여, 예를 들어 「0000」이라면 10진수에서는 0문자 째, 「0010」이라면 16문자 째가 된다.

또한 주소 다음의「01 00 2b …」부분은 실제 데이터의 내용을 컴퓨터가 취급하는 2진수가 아닌 16진수로 나타낸 것이다. 일반적으로 이것을「16진수 덤프」라고 한다. 예들 들어「01 00 2b …」라고 표시된 경우에 실제 데이터는「00000001 00000000 00101011 …」과 같은 2진수 데이터이다. 그러나 와이어샤크에서는 패킷의 실제 내용이 2진수 4비트마다 16진수 1 문자로 표시된다.

그리고 이 16진수를 2 문자로 정리하고 2진수 8비트(= 1바이트) 단위로 하여 스페이스로 나누어 표시한다. 이것이 8개 이어질 경우 스페이스가 들어가고 또 8개가 이어진다. 그 결과 한 줄에 16바이트(16진수 32문자) 형태로 표시된다.

또한 패킷 바이트는 2진수 표시로 변경할 수 있다. 패킷 바이트 정보에서 오른쪽을 클릭하면 컨텍스트 메뉴가 나타난다(그림 4.35 참조). 디폴트에서는「Hex View(16진수 표시)」가 체크되어 있지만 여기서「Bits View(2진수 표시)」를 선택해보라.

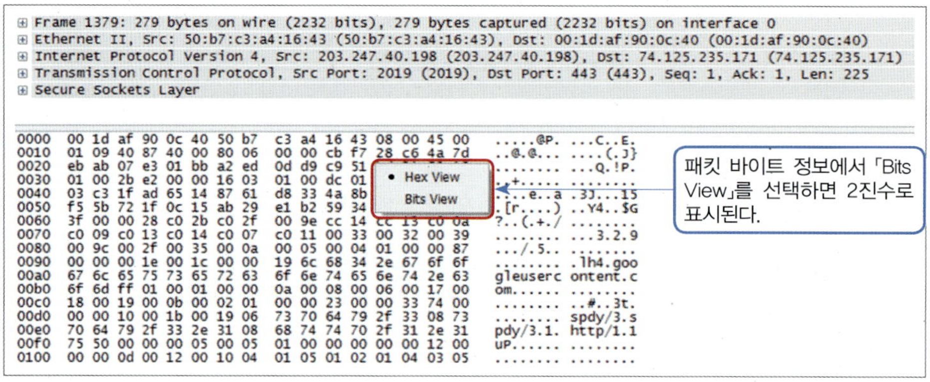

그림 4.35 패킷 바이트 정보 창에서 Hex View, Bits View 전환

여기서 컴퓨터가 취급하는 2진수나 16진수를 평소 우리가 사용하고 있는 10진수와의 관계를 살펴보자.

16진수 2문자는 2진수 8문자에 해당한다. 예를 들어 16진수에서「ff」는 2진수「11111111」에 대응한다. 또한 2진수 8문자는 컴퓨터의 정보 단위인 1바이트에 해당한다.

표 4.3 16진수, 10진수, 2진수 비교

진수	표현																
2진수	0	1	10	11	100	101	110	111	1000	1001	1010	1100	1101	1110	1111	10000	…
10진수	0	1	2	3	4	5	6	7	8	9	10	11	12	13	14	15	…
16진수	0	1	2	3	4	5	6	7	8	9	A	B	C	D	F	10	…

표 4.3을 보면 16진수 1 문자는 컴퓨터가 취급하는 4개의 2진수(0이나 1), 즉 4비트임을 알 수 있다.

패킷 바이트 정보에서는 가장 좌측 열이고 패킷의 번지를 0000, 0010, 0020…과 같이 표시한다. 그리고 ff ff …처럼 16진수 2 문자마다 스페이스로 구분하여 표시한다. 이것을「16진수(HEX = 헥사) 덤프」라 한다. 16진수 2문자는 8비트가 되며, 8비트는 1바이트이고, 이것은 컴퓨터에서 문자로 나타내는 ASCII(American Standard Code for Information Interchange) 문자 코드의 1문자에 해당하기 때문에 덤프 분석하기가 좋다. 따라서 1바이트마다 스페이스로 구분하여 8바이트를 표시한 다음, 더 크게 스페이스를 구분하여 8바이트를 표시한다. 그 결과 한 줄이 16바이트가 된다.

이어서 패킷 바이트 정보에 대해 설명한다. 패킷 바이트 정보의 우측에는 패킷 데이터의 내용을 문자로 표시하는(「ASCII 표시」) 부분이 준비되어 있다. 예를 들어「61 62 63 …」부분을 보라. 이것은 ASCII 문자 코드에서는「a b c …」로 치환되어 나타난다(부록 2 참조). 이 부분은「ASCII 표시」라고 한다. 표준에서는 1바이트(16진수 2문자) 패킷 데이터마다 ASCII 문자 코드표에 따라 알파벳 1문자(ASCII 문자 코드)로 변환하여 표시한다. ASCII 표기에서는 패킷의 내용이 한 줄에 8문자로 표시된다.

그런데 이 패킷 바이트 정보의 임의 부분을 클릭하면 그림 4.27 ❺의 패킷 상세 정보에서 이에 대응하는 부분이 반전되어 나타난다. 또한 반대로 패킷 상세 정보의 임의 부분을 클릭하면 패킷 바이트 정보에서 이에 대응하는 부분이 반전되어 나타난다(그림 4.36 참조).

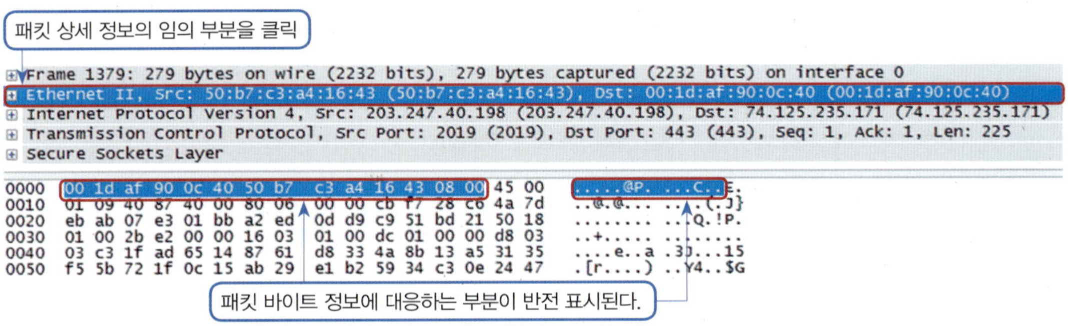

그림 4.36 패킷 상세 정보

⑦ 상태 바

상태 바의 좌측 부분에는 엑스퍼트 모드(Expert Mode)의 패킷 상태가 색이 들어간 ●표시로 나타난다(그림 4.37 참조). 엑스퍼트 모드란 문제가 있는 패킷을 자동적으로 추출하는 기능을 말하며 청색은 문제가 없는 패킷, 황색은 주의해야 할 패킷, 적색은 오류 패킷을 의미한다. 또한 그 우측에는 현재 선택한 필드나 데이터에 관한 정보가 나타난다. 예를 들어 그림 4.37의 화면 예에서는 현재 패킷 바이트 정보에서 선택하고 있는 데이터는 14바이트 텍스트 데이터임을 나타내고 있다.

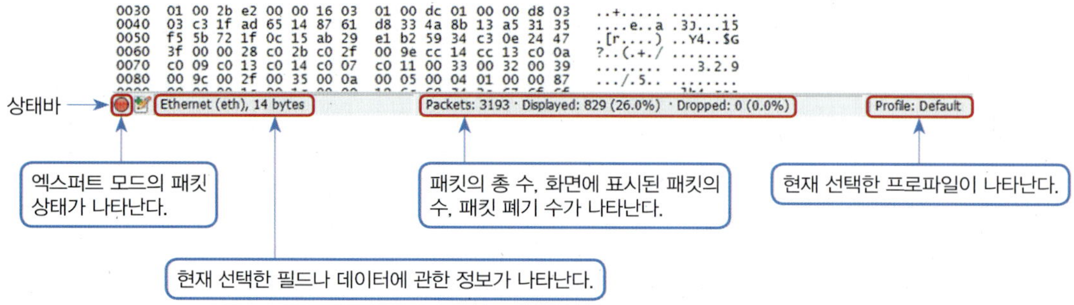

그림 4.37 상태 바 예

또한 상태 바의 중앙 부분에는 패킷의 총 수, 화면에 나타난 패킷의 수, 폐기된 패킷의 수 등이 나타난다.

또, 우측 부분에는 현재 선택한 프로파일(profile)이 나타난다. 프로파일이란 와이어샤크의 화면 구성이나 디스플레이 필터 등 각종 설정 내용을 한 묶음으로 저장하고 필요에 따라 간단하게 바꾸는 기능을 말한다. 상태 바에 표시된 프로파일을 우측 클릭함으로써 다른 프로파일로 바꿀 수 있다. 참고로 표준 프로파일은 「Default」라고 나타난다.

지금까지 설명한 와이어샤크 화면에서 사용되는 단축키를 정리하면 표 4.4와 같다.

표 4.4 메인 화면에서 사용되는 단축 키

단축키	기능
Tab, Shift + Tab	화면 요소 간 이동한다(툴 바에서 패킷 목록 정보로 또는 패킷 상세 정보로).
↓	다음 패킷이나 다음 상세 항목으로 이동한다.
↑	이전 패킷이나 다음 상세 항목으로 이동한다.
Ctrl + ↓, F8	다음 패킷으로 이동한다.
Ctrl + ↑, F7	이전 패킷으로 이동한다.
Ctrl + .	대화(TCP, IP, UDP)의 다음 패킷으로 이동한다.
Ctrl + ,	대화(TCP, IP, UDP)의 이전 패킷으로 이동한다.
←	패킷 상세 정보에서 선택된 트리 항목을 닫는다. 만약 닫혀있으면 상위 노드로 점프한다.
→	패킷 상세 정보에서 선택된 트리 항목을 연다.
Shift + →	패킷 상세 정보에서 선택된 트리 항목과 이의 서브트리를 모두 연다.
Ctrl + →	패킷 상세 정보에서 모든 트리 항목을 연다.
Ctrl + ←	패킷 상세 정보에서 모든 트리 항목을 닫는다.
Backspace	패킷 상세 정보에서 상위 노드로 점프한다.
Return, Enter	패킷 상세 정보에서 선택된 트리 항목을 토글(toggle)한다.

4.2.3 메뉴 바

여기서는 메뉴 바의 각 항목에 대해 설명한다. 필요에 따라 내용을 확인하기 바란다(그림 4.38 참조).

그림 4.38 메뉴 바

메뉴 바에 있는 항목을 정리하면 표 4.5와 같다.

표 4.5 각 메뉴의 주요 기능

메뉴명	주요 기능
File	파일 열기(open), 캡처 파일 결합(merge), 저장(save), 인쇄(print), Export , Import 등을 한다.
Edit	패킷의 검색, 강조 표시 등을 한다.
View	툴 바나 화면의 표시, 패킷의 색 표시 등을 한다.
Go	특정 패킷을 보여준다.
Capture	패킷 갭처의 시작, 종료, 캡처 필디(페킷을 캡처할 때 제한 설정)를 편집한다.
Analyze	디스플레이 필터(패킷을 디스플레이할 때 제한 설정)의 작성, 편집이나 패킷을 해석한다.
Statistics	캡처한 패킷을 분석하고 패킷 수의 목록이나 프로토콜 분포 등의 통계 정보를 보여준다.
telephony	주로 VoIP(Voice Over IP)에 관한 통계 정보나 확인 화면을 보여준다.
Tools	와이어샤크와 관련하여 이용하는 각종 도구 기능이 정리되어 있다.
Internals	와이어샤크의 내부 정보를 보여주는 항목이 들어있다.
Help	와이어샤크의 사용법에 대한 도움 기능이다.

메뉴 바에 있는 각 항목에 대한 설명은 다음과 같다.

■ **파일 메뉴**

파일 메뉴는 메뉴 바의 「File」을 클릭하면 나타난다. 이 메뉴에서는 주로 캡처 파일을 조작한다(그림 4.39 참조).

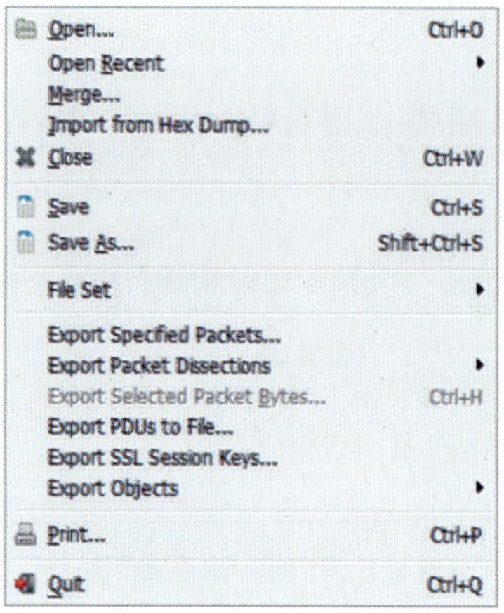

그림 4.39 File 메뉴

파일 메뉴에 나타난 각 항목의 주요 기능을 요약하면 표 4.6과 같다.

표 4.6 파일 메뉴의 각 항목 내용 1/4

항목명	내용
Open	캡처 파일을 열기 위한 파일 선택 화면을 보여준다.
Open Recent	최근에 연 캡처 파일을 서브 메뉴로 보여준다. 표시된 캡처 파일명을 더블 클릭하면 그 파일이 열린다.
Merge	현재 열려있는 캡처 파일에 결합할 캡처 파일을 열기 위한 파일 선택 화면을 보여준다.
Import from Hex Dump...	hex dump가 들어있는 텍스트 파일을 새로운 임시 캡처 파일로 불러들이는 것을 허용한다.
Close	현재 열려있는 캡처 파일을 닫는다. 그 파일을 저장하지 않았을 경우에 저장할지를 묻는 확인 화면이 나타난다(이 확인 화면은 설정에 의해 나타나지 않게 할 수도 있다).
Save	캡처 파일을 저장한다. 파일명을 지정해주지 않았을 경우에 파일명을 붙여 저장할 수 있는 화면이 나타난다. 패킷을 캡처하고 있는 동안은 저장할 수 없으므로 주의하라. 이럴 경우에 패킷 캡처를 정지하고 저장한다.
Save As...	파일명을 붙여 저장할 화면을 보여준다. 캡처 파일에 이름을 붙여 저장한다.

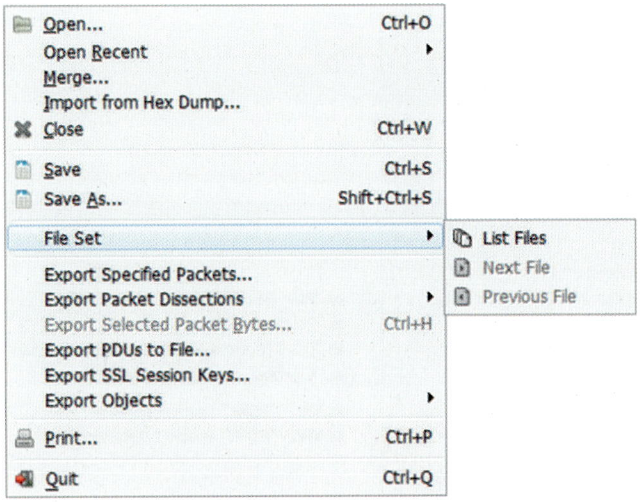

그림 4.40 File → File Set 메뉴

표 4.7 파일 메뉴의 각 항목 내용 2/4

항목명	내용
File Set → List Files	장시간 패킷을 캡처하거나 대량으로 패킷을 캡처할 경우에는 캡처 파일 크기가 너무 커서 불러오기나 필터 처리에 시간이 걸리는 등 다루기 어려운 경우가 있다. 이때 캡처한 내용을 복수의 파일로 분할하는 방법으로 「File Set」 기능이 준비되어 있다. 이 기능을 사용하면 캡처한 복수 캡처 파일을 정리하여 「File Set」이라는 단위로 취급할 수 있다. 이 경우에 「File Set」 항목이 선택 가능하며 나아가 서브 메뉴의 「List Files」 → 「Next File」 → 「Previous File」 등의 항목도 선택할 수 있다. 또한 「List Files」를 선택하면 File Set에 포함된 캡처 파일 목록이 나타난다.
File Set → Next File	File Set의 일련의 캡처 파일 중에서 현재 나타나 있는 캡처 파일의 다음에 위치하는 파일을 보여준다.
File Set → Previous File	File Set의 여러 캡처 파일 중에서 현재 나타나 있는 캡처 파일의 앞에 위치하는 파일을 보여준다. 또한 File Set이 아닌 캡처 파일이나 File Set의 마지막 캡처 파일을 표시하고 있는 상태에서 이 메뉴는 회색으로 나타나 선택할 수 없는 상태가 된다.

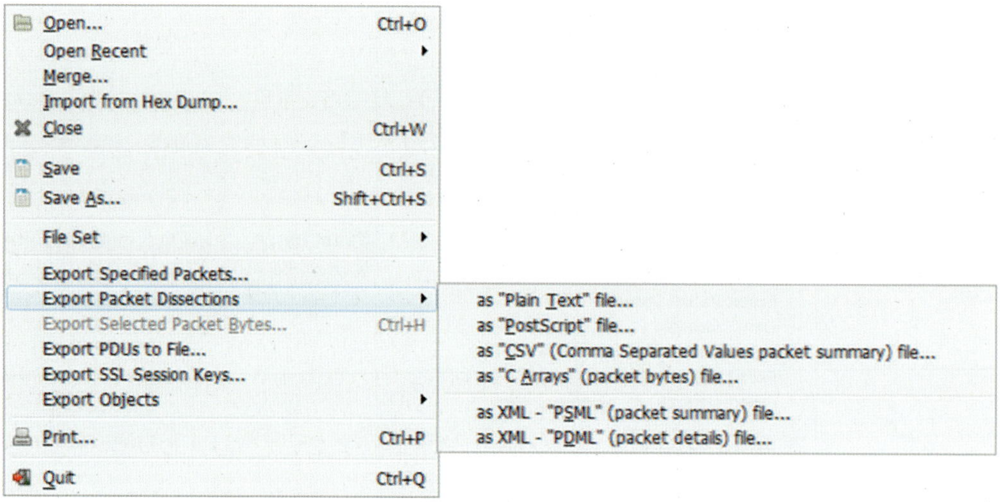

그림 4.41 File → Export Packet Dissections 메뉴

표 4.8 파일 메뉴의 각 항목 내용 3/4

항목명	내용
Export Specified Packets...	파일 출력 화면을 보여준다. 파일 형식과 패킷 범위를 지정하여 파일로 출력할 수 있다.
Export Packet Dissections → as " " File	Export 화면을 보여준다. 패킷을 캡처한 결과를 출력하는 파일 형식은 다음 중에서 선택할 수 있다. • Plain Text (ASCII 평문 파일) 와이어샤크를 컴퓨터에 설치하지 않은 사람에게 패킷을 보일 경우 편리하다. • PostScript 형식 파일 • CSV(Comma Separated Values packet summary) 형식 파일 표 계산 소프트웨어 등에서 편집하는 데 편리하다. • C Arrays (Packet Bytes) 형식 파일 선택하고 있는 패킷 바이트 정보를 2진 파일(16진수 덤프)로 출력 • PSML(Packet Summary Markup Language) 형식 파일 PSML은 패킷 캡처에서 이용되는 XML의 일종이다. • PDML(Packet Details Markup Language) 형식 파일 PDML은 패킷 캡처에서 이용되는 XML의 일종이다.
Export Selected Packet Bytes...	파일 출력 화면을 보여준다. 현재 선택하고 있는 패킷의 바이트 정보를 2진 파일(16진수 덤프)로 출력한다.
Export PDUs to Files...	파일 출력 화면을 보여준다. 현재 선택하고 있는 패킷의 PDU를 파일로 출력한다.
Export SSL Session Keys...	파일 출력 화면을 보여준다. 현재 선택하고 있는 패킷의 SSL 세션 키를 파일로 출력한다.

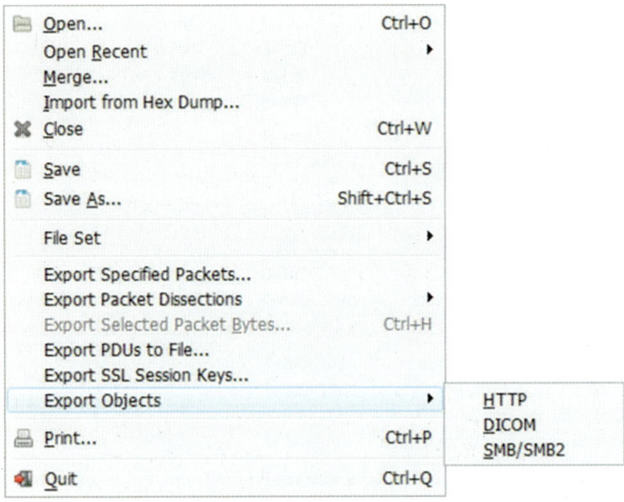

그림 4.42 File → Export Objects 메뉴

표 4.9 파일 메뉴의 각 항목 내용 4/4

항목명	내용
Export Objects → HTTP	캡처한 패킷 가운데 특히 홈페이지(HTTP)의 내용을 출력한다. 패킷에 포함된 HTML 문서, GIF/JPEG/PNG 화상, EXE 형식의 파일, MS-Word/MS-Excel 문서 등을 파일로 저장할 수 있다. 저장한 파일은 캡처 파일 안에 모든 요소가 포함된 경우에만 그대로 각 애플리케이션에서 열 수 있으므로 주의하기 바란다.
Export Objects → DICOM	3차원 화상 진단 등에 이용되는 DICOM 형식의 데이터를 출력한다. 단 패킷에서 DICOM 형식의 데이터를 완전히 복구할 수 없는 경우가 있으므로 주의하기 바란다. 이 데이터를 실제 치료 현장에서 사용하는 것은 권장하지 않는다.
Export Objects → SMB/SMB2	캡처된 SMB/SMB2 객체의 전부 또는 일부를 로컬 파일로 export 하는 것을 허용한다.
Print	인쇄 화면을 나타낸다. 패킷을 캡처한 결과를 인쇄한다.
Quit	와이어샤크를 종료한다. 캡처 파일을 저장하지 않을 경우에 저장 여부를 묻는 확인 화면이 나타난다(이 확인 화면은 설정에 의해 나타나지 않게 할 수도 있다).

■ 편집 메뉴

편집 메뉴는 메뉴 바의 「Edit」를 클릭하면 나타난다(그림 4.43 참조). 이 메뉴에서는 주로 캡처 파일의 검색 또는 패킷에 마크를 달기도 한다.

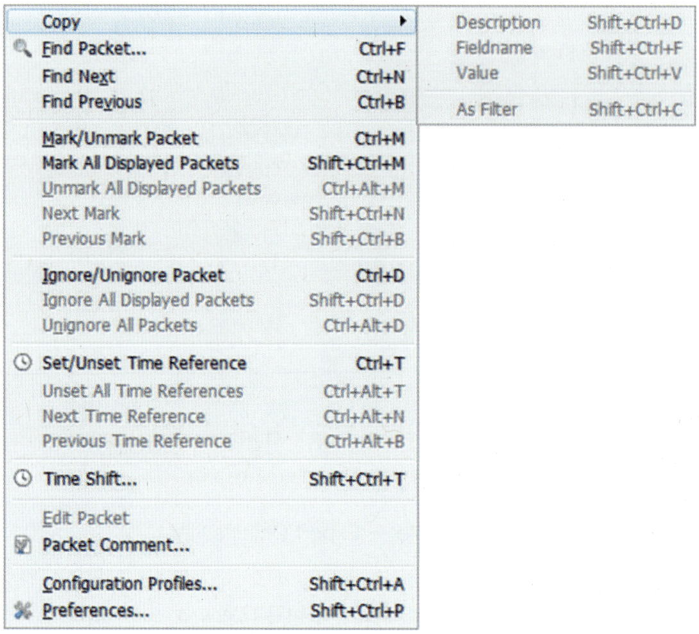

그림 4.43 Edit 메뉴

표시 조작을 한다. 표시 메뉴에 있는 항목을 정리하면 표 4.11과 같다.

표 4.10 편집 메뉴의 각 항목 내용

항목명	내용
Copy → Description	현재 선택된 패킷 헤더 정보의 Description 부분을 텍스트로서 복사한다.
Copy → Fieldname	현재 선택된 패킷 헤더 정보의 필드명을 텍스트로서 복사한다.
Copy → Value	현재 선택된 패킷 헤더 정보의 필드 값을 텍스트로서 복사한다.
Copy → As Filter	현재 선택된 패킷 헤더 정보의 내용을 디스플레이 필터로서 복사한다. 이 내용은 디스플레이 필터의 툴바 등에 추가해 사용할 수 있다.
Find Packet	패킷 검색 화면을 보여준다. 여러 가지 조건으로 패킷을 검색할 수 있다.
Find Next	「Find Packet」에서 지정한 조건에 일치하는 다음 패킷을 보여준다.
Find Previous	「Find Packet」에서 지정한 조건에 일치하는 직전의 패킷을 보여준다.
Mark/Unmark Packet	현재 선택된 패킷을 마크/언마크한다. 마크한 패킷은 반전 표시된다. 마크한 패킷을 저장하거나 인쇄할 수 있으므로 편리하다. 또, 이미 마크된 패킷은 마크가 해제된다.
Mark All Displayed Packets	디스플레이된 모든 패킷을 마크한다.
Unmark All Displayed Pack-ets	디스플레이된 모든 패킷을 언마크한다.
Next Mark	다음으로 마크된 패킷을 선택한다.
Previous Mark	직전에 마크한 패킷을 선택한다.

Ignore/Unignore Packet	현재 선택된 패킷을 존재하지 않는 것으로 무시하거나 원래대로 되돌린다. 예를 들면 TCP 스트림 표시에서 패킷은 보이지 않는다. 또한 연속 패킷의 경우에 없는 것으로 취급한다.
Ignore All Displayed Packets	현재 디스플레이된 모든 패킷을 존재하지 않는 것으로 무시한다. 제외된 패킷을 미리 디스플레이 필터 등으로 제한하여 이 기능을 사용하면 편리하다.
Unignore All Packets	무시한 모든 패킷을 원래 상태로 되돌린다.
Set/Unset Time Reference	현재 선택된 패킷에 대해 시간 참조를 설정한다. 연속된 패킷을 시계열로 확인하고 싶을 때 편리하다.
Unset All Time References	패킷에 있는 모든 시간 참조를 제거한다.
Next Time Reference	「Set Time Reference」에서 설정한 패킷을 기준으로 다음 시간의 패킷을 보여준다.
Previous Time Reference	「Set Time Reference」에서 설정한 패킷을 기준으로 이전 시간의 패킷을 보여준다.
Time Shift	캡처된 모든 패킷의 기준 시간을 변경한다.
Configuration Profiles	화면 구성이나 디스플레이 필터의 내용, 패킷의 색상 구별 규칙 등을 정리한 프로파일을 작성하거나 다른 프로파일로 변환할 수 있다.
Preferences	와이어샤크의 선호도 설정 화면을 보여준다.

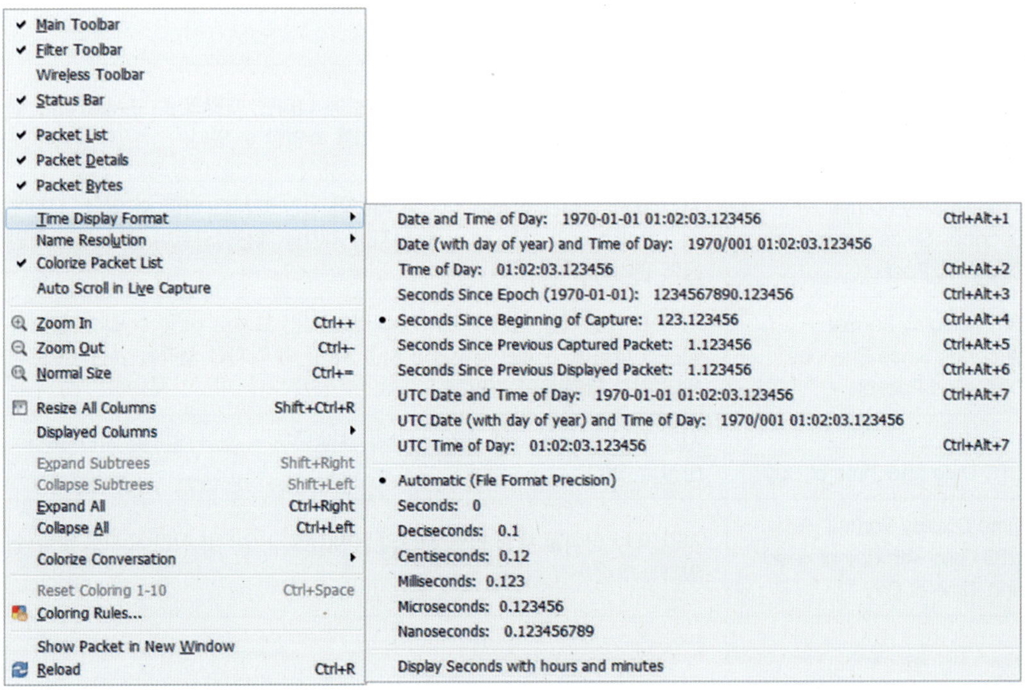

그림 4.44 View 메뉴

표 4.11 표시 메뉴의 각 항목 내용 1/4

항목명	내용
Main Toolbar	메인 툴바를 보여준다.
Filter Toolbar	필터 툴바를 보여준다.
Wireless Toolbar	무선 LAN 툴바를 보여준다. 무선 LAN 툴바에서는 IEEE 802.11 프로토콜이나 채널을 분석할 수 있다. 또한 이 무선 LAN 툴바에 대해서는 현재 컴퓨터에 설치된 NIC에서 일부 기능 밖에 이용할 수 없다. Riverbed Technology 사의 AirPcap 등이 필요하다.
Status bar	상태 바를 보여준다.
Packet List	패킷 목록 정보를 보여준다.
Packet Details	패킷 상세 정보를 보여준다.
Packet Bytes	패킷 바이트 정보를 보여준다.
Time Display Format → Date and Time of Day	시간 표시 형식을 날짜(년도 + 월 + 일) 및 시간 표시로 바꿀 수 있다.
Time Display Format → Date (with day of year)and Time of Day	시간 표시 형식을 날짜(년도 + 일) 및 시간 표시로 바꿀 수 있다.
Time Display Format → Time of Day	시간 표시 형식을 시분(○시△분) 표시로 바꿀 수 있다.
Time Display Format → Seconds Since Epoch (1970-01-01)	시간 표시 형식을 1970년 1월 1일을 기준으로 한 UNIX의 시리얼 시간 표시로 바꿀 수 있다.
Time Display Format → Seconds Since Beginning of Capture	시간 표시 형식을 최초 패킷 목록 정보에 나타난 패킷의 초 표시로 바꿀 수 있다. 최초 패킷의 상대적인 시간 차이를 확인할 수 있다.
Time Display Format → Seconds Since Previous Captured Packet	시간 표시 형식을 직전에 캡처된 패킷의 시간 표시로 바꿀 수 있다. 직전에 취득한 패킷과의 시간 차이, 즉 디지털 시간을 계산함으로써 응답 시간 확인 등에 편리하다.
Time Display Format → Seconds Since Previous Displayed Packet	시각 표시 형식을 직전에 표시된 패킷의 시간 표시로 바꿀 수 있다. 필터를 적용한 다음에 표시된 패킷과의 시간 차이, 즉 디지털 시각을 계산함으로써 응답 시간 확인 등에 편리하다.
Time Display Format → UTC Date and Time of Day	시간 표시 형식을 세계 협정 시간의 날짜(년도 + 월 + 일) 및 시간 표시로 바꿀 수 있다.
Time Display Format → UTC Date(with day of year) and Time of Day	시간 표시 형식을 세계 협정 시간의 날짜(년도 + 일) 및 시간 표시로 바꿀 수 있다.

Time Display Format → UTC Time of Day	시간 표시 형식을 세계 협정 시간의 시분(○시△분) 표시로 바꿀 수 있다.
Time Display Format → 「Automatic」「Seconds」「Deciseconds」「Centi-seconds」「Milliseconds」「Microseconds」「Nanosec-onds」	「Time Display Format」의 서브 메뉴에서 시간의 단위를 설정할 수 있다. • 「Automatic」에서 와이어샤크가 자동으로 최적 단위를 설정한다. • 「Seconds」: 초 단위 • 「Deciseconds」: 100밀리 초 단위 • 「Centiseconds」: 10밀리 초 단위 • 「Milliseconds」: 1밀리 초 단위 • 「Microseconds」: 마이크로 초 단위 • 「Nanoseconds」: 나노 초 단위 (참고) 1초 = 1,000밀리 초 = 1,000,000마이크로 초 = 1,000,000,000나노 초
Time Display Format → Display Seconds with hours and minutes	초 표시만이 아니라 시간과 분도 보여준다.

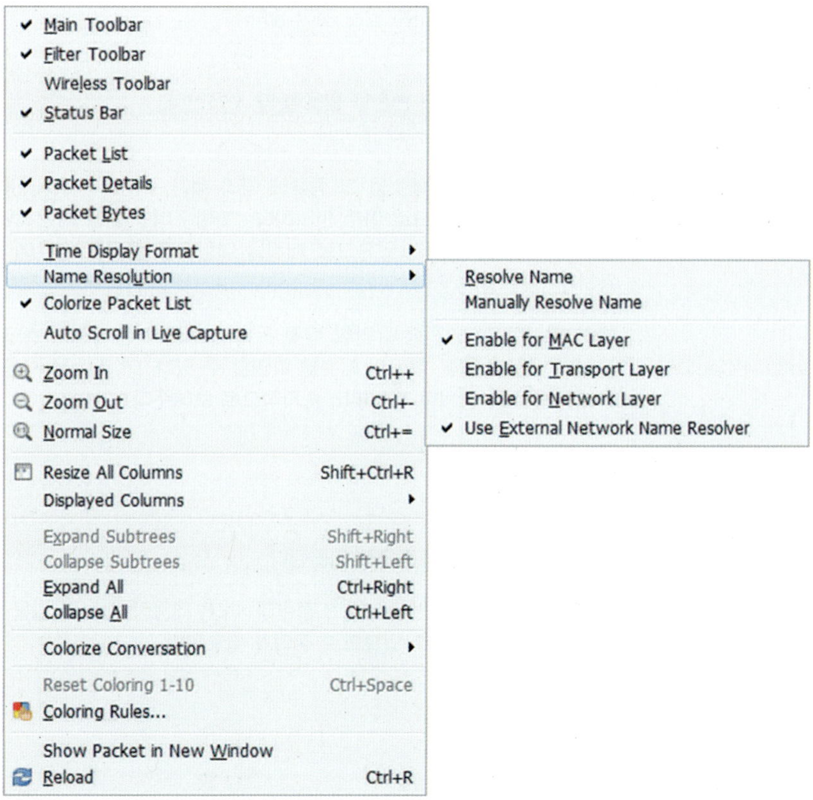

그림 4.45 View → Name Resolution 메뉴

표 4.12 표시 메뉴의 각 항목 내용 2/4

항목명	내용
Name Resolution → Resolve Name	캡처한 패킷의 IP 주소를 호스트명으로 변환하여 나타낸다. 변환할 때에는 컴퓨터에 설정된 호스트 파일(IP 주소와 호스트명을 기술한 파일)에 등록된 호스트명과 IP 주소를 이용한다.
Name Resolution → Manually Resolve Name	캡처한 패킷의 IP 주소를 호스트명으로 직접 변환하여 나타낼 수 있다. 변환할 주소와 이름을 설정하여 직접 조작 할 수 있다.
Name Resolution → Enable for MAC Layer	MAC 주소의 전반 부분을 바탕으로 LAN 카드의 제조자명을 나타내거나 특수 멀티캐스트 주소인 경우에는 그 의미를 표시하는 등의 「MAC 주소 이름 변환」을 유효하게 한다.
Name Resolution → Enable for Transport Layer	전송계층(TCP/UDP)의 포트 번호로부터 구체적인 서비스명으로 변환한다.
Name Resolution → Enable for Network Layer	IP 주소를 바탕으로 DNS 서버에 거꾸로 찾기(IP 주소로부터 호스트명 조회)하며 IP 주소를 호스트명으로 변환한다. 이때 DNS의 거꾸로 찾기 처리가 필요하기 때문에 와이어샤크에 부하가 걸릴 우려가 있다. 따라서 패킷을 대량으로 캡처할 경우에 이 기능은 사용하지 않는 것이 좋다.
Name Resolution → Use External Network Name Resolver	외부 네트워크 이름의 변환을 활용할 때 사용한다.
Colorize Packet List	패킷 목록 정보에서 패킷을 그 종류에 따라 색을 구분하여 표시한다. 패킷을 색으로 구분할 수 있으므로 아주 편리하다. 그러나 이 기능을 사용하면 와이어샤크에 부하가 걸릴 우려가 있으므로 패킷을 대량으로 캡처할 경우에 이 기능은 사용하지 않는 것이 좋다.
Auto Scroll in Live Capture	패킷 캡처 처리의 진행에 맞춰 패킷 목록 정보를 자동적으로 스크롤 표시한다. 그렇기 때문에 항상 최신의 패킷을 확인할 수 있다. 이 기능을 사용하지 않을 경우에는 맨처음 캡처한 패킷부터 순차적으로 보여준다.
Zoom In	폰트를 확대 표시한다.
Zoom Out	폰트를 축소 표시한다.
Normal Size	디스플레이 크기를 표준으로 되돌린다.
Resize All Columns	화면상 열의 길이를 자동으로 조절한다. 다만 대용량 캡처 파일을 열고 있는 경우에는 시간이 걸릴 수 있으므로 주의가 필요하다.

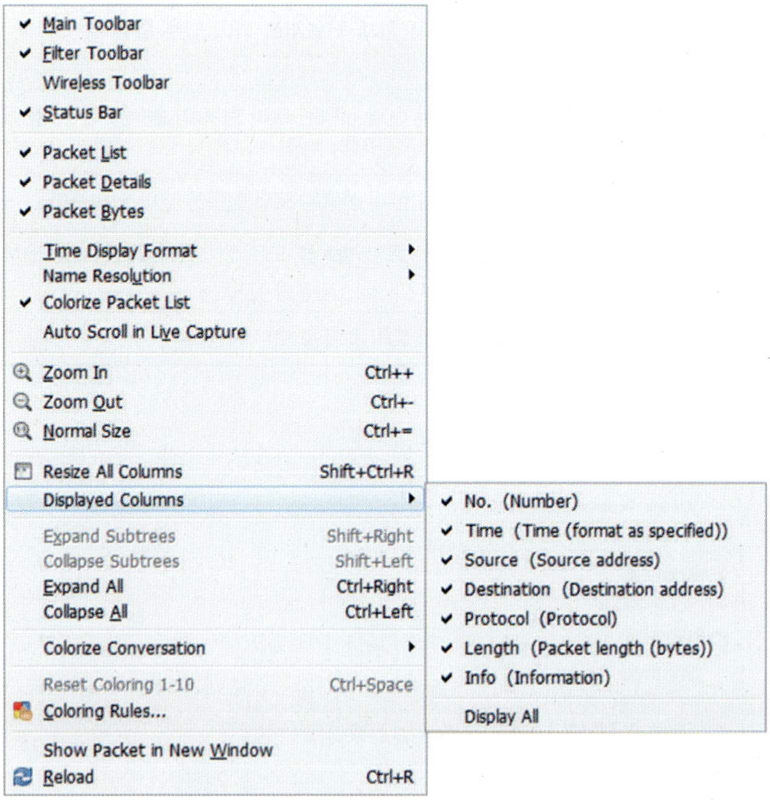

그림 4.46 View → Display Columns 메뉴

표 4.13 표시 메뉴의 각 항목 내용 3/4

항목명	내용
Displayed Columns → No.	패킷 목록 정보에 나타난 패킷 번호(Number) 열의 표시/비표시를 바꿀 수 있다.
Displayed Columns → Time	패킷 목록 정보에 나타난 패킷 시간(Time format as specified) 열의 표시/비표시를 바꿀 수 있다. 또한 시간 표시 형식은 현재 선택되어 있는 것에 따른다.
Displayed Columns → Source	패킷 목록 정보에 나타난 패킷 발신지(Source address) 열의 표시/비표시를 바꿀 수 있다.
Displayed Columns → Destination	패킷 목록 정보에 나타난 패킷 목적지(Destination address) 열의 표시/비표시를 바꿀 수 있다.
Displayed Columns → Protocol	패킷 목록 정보에 나타난 패킷 프로토콜(Protocol) 열의 표시/비표시를 바꿀 수 있다.
Displayed Columns → Length	패킷 목록 정보에 나타난 패킷 길이(Length)의 표시/비표시를 바꿀 수 있다.
Displayed Columns → Info	패킷 목록 정보에 나타난 패킷 정보(Information) 열의 표시/비표시를 바꿀 수 있다.

Displayed Columns → Display All	패킷 목록 정보에서 현재 비표시로 되어 있는 열을 포함하여 모든 열을 표시한다.
Expand Subtrees	패킷 상세 정보에서 현재 선택된 트리 항목(이 붙어 있는 부분)을 전개해서 보여준다.
Collapse Subtrees	패킷 상세 정보에서 현재 선택된 트리 항목을 닫아 보여준다.
Expand All	패킷 상세 정보에서 트리 항목을 모두 전개한다. 모든 패킷의 상세 내용을 확인할 경우에 편리하다.
Collapse All	패킷 상세 정보에서 트리 항목을 모두 닫는다.

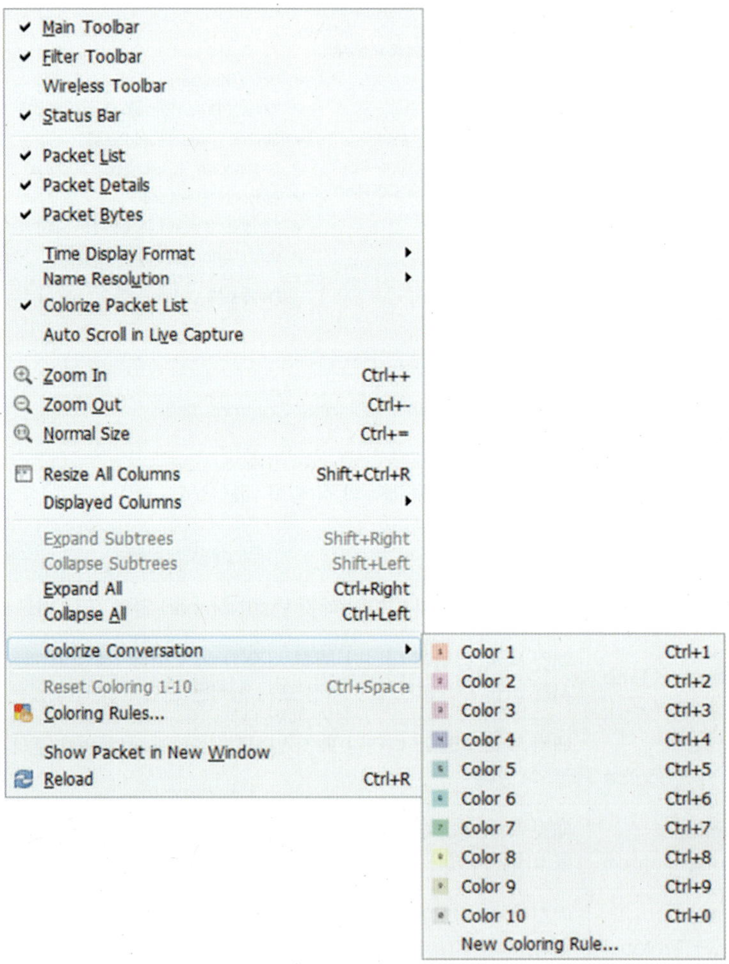

그림 4.47 View → Colorize Conversation 메뉴

표 4.14 표시 메뉴의 각 항목 내용 4/4

항목명	내용
Colorize Conversation → Color 1~10, New Coloring Rule	현재 선택하고 있는 프로토콜의 대화 부분(예를 들면 TCP의 경우에 TCP 요청측과 TCP 응답측 간에 교환되는 연결설정 부분)을 Color 1~10으로 색을 구분하거나 새로이 패킷의 색 구별 규칙을 작성한다. 또한 패킷 상세 정보에서 오른쪽을 클릭하면 나타나는 컨텍스트 메뉴로부터 Ethernet이나 IP, TCP, UDP 등과 같은 프로토콜 단위로 색을 구분할 수 있다.
Reset Coloring 1~10	「Colorize Conversation → Color 1~10」 메뉴에서 한 색 구별을 해제한다.
Coloring Rules	색 구별 설정 화면을 보여준다. 이 화면에서 설정한 색 구별 정보는 프로파일별로 저장된다.
Show Packet in New Window	패킷 목록 정보에서 현재 선택하고 있는 패킷에 대하여 새로운 윈도우를 열어 보여준다. 또한 이 윈도우에서 패킷 상세 정보와 패킷 바이트 정보만 보여준다.
Reload	현재 나타난 캡처 파일을 다시 읽어 들인다.

■ 이동 메뉴

이동(Go) 메뉴는 메뉴 바에 있는 「Go」를 클릭하면 나타난다. 이 메뉴에서는 특정 패킷으로의 이동을 조작한다(그림 4.48 참조). 이 메뉴에 나타난 항목을 정리하면 표 4.15와 같다.

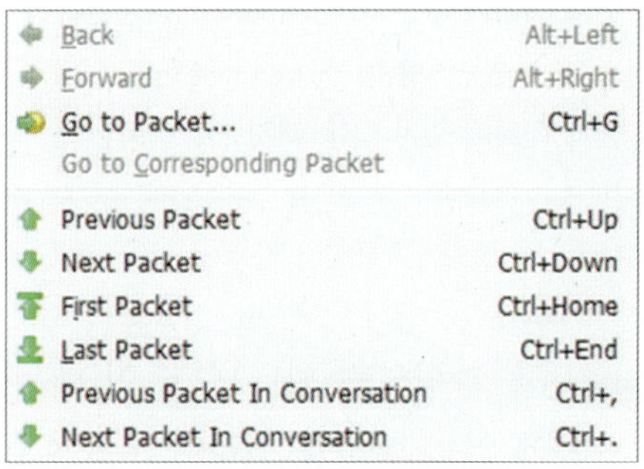

그림 4.48 Go 메뉴

「Previous Packet」 (Ctrl+↑)과 「Next Packet」 (Ctrl+↓)은 단축키와 같이 외워 두기 바란다. 패킷 바이트 정보를 참조하면서 패킷 목록 정보의 패킷을 이동할 수 있으므로 아주 편리하다.

표 4.15 이동 메뉴의 각 항목 내용

항목명	내용
Back	현재 참조하고 있는 패킷의 직전에 참조한 패킷을 보여준다. 웹브라우저의 「Back」 버튼과 똑같이 동작한다.
Forward	현재 참조하고 있는 패킷의 다음에 참조한 패킷을 보여준다. 웹브라우저의 「Forward」 버튼과 똑같이 동작한다.
Go to Packet	패킷의 이동 화면을 보여준다. 같은 화면에 패킷 번호를 입력함으로써 해당 패킷으로 곧바로 이동할 수 있다. 스크롤 처리가 늦을 경우 또는 대용량 캡처 파일을 열고 있을 때에 편리하다.
Go to Corresponding Packet	현재 선택하고 있는 패킷의 프로토콜에 대응하는 패킷(예를 들어 요구하면 응답)으로 이동한다. 해당하는 패킷이 없을 경우에 이 메뉴는 회색으로 표시되어 선택할 수 없는 상태가 된다.
Previous Packet	목록에 있는 직전 패킷으로 이동한다. 또한 단축키 「Ctrl+↑」로도 똑같이 동작한다.
Next Packet	목록에 있는 직후 패킷으로 이동한다. 또한 단축키 「Ctrl+↓」로도 똑같이 동작한다.
First Packet	캡처 파일의 맨 처음 패킷으로 이동한다.
Last Packet	캡처 파일의 맨 마지막 패킷으로 이동한다.
Previous Packet In Con-version	현재 대화에 있는 이전 패킷으로 이동한다.
Next Packet In Conversa-tion	현재 대화에 있는 다음 패킷으로 이동한다.

■ **캡처 메뉴**

캡처 메뉴는 메뉴 바의 「Capture」를 클릭하면 나타난다. 이 메뉴에서는 실제 패킷 캡처 조작을 한다(그림 4.49 참조). 이 메뉴에 있는 항목을 정리하면 표 4.16과 같다.

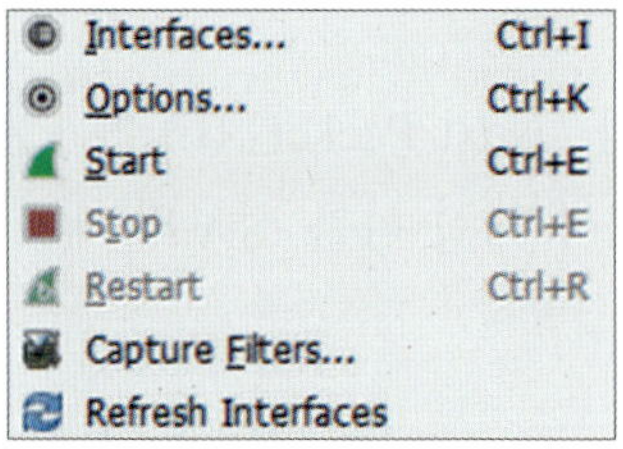

그림 4.49 Capture 메뉴

표 4.16 캡처 메뉴의 각 항목 내용

항목명	내용
Interfaces	네트워크 인터페이스의 현재 상황을 보여준다.
Options	캡처 옵션 화면이 나타난다. 같은 화면에서 「Start」 버튼을 클릭하여 패킷 캡처를 시작한다.
Start	이전과 같은 설정 하에 패킷 캡처를 시작한다.
Stop	현재 실행하고 있는 패킷 캡처를 정지한다.
Restart	현재 실행하고 있는 패킷 캡처를 정지한 다음 같은 설정 하에서 패킷 캡처를 다시 시작한다.
Capture Filters	캡처 필터 화면을 보여준다. 같은 화면에서 캡처 파일을 작성하거나 저장할 수 있다. 캡처 파일은 캡처하는 단계에서 패킷을 제한할 경우에 사용한다.

■ 분석 메뉴

분석 메뉴는 메뉴 바의 「Analyze」를 클릭하면 나타난다. 이 메뉴에서는 디스플레이 필터나 패킷의 분석을 조작한다(그림 4.50 참조). 이 메뉴에 나타난 항목을 정리하면 표 4.17과 같다.

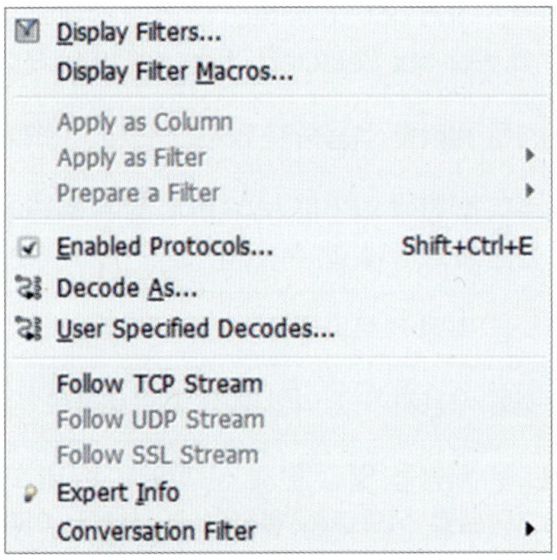

그림 4.50 Analyze 메뉴

표 4.17 분석 메뉴의 각 항목 내용

항목명	내용
Display Filters	패킷을 나타내기 위한 디스플레이 필터를 작성·편집한다. 디스플레이 필터에서는 패킷을 캡처한 다음에 설정 조건에 따라 패킷을 제한한다. 디스플레이 필터는 이름을 부여하여 저장할 수 있다.
Display Filter Macros...	복수의 필터 조건식을 미리 준비해 두고 IP 주소나 포트 번호 등을 나중에 파라메터(인수)로 적용할 수 있는 「인수가 붙은 디스플레이 필터 매크로(Display Filter Macro)」를 작성한다.
Apply as Column	현재 패킷 상세 정보에서 선택한 내용을 패킷 목록 정보의 열로서 추가한다. 이것은 상당히 편리한 기능이기 때문에 적극적으로 사용하도록 하라. 예를 들어 프로토콜이 결정되어 있는 경우는 그 프로토콜의 필드를 열로서 표시하는 것으로 패킷 목록 정보를 다시 정렬할 수 있게 된다.
Apply as Filter(Prepare a Filter) → 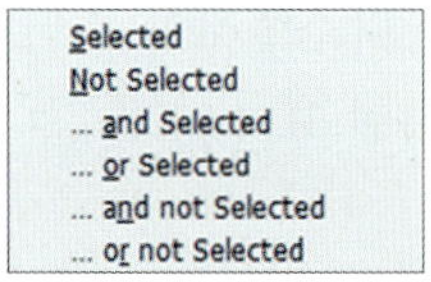 	패킷 상세 정보에서 선택된 내용을 바탕으로 디스플레이 필터를 작성하고 적용한다(Prepare a Filter의 경우는 필터로서 곧바로 적용하지 않고 필터식의 표시만 한다). 서브 메뉴에서 용도에 따라 아래 조건을 설정할 수 있다. • 「Selected」 선택되어 있는 패킷을 대상으로 필터한다. • 「Not Selected」 선택되어 있지 않은 패킷을 대상으로 필터한다. • 「…and Selected」 그리고 선택되어 있는 패킷 • 「…or Selected」 또는 선택되어 있는 패킷 • 「…and not Selected」 그리고 선택되어 있지 않은 패킷 • 「…or not Selected」 또는 선택되어 있지 않은 패킷
Prepare a Filter	변경된 필터를 적용하지 않지만 현재 디스플레이 필터를 변경한다.
Enabled Protocols	프로토콜 선택 화면을 보여준다. 같은 화면에서 프로토콜 해제 기능의 대응 프로토콜을 유효하게 할 수 있다.
Decode AS	패킷을 특정 프로토콜로서 강제적으로 해석할 수 있다.
User Specified Decodes	패킷을 사용자가 정의한 특정 프로토콜로 강제적으로 해석할 수 있다.
Follow TCP Stream	새로운 화면을 열고 현재 선택한 TCP 세그먼트에 대해 동일한 TCP 접속(소켓) 세그먼트를 색으로 구별하여 표시한다. 이때 해당하는 세그먼트를 표시하기 위한 디스플레이 필터가 자동적으로 설정된다(TCP 스트림 표시 기능). 새롭게 연 화면에서 클라이언트와 서버 간의 통신이 색으로 구별되어 알기 쉬운 문자로 표시되기 때문에 특정 TCP 연결설정의 평문 통신(바이트 스트림) 내용을 확인할 때 편리하다.
Follow UDP Stream	새로운 화면을 열고 현재 선택된 패킷을 기준으로 하여 대등 간이나 클라이언트/서버 간에 교환된 UDP 통신을 정리하여 보여준다. 그 밖의 내용은 「Follow TCP Stream」과 같다.
Follow SSL Stream	「Follow TCP Stream」이나 「Follow UDP Stream」과 마찬가지로 새로운 화면을 열고 SSL 통신을 정리하여 보여준다. 또한 SSL의 디코드에서는 클라이언트와 서버의 주소, 서버의 비밀번호가 달린 공개키 인증서 파일, SSL에서 이용되는 포트 번호 등을 미리 설정해 둘 필요가 있다.

Expert info	문제점 해결에 도움이 되는 오류나 연결설정 정보의 프레임을 찾아 보여준다.
Conversation Filter	현재 선택된 패킷에 포함된 프로토콜에 따라 대등 간이나 클라이언트/서버 간에 대화를 교환한 패킷으로 제한할 수 있다. 또한 서브 메뉴로는 PROFINET/IO 통신 접속(AR: Application Relations)의 통신 단위로 필터를 설정하는 「PN-IO AR」과 이 통신에 대해 「PN-IO AR with Data」가 준비되어 있다.

■ 통계 메뉴

통계 메뉴는 메뉴 바의 「Statics」를 클릭하면 나타난다(그림 4.51 참조). 이 메뉴에서는 패킷 캡처 내용의 통계 정보를 보여준다.

통계 메뉴는 네트워크의 경향이나 특징을 분석하기 위하여 이용된다. 이 메뉴에 나타난 항목을 정리하면 표 4.18과 같다.

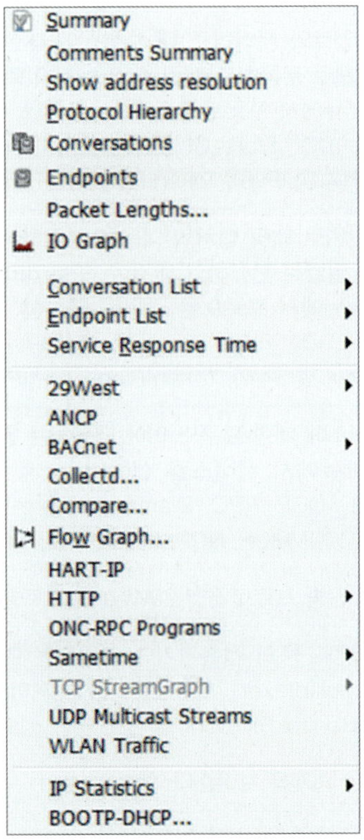

그림 4.51 Statics 메뉴

표 4.18 통계 메뉴의 각 항목 내용

항목명	내용
Summary	통신 개요를 보여준다.
Protocol Hierarchy	프로토콜 분포를 트리 형식으로 나타낸다.
Conversations	컴퓨터간 통신은 브로드캐스트 정보나 그룹 통신 등을 제외하면 클라이언트와 서버 간에 원칙적으로 1 대 1로 이루어진다. 「Conversations」는 1 대 1 통신에 주목하여 패킷 캡처 내용을 두 지점 간의 통신 트래픽으로 분류하고 패킷 수 또는 바이트 수의 상위부터 순서대로 표 형식으로 보여준다.
Endpoints	통신 내용을 개개의 컴퓨터로 구분, 단말 단위로 패킷 캡처 내용을 분류하여 보여준다. 구체적으로는 송신자나 수신자 등의 단말 별로 분류하고 패킷 수 또는 바이트 수의 상위부터 순서대로 표 형식으로 보여준다.
Packet Lengths	통신 내용을 개별 패킷의 길이를 바탕으로 분류하고 통계를 보여준다.
IO Graph	송수신 통신량을 그래프로 보여준다.
Conversation List	클라이언트와 서버의 1 대 1 통신에 대한 패킷 캡처 내용을 두 지점 간의 통신 트래픽으로 분류하고 패킷 수 또는 바이트 수를 오름차순으로 보여준다. 서브 메뉴에서 프로토콜 단위로 분류할 수 있다. 분류하는 프로토콜로는 Ethernet, FDDI, Fibre Channel, IPX, IPv4, IPv6, JXTA, NCP, RSVP, SCTP, TCP(IPv4 및 IPv6), Token Ring, UDP(IPv4 및 IPv6), USB, WLAN이 있다.
Endpoint List	단말 단위로 패킷 캡처의 내용을 분류하여 보여준다. 구체적으로 송신자나 수신자의 단말별로 분류하고 패킷 수 또는 바이트 수의 오름차순으로 보여준다. 서브 메뉴에서 프로토콜 단위로 분류할 수 있다. 분류하는 프로토콜로는 Ethernet, FDDI, Fibre Channel, IPX, IPv4, IPv6, JXTA, NCP, RSVP, SCTP, TCP(IPv4 및 IPv6), Token Ring, UDP(IPv4 및 IPv6), USB, WLAN이 있다.
Service Response Time	각 서비스에 대한 요구와 이에 대응하는 응답 간에 필요한 시간을 표시한다. 서브 메뉴에서 서비스를 선택한다. 서비스로 지정하는 프로토콜에는 AFP, CAMEL, DCE-RPC, Diameter, Fibre Channel, GTP, H.225 RAS, LDAP, MEGACO, MGCP, NCP, ONC-RPC, RADIUS, SCSI, SMB, SMB2가 있다.
29West	메시지 전송 프로토콜인 29West 프로토콜 통계 옵션을 제공한다.
ANCP	브로드밴드 등의 접속기기에 사용되는 DALAM(Digital Subscriber Line Access Multiplexer), BRAS/NAS의 제어나 수치에 사용되는 ANCP(Access Node Control Protocol)에 관한 통계 정보를 작성한다.
BACnet	BACnet 통계를 보여준다.
Collectd	Collectd 플러그 인을 이용하여 시스템의 상태를 집적한 표를 작성한다. 자세한 것은 http://collected.org/를 참조하기 바란다.
Compare	두 개의 캡처 파일을 비교한다. 시계열로 통합되거나 클라이언트와 서버에서 작성된 두 개의 캡처 파일을 비교하기 위한 화면을 보여준다.

Flow Graph	패킷의 방향과 내용을 그림으로 보여준다. 이는 패킷의 송신자와 수신자를 횡축으로 하여 패킷의 방향과 내용을 한 줄로 보여준다. 여러 줄을 정리하여 봄으로써 통신의 흐름(순서)를 시각적으로 파악할 수 있다.
HART–IP	HART–IP 프로토콜의 통계를 보여준다.
HTTP	HTTP의 통계를 보여준다. 서브 메뉴에서 통계 방법을 지정한다. 「Load Distribution」는 송신자의 서버 단위로 통계를 보여준다. 「Packet Counter」는 HTTP 패킷에 대하여 method나 응답 코드, 메시지들을 표 형식으로 보여준다. 「Requests」는 HTTP 요구 단위를 표 형식으로 통계를 보여준다.
ONC–RPC Programs	ONC–RPC Programs의 통계를 보여준다.
Sametime	IBM의 Sametime 프로토콜의 통계를 본다.
TCP Steam Graph	TCP 스트림의 통계를 그래프로 보여준다. 서브 메뉴에서 작성하는 그래프의 종류인 「Round Trip Time Graph」, 「Throughput Graph」, 「Time–Sequence Graph」를 선택한다.
UDP Multicast Streams	UDP 멀티캐스트 통신의 통계를 작성한다. 작성된 표에는 송신자 주소, 송신자 포트 번호, 수신자 IP 주소, 수신자 포트 번호, 총 패킷 수, 1초 간의 평균 패킷 수, 평균대역, 최대 버스트 시간, 버스트 경고 수, 최대 버퍼 수, 버퍼의 경고 수 등을 보여준다.
WLAN Traffic	무선 LAN 통신에 관한 통계를 작성한다. BSSID, 무선 채널 평균 패킷 수, 비콘 패킷 수, 데이터 패킷 수, 프루브 요구 및 프루브 응답 패킷 수, 인증 패킷 수 및 비인증 패킷 수, 기타 패킷 수를 확인할 수 있다. 또한 네트워크 별로 나누어 표시하는 것도 가능하다.
IP Statistics → Source and DEST IP Address	발신지와 목적지 IP 주소를 기준으로 한 통계를 작성한다. 패킷 수나 1밀리 초 간의 패킷 비율 등이 표 형식으로 보여준다.
IP Statistics → IP Address–es	IP 주소를 기준으로 한 통계를 작성한다. 패킷 수나 1 밀리 초 간의 패킷 비율 등이 표 형식으로 보여준다.
IP Statistics → IP Destina–tions	발신지 IP 주소를 기준으로 한 통계를 작성한다. 패킷 수나 1밀리 초 간의 패킷 비율 등이 표 형식으로 보여준다.
IP Statistics → IP Protocol Types	IP의 상위 계층 프로토콜을 나타내는 「프로토콜 유형」을 기준으로 한 통계를 작성한다. 패킷 수나 1밀리 초 간의 패킷 비율 등이 표 형식으로 보여준다.
BOOTP–DHCP	BOOTP–DHCP 프로토콜의 메시지 유형 별로 통계를 보여준다.

통계 메뉴에서 「Compare」를 선택하면 두 개의 캡처 파일을 비교하는 화면이 나타난다(그림 4.52 참조).

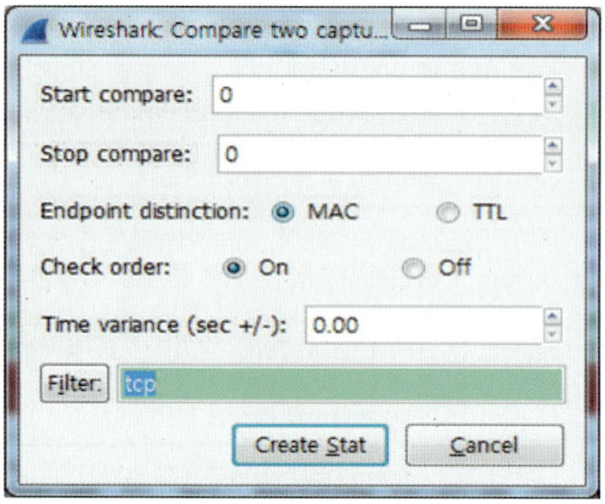

그림 4.52 두 개의 캡처 파일 비교

「Start Compare」에서는 비교 파일에 포함된 최초의 패킷을, 「Stop Compare」에서는 마지막 패킷을 각각 지정한다. 또한 「Endpoint Distinction」에서는 접속하는 양쪽 끝을 구별하기 위하여 MAC 주소와 IP의 TTL 가운데 어느 것을 이용할지 지정한다. 「Check order」에서는 두 개의 캡처 파일에 대하여 각각 패킷의 순번을 체크할지의 여부를 지정한다. 「Time Variance」에서는 패킷의 시간차를 지정할 수 있다. 또, 「Filter」에서는 디스플레이 필터를 입력해서 비교할 대상을 줄일 수 있다.

■ 전화 메뉴

전화 메뉴는 메뉴 바의 「Telephony」를 클릭하면 나타난다. 이 메뉴에서는 주로 VoIP(Voice over IP)에 관한 통계를 작성한다. IP 전화 등의 패킷을 분석할 때 편리하다(그림 4.53 참조). 이 메뉴에서 나타나는 항목을 정리하면 표 4.19와 같다.

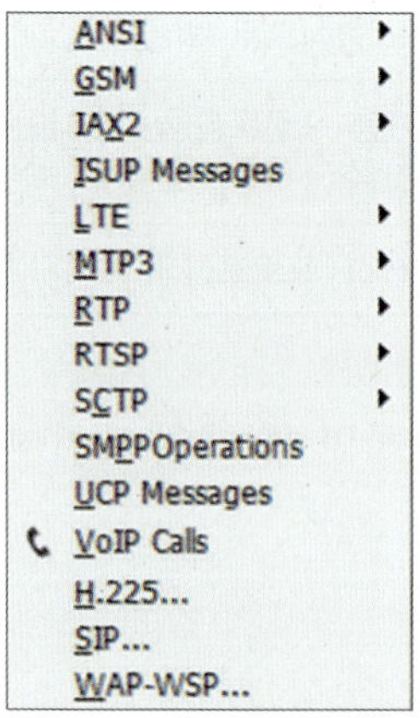

그림 4.53 Telephony 메뉴

표 4.19 전화 메뉴의 각 항목 내용

항목명	내용
ANSI	ANSI 표준의 프로토콜 통계를 보여준다. 서브 메뉴에서는 「A-Interface BSMAP」, 「A-Interface DTAP」, 「MAP Operation」 등의 통계를 확인할 수 있다.
GSM	모바일폰 방식인 GSM 프로토콜의 통계를 작성한다. 또한 여기는 서브 메뉴도 준비되어 있다.
IAX2	오픈 소스인 IP-PBX(IP 전화교환기)에서 이용되고 있는 IAX2(InterAsterisk eXchange Protocol Version2)에 관한 통계 정보를 보여준다. 여기는 서브 메뉴도 준비되어 있다.
ISUP Mes-sages	ISDN 등에서 이용되는 프레임을 기술한 ISUP 프로토콜(ISDN User Part)의 메시지 종류 별로 통계를 작성한다.
LTE	새로운 무선 통신 방식인 LTE(Long Term Evolution) MAC 프로토콜에 대하여 통계(계층2)를 작성한다. RNTI마다 UL/DL 패킷의 수를 보여준다. LTE RLC 프로토콜에 대하여 UE(User Equipment), 즉 단말 단위의 통계 정보(RLC 트래픽 통계)를 작성한다.
MTP3	IP 전화 등에서 음성 전송에 이용되는 MTP3(Message Transfer Part Level 3)에 관한 통계를 작성한다. 또한 여기는 서브 메뉴도 준비되어 있다.
RTP	IP 전화 등에서 음성 전송에 이용되는 RTP(Real Time Streaming Protocol)에 관한 통계를 작성한다. 선택한 스트림에 대하여 패킷 번호, 순서 번호, 간격 시간, Skew 값, IP 대역, 상태 등을 정리한 표를 작성하고 CSV 형식으로 저장하거나 해당 패킷으로 이동, 음성 파형 그래프를 나타낼 수 있다. 또한 여기는 서브 메뉴도 준비되어 있다.
RTSP	IP 전화 등에서 음성 전송에 이용되는 RTSP(Real Time Streaming Protocol)에 관한 패킷 카운팅 통계를 작성한다.
SCTP	음성 통신이나 게임 등에서 이용되고 있는 전송층 프로토콜인 SCTP(Stream Contol Transmis-sion Protocol)에 관한 통계 정보를 보여준다. SCTP는 도착 순서가 보증되어 있으며 폭주 제어 구조에 의해 신뢰성도 확보되어 있다. 또한 서브 메뉴인 「Analyze this Association」에서는 선택된 패킷의 통신 통계를, 「Chunk Counter」에서는 청크(chunk)화된 패킷 수의 통계를 각각 나타낸다. 나아가 「Show All Asso-ciations」에서는 모든 SCTP 통신의 통계 정보를 보여준다.
SMPP Operations	주로 GSM 형식의 모바일폰 등에서 이용되고 있는 짧은 메시지를 교환하거나 SMPP(Short Message Peer-to-Peer) 프로토콜에 대하여 정리한 통계를 작성한다.
UCP Mes-sages	모바일폰 등에서 메시지를 교환할 때 이용되는 UCP(Universal Computer Protocol)에 대한 통계 정보를 작성한다.
VOIP Calls	IP 전화에 대한 통계 정보를 보여준다. SIP의 메시지 교환을 통신 순서 그래프로 표시하거나 음성 데이터를 재생할 수 있다.
H.225	비디오 회의 등에서 이용되는 H.323 시리즈 프로토콜 중 하나인 H.225 프로토콜의 통계를 작성한다.
SIP	VoIP 호 제어 등에 이용되는 메시지 교환 프로토콜인 SIP(Session Initiation Protocol)에 관한 통계 정보를 작성한다. 메시지 종류 별로 통계를 작성할 수 있다.
WAP-WSP	주로 해외 모바일폰으로 컨텐츠를 교환할 때 이용되는 WAP(Wireless Application Protocol) 및 WSP(Wireless Session Protocol)에 관한 통계 정보를 보여준다.

■ **도구 메뉴**

도구 메뉴는 메뉴 바의 「Tools」를 클릭하면 나타난다. 이 메뉴에서는 와이어샤크와 관련하여 사용하는 각종 도구의 기능이 정리되어 있다(그림 4.54 참조). 이 메뉴에 나타난 항목을 정리하면 표 4.20과 같다.

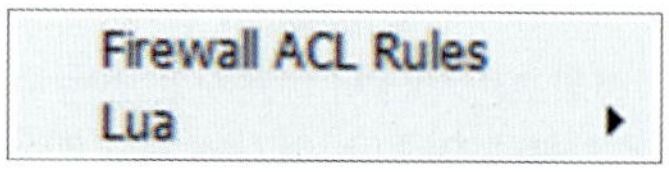

그림 4.54 Tool 메뉴

표 4.20 Tools 메뉴의 각 항목 내용

항목명	내용
Firewall ACL Rules	현재 표시된 패킷을 기준으로 Firewall에서 이용할 수 있는 접근 제어 목록(ACL: Access Control List)의 규칙을 작성한다. ACL 형식으로는 시스코사 라우터 등에서 이용되는 ISO 형식 외에 리눅스 Netfilter(iptables) 형식, OpenBSD ipfw 형식 등이 있다. MAC 주소나 IP 주소, TCP와 UDP 포트 번호 등에서 ACL 규칙을 작성할 수 있다.
Lua	와이어샤크 동작이나 패킷을 해석하는 Dissector 등을 표준 C++ 언어가 아니라 간결하면서도 직감적으로 기술할 수 있는 스크립트 언어인 Lua를 이용하여 기술한다. 또한 서브 메뉴로부터 Lua 커맨드 화면이나 Wiki의 페이지를 표시하기도 하고 Lua 프로그램을 평가할 수도 있다.

■ **Internals 메뉴**

Internals 메뉴는 메뉴 바에서 「Internals」를 클릭하면 된다(그림 4.55 참조). 이 메뉴에 나타난 항목을 정리하면 표 4.21과 같다.

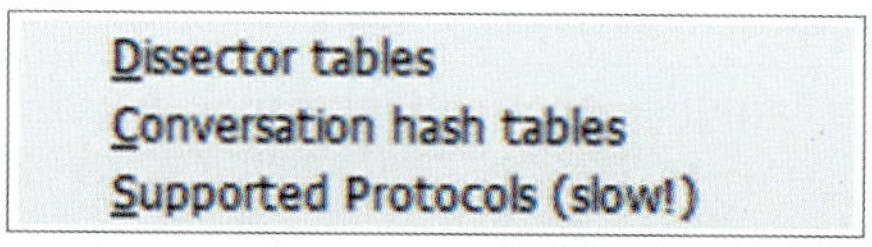

그림 4.55 Internals 메뉴

표 4.21 Internals 메뉴 항목

항목명	내용
Dissector tables	Subdissector 관계를 표로 보여준다
Supported Protocols(slow!)	지원된 프로토콜과 프로토콜 필드를 보여준다. 보여주는데 시간이 좀 걸린다.

■ 도움말 메뉴

도움말 메뉴는 메뉴바의 「Help」를 클릭하면 나타난다. 이 메뉴에서는 와이어샤크의 조작 방법 등을 참조할 수 있다(그림 4.56 참조). 이 메뉴에 나타난 항목을 정리하면 표 4.22와 같다.

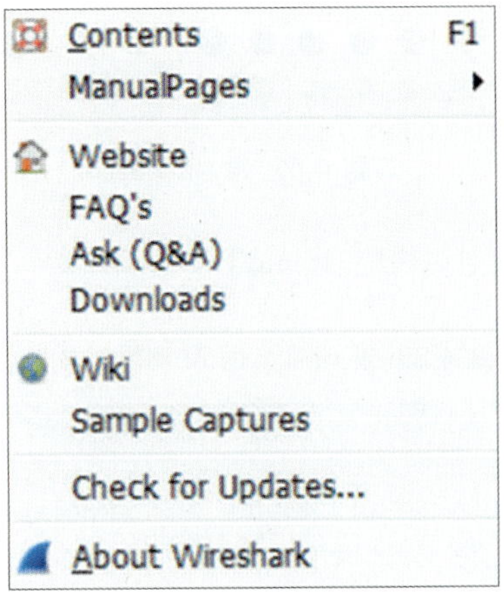

그림 4.56 Help 메뉴

표 4.22 도움말 메뉴의 각 항목 내용

항목명	내용
Contents	도움말 내용에 대한 목록을 보여준다.
Manual Pages	컴퓨터 하드디스크에 설치된 도움말을 보여준다. 또한 서브 메뉴에는 도구별 도움말을 참조할 수 있다.
Website	와이어샤크 홈페이지를 보여준다.
FAQ's	와이어샤크에서 발생하는 트러블과 그 해결책에 대해 설명한 FAQ (Frequently Asked Questions) 페이지를 보여준다.
Ask(Q&A)	Q&A에 질문하고 답을 받을 수 있다.
Downloads	와이어샤크 다운로드 페이지를 보여준다.
Wiki	와이어샤크 Wiki 홈페이지를 보여준다.
Sample Captures	와이어샤크의 샘플 패킷 다운로드 페이지를 보여준다. 이 페이지에는 프로토콜을 공부할 때에 참고가 되는 패킷이 많이 들어 있다. 환경에 따라 자유롭게 패킷을 캡처할 수가 없는 경우에는 온라인상에 공개된 패킷을 참고로 하면 좋다.
Check for Updates...	와이어샤크 업데이트 여부를 확인해 준다.
About Wireshark	와이어샤크에 관한 정보 화면을 보여준다.

4.2.4 툴 바

와이어샤크의 툴 바(Tool Bar)에는 각종 커맨드를 할당한 버튼이 준비되어 있다. 버튼을 클릭함으로써 여러 가지 작업을 처리할 수 있다(그림 4.57 참조).

그림 4.57 툴 바 구분

툴 바에 있는 각 버튼의 기능을 정리하면 표 4.23과 같다.

표 4.23 툴 바에 있는 각 버튼의 기능

No	버튼명	기능
❶	Interfaces...	캡처 인터페이스 화면이 나타난다. 같은 화면에서 인터페이스를 확인하고 패킷 캡처를 시작한다. 이것은 Capture 메뉴로부터 「Interfaces」를 선택했을 경우와 같다.
❷	Options...	캡처 옵션 화면이 나타난다. 같은 화면에서 인터페이스를 지정하고 패킷 캡처를 시작한다. 통상적으로 여기서 패킷 캡처를 시작하면 된다. 또한 이것은 Capture 메뉴에서 「Options」을 선택했을 경우와 같다.
❸	Start	이미 한 번 캡처했을 경우 같은 캡처 설정에서 패킷 캡처를 시작한다. 이것은 Capture 메뉴에서 「Start」를 선택했을 경우와 같다.
❹	Stop	현재 실행하고 있는 패킷 캡처를 정지한다. 이것은 Capture 메뉴에서 「Stop」을 선택했을 경우와 같다.
❺	Restart	현재 실행하고 있는 패킷 캡처를 정지하고 다시 패킷 캡처를 시작한다. 특정 패킷을 반복하여 취득할 경우에 편리하다. 이것은 Capture 메뉴에서 「Restart」를 선택했을 경우와 같다.
❻	Open...	오픈할 파일을 지정하기 위한 파일 선택 화면을 보여준다. 이것은 File 메뉴에서 「Open」을 선택했을 경우와 같다.
❼	Saver As...	파일명을 지정하여 저장할 화면을 보여준다. 캡처 파일에 이름을 붙여 저장한다. 이것은 File 메뉴에서 「Save As」를 선택했을 경우와 같다. 또한 캡처 파일을 아직 저장하지 않은 경우에는 이 버튼 대신에 「Save」 버튼이 나타난다.
❽	Close	현재 열려 있는 캡처 파일을 닫는다. 그 때 파일을 저장하지 않은 경우에는 저장할지 여부의 확인 화면이 나타난다. 이것은 File 메뉴에서 「Close」를 선택했을 경우와 같다.
❾	Reload	현재의 캡처 파일을 다시 불러들인다. 이것은 View 메뉴에서 「Reload」를 선택했을 경우와 같다. 필터 등을 원래로 되돌리고 싶을 때에 이용하면 좋다.
❿	Find Packet...	패킷 검색 화면을 보여준다. 이것은 Edit 메뉴에서 「Find Packet」을 선택했을 경우와 같다.
⓫	Go Back	웹브라우저의 [되돌리기] 버튼처럼 직전에 참조한 패킷으로 되돌아간다. 이것은 Go 메뉴에서 「Back」을 선택했을 경우와 같다.

⑫	Go Forward	웹 브라우저의 [다시 실행] 버튼처럼 다음에 참조한 패킷으로 간다. 이것은 Go 메뉴에서 「Forward」를 선택했을 경우와 같다.
⑬	Go to Pack-et...	패킷의 이동 화면을 보여준다. 같은 화면에 패킷 번호를 입력함으로써 해당 패킷으로 바로 이동할 수 있다. 이것은 Go 메뉴에서 「Go to Packet」을 선택했을 경우와 같다.
⑭	Go to First Packet	캡처 파일의 맨 처음 패킷으로 이동한다. 이것은 Go 메뉴에서 「First Packet」을 선택했을 경우와 같다.
⑮	Go to Last Packet	캡처 파일의 마지막 패킷으로 이동한다. 이것은 Go 메뉴에서 「Last Packet」을 선택했을 경우와 같다.
⑯	Colorize	패킷 목록 정보에서 패킷을 그 종류에 따라 색 구별을 표시한다. 이것은 View 메뉴에서 「Colorize Packet List」를 선택했을 경우와 같다.
⑰	Auto Scroll in Live Capture	캡처하면서 패킷 목록 정보를 스크롤하여 최신 패킷을 보여준다. 이것은 View 메뉴에서 「Auto Scroll in Live Capture」를 선택했을 경우와 같다.
⑱	Zoom in	패킷 데이터를 확대해서 보여준다. 이때 폰트 크기도 커진다. 이것은 View 메뉴에서 「Zoom In」을 선택했을 경우와 같다.
⑲	Zoom out	패킷 데이터를 축소해서 보여준다. 이때 폰트 크기도 작아진다. 이것은 View 메뉴에서 「Zoom Out」을 선택했을 경우와 같다.
⑳	Normal Size	패킷 데이터를 표준 크기로 되돌려서 보여준다. 이것은 View 메뉴에서 「Normal Size」를 선택했을 경우와 같다.
㉑	Resize Col-umns	패킷 목록 정보에서 항목이 똑바로 나타나도록 열의 폭을 자동 조정한다. 패킷 수가 많으면 시간이 걸리므로 주의하기 바란다. 이것은 View 메뉴에서 「Resize All Columns」를 선택했을 경우와 같다. 또한 이 기능은 패킷 목록 정보에서만 이용 가능하다. 패킷 상세 정보나 패킷 바이트 정보에서는 이용할 수 없다.
㉒	Capture Fil-ters...	패킷 캡처를 실행할 시점에서 패킷을 압축하거나 캡처 필터 화면을 보여준다. 같은 화면에서 캡처 필터 작성, 편집, 적용, 저장 등을 한다. 이것은 Capture 메뉴에서 「Capture Filters」를 선택했을 경우와 같다.
㉓	Display Filters	캡처 파일을 보여줄 때에 패킷을 압축하거나 표시 필터 화면을 표시한다. 같은 화면에서 디스플레이 필터 작성, 편집, 적용, 저장 등을 한다. 이것은 Analyze 메뉴에서 「Display Filters」를 선택했을 경우와 같다.
㉔	Color Rules	색 구별 설정 화면을 보여준다. 같은 화면에서 캡처한 패킷을 패킷 목록 정보에 나타낼 때 색 구별 룰을 설정한다. 색을 구별함으로써 특정 패킷을 찾기 쉬워진다. 이것은 View 메뉴에서 「Coloring Rules」를 선택했을 경우와 같다.
㉕	Preferences...	설정 화면을 보여준다. 같은 화면에서 와이어샤크의 여러 가지 우선순위를 설정한다. 이것은 Edit 메뉴에서 「Preferences」를 선택했을 경우와 같다.
㉖	Help	와이어샤크의 Help를 보여준다. 이것은 Help 메뉴에서 「Contents」를 선택했을 경우와 같다.

■ 필터 툴 바

패킷을 캡처하면 화면상에 패킷이 너무 많이 표시되어 의미를 잘 모르는 경우가 많다. 따라서 와이어샤크에는 목적에 따라 원하는 패킷만으로 제한하거나 필터링해서 보여주는 「필터(Filter)」가 준비되어 있다(그림 4.58 참조).

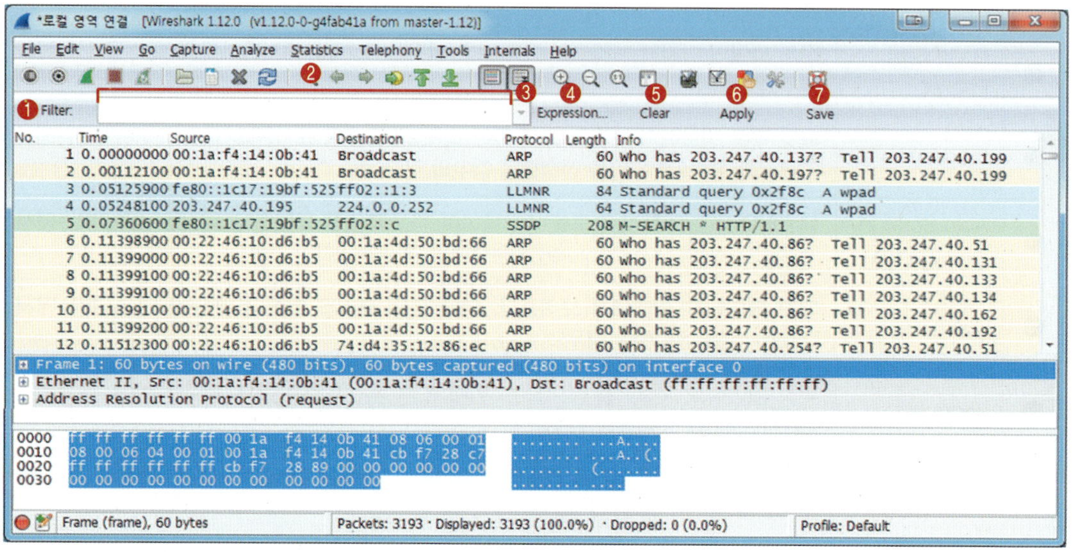

그림 4.58 필터 툴 바

필터 툴 바를 사용하면 패킷의 제한 디스플레이 규칙(「필터 문자열」이라고 한다)을 편집하거나 디스플레이 필터를 적용할 수 있다. 또한 디스플레이 필터의 적용 처리에서는 캡처한 모든 패킷에 대해 그 내용을 확인하여 제한한다. 그래서 패킷의 수가 많은 캡처 파일에서는 필터의 적용 처리에 시간이 걸릴 수 있다.

필터 툴 바에 있는 각 항목 버튼의 기능을 정리하면 표 4.24와 같다.

표 4.24 필터 툴 바의 각 항목 버튼의 기능

No	버튼명	기능
①	[Filter] 버튼	필터를 편집 또는 적용하기 위한 "Display Filter" 화면을 연다.
②	텍스트 박스	필터의 조건 문자열을 직접 입력할 수 있다. 입력할 때에 필터를 지정하는 서식이 틀리면 텍스트 박스가 빨간색으로 표시된다. 필터의 서식이 올바른 경우에는 텍스트 박스가 녹색으로 나타난다.
③	[▼] 버튼	과거에 입력한 필터를 참조할 수 있다. 과거의 필터에 대해서는 프로그램을 종료해도 기록되어 있다.
④	[Expression...] 버튼	필터 정의 화면이 나타난다. 같은 화면에서 디스플레이 필터를 프로토콜 목록에서 선택하여 작성할 수 있다. 필터 문자열을 모를 경우 등에 편리한 기능이다.
⑤	[Clear] 버튼	현재 디스플레이 필터를 지우고 디스플레이를 업데이트한다.
⑥	[Apply] 버튼	필터를 적용한다. [Apply] 버튼 대신에 엔터키를 누름으로써 디스플레이 필터를 적용할 수도 있다.
⑦	[Save] 버튼	필터 조건 문자열을 저장한다. 길게 작성해놓은 필터 조건 문자열을 저장할 수 있다.

툴 바의 디스플레이 형식을 변경하려면

툴 바에는 표준 아이콘만 표시되어 있지만 아이콘과 텍스트 양쪽을 표시하거나 텍스트만을 표시할 수 있다. 메뉴 바에서 「Edit → Preferences」를 선택하라. 그러면 설정 화면이 열린다(그림 4.59 참조). 여기에서 화면 좌측의 「User Interfaces」 아래에 있는 「Layout」를 클릭한다(그림 4.59 ❶ 참조). 다음에 화면 우측에서 「Toolbar style」 및 「Filter toolbar style」을 변경하고(그림 4.59 ❷ 참조) 「OK」 버튼을 클릭한다(그림 4.59 ❸ 참조). 또한 아래 화면 예에서는 툴 바 및 필터 툴 바에서 아이콘과 텍스트 양쪽이 표시되도록 설정되어 있다.

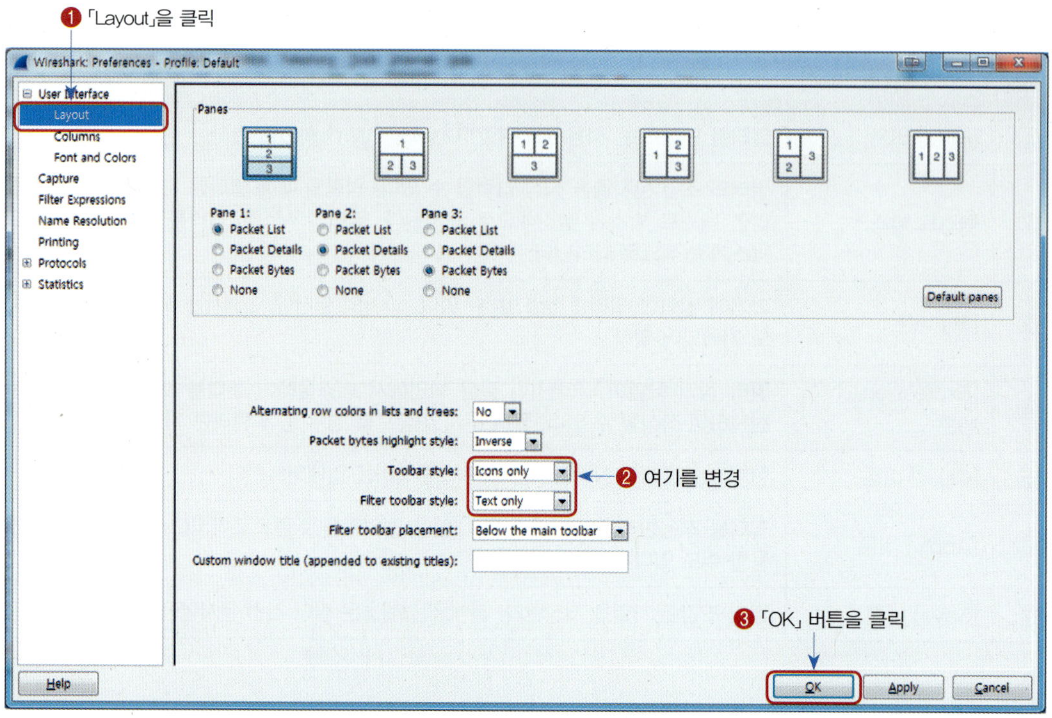

그림 4.59 툴 바 표시 형식 설정

4.3 와이어샤크의 단축 키

앞 절에서 와이어샤크의 사용자 인터페이스에 대해 설명하였다. 와이어샤크에서는 메뉴 바 또는 툴 바의 버튼을 사용하여 조작할 수 있지만 실제로 더 편리한 방법이 있다.

여기서는 여러 가지 단축 키와 실행 숏컷(shortcut)을 소개한다. 이것을 익혀두면 매우 편리하므로 잘 이용하기 바란다.

4.3.1 기본 단축 키

와이어샤크에는 윈도우즈의 일반 애플리케이션과 마찬가지로 여러 가지 단축 키가 준비되어 있다. 예를 들면 워드나 액셀, 메모장 등에서「Ctrl」키와「S」키를 동시에 누름으로써 파일 메뉴의「저장」을 대신할 수 있다. 이와 마찬가지로 와이어샤크에서는 패킷을 캡처할 때에 아주 편리한 단축 키를 사용할 수 있게 되어 있다(표 4.25 참조).

표 4.25 단축 키의 내용

단축 키	내용
Ctrl + O	캡처 파일 선택 화면이 나타난다. 이 화면에서 캡처 파일을 열(Open) 수 있다.
Ctrl + W	캡처 파일을 닫는다(Window Close).
Ctrl + P	인쇄(Print) 화면이 나타난다.
Ctrl + S, Ctrl + Shift + S	캡처 파일 저장(Save As) 화면이 나타난다.
Ctrl + Q	패킷 캡처를 종료(Quit)하기 위한 화면이 나타난다.
Ctrl + 「← 또는 →」	패킷 목록 정보를 선택하고 있는 상태에서 이 키를 누르면 패킷 상세 정보의 각 트리가 전개되어 나타나거나(→), 닫힌다(←).
Ctrl + H	패킷 바이트 정보를 선택하고 있는 상태에서 이 키를 누르면 Export Raw Data 화면이 나타난다. 이 화면에서 패킷 바이트 정보에 있는 임의의 바이트를 선택하여 출력할 수 있으며, 데이터 복원이나 꺼내기에 편리하다. 또한 이 단축 키 「Ctrl + H」의 "H"는 16진수(Hex)란 의미이다.
Ctrl + F, Ctrl + N, Ctrl + B	패킷 검색(Find) 화면이 나타난다. 이 화면에 의해 다음 패킷으로 이동(Next)하거나 앞 패킷(Before)으로 이동할 수 있다.
Ctrl + M, Ctrl + Shift + N, Ctrl + Shift + B, Ctrl + Shift + M, Ctrl + Alt + M	「Ctrl + M」 키를 누르면 패킷이 마크(Mark)된다. 또한 「Ctrl + Shift + N」 키를 누르면 다음 마크가 달린 패킷으로 이동하며 「Ctrl + Shift + B」 키를 누르면 앞의 마크가 달린 패킷으로 이동한다. 또한 모든 패킷을 마크하고 싶을 때에는 「Ctrl + Shift + M」 키, 모든 마크를 해제하고 싶을 때에는 「Ctrl + Alt + M」 키를 누른다.
Ctrl + T	어떤 패킷을 기준으로 한 상대 시간을 알고 싶을 때에 사용한다. 패킷 목록 정보에서 목적한 패킷을 선택하여 「Ctrl + T」 키를 노르면 그 패킷의 시각(Time) 표시가 「*REF*」가 되며 이 패킷을 0(기준)으로 한 상대적인 시간 표시로 변경할 수 있다.
Ctrl + Shift + P, Ctrl + Shift + A	설정(Preferences) 화면이 나타난다. 또한 현재 설정 프로파일을 확인하고 싶을 때에는 「Ctrl + Shift + A」 키를 누른다.
Ctrl + 「+」, Ctrl + 「−」, Ctrl + 「=」	화면의 폰트를 변경한다. Ctrl 키를 누른 상태에서 + 키를 누르면 확대되고 − 키를 누르면 축소된다. 또한 Ctrl 키를 누른채 = 키를 누르면 2배가 된다.
Ctrl + Shift + R	패킷 목록 정보를 선택한 상태에서 이 키를 누르면 열이 리사이즈(Resize) 된다. 확대나 축소 등에서 디스플레이가 흐트러졌을 때에 사용하면 편리하다.
Ctrl + R	패킷을 다시 불러들인다(Reload). 디스플레이가 깨졌을 때에 사용하면 편리하다.
Ctrl + Space	색 구별 규칙을 원래대로 되돌린다. 독자적으로 색 구별을 설정한 다음에 표준으로 되돌리고 싶을 때에 이용한다.
Alt + 「← 또는 →」	패킷 목록 정보를 선택한 상태에서 이 키를 누르면 과거에 선택했던 패킷으로 이동할 수 있다.
Alt + Home, Alt + End	워드나 액셀에서 많이 보았겠지만 맨 처음 패킷과 마지막 패킷으로 이동할 수 있다.
Ctrl + G	패킷 이동(Go) 화면이 나타난다. 이 화면에 의해 임의의 번호를 가진 패킷으로 이동할 수 있다.

Ctrl + I	캡처 인터페이스(Interface) 화면이 나타난다.
Ctrl + K	캡처 옵션 화면이 나타난다.
Ctrl + E, Ctrl + R	「Ctrl + E」 키를 누르면 캡처를 시작하거나 정지할 수 있다(Execute). 또한 캡처 도중에 「Ctrl + R」 키를 누르면 처음부터 캡처를 다시 할 수 있다.
Ctrl + Shift + E	프로토콜 유효화(Enabled Protocols) 화면이 나타난다. 이 화면에 의해 디코드하는 프로토콜을 유효화한다.

4.3.2 실행 단축

와이어샤크를 실행하면 보통은 스타트업 화면이 나타난다. 그러나 패킷 캡처를 하는 LAN 카드가 이미 정해져 있고, 이 LAN 카드로부터 패킷 캡처를 바로 시작하고 싶은 때도 있다. 이러한 경우에 다음과 같은 실행 숏컷을 미리 작성해 두면 편리하다.

실행 숏컷을 작성하는 순서는 다음과 같다.

❶ 먼저 처음에 패킷을 캡처할 인터페이스를 확인한다. 명령 프롬프트를 가동하여 와이어샤크를 설치할 폴더로 이동한다. 통상적으로 설치할 곳은 「C:₩Program Files₩ Wireshark」이므로 「cd "C:₩Program Files₩Wireshark"」라고 입력하고 엔터키를 누른다(그림 4.60 참조).

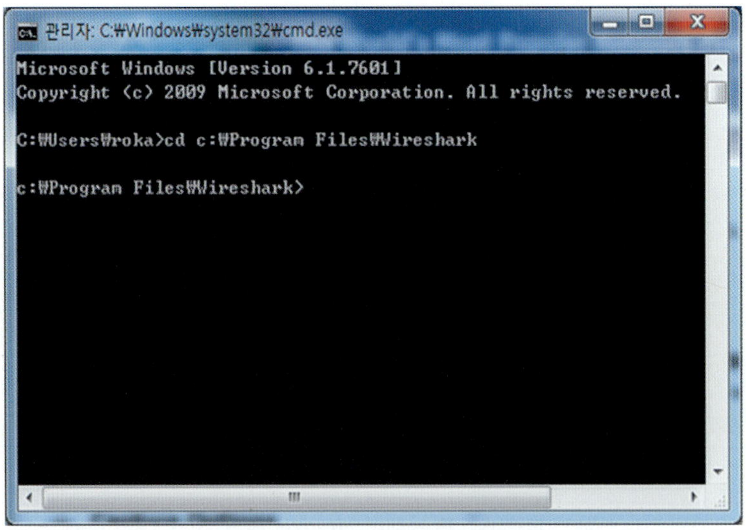

그림 4.60 실행 숏컷 순서 ❶

❷ 「tshark.exe」를 실행한다. tshark 명령어는 문자 기반의 CUI판 와이어샤크이다. 여기서는 이 명령어에 현재 이용 중인 LAN 카드를 확인하기 위한 옵션 「-D」를 붙여 실행한다.

「tshark.exe -D」라 입력하고 엔터키를 누른다(그림 4.61 참조). 그러면 현재 이용하고 있는 LAN 카드의 목록이 나타난다.

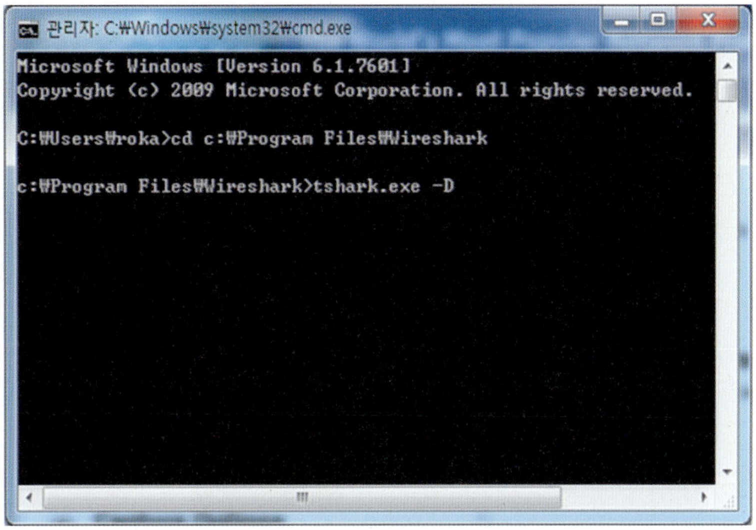

그림 4.61 실행 숏컷 순서 ❷

❸ 화면에 나타난 내용을 확인한다(그림 4.62 참조). 「4. \Device\NPF_〈31E11413F-B294-456D-A0D2-428EC836DAA4〉〈로컬 영역 연결〉」란 부분은 윈도우즈상에서 LAN 카드의 식별인자를 나타내고 있다. 여기서는 모두 숫자(좌측 화면 예에서는 "4")을 기억해 두기 바란다. 다음으로 화면 우측 상단의 [x]를 클릭해서 프롬프트 화면을 닫는다.

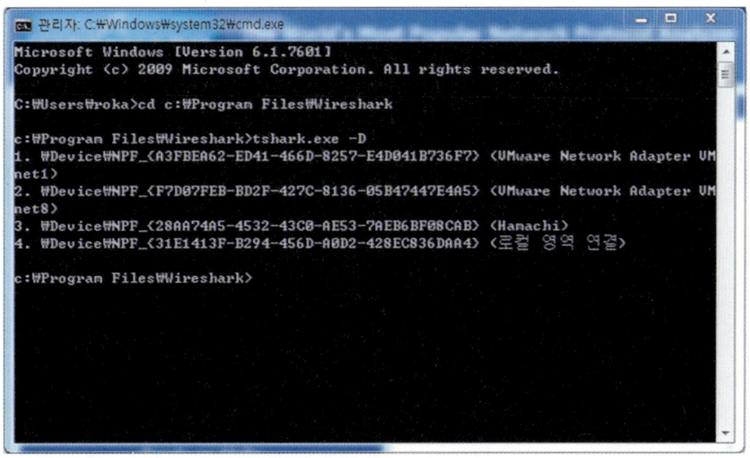

그림 4.62 실행 숏컷 순서 ❸

❹ 윈도우즈의 「시작」 메뉴에서 「Wireshark」를 선택하여 데스크톱 상에 드래그한다(그림 4.63 참조). 그러면 와이어샤크의 실행 숏컷 작성이 된 것이다.

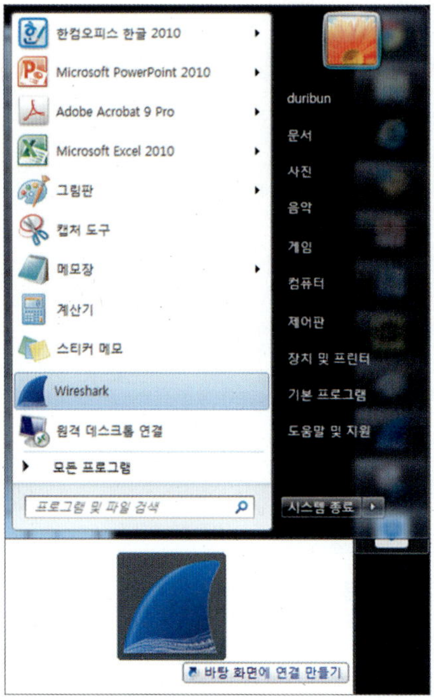

그림 4.63 실행 숏컷 순서 ❹

❺ 작성한 숏컷을 우측 클릭하고「속성(R)」을 선택한다(그림 4.64 참조).

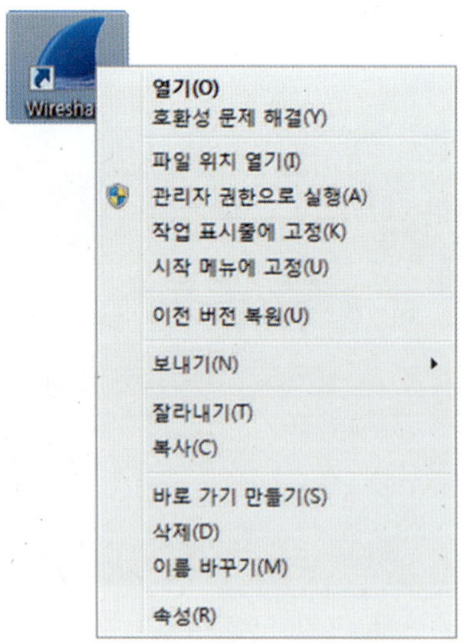

그림 4.64 실행 숏컷 순서 ❺

❻ 숏컷 태그를 클릭한다. 다음으로 패킷 캡처를 곧바로 개시할 수 있도록「링크」의 텍스트 박스에 문자열「 -i 4 -k」을 추가하고 [OK] 버튼을 클릭한다(그림 4.65 참조).

① 「"C:₩Program Files₩Wireshark₩Wireshark.exe"」 직후에「 -i」라고 입력한다.「-i」는 패킷 캡처한 인터페이스를 지정하는 옵션이다.
② 「-i」의 다음에 반칸을 띄우고 ❸에서 확인한 패킷 캡처를 하고 싶은 인터페이스의 번호를 입력한다. 또한 이 책에서는「 4」이라고 입력한다.
③ 또 한칸을 띄우고「-k」라고 입력한다. 이것은 캡처 옵션 화면 등을 표시하지 않고 바로 패킷 캡처를 개시하기 위한 옵션이다.
④ 마지막으로 [확인] 버튼을 누른다.

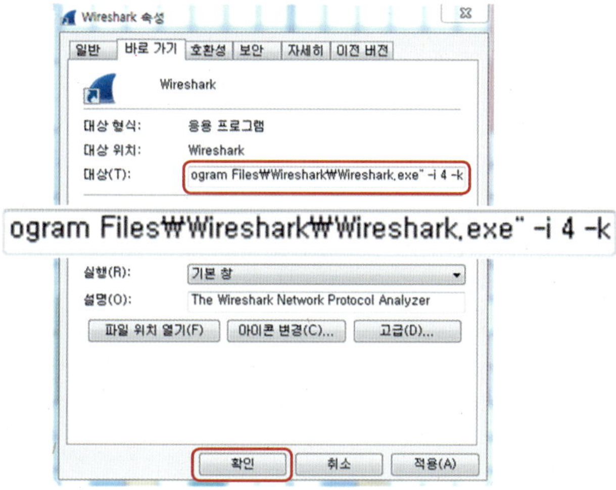

그림 4.65 실행 숏컷 순서 6

이제 작성한 실행 숏컷을 더블 클릭하면 조금 전 지정한 인터페이스에서 바로 패킷 캡처가 시작된다.

연습문제

1. 와이어샤크 홈페이지에서 확인한 최신 버전은 무엇인가?
2. 와이어샤크 메인 화면을 구성하고 있는 4개의 칸은 무엇인가?
3. 텍스트판 와이어샤크의 이름은 무엇인가?
4. 컬러링 규칙(colouring rule)을 확인하면 HTTP 트래픽 색상은 무엇인가?

CHAPTER 05
패킷 캡처하기

5.1 와이어샤크를 이용한 패킷 캡처 시작
5.2 와이어샤크 캡처 처리
5.3 와이어샤크 파일 처리

5.1 와이어샤크를 이용한 패킷 캡처 시작

와이어샤크는 패킷 캡처(capture), 캡처 파일 저장(save), 출력(print) 등 여러 가지 많은 기능을 가지고 있는 소프트웨어이다. 그러므로 처음부터 와이어샤크의 모든 기능을 이해하고 사용하는 것은 쉽지 않다.

일반적으로 컴퓨터 사용자가 맨 처음 윈도우즈를 사용할 때 처음부터 윈도우즈가 가지고 있는 모든 기능을 확인해보고 사용하지는 않는다. 운영체제(OS; Operating System)가 많은 기능을 가지고 있지만 처음 사용할 때는 먼저 기본적인 작업부터 시작해서 하나씩 알아가는데 이것은 와이어샤크에서도 마찬가지이다.

이제 먼저 와이어샤크를 동작시켜서 기본적인 작업인 패킷 캡처와 저장, 출력을 하나씩 익혀가기로 한다.

5.1.1 패킷 캡처를 위한 준비

먼저, 패킷 캡처를 시작하기 전에 미리 확인해야 할 작업이 있다. 이 준비 작업은 패킷을 캡처하고 있는 동안에 와이어샤크가 강제 종료되거나, 캡처한 패킷 가운데 불필요한 패킷이 포함되거나 패킷을 캡처할 수 없는 등의 트러블을 줄일 수 있다. 또한 와이어샤크는 많은 기능을 가지고 있는 소프트웨어이기 때문에 오랫동안 안정되게 패킷 캡처를 하기 위해서는 CPU 사용율과 메모리 용량이 충분한지 확인하는 것이 좋다. 이를 위해서는 현재 실행 중에 있는 다른 애플리케이션은 종료시키는 것이 좋다.

윈도우즈의 현재 CPU 사용율이나 메모리 용량은 작업 관리자 화면에서 확인할 수 있다. 이 화면을 디스플레이하려면 타스크 바의 아무 것도 없는 부분에 커서를 올려놓고 마우스를 오른쪽 클릭한다. 그러면 나타나는 컨텍스트 메뉴에서 「작업 관리자 시작(K)」을 선택한다. 그런 다음 성능 탭을 눌러 CPU 사용율에 여유(90% 이하)가 있는지와 빈 메모리(10% 이상)가 있는지 확인하기 바란다(그림 5.1 참조).

뿐만 아니라 윈도우즈에 바이러스 백신이나 스파이웨어 제거 소프트웨어, 네트워크 게임 상태 도구, IP 전화 소프트웨어, 음악과 동영상 플레이어, 시간이나 주가 등을 보여주는 위젯 등 상주형 애플리케이션이 작동할 수 있다. 이 가운데 일부 상주 애플리케이션은 작업 트레이에 아이콘이 놓여 있어 작동하는지 여부를 확인할 수 있다. 상주 애플리케이션은 CPU나 메모리를 사용하고, 그 중에 네트워크 통신을 하는 경우도 있다. 이 경우 캡처하는 패킷에 불필요한 것이 끼어들 수 있다. 이런 사태를 피하기 위해 불필요한 상주 애플리케이션은 가능한한 종료시켜 놓는 것이 좋다.

와이어샤크를 설치한 환경에 따라서 일반 이용자 권한으로 와이어샤크가 정상적으로 실행되지 않을 수 있다. 이럴 경우 와이어샤크를 관리자 권한(Administrator)으로 실행해 보기 바란다. 뿐만 아니라 윈도우즈 방화벽과 개인 방화벽의 설정에 따라서 명령어가 제대로 동작

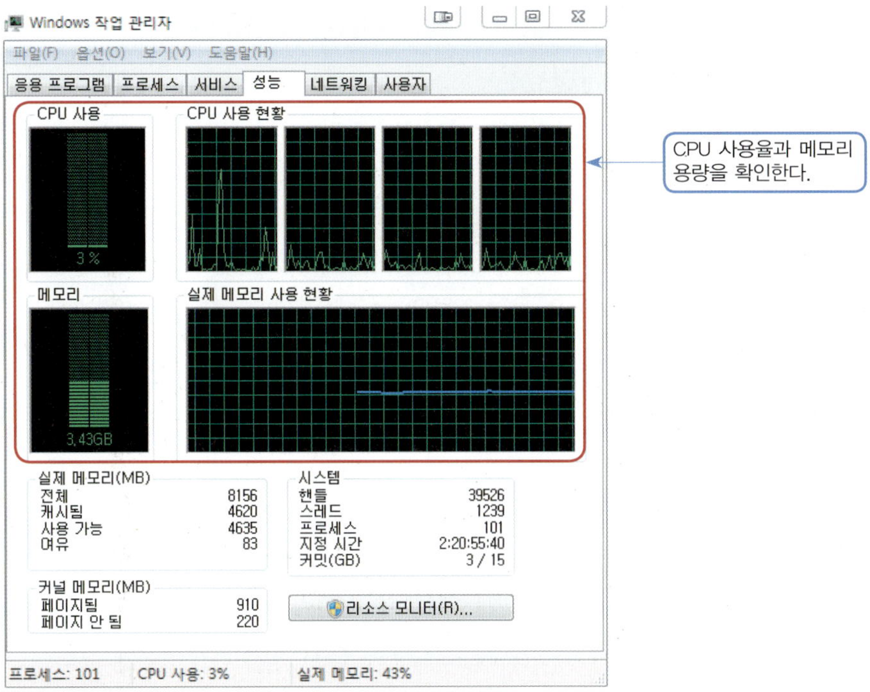

그림 5.1 작업 관리자에서 성능 탭 선택 화면

하지 않거나 패킷을 제대로 캡처할 수 없는 경우가 있다. 그렇기 때문에 가능하면 이러한 기능들을 정지시켜 놓는 것이 좋다.

윈도우즈는 초기 상태에서 대부분의 서비스가 실행되고 있다. 이것은 윈도우즈를 사용하기에는 편리하지만 패킷 캡처를 할 때에 처리 속도가 저하되는 원인이 된다. 또한 서비스에 따라서 불필요한 패킷을 만들 수도 있다. 예로 Universal Plug and Play(SSDP)나 VPN(IPSec) 관련 서비스를 들 수 있다. 따라서 패킷 캡처하기 전에 필요에 따라 불필요한 서비스를 정지시켜 두는 것이 좋다.

OS가 제공하고 있는 서비스를 정지하기 위해서는 우선 제어판의 「시스템 및 보안」→「관리 도구」를 순서대로 클릭하여 관리 도구 화면을 연다. 그리고 화면 우측의 「서비스」를 더블 클릭하여 서비스 화면을 연다. 이 화면에서 정지시키고 싶은 서비스 이름을 선택하고 마우스를 오른쪽 클릭하여 디스플레이되는 컨텍스트 메뉴에서 「중지」를 선택하면 된다(그림 5.2 참조).

5.1.2 패킷 캡처를 시작하는 방법

이제부터 와이어샤크를 이용하여 패킷 캡처를 시작하는 방법에 대해 설명한다. 또한 앞 장에서 캡처를 바로 시작할 수 있도록 실행 숏컷을 작성했지만 여기서는 숏컷을 사용하지 않고

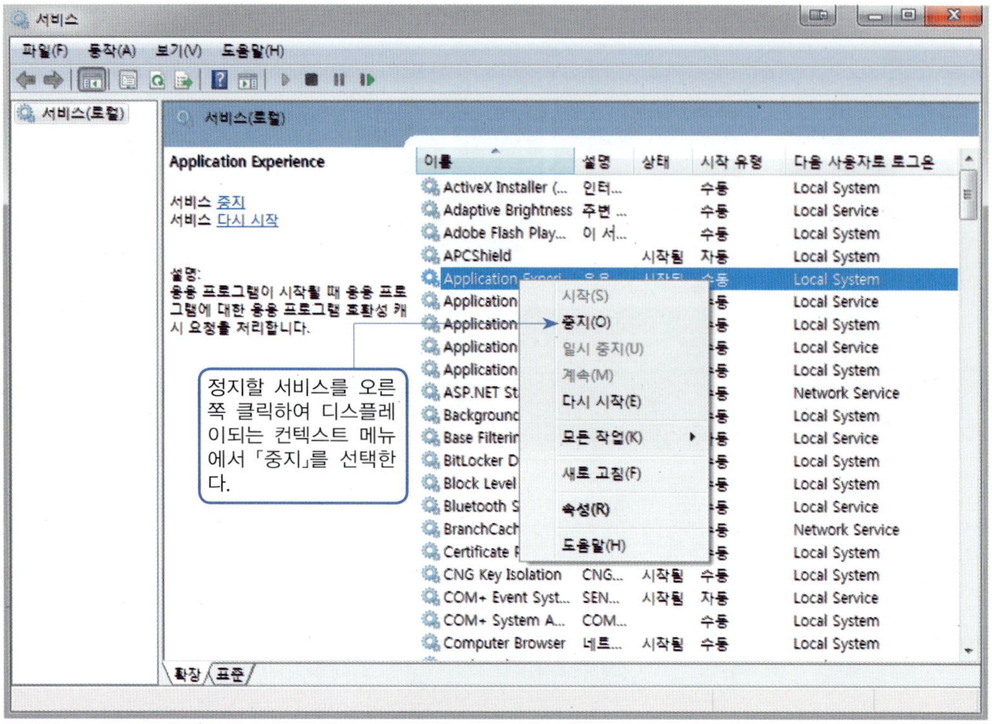

그림 5.2 서비스 화면

시작하는 방법에 대해서도 설명한다. 따라서 윈도우즈의 「시작」 메뉴에서 와이어샤크를 데스크톱 위에 미리 드래그해 놓기 바란다. 그러면 이전과는 다른 숏컷이 작성된다.

패킷 캡처를 시작하는 방법은 다음과 같이 다섯 가지로 나눌 수 있다.

1) 스타트업 화면의 링크를 클릭해서 시작하는 방법
2) 인터페이스를 확인해서 시작하는 방법
3) 인터페이스를 지정해서 시작하는 방법
4) 이전과 똑같은 조건으로 시작하는 방법
5) 커맨드를 사용하여 시작하는 방법

이들 방법에 대해 하나씩 살펴보도록 하자.

1) 스타트업 화면의 링크를 클릭해서 시작하는 방법은 다음과 같은 순서를 따라 하면 가장 간단하게 패킷 캡처를 시작할 수 있다.

① 데스크톱에 있는 와이어샤크의 실행 아이콘 또는 숏컷을 더블 클릭한다. 그러면 와이어샤크가 실행되며 스타트 업 화면이 디스플레이된다(그림 5.3 참조).

② 캡처를 시작하고 싶은 LAN 카드(NIC)를 클릭한다.

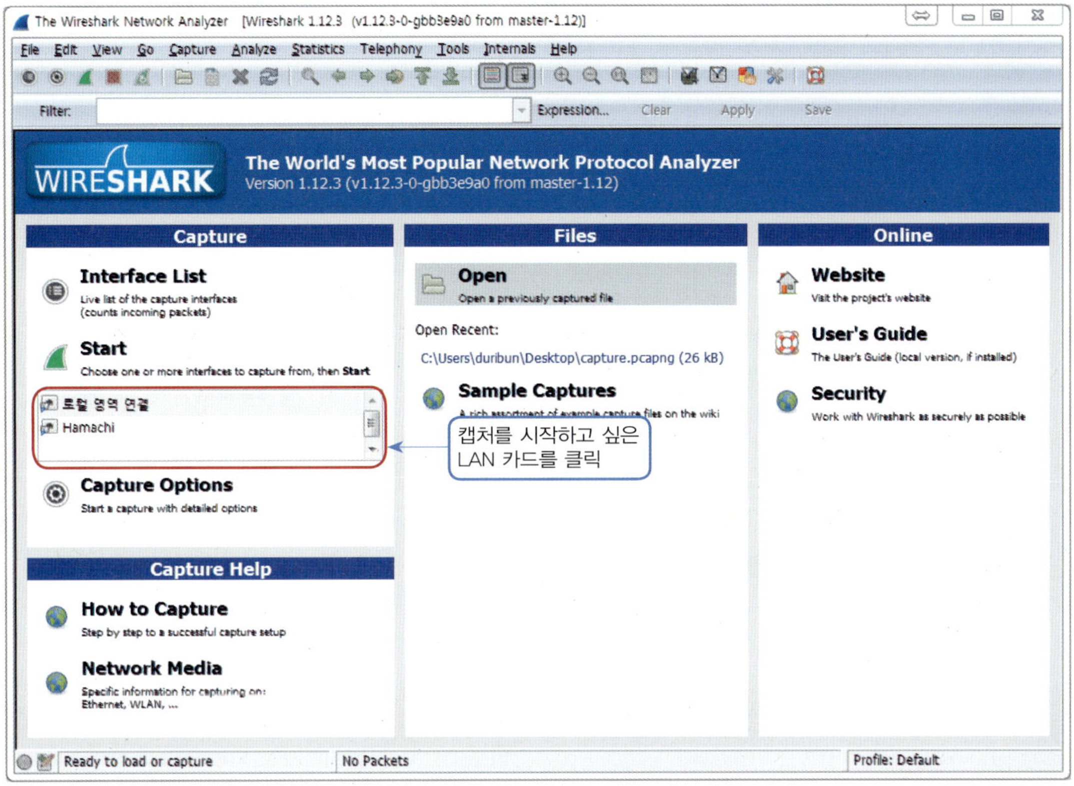

그림 5.3 와이어샤크 스타트 업 화면

화면 왼쪽 상단에 「Interface List」(인터페이스 목록)이라는 항목이 있고 그 아래에 「Start」라고 쓰여 있다. 또 그 아래에는 현재 사용하고 있는 컴퓨터에서 인식되고 있는 LAN 카드가 디스플레이된다. 여기서 캡처를 시작하고 싶은 LAN 카드를 클릭하고 [Start]를 클릭하면 패킷 캡처가 시작된다.

여기서 시스템에 따라 1개 이상의 LAN 카드가 인식되어 나타나는 경우도 있다. 예를 들면 무선 LAN 카드와 유선 LAN 카드가 나타나거나 VMWare 등을 비롯한 가상화 소프트웨어를 도입한 경우에는 가상 OS의 LAN 카드가 나타나는 경우도 있다. 또한 LAN 카드의 이름은 윈도우즈가 레지스트리에서 인식하고 있는 이름이기 때문에 스타트업 화면에서는 알기 어려운 경우가 있다. 그림 5.3에서는 LAN 카드의 이름이 「로컬 영역 연결」로 되어있다.

2) 인터페이스를 확인해서 시작하는 방법

패킷을 캡처할 수 있는 LAN 카드와 통신하고 있는 패킷 수를 확인하고 나서 캡처를 시작한다. 이 방법은 어떤 LAN 카드와 통신 어댑터로 통신을 하고 있는지를 미리 확인할 수 있다. 따라서 인터페이스를 잘 모르거나 복수의 인터페이스를 이용하고 있는 경

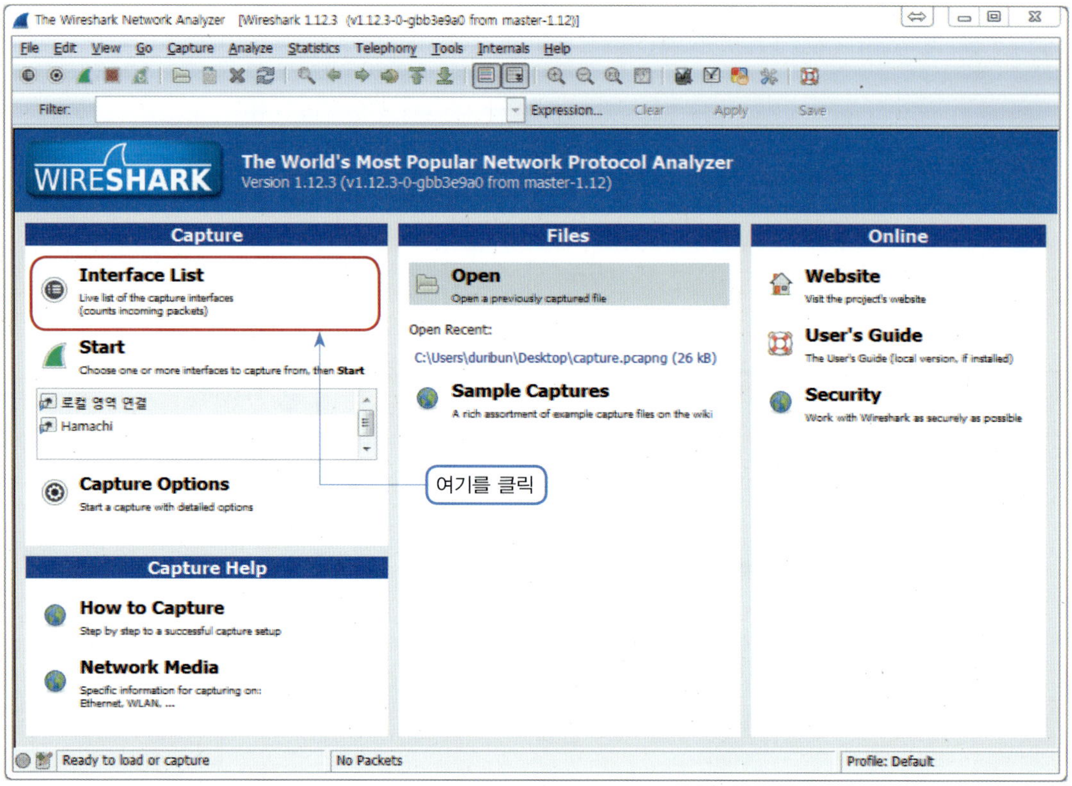

그림 5.4 패킷 캡처를 위한 Interface List 선택 화면

우에 패킷을 캡처할 때 사용하면 좋다. 이를 위해서는 다음과 같은 순서대로 하면 된다.

① 데스크톱에 있는 와이어샤크의 실행 커맨드 또는 숏컷을 더블 클릭한다. 그러면 와이어샤크가 실행되고 스타트업 화면이 나타난다.

② 화면의 왼쪽 상단에 있는 「Interface List」를 클릭한다(그림 5.4 참조). 그러면 캡처 인터페이스 화면이 나타난다(그림 5.5 참조). 그러면 패킷을 캡처하는 LAN 카드나

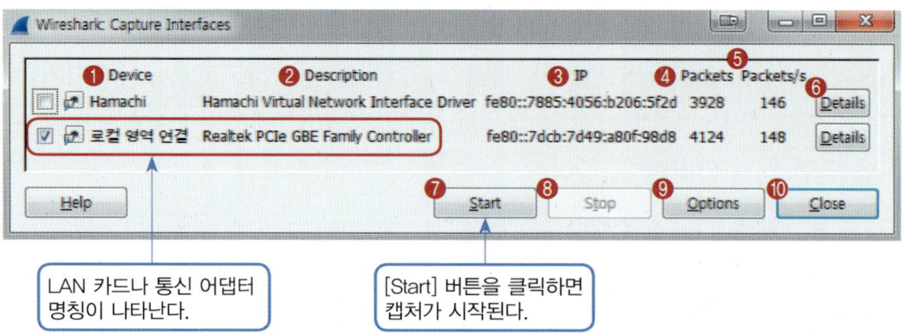

그림 5.5 Capture Interface 화면

통신 어댑터의 명칭이 나타난다. 그러면 원하는 LAN 카드나 통신 어댑터를 선택하고 [Start] 버튼을 클릭하면 패킷 캡처가 시작된다.

그림 5.5의 화면은 Windows7(64bit판)을 이용한 것이지만, 「Description」 부분에 LAN 카드의 설명이 나타나지 않는 수가 있다. 또 「IP」 부분에는 IPv4 주소뿐만 아니라 IPv6 주소가 나타나는 경우도 있기 때문에 주의하기 바란다.

그림 5.5에 나타난 각 항목과 버튼 내용을 정리하면 표 5.1과 같다.

표 5.1 Capture Interface 화면의 각 항목과 버튼 설명

번호	항목 · 버튼명	설명
①	Device	와이어샤크가 인식한 LAN 카드의 인터페이스이다.
②	Description	LAN 카드에 대한 설명이다.
③	IP	각 인터페이스의 PC를 구별하기 위한 IP 주소이다. IP 주소를 캡처할 수 없는 경우에는 「unknown」이라고 나타난다.
④	Packets	캡처 인터페이스 화면이 나타남과 동시에 숫자 카운터가 시작되며, 그때까지 캡처한 패킷 수를 나타낸다.
⑤	Packets/s	과거 1초 이내에 캡처한 패킷 수를 나타낸다.
⑥	[Details] 버튼	LAN 카드나 통신 어댑터에 대한 자세한 정보를 보여준다.
⑦	[Start] 버튼	이전에 캡처했을 때의 설정에 따라 바로 캡처를 시작한다.
⑧	[Stop] 버튼	현재 패킷 캡처를 정지한다.
⑨	[Options] 버튼	캡처 옵션 화면이 나타난다. 이 화면에서 옵션을 설정하고 패킷 캡처를 시작할 수 있다. 이 버튼을 클릭하는 대신에 메인 화면의 메뉴 바에서 「Capture → Options」를 선택해도 같은 결과가 된다.
⑩	[Close] 버튼	캡처 인터페이스 화면을 닫는다.

3) 인터페이스를 지정해서 시작하는 방법

인터페이스나 각종 옵션을 지정해서 캡처를 시작한다. 캡처할 LAN 카드나 통신 어댑터를 알고 있는 경우에는 캡처를 바로 시작할 수 있어서 편리하다. 실행 순서는 다음과 같다.

① 데스크톱에 있는 와이어샤크의 실행 아이콘 또는 숏컷을 더블 클릭한다. 그러면 와이어샤크가 실행되고 스타트업 화면이 나타난다.

② 화면 좌측에 있는 「Capture Options」을 클릭한다(그림 5.6 참조). 그러면 캡처 옵션 설정 화면이 나타난다(그림 5.7 참조).

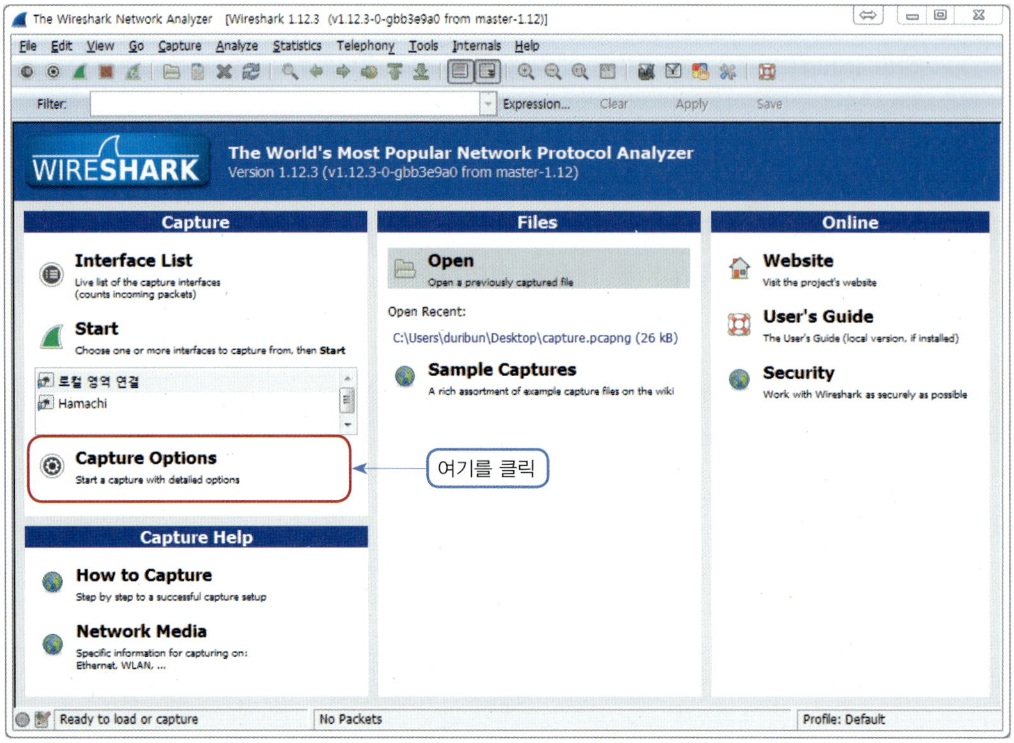

그림 5.6 「Capture Options」 선택 화면

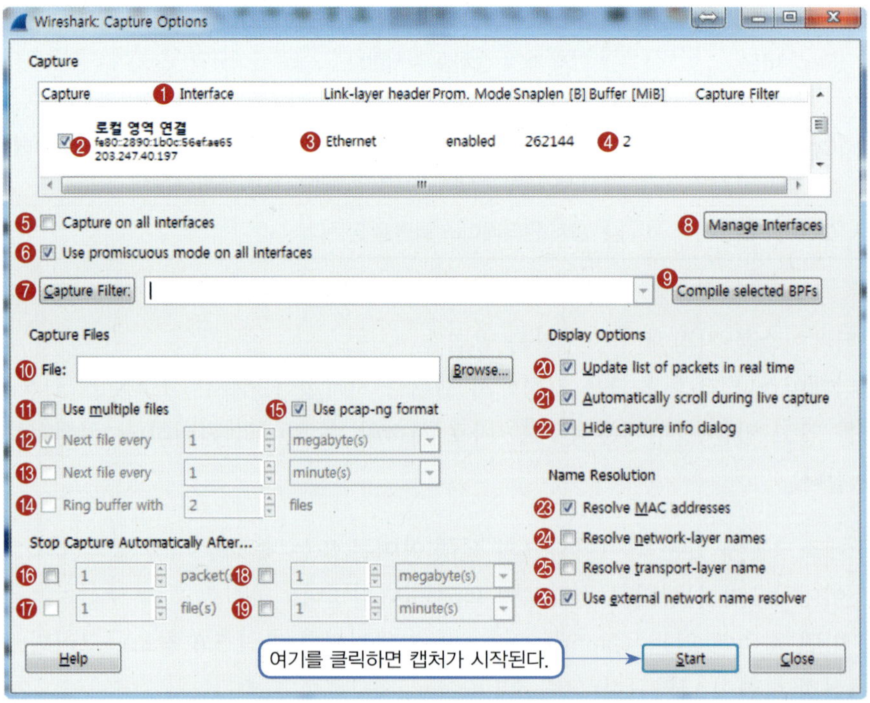

그림 5.7 캡처 옵션 설정 화면

그림 5.7에 나타난 캡처 옵션 설정 화면에서 원하는 옵션을 설정하고 나서 캡처를 시작할 수 있다. 어떤 옵션을 설정해야하는지 잘 모르는 경우에는 무조건 디폴트(초기설정)로 해서 [Start] 버튼을 클릭하여 패킷 캡처를 시작하면 좋다. 그림 5.7의 캡처 옵션 설정 화면에 나타난 각 항목의 기능을 요약하면 표 5.2부터 표 5.6까지와 같다.

표 5.2 Capture Options 설정 화면의 각 항목 내용 1/5

「Capture」란		
No.	항목	내용
①	Capture Interface	「Interface」 바로 우측에 있는 풀다운 목록에서 Local 또는 Remote를 선택한다.
②	IP address	선택한 인터페이스의 IP 주소이다. IP 주소를 취득하지 못한 경우에는 「unknown」라고 나타난다.
③	Link-layer header type	데이터 링크층의 캡슐화 종류를 지정한다.
④	Buffer size n megabyte(s)	캡처할 때 버퍼 크기를 지정한다. 버퍼 크기란 커널이 디스크에 써넣는 버퍼의 크기를 말한다. 버퍼 크기는 디폴트(기본지정)가 1메가바이트이다.
⑤	Capture on all nterfaces	모든 인터페이스의 캡처 여부를 선택한다.
⑥	Use Promiscuous mode on all interfaces	이 항목을 체크하면 캡처할 때 LAN 카드가 무차별 모드(Promiscuous mode)가 된다. 무차별 모드란 다른 목적지로 가는 프레임이나 멀티캐스트 프레임 등 LAN 카드에 도착한 프레임은 모두 캡처하는 상태를 말한다. 이 항목이 체크되어있지 않으면 와이어샤크는 PC가 통신하고 있는 패킷만 캡처한다. 또한 와이어샤크가 작동하고 있을 때는 체크하지 않아도 LAN 카드가 무차별 모드로 동작할 수 있다.
⑦	Capture Filter	캡처할 필터를 미리 지정할 수 있다.
⑧	Manage Interfaces	인터페이스 관리 창을 연다.
⑨	Compile selected BPFs	BPF 코드로 캡처 필터를 실행하고 의사코드로 표시하는 창을 연다. 캡처 필터의 작업을 이해하는 데 도움이 된다.

표 5.3 Capture Options 설정 화면의 각 항목 내용 2/5

「Capture File(s)」란		
No.	항목명	내용
⑩	File	파일을 저장할 곳을 지정한다. [Browse] 버튼을 클릭하면 파일 선택 화면이 나타난다.
⑪	Use multiple files	이 항목을 체크하면 단일 파일이 아니라 복수 파일에 자동적으로 캡처 내용이 저장된다.
⑫	Next file every n megabyte(s)	이 항목에서 지정한 파일 용량에 근거하여 새로운 파일을 작성한다. 용량의 단위는 풀다운 목록에서 킬로바이트, 메가바이트 또는 기가바이트를 선택할 수 있다. 장시간 노트북에서 패킷을 캡처할 경우에 캡처 파일이 너무 커져서 CPU의 부하나 메모리 소비에 의해 와이어샤크가 정지될 수 있다. 이러한 경우를 방지하기 위해 PC 성능에 따라 하나의 파일 크기를 미리 정하고 나서 복수의 파일을 작성하면 좋다. 또한 이러한 파일들은 나중에 결합하여 분석할 수도 있다.
⑬	Next file every n minute(s)	이 항목에서 지정한 시간마다 새로운 파일을 작성한다. 풀다운 목록에서 단위를 초, 시간 또는 일을 선택할 수 있다. 예를 들면 일정 시간의 트랜드를 캡처할 경우에는 시간에 따라 복수 파일로 분할하면 좋다. 또한 작성한 파일은 mergecap 등의 도구를 이용하여 결합하여 분석할 수 있다.
⑭	Ring buffer with n files	캡처 파일의 링크 버퍼 수를 지정한다.
⑮	Use pcap-ng format	와이어샤크는 표준에는 tcpdump 등과 호환성이 있는 libpcap 형식으로 파일을 저장하지만 이 항목에 체크를 하면 새로운 캡처 파일 형식(pcapng)으로 저장한다.

표 5.4 Capture Options 설정 화면의 각 항목 내용 3/5

「Stop Capture Automatically After」란		
No.	항목명	내용
⑯	n packet(s)	캡처한 패킷 수가 지정한 숫자에 도달하면 캡처를 멈춘다.
⑰	n file (s)	캡처 파일 수를 지정한다. 캡처 파일 수가 지정한 숫자에 도달하면 캡처를 멈춘다.
⑱	n megabytes(s)	캡처한 패킷의 데이터 양이 지정한 킬로바이트, 메가바이트 또는 기가바이트 값에 도달하면 패킷 캡처를 멈춘다.
⑲	n minute(s)	이 항목에서 지정한 초, 시간 또는 일을 경과하면 패킷 캡처를 멈춘다.

표 5.5 Capture Options 설정 화면의 각 항목 내용 4/5

「Display Options」란		
No.	항목명	내용
⑳	Update list of packets in real time	이 항목을 체크하면 메인 화면의 패킷 목록 정보가 실시간으로 갱신된다. 이것은 캡처한 패킷을 바로 확인하고 싶은 경우에 편리한 기능이다. 다음 항목 「Automatic scrolling in live capture」와 같이 사용하면 좋다. 이 항목을 체크하지 않으면 패킷 캡처를 정지해야 패킷 목록 정보가 나타난다.
㉑	Automatically scrolling during live capture	이 항목을 체크하면 새로운 패킷을 캡처할 때마다 패킷 목록 정보가 자동적으로 스크롤되어 항상 최신 패킷을 볼 수 있다. 이것은 캡처한 패킷을 바로 확인하고 싶을 때에 편리한 기능이다. 이 항목을 체크하지 않으면 새로운 패킷을 캡처했을 때 그것을 단순히 패킷 목록 정보의 마지막에 추가하고 화면에는 캡처한 순서대로 패킷이 나타난다.
㉒	Hide capture info dialog	이 항목을 체크하면 패킷을 캡처할 때에 나타나는 캡처 정보 화면이 나타나지 않는다.

표 5.6 Capture Options 설정 화면의 각 항목 내용 5/5

「Name Resolution」란		
No.	항목명	내용
㉓	Resolve MAC addresses	이 항목을 체크하면 MAC 주소로부터 OUI(Organization Unique Identifier)를 참조하고 MAC 주소의 앞쪽 3바이트를 통신 어댑터 제조자명(벤더명)으로 변환하여 보여준다.
㉔	Resolve network-layer names	이 항목을 체크하면 네트워크층의 IP 주소로부터 DNS 서버의 거꾸로 찾기(210.138.35.74와 같은 IP 주소를 www.google.co.kr과 같은 호스트 명(특히 모든 도메인 명을 포함하기 때문에 「완전한 수식 도메인 명」이라 불린다)으로 변환)를 실행하며 대응하는 완전한 수식 도메인 명을 보여준다.
㉕	Resolve transport-layer name	이 항목을 체크하면 전송층의 TCP 및 UDP 프로토콜의 포트 번호로부터 응용층의 서비스(프로토콜)를 변환하여 보여준다.
㉖	Use external network name resolver	이 항목을 체크하면 외부 네트워크의 프로토콜을 변환하여 보여준다.

4) 이전과 똑같은 조건으로 시작하는 방법

현재 실행 중인 캡처와 같은 조건으로 한번 더 패킷을 캡처하고 싶은 경우에는 재시작(Restart) 기능을 사용하면 편리하다. 캡처를 재시작하면 그 때까지 캡처한 패킷은 모두 지워지고 새로 패킷 캡처가 시작된다.

현재 실행 중인 캡처를 재시작하려면 메인 화면 상단의 툴바 [Restart] 버튼( )을 클릭한다. 그러면 그 때까지 캡처한 패킷은 모두 지워지고 다시 패킷 캡처가 시작된다.

5) 명령을 사용하여 시작하는 방법
명령 프롬프트에서 인터페이스 번호를 지정해서 캡처를 시작할 수 있다. 예를 들면 인터페이스명이 「1」인 경우에는 다음과 같이 명령을 입력한다.

```
C:₩Program Files₩Wireshark〉wireshark-i 1 -k
```

또한 인터페이스 번호에 대해서는 명령 프롬프트로 예를 들면 「tshark -D」를 입력하고 어느 LAN 카드가 몇 번으로 되어 있는지를 미리 확인해 두면 좋다. 또한 「4.3.2 실행 단축」에서 설명한 바와 같이 이들 내용을 와이어샤크의 숏컷으로 작성해 두고 그것을 더블 클릭만하면 바로 패킷 캡처를 시작할 수 있으므로 편리하다.

어떤 방법으로든 패킷 캡처를 실행할 때 캡처 엔진이 LAN 카드에서 패킷을 캡처한다. 이 패킷 데이터는 비교적 작은 버퍼에 저장된다. 와이어샤크는 이 데이터를 읽어 들여 사용자가 지정한 캡처 파일에 저장한다. 그렇지만, 100M바이트 정도의 큰 파일을 취급할 경우 와이어샤크는 아주 천천히 동작한다. 따라서 장시간동안 대용량의 패킷을 캡처할 때는 주의해야 한다.

5.1.3 홈페이지 접속 패킷 캡처하기

이제 홈페이지 접속 패킷을 캡처해 보자. 여기서 각 화면에 대해 자세한 설명은 하지 않겠다. 단지 패킷을 캡처하는 데 필요한 최소한의 조작 순서를 익힐 목적으로 시작하기 바란다.

패킷을 캡처할 때에 다음과 같이 유의해야 할 점이 몇 가지가 있다.

- 패킷을 캡처하기 위해서는 윈도우즈의 관리자(Administrator) 권한으로 와이어샤크를 실행하는 것이 좋다.
- 통신을 하고 있는 적절한 인터페이스를 선택해야 한다. 통신하고 있는 것과 다른 인터페이스를 선택하면 패킷을 캡처할 수 없다. 또한, 복수의 통신 어댑터를 동시에 캡처할 수도 없다.
- 패킷 캡처 내용을 기반으로 PC의 프로그램을 동작시킬 수 없다.

패킷을 캡처하는 순서

❶ 데스크톱에 있는 와이어샤크의 아이콘을 더블 클릭한다(그림 5.8 참조). 그러면 와이어샤크가 실행되고 스타트업 화면이 나타난다(그림 5.9 참조).

그림 5.8 와이어샤크 아이콘

❷ 스타트업 화면에서 「Capture Options」을 클릭한다(그림 5.9 참조). 그러면 Capture Options 화면이 나타난다(그림 5.10 참조).

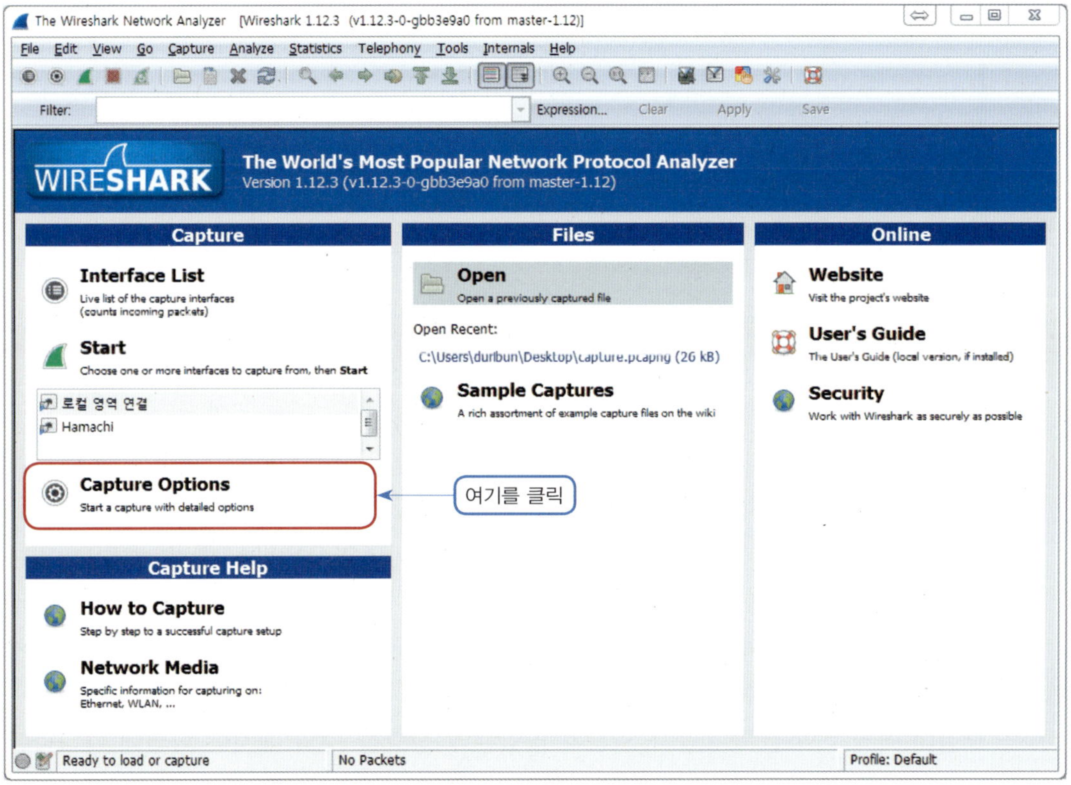

그림 5.9 스타트업 화면에서 Capture Options 클릭

❸ Capture Options 화면에 있는 「Interface」에서 사용하고 있는 LAN 카드를 선택하고 「Start」 버튼을 클릭한다. 그러면 패킷 캡처가 시작된다(그림 5.10 참조).

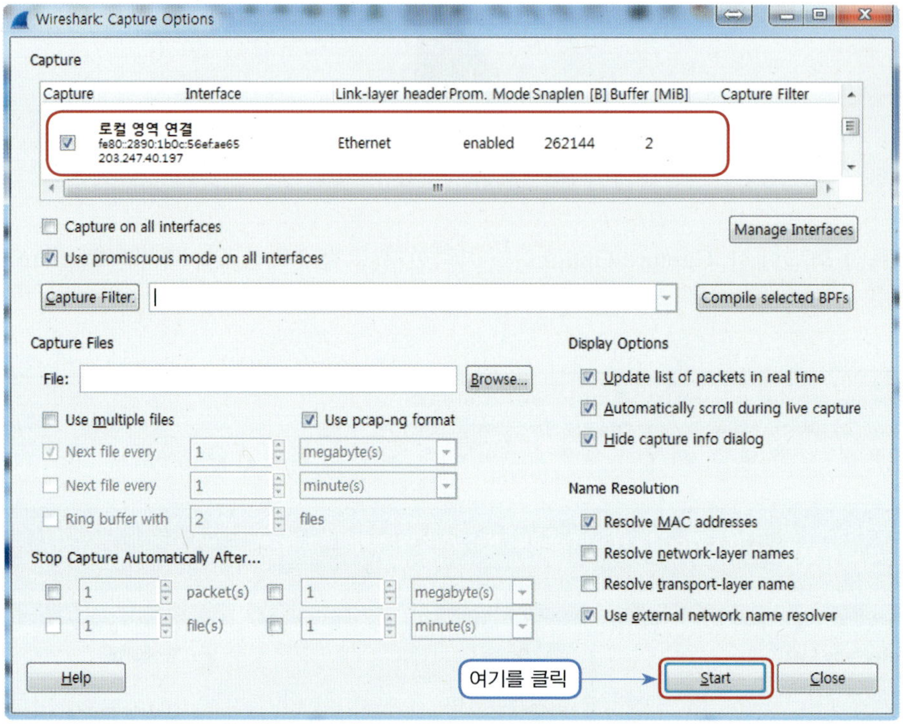

그림 5.10 와이어샤크 Capture Options 화면

패킷을 캡처하기 위해 최소한으로 해야 할 것은 캡처를 원하는 LAN 카드나 통신 어댑터를 지정하는 일이다. 이것은 캡처 옵션 화면의 「Interface」 풀다운 목록에서 선택한다.

그림 5.10의 화면 예를 보면 디폴트로 캡처 옵션 화면의 「Display Options」란에 있는 「Hide capture info dialog」가 체크되어 있다. 따라서 캡처 정보 화면은 디스플레이되지 않고 캡처된 패킷이 바로 메인 화면에 디스플레이된다(그림 5.11 참조). 그러면 패킷이 캡처되고 있는 것을 확인할 수 있다.

그런데 아직 아무런 통신을 시도하지 않았는데 상당한 수의 패킷이 화면에 나타나는 것을 보고 놀랄 수 있다. 이것은 웹브라우저나 이메일 소프트웨어와 같은 애플리케이션을 실행하지 않더라도 실제로는 PC가 어떤 통신을 하고 있기 때문이다.

PC에 있는 애플리케이션을 실행시키지 않았더라도 백그라운드로 OS나 상주 프로그램 등이 통신을 하고 있다. 또한 제어 패킷 등 직접 통신과 관계가 없는 패킷도 네트워크에는 많이 전달되고 있다. 따라서 의도하지 않은 패킷일지라도 실제로는 네트워크를 통해 전달되고 있으므로 이것들이 캡처되는 것이다.

또한 PC가 리피터 허브에 연결되어 있는 경우에는 그 리피터 허브에 연결되어 있는 다른 PC나 라우터 등이 송수신하는 패킷도 캡처된다.

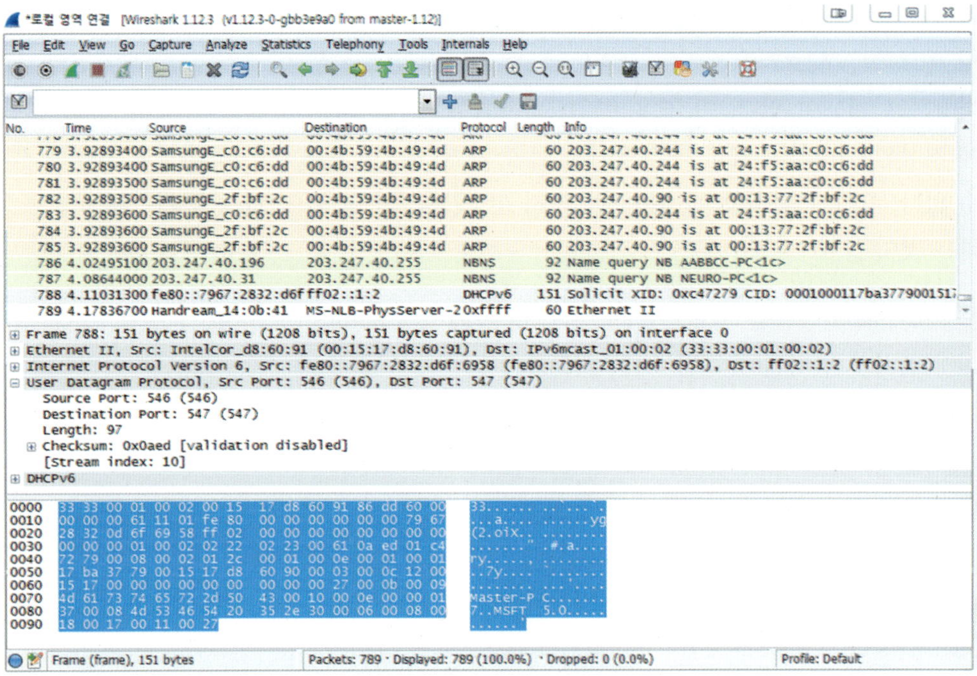

그림 5.11 패킷 캡처 메인 화면

❹ 이제 웹브라우저를 실행하고 임의의 홈페이지에 접속해 본다. 여기서는 우리가 잘 알고 있는 구글 홈페이지(www.google.co.kr)에 접속해 보았다(그림 5.12 참조).

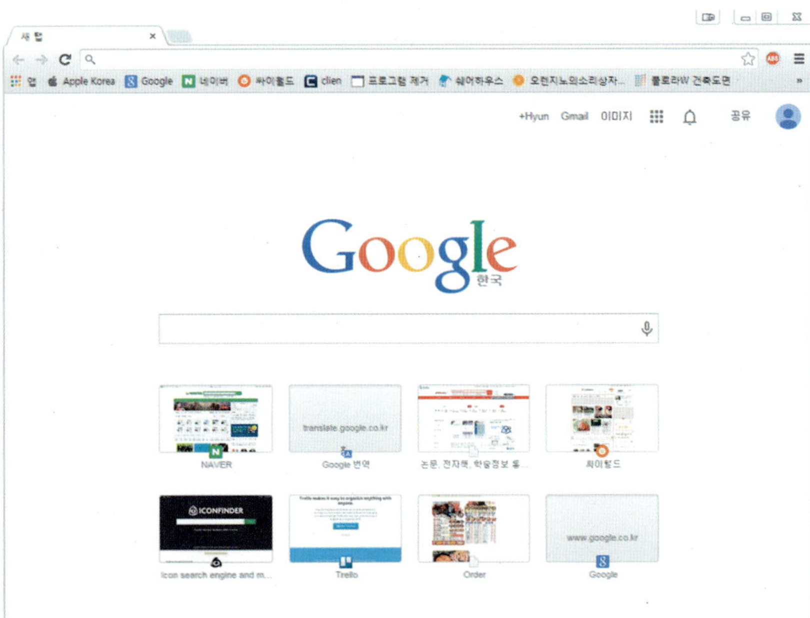

그림 5.12 구글 홈페이지 (www.google.co.kr) 접속

그러면 계속해서 패킷이 캡처된다. 그런데 홈페이지 접속 패킷을 캡처하려면 약간의 요령이 필요하다. 웹브라우저에는 캐시(cache) 기능이 있어서 한 번 접속한 홈페이지의 내용을 저장하는 기능이 있다. 이 경우 한 번 접속한 홈페이지와는 통신을 하지 않고 하드디스크에 저장된 캐시를 이용하여 홈페이지 접속 화면을 보여주기 때문에 패킷을 제대로 캡처할 수 없다. 따라서 캡처할 때에는 지금까지 한 번도 접속한 적이 없는 홈페이지 주소를 지정하는 것이 좋다.

❺ 툴 바의 「stop」버튼을 클릭한다(또는 메뉴 바에서 「Capture → Stop」을 선택한다). 그러면 패킷 캡처가 정지된다(그림 5.13 참조).

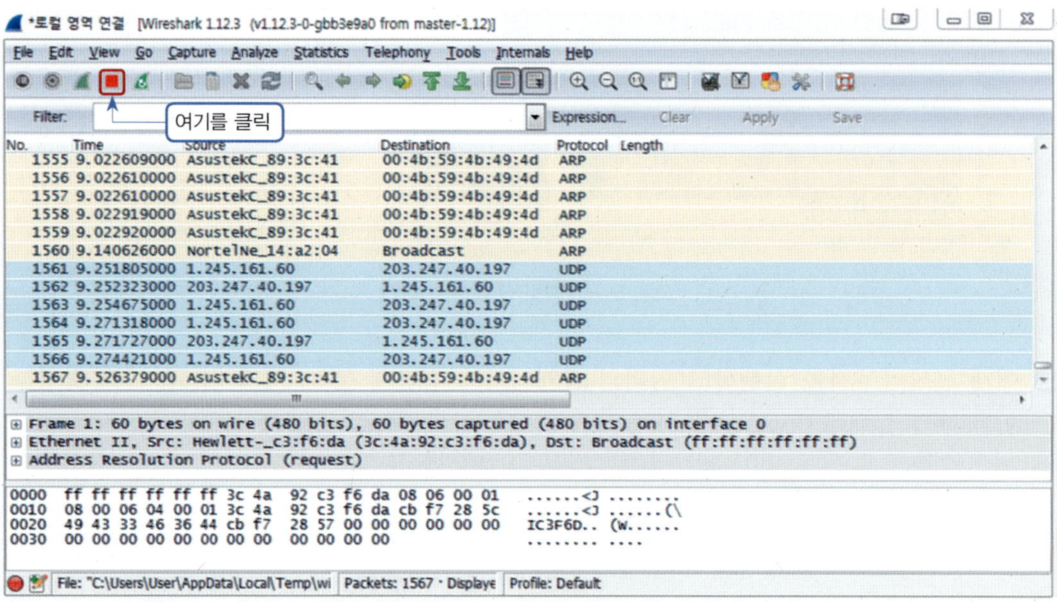

그림 5.13 패킷 캡처 정지 선택 화면

❻ 메인 화면에 많은 정보가 나타나 있음을 확인한다(그림 5.14 참조).

지금까지 패킷 캡처의 기본 조작에 대해서 설명하였다. 설명한대로 따라 해보면서 캡처가 잘 되는지 확인해보기 바란다. 그리고 이 조작에 대해 충분히 익숙해지도록 각자가 노력하기 바란다.

그런데 캡처되었다고 생각하는 패킷이 메인 화면에 나타나지 않는 경우는 와이어샤크를 관리자 권한으로 실행하지 않은 원인 이외에 다음과 같은 경우를 생각할 수 있다.

- 패킷 캡처 인터페이스가 올바르게 지정되지 않았다
  통신하고 있지 않는 인터페이스를 선택하게 되면 패킷은 하나도 나타나지 않는다. 패킷을 캡처했음에도 불구하고 패킷이 전혀 나타나지 않은 경우에는 Capture Options 화면에

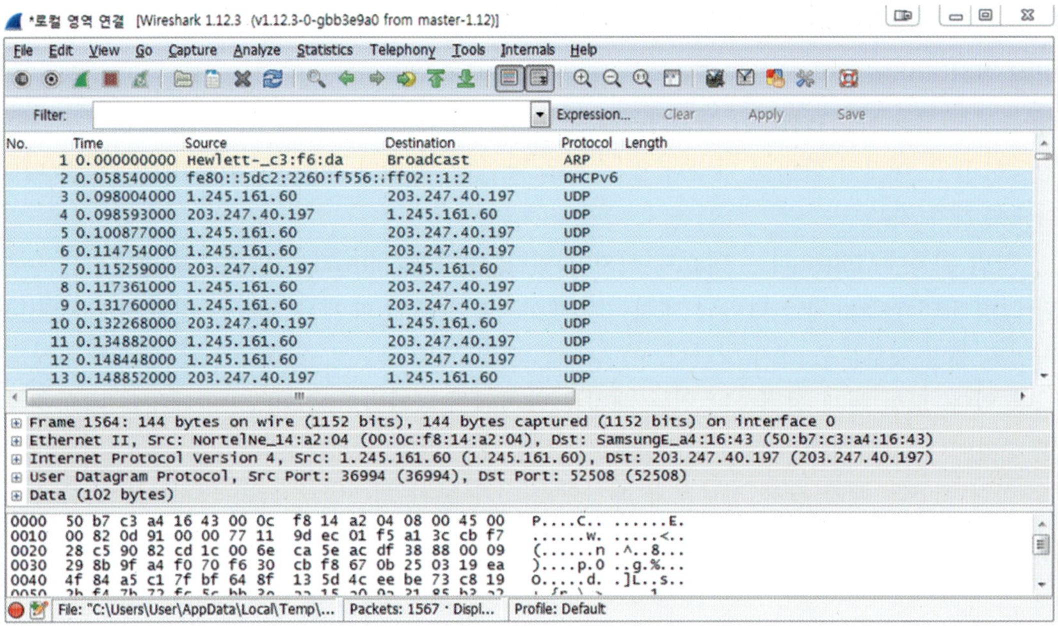

그림 5.14 캡처를 정지했을 때 나타난 메인 화면

있는「Capture」란의「Interface」에서 적절한 통신 어댑터(LAN 카드)가 신택되어 있는지의 여부를 확인하기 바란다. 그리고 별도의 데스크톱 PC에서 인터페이스를 올바르게 지정하였음에도 캡처할 수 없는 경우에는 PC의 LAN 카드를 다른 종류로 바꾸는 방법도 있다.

와이어샤크는 일반적인 LAN 카드에 대응하고 있다. 그러나 특수한 LAN 카드나 최신 LAN 카드를 사용하고 있으면 통신 어댑터가 인식되지 않는 경우가 있다. 이것은 WinPcap이 이용하고 있는 LAN 카드와 대응되지 않는 것이 원인이지만 이러한 경우에 예를 들면 Microsoft NDIS 어댑터를 선택하면 패킷을 캡처할 수 있다.

- 무선 LAN을 사용한다.
  와이어샤크에서 무선 LAN의 패킷을 캡처하기 위해서는 무선 LAN 카드를 모니터 모드에서 동작하는 Riverbed 사의 AirPcap과 같은 제품이 필요하다. 다른 무선 LAN 카드로 패킷을 캡처하면 제대로 패킷을 취득할 수 없는 경우가 있다.
- 웹브라우저의 캐시를 이용해서 홈페이지를 디스플레이한다.
  앞에서도 설명했지만 웹브라우저에는 한 번 접속한 홈페이지의 내용을 저장해 두었다가 실제로 통신을 하지 않고 그 홈페이지를 보여주는「캐시 기능」이 있다. 이 기능을 사용할 경우 원하는 패킷이 나타나지 않을 수 있다.
- 다른 버전의 WinPcap을 사용하고 있다.
  와이어샤크를 설치할 때에 패킷 캡처 드라이버인 WinPcap도 함께 설치된다. 그러나 별도의 공개된 툴 등에서 이미 WinPcap을 이용하고 있으면 이들 버전의 차이에 의해 패킷을 올바르게 캡처할 수 없는 경우가 있다.

메인 화면 확인

이제 와이어샤크 메인 화면을 통하여 원하는 홈페이지(예: www.google.co.kr)를 방문했을 때에 송/수신되는 HTTP(Hyper Text Transfer Protocol) 패킷을 확인해 보자. ❻을 마친 시점에 상당히 많은 패킷이 화면에 나타나 있는 것을 확인할 수 있다. 이 중에서 HTTP 패킷만 나타나도록 해 보자.

화면 위쪽에 「Filter」라는 텍스트 상자가 있다. 여기에 「http」라고 입력하고 엔터키를 누른다(그림 5.15 참조). 지금 나타난 패킷은 홈페이지를 접속할 때에 주고받은 패킷 중 하나이다. 화면의 제일 윗부분을 보기 바란다. 이 부분은 패킷 목록 정보로서 패킷이 한 줄에 하나씩 나타나 있다. 또한 현재 선택하고 있는 패킷은 반전되어 나타난다. 그리고 이 패킷의 내용은 화면 중앙이나 그 아래에서 확인할 수 있다.

화면 중앙은 패킷 상세 정보로서 패킷의 의미가 통신 계층별로 트리 형식으로 나타나 있다. 여기서는 ⊞를 마우스로 클릭하면 보다 자세한 내용을 볼 수 있게 되어 있다. 또한 화면의 제일 아랫부분은 패킷 바이트 정보라고 하며 송/수신한 데이터의 내용이나 통신 데이터로 보내지는 요구(HTTP 요청) 문자가 나타나 있다.

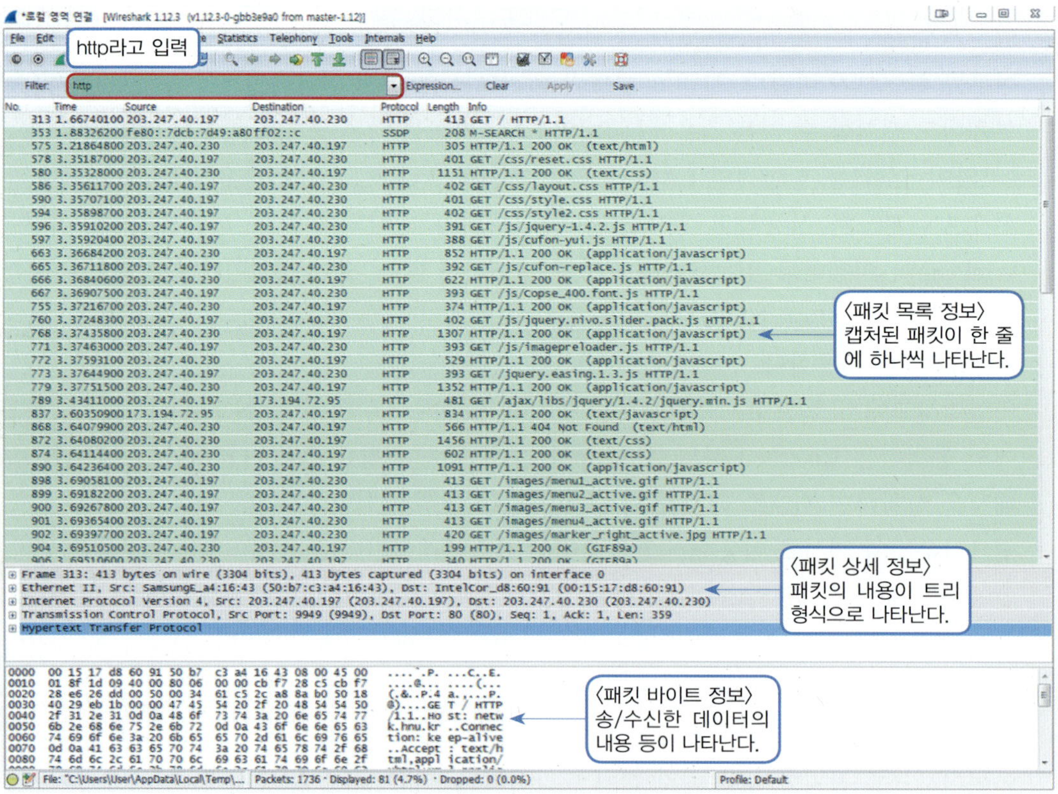

그림 5.15 HTTP 패킷만 화면에 출력하기

5.1.4 캡처 파일 저장

여기서는 캡처한 파일을 저장하는 방법에 대해서 설명한다.

캡처 파일을 저장하는 순서

❶ 메인 화면의 툴바에 있는 Stop 버튼을 클릭한 다음 캡처 파일 저장하기(save file as) 버튼( )을 클릭한다(그림 5.16 참조).

그러면 그림 5.17과 같이 파일 저장 화면이 나타난다.

❷ 여기서 파일 이름(N)과 파일 형식(T)을 지정하고 캡처 파일을 저장한다.

① 먼저 「저장 위치(I)」의 풀다운 목록에서 저장할 곳의 폴더(예: c:₩temp)를 선택한다.

② 그런 다음 「파일 이름(N)」에 캡처 파일의 이름을 입력한다. 여기서는 예로써 「capture」라고 입력한[illegible]

③ [illegible]

④ 마지막으로 [illegible] 튼을 클릭[illegible].

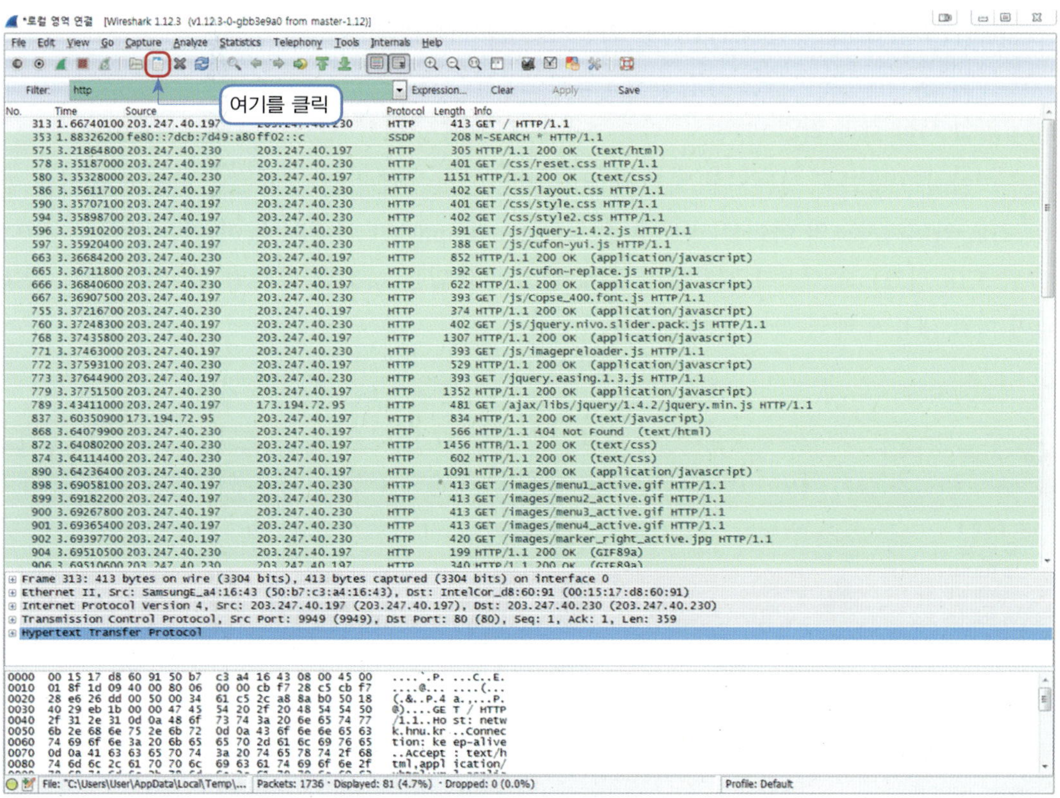

그림 5.16 캡처 파일 저장하기

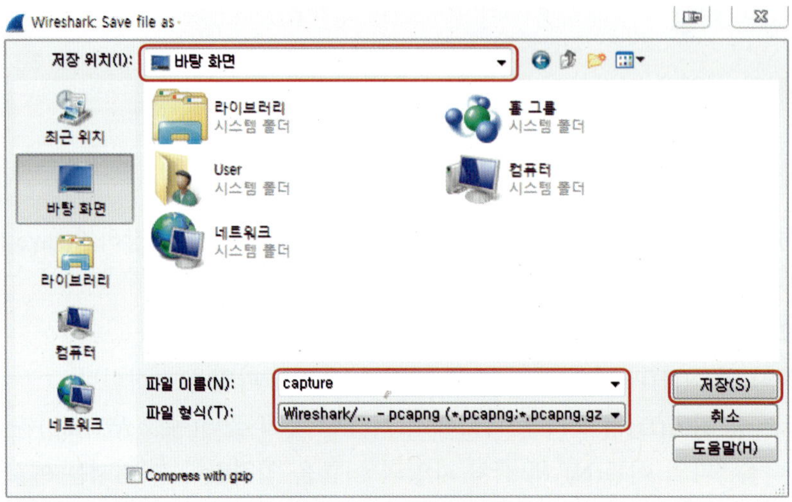

그림 5.17 캡처 파일 저장 화면

그러면 캡처 파일을 저장하고 메인 화면으로 돌아간다.

저장할 파일의 종류 및 확장자는 와이어샤크 설치 시에 지정할 수 있다. 디폴트로는 「.pcapng」(Wireshark/... -libpcap)이란 확장자가 붙여진다.

캡처 파일 저장 결과 확인

캡처 파일이 저장되어 있는지를 확인해 보자. 익스플로러에서 캡처 파일을 저장한 폴더를 열어 보라. 와이어샤크의 아이콘 형태를 한 「capture.pcapng」란 파일이 들어 있음을 알 수 있다(그림 5.18 참조). 와이어샤크를 일단 종료해도 이 파일을 더블 클릭하면 와이어샤크가 실행되며 파일 내용이 메인 화면에 나타난다.

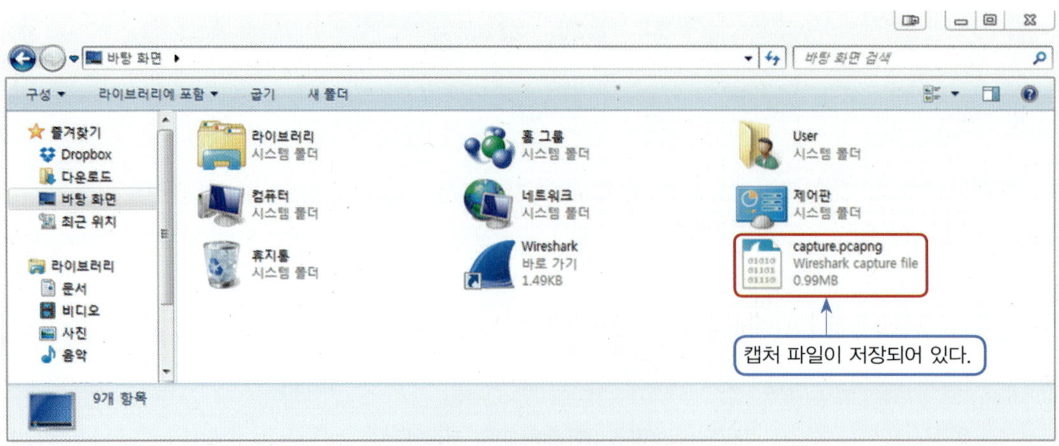

그림 5.18 캡처 파일 저장 확인

5.1.5 캡처 파일 출력

여기서는 캡처한 파일을 출력(print)하는 방법에 대해서 설명한다. 프린터가 접속되어 있지 않은 PC도 있을 수 있으므로 텍스트 파일로 출력해 보자.

캡처 파일을 출력하는 순서

❶ 메인 화면 상단의 File 버튼을 클릭한다. 나타나는 메뉴 중에서 Print를 클릭한다(그림 5.19 참조).

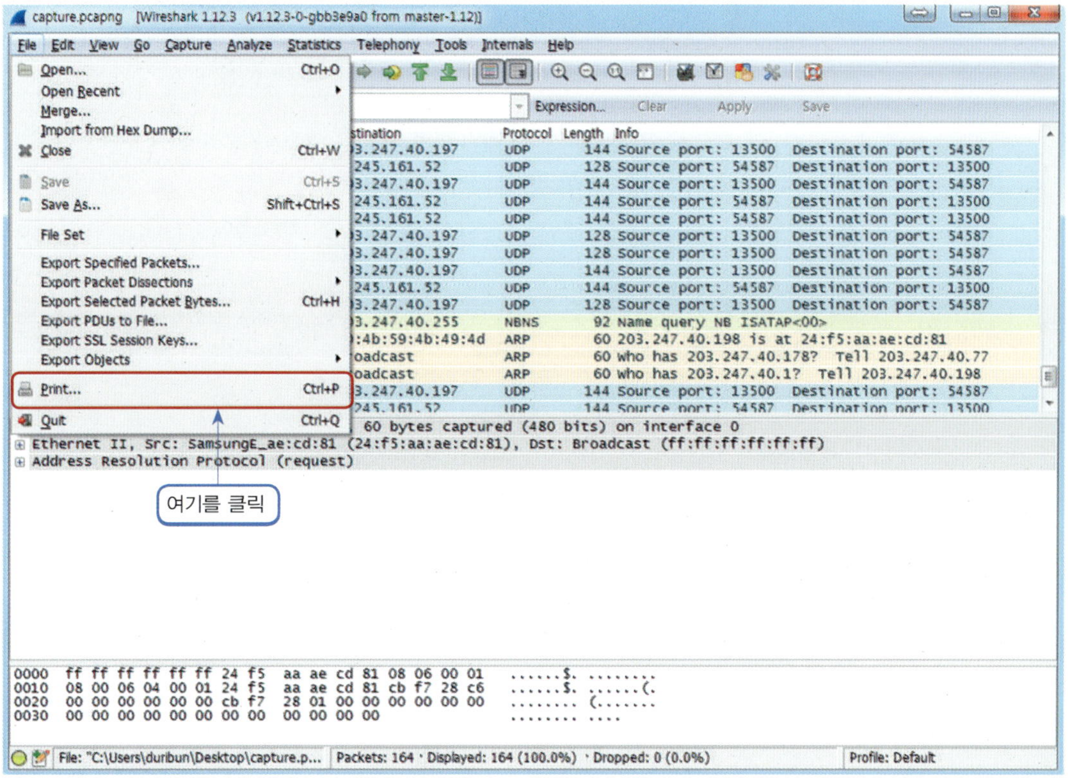

그림 5.19 File 메뉴에서 Print 선택

❷ 캡처 파일의 내용을 텍스트 파일로 출력하기 위해 지정한다. 우선 「Printer」란의 「Output to file」에 체크가 되었는지 확인한다(그림 5.20 참조). 그러면 「Output to file」 오른쪽의 텍스트 상자가 입력 가능한 상태가 된다.

❸ 출력할 파일을 지정한다(그림 5.21 참조).

① 「Output to file」 오른쪽의 텍스트 상자에 출력할 파일명을 입력한다. 여기서는 Browse 버튼을 클릭하고 경로를 설정한 뒤 「capture.txt」라고 입력한다. 그림 5.19에서는 「C:\

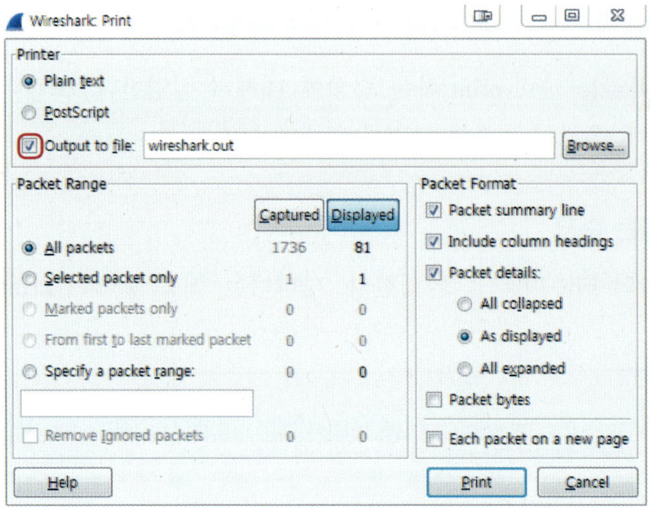

그림 5.20 Print 확인 화면

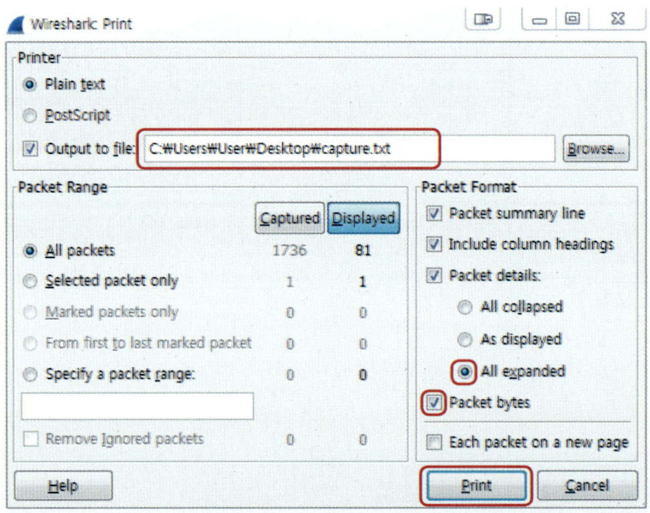

그림 5.21 출력 파일 지정

Users\User\Desktop\capture.txt」로 되어 있다.

② 「Packet Format」란의 「Packet details」에서 「All expanded」를 클릭한다. 이렇게 하면 메인 화면의 패킷 상세 정보에 나타난 모든 정보를 출력할 수 있다.

③ 「Packet details」의 아래에 있는 「Packet bytes」를 체크한다.

④ 마지막으로 [Print] 버튼을 클릭한다.

그러면 캡처 파일의 내용이 텍스트 파일로 출력된다.

캡처 파일 출력 결과 확인

이번에는 프린터가 아니라 파일을 출력하기 위해 지정해 보자. 익스플로러에서 C 드라이브의 바탕화면을 열어 보라. 그러면 「capture.pcapng」라는 캡처 파일과 「capture.txt」라는 텍스트 파일이 있다. 이들 가운데 「capture.txt」 파일을 클릭하여 열어 보라(그림 5.22 참조).

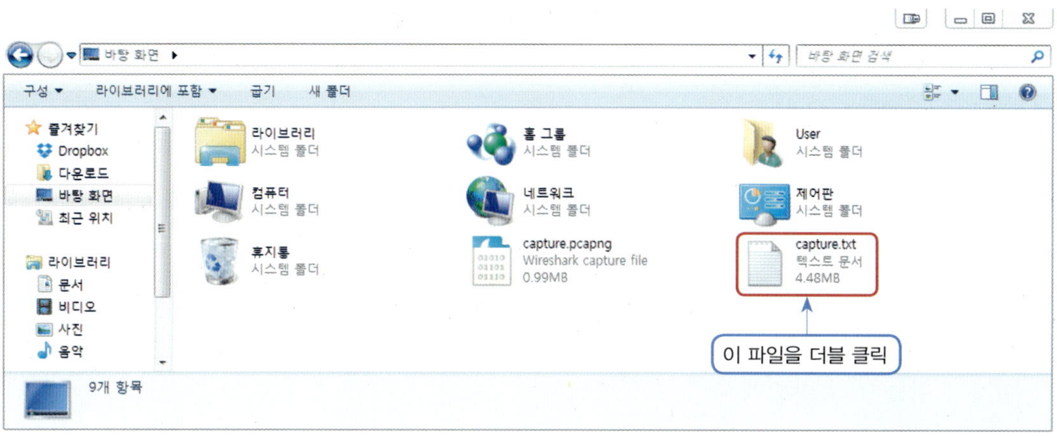

그림 5.22 capture.txt 파일 확인 및 실행

그러면 다음과 같이 캡처한 결과가 텍스트 형식으로 출력된다(그림 5.23 참조). 이 파일을 인쇄하거나 이메일로 첨부할 수 있다.

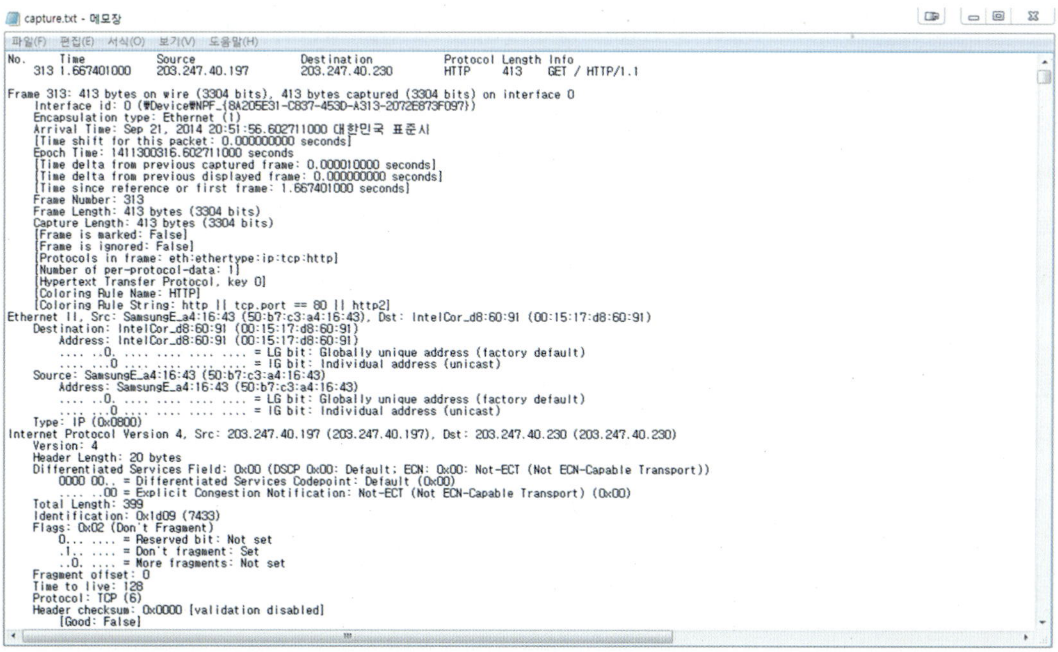

```
capture.txt - 메모장
파일(F) 편집(E) 서식(O) 보기(V) 도움말(H)
No.     Time           Source                Destination           Protocol Length Info
    313 1.667401000    203.247.40.197        203.247.40.230        HTTP     413    GET / HTTP/1.1

Frame 313: 413 bytes on wire (3304 bits), 413 bytes captured (3304 bits) on interface 0
    Interface id: 0 (₩Device₩NPF_{8A205E31-C837-453D-A313-2072E873F097})
    Encapsulation type: Ethernet (1)
    Arrival Time: Sep 21, 2014 20:51:56.602711000 대한민국 표준시
    [Time shift for this packet: 0.000000000 seconds]
    Epoch Time: 1411300316.602711000 seconds
    [Time delta from previous captured frame: 0.000010000 seconds]
    [Time delta from previous displayed frame: 0.000000000 seconds]
    [Time since reference or first frame: 1.667401000 seconds]
    Frame Number: 313
    Frame Length: 413 bytes (3304 bits)
    Capture Length: 413 bytes (3304 bits)
    [Frame is marked: False]
    [Frame is ignored: False]
    [Protocols in frame: eth:ethertype:ip:tcp:http]
    [Number of per-protocol-data: 1]
    [Hypertext Transfer Protocol, key 0]
    [Coloring Rule Name: HTTP]
    [Coloring Rule String: http || tcp.port == 80 || http2]
Ethernet II, Src: SamsungE_a4:16:43 (50:b7:c3:a4:16:43), Dst: IntelCor_d8:60:91 (00:15:17:d8:60:91)
    Destination: IntelCor_d8:60:91 (00:15:17:d8:60:91)
        Address: IntelCor_d8:60:91 (00:15:17:d8:60:91)
        .... ..0. .... .... .... .... = LG bit: Globally unique address (factory default)
        .... ...0 .... .... .... .... = IG bit: Individual address (unicast)
    Source: SamsungE_a4:16:43 (50:b7:c3:a4:16:43)
        Address: SamsungE_a4:16:43 (50:b7:c3:a4:16:43)
        .... ..0. .... .... .... .... = LG bit: Globally unique address (factory default)
        .... ...0 .... .... .... .... = IG bit: Individual address (unicast)
    Type: IP (0x0800)
Internet Protocol Version 4, Src: 203.247.40.197 (203.247.40.197), Dst: 203.247.40.230 (203.247.40.230)
    Version: 4
    Header Length: 20 bytes
    Differentiated Services Field: 0x00 (DSCP 0x00: Default; ECN: 0x00: Not-ECT (Not ECN-Capable Transport))
        0000 00.. = Differentiated Services Codepoint: Default (0x00)
        .... ..00 = Explicit Congestion Notification: Not-ECT (Not ECN-Capable Transport) (0x00)
    Total Length: 399
    Identification: 0x1d09 (7433)
    Flags: 0x02 (Don't Fragment)
        0... .... = Reserved bit: Not set
        .1.. .... = Don't fragment: Set
        ..0. .... = More fragments: Not set
    Fragment offset: 0
    Time to live: 128
    Protocol: TCP (6)
    Header checksum: 0x0000 [validation disabled]
        [Good: False]
```

그림 5.23 capture.txt 파일 출력

지금까지 패킷 캡처, 캡처 파일 저장, 캡처 파일 출력에 대해 설명하였다. 하지만 아직 확실하게 익숙하지 않을 수 있다. 하지만 이러한 작업 순서는 와이어샤크를 사용하는 데 있어 기본이 되는 것이므로 꼭 마스터해야 한다.

다음 절 이후에는 패킷 캡처 방법이나 디스플레이 방법에 대해 보다 자세하게 확인하기로 한다.

5.2 와이어샤크 캡처 처리

와이어샤크에는 캡처한 많은 패킷 가운데 원하는 패킷을 검색해서 보여주거나 강조해서 보여줄 수 있는 기능이 있다.

또한 응용층 통신을 정리하여 알기 쉽게 보여주는 「TCP Stream Graph 디스플레이 기능」이라든가 「Flow Graph 디스플레이 기능」 등 매우 유용한 디스플레이 기능을 가지고 있다.

여기서 이들 조작 방법에 대하여 설명한다.

5.2.1 캡처 필터

패킷을 제한하는 필터에는 「캡처 필터(Capture Filter)」와 「디스플레이 필터(Display Filter)」가 있다.

캡처 필터는 실시간으로 패킷을 캡처하고 있는 작업에 적용한다. 캡처 필터는 동작 중인 네트워크나 특정 유형의 트래픽에 초점을 맞추어 패킷 캡처를 제한하는 데 매우 유용하다. 그리고 디스플레이 필터란 패킷을 캡처한 후에 패킷을 디스플레이하는 단계에서 적용한다. 캡처 필터의 구문은 리눅스에서 패킷을 캡처할 때에 이용되는 libpcap을 기반으로 하고 있다. 따라서 와이어샤크의 디스플레이로 특화된 기능인 「디스플레이 필터」와는 구문이 다르다. 이들 두 가지 방식의 특징을 정리하면 표 5.7과 같다.

표 5.7 와이어샤크 필터 방식과 특징

	캡처 필터	디스플레이 필터
필터 내용	WinPcap이 패킷을 캡처할 때에 적용한다.	패킷을 캡처한 후 와이어샤크가 패킷을 디스플레이할 때에 적용한다.
필터 구문	구문이 복잡하다.	구문이 간단하다.
상세한 필터 작성	복잡한 필터도 작성할 수 있지만 이를 위해서는 구문을 정확하게 알아야 한다.	와이어샤크의 디스플레이에 특화되어 있으며 복잡한 필터를 비교적 용이하게 작성할 수 있다.

먼저 자주 이용하는 주요 캡처 필터를 소개한 다음, 디스플레이 필터에 대해 설명하도록 한다.

캡처 필터를 지정하는 방법

캡처 필터를 지정하려면 Capture Options 화면에서 「Capture Filter」의 텍스트 상자에 필터식을 입력한다(그림 5.24 참조). 캡처 필터에서는 전용 서식을 사용한다.

캡처 필터의 기본 서식은 복수의 키워드를 not, and, or로 연결한 형태가 된다. 다음은 필터 서식의 예이다.

tcp port 23 and host 203.247.40.197

이 필터는 특정 호스트(203.247.40.197)에서 telnet 트래픽만을 캡처하기 위한 것이다. 이 필터는 「tcp port 23」과 「host 203.247.40.197」 부분으로 구성되어 있으며 이들 두 부분이 and로 연결되어 있다. 이로써 TCP 23번 포트의 트래픽과 203.247.40.197의 호스트란 조건이 지정되게 된다. 캡처 필터의 예는 와이어샤크의 Wiki 사이트(http://wiki.Wireshark.org/capturefilters)에 많이 소개되어 있다.

조건을 지정할 때 and만이 아니라 or나 not도 이용할 수 있다. 예를 들어 이 예와는 반대

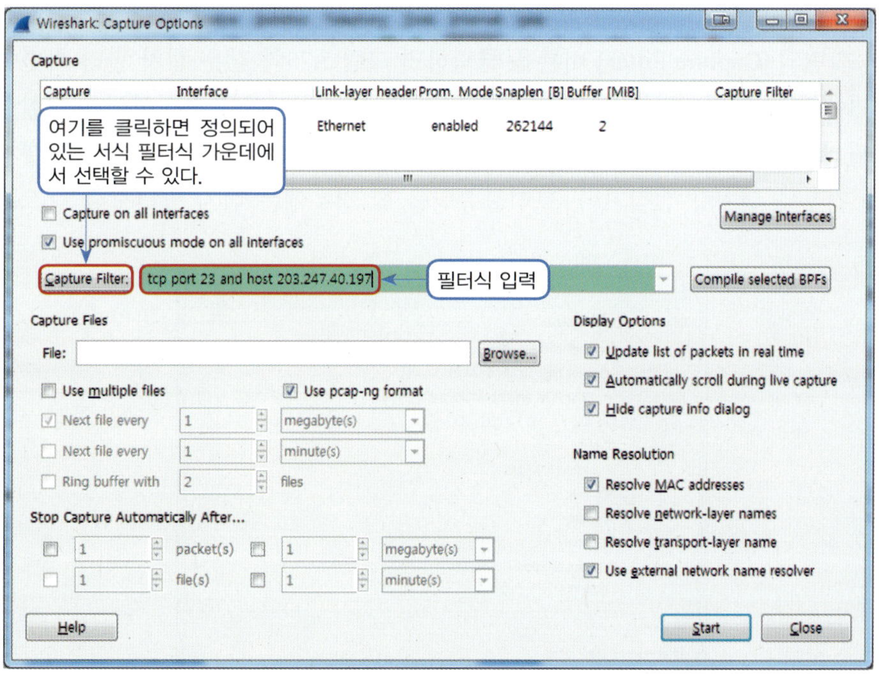

그림 5.24 Capture Options 화면

로 IP 주소가 203.247.40.197 이외의 모든 telnet 트래픽을 캡처할 경우 캡처 필터는 다음과 같이 된다.

tcp port 23 and not host 203.247.40.197

캡처 필터의 서식

〈각 기호의 의미〉

- [ ] … 생략이 가능한 부분을 나타낸다.
  - 예 [src | dst] host 〈host〉 서식의 경우 예를 들어 〈host〉 부분에 「203.247.40.197」이라고 입력하면 발신지(scr) 또는 목적지(dst)에 203.247.40.197인 PC(host)가 들어있는 패킷을 캡처한다.
- | … 「또는」라는 뜻.
  - 예 a | b란 서식은 a 또는 b라는 의미이다.
- 〈 〉 … 이 기호 안에 주소나 값을 입력한다.
  - 예 [src | dst] host 〈host〉란 서식인 경우 예를 들어 「src host 192.168.1.1」이라고 입력하면 발신지(scr)가 192.168.1.1의 패킷을 캡처한다.

캡처 필터 화면의 활용

캡처 옵션 화면의 [Capture Filter] 버튼을 클릭하면 그림 5.25와 같은 캡처 필터 화면이 나타난다. 이 화면에서 미리 정의된 필터식을 적용할 수도 있고 새로 식을 작성하여 저장할 수 있다.

캡처 필터는 캡처할 패킷이 미리 정해져 있을 경우에 사용한다. 어느 패킷을 캡처하면 좋을지 모를 경우나 캡처량이 적거나, 트러블슈팅을 할 경우에는 캡처 필터보다 디스플레이 필

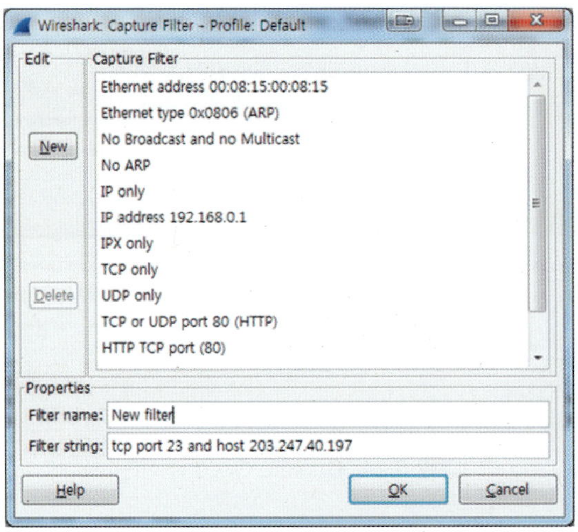

그림 5.25 캡처 필터 화면

터를 이용하는 것이 좋다.

또한 정기적으로 송신되는 패킷에 의해 캡처할 데이터 양이 많아질 경우에는 처음부터 그러한 패킷을 제외하도록 캡처 필터를 설정함으로써 불필요한 정보를 삭제할 수 있다.

표 5.8 캡처 필터의 서식 목록

<table>
<tr><th>서식</th><th>의미</th></tr>
<tr><td>[src | dst] host 〈host〉</td><td>〈host〉 부분에 IP 주소를 지정하면 특정 호스트의 패킷만을 캡처한다. 옵션으로 src(송신자), dst(수신자)을 부가하면 송신 또는 수신 호스트를 지정하여 패킷을 캡처할 수 있다.
src나 dst 지정이 없을 경우 〈host〉에서 지정한 호스트가 송신 또는 수신으로 되어 있는 패킷을 캡처한다.</td></tr>
<tr><td>ether [src | dst] host 〈ehost〉</td><td>〈ehost〉 부분에 MAC 주소를 지정하여 특정 MAC 주소의 패킷만을 캡처한다. 옵션으로 src(송신자), dst(수신자)를 부가하면 송신 또는 수신 MAC 주소를 지정하여 패킷을 캡처할 수 있다.
src나 dst 지정이 없을 경우 〈ehost〉에서 지정한 MAC 주소가 송신 또는 수신하는 곳으로 되어 있는 패킷을 캡처한다.</td></tr>
<tr><td>gateway host 〈host〉</td><td>〈host〉 부분에 IP 주소를 지정하여 특정 게이트웨이를 통과하는 패킷만 캡처한다. 또한 라우터를 중계하는 패킷도 캡처할 수 있다</td></tr>
<tr><td>less | greater 〈length〉</td><td>패킷 길이가 특정 크기보다 작은(less) 패킷 또는 큰 (greater) 패킷만 캡처한다. 〈length〉에는 패킷 길이를 지정한다.</td></tr>
<tr><td>[src | dst] net〈net〉 [mask 〈mask〉|len 〈len〉 |</td><td>특정 네트워크의 패킷만 캡처한다. 〈net〉에 네트워크 주소, 〈mask〉에 서브넷 마스크, 그리고 〈len〉에 패킷 길이를 입력하는 서식에서 서브넷 마스크 길이를 지정한다. 옵션으로 src(송신자), dst(수신자)를 부가하면 송신 또는 수신 네트워크를 지정하여 패킷을 캡처할 수 있다.
src나 dst의 지정이 없을 경우 〈net〉에서 지정한 IP 주소가 송신자 또는 수신자로 되어 있는 패킷을 캡처한다.</td></tr>
<tr><td>[tcp|udp] [src|dst] port〈port〉</td><td>특정 TCP/UDP 포트를 이용하는 패킷만 캡처한다. 〈port〉에 포트 번호를 지정하여 캡처할 패킷을 제한할 수 있다. 또한 tcp 또는 udp를 부가함으로써 각각 TCP, UDP 만으로 제한한다. src(송신자), dst(수신자)를 부가하면 송신 또는 수신하는 곳의 포트 번호를 지정하여 패킷을 캡처할 수 있다. tcp, udp나 src, dst의 지정이 없을 경우 tcp와 udp, src와 dst에 포함되는 패킷을 캡처한다.</td></tr>
<tr><td>ip | ether proto 〈protocol〉</td><td>〈protocol〉에 프로토콜 명을 지정함으로써 특정 프로토콜만 캡처한다. IP를 지정했을 경우에는 IP에 해당하는 프로토콜을, ether를 지정했을 경우에는 ether에 해당하는 프로토콜을 캡처한다.</td></tr>
<tr><td>ether | ip broadcast | multicast</td><td>브로드캐스트(broadcast) 또는 멀티캐스트(multicast) 패킷을 캡처한다. ip를 지정한 경우에는 IP의, ether를 지정했을 경우에는 Ethernet 브로드캐스트나 멀티캐스트를 캡처한다.</td></tr>
<tr><td>〈expr〉relop〈expr〉</td><td>임의의 패킷 내용에 기초하여 복잡한 필터를 작성할 수 있는 옵션이다. 이 서식은 복잡하므로 보통은 별로 이용되지 않지만 특정 데이터만 캡처할 때에는 편리하다. 자세한 내용은 tcpdump의 man 페이지를 보기 바란다.
(http://www.tcpdump.org/tcpdump_man.html)</td></tr>
</table>

5.2.2 디스플레이 필터

와이어샤크는 통신하는 모든 패킷을 캡처한다. 따라서 패킷 캡처를 실제로 해 보면 의외로 많은 패킷이 캡처된다.

이들 패킷을 제한하는 방법으로「캡처 필터」라는 기능을 소개하였다. 이것은 와이어샤크가 패킷을 캡처할 때에 제한하는 기능이다. 와이어샤크에는 이「캡처 필터」와는 별도로「디스플레이 필터(Display filter)」라는 필터 기능이 있다.

디스플레이 필터는 일단 캡처한 패킷에 대해 제한적으로 디스플레이를 한다. 디스플레이 필터는 캡처 필터보다 아주 상세하게 제한할 수 있을 뿐만 아니라 서식도 간단해서 익스플로러를 조작하듯이 프로토콜 목록에서 프로토콜을 선택할 수 있다. 또한 제한 디스플레이 조건 연산자를 후보 목록에서 고르거나 값을 직접 입력하는 방법으로 필터를 작성하고 화면상에서 제한 결과를 바로 확인할 수 있다.

와이어샤크를 이용할 때는 캡처 필터보다도 이 디스플레이 필터를 사용할 경우가 많을 것이다. 그럼 바로 디스플레이 필터를 사용해 보자. 그림 5.26에 나타나있는 패킷 목록 정보의 위에 있는 필터 바의 텍스트 상자에 필터링하고 싶은 프로토콜의 이름을 입력한다. 텍스트 상자는 상황에 따라 색이 바뀌며 엔터키를 치든지 [Apply] 버튼을 클릭함으로써 필터의 내용이

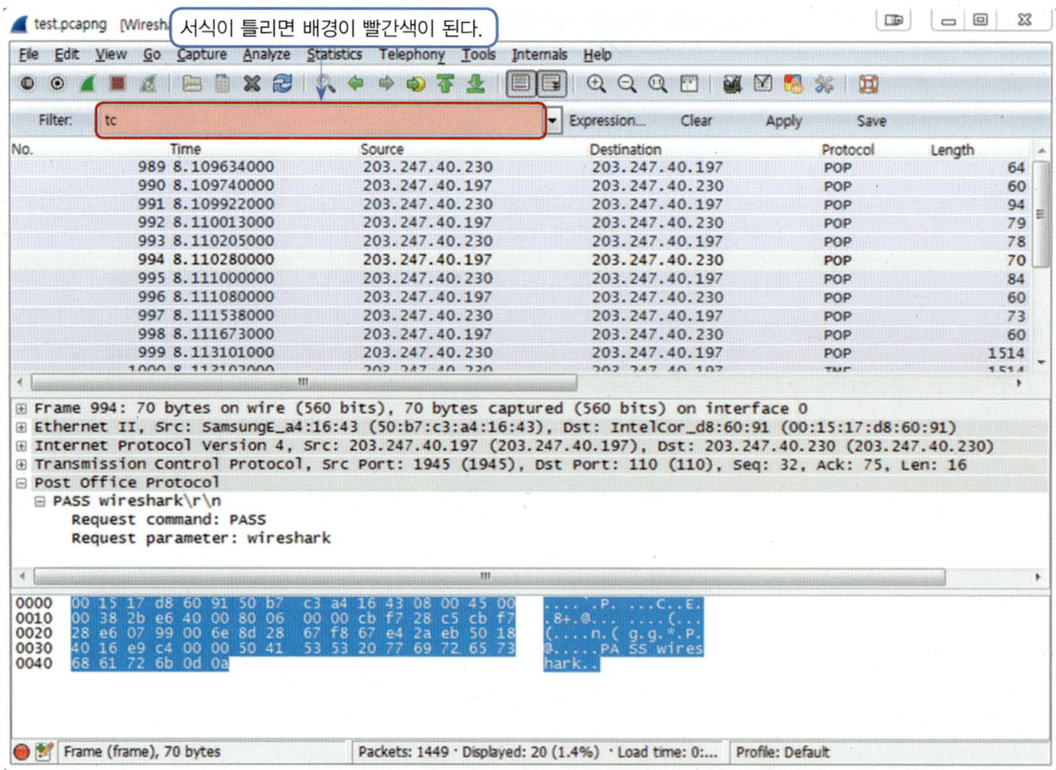

그림 5.26 디스플레이 필터 입력 서식이 틀린 경우

적용된다. 또한 적용한 필터를 지우려면 [Clear] 버튼을 클릭한다.

예를 들어 소문자로 텍스트 상자에 「tcp」라고 입력해 보자. 「tc」라고 입력할 때 까지는 텍스트 상자의 배경이 빨간색이다(그림 5.26 참조). 이처럼 텍스트 상자의 배경이 빨간 상태는 디스플레이 필터의 서식이 올바르지 않음을 의미한다. 그리고 「tcp」라고 마지막까지 입력하고 나면 배경이 녹색이 된다(그림 5.27 참조). 텍스트 상자의 배경이 녹색인 상태는 디스플레이 필터의 서식이 옳다는 것을 의미한다.

필터 툴바의 텍스트 상자는 필터의 조건식이 맞는지를 판별하는 기능도 갖고 있으므로 잘 활용하면 좋다.

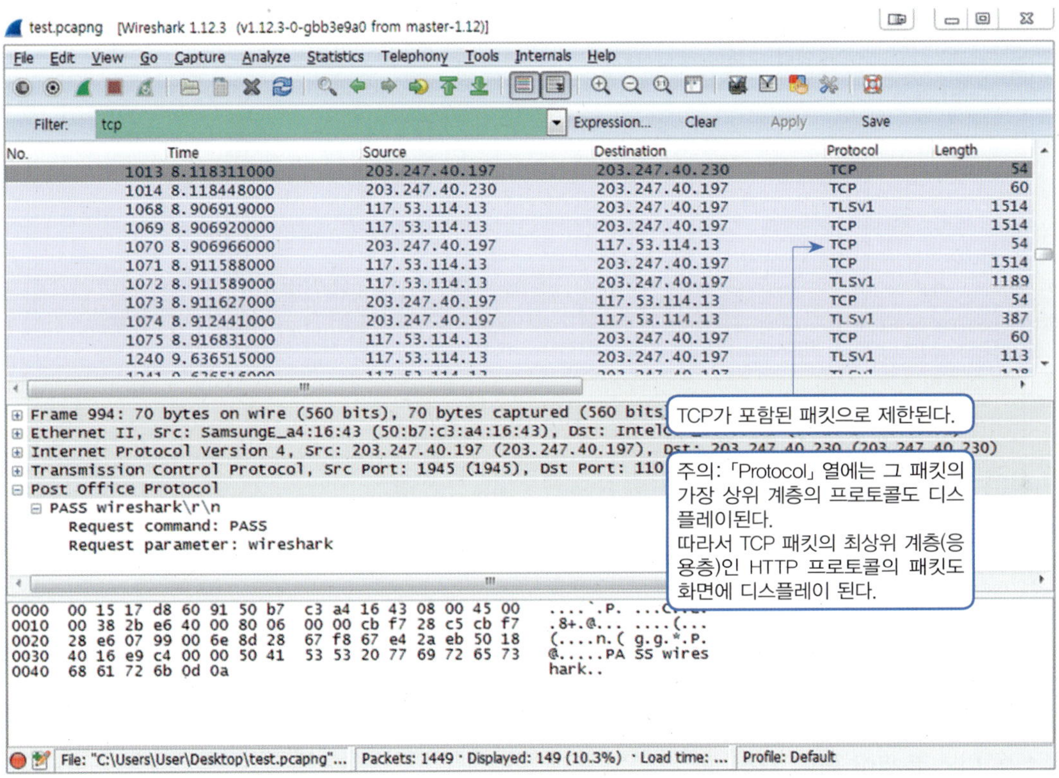

그림 5.27 디스플레이 필터 입력 서식이 맞은 경우

필터 툴바의 텍스트 상자에 프로토콜 명을 입력하고 패킷을 제한하는 방법은 와이어샤크가 분석할 수 있는 모든 프로토콜에 대하여 적용할 수 있다.

와이어샤크에는 디스플레이 필터를 간단하게 작성하기 위한 보조 기능이 준비되어 있다. 필터 툴바의 텍스트 상자에 문자를 입력하면 해당 문자의 필터식 후보가 풀다운 목록에 디스플레이 된다(그림 5.28 참조).

원하는 후보를 커서나 마우스로 선택하고 엔터키를 치면 필터식이 확정된다. 또한 그 식의 다음에 「.」(점)을 입력함으로써 그 뒤에 이어지는 필터식을 연속해서 입력할 수 있다. 이것은 아주 편리한 기능이므로 꼭 활용해 보기 바란다.

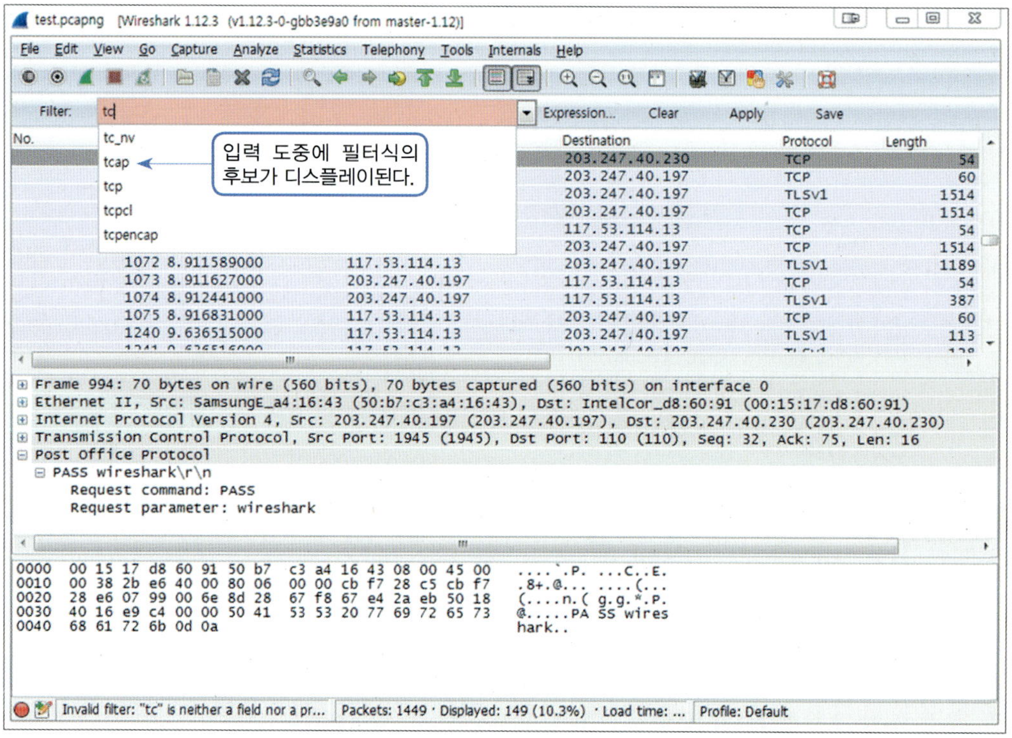

그림 5.28 필터식 입력 도중에 후보가 나타난다.

5.2.3 디스플레이 필터 서식

앞 절에서 「TCP」 필터를 지정해서 TCP 프로토콜이 포함된 패킷으로 제한할 수가 있었다. 와이어샤크의 디스플레이 필터 서식은 비교적 간단하므로 기본적인 필터식을 마스터해 두면 좋다. 와이어샤크의 디스플레이 필터는 프로토콜의 내용을 제한하거나 복수의 식을 조합하여 조건식을 만들 수 있다.

표 5.9는 실제로 사용하는 경우가 많은 디스플레이 필터의 서식을 나타낸 것이다. 이것을 외워 두면 디스플레이 필터 기능을 잘 활용할 수 있다. 또한 서식의 사용법에 대해서는 나중에 자세하게 설명한다.

표 5.9 주요 디스플레이 필터의 서식 예

자주 사용하는 디스플레이 필터의 서식 예	의미
tcp and http	TCP와 HTTP를 포함한 패킷들로 제한한다.
tcp or http	TCP 또는 HTTP를 포함한 패킷들로 제한한다.
eth.addr==00-0B-97-94-9F-1E	MAC 주소에 00-0B-97-94-9F-1E란 값을 가진 패킷들로 제한한다.
ip.addr==192.168.1.1	IP 주소에 192.168.1.1이란 값을 가진 패킷들로 제한한다.
tcp.port==80	TCP 포트 번호에 80이란 값을 가진 패킷들로 제한한다.

디스플레이 필터를 이용할 경우 다음과 같은 점에 주의하기 바란다.

- 필터 서식은 고유 문자열을 제외하고 모두 소문자이다.
- 필터 툴바의 텍스트 상자에 필터 서식을 입력해도 필터가 준비될 뿐이고 실제로 적용하려면 엔터키를 치든가 툴바 우측 끝의 [Apply] 버튼을 클릭해야 한다.
- 디스플레이 필터는 어디까지나 화면에 디스플레이하는 패킷을 제한할 뿐 제한되지 않은 패킷이 지워지는 경우는 없다. 텍스트 상자의 필터식을 지우고 엔터키를 [illegible] 툴바의 [Clear] 버튼을 클릭하면 모든 패킷이 남아 있음을 알 수 있다.
- 제한한 패킷만을 저장하고 싶은 경우에는 메뉴바에서 「File → Save As」 등을 선택하고 패킷의 범위를 지정한 다음 저장해야 한다.

다음은 디스플레이 필터의 서식에서 사용할 비교 연산자에 대하여 자세하게 설명한다.

비교 연산자

비교 연산자 「eq」 또는 「==」, 「ne」 또는 「!=」, 「gt」 또는 「>」, 「lt」 또는 「<」, 「ge」 또는 「>=」, 「le」 또는 「<=」 등의 종류가 있다. 잘 보면 수학에서 배운 「>」나 「>」도 포함되어 있다. 비교 연산자의 좌우에 패킷의 필터식이나 숫자를 입력하고 대소 관계나 부등호 관계를 토대로 패킷을 제한한다.

이 비교 연산자에는 영어식 표기와 C 언어식 표기가 있다. 예를 들어 같다는 것을 나타내는 비교 연산자에는 영어식 표기인 「eq」와 C 언어식 표기인 「==」가 있다. 어느 표기를 사용해도 무방하지만 프로그램 언어나 액셀 함수 등을 쓸 기회가 많은 사람은 C 언어식 표기가 사용하기 쉬울 수 있다.

표 5.10은 비교 연산자 종류와 사용법에 대해서 정리해 놓은 것이다. 이 외에도 「contains」라는 편리한 연산자가 있다. 예를 들어 홈페이지 주소의 일부에 re란 문자열을 포함한 패킷을 디스플레이하려면 「http.request.contains re」라고 입력하면 된다.

표 5.10 비교 연산자 종류

서식	의미	사용 예
eq 또는 ==	같다(Equal)	(송신자 및 수신자의) IP 주소가 203.247.40.197과 같은 패킷인 경우 ip.addr==203.247.40.197
ne 또는 !=	같지 않다(Not Equal)	(송신자 및 수신자의) IP 주소가 203.247.40.197과 같지 않은 패킷인 경우 ip.addr!=203.247.40.197
gt 또는 >	보다 크다(Greater than)	TCP 포트 번호가 1024보다 큰 패킷인 경우 tcp.port > 1024
lt 또는 <	보다 작다(Less than)	TCP 포트 번호가 1024보다 작은 패킷인 경우 tcp.port < 1024
ge 또는 > =	이상(Greater than or equal to)	UDP 포트 번호가 1024 이상의 패킷인 경우 udp.port > = 1024
le 또는 < =	이하(Less than or equal to)	UDP 포트 번호가 1024 이하의 패킷인 경우 udp.port < = 1024

필드 값의 종류

디스플레이 필터에서 입력할 값의 종류에는 여러 가지가 있다. 이를 정리하면 표 5.11과 같다. 필터를 입력할 때에는 입력 가능한 값의 범위에 주의하기 바란다.

표 5.11 디스플레이 필터에서 입력할 값의 종류

값의 종류	의미	사용 예
부호 없이 정수 (8비트, 16비트, 24비트, 32비트)	와이어샤크에서는 부호 없는 정수 10진수나 8진수, 16진수를 사용하여 나타낼 수 있다. 8진수로 나타낼 때는 숫자 앞에 「0」을 입력한다. 또한 16진수로 나타낼 때는 숫자 앞에 「0x」를 입력한다.	다음 필터는 IP의 최대 패킷 길이(MTU 길이)가 1,500바이트 미만인 패킷으로 제한한다. 세 필터식은 같은 의미를 갖지만 각각 1500(10진수), 02734(8진수), 0x5DC(16진수)로 부호 없는 정수를 지정한다. ip.len<1500 ip.len<02734 ip.len<0x5DC
Ethernet 주소 형식 (6바이트)	와이어샤크에서는 MAC 주소를 나타내기 위하여 16진수 2문자인 1바이트 마다 「:」나 「-」를 붙인다.	다음 필터는 브로드캐스트 MAC 주소를 포함한 패킷으로 제한한다. eth.addr==ff-ff-ff-ff-ff-ff eth.addr==ff:ff:ff:ff:ff:ff
IPv4 주소 형식 (4바이트)	와이어샤크에서는 IPv4 주소는 32비트 주소를 8비트 마다 나누고 이것을 각각 10진수 사이를 점(.)으로 구분해서 나타낸다. 즉 일반적인 IP 주소 표기 방법으로 나타낼 수 있다.	다음 필터는 송신자 및 수신자의 IP 주소에 203.247.40.55을 포함한 패킷으로 제한한다. ip.addr==203.247.40.55

논리 연산자

와이어샤크에는 다른 조건을 조합하여 필터를 작성하기 위한 논리 연산자가 준비되어 있다. 이것을 사용함으로써 복수의 식을 조합한 디스플레이 필터를 작성할 수 있다.

비교 연산자와 마찬가지로 논리 연산자도 영어식 표기와 C 언어식 표기가 있다. 어느 표기를 사용해도 무방하지만 이 책에서는 C 언어식 표기를 중심으로 설명한다.

논리 연산자 종류는 다음 표 5.12와 같다.

표 5.12 논리 연산자 종류

논리 연산자	의미	사용 예
&& 또는 and	A이고 B(논리 곱 : AND)	IP 주소가 203.247.40.197이고 TCP 포트 번호가 80인 패킷의 경우 ip.addr==203.247.40.197 && tcp.port==80
|| 또는 or	A 또는 B(논리 합 : OR)	MAC 주소가 브로드캐스트(FF-FF-FF-FF-FF-FF)이거나 또는 IP 주소가 10.255.255.255인 패킷의 경우 eth.addr==ff:ff:ff:ff:ff:ff||ip.addr==10.255.255.255
^^ 또는 xor	A 또는 B 가운데 A 또한 B를 제외한 것(배타적 논리 합 : XOR)	IP 주소가 203.247.40.197이거나 또는 UDP 포트 번호가 53인 패킷 가운데 IP 주소가 203.247.40.197이고 또한 UDP 포트 번호가 53인 패킷을 제외한 패킷의 경우 ip.addr==203.247.40.197^^udp.port==53
! 또는 not	A가 아니다(부정 : NOT)	UDP가 아닌 패킷의 경우 !UDP
[⋯]	발췌 [ ] 안에 :이나 -를 넣음으로써 내용 중 특정 부분을 발췌할 수 있다.	• 송신자 MAC 주소의 앞쪽 3바이트가 00-00-83인 패킷의 경우 eth.src [0:3]==00:00:83 • 송신자 MAC 주소의 1바이트째 부터 2바이트가 00-83인 패킷의 경우 eth.src [1-2]==00:83 • 송신자 MAC 주소의 앞쪽 4바이트가 00-00-83-00인 패킷의 경우 eth.src [:4]==00:00:83:00 • 송신자 MAC 주소의 4바이트째부터 마지막까지가 20:20인 패킷의 경우 eth.src [4:]==20:20

5.2.4 디스플레이 필터 정의

필터 툴바에 필터식을 입력하지 않아도 GUI(Graphical User Interface)를 이용하여 필터를 설정할 수 있다. 이것은 필터 정의 화면을 디스플레이하고 마우스로 프로토콜이나 비교 연산자 값을 선택함으로써 필터를 작성하는 것이다. 이 기능을 이용하면 필터식에 익숙하지 않아도 비교적 간단하게 필터식을 작성할 수 있다.

필터 정의 화면은 필터 툴바에 있는 [Expression] 버튼을 클릭하면(그림 5.29 참조) 디스플레이된다(그림 5.30 참조).

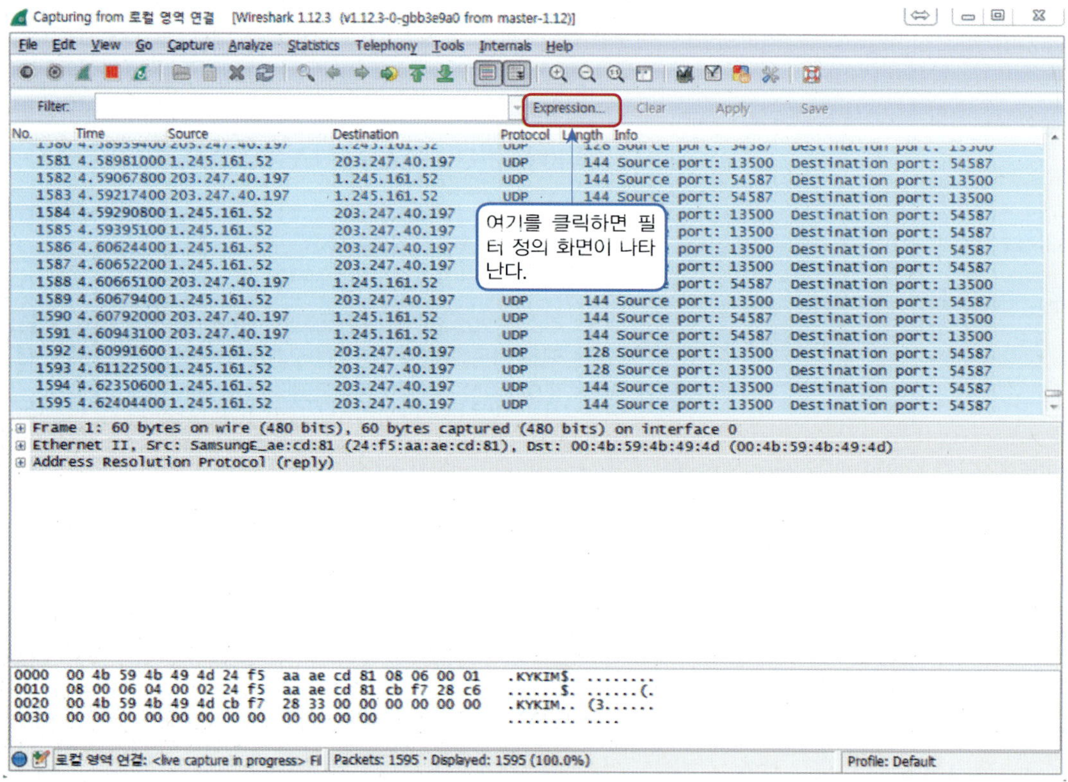

그림 5.29 Filter Expression 선택

Filter Expression 화면에서 좌측의 「Field name」에 프로토콜의 필드 이름이 트리 형식으로 디스플레이된다. 또한 중앙의 「Relation」에는 필터의 조건식 비교 연산자가 목록 형식으로 디스플레이된다. 우측 부분에는 선택한 프로토콜에 대응하여 「Value」나 「Predefined values」가 디스플레이되게 되어 있다.

이 화면을 따라 필터를 작성한 후 [OK] 버튼을 클릭하면 필터 툴바의 텍스트 상자에 해당하는 조건식이 디스플레이된다. 또한 [Cancel] 버튼을 클릭하면 원래 화면으로 돌아온다. 각 항목의 내용을 정리하면 표 5.13과 같다.

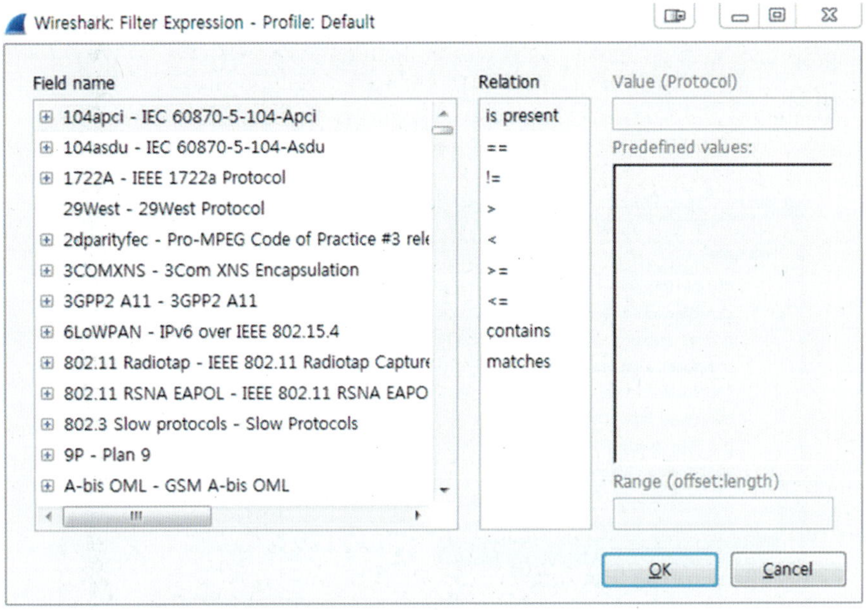

그림 5.30 Filter Expression 화면

표 5.13 Filter Expression 화면의 각 항목 내용

항목명	내 용
Field name	필터의 조건을 트리 형식의 GUI에서 선택한다. 필터의 조건이 되는 프로토콜은 알파벳순으로 나열하고 각 좌측 끝에는 ⊞가 붙어 있다. 이 것을 클릭하면 해당 프로토콜 안에 더욱 상세한 필드가 디스플레이된다. 이 가운데에서 조건으로 하고 싶은 필드 이름을 선택한다.
Relation	필터의 조건식에서 설명한 비교 연산자가 나열되어 있다. 제일 위에 「is present」라고 디스플레이되지만 이것은 패킷 목록에서 현재 선택된 패킷과 같은 것을 선택한다고 하는 조건 설정을 의미한다.
Value	각 프로토콜에 대응하여 값을 직접 입력할 수 있다. 예를 들어 IP 주소라면 「203.247.12.3」과 같은 값을 입력한다.
Predefined values	특정 프로토콜에 대해서는 캡처할 값이 이미 정의되어 있는 경우가 있다. 예를 들어 플래그와 같은 부울 타입의 값인 경우에는 「true」, 「false」 등이 디스플레이되며 이 값 중 하나를 선택하게 되어 있다.
Range	특정 프로토콜에 대해서 제한 값의 범위를 지정한다. 지정은 「패킷의 위치(바이트) : 패킷의 길이」로 나타낸다.

GUI를 사용하여 필터 조건식을 작성하는 순서

GUI를 사용하여 필터 조건식을 작성하고 이메일 패킷을 제한한다. 이메일 수신 프로토콜에 POP를 이용하고 싶을 경우 예를 들어 POP의 응답 패킷인 「+OK」란 응답이 돌아온 패킷(메

일 수신 조작에 성공한 패킷)에 대하여 제한함으로써 필터를 작성할 수 있다.

여기서 POP 프로토콜의 응답이 성공했다는 필터 조건식을 GUI를 사용하여 작성해 보자(그림 5.31 참조).

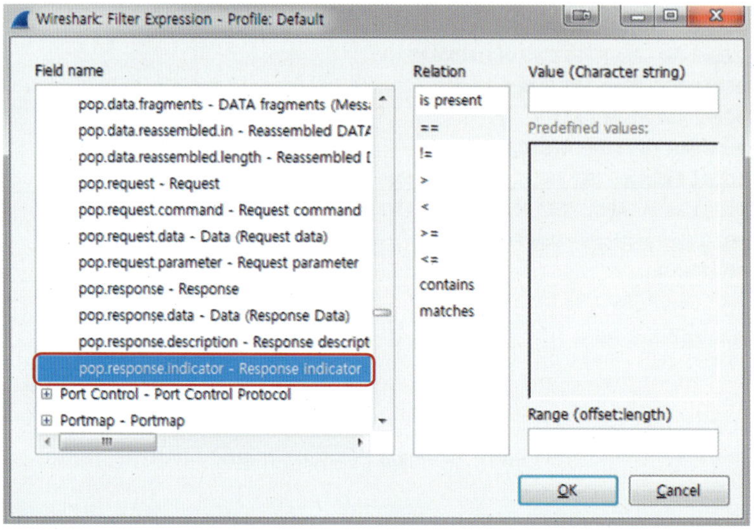

그림 5.31 filter expression 화면에서 pop.response.indicator – Response indicator 선택

❶ 필터 정의 화면의 좌측 「Field name」에서 「POP」를 선택하고 ⊞를 클릭한다. 다음으로 전개 디스플레이된 필드에서 「pop.response.indicator-Response indicator」를 선택한다. 선택한 부분이 반전 디스플레이된다(그림 5.31 참조).

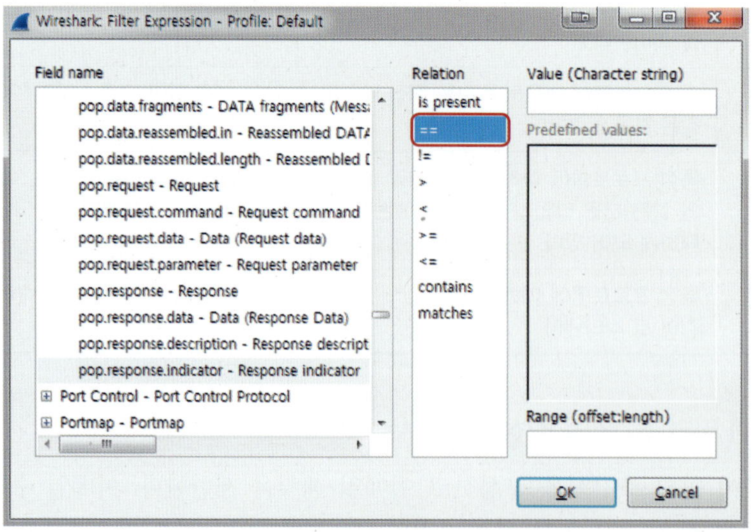

그림 5.32 Relation란에 == 선택

❷ 화면 중앙의「Relation」에서「같다」란 의미의「==」를 선택한다(그림 5.32 참조). 그러면 화면 오른쪽의「Value(character string)」부분이 하얀색으로 나타나며 입력이 가능한 상태가 된다.

❸「Value(character string)」에「+OK」라고 입력한 다음 [OK] 버튼을 클릭한다(그림 5.33 참조). 여기서 알아야 할 것은 POP 프로토콜에서 서버가 정상임을「+OK」, 이상임을「-NG」로 나타낸다. 그 때 문자열은 "+OK"과 같이 ""(따옴표)로 묶어 디스플레이한다.

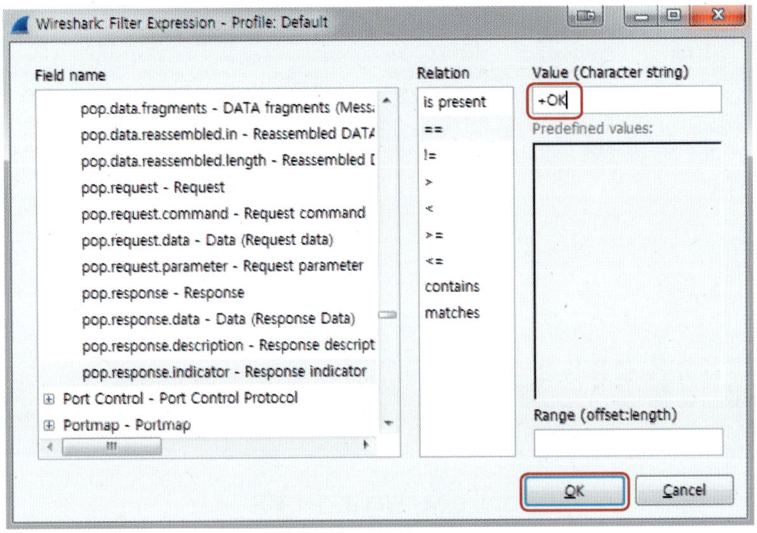

그림 5.33 Value란에 +OK 입력

그러면 필터 정의 화면이 닫히고 메인 화면으로 돌아간다.

❹ 필터 툴바의 텍스트 상자에「pop.response.indicator=="+OK"」란 필터가 자동적으로 입력되어 있음을 확인한다. 이 때 배경이 녹색으로 되어 있으며 이는 서식이 정확하게 입력되어 있음을 알 수 있다. 다음으로 [Apply] 버튼을 클릭한다(그림 5.34 참조). 그러면 필드가 적용된다.

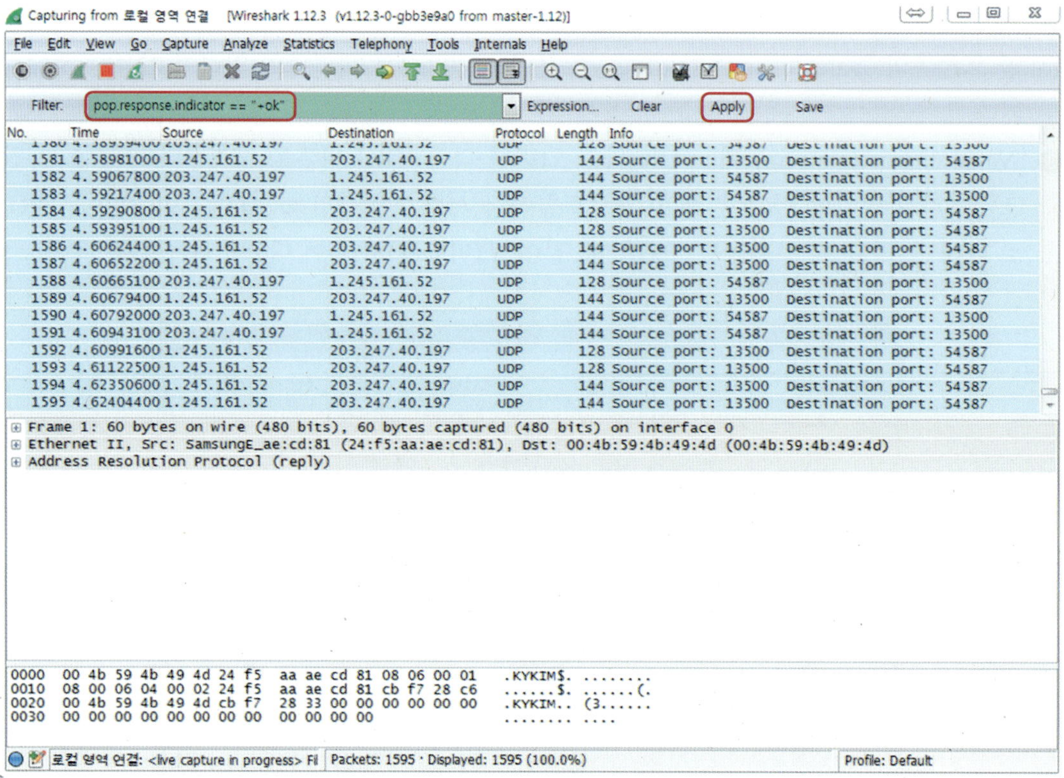

그림 5.34 필터 조건식 적용

필터 적용 결과 확인

여기서는 필터를 적용하기 전과 적용한 후의 화면을 살펴보자.

- 필터 적용하기 전 화면을 보면 모든 패킷이 나타나 있다(그림 5.35 참조).
- 필터를 적용한 후 화면을 보면 필터를 적용하기 전에는 모든 패킷이 나타나 있었다는 것을 알 수 있다. 그러나 필터가 적용된 후에는 이메일 수신 프로토콜인 POP에서 올바른 응답인(응답이 "+OK") 패킷만으로 제한해서 보여준다(그림 5.36 참조).

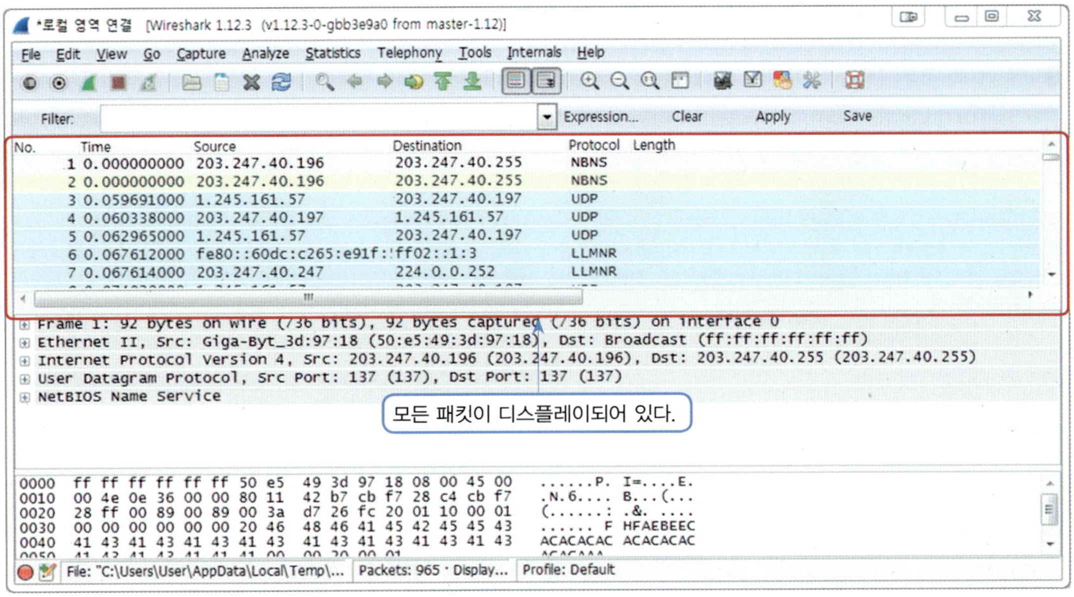

그림 5.35 필터 적용 전 화면

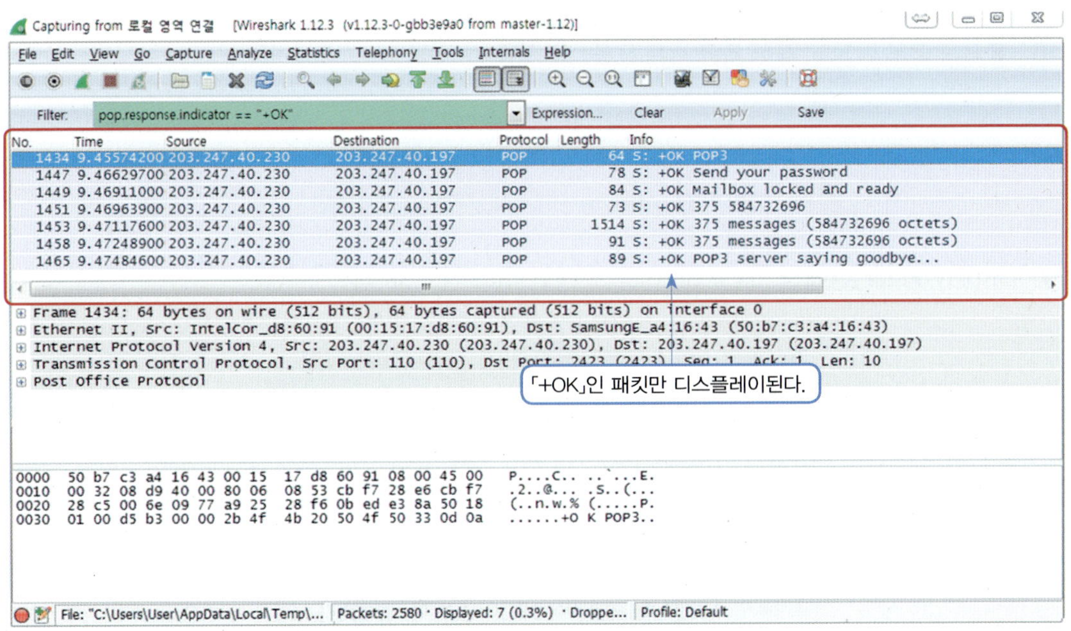

그림 5.36 필터 적용 후 화면

5.2.5 미리 정의된 디스플레이 필터 적용

와이어샤크에는 미리 정의된 디스플레이 필터가 준비되어 있으며, 설정한 프로파일에 따라 작성되고 저장된다. 여기서 이 필터를 사용해 보도록 한다.

미리 정의된 디스플레이 필터를 적용하는 순서

❶ 메인 화면의 메뉴바에서 「Analayze → Display Filters」를 선택한다(그림 5.37 참조). 그러면 Display Filter 화면이 열린다(필터 툴바의 맨 왼쪽 [Filter] 버튼을 클릭해도 이 화면을 디스플레이할 수 있다).

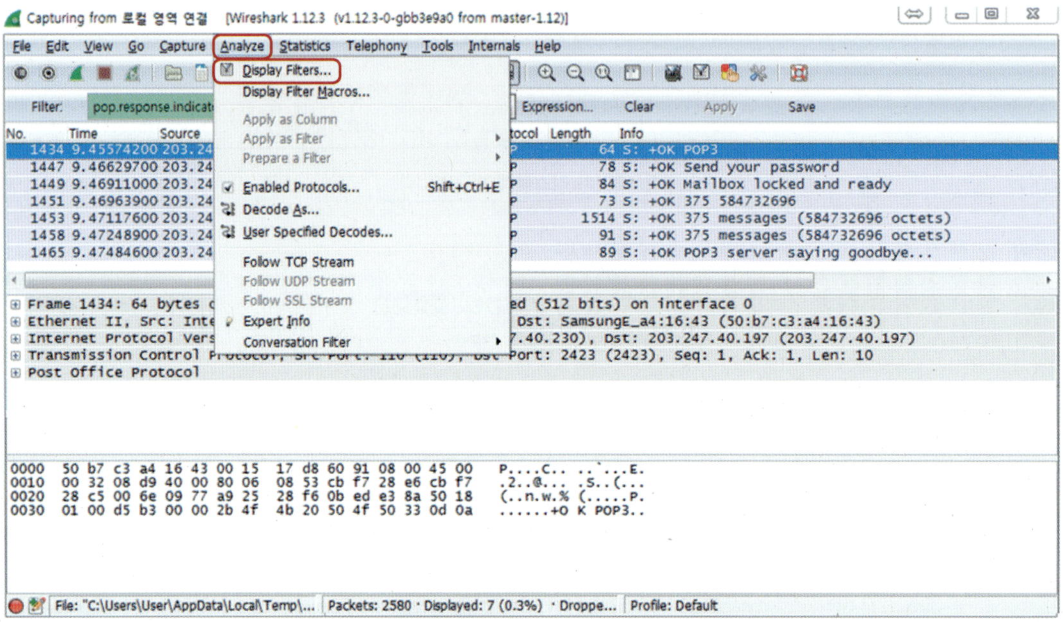

그림 5.37 Analyze → Display Filters 선택 화면

❷ 「Display Filter」란에서 「TCP only」를 선택한다(그림 5.38 참조).

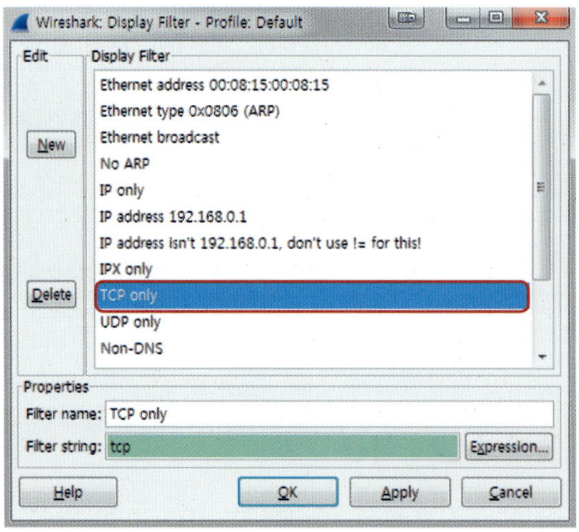

그림 5.38 Display Filter 화면

그러면 선택한 부분이 반전 디스플레이된다. 또한 「Properties」란의 「Filter name」 텍스트 상자에 「TCP only」가 「Filter string」 텍스트 상자에 「tcp」가 각각 삽입된다. 또한 이 때 텍스트 상자의 배경이 녹색이 되는데, 이것은 서식이 정확하다는 것을 나타낸다.

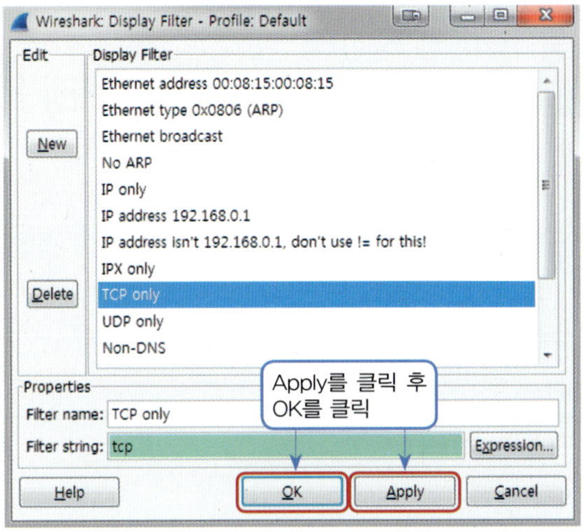

그림 5.39 Apply 버튼 클릭한 다음 OK 버튼 클릭

❸ [Apply] 버튼을 클릭하여 필터를 적용한다. 그런 다음 [OK] 버튼을 클릭한다(그림 5.39 참조). 그러면 디스플레이 필터 화면이 닫히고 메인 화면으로 돌아간다. 또한 이 때 필터 툴바 텍스트 상자안에 정의가 끝난 필터가 디스플레이되어 있다(그림 5.40 참조).

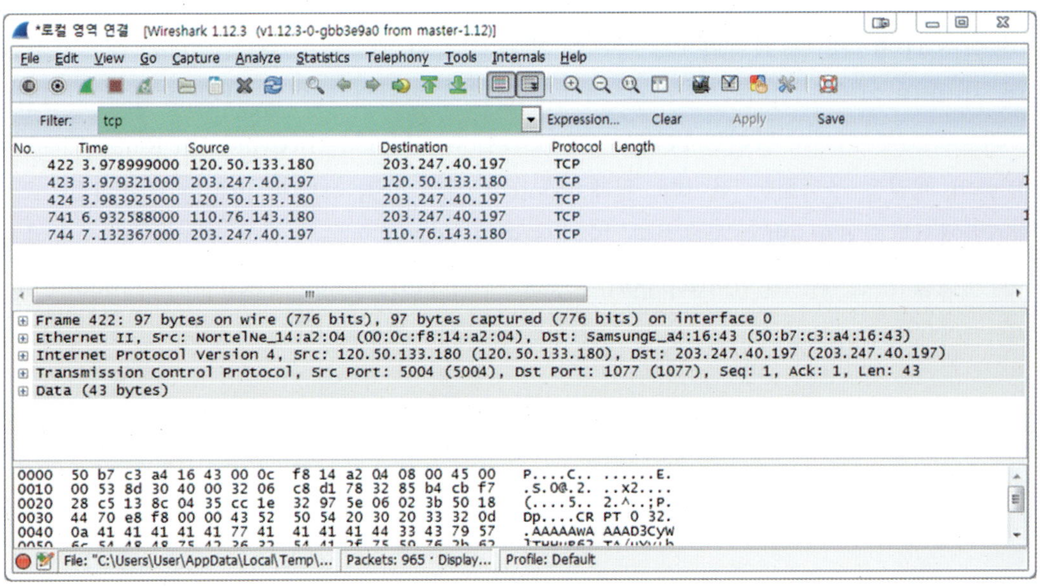

그림 5.40 필터 정의가 끝난 후 화면 디스플레이

❹ 패킷 목록 정보에 TCP 패킷만 디스플레이 되어있음을 확인한다.

디스플레이 필터 화면에 대하여

디스플레이 필터 화면에서 단순히 미리 정의된 디스플레이 필터를 선택하여 적용할 뿐만 아니라 신규 필터를 입력하거나 저장할 수 있다.

용도별로 필터를 작성하여 저장해 두면 새로이 패킷을 캡처할 때나 캡처 파일을 열었을 때 그 필터를 다시 적용할 수 있어 편리하다.

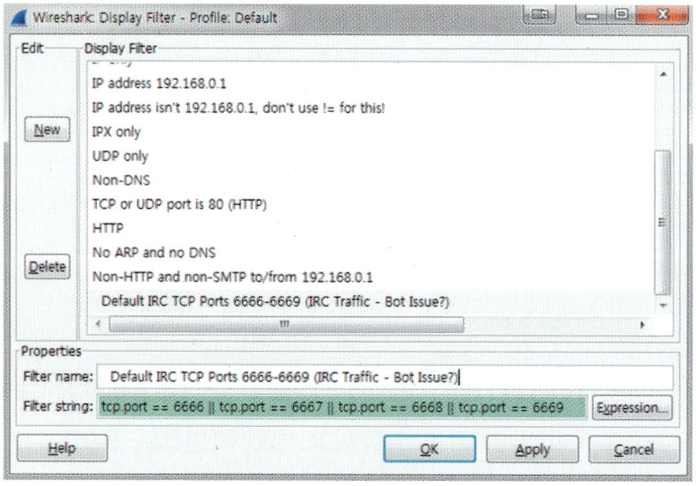

그림 5.41 네트워크 보안에 대응하기 위한 필터 적용

그림 5.41에 나타난 화면의 디스플레이 필터는 특히 네트워크 보안 문제에 대응하기 위하여 커스터마이즈한 것이다. 참고로 이 디스플레이 필터는 악의를 가진 공격자가 침입한 PC 네트워크(봇넷)에서 탈취한 PC(보트)를 조작할 때 사용하는 IRC(Internet Relay Chat) 프로토콜의 패킷을 추출하는 것이다. 원래 RootKit 등의 공격 툴에서 IRC는 보통 TCP 포트 6,666번에서부터 6,669번을 사용한다. 따라서 이들 TCP 포트를 송신한 곳이나 받는 곳에 포함된 패킷을 추출하는 것이다(tcp.port==6666 || tcp.port==6667 || ttcp.port==6668 || ttcp.port==6669).

표 5.14 Display Filter 화면의 각 항목 · 버튼의 내용

항목 · 버튼명	내용
[New] 버튼	이 버튼을 클릭하면 입력한 이름과 내용을 바탕으로 파일이 새로 작성된다. 이 버튼은 필터 이름과 필터의 내용을 입력한 다음 클릭하면 된다. 아무 것도 입력하지 않은 상태에서 클릭하면 신규 필터는 작성되지 않는다.
[Delete] 버튼	현재 선택하고 있는 필터를 삭제한다.
Filter name	현재 선택하고 있는 필터 이름이 디스플레이된다. 신규로 필터를 작성할 경우에는 이 부분에 새로운 이름을 입력한다. 또한 필터 이름은 필터 문자열의 조건식과 일치할 필요는 없다. 알기 쉬운 이름을 붙이면 된다.
Filter string	현재 선택하고 있는 필터에 적용되어 있는 필터 조건식이 디스플레이된다. 신규로 필터를 작성할 경우에는 이 부분에 새로 필터의 조건식을 입력하면 된다. 또한 필터 툴바와 마찬가지로 식이 올바른지 여부를 이 항목의 배경색으로 확인할 수 있다.
[Expression] 버튼	이 버튼을 클릭하면 필터 정의 화면이 디스플레이된다. 이 화면에서 GUI를 이용하여 필터 서식을 작성할 수 있다.
[OK] 버튼	현재의 필터를 적용하고 이 화면을 닫는다.
[Apply] 버튼	현재 선택하고 있는 필터를 메인 화면에 디스플레이되고 있는 패킷에 적용한다.
[Cancel] 버튼	화면을 닫는다.

5.2.6 패킷 검색

많은 패킷 가운데 원하는 패킷을 검색할 수 있다. 여기서 HTTP 문자열을 포함한 패킷을 검색해 보자.

패킷을 검색하는 순서

❶ 메인 화면 메뉴바에서 「Edit → Find Packet」을 선택한다(그림 5.42 참조). 그러면 패킷 검색(Find) 화면이 디스플레이된다(그림 5.43 참조).

❷ 「Find By」란에서 「String」을 선택한다(기타 항목은 디폴트로 하는 것이 좋다). 그런 다음 「Filter」 버튼의 오른쪽에 있는 텍스트 상자에 검색을 하고 싶은 문자열로서 「HTTP」라고 입력한다. 이때 텍스트 상자의 배경색이 빨강에서 녹색으로 바뀐다(그림 5.43 참조).

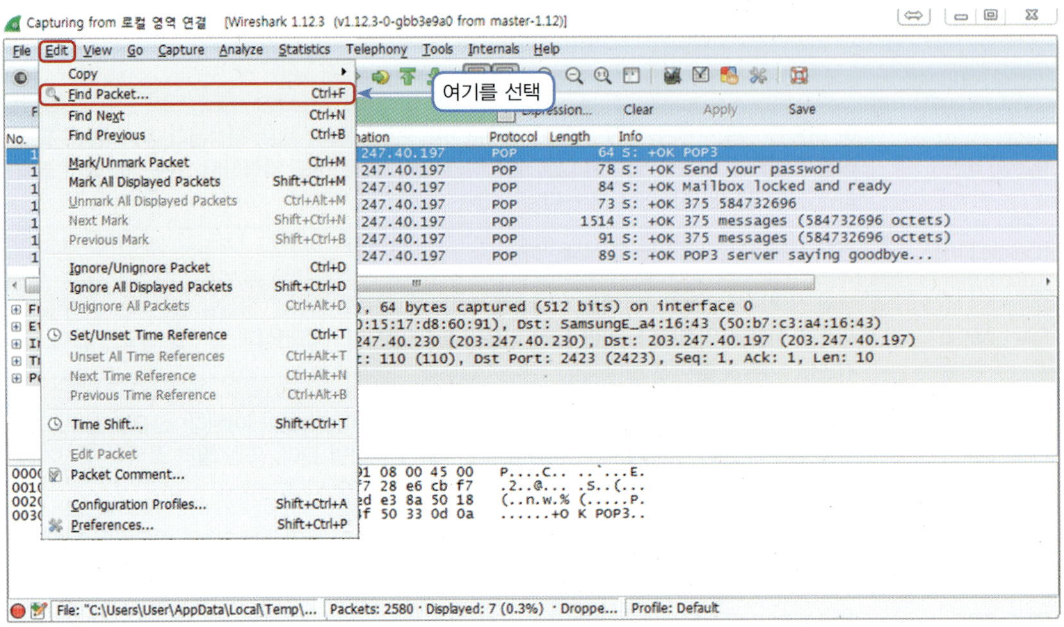

그림 5.42 Edit → Find Packet 선택 화면

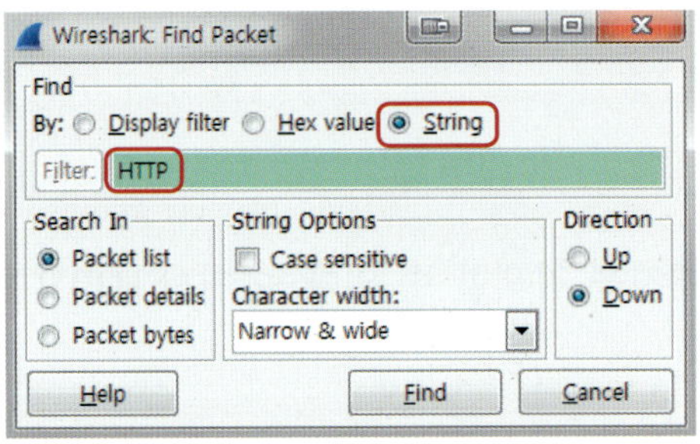

그림 5.43 Find Packet 화면

그 밖의 항목에 대해서는 다음과 같이 디폴트로 한다.

- 「Search In」란 – 디폴트인 「Packet list」를 선택한다. 메인 화면의 패킷 목록 정보를 검색 대상으로 한다. 또한 「Packet bytes」를 선택한 경우에는 패킷 바이트 정보를 또한 「Packet details」를 선택한 경우에는 패킷 상세 정보를 검색 대상으로 한다.
- 「String Options」란 – 「Find By」란에서 「String」을 선택한 경우, 즉 패킷에 포함된 문자열을 바탕으로 패킷을 검색할 경우에 유효하다. 여기서 검색할 문자열에 대하여 추가 지정할 수 있다. 이번에는 디폴트대로(「Case sensitive」의 체크를 없앤 상태) 한다. 또한 「Case sensitive」에 체크를 하면 검색할 문자열의 대문자와 소문자를 구별할 수 있다.

  또한 「Character set」에서는 풀다운 목록에서 디폴트 「ASCII Unicode & Non-Unicode(아스키 유니코드와 유니코드 이외)」를 선택한다. 여기서 이 외에도 「ASCII

Non-Unicode(아스키 유니코드 이외)」 및 「ASCII Unicode(아스키 유니코드)」를 선택할 수 있으며 검색할 때의 문자 코드를 지정할 수 있다.

- 「Direction」란 – 디폴트의 「Down」을 선택한다. 현재 선택하고 있는 패킷 이후의 패킷을 검색한다. 또한 「Up」을 선택했을 경우에는 현재 선택하고 있는 패킷보다 앞의 패킷을 검색한다.

❸ 「Find」 버튼을 클릭한다(그림 5.44 참조). 그러면 패킷 검색 화면이 닫히고 메인 화면으로 돌아간다(그림 5.45 참조).

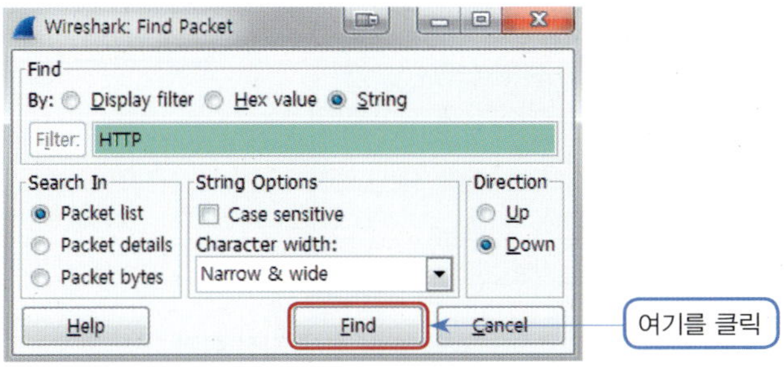

그림 5.44 검색 항목 지정 후 Find 버튼 클릭 화면

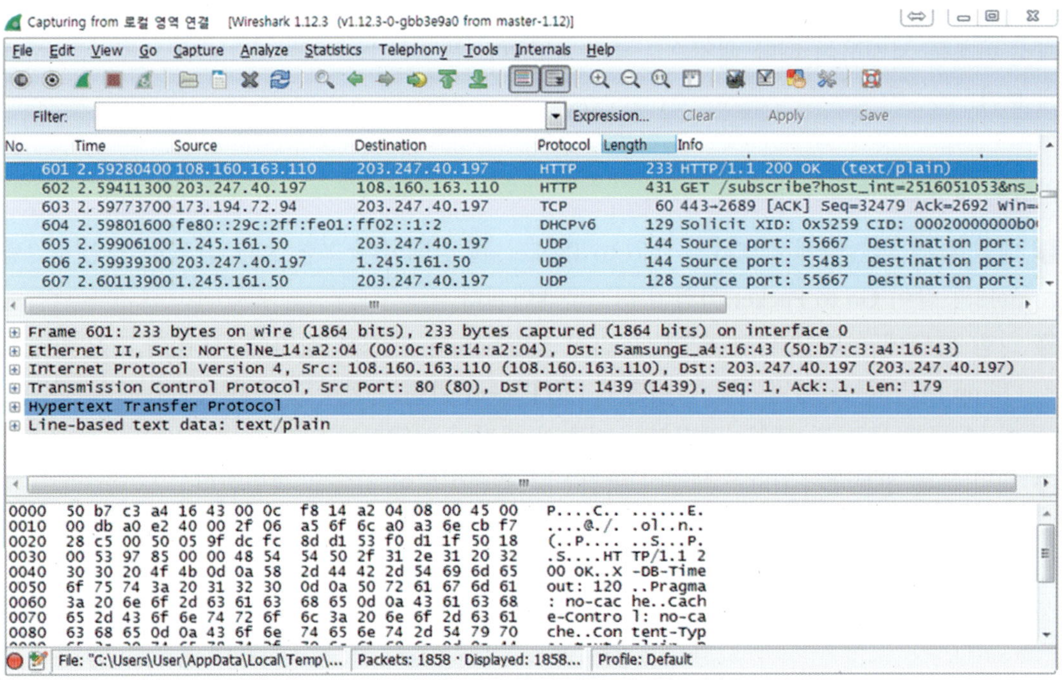

그림 5.45 메인 화면

❹ 패킷 상세 정보에 HTTP 문자열을 포함한 패킷이 패킷 목록 정보에서 반전 디스플레이되어 있음을 확인한다.

여기서 잠시 간단한 검색 방법을 소개한다. 우리가 인터넷에서 파일을 보낼 때에는 반드시 파일의 헤더 부분이 전송된다. 이 헤더를 주목하면 파일의 종류나 형식에는 각각 특징적인 내용이 있으며 이것을 「마커」라고 한다. 그림 5.46의 화면 예에서는 JPEG 파일의 헤더에 특징적인 마커 「FF D8 FF」란 16진수 내용을 패킷 바이트 정보에서 검색하고 있다.

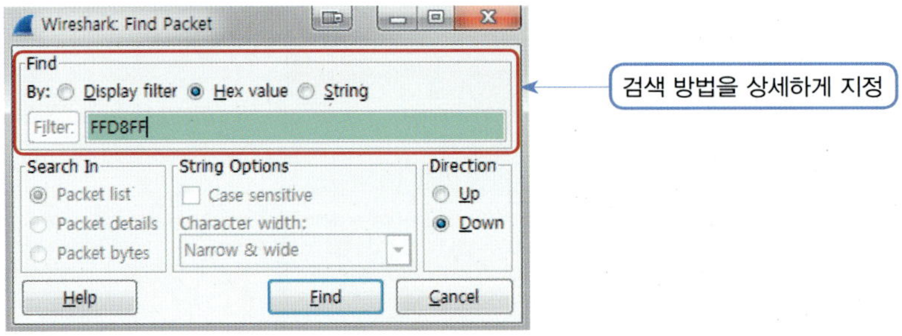

그림 5.46 검색 방법 상세 지정 화면

5.2.7 원하는 패킷으로 바로 이동

패킷 번호를 지정하여 해당 패킷으로 바로 이동(Go)할 수 있다. 여기서 100번 패킷으로 이동해 보자.

원하는 패킷으로 바로 이동하는 순서

❶ 메인 화면 메뉴바에서 「Go → Go to Packet」을 선택한다(그림 5.47 참조). 그러면 그림 5.48과 같이 Go to Packet 화면이 디스플레이된다.

❷ 그림 5.48에 나타난 바와 같이 「Packet number」의 텍스트 상자에 「100」라고 입력하고 「Jump to」 버튼을 클릭한다. 그러면 Go to Packet 화면이 닫히고 메인 화면으로 돌아간다. 이 때 패킷 목록 정보에는 해당하는 번호의 패킷이 선택되어 있다(그림 5.49 참조).

❸ 패킷 목록 정보에서 100번 패킷이 반전 디스플레이되어 있음을 확인한다.

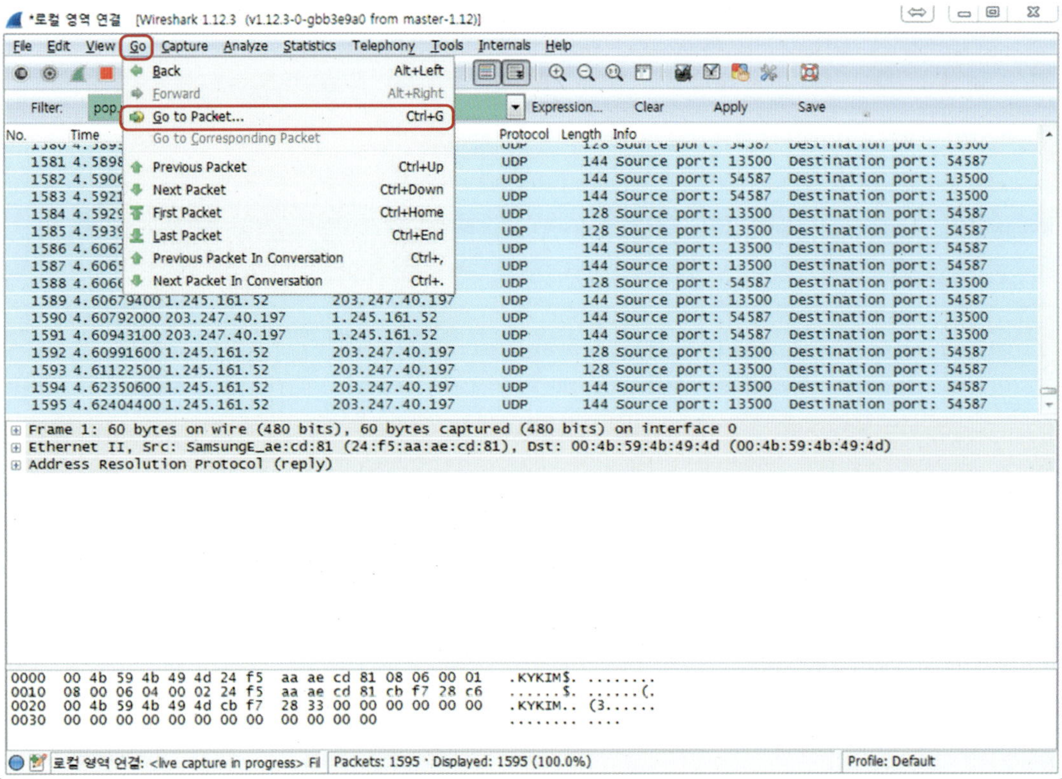

그림 5.47 Go → Go to Packet 선택 화면

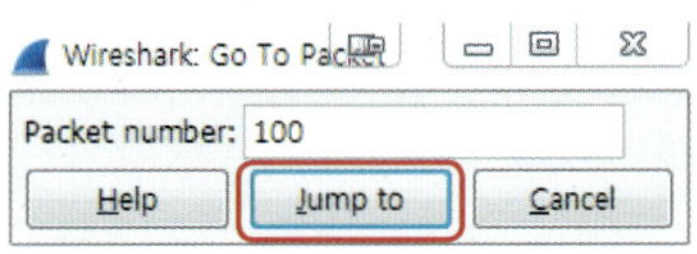

그림 5.48 Go To Packet 화면

메뉴 바에서 「Go → Back」이나 「Go → Forward」를 선택하면 이전에 참조한 패킷으로 되돌아가거나 나아가거나 한다.

또한 하나 이전의 패킷으로 돌아가는 「Go → Previous Packet」, 하나 뒤의 패킷으로 가는 「Go → Next Packet」, 최초의 패킷으로 돌아가는 「Go → First Packet」, 마지막 패킷으로 가는 「Go → Last Packet」도 외워 두면 편리하다.

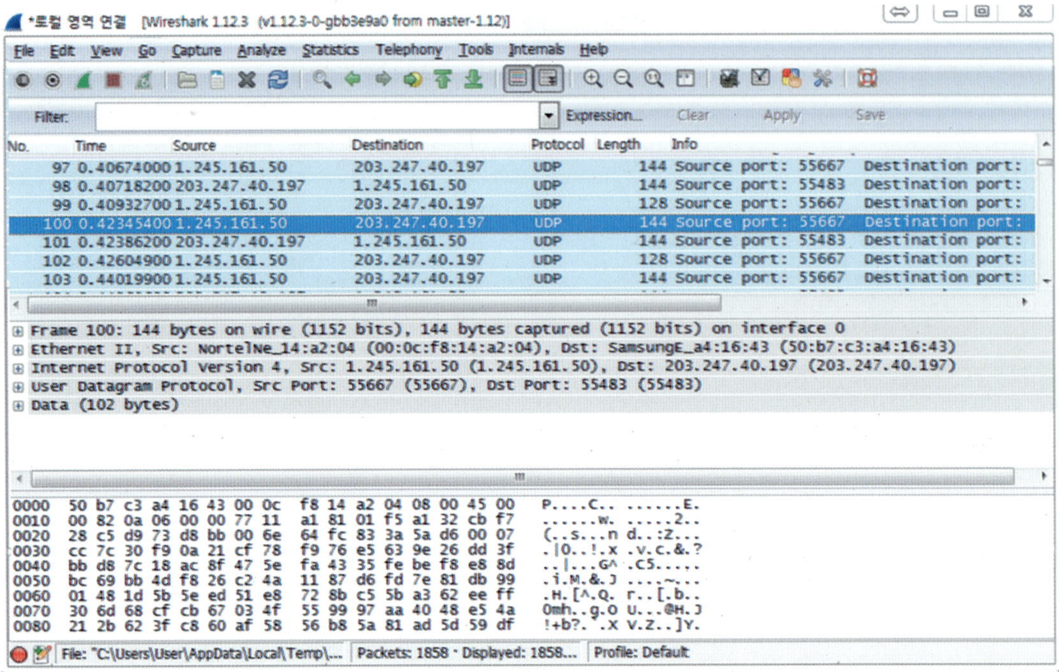

그림 5.49 100번 패킷 선택 화면

5.2.8 패킷 마크

특정 패킷을 마크(Mark)하여 강조 디스플레이할 수 있다. 마크한 패킷은 저장하거나 인쇄할 수 있다. 여기서는 98번 패킷과 100번 패킷을 선택해서 마크해 보자.

패킷을 마크하는 순서

❶ 메인 화면의 패킷 목록 정보에서 98번 패킷을 선택한다. 그런 다음 메뉴 바에서 「Edit → Mark/Unmark Packet」을 선택한다(그림 5.50 참조). 그러면 98번 패킷이 반전되어 강조 디스플레이된다.

❷ 패킷 목록 정보에서 98번 패킷이 반전 디스플레이되어 있음을 확인한다(그림 5.51 참조).

❸ 메인 화면의 패킷 목록 정보에서 100번 패킷을 선택한다. 다음으로 메뉴 바에서 「Edit → Mark/Unmark Packet을 선택한다(그림 5.52 참조). 그러면 98번 패킷에 추가하여 100번 패킷이 반전되어 강조 디스플레이된다(그림 5.53 참조).

❹ 패킷 목록 정보에서 98번 패킷과 100 패킷이 모두 반전 디스플레이되어 있음을 확인한다.

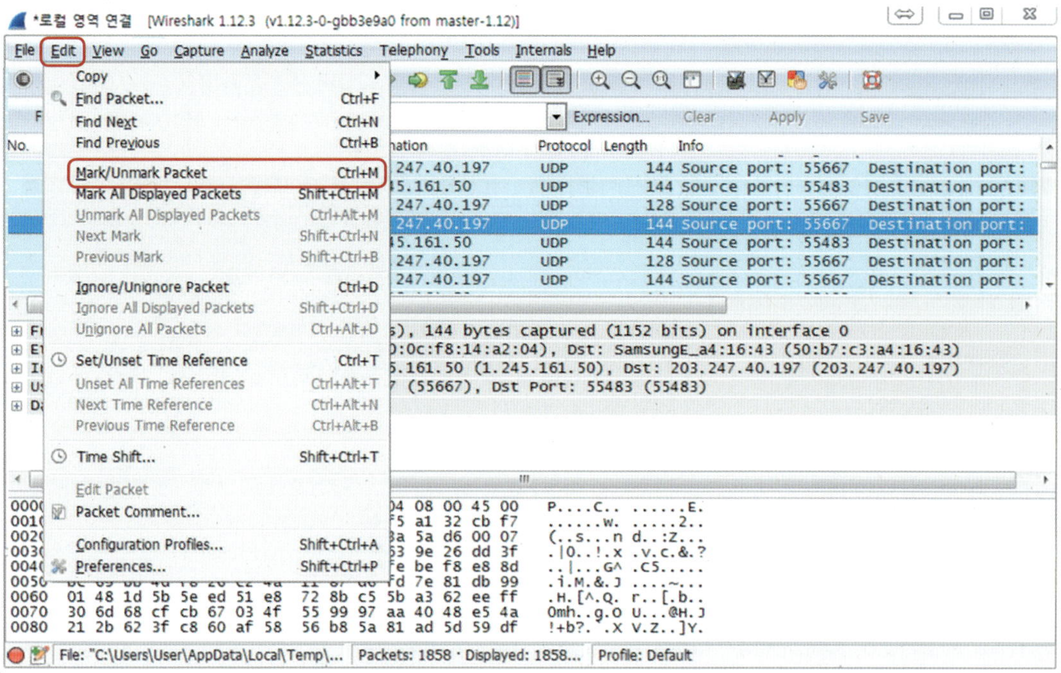

그림 5.50 메뉴 바에서 「Edit → Mark/Unmark Packet」 선택 화면

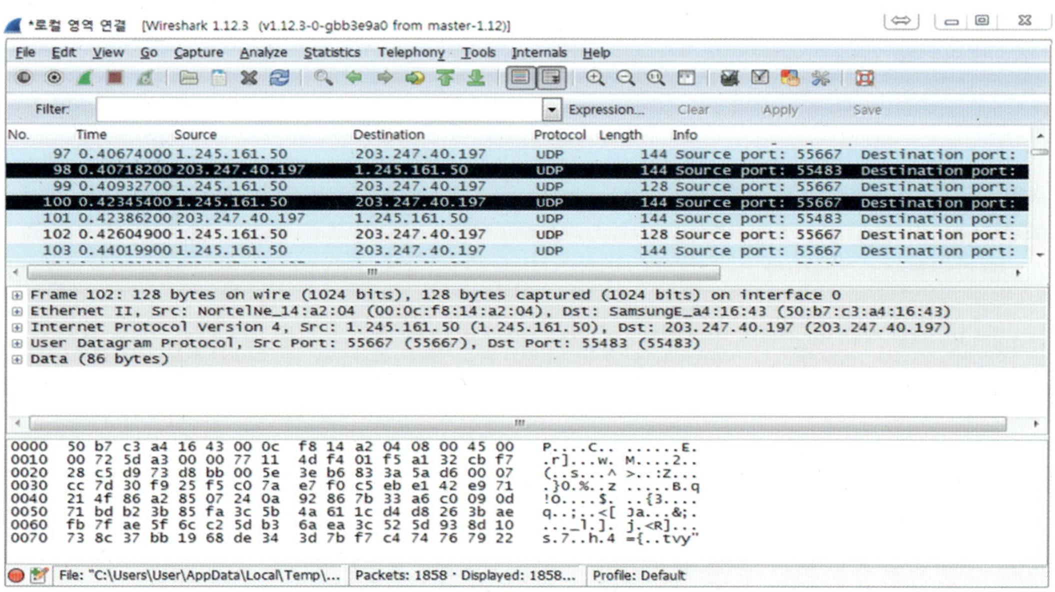

그림 5.51 98번 패킷 반전되어 강조 디스플레이 화면

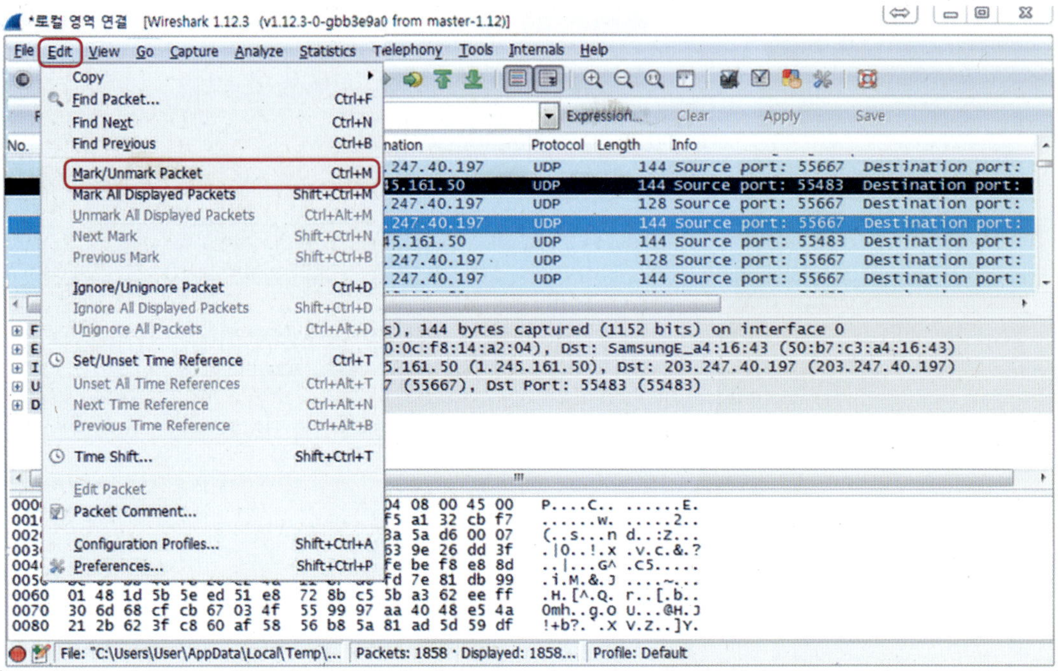

그림 5.52 메뉴바에서 「Edit → Mark/Unmark Packet」 선택 화면

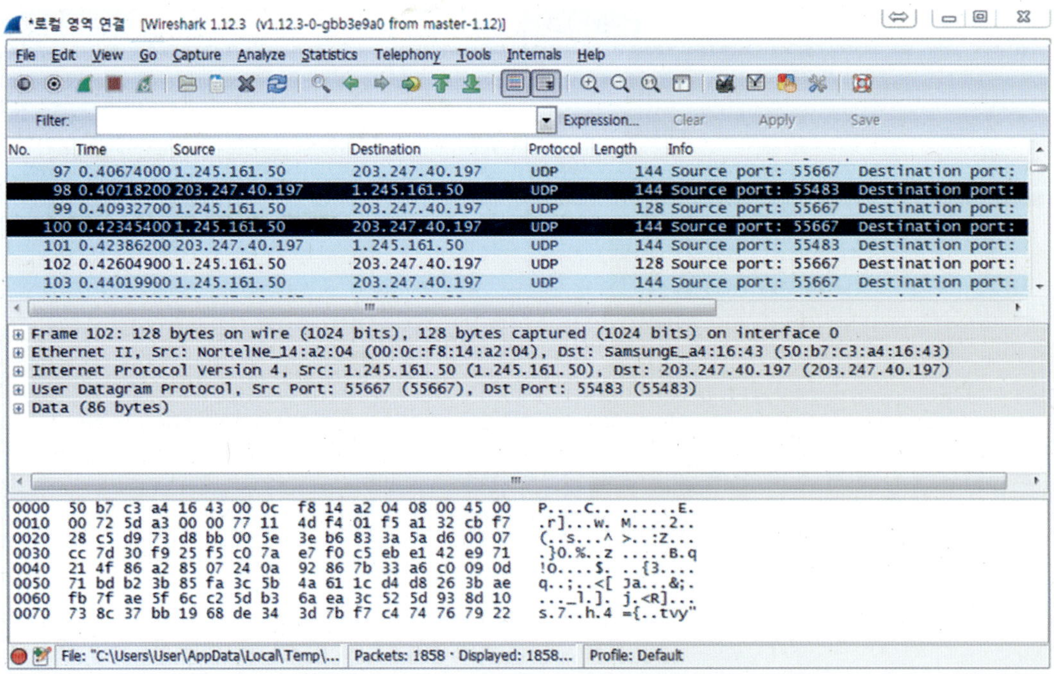

그림 5.53 98번 패킷, 100번 패킷 반전되어 강조 디스플레이 화면

마크 기능과 함께 많이 사용하는 것이 특정 패킷을 와이어샤크에게 무시 시키는 Ignore 기능이 있다(이 기능도 Edit 메뉴에서 선택할 수 있다). 이 기능을 사용하면 와이어샤크는 그 패킷이 없었던 것으로 패킷을 해석(Decode)한다(그림 5.54 참조). 이는 패킷이 빠진 경우의 움직임을 확인하거나 캡처 파일 그 자체를 변경하지 않아도 일시적으로 특정 패킷을 없애고 작업을 진행할 때에 아주 편리하다.

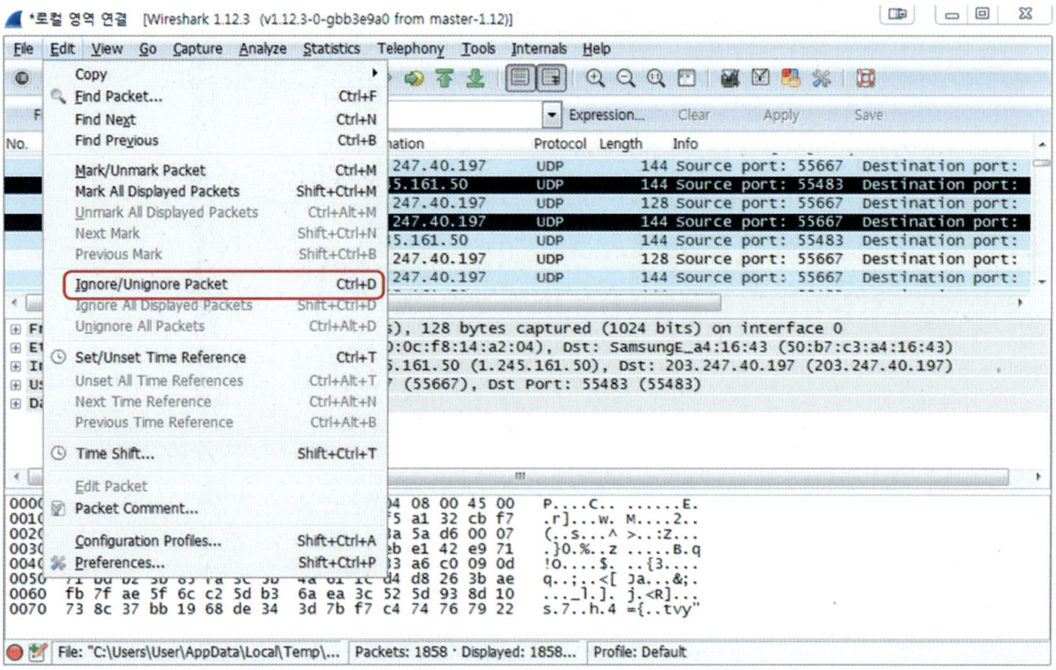

그림 5.54 Ignore/Unignore Packet 선택 화면

5.2.9 패킷의 Time 열 디스플레이

패킷 목록 정보의 「Time」 열은 디폴트에서 패킷을 처음 캡처했을 때부터의 경과 시간 순으로 디스플레이된다(그림 5.55 참조).

「Time」 열은 날짜를 기준으로 한 디스플레이나 시간을 기준으로 한 디스플레이로 변경할 수 있다. 여기서는 날짜를 기준으로 한 것으로 변경해 보자.

「Time」 열의 디스플레이 형식을 변경하는 순서

❶ 메인 화면의 메뉴 바에서 「View → Time Display Format」을 선택한다. 그리고 서브 메뉴에서 「Date and Time of Day」를 선택한다. 그러면 패킷 목록 정보의 「Time」 열에 날짜와 시간이 디스플레이된다(그림 5.56 참조).

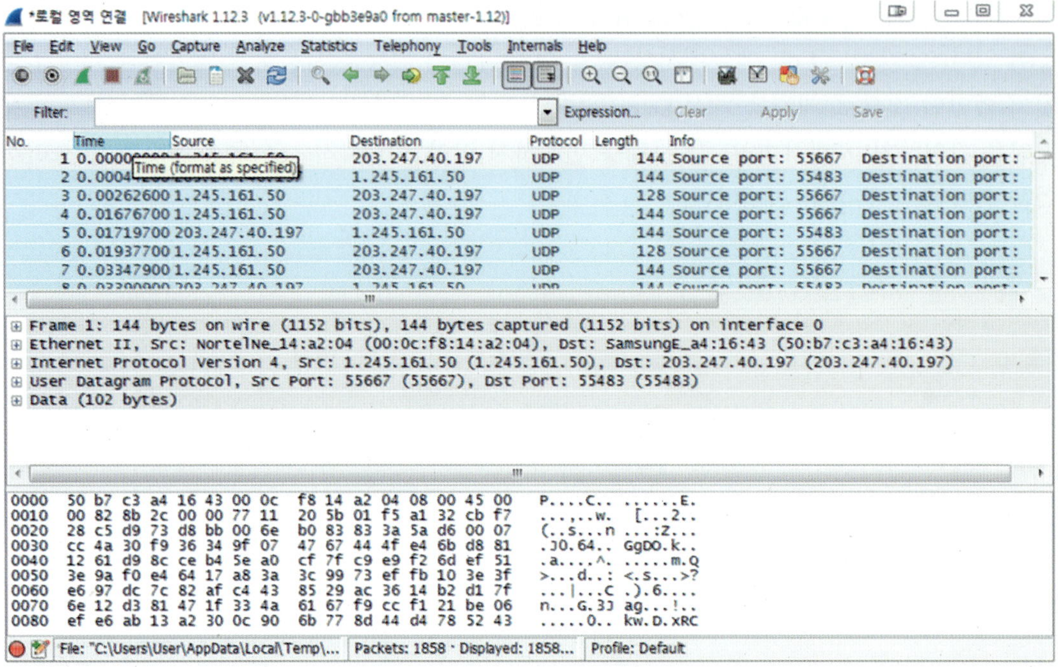

그림 5.55 「Time」 열 디스플레이 화면

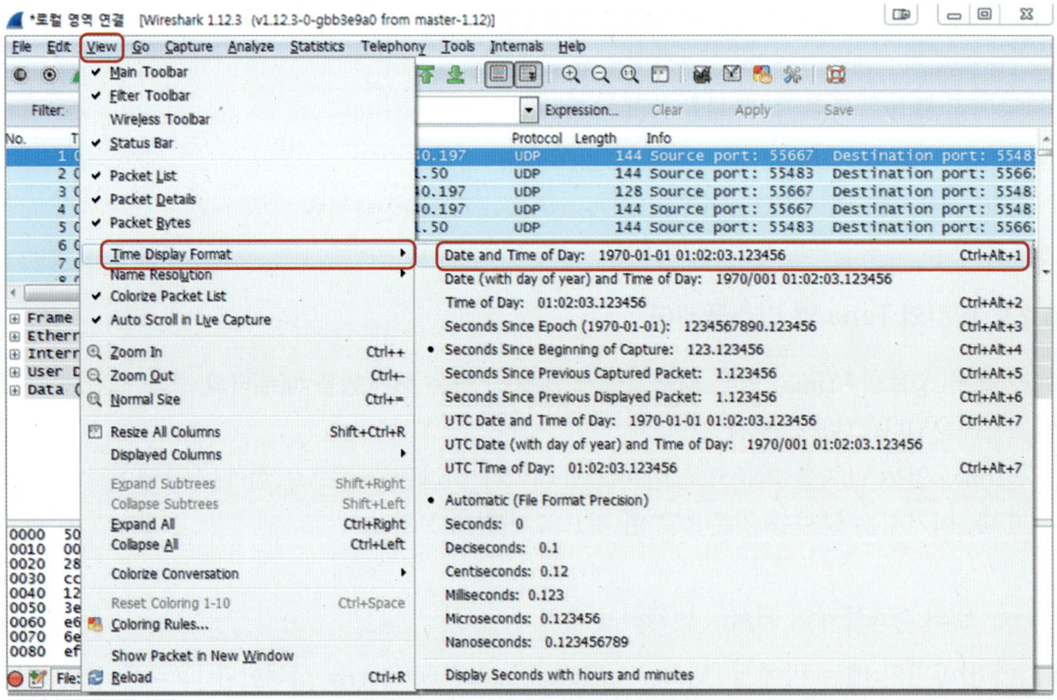

그림 5.56 View → Time Display Format 선택 화면

Time Display Format 메뉴에서 다음 서브 메뉴를 선택함으로써 「Time」 열의 디스플레이 형식을 변경할 수 있다.

- Date and Time of Day
  패킷을 캡처한 날짜와 시간을 기준으로 디스플레이한다.
- Time of Day
  패킷을 캡처한 시간을 기준으로 디스플레이한다.
- Seconds Since Epoch (1970-01-01)
  1970년 1월 1일을 기준으로 UNIX 시간으로 보여준다.
- Seconds Since Beginning of Capture
  제일 처음에 실시한 패킷 캡처부터 상대적인 시간으로 「초」 단위로 보여준다.
- Seconds Since Previous Captured Packet
  하나 전에 캡처된 패킷으로부터 델타 시간을 보여준다.
- Seconds Since Previous Displayed Packet
  하나 전에 디스플레이된 패킷으로부터 델타 시간을 보여준다.
- Display Seconds with hours and minutes
  「초」와 함께 「시간」과 「분」을 보여준다.

❷ 패킷 목록 정보의 「Time」 열의 디스플레이 형식이 변경되었음을 확인한다(그림 5.57 참조).

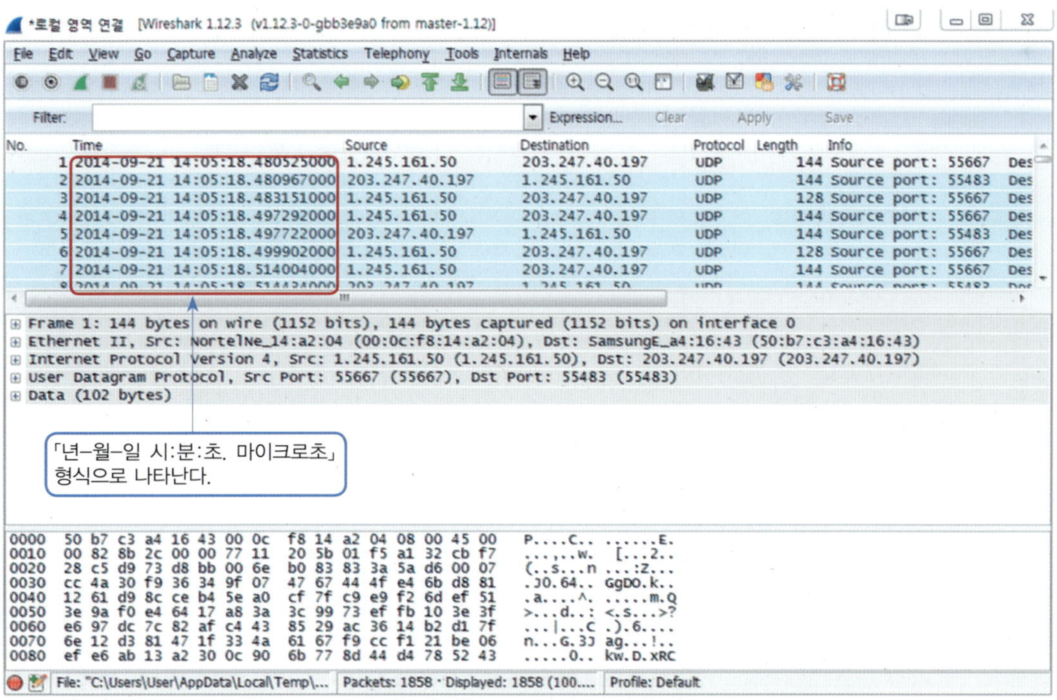

그림 5.57 년-월-일 시:분:초. 마이크로초 형태로 나타낸 화면

2014-09-21 14:05:18. 480525와 같이 년-월-일 시:분:초. 마이크로초 형식으로 「Time」 열에 나타난다.

디스플레이 형식 확인

패킷의 시간을 확인할 때 어느 패킷을 기준으로 한 상대 시간을 알고 싶은 경우에는 「Time Reference」 기능을 사용하면 편리하다.

패킷 목록 정보에서 목적하는 패킷을 선택한 다음 메뉴 바에서 「Edit → Set/Unset Time Reference」을 선택한다(그림 5.58 참조). 그러면 패킷 목록 정보에서 선택한 패킷의 시각이 「*REF*」가 되며 이 패킷을 0(기준)으로 한 상대적인 시간으로 변경된다(그림 5.59 참조). 또한 다시 이 메뉴를 선택하면 설정된 기준이 해제된다.

앞에서 설명한 「Set/Unset Time Reference」를 선택하면 패킷의 시간 기준이 설정된다. 이때 패킷 목록 정보에서 「*REF*」가 복수 설정되어 있는 경우에 「Find Next Reference」를 선택하면 다음 기준(*REF*) 패킷으로 이동한다. 또한 「Find Previous Reference」를 선택하면 이전 기준(*REF*) 패킷으로 이동한다. 또한 현재 설정되어 있는 디스플레이 형식에서 시간이 올바르게 표시되지 않을 경우에는 「Switch to the appropriate Time Display Format?」이란 경고 화면이 나타난다. 이 화면에서 [Yes] 버튼을 클릭하고 나서 적절한 시간 디스플레이(여기서는 캡처 시작 때부터의 초 표시)로 바꾸기 바란다.

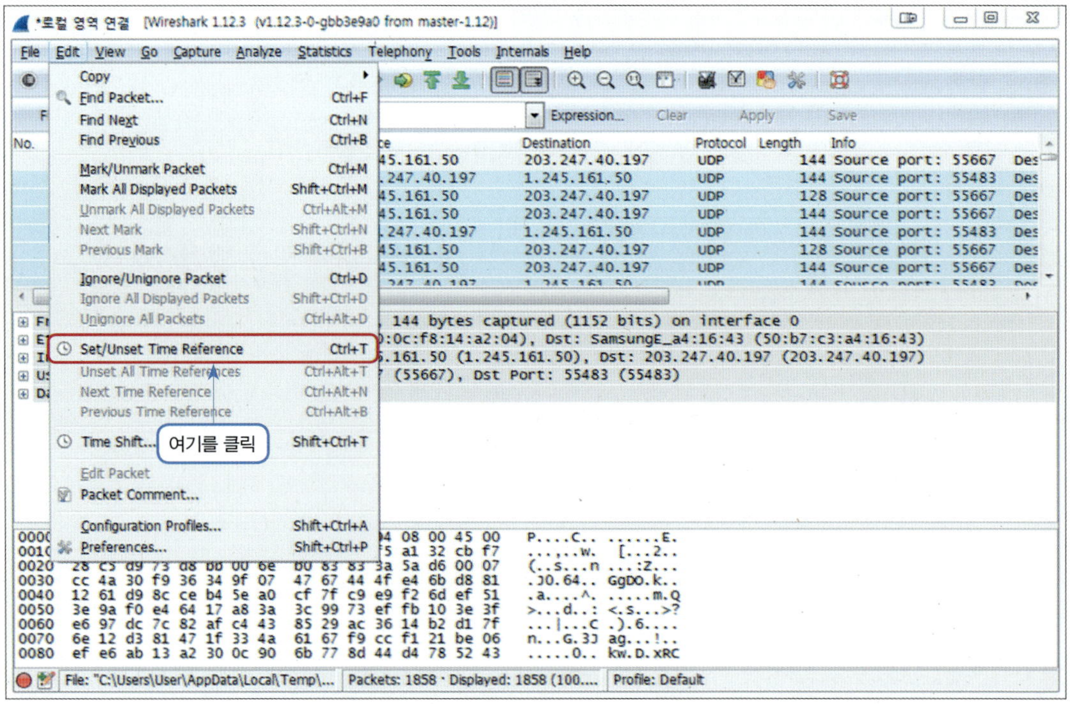

그림 5.58 Edit → Set/Unset Time Reference 선택 화면

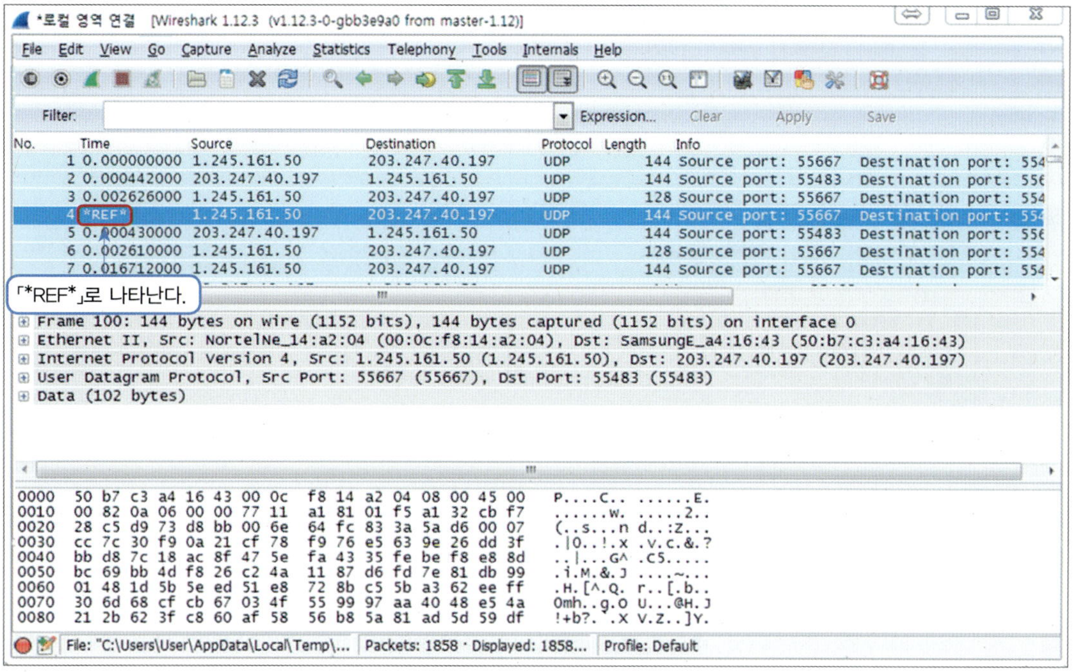

그림 5.59 REF로 나타난 화면

5.2.10 TCP Stream 디스플레이

와이어샤크의 디스플레이 기능 가운데 「TCP Stream 디스플레이 기능」이 있다. 이것은 특히 TCP 프로토콜 통신에 대한 통신 내용을 별도 화면에서 알기 쉽게 표시하는 기능이다.

메인 화면의 메뉴 바에서 「Analyze → Follow TCP Stream」을 선택하면 클라이언트와 서버간에 교환되는 일련의 통신 내용을 색으로 구별하고 별도의 화면에 표시할 수 있다. 이 TCP Stream 디스플레이 기능은 TCP에만 적용할 수 있는 기능이므로 유의하기 바란다.

TCP Stream 디스플레이 순서

❶ 메인 화면의 패킷 목록 정보에서 TCP 스트림(Stream)으로 나타내고 싶은 TCP 패킷을 선택한다. 여기서는 HTTP 요청을 포함한 8번 패킷을 선택한다. 다음으로 메뉴바에서 「Analyze → Follow TCP Stream」을 선택한다(패킷 목록 정보에서 원하는 패킷을 오른쪽 클릭하여 디스플레이된 컨텍스트 메뉴에서 선택할 수도 있다). 그러면 Follow TCP Stream을 디스플레이하기 위한 디스플레이 필터가 적용되며 Follow TCP Stream 디스플레이 화면이 열린다(그림 5.60 참조).

❷ Follow TCP Stream의 디스플레이 화면 내용을 확인한다.

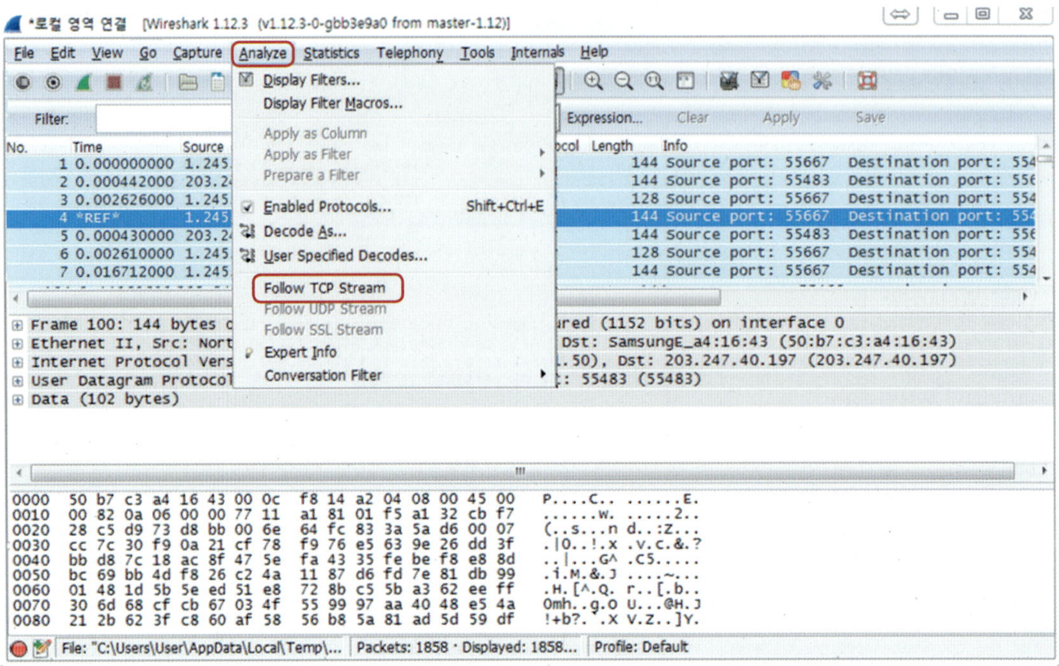

그림 5.60 Analyze → Follow TCP Stream 선택 화면

Follow TCP Stream 디스플레이 화면 확인

Follow TCP Stream 디스플레이 화면에서는 「TCP 세그먼트」라는 별도의 패킷으로 분할된 TCP 통신을 클라이언트와 서버 간에 교환될 때마다 정리하여 확인할 수 있다. 그때 TCP 통신은 색으로 구별되어 빨강과 파랑으로 표시된다(그림 5.61 참조).

이번 디스플레이 예에서는 빨간색 「GET … HTTP/1.1」 부분을 확인하기 바란다. 이 부분은 클라이언트의 웹브라우저가 보낸 요청 패킷이다. 이것은 응용층인 HTTP 요청 메시지가 된다. 또한 파란색 「HTTP/1.1 200 OK」도 확인하기 바란다. 이 부분은 웹서버가 보낸 홈페이지의 응답 패킷이다. 이것은 응용층인 HTTP 응답 메시지가 된다(그림 5.62 참조). 이와 같이 요청과 응답 내용은 색으로 구분되며 또한 클라이언트와 서버별로 표시되고 있음을 알 수 있다.

참고로 HTTP 요청 메시지에 대하여 「GET … HTTP/1.1」이라고 되어 있는 것은 그 웹사이트의 첫 페이지인 도큐먼트 루트를 참조하고 있기 때문이다. 웹서버의 설정을 통해 도큐먼트 루트 페이지는 index.html이나 index.php, default.htm 등이 실제 페이지로 지정된다.

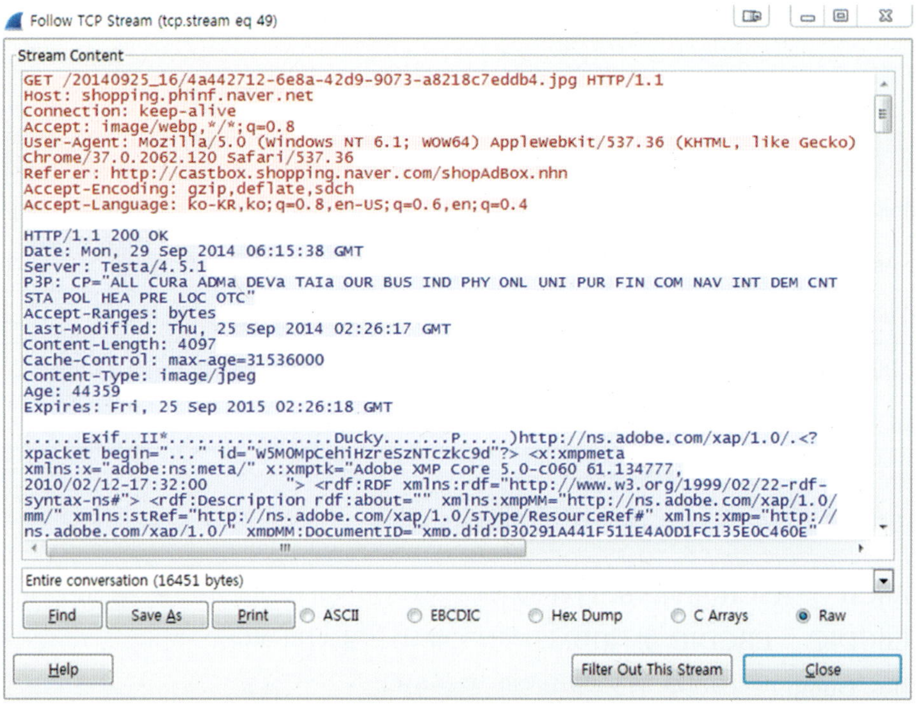

그림 5.61 Follow TCP Stream 디스플레이 화면

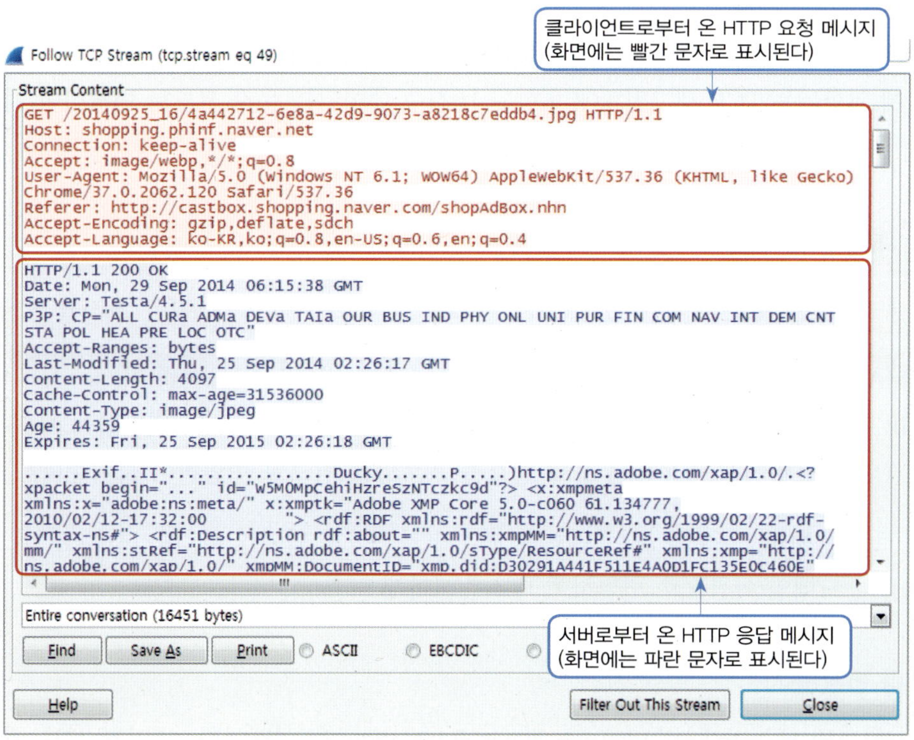

그림 5.62 HTTP 요청/응답 메시지 화면

Follow TCP Stream 디스플레이 화면의 각 항목 내용은 다음과 같다.

표 5.15 TCP Stream 디스플레이 화면의 각 항목 · 버튼의 내용

항목 · 버튼명	내용
[Find] 버튼	현재 선택된 TCP Stream 디스플레이 화면상의 문자열을 검색한다.
[Save As] 버튼	현재 선택된 형식을 바탕으로 Stream 내용을 저장한다.
[Print] 버튼	현재 선택된 형식을 바탕으로 Stream 내용을 인쇄한다.
[Filter Out This Stream] 버튼	디스플레이된 패킷에서 현재의 TCP Stream을 제외하고 나타낸다.
[Close] 버튼	TCP Stream 디스플레이 화면을 닫는다.

또한 출력할 문자코드를 다음 중에서 선택한다.

- ASCII … ASCII 형식으로 나타낸다.
- EBCDIC… EBCDIC 형식(IBM사 코드 형식)으로 나타낸다.
- Hex Dump … 16진수 덤프 형식으로 출력한다.
- C Arrays … C 언어 프로그램의 스트림 형식으로 출력한다.
- Raw … 있는 그대로의 데이터 형식으로 출력한다.

Follow TCP Stream 디스플레이 기능은 실제 디스플레이 필터를 작성하고 클라이언트와 서버 간에 교환되는 TCP 세그먼트에 포함된 16진수 데이터를 문자 코드로 변경하여 디스플레이한다.

5.2.11 패킷 이름 변환

와이어샤크에서는 패킷 이름을 변환할 수 있다. 구체적으로는 다음과 같은 처리를 말한다.

- MAC 주소를 LAN 카드 제조사명이나 IP 주소로 변환하여 보여준다.
- IP 주소를 인터넷에서 사용되는 호스트 이름과 도메인 이름으로 변환하여 보여준다.
- TCP나 UDP에서 이용되는 포트 번호를 프로토콜 명으로 변환하여 보여준다.

디폴트로는 MAC 주소와 포트 번호의 교환이 가능하게 되어 있다. 여기서는 IP 주소를 호스트 이름과 도메인 이름으로 변환하여 디스플레이해 보자.

패킷 이름 변환 순서

❶ 메인 화면의 메뉴바에서 「View → Name Resolution」을 선택한다. 그리고 서브 메뉴에서

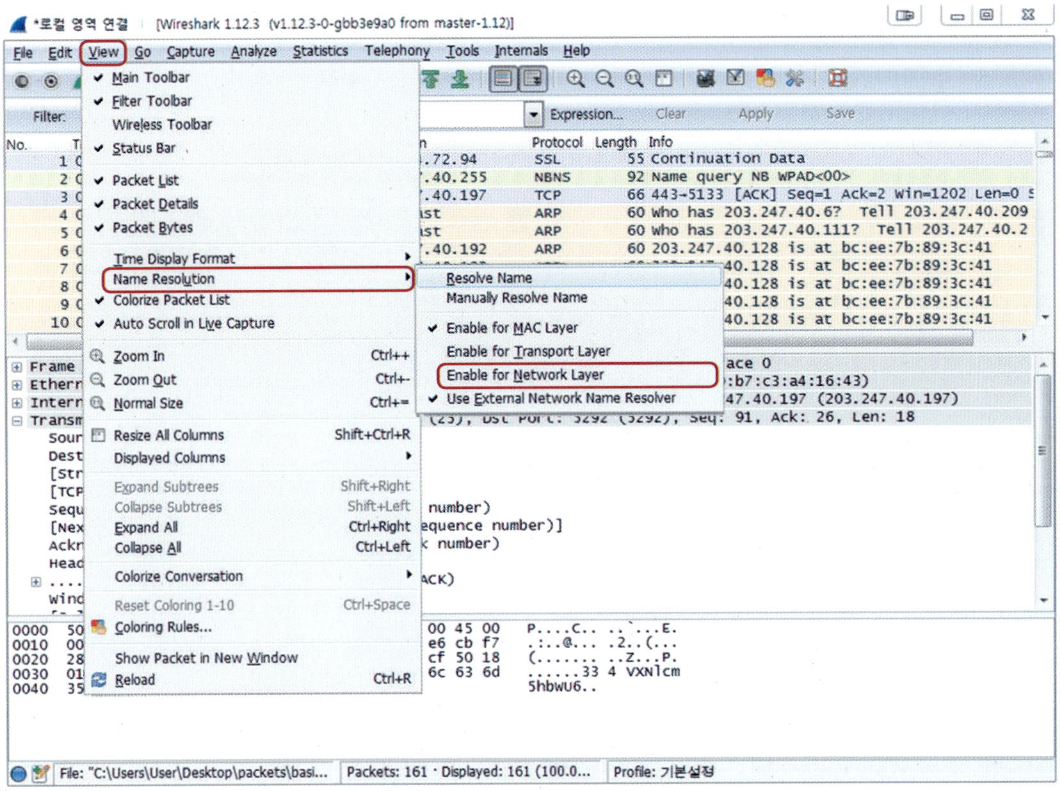

그림 5.63 메뉴바에서 「View → Name Resolution」 선택 화면

「Enable for Network Layer」를 선택한다(그림 5.63 참조). 그러면 「Enable for Network Layer」의 맨 왼쪽에 체크(∨)가 되며 메인 화면으로 돌아간다. 이제 메뉴바에서 「View → Name Resolution」을 선택한 후 다음 서브 메뉴가 선택 가능하게 된다.

- Resolve Name
  현재 패킷 목록 정보에 디스플레이된 패킷에 대해 이름 변환을 실행한다. 이때 패킷이 대량으로 디스플레이된 경우에는 시간이 걸릴 수 있으므로 주의하기 바란다.
- Enable for MAC Layer
  패킷에 포함된 MAC 주소에서 IP 주소로 변환한다. 변환에는 ARP 프로토콜을 이용하여 IP 주소를 취득한다. IP 주소로 변환할 수 없는 경우에는 LAN 카드 제조사인 벤더(메이커)명으로 변환한다. 이것은 OUI(Organization Unique Identifier), 즉 MAC 주소의 앞 부분 3바이트를 참조하여 실행한다.
- Enable for Network Layer
  패킷에 포함된 IP 주소에서 컴퓨터의 호스트 이름으로 변환한다. 변환에는 DNS 프로토콜을 이용하고 호스트명이나 도메인 이름을 취득한다.

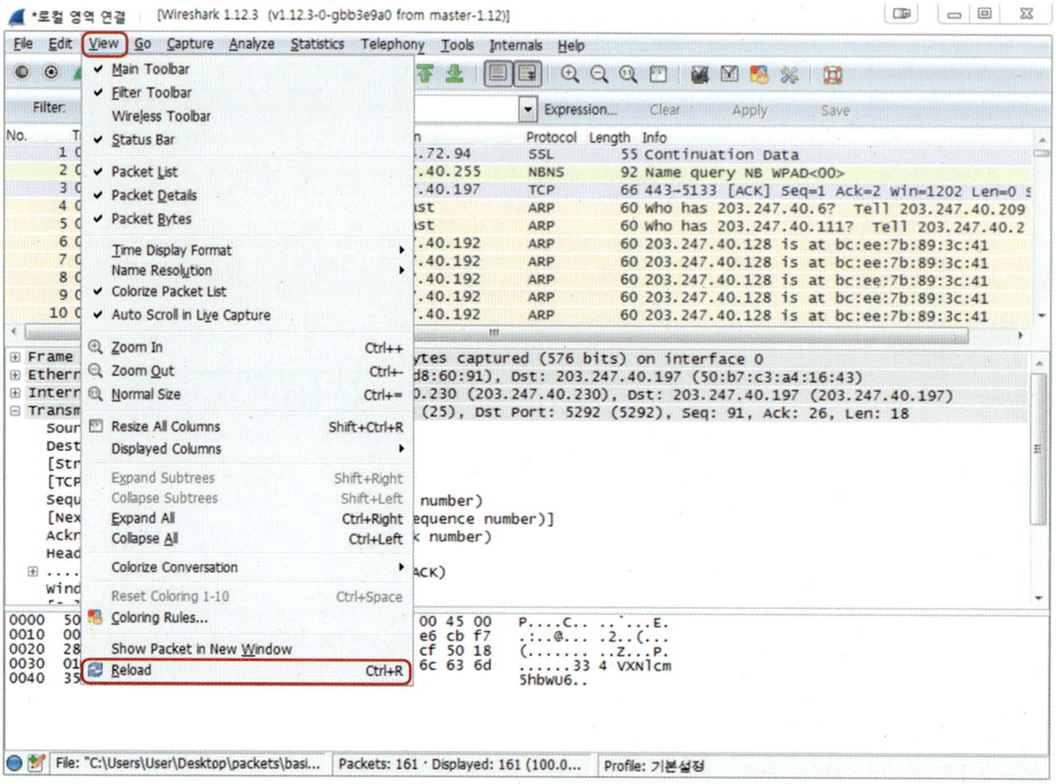

그림 5.64 메뉴바에서 「View → Reload」 선택 화면

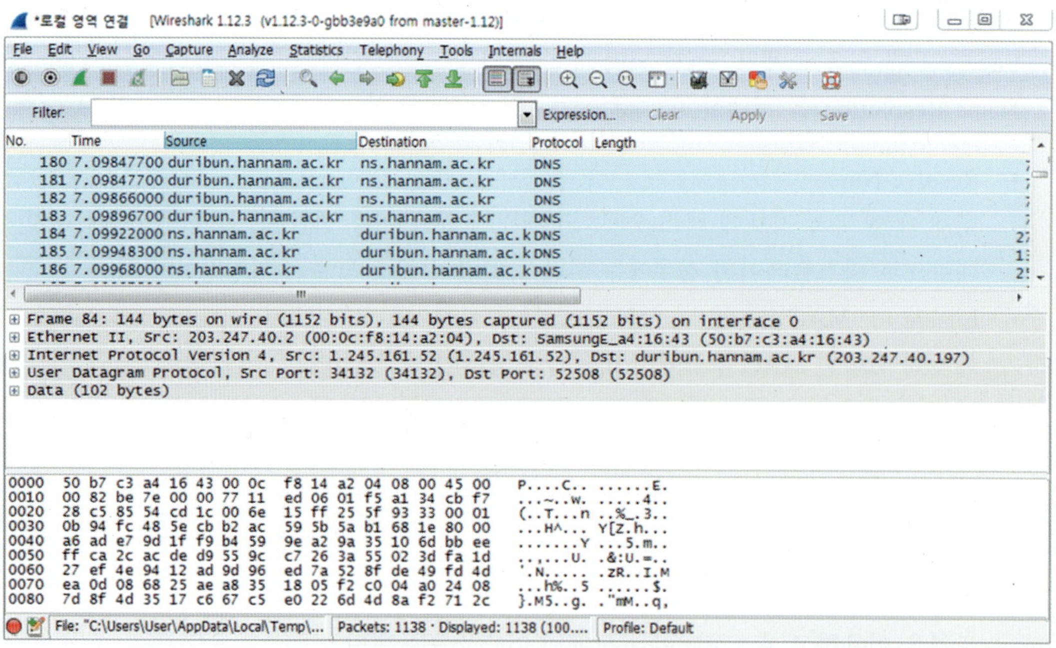

그림 5.65 「Source」 열 및 「Destination」 열의 디스플레이가 변해 있다.

- Enable for Transport Layer
  패킷에 포함된 TCP와 UDP 포트번호에서 프로토콜 명으로 변환한다. 변환에는 Well-Known 포트라는 이미 정해진 포트 번호와 프로토콜의 대응을 이용한다. 또한 이들 기능을 사용하여 이름 변환을 실행하면 패킷이 보기 쉬워져 아주 편리하나 대량 패킷의 경우에는 변환 시간이 많이 걸릴 수 있다.

❷ 메인 화면의 메뉴바에서「View → Reload」를 선택한다(그림 6.64 참조). 그러면 패킷 목록 정보의「Source」열 및「Destination」열의 디스플레이가 변한다(그림 6.65 참조).

❸ 패킷 목록 정보의「Source」열 및「Destination」열의 디스플레이가 IP 주소에서「호스트명 + 도메인명(FQDN)」으로 바뀌었음을 확인한다(그림 5.66 참조).

이름 변환 확인

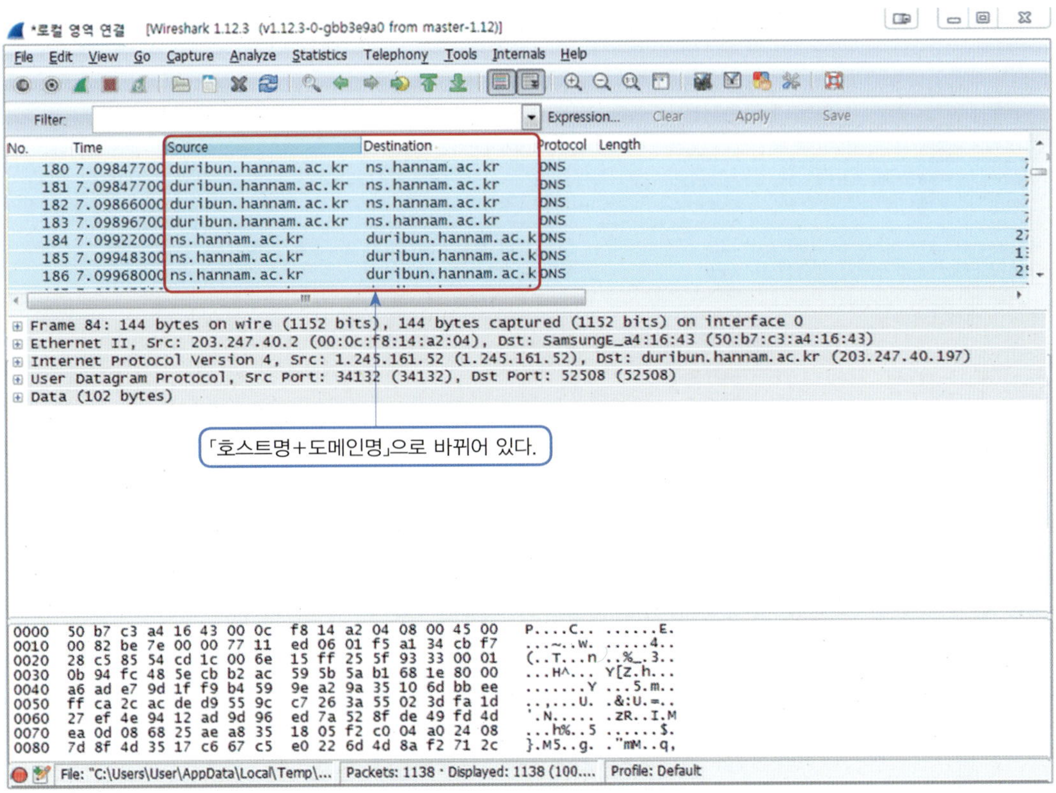

그림 5.66 이름 변환 확인 화면

5.2.12 패킷의 Flow Graph 디스플레이

와이어샤크의 편리한 기능 중에 「Flow Graph」 디스플레이 기능이 있다. 「Flow Graph」 디스플레이란 통신 교환 순서를 화살표로 나타내면서 그 내용을 화면에 보여주는 기능을 말한다. 「Flow Graph」 디스플레이 기능은 통신 교환 순서를 중점적으로 나타낼 수 있으므로 트러블슈팅에 매우 편리하다.

여기서는 원하는 홈페이지를 디스플레이하는 통신 내용을 「Flow Graph」 디스플레이해 보자.

통신 내용을 「Flow Graph」 디스플레이하는 순서

❶ 메인 화면의 메뉴바에서 「Statistics → Flow Graph」를 선택한다(그림 5.67 참조).

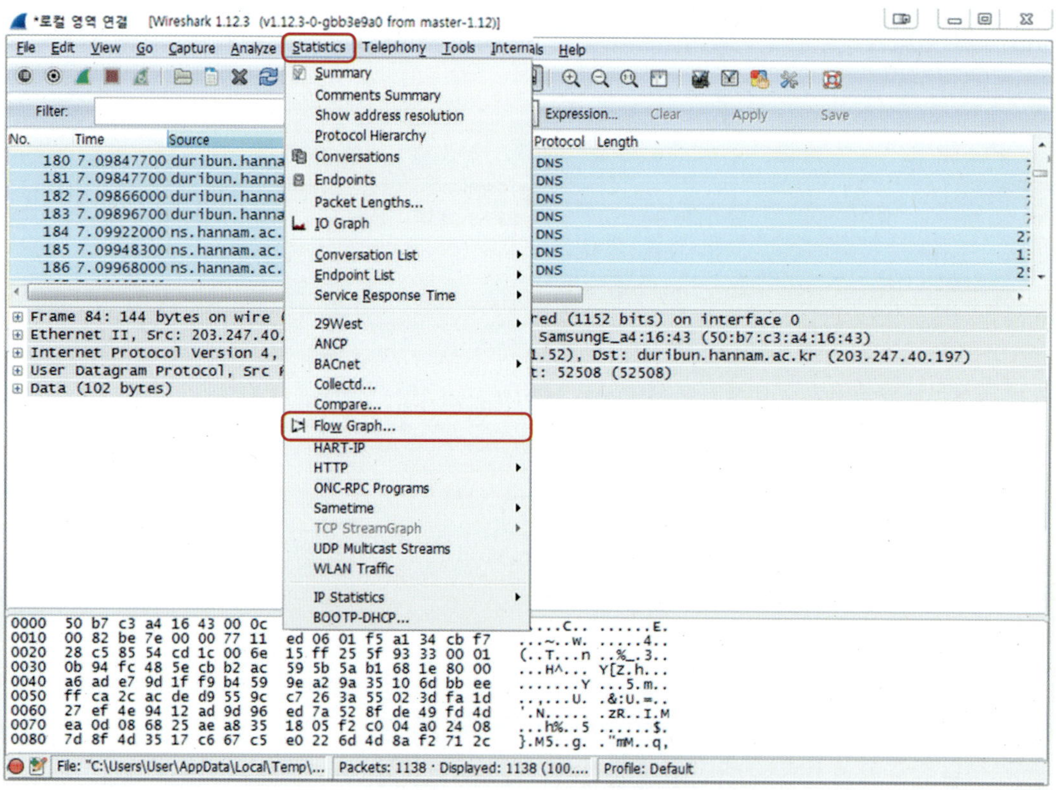

그림 5.67 메뉴바에서 「Statistics → Flow Graph」 선택 화면

그러면 Flow Graph 화면이 디스플레이된다(그림 5.68 참조).

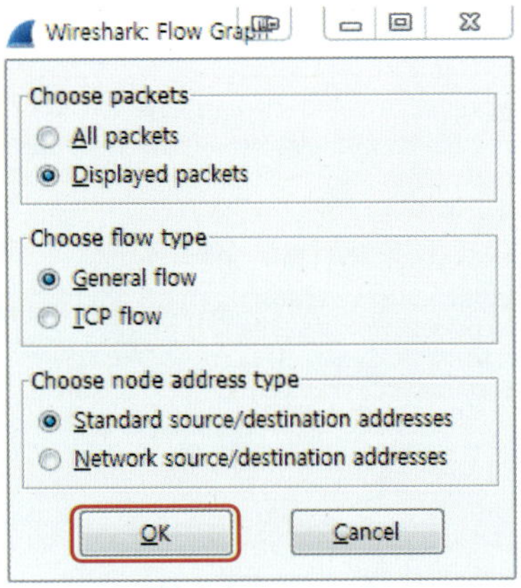

그림 5.68 Flow Graph 화면

❷ [OK] 버튼을 클릭한다. 그러면 「Flow Graph」 디스플레이(그래프 분석) 화면이 열리며 통신 내용이 「Flow Graph」 디스플레이된다. Flow Graph 화면의 각 항목 내용은 다음과 같다.

표 5.16 Flow Graph 화면의 각 항목 내용

항목명	내용
All packets	모든 패킷을 대상으로 한다.
Displayed packets	디스플레이된 패킷을 대상으로 한다.
General flow	일반 「Flow Graph」를 디스플레이한다.
TCP flow	TCP 「Flow Graph」 디스플레이를 실행한다.
Standard source/destination addresses	패킷 목록 정보 「Source(송신자)」 열 / 「Destination(수신자)」 열로 나타나 있는 표준 주소를 디스플레이한다.
Network source/destination addresses	네트워크 주소에서 송신자/수신자 주소를 디스플레이한다.

「Flow Graph」 디스플레이 확인

「Flow Graph」 디스플레이(그래프 분석) 화면에서는 「Time」 열에 첫 번째를 기준(0)으로 한 경과 시간이 디스플레이된다. 또한 통신에서 등장하는 호스트 명칭이 윗부분에 나타난다(그림 5.69 참조).

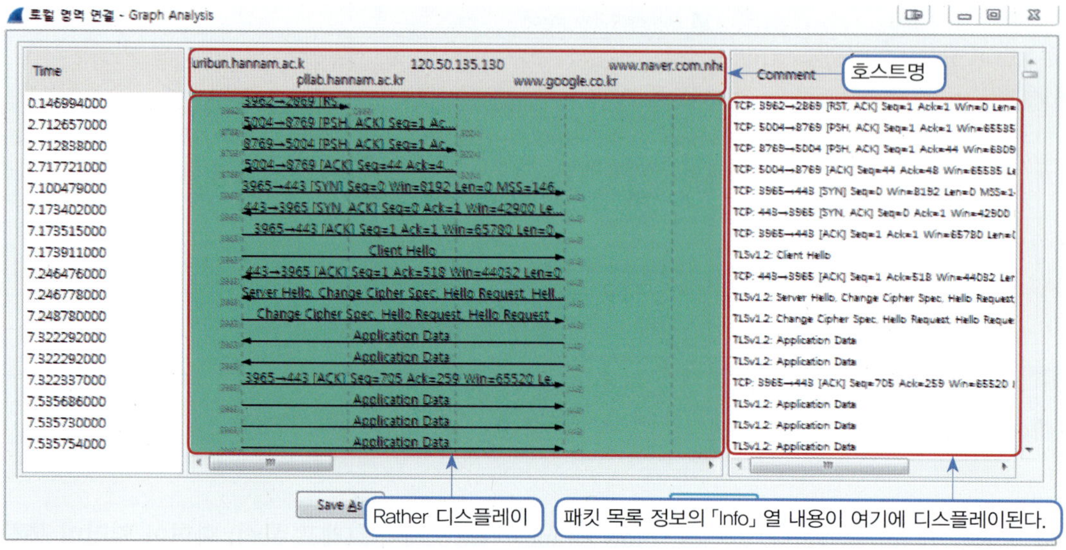

그림 5.69 「Flow Graph」 디스플레이 화면

5.3 와이어샤크 파일 처리

와이어샤크에는 여러 가지 패킷 캡처 형식의 파일을 불러 오거나 이어 쓰는 기능이 있다. 또한 캡처 파일을 결합할 수 있다. 뿐만 아니라 인쇄 기능도 여러 가지 파일 형식으로 할 수 있다.

여기서는 와이어샤크의 파일 처리를 실제로 실행하면서 각 기능에 대해 확인해 보자.

5.3.1 캡처 파일을 여는 법

기존의 캡처 파일을 열려면(Open) 툴바의 「불러오기」 버튼( )을 클릭하거나 메뉴바에서 「File → Open」을 선택한다. 그러면 캡처 파일 선택 화면이 나타난다(그림 5.70 참조). 또한 이외에도 캡처 파일을 메인 화면의 패킷 목록 정보에 드래그 & 드롭하여 파일을 열 수 있다.

캡처 파일을 열기 위한 선택 화면에서 윈도우즈의 애플리케이션과 같은 조작으로 파일을 선택할 수 있다. ❶「찾는 위치(I)」 ❷「파일 이름(N)」 ❸「파일 형식(T)」을 각각 지정한다. 파일을 선택하면 화면 우측 아래(❺)에 파일 이름, 파일 형식, 파일 크기, 패킷 수, 그 패킷을 맨 처음 캡처한 시각, 패킷을 캡처하는 데 걸린 시간 등이 미리보기로 보여준다.

또한 화면 좌측 아래(❹)에는 「Read filter」란 텍스트 상자가 있는데 이것을 사용하여 신규로 파일을 열 때에 디스플레이 필터를 적용하여 패킷을 제한할 수 있다. 캡처 파일을 연 다음이 디스플레이 필터를 적용시키는 것도 가능하지만 캡처 파일의 크기가 아주 큰 경우에는 디스플레이 필터를 적용하고 나서 여는 것이 비교적 단시간에 파일의 내용을 확인할 수 있다.

「Read filter」 아래에는 이름 변환을 위한 체크 상자가 준비되어 있다(❻).

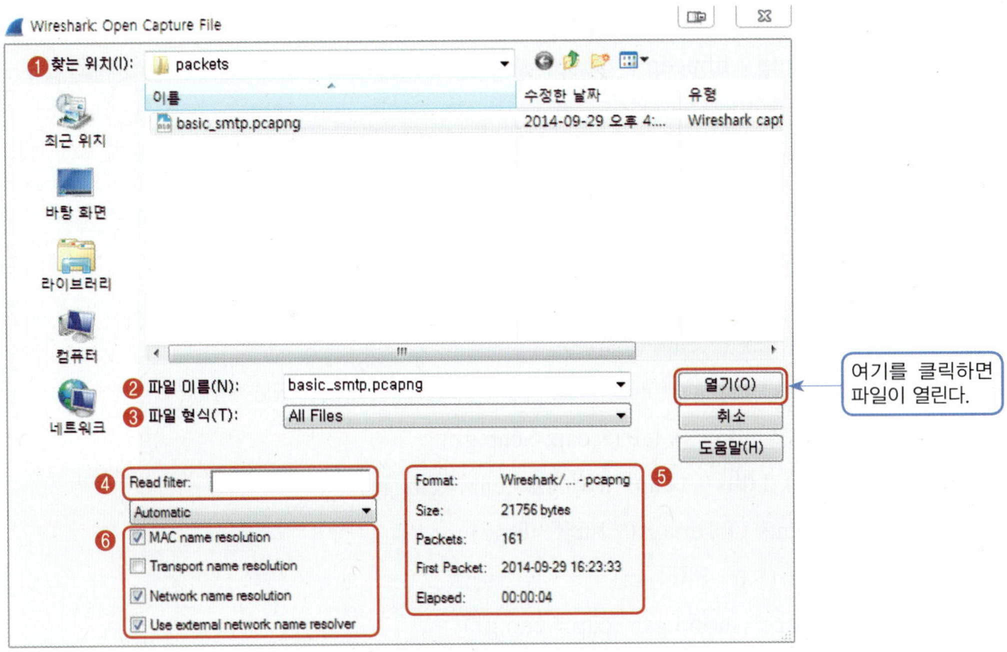

그림 5.70 캡처 파일을 열기위한 선택 화면

- 「MAC name resolution」에 체크하면 MAC 주소를 LAN 카드의 벤더명으로 변환하며 패킷 목록 정보나 패킷 상세 정보에 나타난다.
- 「Network name resolution」에 체크하면 DNS를 이용하여 IP 주소를 호스트 이름으로 변환하여 보여준다.
- 「Transport name resolution」에 체크하면 전송층의 포트 번호를 프로토콜 명으로 변환하여 보여준다.

마지막으로「열기」버튼을 클릭하여 파일을 연다.

와이어샤크 캡처 파일 형식

와이어샤크의 캡처 파일 형식은 표준으로는 Wireshark/... (확장자 pcapng 및 pcapng.gz)로 되어 있다. 이에 덧붙여 캡처 파일 선택 화면에서「파일 형식」의 풀다운 목록에서 원하는 캡처 파일 형식을 선택하고 와이어샤크로 읽어 들일 수 있다. 현재 와이어샤크가 열 수 있는 풀다운 목록에 있는 캡처 파일 형식은 다음과 같다.

Wireshark/... -pcapng (*.pcapng;*.pcapng.gz;*.ntar;*.ntar.gz)
Wireshark/tcpdump/... -pcap (*.pcap;*.pcap.gz;*.cap;*.cap.gz;*.dmp;*.dmp.gz)
Wireshark - nanosecond libpcap (*.pcap;*.pcap.gz;*.cap;*.cap.gz;*.dmp;*.dmp.gz)
Modified tcpdump - libpcap (*.pcap;*.pcap.gz;*.cap;*.cap.gz;*.dmp;*.dmp.gz)

Nokia tcpdump - libpcap (*.pcap;*.pcap.gz;*.cap;*.cap.gz;*.dmp;*.dmp.gz)
RedHat 6.1 tcpdump - libpcap (*.pcap;*.pcap.gz;*.cap;*.cap.gz;*.dmp;*.dmp.gz)
SuSE 6.3 tcpdump - libpcap (*.pcap;*.pcap.gz;*.cap;*.cap.gz;*.dmp;*.dmp.gz)
InfoVista 5View capture (*.5vw;*.5vw.gz)
Endace ERF capture (*.erf;*.erf.gz)
HP-UX nettl trace (*.trc0;*.trc0.gz;*.trc1;*.trc1.gz)
Microsoft NetMon 1.x (*.cap;*.cap.gz)
Microsoft NetMon 2.x (*.cap;*.cap.gz)
Sniffer(DOS) (*.cap;*.cap.gz;*.enc;*.enc.gz;*.trc;*.trc.gz;*.fdc;*.fdc;*.fdc.gz;*.syc;*.syc.gz)
NetXray, Sniffer (Windows) 1.1 (*.cap;*.cap.gz)
Sniffer (Windows) 2.00x (*.cap;*.cap.gz;*.caz;*.caz.gz)
Network Instruments Observer (*.bfr;*.bfr.gz)
Novell LANalyzer (*.tr1;*.tr1.gz)
Sun snoop (*.snoop;*.snoop.gz;*.cap;*.cap.gz)
Visual Networks traffic capture (*.*)
K12 text file (*.txt;*.txt.gz)
TamoSoft CommView (*.ncf;*.ncf.gz)

5.3.2 캡처 파일 저장

캡처 파일을 저장(Save)하려면 메뉴바에서 「File → Save」 또는 「File → Save As」를 선택하거나, 툴바에서 「다른 이름으로 저장」 버튼( )을 클릭한다.

파일명을 바꾸지 않고 그대로 저장할 경우에는 「File → Save」를 선택한다. 별도의 파일명이나 다른 파일 형식으로 저장할 경우에는 「File → Save As」를 선택하거나, 「다른 이름으로 저장」 버튼을 클릭한다(그림 5.71 참조).

① 「저장 위치(I)」의 풀다운 목록에서 캡처 파일을 저장할 장소를 선택한다. ② 「파일 이름(N)」에서는 텍스트 상자에 저장할 캡처 파일의 이름을 입력한다. 그리고 ③ 「파일 형식(T)」의 풀다운 목록에서 확장자를 선택한다. 또한 캡처 파일의 디폴트 확장자는 pcapng (wireshark/... 형식)이다.

그런데 패킷을 대량으로 캡처했을 경우에 그대로 저장하면 캡처 파일의 크기가 너무 커져서 파일을 조작하는 데 시간이 걸릴 수 있다. 이와 같은 경우에 패킷의 범위를 제한하여 저장하는 것을 권장한다.

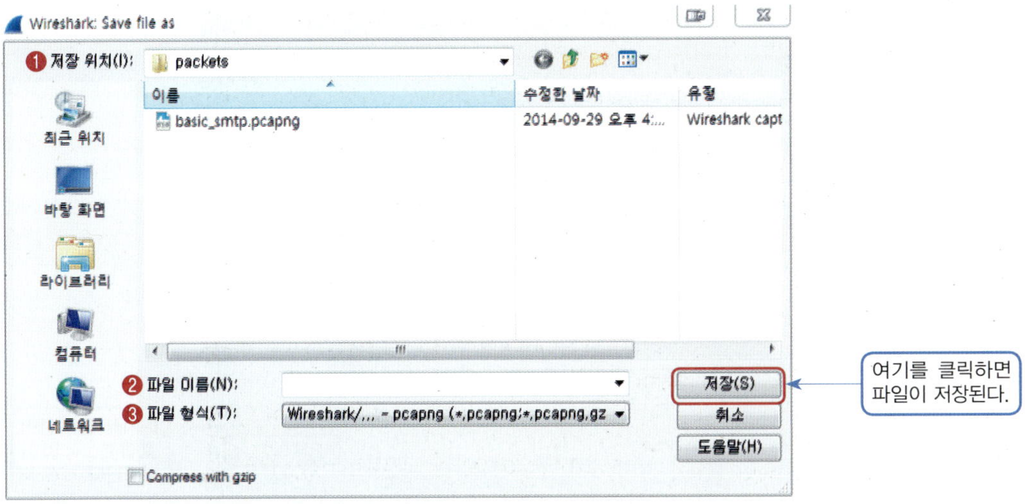

그림 5.71 캡처 파일 저장 화면

5.3.3 캡처 파일 결합

캡처 파일의 결합(merge)이란 문자 그대로 복수의 파일을 결합하여 하나의 파일로 하는 것을 말한다. 예를 들어 대량 패킷을 바탕으로 통계를 만들 경우 파일의 결합이 매우 도움이 된다. 캡처 파일을 결합하려면 우선 하나의 캡처 파일을 연다. 그리고 메뉴바에서 「File → Merge」를 선택한다. 그러면 그림 5.72와 같이 캡처 파일의 결합 화면이 나타난다.

캡처 파일의 결합 화면은 캡처 파일의 선택 화면과 마찬가지로 조작할 수 있다. ❶ 「파일 위치(I)」의 풀다운 목록에서 결합하고자 하는 파일의 저장 장소를 선택한다. ❷ 「파일 이름(N)」에 결합하고자 하는 캡처 파일명을 입력한다. ❸ 「파일 형식(T)」에서는 풀다운 목록에서 결합할 캡처 파일의 형식을 지정한다.

화면 아래 부분(❹)에는 「Read filter」란 텍스트 상자가 있으며 이것을 사용하여 결합한 후의 패킷에 디스플레이 필터를 적용할 수 있다. 또한 선택한 캡처 파일에 관한 다음 내용이 화면 우측 아래(❻)에 표시된다.

- Format(파일 형식)
- Size(파일 크기)
- Packets(패킷 수)
- First Packet(최초 패킷)
- Elapsed(경과 시간)

또는 화면 왼쪽 아래(❺)의 라디오 버튼으로 결합 방법을 지정한다. 각 버튼의 기능은 표 5.17과 같다.

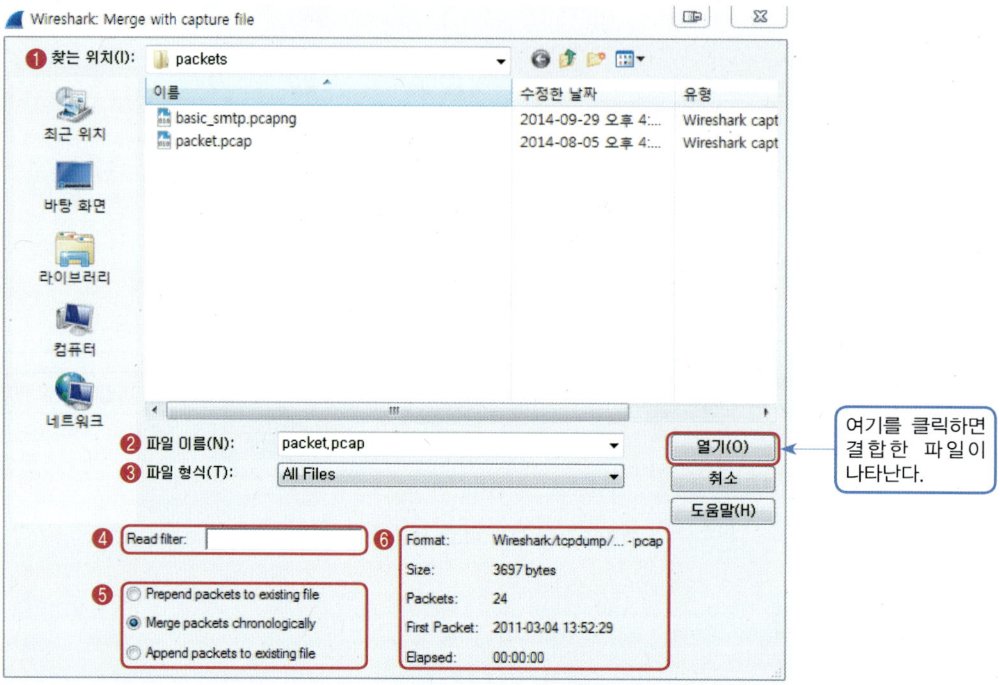

그림 5.72 캡처 파일 결합 화면

표 5.17 캡처 파일 결합 화면의 라디오 버튼

라디오 버튼명	내용
Prepend packets to existing file	현재 열려있는 파일 앞에 다른 파일을 결합한다.
Merge packets chronologically	현재 열려있는 파일에 포함된 패킷과 결합할 파일에 포함될 패킷을 Time 열로 바꾸어 배열한다.
Append packets to existing file	현재 열려있는 파일 뒤에 다른 파일을 결합한다.

캡처 파일 결합 화면에서 결합하고 싶은 캡처 파일을 선택한 후 「열기」 버튼을 클릭한다. 그러면 결합 전에 디스플레이되어 있던 캡처 파일에 지정한 캡처 파일이 결합된 형태로 보여준다.

5.3.4 캡처 파일 일괄 처리

「Multiple Files」란 기능을 사용하면 캡처 파일을 복수의 파일로 분할하여 저장할 수 있다. 이때 복수로 분할된 캡처 파일을 「File Set」이라고 한다.

와이어샤크는 현재 열려 있는 캡처 파일과 같은 폴더에 있는 일련의 파일을 인식하고 파일셋으로서 취급한다. 단 와이어샤크가 파일셋으로서 올바르게 인식하기 위해서는 개개의 캡처 파일이 같은 폴더에 있어야하며 동시에 파일명의 앞 부분이 일치해야 한다. 더욱이 이들 파일이 와이어샤크와 관련되어야 할 필요가 있다. 미리 파일에 와이어샤크의 디폴트 확장자(「.pcap」 등)를 붙여 두면 된다.

메뉴바에서 「File → File Set」을 선택함으로써 개개의 파일이 아니라 일련의 파일로써 일괄 조작을 할 수 있다. 또한 「File → File Set」에서 나아가 「List Files」를 선택하면 N 파일셋 화면(N은 캡처 파일 수)이 팝업되며 와이어샤크가 파일셋으로써 인식하고 있는 파일 목록이 나타난다(그림 5.73 참조).

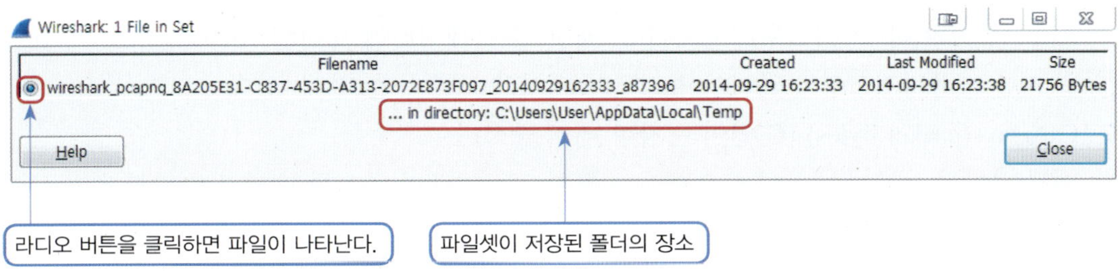

그림 5.73 N 파일 셋 화면

N 파일 셋 화면

화면 아래 부분에 「...in directory」라고 되어있는 데 파일 셋이 저장되어 있는 폴더의 장소가 경로로 나타난다. 또한 개개의 파일 왼쪽 옆에 있는 라디오 버튼을 클릭함으로서 그 파일을 디스플레이할 수 있다.

「File → File set」에서 「Next File」을 선택하면 현재 디스플레이하고 있는 캡처 파일의 하나 뒤에 위치한 파일셋 안의 캡처 파일이 열린다.

또한 「File → File set」에서 「Previous File」을 선택하면 현재 디스플레이하고 있는 캡처 파일의 하나 이전에 위치한 파일셋 안의 캡처 파일이 열린다.

5.3.5 캡처 파일 출력

와이어샤크는 캡처 파일을 텍스트 형식이나 PostScript 형식 등과 같은 별도 형식으로 출력할 수 있다. 이것은 와이어샤크를 사용하지 않는 사람에게 패킷을 보여주고 싶은 경우나 이메일에 패킷을 첨부하고 싶은 경우에 편리한 기능이다.

캡처 파일의 출력 형식으로는 다음과 같은 것이 있다.

- Plain Text(텍스트 형식)
  평문이라는 표준 텍스트 형식이다. 이메일 등에 첨부할 경우에 편리한 형식이다.

- Post Script(포스트 스크립트 형식)
  포스트 스크립트 형식이라 불리는 벡터 형식이다. Post Script 대응 프린터 등에서 인쇄할 수 있다.
- CSV(Comma Separated Values summary)
  컴마로 구분한 텍스트 형식이다. 마이크로소프트 액셀을 비롯한 표 계산 소프트웨어에 불러 올려 편집할 수 있다.
- PSML(XML packet summary)(패킷 개요의 XML 형식)
  XML 형식의 하나인 PSML 형식이다. 패킷의 개요 데이터에 대하여 XML(PSML)에 대응한 다른 애플리케이션과 와이어샤크 사이에 데이터 교환 등을 할 수 있다.
- PDML(XML packet detail)(패킷 상세의 XML 형식)
  XML 형식의 하나인 PDML 형식이다. 패킷 상세 데이터에 대하여 XML(DSML)에 대응한 다른 애플리케이션과 와이어샤크 간에 데이터 교환 등을 할 수 있다.
- C Arrays(packet bytes) (C 언어 문자형 배열 방식)
  패킷 데이터 부분에 대하여 C 언어를 사용한 프로그램의 문자형 배열로써 저장한다. 구체적으로는 다음과 같은 형식이 된다.

```
char pkt1[ ]={0x00, 0x21, 0x5a, 0x0c, 0x0d, 0x34, 0x00, 0x26}
```

캡처 파일을 출력할 때는 다음 세 가지 방법이 있다.

1) 메뉴 바에서「File → Print」를 선택하고 디스플레이된 인쇄 화면에서「Output to file」로 출력할 파일 이름을 입력한다. 이어서 기타 각 항목을 지정한 다음「Print」 버튼을 클릭한다.
2) 메뉴 바에서「File → Export → Specified Packets」을 선택하고 디스플레이된 Export 화면에서 각 항목을 지정한 다음「저장」 버튼을 클릭한다.
3) 메뉴 바에서「File → Export → Selected Packet Bytes」를 선택하고 디스플레이된 익스포트 로우 데이터 화면에서「저장」 버튼을 클릭한다.

위 설명 가운데 1)의 방법에 대해서는 5.3.6 캡처 파일 인쇄에서 자세하게 설명하도록 한다. 여기서는 2) 및 3)의 방법을 확인한다.

Export 화면에서 각 항목을 지정한 후 [저장] 버튼을 클릭하는 방법

메뉴바에서「File → Export → File」을 선택하면 다음과 같은 Export File 화면이 표시된다(그림 5.74 참조).

항목 ❶~❹의 지정 방법에 대해서는 캡처 파일 저장 화면과 같다. ❺「Packet Format」란에서는 출력할 때의 파일 형식을 지정한다.「Packet summary line」을 체크하면 패킷 목록 정보에 나타난 패킷의 개요가 출력된다. 또한「Packet details」를 체크하면 패킷 상세 정보의

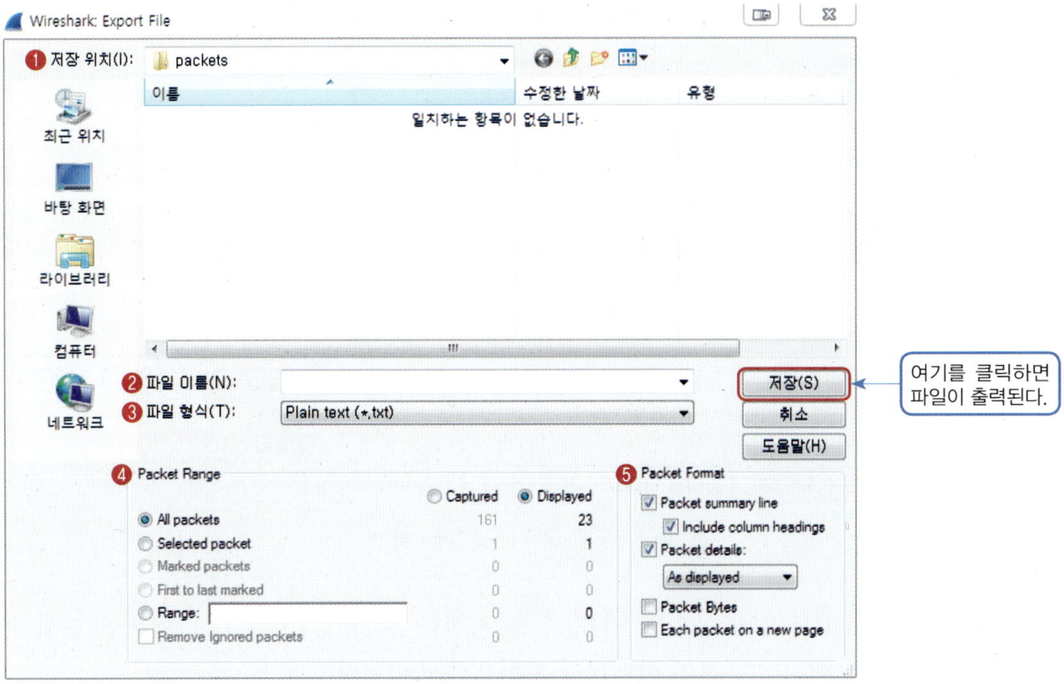

그림 5.74 Export File 화면

출력이 유효하게 됨과 동시에 풀다운 목록에서 출력 내용을 선택할 수 있다.

- 「All collapsed」: 패킷 상세 정보에서 내용이 전개되어 있지 않은 상태(⊞의 상태), 즉 가장 간결한 상세 설명이 출력된다.
- 「As displayed」: 패킷 상세 정보에 디스플레이된 상세 설명이 그대로 출력된다.
- 「All expanded」: 패킷 상세 정보에서 내용이 모두 전개된 상태(⊟의 상태), 즉 모든 계층의 상세 설명이 출력된다.

「Packet Bytes」를 체크하면 패킷 데이터 정보에 디스플레이된 16진수 덤프의 내용이 출력된다. 또한 「Each packet on a new page」를 체크하면 패킷마다 페이지를 나눠 출력한다.

필요에 따라 이상과 같이 조작한 후 [저장] 버튼을 클릭하면 파일이 출력된다.

Export Raw Data 화면에서 각 항목을 지정한 후 [저장] 버튼을 클릭하는 방법

패킷 상세 정보 또는 패킷 바이트 정보에서 출력하고 싶은 임의의 부분을 클릭하고 메뉴바에서 「File → Export → Selected Packet Bytes」를 선택한다. 그러면 Export Raw Data 화면이 표시된다(그림 5.75 참조).

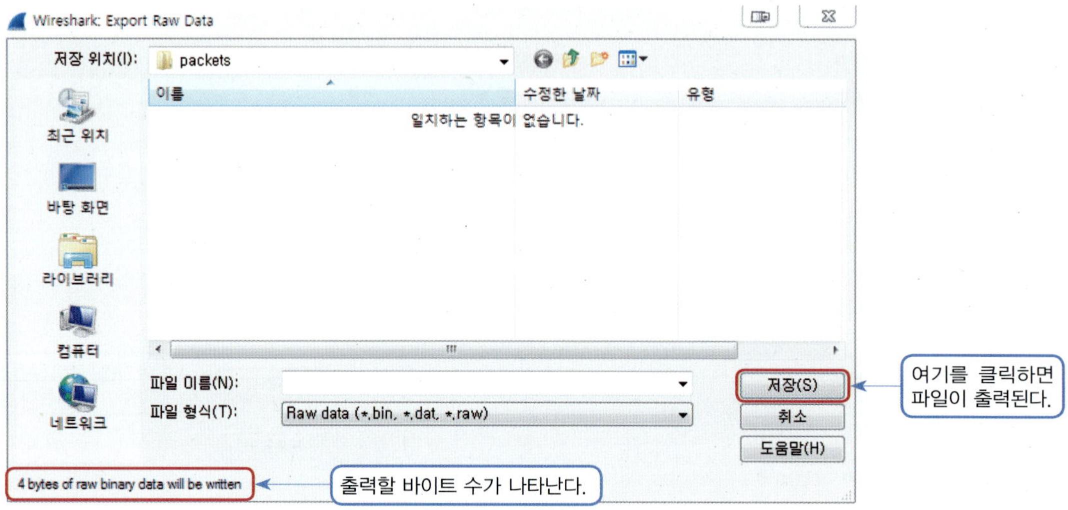

그림 5.75 Export Raw Data 화면

Export Raw Data 화면에서 「파일 이름」 등을 지정한 후 [저장] 버튼을 클릭하면 현재 선택하고 있는 패킷의 데이터 부분이 바이너리 형식으로 출력된다.

5.3.6 캡처 파일 인쇄

캡처 파일을 인쇄(print)할 경우에는 메뉴바에서 「File → Print」를 선택한다. 그러면 그림 5.76과 같은 인쇄 화면이 표시된다. 필요에 따라 각 항목을 설정한 다음 [Print] 버튼을 클릭한다.

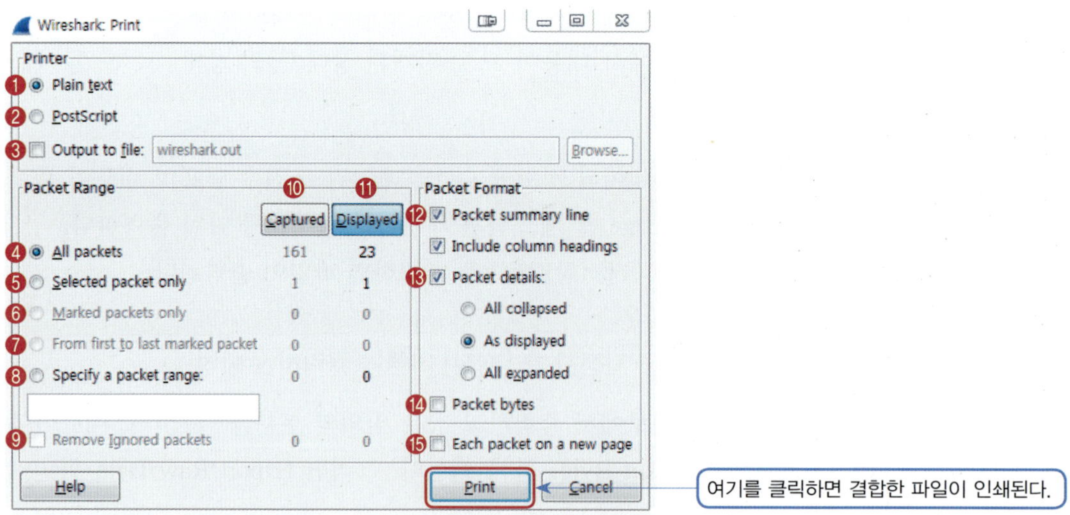

그림 5.76 인쇄 화면

표 5.18 인쇄 화면의 각 항목 · 버튼의 내용

「Printer」란

여기서는 프린터 출력 내용에 관한 설정을 한다.

No.	항목명	내용
①	Plain Text	ASCII 텍스트 형식으로 인쇄한다. 파일로 출력하거나 윈도우즈의 일반 프린터로 인쇄할 경우에는 이 항목을 선택하는 것이 좋다.
②	PostScript	PostScript 형식으로 인쇄한다. PostScript 대응 프린터로 인쇄할 경우에는 이 항목을 선택한다.
③	Output to file	프린터로 인쇄하는 것이 아니라 파일로 출력할 경우에는 이 항목을 선택한다. 텍스트 상자에 파일명을 입력한다. 그때 윈도우즈의 텍스트 확장자 「.txt」를 붙여 두면 좋다. 또한 「Browse」 버튼을 클릭하여 파일 선택 화면을 표시하고 출력할 파일을 선택할 수 있다.

「Packet Range」란

여기서는 인쇄할 패킷을 지정한다. 지정한 패킷의 수가 화면상에 나타나기 때문에 인쇄할 패킷 수를 확인하면서 조작할 수 있다.

No.	항목명	내용
④	All packets	캡처한 모든 패킷을 인쇄한다.
⑤	Selected packet only	메인 화면의 패킷 목록 정보에서 선택된 패킷만 인쇄한다.
⑥	Marked packets only	마크 기능을 사용한 패킷만 인쇄한다. 캡처 파일은 보통 크기가 크다. 따라서 인쇄할 패킷을 제한하고 싶은 경우에는 이 항목을 선택하면 된다.
⑦	From first to last marked packet	최초에 마크한 패킷과 마지막에 마크한 패킷과의 사이에 있는 패킷을 인쇄한다.
⑧	Specify a packet range	인쇄할 패킷의 범위를 지정하는 식을 텍스트 상자에 입력한다. (예) 5번째, 10–20번째, 및 30번째 이후의 패킷을 인쇄하고 싶은 경우에는 「5,10–20, 30–」라고 입력한다.
⑨	Remove Ignored pack–ets	이 항목을 체크하면 패킷 목록 정보에서 Ignore 기능에 의해 무시된 패킷을 제외한 상태로 인쇄한다.

「Packet Range」란에서 선택한 항목에 대하여 더욱이 화면상에서는 인쇄할 대상으로서 「Captured」(캡처한 것) 또는 「Displayed」(디스플레이한 것) 가운데 하나로 제한할 수 있게 되어 있다.

No.	항목명	내용
⑩	[Captured]	캡처한 패킷을 인쇄한다.
⑪	[Displayed]	메인 화면의 패킷 목록 정보에 나타난 패킷을 인쇄한다.

「Packet Format」란

여기서는 출력할 때 패킷 형식을 지정한다.

No.	항목명	내용
⑫	Packet summary line	메인 화면의 패킷 목록 정보에 나타난 패킷의 개요를 출력한다.
⑬	Packet details	메인 화면의 패킷 상세 정보에 나타난 내용을 출력한다. 여기서는 라디오 버튼을 통해 출력 내용을 자세히 지정할 수 있게 되어 있다. • 「All collapsed」 패킷 상세 정보에서 모두 ⊞로 되어 있는(닫힌) 상태의 가장 간결한 상세 설명이 출력된다. • 「As displayed」 패킷 상세 정보에서 현재 ⊞가 전개되어 나타난 부분의 상세 설명이 출력된다. 예를 들어 상위 계층에 대해서만 상세를 알고 싶은 경우 등에 편리하다. • 「All expanded」 패킷 상세 정보에서 ⊞가 모두 전개된 상태, 즉 모든 계층의 상세 설명이 출력된다. 캡처한 모든 패킷의 상세 정보가 필요한 경우에는 이 항목을 선택하기 바란다.
⑭	Packet bytes	패킷 바이트 정보에 나타난 16진수 덤프의 내용도 출력한다.
⑮	Each Packet on a new page	패킷 마다 페이지를 나눠 출력한다.

연습문제

1. 패킷 캡처를 시작하는 방법을 아는 대로 기술하라.

2. 캡처된 파일을 출력하는 명령어는 무엇인가?

3. 캡처 필터에 입력된 필터식이 잘못되었을 때 나타나는 색상은 무엇인가?

4. 패킷 Flow Graph Display 기능은 무엇인가?

5. Follow TCP Stream Display 기능은 무엇인가?

CHAPTER 06

패킷 헤더 확인과 덤프 분석

6.1 개요
6.2 덤프 분석

6.1 개요

이제 어느 정도 와이어샤크를 사용할 수 있게 되었다. 지금부터는 와이어샤크를 사용하여 패킷의 내용을 좀 더 자세하게 살펴보고자 한다. 이것은 패킷 해석(Decode)이라고 하는「덤프 분석(Dump Analysis)」의 첫걸음이라 할 수 있다.

여기서 원하는 홈페이지의 패킷을 캡처하여 어떤 헤더와 필드가 포함되어 있는지를 먼저 확인해 보자.

6.1.1 홈페이지 패킷 캡처

앞 장에서 원하는 홈페이지 정보에 대한 패킷을 실제로 캡처해봤는 데, 여기서 다시 한 번 홈페이지를 접속했을 때에 전송되는 패킷을 캡처해 보도록 한다.

홈페이지 패킷을 캡처하는 순서

❶ 데스크탑에 있는 와이어샤크의 실행 아이콘 또는 단축키를 더블클릭한다. 그러면 와이어샤크가 실행되며 스타트업 화면이 나타난다.

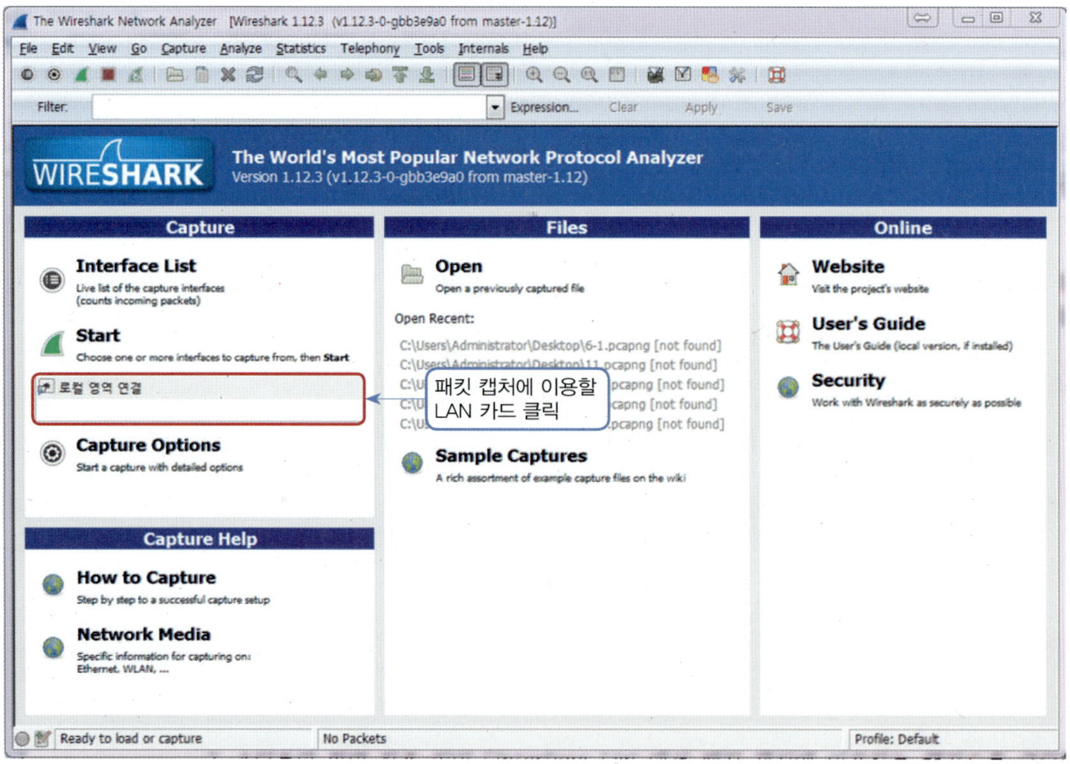

그림 6.1 스타트업 화면에서 LAN 카드 선택

❷ 스타트업 화면 좌측 위의 「Interface List」에서 패킷 캡처에 이용하는 LAN 카드를 클릭한다(그림 6.1 참조). 그러면 와이어샤크 메인 화면이 나타나고 패킷 캡처가 시작된다.

❸ 캡처된 패킷이 패킷 목록 정보에 차례대로 나타나고 있음을 확인한다(그림 6.2 참조).

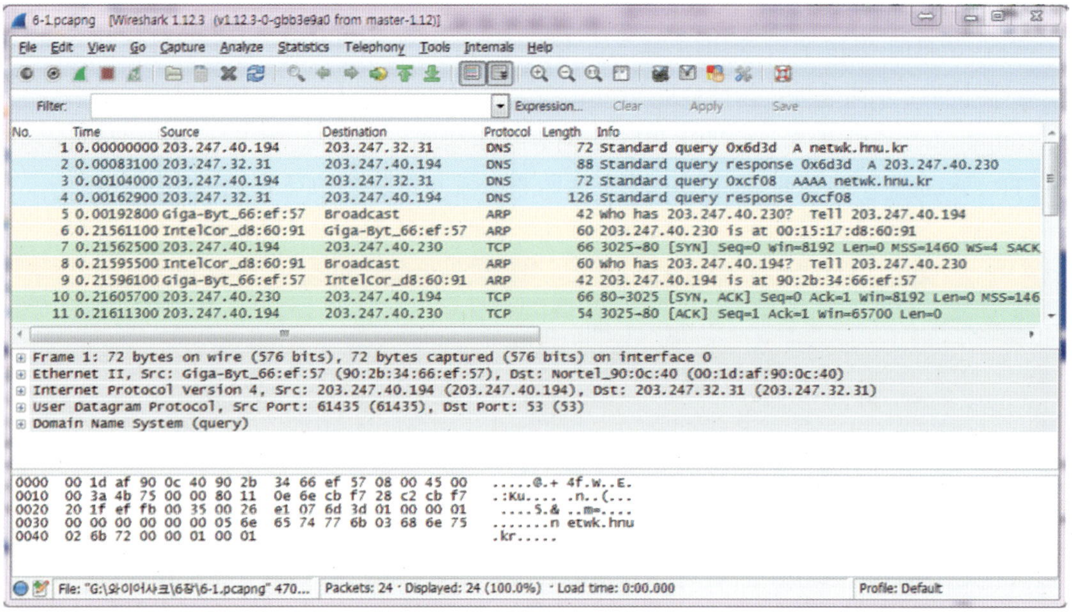

그림 6.2 패킷 캡처 메인 화면

❹ 이제 웹브라우저를 실행하여 임의의 홈페이지를 접속한다. 이 책에서는 캡처 결과를 알기 쉽게 하기 위해 화상 등이 포함되지 않은 간단한 웹페이지(http://netwk.hnu.kr/test/sample.html)를 접속하였다. 웹브라우저에 홈페이지가 나타나면 패킷 캡처를 종료한다(그림 6.3 참조). 그런 다음 윈도우즈 화면에서 와이어샤크 화면으로 바꾼다.

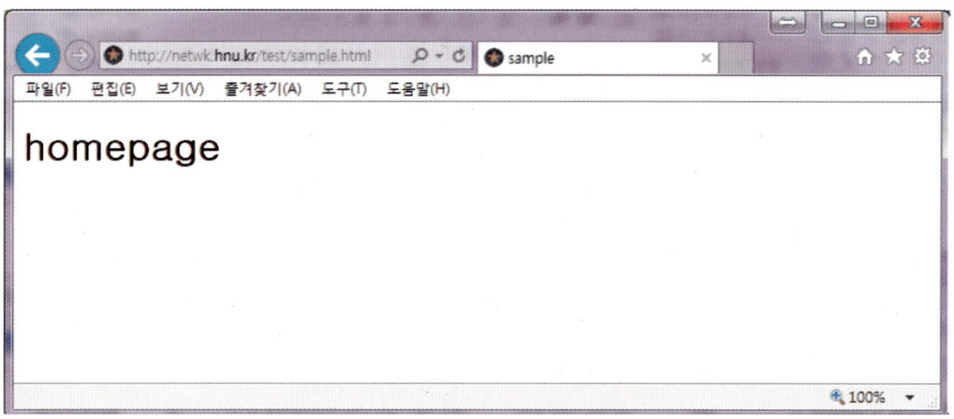

그림 6.3 예제로 접속한 간단한 홈페이지

❺ 와이어샤크 툴바에 있는 [STOP] 버튼(■)을 클릭한다. 그러면 패킷 캡처가 종료된다.

이제 패킷 캡처 결과를 확인해 보자.

패킷 캡처를 하고나면 불필요한 패킷이 많이 포함되어 있기 때문에 패킷을 바로 해석하기가 쉽지 않다. 따라서 디스플레이 필터를 사용하여 패킷을 제한한다.

화면 위쪽에 있는 필터 툴바의 텍스트 상자에 http라고 입력하라. 입력한 식이 맞으면 디스플레이 필터의 배경색이 녹색으로 변하고 그렇지 않으면 빨간색으로 나타난다.

http라고 입력하면 디스플레이 필터의 배경이 녹색으로 바뀐다. 여기서 엔터키를 누른다. HTTP 프로토콜을 포함한 패킷만이 패킷 목록 정보에 나타난다(그림 6.4 참조).

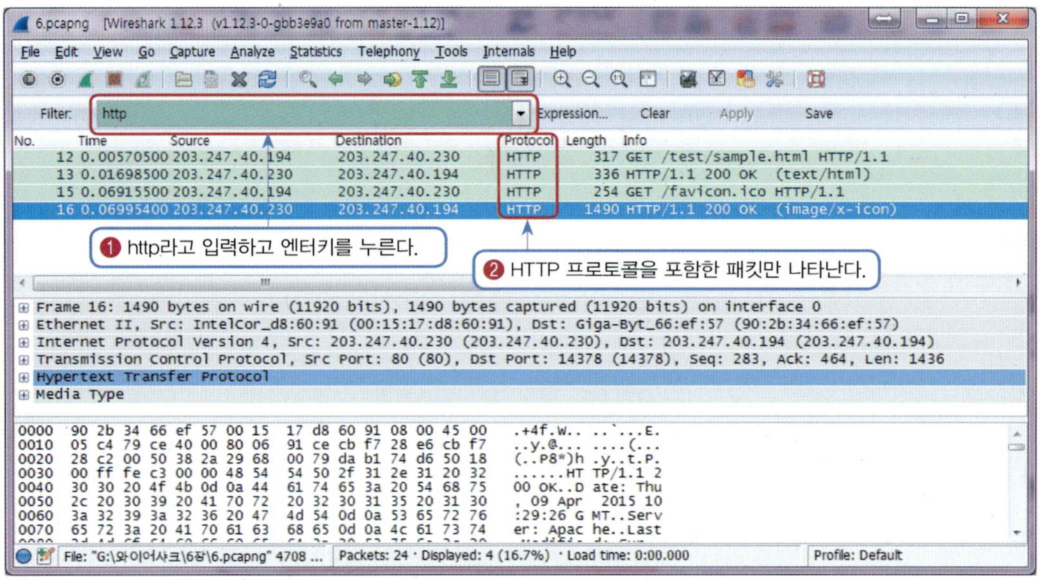

그림 6.4 http 패킷을 포함한 패킷으로 제한한 디스플레이 화면

홈페이지의 내용에 따라 다르지만 패킷 목록 정보에는 여러 개의 패킷이 나타난다. 여기서 패킷 목록 정보의 「Info」열에 「GET /test/sample.html HTTP/1.1」, 「HTTP/1.1 200 OK(text/html)」라고 나타나 있는 패킷을 찾는다.

두 개의 패킷(그림 6.4의 ⑫과 ⑬)을 발견했으면 먼저 「GET /test/sample.html HTTP/1.1」 패킷을 선택하고 메뉴바에서 「Edit → Mark/Unmark Packet」을 선택한다. 그러면 이 패킷이 검게 반전되어 나타난다(그림 6.5 참조). 마찬가지로 「HTTP/1.1 200 OK (text/html)」 패킷에 대해서도 패킷 목록 정보에서 선택한 다음 메뉴바에서 「Edit → Mark/Unmark Packet」을 선택한다. 그러면 두 개의 패킷이 반전 표시된다. 이것이 앞에서 설명한 「마크(mark)」라는 기능이며 특정 패킷을 강조해서 보여준다. 여기서 유념할 것은 그림 6.4에 나타난 예와 같이 「GET /test/sample.html HTTP/1.1」에 대하여 HTTP 응답 메시지의 「HTTP/1.1 200 OK(text/

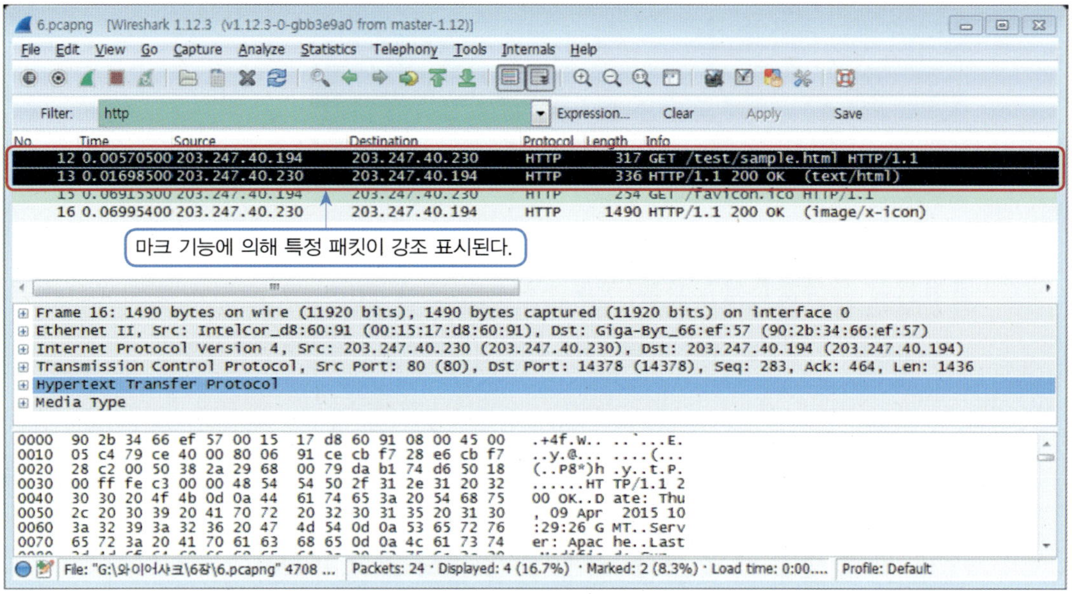

그림 6.5 「Edit → Mark Packet/Unmark」을 선택하여 강조 표시

html)」이 아닌 「HTTP/1.1 302 Found(text/html)」로 되돌아오는 경우도 있다. 이것은 HTTP 재지정(redirect) 메시지라는 것으로 구체적으로는 HTML 문장이 다른 장소에 있기 때문에 클라이언트의 웹브라우저에서 다시 접속하라는(Redirect: 방향을 바꾼다) 메시지이다.

여기서 패킷 상세 정보가 잘 나타날 수 있도록 윈도우즈의 크기를 조정해보자. 먼저 윈도우즈 오른쪽 위에 있는 최대화 버튼을 클릭하여 윈도우즈를 최대화한다(그림 6.6 참조).

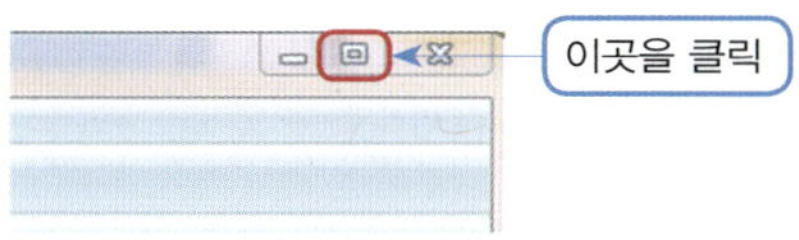

그림 6.6 윈도우즈 크기 최대화 버튼 클릭

이어서 패킷 목록 정보, 패킷 상세 정보, 패킷 바이트 정보의 폭을 조정한다. 패킷 목록 정보와 패킷 상세 정보 사이의 구분선을 마우스로 드래그하여 상하로 움직이면 화면의 영역을 조정할 수 있다(그림 6.7 참조). 특히 중앙의 패킷 상세 정보에는 많은 정보가 나타나기 때문에 폭을 넓게 잡아두면 좋다.

앞서 강조 표시한 패킷 가운데 「Info」 열에 「GET /sample.html HTTP/1.1」이라 표시되어 있는 패킷을 분석해 보자. 또한 여기서 패킷의 헤더 구성 전체를 이해하기 바란다. 자세한 부분에 대해서는 덤프 분석에서 설명한다.

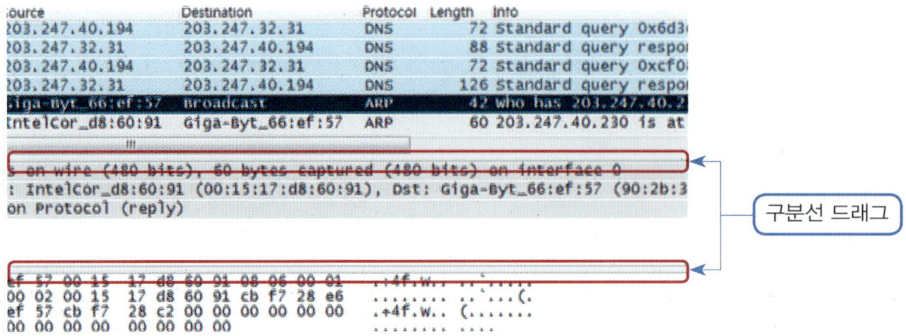

그림 6.7 구분선을 이용하여 패킷 목록 정보, 상세 정보, 바이트 정보 영역 폭 조정

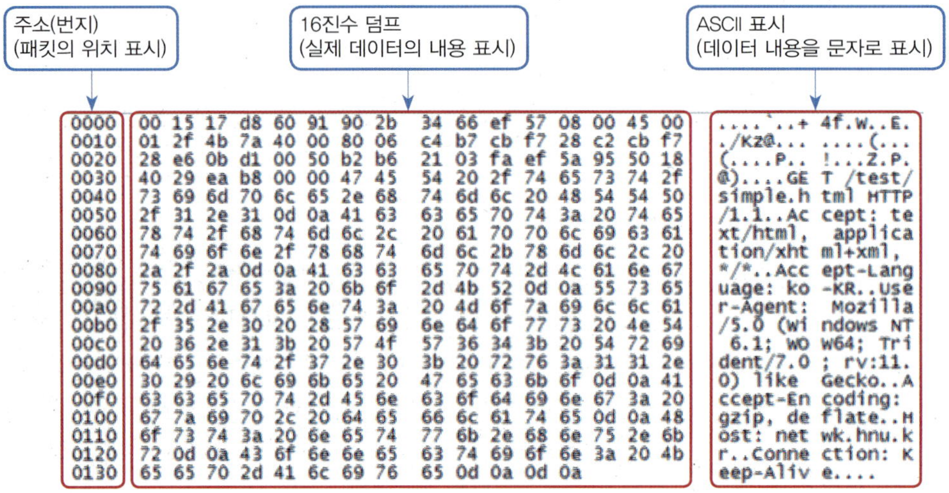

그림 6.8 패킷 바이트 정보

먼저 패킷 바이트 정보를 살펴보라. 네트워크를 통해 전달되는 패킷 정보가 16진수로 나타난다(그림 6.8 참조).

앞에서 설명한대로 16진수 2문자는 1바이트(=8비트)가 된다. 패킷 바이트 정보에서는 주소「0000」을 시작으로 1바이트 마다 칸을 띄워 한 줄에 16바이트씩 나타낸다.

이어서 패킷 바이트 정보 우측의 ASCII 정보를 살펴보자. ASCII 문자 코드에 따라 1바이트 데이터가 1문자로 나타나 있다.

예를 들어 앞 페이지에 있는 화면에서 문자의 일부에「GET /test/sample.html HTTP/1.1」란 키워드가 포함되어 있다. 이 외에도「Accept:test/html, application/xhtml+xml, */*」이나「Accept-Language:ko-KR」,「User-Agent:Mozilla/5.0(windows NT 6.1; wow64; Trident/7.0; rv:11.0) like Gecko」,「Accept-Encoding:gzip, deflate」「Host:netwk.hnu.kr」,「connection:keep-Alive」등의 문자를 확인할 수 있다. 이것은 웹브라우저가 홈페이지를 보기 위해 보내고 있는 요구 메시지의 일부이다.

또한 ASCII 표시에는 문자 코드에 없는 문자나 컴퓨터의 제어 문자 등은 올바르게 나타나지 않을 수 있으므로 주의하기 바란다.

6.1.2 헤더 확인

이제 패킷 상세 정보를 확인해 보자. 「Frame」, 「Ethernet II」, 「Internet Protocol」, 「Transmission Control Protocol」, 「Hypertext Transfer Protocol」이 나열되어 있다(그림 6.9 참조). 이것은 「헤더(Header)」라는 것이다. 이 화면을 보면 하나의 패킷에 여러 개의 헤더가 포함되어 있음을 알 수 있다.

```
⊞ Frame 12: 317 bytes on wire (2536 bits), 317 bytes captured (2536 bits) on interface 0
⊞ Ethernet II, Src: Giga-Byt_66:ef:57 (90:2b:34:66:ef:57), Dst: IntelCor_d8:60:91 (00:15:17:d8:60:91)
⊞ Internet Protocol Version 4, Src: 203.247.40.194 (203.247.40.194), Dst: 203.247.40.230 (203.247.40.230)
⊞ Transmission Control Protocol, Src Port: 3025 (3025), Dst Port: 80 (80), Seq: 1, Ack: 1, Len: 263
⊞ Hypertext Transfer Protocol
```

그림 6.9 패킷 상세 정보 화면

와이어샤크는 패킷의 덤프(패킷 바이트 정보)로부터 그 패킷의 「의미」를 해석하고 그것을 패킷 상세 정보에 나타낸다. 패킷 형식에 관한 규칙이나 규격은 프로토콜마다 정해져 있다. 예를 들어 인터넷 표준(TCP/IP)은 RFC(Request For Comment) 분서에 프로토콜의 규격이 정해져 있다. 또한 LAN 표준은 IEEE(미국 전기전자공학회)에서 규격을 제정하고 있다.

와이어샤크는 이와 같은 인터넷이나 LAN 프로토콜을 기반으로 패킷을 분석하고, 그 의미를 패킷 상세 정보에 나타내준다. 이와 같이 패킷 상세 정보에서는 패킷 바이트 정보의 내용을 바탕으로 그 패킷의 의미를 해석(디코드)한 내용이 나타난다.

6.1.3 프레임, 패킷, 세그먼트 구분

패킷 상세 정보에 나타나 있는 내용에서 보다 더 자세하게 전개해보면 그림 6.10과 같이 나타난다. 여기에서 프레임(Frame), 패킷(Packet), 세그먼트(Segment)를 명확하게 이해할 필요가 있다.

먼저 그림 6.10에서 프레임 섹션 부분은 설명에 나와 있는 것처럼 와이어샤크에서 생성된 메타데이터 부분이다. 실제 프레임은 Ethernet II 부분부터 시작된다. "프레임(frame)"은 매체 접근 제어(MAC: Media Access Control) 계층 헤더(이더넷 헤더와 같은)에서부터 MAC 트레일러까지이다. 장치들 간의 모든 통신은 프레임을 사용한다. 트래픽을 분석할 때 이더넷 트레일러는 항상 볼 수 있는 것은 아니다. 어떤 운영체제는 이더넷 네트워크 상에서 트레일러를 캡처하는 것을 지원하지 않는다. 와이어샤크는 실제 프레임에 대한 추가 정보를 제공하기 위하여 "프레임" 섹션을 추가하였다. 패킷 상세 정보에서 맨 위에 있는 부분이 프레임 섹션이다. 이 섹션을 확장하면 시간, 색상, 그리고 와이어샤크가 프레임에 추가한 정보를 볼 수 있다.

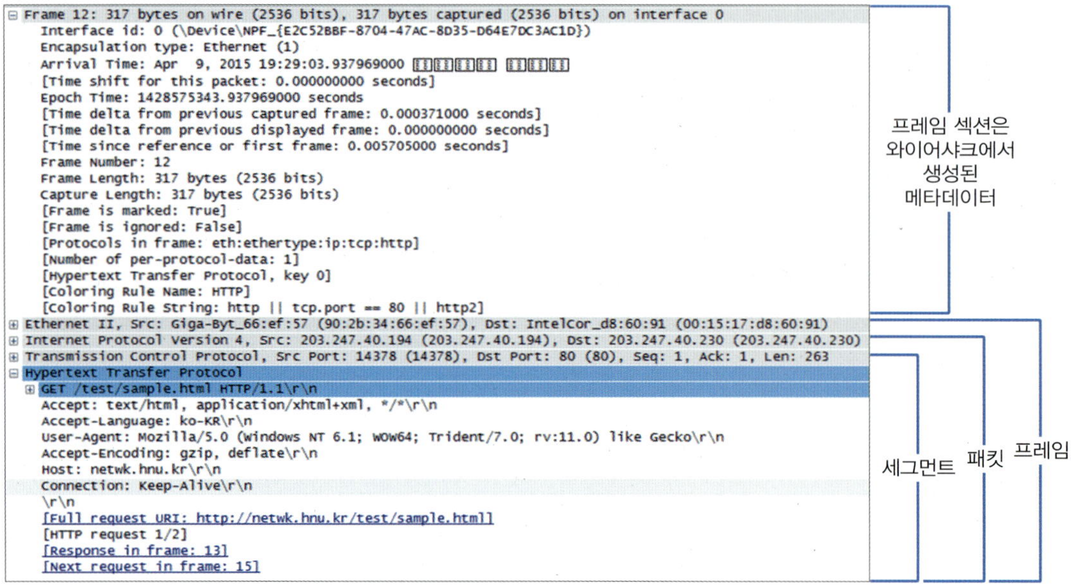

그림 6.10 패킷 상세 정보 전개 화면

"Ethernet II"라는 이름이 있는 부분이 실제 프레임이다. 그림 6.10을 보면 실제 프레임의 시작과 종료를 정확하게 알 수 있다.

패킷(Packet)은 프레임에 캡슐화되어 있는 내용이다. TCP/IP 통신에서 패킷은 IP 헤더에서 시작해서 프레임의 트레일러 바로 앞까지이다(그림 6.10 참조). 보통 사람들은 네트워크 분석을 "패킷 분석"으로 생각한다. 이는 분석 작업이 대부분 IP 헤더에서 시작하기 때문이다. 마찬가지로 그림 6.10을 보면 패킷의 시작과 끝을 정확하게 알 수 있다.

세그먼트(segment)는 TCP 헤더에서 시작되는 내용이다. 이것은 HTTP 헤더나 데이터만을 포함할 수도 있다. TCP 연결 설정과정에서 각 TCP 대등(peer) 간에 최대 세그먼트 크기(MSS) 값을 공유한다. 그림 6.10을 보면 TCP 세그먼트의 처음과 끝을 정확하게 알 수 있다.

6.1.4 Ethernet II 헤더

패킷 상세 정보에서 헤더 분석을 통하여 간단한 덤프 분석을 해보도록 하자. 여기서 헤더를 하나씩 확인하기로 한다. 먼저「Frame」부분에 있는 ⊞을 클릭하여 전개한다(그림 6.11 참조).

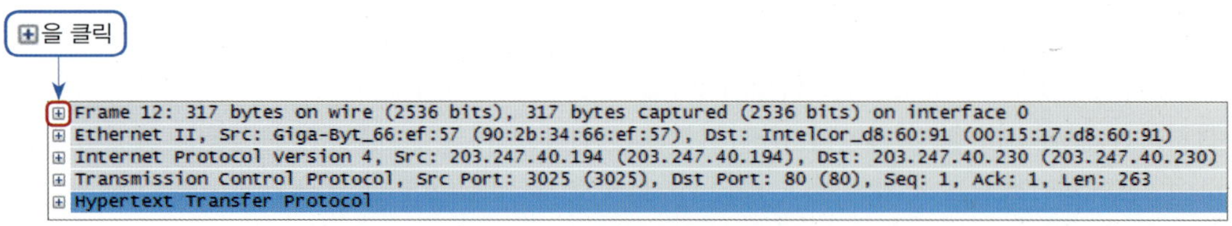

그림 6.11 Frame 전개 선택 화면

그러면 와이어샤크에서 만들어진 메타 정보인 패킷 전체에 대한 설명이 나타난다(그림 6.12 참조).

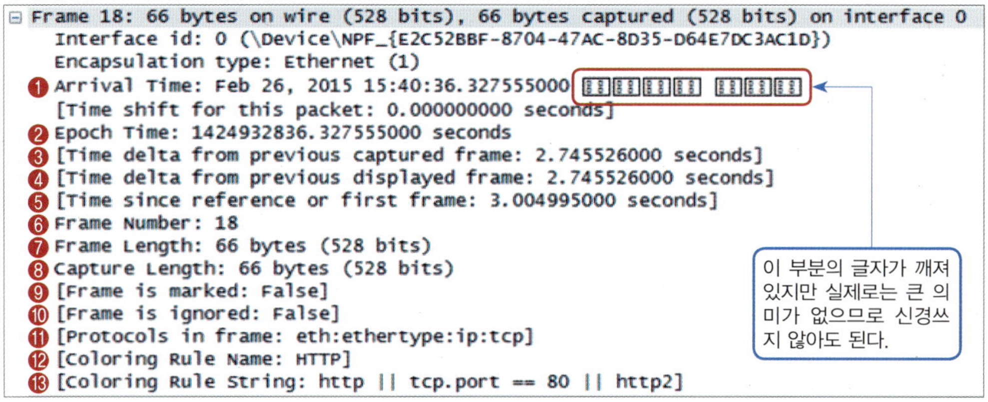

그림 6.12 패킷 메타 정보 확인

그림 6.12에 나타난 내용에 대한 설명은 다음과 같다.

❶ 「Arrival Time」: 패킷을 캡처한 시간

❷ 「Epoch Time」: UNIX 형식의 시리얼 값(1970년1월1일0시0분을 기준으로 한 초 수)

❸ 「Time delta from previous captured frame」: 직전에 캡처한 프레임과의 간격을 「초」로 나타낸다.

❹ 「Time delta from previous displayed frame」: 직전에 디스플레이된 프레임과의 간격을 「초」로 나타낸다.

❺ 「Time since reference of first frame」: 맨 처음 패킷을 캡처했을 때부터 현재 선택한 패킷을 캡처했을 때까지의 경과 시간을 「초」로 나타낸다.

❻ 「Frame Number」: 맨 처음 캡처한 패킷 번호를 「1」로 하여 그 이후 캡처한 패킷 번호의 순서 번호이다.

❼ 「Frame Length」: 패킷 길이이다.

❽ 「Capture Length」: 캡처했을 때 프레임의 길이이다.

보통 ⑦과 ⑧은 같은 값으로 단위는 「바이트」이다.

❾ 「Frame is marked」: 와이어샤크에서 그 프레임이 마크되었는지의 여부를 True(참) 또는 False(거짓)로 나타낸다.

❿ 「Frame is ignored」: 와이어샤크에서 그 프레임이 무시되었는지의 여부를 True(참) 또는 False(거짓)로 나타낸다.

⓫ 「Protocols in frame」: 패킷에 포한된 프로토콜 헤더 이름이다.

⓬ 「Coloring Rule Name」: 와이어샤크가 색 구별에 사용한 규칙이다.

⓭ 「Coloring Rule String」: 와이어샤크가 색 구별에 사용한 규칙의 디스플레이 필터이다.

①부터 ⑬까지의 정보는 패킷을 캡처했을 때의 정보를 바탕으로 와이어샤크가 작성한 메타 정보이다.

이어서 [Ethernet II] 부분의 ⊞를 클릭하여 전개해보자(그림 6.13 참조).

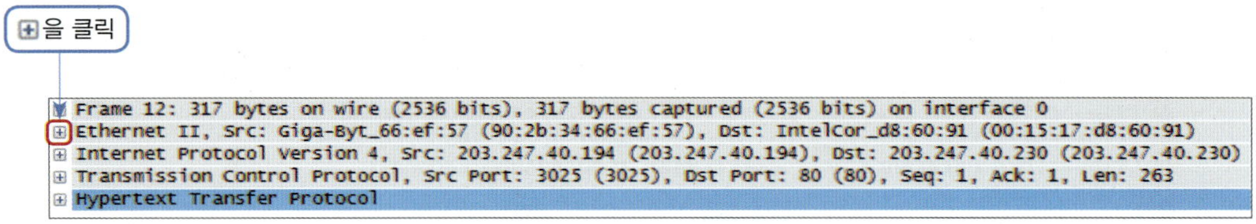

그림 6.13 Ethernet II 전개 선택 화면

그러면 Ethernet Ⅱ에 관한 설명이 그림 6.14와 같이 나타난다.

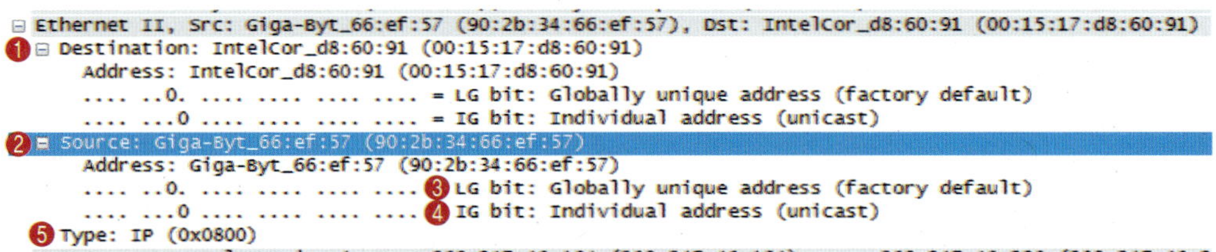

그림 6.14 Ethernet II 설명 화면

그림 6.14에 나타난 내용(① ~ ⑤)을 설명하면 다음과 같다.

① 「Destination」: 목적지의 LAN 카드(NIC)에 있는 MAC 주소가 나타난다. LAN 카드 지정에는 LAN 카드에 미리 부여된 MAC 주소를 사용한다. MAC 주소의 길이는 6바이트로서 앞부분 3바이트는 LAN 카드를 생산한 제조회사를 나타내는 번호가 뒷부분 3바이트는 기기를 식별하기 위해 제조회사가 부여한 일련번호이다.

② 「Source」: 발신지 LAN 카드에 있는 MAC 주소가 나타난다. 또한 Destination과 Source의 MAC 주소 가운데 2진수로 8번째(8번 비트) 위치에 「IG bit」라고 되어 있다(④). 이것은 멀티캐스트 통신(특정 그룹에 보내는 「일-대-다」 통신)인지, 유니캐스트 통신(특정한 LAN 카드로 보내는 「일-대-일」 통신)인지를 알 수 있다. 여기에는 「0」이 있고 「Individual address (unicast)」라고 표시되어 있다. 이것은 유니캐스트 통신을 나타낸다.

또한 7번째(7번 비트) 위치에 「LG bit」라고 되어 있다(③). 이것은 원래 부여된 주소와는 다른 로컬 관리 주소인지 여부를 확인할 수 있다. 여기에는 「0」이 있고 「Globally unique address(factory default)」라고 나타나 있다. 이것은 LAN 카드의 MAC 주소가 제조회사 출하시의 주소, 즉 원래 부여된 주소를 사용하고 있음을 나타내고 있다.

⑤ 「Type」: 「이더 타입(EtherType)」이라 불리며 Ethernet II의 다음에 이어지는 헤더 형식을

지정한다. 여기에는 「IP (0x0800)」라고 나타나 있는데 이것은 IP 헤더가 다음에 이어짐을 의미한다.

여기서 Ethernet II 헤더의 구성에 대하여 살펴본다. 실제로 Ethernet II에는 와이어샤크가 패킷을 캡처하는 선두 부분 앞에 「프리엠블 필드」라는 부분이 있다. 프리엠블 필드란 패킷의 동기를 맞추기 위한 부분으로 8바이트이며 그 내용은 「101010…」으로 이어진 다음 마지막 1바이트 부분이 「10101011」이란 형태로 되어있다. 이전 페이지에 있는 화면 예를 봐도 알 수 있듯이 프리엠블 필드는 패킷을 캡처해도 나타나지 않지만 비동기 방식을 취하는 LAN에서는 타이밍을 맞추는 이 필드가 필수이다. 이것은 사실 표준인 Ethernet II 뿐만 아니라 LAN 표준화 기구에서 정해진 IEEE 802.3 형식에서도 똑 같다. IEEE 802.3 형식에서는 맨 앞의 7바이트를 프리엠블, 마지막 1바이트 부분을 SFD(Start of Frame Delimeter)라고 한다.

Ethernet II 헤더 중에서 FCS(Frame Check Sequence)도 패킷 캡처에서는 나타나지 않는다. FCS는 4바이트로서 패킷 내용의 오류를 확인한다. FCS의 내용을 바탕으로 패킷의 내용이 변경되었는지의 여부를 확인한다. 참고로 FCS와 같은 패킷의 트레일러에 부가되는 부분을 「패딩(padding)」이라고 한다.

패킷에 따라서는 그림 6.15와 같이 패딩 부분이 나타나는 경우도 있다. 또한 트레일러로써 삽입된 문자열은 OS나 기기에 따라 다르다.

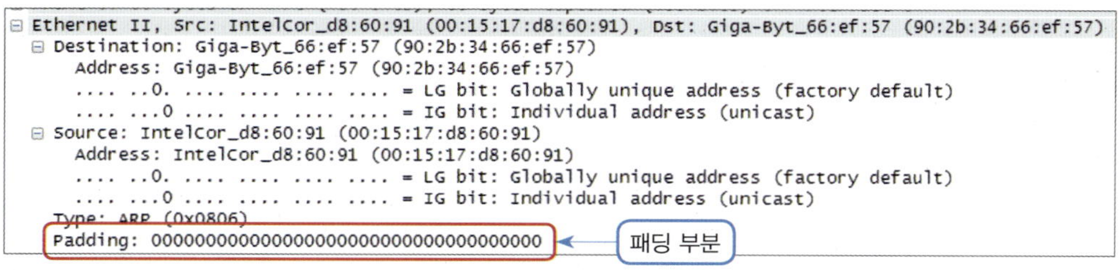

그림 6.15 트레일러에 부가된 패딩

Ethernet II 헤더의 내용을 간단히 정리하면 표 6.1과 같다.

표 6.1 Ethernet II 필드

Ethernet II	Destination(목적지 LAN 카드)(6바이트) 수신한 곳의 LAN 카드에 있는 MAC 주소를 나타낸다.
	Source(발신지 LAN 카드)(6바이트) 송신한 곳의 LAN 카드에 있는 MAC 주소를 나타낸다.
	Type(이더 타입)(2바이트) Ethernet II에 이어지는 패킷의 헤더 형식을 지정한다.

6.1.5 IP 헤더

이번에는 「Internet Protocol」 헤더를 전개하기 위해 ⊞를 클릭한다(그림 6.16 참조).

⊞을 클릭

```
⊞ Frame 12: 317 bytes on wire (2536 bits), 317 bytes captured (2536 bits) on interface 0
⊞ Ethernet II, Src: Giga-Byt_66:ef:57 (90:2b:34:66:ef:57), Dst: IntelCor_d8:60:91 (00:15:17:d8:60:91)
⊞ Internet Protocol Version 4, Src: 203.247.40.194 (203.247.40.194), Dst: 203.247.40.230 (203.247.40.230)
⊞ Transmission Control Protocol, Src Port: 3025 (3025), Dst Port: 80 (80), Seq: 1, Ack: 1, Len: 263
⊞ Hypertext Transfer Protocol
```

그림 6.16 Internet Protocol 헤더 전개 선택 화면

⊞를 모두 펼치면 IP 헤더에 관한 설명이 그림 6.17과 같이 나타난다.

```
⊟ Internet Protocol Version 4, Src: 203.247.40.194 (203.247.40.194), Dst: 203.247.40.230 (203.247.40.230)
 ❶ Version: 4
 ❷ Header Length: 20 bytes
 ❸ Differentiated Services Field: 0x00 (DSCP 0x00: Default; ECN: 0x00: Not-ECT (Not ECN-Capable Transport))
     0000 00.. = Differentiated Services Codepoint: Default (0x00)
     .... ..00 = Explicit Congestion Notification: Not-ECT (Not ECN-Capable Transport) (0x00)
 ❹ Total Length: 303
 ❺ Identification: 0x4b7a (19322)
 ❻ Flags: 0x02 (Don't Fragment)
     0... .... = Reserved bit: Not set
     .1.. .... = Don't fragment: Set
     ..0. .... = More fragments: Not set
 ❼ Fragment offset: 0
 ❽ Time to live: 128
 ❾ Protocol: TCP (6)
 ❿ Header checksum: 0xc4b7 [validation disabled]
     [Good: False]
     [Bad: False]
 ⓫ Source: 203.247.40.194 (203.247.40.194)
 ⓬ Destination: 203.247.40.230 (203.247.40.230)
    [Source GeoIP: Unknown]
    [Destination GeoIP: Unknown]
```

그림 6.17 Internet Protocol 헤더 전개 선택 화면

여기서 화면에 나타난 내용을 설명하면 다음과 같다.

❶ 「Version」 : IP의 버전을 나타낸다. 화면에는 「4」라고 되어 있다. 이는 IP 버전이 4임을 알 수 있다.

❷ 「Header length」 : IP 헤더의 길이를 나타낸다. 화면에는 「20바이트」라고 되어 있다. IP 헤더는 가변 길이이지만, 인터넷 통신에서 사용되는 IP 헤더는 옵션이 없으면 20바이트가 된다. IP 헤더가 20바이트라고 알아두면 패킷을 분석할 때 편리하다.

❸ 「Differentiated Services Field」 : 패킷의 중요도를 나타낸다. ⊞를 전개하면 「Differentiated Services Codepoint」, 「ECN-Capable Transport(ECT)」, 「ECN-CE」가 나타나는데 여기서는 통신에서 제공되는 서비스 종류와 우선순위를 나타낸다. 화면에는 모두 「0」이 있고 「Default(0)」라고 되어있는데 이것은 중요하지 않은 패킷을 폐기하는 특별한 대역 제어나 QoS(서비스 품질 제어)를 하지 않는 표준 우선순위를 나타내고 있다.

이「Differentiated Services Field」는 1처음 IP 프로토콜 설계 시에는「TOS(Type Of Service)」라고 하며 패킷의 우선순위 제어에 이용되었다. 현재는「Differentiated Services Field」와「TOS(Type Of Service)」가 같이 사용되고 있다.

❹「Total Length」: 패킷의 길이가「바이트」로 나타난다.

❺「Identification」: 패킷의 식별 정보가 나타난다.

❻「Flags」: 패킷을 단편화하는 데 이용된다. ⊞를 전개해보라.「Reserved bit」는 장래에 IP 프로토콜 확장을 위해 예약되어 있는 부분이다. 이 부분은 무시해도 좋다.

이어서「Don't fragment」는 패킷의 분할을 금지하기 위한 비트로「DF 비트」라고 한다. 여기가「1」인 경우에는 패킷의 분할이 금지된다.「0」인 경우에는 패킷의 분할이 허용된다. 그 아래의「More fragments」는 분할한 패킷이 이후에 이어짐을 나타내기 위한 비트로「MF 비트」라고도 한다. 여기가「0」인 경우에는 이어지는 패킷이 없음을 나타낸다.「1」인 경우에는 분할되어 이어지는 패킷이 있음을 의미한다.

❼「Fragment offset」: 분할된 패킷 가운데 현재 패킷의 위치가「바이트」로 나타난다. 화면에서는「0」이 되어있는 데 이것은 첫 번째 패킷임을 나타내고 있다.

❽「Time to live」:「생존 시간(TTL)」이라고 하며 패킷의 수명을 나타낸다. 이 생존 시간은 패킷이 라우터를 통과하여 네트워크에 송신될 때마다 값이 하나씩 줄어드는 구조로 되어 있다. 따라서 값이「0」이 되면 패킷은 더 이상 존재할 수 없게 되어 중계 라우터나 계층 3 스위치에서 폐기된다.

TTL은 목적지에 순조롭게 전달되지 못하고 네트워크를 계속 순환하는 패킷을 생존 시간에 따라 관리하여 네트워크가 폭주되지 않도록 하고 있다. 최초의 TTL값은 OS에 의해 설정된다. 참고로 윈도우즈의 표준 초기 TTL 값은 128이다.

❾「Protocol」:「프로토콜 필드」라고 하며 IP 이후에 이어지는 헤더 형식을 지정한다. 화면에서는 16진수로「6」이 들어가 있다. 이는 IP 이후에 TCP 헤더가 이어짐을 알 수 있다.

프로토콜 필드에 들어가는 값은 IANA(Internet Assigned Number Authority)에서 정해진 정수로서 6이면 TCP이다. 이 값은 IANA가 관리하고 있다. 자세한 것은 다음 장에서 설명한다. 여기가 6이면 와이어샤크는 인터넷 표준인「TCP」로 인식한다.

❿「Header checksum」:「헤더 검사합」으로 IP 헤더의 내용을 기준으로 계산된 값과 헤더의 검사합 값을 비교하여 패킷의 IP 헤더가 변경되지 않았는지 확인한다. 두 개의 값이 같으면 IP 헤더는 변경되지 않았고 반대로 값이 다르면 IP 헤더가 변경되었다는 것을 의미한다. 헤더 검사합을 계산하는 방법은 CRC-32라는 방식이 사용되고 있다.

⓫「Source」: 발신지 컴퓨터의 IP 주소를 나타낸다.

⓬「Destination」: 목적지 컴퓨터의 IP 주소를 나타낸다.

여기까지가 IP 헤더의 주요 내용이다. IP 옵션 기능을 사용하여 확장 기능을 지정할 경우에는「Options」이 이어진다.

IP 헤더의 내용을 간단히 정리하면 표 6.2와 같다.

표 6.2 IP 헤더 필드

<table>
<tr><td rowspan="16">Internet Protocol</td><td colspan="2">• Version(4비트)
버전 숫자로 보통은 「4」가 들어간다.</td></tr>
<tr><td colspan="2">• Header length(헤더 길이) (4비트)
IP 패킷의 헤더 길이를 나타낸다. 헤더 길이 필드의 16진수 값에 4를 곱한 값이 실제 헤더 길이(바이트)가 된다.</td></tr>
<tr><td colspan="2">• Differentiated Services Field(패킷의 우선순위 지정) (1바이트)
패킷의 중요도를 지정하는 부분으로 보통은 「0」(표준)이다. 우선순위의 지정 방법에 대해서는 Differentiated Services Field 외에 TOS(Type Of Service)라는 것도 있다.</td></tr>
<tr><td colspan="2">• Total Length(패킷의 전체 길이) (2바이트)
IP 패킷 전체의 길이를 「바이트」로 나타낸다.</td></tr>
<tr><td colspan="2">• Identification(패킷 식별) (2바이트)
패킷 식별 정보가 들어간다.</td></tr>
<tr><td rowspan="3">• Flags(패킷 분할 플래그) (3비트)
패킷을 분할하여 보내기 위한 제어</td><td>• Reserved bit(예약)
원칙적으로 이 부분은 「0」이고 장래에 확장을 위해 준비되어 있다.</td></tr>
<tr><td>• Don't fragment(분할 금지)
패킷의 분할을 금지한다. 허가할 경우에는 「0」, 금지할 경우에는 「1」이다.</td></tr>
<tr><td>• More fragments(후속 패킷)
분할된 패킷의 유무를 제어한다. 후속 패킷이 없을 경우에는 「0」, 후속 패킷이 있을 경우에는 「1」이다.</td></tr>
<tr><td colspan="2">• Fragment offset(패킷 분할의 위치)(13비트)
분할된 패킷 가운데 현재 패킷의 위치(바이트)를 나타낸다. 첫 번째 패킷인 경우나 패킷을 분할하지 않을 경우에는 「0」이다.</td></tr>
<tr><td colspan="2">• Time to live(패킷의 수명)(1바이트)
패킷의 수명으로 라우터와 같은 장치가 중계할 때마다 값이 1씩 감소한다. 「0」이 되면 그 패킷은 폐기된다.</td></tr>
<tr><td colspan="2">• Protocol(후속 패킷 형식) (1바이트)
「프로토콜 필드」로서 다음 패킷의 형식을 나타낸다.</td></tr>
<tr><td colspan="2">• Header checksum(패킷이 변경되었는지 여부를 확인) (2바이트)
패킷이 변경되었는지의 여부를 나타내는 헤더 검사합 값(CRC-32)을 나타낸다.</td></tr>
<tr><td colspan="2">• Source(발신지 PC) (4바이트)
IP 주소를 사용하여 송신한 곳의 PC를 나타낸다.</td></tr>
<tr><td colspan="2">• Destination(목적지 PC) (4바이트)
IP 주소를 사용하여 수신한 곳의 PC를 나타낸다.</td></tr>
<tr><td colspan="2">• Options(옵션)
(보통 이 부분은 생략되고 일반적인 패킷에는 존재하지 않는다.)
IP의 확장 기능을 나타낸다. IP의 확장 기능에는 경로의 기록 옵션, 타임스탬프 옵션, 긴급 포인터 옵션, 느슨한 발신지 라우팅 옵션, 엄격한 발신지 라우팅 옵션 등이 준비되어 있다. 그러나 이들 IP의 확장 기능은 특수한 경우를 제외하고 오늘날 별로 이용되지 않는다. 또한 인터넷 통신에서 IP의 확장 기능을 사용한 패킷은 이상한 패킷으로써 방화벽 등에서 폐기되거나 라우터 등에서 IP의 확장 기능에 관한 적절한 처리를 하지 않는 경우가 가끔 있다. 따라서 일반 통신의 IP 패킷에서 IP 옵션은 생략된다고 생각하라.</td></tr>
</table>

6.1.6 TCP 헤더

「Transmission Control Protocol」 헤더를 전개하기 위해 ⊞를 클릭한다(그림 6.18 참조).

⊞을 클릭

```
⊞ Frame 12: 317 bytes on wire (2536 bits), 317 bytes captured (2536 bits) on interface 0
⊞ Ethernet II, Src: Giga-Byt_66:ef:57 (90:2b:34:66:ef:57), Dst: IntelCor_d8:60:91 (00:15:17:d8:60:91)
⊞ Internet Protocol Version 4, Src: 203.247.40.194 (203.247.40.194), Dst: 203.247.40.230 (203.247.40.230)
⊞ Transmission Control Protocol, Src Port: 3025 (3025), Dst Port: 80 (80), Seq: 1, Ack: 1, Len: 263
⊞ Hypertext Transfer Protocol
```

그림 6.18 Transmission Control Protocol」 헤더 전개 선택 화면

그러면 그림 6.19와 같이 TCP 헤더에 관한 설명이 전개되어 나타난다. 그림 6.19에 나타난 내용에 대한 설명은 다음과 같다.

❶ 「Source port」: 발신지 프로세스의 포트 번호이다. 프로세스란 프로그램을 구성하는 단위이다.

❷ 「Destination port」: 목적지 프로세스의 포트 번호이다.

TCP는 프로세스 지정에 포트 번호를 사용한다. 포트 번호는 클라이언트 측의 프로그램이나 서버 측의 서비스를 지정하기 위해 이용된다. 즉 TCP는 포트 번호에 의해 애플리케이션을 지정한다고 할 수 있다.

❸ 「Stream index:2」: 와이어샤크에서는 TCP 연결의 추적이나 분석을 쉽게 하기 위하여 TCP 연결설정부터 종료까지를 하나의 TCP 스트림으로 보고 패킷이 나타난 순서로 스트림의

```
⊟ Transmission Control Protocol, Src Port: 3025 (3025), Dst Port: 80 (80), Seq: 1, Ack: 1, Len: 263
 ❶ Source Port: 3025 (3025)
 ❷ Destination Port: 80 (80)
 ❸ [Stream index: 0]
    [TCP Segment Len: 263]
 ❹ Sequence number: 1    (relative sequence number)
 ❺ [Next sequence number: 264    (relative sequence number)]
 ❻ Acknowledgment number: 1    (relative ack number)
 ❼ Header Length: 20 bytes
 ❽ .... 0000 0001 1000 = Flags: 0x018 (PSH, ACK)
      000. .... .... = Reserved: Not set
      ...0 .... .... = Nonce: Not set
      .... 0... .... = Congestion Window Reduced (CWR): Not set
      .... .0.. .... = ECN-Echo: Not set
      .... ..0. .... = Urgent: Not set
      .... ...1 .... = Acknowledgment: Set
      .... .... 1... = Push: Set
      .... .... .0.. = Reset: Not set
      .... .... ..0. = Syn: Not set
      .... .... ...0 = Fin: Not set
 ❾ Window size value: 16425
    [Calculated window size: 65700]
    [Window size scaling factor: 4]
 ❿ Checksum: 0xeab8 [validation disabled]
      [Good Checksum: False]
      [Bad Checksum: False]
    Urgent pointer: 0
 ⓫ [SEQ/ACK analysis]
      [iRTT: 0.000488000 seconds]
      [Bytes in flight: 263]
```

그림 6.19 TCP 헤더 전개 화면

번호를 붙여 분석한다. 여기서는 첫 번째 TCP 스트림이므로 색인번호 0이 붙어 있다.

❹ 「Sequence number」: 「순서 번호」라고 하며 현재 송신하고 있는 TCP 세그먼트의 위치를 숫자로 나타낸다. 이번에는 첫 번째 데이터이므로 화면에는 「1」이 나타나 있다. 순서 번호는 연결설정 시에 「초기 순서 번호 + 1」이 표시되어 있다. 순서 번호는 연결설정 시에 「초기 순서 번호 + 1」로 설정되어 송신 세그먼트의 바이트 수가 더해져 간다.

❺ 「Next Sequence number」: 다음 순서 번호가 표시된다. 실제로는 현재의 순서 번호에 송신하는 TCP 데이터의 길이를 더한 숫자가 된다.

❻ 「Acknowledgement number」: 「확인응답 번호」라고 하며 수신한 TCP 세그먼트의 위치가 번호로 나타난다. 실제로는 수신한 바이트 수가 확인응답 번호가 된다. 확인응답 번호는 연결설정 시에 「초기 순서 번호 + 1」로 설정되어 수신 세그먼트의 바이트 수가 더해져 간다. 와이어샤크에서는 몇 바이트를 송신하고 몇 바이트를 수신했는지를 알아보기 쉽도록 연결설정 개시의 최초 시점을 제로로 한 상대적인 표시(relative sequence number 및 relative ack number)로 순서 번호와 확인응답 번호를 나타낸다.

순서 번호나 확인응답 번호의 실제 값을 패킷 바이트 정보에서 확인하면 패킷 상세 정보의 값과는 다른 수치가 나타나 있다. 이것은 순서 번호나 확인응답 번호는 통신할 때마다 랜덤한 초기 값으로 시작되기 때문이다. 또한 패킷 상세 정보에는 「relative sequence number」(상대적인 순서 번호)나 「relative ack number」(상대적인 확인응답 번호)가 나타난다.

❼ 「Header length」: TCP 헤더의 길이이다. TCP 헤더는 가변 길이인데 IP와 마찬가지로 옵션이 붙어 있지 않은 헤더 길이는 20바이트가 된다.

❽ 「Flags」: 통신 제어 정보이다. ⊞를 전개해보자. 처음 3비트는 「Reserved(예약)」이라고 하며 TCP 프로토콜이 장래에 확장하기 위해 예약되어 있는 부분이다. 이어서 「Nonce(비표값)」는 ENC-nonce라는 구조로 이용되는 것으로 이후의 「ENC-Echo」와 함께 패킷의 혼잡 제어에서 이용된다. 또한 「Congestion Window Reduced(CWR)」은 네트워크가 혼잡할 때에 보내는 데이터의 크기(윈도우 크기)를 작게 하기 위해 사용된다. 더욱이 「ECN-Echo」는 패킷의 우선 처리를 하기 위해 사용된다. 통상적인 통신에서는 「0」이 지정된다. 「Urgent」는 「긴급 포인터 플래그」이라고도 불리며 통상적인 통신에 긴급 데이터를 끼워 넣고 싶을 경우에 IP 옵션(IP의 확장기능)과 함께 이용된다. 단 최근에는 보안상의 이유 등에서 이용되는 경우가 거의 없다. 이번에는 「0」이 들어간다.

「Acknowledgement」는 「ACK 플래그」이라고도 하며 ON(1로 설정)이 되면 확인응답 번호가 유효하게 된다. 이 「Acknowledgement」는 이야기를 나눌 때 맞장구와 같은 것으로 생각하면 된다. ACK 플래그는 연속한 TCP 데이터를 송신할 때에 확인응답 번호와 함께 상대가 정상적으로 받았는지의 여부를 확인하는 데 이용된다. 또한 「Push」는 「PSH 플래그」라고도 하며 ON(1로 설정)이 되면 그때까지 통신 버퍼(윈도우)에 저장하고 있던 데이터를 정리하여 프로그램에 건네는「Push 기능」이 유효하게 된다. 정보를 정리해서 프로그램에 넘겨주어 효율성이 좋은 통신을 할 수 있다.

「Reset」는「RST 플래그」라고도 하며 ON(1로 설정)이 되면 TCP 통신을 강제 종료한다. 예를 들어 웹브라우저의 중지 버튼 등을 클릭하면「RST 플래그」를 포함한 세그먼트가 송신되어 통신 도중이더라도 전송이 취소된다. 또 방화벽 등에서 바이러스와 같은 공격을 막기 위하여 상대방에서 온 패킷에「RST 플래그」를 부가한 패킷을 반송하여 통신을 차단할 수 있다.「RST 플래그」는 이와 같은 경우에 이용된다.

「Syn」는「SYN 플래그」라고도 하며 통신을 개시할 때에 이용된다. 한편「Fin」는「FIN 플래그」라고도 하며 통신의 종료 절차에 이용된다.

❾「Windows size」:「RWIN」이라고도 하며 연속해서 TCP 패킷을 수신하기 위한 수신 버퍼를 나타낸다. TCP는 수신 버퍼를 조정함으로써 통신의 효율성을 높일 수 있다.

❿「checksum」: TCP 헤더와 세그먼트의 내용에 대해 오류가 있는지 확인한다.

⓫「SEQ/ACK analysis」: 익스퍼트 기능 등에 의해 와이어샤크가 부가한 헤더는 [ ]으로 표시된다. 여기서는 이 익스퍼트 기능에 의해 [SEQ/ACK analysis]의 헤더 정보가 더해지고 그때까지 송신한 데이터량을 [bytes in flight: 263]으로 나타나 있다.

이상이 TCP 헤더의 주된 내용이다. 필요에 따라 이후에「Options」이 이어진다. 단 일반적인 TCP 패킷에는「Options」이 붙지 않는다.

TCP 헤더에 있는 필드 내용을 간단히 정리하면 표 6.3과 같다.

표 6.3 TCP 헤더에 있는 필드 내용

Transmission Control Protocol	• Source port(발신지 포트) (2바이트) 송신한 곳의 프로세스(프로그램 단위)를 포트 번호로 나타낸다.
	• Destination port(목적지 포트) (2바이트) 수신한 곳의 프로세스(프로그램 단위)를 포트 번호로 나타낸다.
	• Sequence number(relative sequence number) (순서 번호)(4바이트) 현재 송신하고 있는 패킷이 몇 바이트 째 데이터인지를 나타낸다.
	• Acknowledgement number(relative ack number) (확인응답 번호)(4바이트) 통신 중인 상대로부터 몇 바이트를 받았는지를 나타낸다.
	• Header length(헤더 길이) (4비트) TCP 헤더 길이를 나타낸다. 4비트로 값을 나타내기 위하여 IP의 헤더 길이와 같이 16진수의 수치를 32비트(4바이트) 단위로 이용한다. 예를 들어 16진수로「5」가 들어가면 헤더 길이는 5 × 4 = 20바이트가 된다.
	• Reserved「예약」 TCP 프로토콜이 향후 확장을 위해 예약하고 있는 부분이다.

	Flags (TCP 통신의 제어)(8비트)	• Nonce「비표 「ECN-Nonce」라고도 불린다. TCP가 혼잡 제어를 위해 이후의「ECN-Echo」와 함께 일시적인 통지에 사용한다.
		• CWR「혼잡시 윈도우 축소」 네트워크의 혼잡 처리에 사용한다. 통상적으로는「0」이 들어간다.
		• ECN-Echo「우선 제어」 패킷의 우선 처리에 사용한다. 통상적으로는「0」이 들어간다.
		• Urgent「긴급」 통신할 때 긴급 데이터를 끼워넣기 위해 긴급 포인터 옵션과 함께 이용한다. 통상적으로는「0」이 들어간다.
		• Acknowledgement 「확인응답」 확인응답 번호를 유효하게 하기 위해 사용한다.
		• Push「데이터 전송」 통신 버퍼에 저장한 데이터를 애플리케이션에 전달하기 위해 사용한다.
		• Reset「통신 취소」 통신 도중에 강제 종료할 때에 사용한다.
		• Syn「동기」 통신을 하기 위한 연결 설정에 사용한다.
		• Fin「종료」 통신 종료를 수속할 때에 사용한다.
		• Windows size(수신 버퍼 길이)(2바이트)
		• checksum(패킷이 변경되었는지 확인)(2바이트) TCP 헤더와 세그먼트의 내용을 확인한다.
		• Options TCP 확장 기능을 지정한다.

6.1.7 HTTP 헤더

이제 HTTP 헤더를 살펴보자.「Hypertext Transfer Protocol」을 전개하기 위해 ⊞를 클릭한다(그림 6.20 참조).

HTTP 헤더 분석은 지금까지 살펴본 Ethernet II나 IP, TCP 분석과는 조금 다르다. HTTP 프로토콜은 홈페이지를 취득하기 위한 순서가 실제로 알파벳을 사용하여 명령으로 나타나 있다. 패킷 데이터 정보를 살펴보면「GET /sample.html HTTP…」등과 같은 알파벳이 나타나 있다. 이와 같은 문자를 사용한 1바이트 단위의 명령이나 응답을「바이트 스트림」이라고 한다.

또한 뒷부분에서 설명할 덤프 분석에서는 HTTP의 바이트 스트림에서 어떤 명령(HTTP 요구 메시지)을 보내거나 응답(HTTP 응답 메시지)을 받고 있는지를 확인한다.

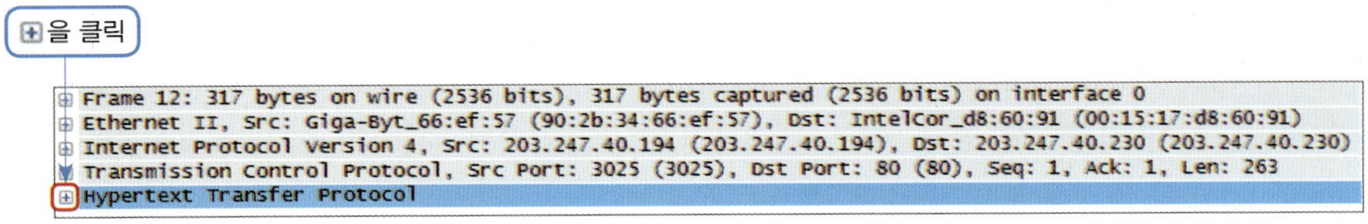

그림 6.20 「Hypertext Transfer Protocol」 전개 선택 화면

⊞를 모두 전개하면 HTTP 헤더에 관한 설명이 그림 6.21과 같이 나타난다.

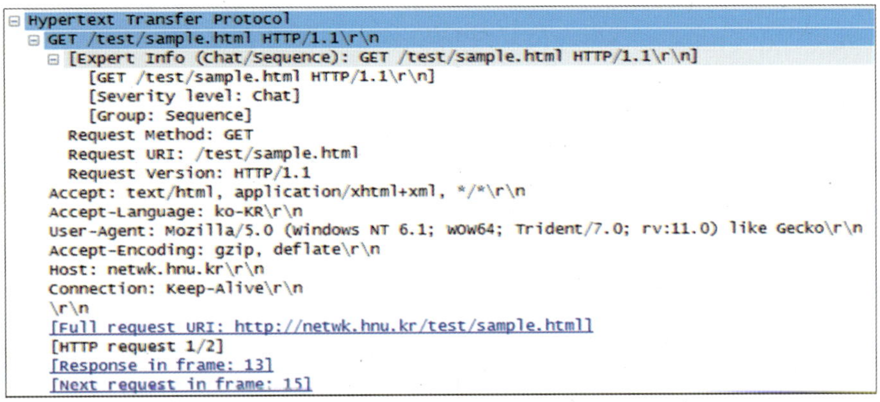

그림 6.21 「Hypertext Transfer Protocol」 전개 화면

여기서 나타난 내용에 대해 설명한다. HTTP 요구 헤더는 「요구 행」이라는 부분에 웹브라우저에서 웹서버로 보내는 명령이 들어있다. 구체적으로는 홈페이지를 열람하는 조작이나 어느 홈페이지를 열람하는가 하는 장소 지정이 이루어진다.

「요구 행」은 「GET /test/sample.html HTTP/1.1\r\n」으로 표시되어 있는 부분이다. 이 부분을 펼쳐 보기 바란다. 「Request Method」에서는 홈페이지를 취득하기 위한 방법이 나타난다. 「요구 행」에서의 조작 내용(Method)에는 다음과 같은 것이 있다. 그림 6.21에는 「GET」 Method가 지정되어 있다.

표 6.4 요구 행에서 조작 내용(Method)

HTTP 요구 Method	기능
GET	웹페이지를 취득한다.
HEAD	웹페이지의 헤더만 취득한다.
DELETE	웹페이지를 삭제한다.
PUT	웹페이지를 바꿔 놓는다.
POST	웹페이지 데이터를 송신한다.

「요구 행」 가운데 「Request URI」는 취득하고 싶은 홈페이지의 파일 장소를 지정한다. 또한 파일 장소는 URI(Uniform Resource identifier)라 불린다. 이번 패킷에서는 URI에 「/test/sample.html」이 지정되어 있다. 이로써 웹브라우저에 입력한 주소 「http://netwk.hnu.kr/test/sample.html」를 지정하고 있게 된다.

또한 「요구 행」의 마지막 「Request Version」은 HTTP의 버전을 지정한다. 여기에는 「1.1」로 되어 있다.

이후에는 「요구 헤더」라는 부분이 이어진다. 이 부분은 웹브라우저가 임의로 부가한 부분이기 때문에 웹브라우저에 의해 디스플레이 내용이 약간 달라진다. 이 책에서 소개하는 패킷은 윈도우즈에서 인터넷 익스플로러로 홈페이지를 열람할 때에 전달되는 것을 이용하고 있다. 이와 같은 패킷의 경우에는 「Accept」, 「Accept-Language」, 「Accept-Encoding」, 「User-Agent」, 「Host」, 「Connection」이란 헤더가 부가되어 있다.

주요 요구 헤더의 내용은 다음과 같다.

표 6.5 주요 요구 헤더의 내용

HTTP 요구 헤더의 이름	내용(마지막의 \r(CR)\n(LF)는 줄 바꿈을 의미한다)
Accept	웹브라우저에서 이용 가능한 문서나 애플리케이션 종류를 지정한다.
Accept-Language	웹브라우저에서 이용 가능한 언어의 종류를 지정한다.
Accept-Encoding	웹브라우저에서 이용 가능한 데이터의 표현 형식을 지정한다.
User-Agent	이용하고 있는 웹브라우저에 관한 정보를 지정한다. 이 정보는 기본적으로 웹브라우저의 종류나 버전 마다 정해져 있다.
Host	접속할 곳의 웹서버를 지정한다.
Connection	웹서버와의 접속을 계속하는 지정 등, 접속에 관한 지정을 한다.

TCP 헤더 때와 마찬가지로 익스퍼트 기능에 의해 「Expert Info (Chat/Sequence): GET /test/sample.html HTTP/1.1\r\n」과 같은 헤더가 추가되고 있다. 이것은 HTTP 요구 메시지와 HTTP 응답 메시지의 교환 분석에 사용되는 것으로 (Chat/Sequence)로 분류된다. 「GET /test/sample.html HTTP/1.1\r\n」 부분에서는 요구 메시지의 내용을 나타내며, 「Severity level: Chat」 부분에서는 중요도의 레벨로써 HTTP 요구와 HTTP 응답 대화인 Chat를 나타낸다. 그리고 「Group: Sequence」에서 이것이 순서로 그룹 분류됨을 나타낸다.

요구 헤더의 마지막에 「\r\n」이 있다. 「\r\n」은 복귀 개행(맨 앞으로 이동)과 「\r\n」 개행(새로운 줄로 이동)을 의미하며 개행을 입력했음을 의미한다. 「\r\n」을 웹서버로 보냄으로써 요구 헤더가 끝남을 나타낸다.

HTTP 헤더의 내용에 대하여 간단하게 정리하면 다음과 같다.

표 6.6 HTTP 요구 메시지의 세부 내용

<table>
<tr><td rowspan="10">Hyper Text Transfer Protocol</td><td rowspan="3">Request (요구행)열람하고 싶은 홈페이지 지정</td><td>Method</td><td>웹브라우저를 취득하기 위한 방법을 지정한다.</td></tr>
<tr><td>URI</td><td>취득하고 싶은 홈페이지의 필드를 지정한다.</td></tr>
<tr><td>Version</td><td>HTTP의 버전을 지정한다.</td></tr>
<tr><td rowspan="7">(요구 헤더)웹브라우저를 통해 홈페이지를 취득하기 위한 설정이 나타난다.</td><td>Accept</td><td>웹브라우저에서 이용 가능한 문서나 애플리케이션의 종류를 지정한다.</td></tr>
<tr><td>Accept-Language</td><td>웹브라우저에서 이용 가능한 언어를 지정한다.</td></tr>
<tr><td>Accept-Encoding</td><td>웹브라우저에서 이용 가능한 데이터의 표현 형식을 지정한다.</td></tr>
<tr><td>User-Agent</td><td>이용하고 있는 웹브라우저에 관한 정보를 지정한다.</td></tr>
<tr><td>Host</td><td>접속처의 웹서버를 지정한다.</td></tr>
<tr><td>Connection</td><td>접속에 관한 지정을 한다.</td></tr>
</table>

6.2 덤프 분석

앞 절에서 헤더 분석에 대해 살펴보았다. 이제 헤더 분석에 대한 이해를 바탕으로 덤프 분석을 해보자. 덤프 분석(dump analysis)이란 네트워크를 통하여 전달되는 패킷을 캡처하여 통신 내용을 분석하는 것을 말한다. 덤프 분석의 목적은 통신을 통하여 전송되는 통신 내용을 정확하게 파악하는 데 있다. 예를 들어 네트워크에 트러블이 발생했을 때에 나타나는 오류 화면이나 로그 분석과 달리 실제로 어떤 통신이 이루어지고 있는지를 확인하려면 덤프 분석은 반드시 필요하다. 또한 애플리케이션 개발자가 자신이 개발한 통신 프로그램의 동작을 확인하거나 콘텐츠 개발자가 통신 내용을 파악하거나 운영 담당자가 트래픽을 조사할 때는 모두 덤프 분석을 통해서 이루어진다. 뿐만 아니라 패킷을 하나하나 확인하면서 그 의미를 알아 가는 것은 네트워크 초보자가 프로토콜을 학습하는 데 있어서 많은 도움이 된다. 또한 덤프 분석을 통하여 패킷에 캡슐화되어 있는 각 프로토콜의 헤더에 있는 필드의 항목이나 데이터에 대해 그 의미를 알아보고 통신 내용을 이해할 수 있다. 여기서 먼저 홈페이지에 접속했을 때에 통신 흐름을 따라서 패킷에 포함된 프로토콜 내용에 대해 덤프 분석을 해보자.

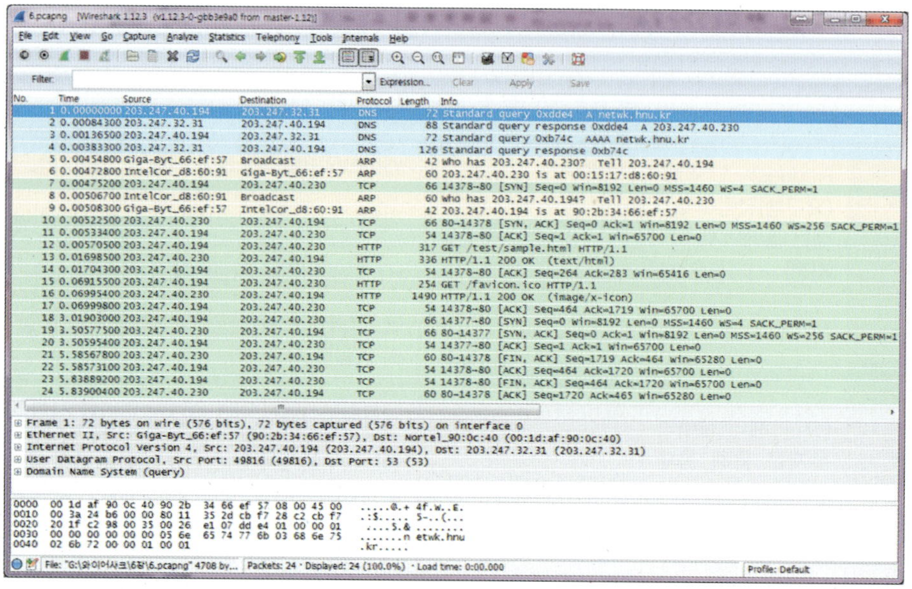

그림 6.22 홈페이지(http://netwk.hannam.ac.kr/test/sample.html)를 접속했을 때에 캡처한 내용

앞 장에서 원하는 홈페이지를 접속했을 때에 캡처한 패킷 목록 정보의「Protocol」열에서 ARP나 DNS, TCP, HTTP라고 나타난 패킷을 보았다. 여기서는 윈도우즈에서 간단하게 원하는 웹페이지를 접속했을 때에 패킷 캡처를 바탕으로 덤프 분석을 이해해보자.

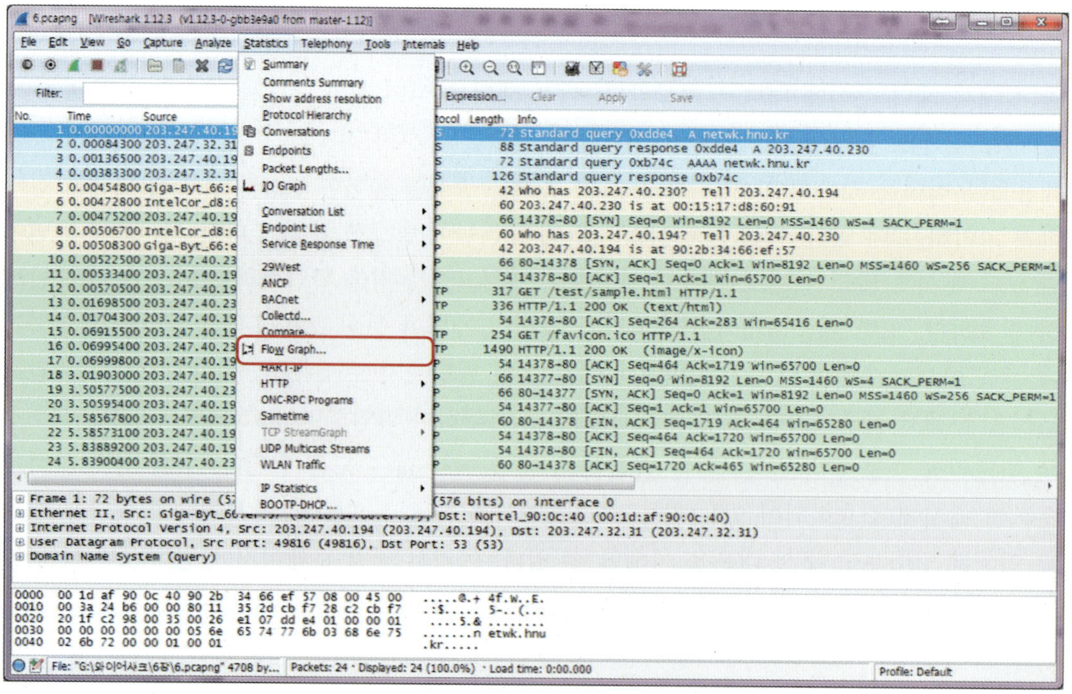

그림 6.23 메뉴 바에 있는 Statistics에서 Flow Graph 선택 화면

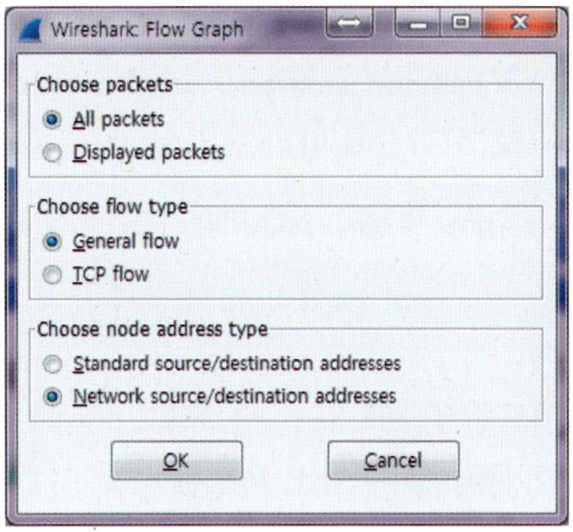

그림 6.24 Flow Graph 설정 화면

그림 6.22에 나타난 메인 화면의 패킷 목록 정보는 홈페이지(http://netwk.hannam.ac.kr/test/sample.html)에 접속했을 때에 캡처된 패킷 목록들이 차례로 나타난 것이다. 여기서 캡처된 패킷을 Time 열을 기준으로 「Flow Graph」로 살펴보자. 이것은 통신을 점이 아니라 선으로 파악해 보는 것이다. 교환되는 통신 흐름을 「통신 순서」라고 하는데 통신 순서를 추적함으로써 보다 자세하게 덤프 분석을 할 수 있다. 이를 위해서는 먼저 메뉴바에 있는 Statistics에서 Flow Graph를 선택한다(그림 6.23 참조).

그러면 그림 6.24와 같이 Flow Graph 설정 화면이 나타난다. 디폴트로 설정하여 여기서 OK를 선택하면 통계 분석 처리를 한 후에 그림 6.25와 같이 그래프 분석(Graph Analysis)

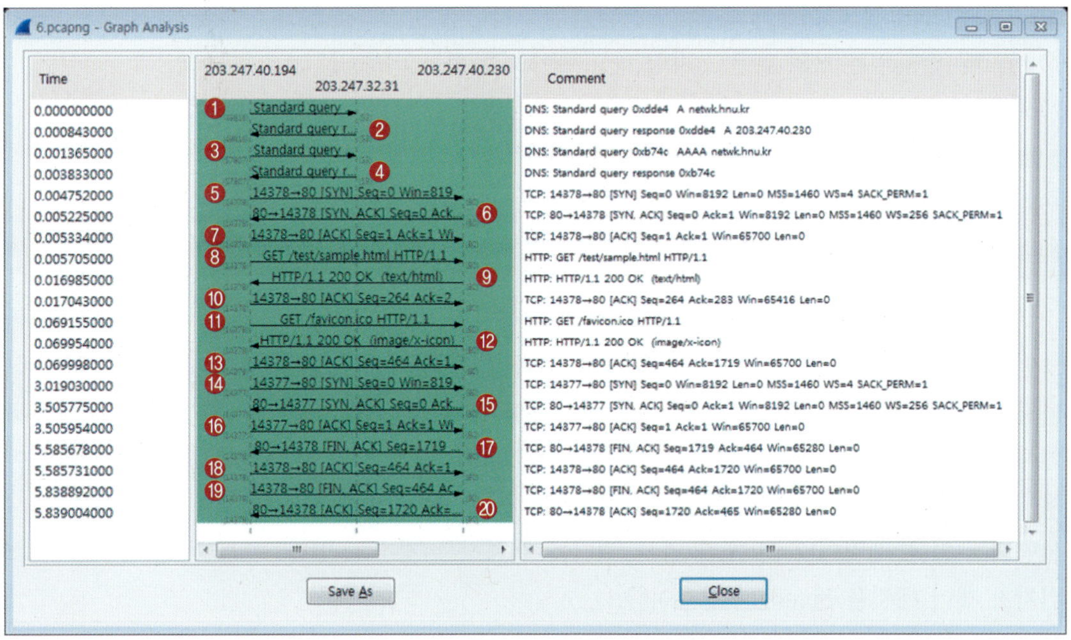

그림 6.25 Graph Analysis 화면

화면이 나타난다.

그러면 웹페이지(http://netwk.hannam.ac.kr/test/sample.html)에 접속했을 때의 캡처 예의 그래프 분석화면인 그림 6.4를 보고 시간에 따라 통신 순서를 정리하면 다음과 같다.

1. 클라이언트 PC에서 DNS 서버로 보내는 DNS 질의 요청 메시지와 DNS 서버로부터 클라이언트 PC로 보내는 DNS 질의 응답 메시지 순서(프레임 번호 ❶, ❷, ❸, ❹ : DNS 서버가 같이 LAN에 있는 경우)
   만약 DNS 서버가 다른 네트워크상에 있는 경우에는 프레임 번호 ❶, ❷의 DNS 요청과 응답의 교환은 프레임 번호 ❸과 ❹의 ARP 요청과 응답 이후가 된다.
2. 클라이언트 PC에서 웹서버로 연결설정을 위한 3-방향 확인응답 방식(프레임 번호 ❺, ❻, ❼)
3. 클라이언트 PC에서 웹서버로 HTTP 요청 메시지와 ACK 및「200 OK」HTTP 응답 메시지(프레임 번호 ❽, ❾, ❿)
4. 클라이언트 PC에서 웹서버로 HTTP 요청 메시지와 ACK 및「200 OK」HTTP 응답 메시지(프레임 번호 ⓫, ⓬, ⓭)
5. 클라이언트 PC에서 웹서버로 3-방향 핸드셰이크 방식(프레임 번호 ⓮, ⓯, ⓰)
6. 웹서버에서 클라이언트 PC로의 TCP 접속 종료 절차(프레임 번호 ⓱, ⓲, ⓳, ⓴)

뿐만 아니라 그래프 분석 화면인 그림 6.25를 살펴보고, 통신 흐름에 대한 구체적인 내용을 요약하면 표 6.7과 같다.

①~④는 DNS 질의 요청과 응답
⑤~⑦과 ⑮~⑯은 거의 같은 3-방향 핸드셰이크 방식,
⑰~⑳은 접속 종료 절차,
⑧과 ⑪은 거의 같은 HTTP 요청 메시지가 된다.
⑨와 ⑫는 거의 같은 HTTP 응답 메시지가 된다.
⑩과 ⑬의 확인응답은 세그먼트를 갖지 않은 TCP의 확인응답(ACK) 패킷이 된다.

덤프 분석할 때에 유념해야 할 몇 가지 주의사항이 있다. 실제로 홈페이지 패킷을 캡처해 보면 클라이언트 PC의 윈도우즈나 웹브라우저 설정, 이용하고 있는 회선이나 주소 등의 통신 환경, 접속한 웹 서버, 라우터나 방화벽 설정, ISP 라우팅, 접속 시간 등 여러 가지 요인으로 인해 캡처할 때마다 서로 다른 결과를 얻을 수 있다. 따라서 실제로 패킷을 캡처한 결과와 이 책에서 설명한 내용과 일치하지 않는 경우가 있을 수 있다. 또한 통신 환경에 의해 이 책에서 설명되지 않은 패킷이나 이 책과 다른 헤더를 캡처하는 경우도 있다. 예를 들면 라우터나 스위치가 제어 패킷을 전송하는 경우이다.

이 책에서 실시한 덤프 분석은 어디까지나 하나의 예로 보아야 한다. 여러분이 실제로

표 6.7 통신 흐름

프레임 번호	송신자	수신자	프로토콜	개요
①	클라이언트 PC	DNS 서버	DNS	DNS 질의 요청
②	DNS 서버	클라이언트 PC	DNS	DNS 질의 응답
③	클라이언트 PC	DNS 서버	DNS	DNS 질의 요청
④	DNS 서버	클라이언트 PC	DNS	DNS 질의 응답
⑤	클라이언트 PC	웹 서버	TCP	3–방향 핸드셰이크 방식(SYN)
⑥	웹 서버	클라이언트 PC	TCP	3–방향 핸드셰이크 방식(SYN–ACK)
⑦	클라이언트 PC	웹 서버	TCP	3–방향 핸드셰이크 방식(ACK)
⑧	클라이언트 PC	웹 서버	HTTP	HTTP 요청 메시지
⑨	웹 서버	클라이언트 PC	HTTP	HTTP 응답 메시지
⑩	클라이언트 PC	웹 서버	TCP	확인응답(ACK)
⑪	클라이언트 PC	웹 서버	HTTP	HTTP 요청 메시지
⑫	웹 서버	클라이언트 PC	HTTP	HTTP 응답 메시지
⑬	클라이언트 PC	웹 서버	TCP	확인응답(ACK)
⑭	클라이언트 PC	웹 서버	TCP	3–방향 핸드셰이크 방식(SYN)
⑮	웹 서버	클라이언트 PC	TCP	3–방향 핸드셰이크 방식(SYN–ACK)
⑯	클라이언트 PC	웹 서버	TCP	3–방향 핸드셰이크 방식(ACK)
⑰	웹 서버	클라이언트 PC	TCP	접속 종료 요청(FIN–ACK)
⑱	클라이언트 PC	웹 서버	TCP	접속 종료 확인응답(ACK)
⑲	클라이언트 PC	웹 서버	TCP	접속 종료 요청(FIN–ACK)
⑳	웹 서버	클라이언트 PC	TCP	접속 종료 확인응답(ACK)

캡처한 결과를 바탕으로 이 책의 설명과 비슷한 패킷을 찾으면서 각자의 환경에서 덤프 분석을 해 보기 바란다.

뿐만아니라 윈도우즈에서 덤프 분석할 때에 특히 주의해야 할 점이 있다. 윈도우즈에서 웹브라우저를 실행시켜놓고 홈페이지를 방문하지 않아도 정기적으로 제어용 패킷 등 애플리케이션이나 시스템에서 필요한 통신을 하고 있다. 따라서 원하는 패킷을 캡처해도 다른 패킷이 섞여있는 경우가 많다. 또한 이 책에서 설명하지 않은 패킷이 캡처될 수도 있다. 이럴 경우에는 그림 6.26에 나타난 것처럼 필터 툴바의 텍스트 상자에 「arp or dns or tcp or http」라고 입력한 다음 엔터키를 누르거나 [Apply] 버튼을 클릭하면 패킷 목록 정보에 나타나는 패킷은

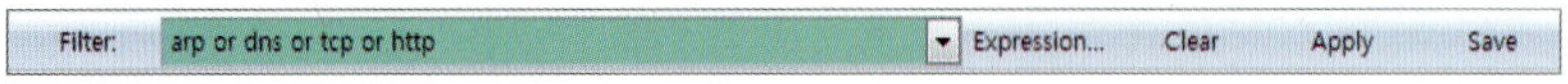

그림 6.26 Filter를 이용한 패킷 캡처 제한 설정

ARP, DNS, TCP, HTTP 프로토콜을 포함하는 것만으로 제한할 수 있다.

또한 ARP, DNS 및 HTTP 패킷은 항상 캡처할 수 있는 것은 아니다. 윈도우즈에는 이미 실행한 ARP 결과를 일시적으로 저장해 두는「캐시」라는 기능이 있으며 저장 시간은 표준에는 2분으로 되어 있다. 이 시간 동안에는 ARP 캐시에 있는 내용을 이용하기 때문에 ARP 패킷을 캡처할 수 없다. 마찬가지로 DNS 질의 결과나 HTML 홈페이지도 캐시된다.

따라서 패킷을 제대로 캡처할 수 없는 경우에는 잠시 시간을 두고 다시 패킷을 캡처하거나 웹브라우저의 임시 파일이나 이력 등을 클리어하거나 홈페이지를 열 때에 슈퍼 리로드 기능을 이용하면 된다. 또한 구내 LAN에서 프록시 서버를 경유하여 접속한 경우에는 프록시 서버와의 통신 패킷이 캡처된다. 또한 앞서 설명했듯이 네트워크 환경에 따라서는 보안 설정 때문에 이 책과 같은 패킷을 캡처할 수 없는 경우도 있으므로 주의하기 바란다.

덤프 분석은 끈기를 요하는 작업이다. 먼저 패킷을 천천히 덤프 분석하기 바란다. 처음에는 시간이 걸려도 패킷의 모든 필드를 살펴보면서 충분히 이해가 될 때까지 확인해 나가다 보면 점점 이해 속도가 빨라지게 된다.

진짜 패킷을 보면서 프로토콜 학습을 하는 것이므로 덤프 분석은 네트워크 기술을 익히는 데 많은 도움이 된다. 그리고 패킷 하나하나를 간단하게 파악할 수 있게 되면 나중에는 통신 흐름이나 트래픽 전체의 내용도 쉽게 파악하고 이해할 수 있게 된다.

아직 익숙하지 않은 상태에서 다량의 패킷을 상대로 덤프 분석을 하게 되면 힘이 듦으로 초기에는 가능한 한 트래픽을 적게 해서 패킷을 캡처하는 것이 좋다. 또한 덤프 분석을 할 때에 캡처 필터나 디스플레이 필터를 이용하여 필요한 패킷을 제한하면 덤프 분석하는 패킷 양을 줄일 수 있다.

연습문제

웹페이지를 검색한 다음 와이어샤크를 이용하여 패킷을 캡처한다. 웹브라우저를 시작한 다음 브라우저의 캐시 메모리를 지운다. 이에 대한 방법은 부록 3을 참조하기 바란다. 보다 자세한 내용이 필요하다면 아래 웹사이트를 참고하기 바란다.

http://www.wikihow.com/Clear=Your-Browser's-Cache

1. 와이어샤크를 실행시킨 다음 패킷 캡처를 시작한다. 통신 프로토콜이 HTTP인 프레임만 캡처하기 위해 filter box를 이용한다.
2. 브라우저로 돌아가서 자주 이용하는 웹사이트를 접속한다.
3. 캡처를 종료하고 캡처된 파일을 저장한다.

[문제] 캡처된 파일을 보고 통신 프로토콜이 HTTP인 프레임을 확인한 후에 다음 질문에 답하라.

1. 프레임은 들어오는 프레임인가? 나가는 프레임인가?
2. 프레임에 있는 네트워크층 헤더의 발신지 IP 주소는 무엇인가?
3. 프레임에 있는 네트워크층 헤더의 목적지 IP 주소는 무엇인가?
4. 전체 프레임에 있는 총 바이트 수는 얼마인가?
5. 이더넷(데이터링크층) 헤더에 있는 바이트 수는 얼마인가?
6. IP 헤더에 있는 바이트 수는 얼마인가?
7. TCP 헤더에 있는 바이트 수는 얼마인가?
8. 메시지(응용층)의 총 바이트 수는 얼마인가?

그런 다음 아래 빈칸을 채워라.

<table>
<tr><td colspan="2">성명:</td><td>학번:</td><td>제출 날짜:</td></tr>
<tr><td>1</td><td colspan="3">프레임은 들어오는 프레임인가? 나가는 프레임인가?</td></tr>
<tr><td>2</td><td colspan="3">프레임에 있는 네트워크층 헤더의 발신지 IP 주소는 무엇인가?</td></tr>
<tr><td>3</td><td colspan="3">프레임에 있는 네트워크층 헤더의 목적지 IP 주소는 무엇인가?</td></tr>
<tr><td>4</td><td colspan="3">전체 프레임에 있는 총 바이트 수는 얼마인가?</td></tr>
<tr><td>5</td><td colspan="3">이더넷(데이터링크층) 헤더에 있는 바이트 수는 얼마인가?</td></tr>
<tr><td>6</td><td colspan="3">IP 헤더에 있는 바이트 수는 얼마인가?</td></tr>
<tr><td>7</td><td colspan="3">TCP 헤더에 있는 바이트 수는 얼마인가?</td></tr>
<tr><td>8</td><td colspan="3">메시지(응용층)의 총 바이트 수는 얼마인가?</td></tr>
</table>

CHAPTER 07

근거리 통신망: 유선 이더넷

7.1 Ethernet II 프레임 형식

7.2 Ethernet II 덤프 분석

근거리 통신망(LAN; Local Area Network)은 빌딩이나 대학과 같은 지역적으로 제한된 지역에서 독립적인 장치들이 서로 통신할 수 있게 하는 데이터 통신 시스템이다. 근거리 통신망은 자원 공유라는 목적으로 기관 내에 있는 컴퓨터들을 연결하여 사용되지만, 오늘날의 LAN들은 대부분 **광역 통신망**(WAN; Wide Area Network)이나 인터넷에 연결되어 있다.

1980년대와 1990년대에 여러 종류의 근거리 통신망이 개발되어 사용되었다. 이 모든 LAN은 매체 공유의 문제를 해결하기 위해 매체 접근 방법을 사용하였다. 이 중에서 이더넷(Ethernet)은 CSMA/CD(Carrier sense multiple access with collision detection) 방식을 사용하였다. 토큰 링, 토큰 버스, 그리고 FDDI(Fiber Distributed-Data Interface, 광섬유 분산 데이터 인터페이스)는 토큰 패싱(Token Passing) 방식을 사용한다. 이 기간 동안 또 다른 LAN 기술이자, 고속 WAN 기술(ATM; Asynchronous Transfer Mode)을 효율적으로 사용하는 ATM LAN이 시장에 등장하였다.

현재 이더넷을 제외한 대부분의 LAN은 시장에서 사장되었다. 이것은 이더넷이 시대의 흐름에 부응하여 기술개발을 통하여 계속 업그레이드되었기 때문이었다(보다 더 높은 데이터 전송율 제공). 하지만 여기서는 유선 LAN에 대한 논의를 이더넷에 대한 논의로 제한한다.

IEEE 표준 이더넷

Ethernet II는 원래 미국의 제록스 사의 시작되어 캘리포니아 팰로앨토에 있는 PARC(Palo Alto Research Center)에서 하와이에 있는 섬들을 연결하는 알로하넷(ALOHANET)을 연구하던 로버트 멧칼프(Robert Metcalfe)와 데이비드 보그스(David Boggs)에 의해 개발되었다.

Ethernet II은 원래 무선 통신을 전제로 했기 때문에 하나의 주파수로 통신할 경우에는 무전기처럼 누군가가 이야기를 하고 있는 동안에 다른 사람은 수신만 할 수 있다. 그래서 여러 사람이 통신하려면 미리 통신을 하고 있는 사람이 있는지 여부를 확인하고, 아무도 통신을 안 하고 있으면 송신한다. 만약 동시에 말을 하게 되면 혼선이 되어 알아듣기 어렵게 되므로 한참 기다렸다 다시 통신을 시도한다. 이것은 CSMA/CD(반송파 탐지 다중 접속/충돌 검출) 방식이라 불리며 송신 또는 수신을 한 쪽만 하는 반이중 데이터 통신에서 이용되고 있다. 참고로 Ethernet의 「Ether」는 그리스 신화에 등장하는 빛이나 소리를 전달하는 신의 이름인 에테르에서 유래되었다.

Ethernet II는 원래 약 2.7Mbps 속도로 통신하는 규격으로 설계되었다. 그 후 제록스사, DEC사(현재의 휴렛패커드 사)와 인텔사를 비롯한 파트너 기업과 제휴하여 전송 속도를 10Mbps로 올린 Ethernet II를 발표하였다. 또한 Ethernet II를 TCP/IP와 마찬가지로 공개하기로 하고 미국 전기전자공학회(IEEE)에서 표준으로 제정하였다. 1980년 2월에 탄생했기 때문에 LAN에 관한 표준화를 제정하는 위원회를 IEEE 802 위원회라고 부른다.

IEEE 802 위원회는 근거리 통신망(LAN)에 관한 표준화 작업을 하고 있으며 작업 분과(Working Group)도 여러 가지가 있다. 분과에는 숫자가 매겨있어 예를 들면 CSMA/CD 방식

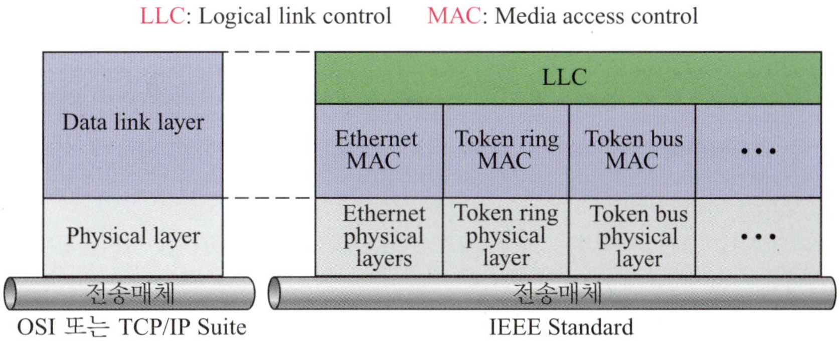

그림 7.1 LAN을 위한 IEEE 표준

분과는 IEEE 802.3 WG으로 표준화 작업을 하고 있다.

또 분과 밑에는 분야별로 Task Group이 형성되어 있다. Task Group에는 각 분과마다 알파벳이 a에서부터 순서대로 매겨져 구별된다. 예를 들어 우리가 사용하고 있는 무선 LAN 규격 중 하나인 IEEE 802.11b란 이름이 있다. 이것은 무선 LAN 규격을 제정하는 IEEE 802.11 분과에서 2.4GHz 대역을 이용하여 11Mbps 전송속도로 통신을 하는 Task Group 이름이다.

IEEE 802 표준과 TCP/IP 프로토콜 그룹 사이의 관계는 그림 7.1에 나타나 있다. IEEE는 데이터링크층을 논리 링크 제어(LLC)와 매체 접근 제어(MAC, media access control)라는 2개의 부계층으로 나누었다. IEEE는 또한 서로 다른 LAN 프로토콜을 위해 여러 물리층 표준도 만들었다.

논리 링크 제어(LLC)

IEEE 프로젝트 802에서는, 흐름 제어, 오류 제어와 프레임 생성 일부분에 대한 역할을 **논리 링크 제어(logical link control)**라는 하나의 부계층에서 처리한다. 즉 프레임 생성은 LLC 부계층과 MAC 부계층 양쪽에서 모두 처리된다.

LLC는 모든 IEEE LAN을 위해 하나의 데이터 링크 제어 프로토콜을 제공한다. LLC 프로토콜은 서로 다른 LAN들 사이에 연결성을 제공할 수 있는데 이것은 LLC가 MAC 부계층을 투명하게 만들기 때문이다.

매체 접근 제어(MAC)

IEEE 프로젝트 802는 각각의 LAN을 위해 특별한 접근 방법인 **매체 접근 제어(MAC; Medium Access Control)**라 불리는 부계층을 만들었다. 예를 들어 이더넷 LAN을 위한 매체 접근 방식으로써 CSMA/CD을 정의하였고, 토큰 링이나 토큰 버스 LAN을 위해 토큰 패싱 방식을 정의하였다. 앞에서 설명했듯이 프레임을 만드는 기능의 일부도 MAC층에서 다루어진다.

7.1 Ethernet II 프레임 형식

Ethernet II는 데이터링크층 프로토콜이다. LAN 프레임 형식에는 IEEE가 정한 IEEE 802.3 형식이 있지만 TCP/IP 모델에서는 Ethernet II 프레임 형식인 RFC 894가 사실상 표준으로 사용되고 있다. 또한 Ethernet II 프레임 형식은 DEC 사, Intel 사, Xerox 사 등이 중심이 되어 규정했기 때문에 이들 3사의 머리글자를 따서 「DIX 규격」이라 불리고 있다. Ethernet II의 프레임 형식을 그림으로 나타내면 그림 7.2와 같다.

Ethernet II 프레임은 6개의 필드로 구성되어 있는데, 이는 프리엠블(preamble), 목적지 주소(DA), 발신지 주소(SA), 이더넷 유형, 상위 계층 데이터, FCS이다. Ethernet II는 수신된 프레임의 확인응답 메커니즘은 제공하지 않는다. 확인응답은 상위 계층에서 구현되어야 한다. 각 필드의 기능은 다음과 같다.

- **프리엠블(preamble).** 0과 1이 반복되는 8바이트(64비트)가 들어있는 프레임의 첫 번째 필드로서 시스템에 들어오는 프레임을 수신하게 하고, 입력 타이밍을 맞추게 한다. 패턴은 단지 경고와 타이밍 펄스를 제공한다. 64비트 패턴은 프레임의 시작을 나타낸다. 실제로 프리엠블은 물리 계층에서 추가되므로 프레임의 일부가 아니다.
- **목적지 주소(DA: Destination Address).** DA 필드는 6바이트이고, 패킷을 수신하는 목적지 지국 또는 지국들의 물리(MAC) 주소가 들어있다.
- **발신지 주소(SA: Source Address).** SA 필드도 6바이트이고, 패킷 송신자의 물리(MAC) 주소가 들어있다.
- **이더넷 유형(ether type).** 이 필드는 유형 필드를 나타낸다. 원래의 이더넷은 이 필드를 MAC 프레임을 이용한 상위 계층 프로토콜을 나타내는 유형 필드로 사용한다.
- **데이터(data).** 데이터 필드는 상위 계층 프로토콜로부터 캡슐화된 데이터를 전달한다. 데이터 필드는 최소 46에서 최대 1500바이트의 크기를 갖는다. 따라서, 상위층에서 오는 데이터가 1500바이트 이상인 경우, 이것은 하나 이상의 프레임으로 세그먼트화 및 캡슐화되어야 한다. 46바이트 미만인 경우, 여분의 공간에 0으로 패딩해야 한다. 패딩된 데이터 프레임은 상위 계층 프로토콜로 그대로(패딩을 제거하지 않은 채로) 전달되

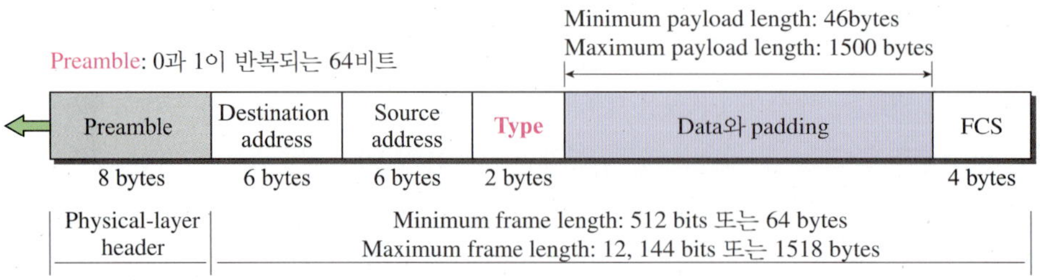

그림 7.2 Ethernet II 프레임 형식

어도, 이는 상위 계층이 패딩을 제거하거나(발신자의 경우) 추가해야 한다는 것을 의미한다. 상위층 프로토콜은 그 데이터의 길이를 알아야 한다. 예를 들어 데이터 그램은 데이터의 길이를 정의하는 필드가 있다. Ethernet II 프레임은 최소 길이가 512비트, 즉 64바이트가 되어야 한다. 이 길이의 일부분이 헤더와 트레일러이다. 헤더와 트레일러가 18바이트(6바이트 발신지 주소, 6바이트 목적지 주소, 2바이트 유형, 그리고 4바이트 FCS로 구성)이면, 상위층에서 전달되는 데이터의 최소 길이는 64－18=46바이트가 된다. 상위층의 패킷이 46바이트보다 작으면 패딩(채우기)을 통해서 최소 값을 만족시킨다. 표준에서는 프레임의 최대 길이를 1,518바이트로 정의한다(프리앰블 필드 제외). 만약 18바이트의 헤더와 트레일러를 빼면 페이로드의 최대 길이는 1,500바이트이다.

- 프레임 확인 순서(FCS; Frame Check Sequence). 마지막 필드에는 4바이트 길이로 오류 검출 정보가 포함된다.

앞서 설명한 것처럼 와이어샤크에서는 확인할 수 없지만 프레임의 맨 앞에「프리엠블」이라는 동기를 맞추기 위해 10101010...11 형태의 8바이트(64비트) 동기 신호가 들어간다. 또 트레일러에는「FCS(프레임 확인 순서)」라는 패킷의 내용을 확인하기 위해 4바이트 오류 확인 데이터가 붙게 된다.

프리엠블을 제외한 패킷의 길이는 FCS를 포함하면 64바이트가 되며 이것이 Ethernet II 패킷의 최소 길이가 된다. 이 길이보다 작을 경우에는「패딩(Padding)」데이터를 넣어서 최소 길이를 맞추고 있다.

송신자와 수신자에 이용하는 주소를「MAC 주소」라고 한다. MAC 주소는 각각의 LAN 카드를 나타내는 6바이트 주소로 모든 LAN 카드(무선 LAN 카드 포함)마다 서로 다른 유일한 주소가 부여되어 있다. 그래서 MAC 주소는 물리 주소, 지국 주소라고 불리기도 한다.

MAC 주소가 무선 LAN 카드를 포함한 모든 LAN 카드에 제대로 할당되었는지 궁금할 수 있다. 그러나 다행히 MAC 주소는 6바이트이므로 IP 주소인 4바이트에 비하면 여유가 있다. 그렇지만 제조사나 회사가 멋대로 MAC 주소를 부여하면 중복이 발생할 수 있다. 따라서 MAC 주소에는 일정한 규칙이 있다. 6바이트 길이인 MAC 주소 중에서 처음 3바이트를「OUI(Organizationally Unique Identifier」라 하며 어느 제조 회사가 LAN 카드를 만들었는지를 식별하기 위한 필드이다. 이 OUI는 IEEE 802 위원회에서 관리되고 있으며 웹페이지(http://standardds.ieee.org/regauth/oui/index.shtml)에서 최신 목록을 확인할 수 있다. 또 MAC 주소의 뒤쪽 3바이트는 제조 회사에서 부여한 일련번호를 나타낸다.

MAC 주소에는 지국을 나타내는 주소 외에 특정 그룹에 대해 송신하는「멀티캐스트 MAC 주소」나 LAN에 접속하고 있는 모든 지국에 동시에 전달하는「브로드캐스트 MAC 주소」가 있다.

멀티캐스트 MAC 주소는 처음 25비트가 00000001 00000000 01011110 0이 되며 16진수로 나타내면 이 부분은 01-00-5E가 된다. 이 뒤에 이어지는 후반부 23비트는 멀티캐스트 MAC 주소 그룹 번호의 하위 비트 내용으로부터 할당된다. 또한 멀티캐스트 MAC 주소는 IP 주소를 기반으로 자동적으로 작성된다. 한편 브로드캐스트 MAC 주소는 모든 비트가 1로 구성되어 FF-FF-FF-FF-FF-FF로 나타낸다.

7.2 Ethernet II 덤프 분석

이제부터 Ethernet II의 덤프 분석을 해보자. 여기서 그림 7.3의 5번 패킷에 대하여 덤프 분석을 해보자. 이 패킷을 표로 정리하면 다음과 같다.

No	Time	Source	Destination	Protocol	Length
⑤	0.00192800	클라이언트 PC	Broadcast	ARP	42

이제 그림 7.3에 있는 패킷 목록 정보에서 5번 프레임을 선택한 다음 패킷 상세 정보 「Ethernet II」의 ⊞를 클릭하라. 「Ethernet II」의 ⊞를 클릭하면 Ethernet II 프로토콜에 대한 설명이 전개되어 그림 7.4와 같이 나타난다.

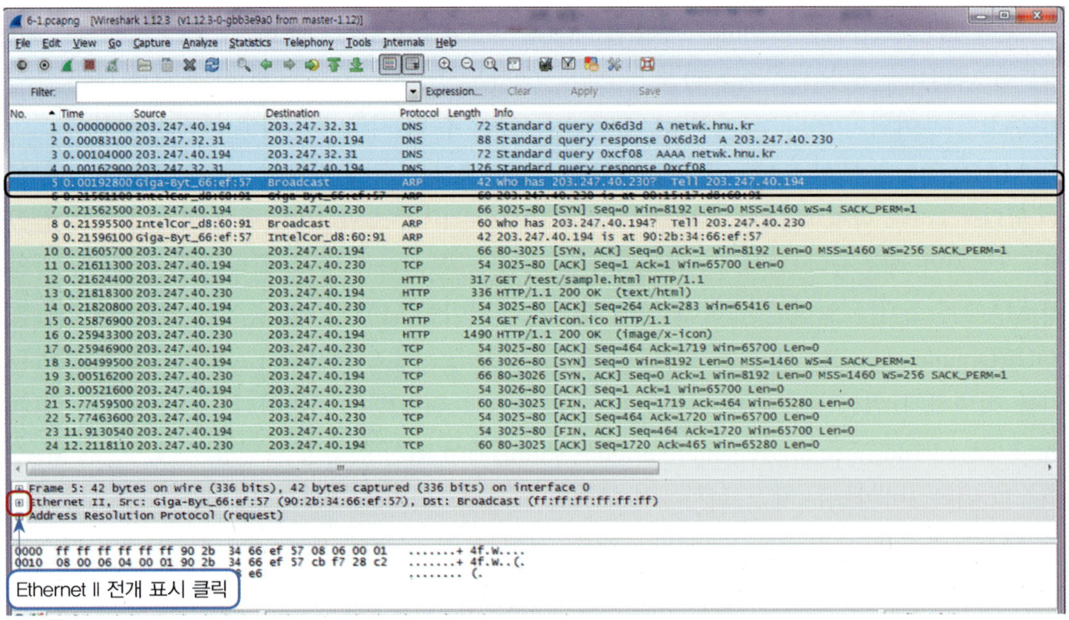

그림 7.3 패킷 상세 정보에서 Ethernet II 전개 표시 클릭

```
⊟ Ethernet II, Src: Giga-Byt_66:ef:57 (90:2b:34:66:ef:57), Dst: Broadcast (ff:ff:ff:ff:ff:ff)
  ⊞ Destination: Broadcast (ff:ff:ff:ff:ff:ff)
  ⊞ Source: Giga-Byt_66:ef:57 (90:2b:34:66:ef:57)
    Type: ARP (0x0806)
```

그림 7.4 Ethernet II 전개 화면

이 때 맨 먼저 「Destination」(수신자 MAC 주소) 필드가 나타난다. 또한 이후 「Destination」을 비롯한 패킷 헤더의 각 부분을 「필드」라고 한다. 「Destination」 필드에는 Ethernet II의 수신자를 나타내는 MAC 주소가 들어간다. 여기에는 수신자 MAC 주소가 「Broadcast」로 되어 있다. Broadcast(브로드캐스트)란 LAN에 접속된 모든 송신자에게 프레임을 보낸다는 의미이다.

이 「Destination」 필드를 클릭하여 반전 표시를 하고 패킷 바이트 정보를 확인해 보라. 그러면 패킷 바이트 정보에는 「ff ff ff ff ff ff」 부분이 선택된 상태가 되어 있을 것이다. 이는 수신자 MAC 주소는 6바이트이며 「Broadcast」의 경우에는 ff-ff-ff-ff-ff-ff이란 브로드캐스트 주소가 사용되고 있음을 알 수 있다.

이어서 패킷 상세 정보의 「Source」 필드를 확인해보라. 이 필드에는 송신자를 나타내는 MAC 주소(그림 7.4에서 90:2b:34:66:ef:57)가 지정되어 있다. 나타난 내용을 보면 먼저 앞부분 3바이트는 LAN 카드 제조사명(Giga_Byt)이 있고, 뒷부분 3바이트(66:ef:57)는 LAN 카드마다 부여된 제조 일련번호가 지정되어 있다. 회면에는 이들이 Giga-Byt_66:ef:57이라 나타나 있다. 그리고 그 다음으로 실제 MAC 주소를 괄호( ) 안에 16진수 6바이트로 90:2b:34:66:ef:57이라 나타나 있다.

다음에는 「Type」 필드를 확인해 보라. 이 필드는 Ethernet II 헤더 다음에 이어지는 캡슐화 형식을 2바이트로 지정하는 부분이다. 「Type」 필드는 Ethertype 필드라고도 불리며 Ethernet II 다음에 이어지는 프로토콜을 2바이트로 나타낸다.

주요 이더넷 유형 값과 캡슐화되는 프로토콜의 대응 관계는 표 7.1과 같다. 예를 들어 그림 6.6에 나타나 있는 5번째 ARP 패킷(패킷 목록 정보의 「info」 열에서 「Who has…」라고 표

표 7.1 주요 이더넷 유형 값

이더넷 유형 값	프로토콜
0x0800	IPv4
0x86dd	IPv6
0x0806	ARP
0x809b	Apple Talk
0x8137 0x8138	Novell IPX
0x80d5	IBM SNA Service on Ether

시되어 있는 패킷이다)에는「0806」이 들어가며 ARP가 지정되어 있다. 또한 첫 번째 DNS 패킷(「info」 열에서「Standard query…」라고 표시되어 있는 패킷이다)에서는「0800」이 들어가며 IPv4가 지정되어 있다. 이처럼 이더넷 유형 값을 지정하여 Ethernet II는 여러 가지 패킷을 캡슐화 할 수 있다.

이더넷 유형 필드 값과 의미는 인터넷 표준화 조직인 IANA(Internet Assigned Number Authority)에 의해 결정된다. 최신 이더넷 유형 할당에 대해서는 URL(http://www.iana.org/assignments/ethernet-numbers)을 참고하시기 바란다. IANA는 인터넷에서 이용되는 여러 가지 주소나 이름에 대해 표준을 제정하는 기관이다. 인터넷에서 사용하는 기술에 대한 표준화 작업은 IETF(Internet Engineering Task Force)에서 이루지고 있다.

다시 화면으로 되돌아가보자. MAC 주소는 OUI나 헤더마다 ID 외에 특별한 의미를 가진 비트를 포함하고 있다. Ethernet II 헤더의「Destination」 필드와「Source」 필드에 있는 ⊞를 클릭하여 전개하면 그림 7.5와 같이 나타난다.

MAC 주소의 8번째 비트는 멀티캐스트 또는 유니캐스트를 나타내기 위해 이용된다. 8번째 비트가「1」(ON)인 경우 멀티캐스트 통신(또는 브로드캐스트 통신)을 의미한다. 멀티캐스트란 한 송신자로부터 LAN에 있는 여러 PC를 수신자로 하는「일-대-다」 통신을 말한다. 멀티캐스트 통신은 하나의 패킷을 한 번에 복수 단말에 송신할 수 있기 때문에 통신 효율성이 좋고 라우터간 통신이나 멀티미디어 파일 배포 등에 이용되고 있다. 또한 8번째 비트가「0(OFF)」인 경우에는 통상적인 유니캐스트 통신을 의미한다. 유니캐스트란 한 송신자로부터 한 수신자로 패킷을 보내는「일-대-일」 통신을 말한다.

멀티캐스트나 유니캐스트 이외의 통신 방법으로 브로드캐스트가 있다. 앞서 설명했지만 브로드캐스트란 한 송신자로부터 LAN에 접속된 모든 PC를 수신자로 하는 통신을 의미한다. 브로드캐스트를 할 경우 MAC 주소는 48비트가 모두 1인「FF-FF-FF-FF-FF-FF」를 주소로 사용한다. 브로드캐스트 주소를 수신하거나 중계기 허브랑 스위칭 허브인 경우는 접속하고 있는 모든 포트에 패킷을 전송한다. 브로드캐스트 통신은 네트워크 상의 기기를 탐색하는 경우와 같이 한꺼번에 모두에게 정보를 보내기 위해 이용되고 있다.

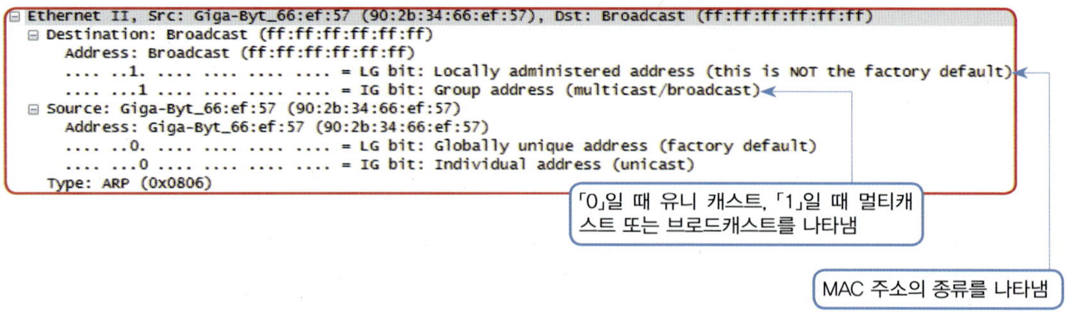

그림 7.5 Ethernet II의 Destination과 Source 전개 표시

또한 MAC 주소의 7번째 비트는 MAC 주소의 종류를 나타내기 위하여 이용된다. 7번째 비트가 「1」(ON)인 경우는 LAN 내에서 네트워크 관리자가 다시 부여한 관리 MAC 주소임을 의미한다. 이 경우 원칙적으로 MAC 주소는 변경되지 않는다. 또한 이 비트가 「0」(OFF)이면 MAC 주소가 통상적으로 제조사가 출하 시에 부여된 유일한 주소임을 의미한다.

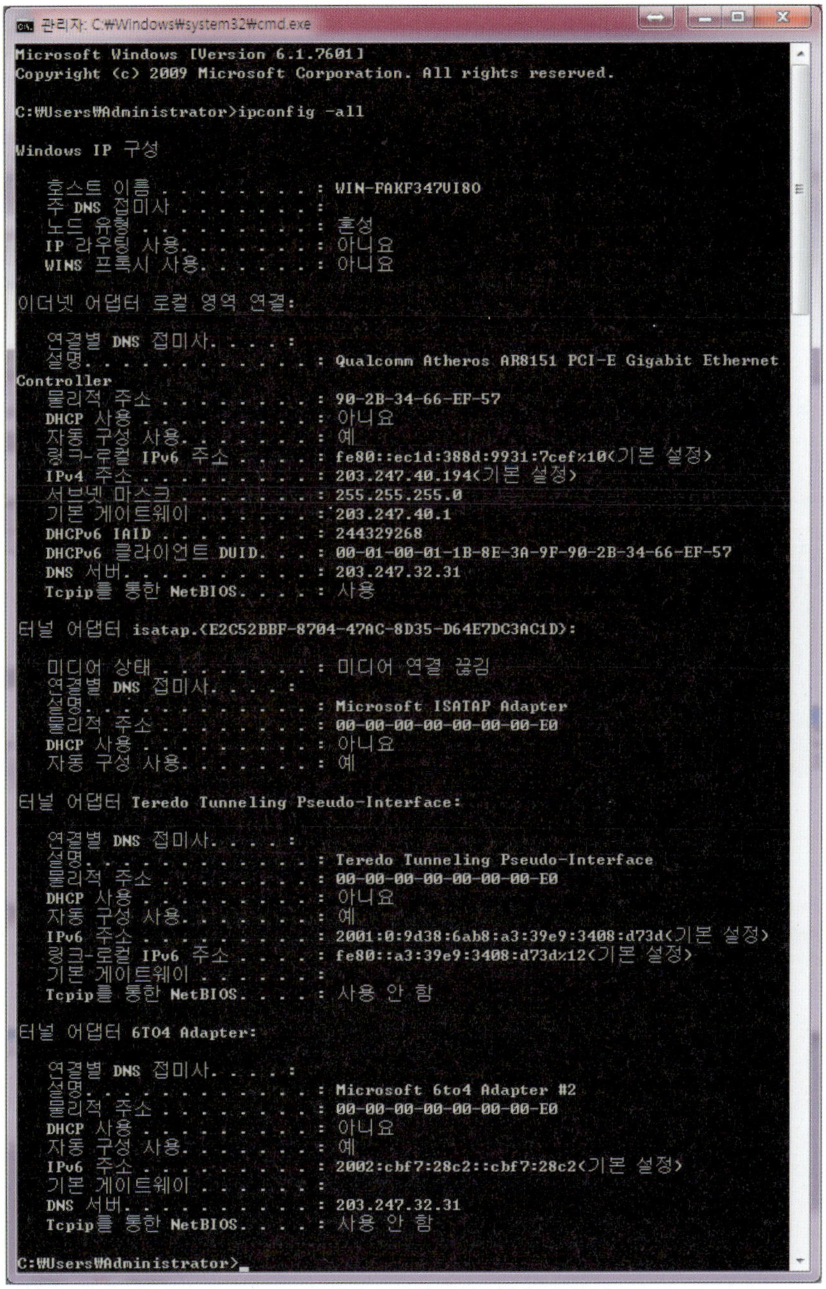

그림 7.6 ifconfig 명령어 실행 결과 화면

자신이 사용하고 있는 PC의 MAC 주소를 확인하는 가장 간단한 방법은 무선 LAN 카드 실(seal)이나 LAN 보드의 일련번호를 보면 된다. 노트북이면 본체를 뒤집어 보면 알 수 있다. PC에 따라서는 「MAC Address」라고 써진 16진수 MAC 주소가 실에 붙어 있는 경우도 있다.

이외에도 명령어를 사용하여 확인하는 방법이 있다. 명령 프롬프트에서 C:\>의 프롬프트 뒤에 「ipconfig -all」이라고 입력하고 엔터키를 누른다. 그러면 그림 7.6과 같은 화면이 나타난다(OS 종류나 접속된 네트워크의 환경에 따라서는 표시되는 문자가 약간 다를 수 있다). 또한 IPv6에서는 링크 로컬 주소를 비롯하여 MAC 주소로부터 자동적으로 IPv6 주소를 작성하여 할당한다.

ipconfig 명령어는 PC의 IP 주소나 서브넷 마스크, 디폴트 게이트웨이 등과 같은 TCP/IP의 기본 정보를 보여주는 명령어이다. 그림 7.6을 보면 「-all」 (또는 「/all」)이란 옵션을 이용하여 MAC 주소를 포함하여 TCP/IP의 모든 정보를 보여주고 있다. 여기서 「물리 주소」를 주목하라. 「물리적 주소 .... : 90-2B-34-66-EF-57」이라 표시된 부분이 MAC 주소이다.

윈도우즈 XP 이후의 윈도우즈 OS에는 「getmac」이란 명령어도 있다. 그림 7.7은 명령 프롬프트에서 getmac 명령을 실행한 결과를 나타낸 것이다. 이 명령에서도 PC의 MAC 주소를 확인할 수 있다.

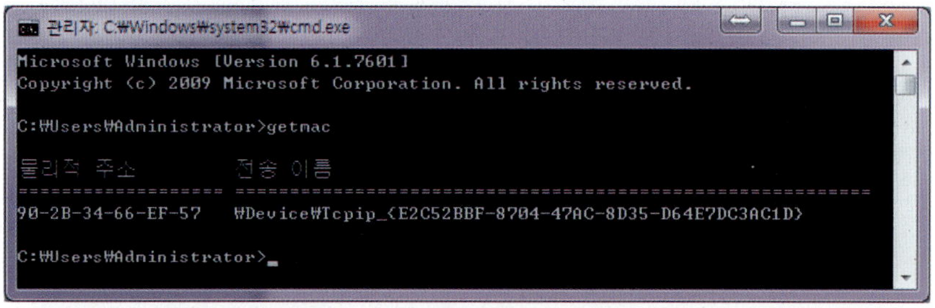

그림 7.7 getmac 명령 실행 화면

연습문제

와이어샤크를 이용하여 Ethernet II 프로토콜을 덤프 분석한다. 이 분석에서, 데이터링크층으로부터 전송된 프레임의 내용을 살펴보고 목적지와 발신지 MAC 주소, FCS 값, (어떤 페이로드가 프레임을 통하여 전송되는지 알 수 있는) 프로토콜 필드 등을 확인한다.

| 순서 |

1. 사용자의 웹브라우저를 시작한 다음 브라우저의 캐시 메모리를 지운다(부록 3 참조). 아직은 어떤 웹사이트도 접속하지 않는다.
2. 와이어샤크를 실행한 다음 캡처를 시작한다.
3. 웹브라우저로 가서 원하는 웹사이트에 있는 어떤 파일을 검색한다. 그러면 와이어샤크는 패킷 캡처를 시작한다.
4. 충분하게 패킷을 캡처한 후에 캡처를 멈추고 캡처된 파일을 저장한다.

문제 1 와이어샤크에 있는 패킷 목록 정보에서 어떤 패킷을 선택한다. 그런 다음 패킷 상세 정보에서 패킷을 전개한다. 여기서 앞서 설명한 것처럼 Ethernet II는 프리엠블 필드는 필터링된 것을 주목하라. 이것은 와이어샤크에 전달되지 않는다. 대부분의 이더넷 인터페이스는 와이어샤크에 FCS를 지원하지 않거나 그렇게 하도록 드라이버를 설정하지 않는다. 와이어샤크는 응답 메시지가 아닌 요청 메시지에 패딩된 바이트만 캡처할 수 있다는 것을 알아야 한다. 화면에 나타난 정보를 이용하여 다음 질문에 답하라.

1) 프레임 길이는 얼마인가?
2) 페이로드 길이(데이터와 패딩)는 얼마인가?
3) 질문 2의 답으로부터 페이로드에 패딩이 되었다고 말할 수 있는가?
4) 정확하게 길이가 60바이트(FCS 바이트는 계산하지 않고)인 프레임을 찾아보라. 총 페이로드 길이를 이용하여 패딩된 바이트 수를 찾아보라.

그런 다음 아래 표를 작성해서 제출하라.

<table>
<tr><td colspan="2">성명:</td><td>학번:</td><td>제출 날짜:</td></tr>
<tr><td>1)</td><td colspan="3">프레임 길이:</td></tr>
<tr><td>2)</td><td colspan="3">페이로드 길이(데이터와 패딩 포함):</td></tr>
<tr><td>3)</td><td colspan="3">페이로드에 패딩이 포함되어 있는가?</td></tr>
<tr><td>4)</td><td colspan="3">60 바이트 프레임에서 패딩 바이트 수:</td></tr>
</table>

문제 2 패킷 목록 정보에서 원하는 패킷을 선택한다. 패킷 상세 정보에서 Ethernet II를 선택한 다음 Ethernet II 헤더의 「Destination」 필드와 「Source」 필드에 있는 ⊞를 클릭하여 전개해보라. 화면에 나타난 내용을 보고 다음 질문에 답하라

1) 패킷 상세 정보에 있는 내용을 보고 다음을 답하고 표를 작성해보라.
   a. 목적지 물리 주소
   b. 발신지 물리 주소
   c. 상위 계층 프로토콜
2) 목적지 물리 주소가 유니캐스트인가 멀티캐스트인가?
3) 발신지 물리 주소가 사용자 네트워크를 지정하는가? 설명하라.
4) 목적지 물리 주소와 목적지 IP 주소가 서로 관계가 있는가?

그런 다음 아래 표를 작성해서 제출하라.

<table>
<tr><td colspan="2">성명:</td><td>학번:</td><td>제출 날짜:</td></tr>
<tr><td rowspan="3">1)</td><td colspan="3">a. 목적지 주소:</td></tr>
<tr><td colspan="3">b. 발신지 주소:</td></tr>
<tr><td colspan="3">c. 상위 계층 프로토콜:</td></tr>
<tr><td>2)</td><td colspan="3">목적지 물리 주소가 유니캐스트인가? 브로드캐스트인가?</td></tr>
<tr><td>3)</td><td colspan="3">발신지 물리 주소가 사용자 네트워크를 지정하고 있는가? 설명하라.</td></tr>
<tr><td>4)</td><td colspan="3">목적지 물리 주소와 목적지 IP 주소와 서로 관계가 있는가? 설명하라.</td></tr>
</table>

CHAPTER 08
ARP

8.1 ARP 프로토콜
8.2 ARP 덤프 분석

인터넷은 라우터나 게이트웨이와 같은 네트워크를 연결하는 장치들이 서로 연결된 네트워크들로 구성되어있다. 따라서 발신지 호스트로부터 시작한 패킷은 목적지 호스트에 도달하기 전에 서로 다른 물리적인 네트워크를 지나갈 수 있다.

호스트와 라우터는 네트워크 레벨에서는 자신의 **논리주소**(logical address)로 인식된다. 이 논리주소는 모든 곳에서 유효하며 전 세계적으로 유일하다. 이 주소는 실제로 소프트웨어 상에 구현되므로 논리주소라고 한다. 네트워크를 연결하기 위해 사용되는 모든 프로토콜은 논리주소를 필요로 한다. TCP/IP 프로토콜에서 논리주소는 IP 주소라고 하며 32비트 길이를 가지고 있다.

그러나 패킷들은 이들 호스트와 라우터에 도달하기 위해 물리적인 네트워크를 통과하게 된다. 물리적인 레벨에서 호스트와 라우터들은 물리주소에 의해 인식된다. 물리주소는 로컬주소(local address)이다. 이는 로컬 네트워크 내에서만 유효하다. 따라서 이 주소는 로컬에서만 유일하면 되고 전 세계적으로 유일할 필요는 없다. 물리주소라는 명칭이 붙은 이유는 이 주소가 보통 하드웨어로 구현되기 때문이다. 물리주소의 예는 이더넷이나 토큰링의 48비트 MAC 주소가 있으며, 이 주소는 호스트나 라우터 내에 설치된 NIC에 들어 있다.

물리주소와 논리주소는 서로 다른 식별자이다. 이더넷과 같은 하나의 물리적인 네트워크 상에 IP나 IPX(Novell)와 같은 두 개의 서로 다른 네트워크 계층 프로토콜이 동시에 사용될 수 있으므로 위의 두 주소가 모두 필요하다. 마찬가지로 IP와 같은 네트워크 계층에서 패킷은 이더넷과 LocalTalk와 같이 서로 다른 물리적인 네트워크를 통과할 수도 있다.

따라서, 호스트나 라우터로 패킷을 전달하기 위해서는 논리 및 물리 주소가 모두 필요하다. 논리주소를 물리주소로 변환하는 것이 필요하고 그 반대로의 변환도 필요하다. 이 변환들은 정적이나 동적으로 가능하다. 정적 변환은 몇 가지 문제점 때문에 사용되지 않고 있고 동적 변환을 이용하고 있다.

동적 변환(dynamic mapping)에서는 물리주소와 논리주소 쌍 중 하나만을 알고 있을 때 프로토콜을 사용하여 다른 하나를 알 수 있다. 이러한 동적 변환을 수행하기 위해 **주소변환 프로토콜**(Address Resolution Protocol; ARP)과 **역 주소 변환 프로토콜**(Reverse Address Resolution Protocol; RARP)이 설계되었다. ARP는 논리주소를 물리주소로 변환하고 RARP는 물리주소를 논리주소로 변환한다. 현재 RARP는 필요성이 없어짐에 따라 사용하지 않고 있다. ARP를 그림으로 나타내면 그림 8.1과 같다.

ARP는 유니캐스트와 브로드캐스트 물리주소를 사용한다. 그림 8.2는 TCP/IP 프로토콜 모음에서 ARP의 위치를 보여준다.

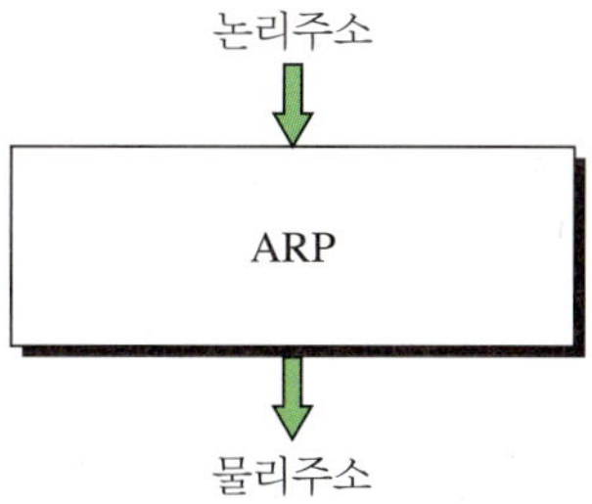

그림 8.1 ARP의 기능

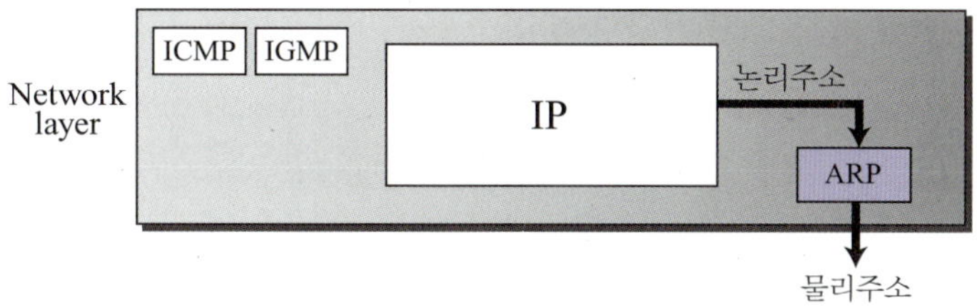

그림 8.2 ARP 프로토콜 위치

8.1 ARP 프로토콜

어떤 호스트나 라우터가 다른 호스트나 라우터에 보낼 IP 데이터그램을 가지고 있다면 송신자는 수신자의 논리주소인 IP 주소를 가지고 있다. 그러나 IP 데이터그램은 물리적인 네트워크를 통과하기 위해 프레임에 캡슐화되어야 한다. 그러기 위해서 송신자는 수신자의 물리주소를 알아야 한다. 다시 말하면 논리주소를 물리주소로 변환하는 기능이 필요하다. ARP는 이러한 변환을 동적으로 수행하기 위해 설계되었다. 즉 송신자가 필요할 때 수신자에게 물리주소를 알려 달라고 요청하는 것이다.

ARP는 IP 주소를 물리주소와 연관시킨다. LAN과 같은 전형적인 물리적인 네트워크에서 각 링크 상의 장치는 NIC 내에 저장된 물리주소에 의해 식별된다. 하나의 호스트나 라우터가 같은 네트워크 상에 있는 다른 호스트나 라우터의 물리주소를 필요로 할 때 ARP 요청(request) 패킷을 보낸다. 이 패킷은 송신자의 물리주소와 논리주소 그리고 수신자의 논리주소를 포함하고 있다. 송신자는 수신자의 물리주소를 모르기 때문에 요청 패킷을 네트워크 상에서 브로드캐스트한다(그림 8.3 참조). 라우터 상의 모든 호스트와 라우터는 이 ARP 요청 패킷을 수신하고 처리하지만 해당되는 수신자만이 논리주소를 인식하고 ARP 응답(reply) 패킷을 돌려보낸다. 이 응답 패킷은 수신자의 IP 주소와 물리주소를 포함하고 있다. 패킷은 요청 패킷에서 수신된 물리주소를 사용하여 요청자에게 직접 유니캐스트된다.

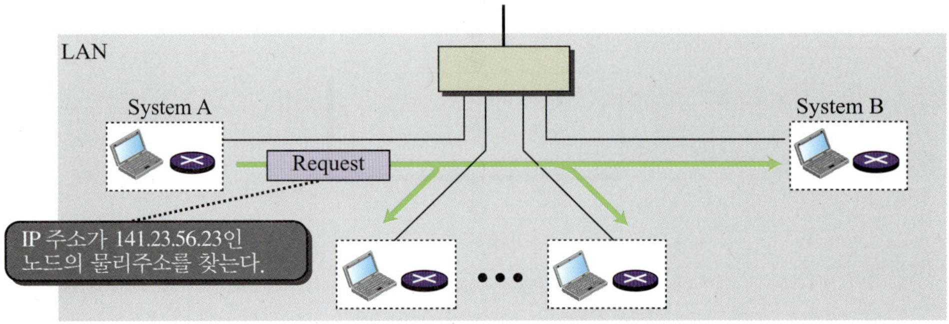

a. ARP request는 broadcast

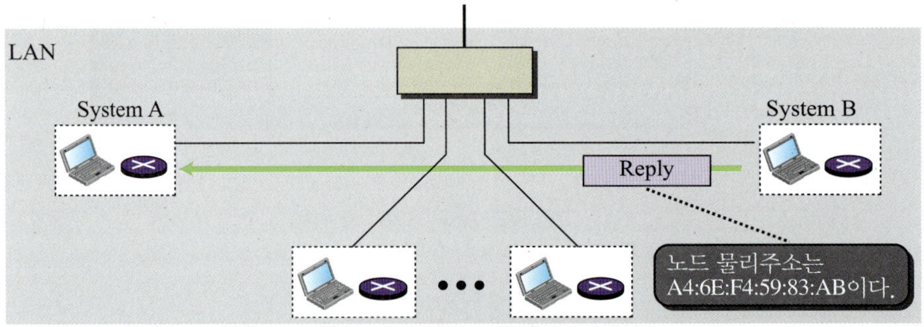

b. ARP reply는 unicast

그림 8.3 ARP 동작

그림 8.3a에서 왼쪽에 있는 시스템 A는 IP 주소 141.23.56.23을 가지는 다른 시스템 B에게 보낼 패킷을 가지고 있다. 시스템 A는 실제 전달을 위하여 이 패킷을 데이터링크 계층에 보내야 하나 수신자의 물리주소를 모르고 있다. 시스템 A는 ARP 서비스를 사용하여 IP 주소가 141.23.56.23인 시스템의 물리주소를 묻는 ARP 요청 패킷을 브로드캐스트한다.

이 패킷은 물리적인 네트워크 상에 있는 모든 시스템에 의해 수신되지만 그림 8.3b와 같이 오직 시스템 B만이 응답을 할 수 있다. 시스템 B는 자신의 물리주소를 포함하는 ARP 응답 패킷을 보낸다. 이제 시스템 A는 B로 가는 모든 패킷을 수신된 물리주소를 사용하여 보낼 수 있다.

ARP 패킷 형식

그림 8.4는 ARP 패킷 형식을 보여준다.

ARP 패킷의 필드들은 다음과 같다.

- HTYPE(Hardware Type). 이것은 ARP가 수행되고 있는 네트워크 유형을 정의하는 16비트 필드이다. 각 LAN은 유형에 따라 정수로 할당되어있다. 예를 들어 이더넷의 경우 값은 1이다.

<table>
<tr><td colspan="2">Hardware Type</td><td>Protocol Type</td></tr>
<tr><td>Hardware length</td><td>Protocol length</td><td>Operation
Request 1, Reply 2</td></tr>
<tr><td colspan="3">Sender hardware address
(예, Ethernet은 6바이트)</td></tr>
<tr><td colspan="3">Sender protocol address
(예, IP는 4바이트)</td></tr>
<tr><td colspan="3">Target hardware address
(예, Ethernet은 6바이트)
(request에서는 비어있음.)</td></tr>
<tr><td colspan="3">Target protocol address
(예, IP는 4바이트)</td></tr>
</table>

그림 8.4 ARP 패킷

- PTYPE(Protocol Type). 이것은 프로토콜을 정의하는 16비트 필드이다. 예를 들어 IPv4 프로토콜은 080016이다.
- HLEN(Hardware Length). 이 8비트 필드는 물리주소의 길이를 바이트 단위로 정의한다. 예를 들어 이더넷의 경우 이 값은 6이다.
- PLEN(Protocol Length). 이 8비트 필드는 논리주소의 길이를 바이트 단위로 정의한다. 예를 들어 IPv4의 경우 이 값은 4이다.
- OPER(Operation). 이 16비트 필드는 패킷의 유형을 정의한다. ARP 요청(1)과 ARP 응답(2)의 두 가지 유형이 정의되어 있다.
- SHA(Sender Hardware Address). 이 가변 길이의 필드는 송신자의 물리주소를 나타낸다. 예를 들어 이더넷의 경우 이 필드는 6바이트이다.
- SPA(Sender Protocol Address). 이 가변 길이의 필드는 IP 주소와 같은 송신자의 논리주소를 나타낸다. IP 프로토콜의 경우 이 필드는 4바이트이다.
- THA(Target Hardware Address). 이 가변 길이의 필드는 타겟의 물리주소를 정의한다. 예를 들어 이더넷의 경우 이 필드는 6바이트이다. ARP 요청의 경우 송신자는 타겟의 물리주소를 모르므로 이 필드는 0이다.
- TPA(Target Protocol Address). 이 가변 길이의 필드는 IP 주소와 같은 타겟의 논리주소이다. IPv4의 경우 이 필드는 4바이트이다.

캡슐화

ARP 패킷은 데이터링크 프레임으로 캡슐화된다. 예를 들어 그림 8.5에서 ARP 패킷은 이더넷 프레임에 의해 캡슐화되어 있다. 유형(Type) 필드는 프레임에 의해 전달되는 데이터가 ARP 패킷임을 나타내고 있다.

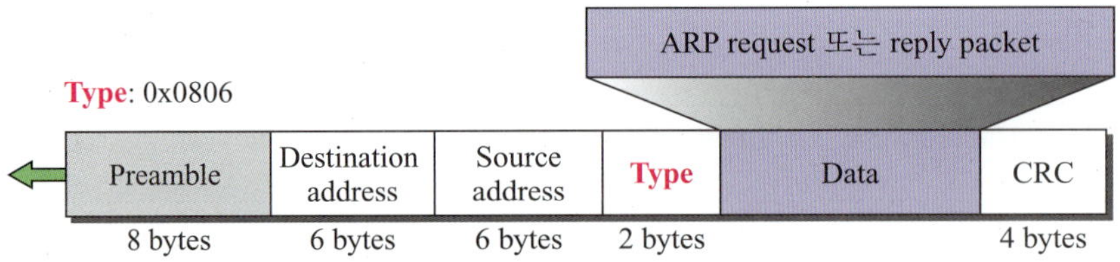

그림 8.5 ARP 패킷의 캡슐화

동작

인터넷에서 ARP가 어떻게 동작하는지 살펴보자. 먼저 수행되는 과정을 기술한 후에 호스트나 라우터가 ARP 사용을 필요로 하는 네 가지 경우에 대해 살펴보고자 한다.

과정

다음은 ARP 프로세스에 포함된 과정들이다.

1. 송신자는 타겟(Target)의 IP 주소를 알고 있다. 송신자가 어떻게 이 주소를 획득하는지는 곧 설명할 것이다.
2. IP가 ARP에게 ARP 요청 메시지를 생성하도록 요청한다. 이 요청 메시지에서 송신자의 물리주소와 IP 주소 그리고 타겟의 IP 주소는 채워지지만 타겟의 물리주소 필드는 0으로 채워진다.
3. 이 메시지는 데이터링크 계층에 전달되고 여기서 송신자의 물리주소를 발신지 주소로 그리고 물리 브로드캐스트 주소를 목적지 주소로 하는 프레임에 의해 캡슐화된다.
4. 모든 호스트나 라우터는 이 프레임을 수신한다. 프레임은 브로드캐스트 목적지 주소를 가지고 있으므로 모든 지국은 이 메시지를 자신의 ARP에게 전달한다.
5. 타겟 장비는 자신의 물리주소를 포함하는 ARP 메시지를 응답으로 보낸다. 이 메시지는 유니캐스트된다.
6. 송신자는 응답 메시지를 받고 타겟의 물리주소를 알게 된다.
7. 타겟에게 보내질 데이터를 포함하고 있는 IP 데이터그램은 이 물리주소를 가지는 프레임으로 캡슐화되어 목적지에 유니캐스트된다.

이 과정을 통하여 송신자와 수신자는 상대방의 IP 주소와 MAC 주소를 ARP 캐시라는 테이블에 임시로 저장해둔다. 그런 다음 이후의 통신에서 필요할 때 마다 캐시에 있는 정보를 이용한다. 보통은 ARP 캐시 테이블에 수명을 설정하고 그 시간이 경과하면 지우도록 하고 있다. 참고로 윈도우즈의 경우 ARP 캐시의 수명은 120초(2분)으로 되어있다.

ARP가 사용되는 네 가지 경우

다음은 ARP 서비스가 사용될 수 있는 네 가지 경우이다(그림 8.6 참조).

1. 송신자는 호스트이고 같은 네트워크 상에 있는 다른 호스트에게로 패킷을 전송하고자 하는 경우: 이러한 경우 물리주소로 변환되어야 하는 논리주소는 데이터그램 헤더 내에 있는 목적지 IP 주소이다.
2. 송신자는 호스트이고 다른 네트워크 상에 있는 다른 호스트에게로 패킷을 전송하고자 하는 경우: 이 경우 호스트는 라우팅 테이블을 참조하여 목적지를 위한 다음 홉(라우터)의 IP 주소를 찾는다. 만약 라우팅 테이블이 없다면 디폴트 라우터의 IP 주소를 찾는다. 라우터의 IP 주소가 물리주소로 변환되어야 할 논리주소가 된다.
3. 다른 네트워크 상에 있는 호스트로 가는 데이터그램을 수신한 라우터가 송신자인 경우: 이 라우터는 라우팅 테이블을 참조하여 다음 홉 라우터의 IP 주소를 찾는다. 다음 라우터의 IP 주소가 물리주소로 변환될 논리주소이다.
4. 같은 네트워크 상에 있는 호스트로 가는 데이터그램을 수신한 라우터가 송신자인 경우: 데이터그램의 목적지 IP 주소가 물리주소로 변환되어야 할 논리주소가 된다.

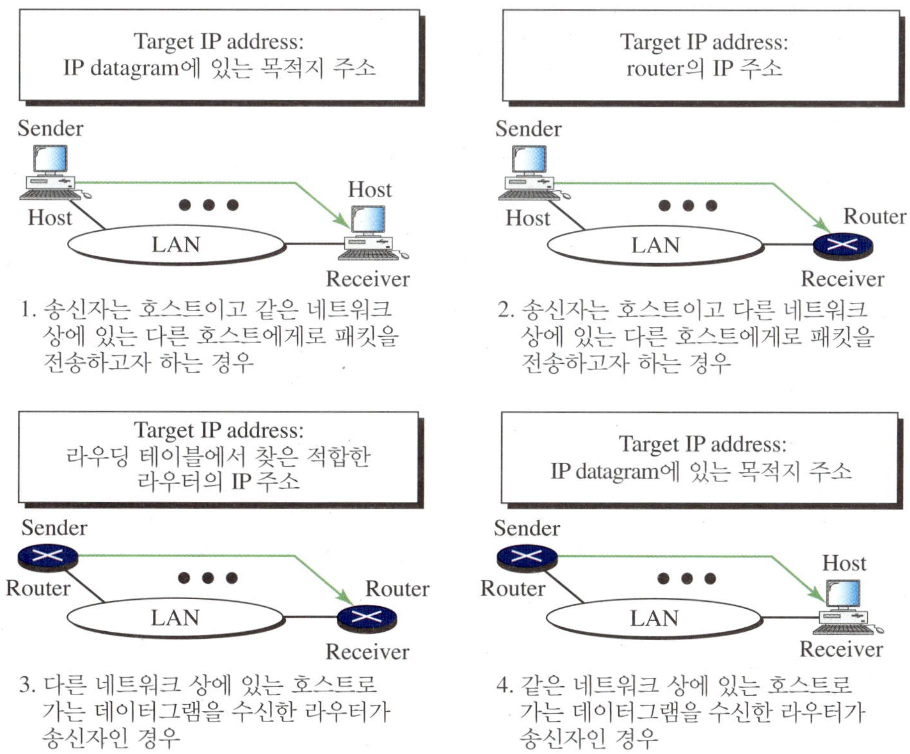

그림 8.6 ARP를 이용하는 네 가지 경우

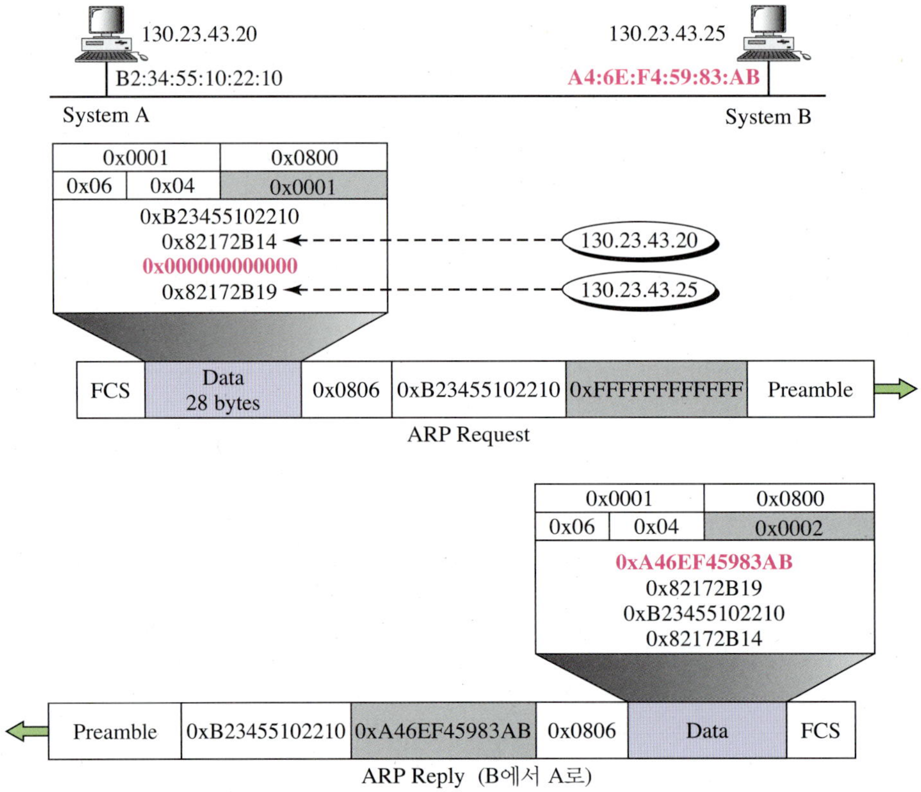

그림 8.7 예제 1

여기서 예를 들어 ARP 과정을 살펴보자. IP 주소 130.23.43.20이고 물리주소 0xB23455102210인 호스트가 IP 주소 130.23.43.25이고 물리주소 0xA46EF45983AB인 호스트에게 보낼 패킷이 있다. 두 호스트는 같은 이더넷 네트워크에 있다. 이더넷 프레임에 캡슐화된 ARP 요청과 응답 패킷을 나타내면 그림 8.7과 같다.

그림에 있는 ARP 요청에서 타겟 물리 주소에는 0x00000000로 되어있지만 응답 패킷을 보면 0xA46EF45983ABfh 되어있다. 이제 시스템 A는 시스템 B에 프레임을 보내고자 할 때 이 주소를 프레임에 목적지 주소로 지정하여 보내면 된다.

8.2 ARP 덤프 분석

이제 ARP 덤프 분석을 해보도록 하자.

여기서는 그림 8.8에 나타난 패킷 목록 정보 중에서 5번과 6번 패킷에 대하여 덤프 분석을 해보도록 한다.

패킷 목록 정보의 5번 프레임과 6번 프레임인 ARP 패킷을 보기 바란다. 여기서 「info」 열에

No	Time	Source	Destination	Protocol	Length	비고
5	0.00454800	클라이언트 PC	브로드캐스트 주소	ARP	42	ARP 요청
6	0.00472800	라우터 / 방화벽	클라이언트 PC	ARP	60	ARP 응답

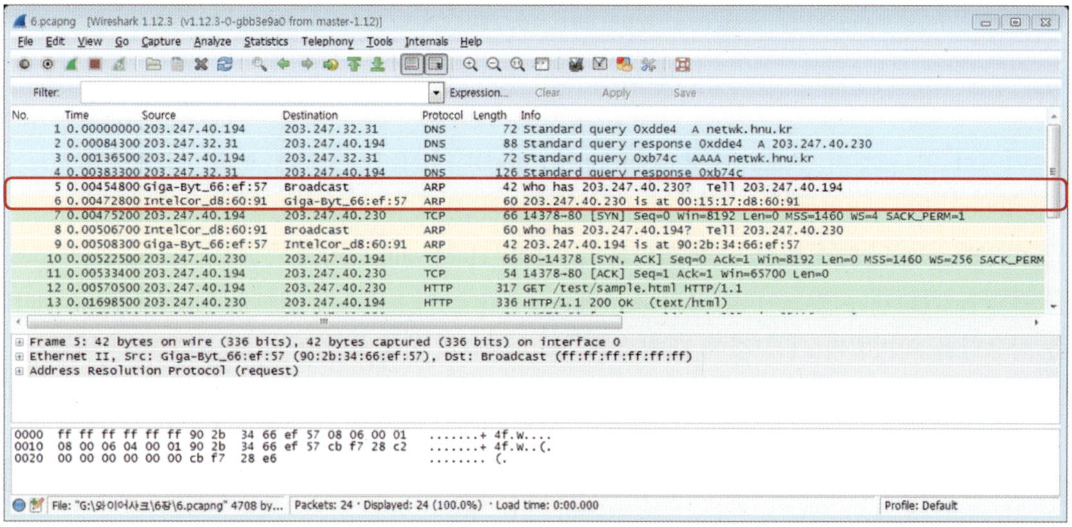

그림 8.8 패킷 목록 정보

「Who has ....」 라고 표시된 패킷이 ARP 요청 프레임이며, 「......is at ....」이라고 표시되어 있는 패킷이 ARP 응답 프레임이다. 이것이 ARP의 올바른 순서이다. 먼저 그림 8.9에 나타나 있는 5번 프레임인 ARP 요청을 확인한다. 「info」 열에 「Who has ...」 라고 나타나 있는 패킷을 선택해 본다. 그리고 패킷 상세 정보에서 Ethernet II의 ⊞를 클릭하여 전개해 보라(그림 8.10 참조).

그림 8.10을 보면 수신자의 MAC 주소를 지정하는 「Destination」 필드를 확인하면 「Broadcast」라고 되어 있다. 이 때 패킷 바이트 정보를 확인해보면 「ff:ff:ff:ff:ff:ff」 부분이 반전되어 나타나있다.

ARP 요청은 LAN에 접속되어 있는 모든 PC에 질의하게 된다. 따라서 수신자의 주소로 브로드캐스트를 이용한다.

그림 8.9 5번 패킷은 ARP 요청 패킷

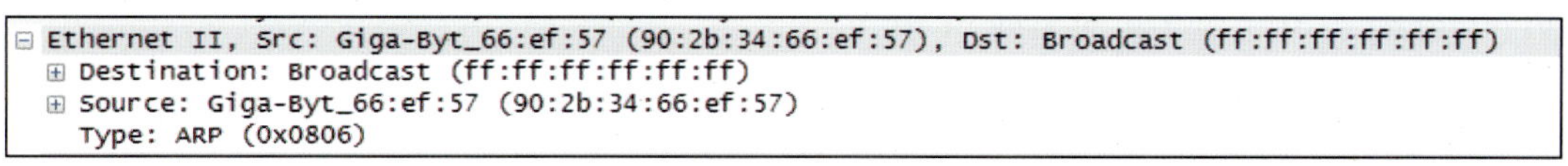

그림 8.10 5번 패킷의 Ethernet II 전개 화면

```
⊟ Address Resolution Protocol (request)
    Hardware type: Ethernet (1)
    Protocol type: IP (0x0800)
    Hardware size: 6
    Protocol size: 4
    Opcode: request (1)
    Sender MAC address: Giga-Byt_66:ef:57 (90:2b:34:66:ef:57)
    Sender IP address: 203.247.40.194 (203.247.40.194)
    Target MAC address: 00:00:00_00:00:00 (00:00:00:00:00:00)
    Target IP address: 203.247.40.230 (203.247.40.230)
```

그림 8.11 ARP 헤더 전개 화면

이어서 이 패킷의「Address Resolution Protocol」의 ⊞를 클릭해 보라. 그러면 Address Resolution Protocol의 헤더가 전개되어 그림 8.11과 같이 나타난다.

화면에 나타난 내용을 하나씩 살펴보면, 먼저「Hardware type」은 데이터링크층의 프로토콜 유형을 나타내는 필드이다. 그림 8.11에는 (1)란 값이 나타나 있는데, 이것은 Ethernet II를 사용함을 의미한다(다른 값에 대해서는「표 7.1 주요 이더넷 유형 값」을 참고하기 바란다). 이어지는 필드는「Protocol type」이다. 이 필드는 네트워크층 프로토콜을 2바이트로 나타낸다. 여기서는「Ox0800」이란 값이 들어있고 IP로 지정되어 있다. 그리고 그 다음에 이어지는「Hardware size」는 데이터링크층의 주소 길이를 나타내는 필드이며 여기서는 MAC 주소의 길이인「6」이란 값이 지정되어 있다. 다음의「Protocol size」 필드는 네트워크층의 프로토콜 주소 길이를 나타내며 값으로는 IP 주소 길이인「4」가 지정되어 있다.

또한 다음의「Opcode」는 2바이트 필드이며 ARP에서 실행하는 처리의 유형을 나타낸다. 여기서는 (1)이 들어가 있고 request라고 표시되어 있다. 이것은 IP 주소를 바탕으로 MAC 주소를 질의하는 ARP 요청 브로드캐스트를 의미한다. 또한 ARP 요청에 대하여 해당하는 기기가 MAC 주소 및 IP 주소를 요청자에게 대답하는 ARP 응답 유니캐스트에서는 (2)가 들어가 있고 reply라고 되어있다. 그 바로 밑의「Sender MAC address」는 ARP 요청을 보낸 송신 PC의 MAC 주소를 지정하는 6바이트 필드이다. 여기에는 송신자 PC의 MAC 주소가 들어간다. 또한「Sender IP address」는 ARP 요청을 보낸 송신자 PC의 IP 주소를 지정하는 4바이트 필드로서 송신자 PC의 IP 주소가 표시되어 있음을 확인하기 바란다.

다음의「Target MAC address」는 통신하고자 하는 상대방의 MAC 주소를 지정하는 6바이트 필드이다. LAN으로 통신을 하려면 상대방 PC의 MAC 주소를 알아야 한다. 그러나 맨 처음에는 통신 상대방의 MAC 주소를 모르는 상태이다. 따라서 ARP 요청에서는「Target MAC address」 필드에는 아무것도 지정하지 않고, 즉 상대방의 MAC 주소를 지정하지 않고 모두 0으로 채워 LAN 전체에 브로드캐스트를 보낸다. 그래서 패킷 바이트 정보를 보면「00 00 00 00 00 00」이 들어가 있음을 확인할 수 있다.

가장 아래에 표시된「Target IP address」는 통신하고자 하는 상대방의 IP 주소를 지정하는 4바이트 필드이다. 여기는 통신하고자 하는 상대방의 IP 주소가 들어가 있다.

다음은 ARP 응답 유니캐스트 패킷을 살펴보자. 패킷 목록 정보에서 6번 프레임을 선택한다(그림 8.12 참조).

```
5 0.00454800 Giga-Byt_66:ef:57   Broadcast          ARP         42 Who has 203.247.40.230?  Tell 203.247.40.194
6 0.00472800 IntelCor_d8:60:91   Giga-Byt_66:ef:57  ARP         60 203.247.40.230 is at 00:15:17:d8:60:91
```

그림 8.12 6번 프레임 선택 화면

그림 8.8에서 「info」열에서 「...... is at ......」이라고 표시되어 있는 패킷이 ARP 응답 유니캐스트 패킷이다. 여기에서 패킷 상세 정보의 Ethernet II의 ⊞를 클릭하면 그림 8.13과 같이 나타난다.

```
⊟ Ethernet II, Src: IntelCor_d8:60:91 (00:15:17:d8:60:91), Dst: Giga-Byt_66:ef:57 (90:2b:34:66:ef:57)
  ⊞ Destination: Giga-Byt_66:ef:57 (90:2b:34:66:ef:57)
  ⊞ Source: IntelCor_d8:60:91 (00:15:17:d8:60:91)
    Type: ARP (0x0806)
    Padding: 000000000000000000000000000000000000
```

그림 8.13 Ethernet II 전개 화면

그림 8.13에 나타난 것처럼 「Destination」 필드를 확인해 보면 수신자의 MAC 주소로써 사용자 PC의 MAC 주소가 지정되어 있다. 이어서 송신자 주소를 나타내는 「Source」 필드를 확인해 보라. 이는 ARP 요청을 보낸 디폴트 게이트웨이의 IP 주소를 사용하고 있는 라우터의 MAC 주소가 된다. 따라서 ARP 응답은 ARP 요청을 한 사용자 PC를 수신자로 한 유니캐스트 패킷임을 알 수 있다.

이어서 패킷 상세 정보의 「Address Resolution Protocol」의 ⊞를 클릭하여 전개해 보면 그림 8.14와 같이 나타난다.

```
⊟ Address Resolution Protocol (reply)
    Hardware type: Ethernet (1)
    Protocol type: IP (0x0800)
    Hardware size: 6
    Protocol size: 4
    Opcode: reply (2)
    Sender MAC address: IntelCor_d8:60:91 (00:15:17:d8:60:91)
    Sender IP address: 203.247.40.230 (203.247.40.230)
    Target MAC address: Giga-Byt_66:ef:57 (90:2b:34:66:ef:57)
    Target IP address: 203.247.40.194 (203.247.40.194)
```

그림 8.14 ARP 응답 전개 화면

그림 8.14에서 맨 위에 나타난 「Hardware type」 필드, 그 다음 「Protocol type」, 「Hardware size」, 「Protocol size」, 이들 각 필드의 값은 ARP 요청과 같다. 다른 것은 「Opcode」라는 2바이트 필드로 여기에는 (2)란 값이 들어가 있고 그 좌측에 「reply」라고 표시되어 있다. 이것은 이 패킷이 ARP 응답 유니캐스트 패킷임을 알 수 있다. 이 패킷을 「ARP 응답 패킷」이라고 한다. 이것은 ARP 요청을 받은 IP 주소를 사용하고 있는 단말의 MAC 주소를 응답하는 패킷이다.

이 요청과 응답의 흐름을 살펴보도록 하자. 「Sender MAC address」 필드에는 ARP 응답을 보내는 라우터나 PC의 MAC 주소가 6바이트로 지정되어 있다. 이번에는 LAN 내의 단말과 통신을 하는 것이 아니라 라우터(방화벽)를 경유하여 LAN 외부와 통신을 하기 위해 외부 네트워크로의 출구가 되는 디폴트 게이트웨이의 MAC 주소가 된다. 또한 「Sender IP address」 필드에는 ARP 응답을 보내는 송신자의 IP 주소가 4바이트로 지정되어 있다. 여기에는 라우터의 IP 주소가 지정되어 있다.

위와 같이 LAN 내에서는 직접 통신하는 기기가 ARP 응답을 하며, LAN 외부에서는 디폴트 게이트웨이가 되는 기기가 ARP 응답을 하게 된다.

여기서 ARP 캐시 테이블을 확인하는 방법을 살펴보자. ARP 요청과 응답 결과는 요청한 기기와 응답한 기기 모두 ARP 캐시에 저장된다(윈도우즈에서는 ARP 캐시 테이블에 120초간(2분 간), IP 주소와 MAC 주소가 저장된다).

명령 프롬프트에서 ARP 명령에 표를 보여주는 옵션 「-a」를 붙임으로써 이 ARP 캐시 테이블을 확인할 수 있다. 또한 ARP 명령을 사용할 때에는 기존의 ARP 캐시(임시 저장소)를 미리 삭제해 둘 필요가 있다. ARP 캐시를 삭제하는 옵션 명령은 「-d」이다.

윈도우즈7에서 「arp -d」 명령을 실행하기 위해서는 관리자 권한이 필요하다. 윈도우즈7의 「시작」 메뉴에서 보조 프로그램을 선택하면 나타나는 목록 중에 명령 프롬프트가 있는데, 여기서 오른쪽 클릭하여 「관리자 권한으로 실행」을 선택하기 바란다. 그러면 관리자 권한으로 명령 프롬프트가 나타난다.

그림 8.15는 Windows7에서 arp 캐시 삭제 명령(arp -d)을 실행한 다음 「arp -a」 명령을 실행한 결과를 나타낸 것이다. 먼저 아무런 통신을 하지 않은 경우에는 위의 두 번째 「arp -a」의 결과처럼 「ARP 항목을 찾을 수 없습니다.」라고 나타난다. 이어서 ping 203.247.40.203 -n 1 명령을 실행하여 ARP 요청과 ARP 응답을 했을 경우에는 두 번째 「arp -a」의 결과처럼 IP 주소와 MAC 주소의 조합에 대하여 ARP 캐시 테이블에 항목이 기록된다. 여기서는 클라이언트 PC(203.247.40.194)로부터 인터넷 접속을 했으므로 디폴트 게이트웨이의 IP 주소(203.247.40.203)과 MAC 주소(00-15-17-d8-60-91)가 ARP 캐시에 동적으로 기록되어 있다.

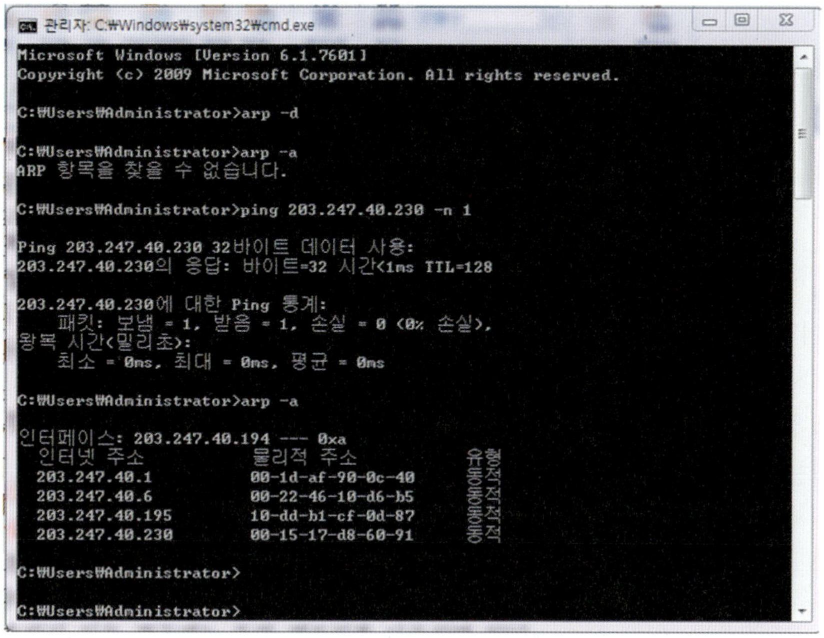

그림 8.15 arp -d, arp -a 명령 확인

연습문제

와이어샤크를 이용하여 ARP 프로토콜을 덤프 분석해보자.

| 순서 |

1. 사용자의 웹브라우저를 시작한 다음 브라우저의 캐시 메모리를 지운다(부록 3 참조). 아직은 어떤 웹사이트도 접속하지 않는다.
2. 와이어샤크를 실행한 다음 캡처를 시작한다.
3. 웹브라우저로 돌아가서 원하는 웹사이트에 있는 임의의 파일을 검색한다. 그러면 와이어샤크는 패킷 캡처를 시작한다.
4. 와이어샤크의 필터 란에 arp를 입력하고 Apply를 클릭한다.
5. 패킷을 캡처한 후에 캡처를 종료하고 캡처된 파일을 저장한다.

Part I ARP request message

와이어샤크를 이용하여 저장된 파일을 읽어 패킷 목록 정보에서 첫 번째 ARP request packet을 선택한다. 패킷 상세 정보에서 Address Resolution Protocol을 선택한다.

문제 1 패킷 상세 정보에 있는 ARP를 전개해서 다음의 값에 답하라.

a. 하드웨어 유형(hardware type): ____________________

b. 프로토콜 유형(protocol type): ____________________

c. 하드웨어 길이(hardware length): ____________________

d. 프로토콜 길이(protocol length): ____________________

e. 동작 코드(operation code): ____________________ 이 필드의 의미는 무엇인가?

f. 발신지 하드웨어 주소(sender MAC address): ____________________

g. 발신지 프로토콜 주소(sender IP address): ____________________

h. 목적지 하드웨어 주소(Target MAC address): ____________________

i. 목적지 프로토콜 주소(Target IP address): ____________________

문제 2 목적지 하드웨어 주소의 유형(unicast, multicast, broadcast)은 무엇인가? 어떤 하드웨어 인터페이스가 목적지 주소를 지정하는가?

문제 3 패킷 바이트 정보를 보면 ARP request에 zero-byte가 있음을 확인할 수 있다. 얼마나 많은 0이 있는가? 이 0이 있는 이유를 설명하라.

ARP reply message

Part II

와이어샤크에 있는 패킷 목록 정보에서 첫 번째 ARP reply 패킷을 선택한다. 패킷 상세 정보에서 Address Resolution Protocol을 선택하여 전개해보라.

질문 1 전개되어 나타난 정보를 이용하여 다음 질문에 답하라.

a. 하드웨어 유형(hardware type): ____________________

b. 프로토콜 유형(protocol type): ____________________

c. 하드웨어 길이(hardware length): ____________________

d. 프로토콜 길이(protocol length): ____________________

e. 운영 코드(operation code): ____________________

f. 송신자 물리 주소(sender MAC address): ____________________

g. 송신자 프로토콜 주소(sender IP address): ____________________

h. 타겟 물리 주소(Target MAC address): ____________________

i. 타겟 프로토콜 주소(Target IP address): ____________________

질문 2 목적지 하드웨이 주소는 유형이 무엇인가? 어떤 네트워크 인터페이스가 주소를 지정하는가?

화면에 나타난 내용을 보고 다음 칸을 채워라.

<table>
<tr><td>성명:</td><td>학번:</td><td>제출 날짜:</td></tr>
<tr><td colspan="3">Part I</td></tr>
<tr><td rowspan="9">1</td><td colspan="2">a. Hardware type:</td></tr>
<tr><td colspan="2">b. Protocol type:</td></tr>
<tr><td colspan="2">c. Hardware length:</td></tr>
<tr><td colspan="2">d. Protocols length:</td></tr>
<tr><td>e. Operation code:</td><td>의미:</td></tr>
<tr><td colspan="2">f. Sender MAC address:</td></tr>
<tr><td colspan="2">g. Sender IP address:</td></tr>
<tr><td colspan="2">h. Target MAC address:</td></tr>
<tr><td colspan="2">i. Target IP address:</td></tr>
<tr><td>2</td><td colspan="2">destination hardware address 유형:
어느 인터페이스가 목적지 하드웨어 주소를 지정하는가?</td></tr>
<tr><td>3</td><td colspan="2">0의 바이트 수:
0이 있는 이유를 설명하라.</td></tr>
</table>

Part II	
1	a. Hardware type:
	b. Protocol type:
	c. Hardware length:
	d. Protocols length:
	e. Operation code:
	f. Source hardware address.
	g. Source IP address?
	h. Destination hardware address:
	i. Destination IP address:
2	destination hardware address 유형: 어떤 인터페이스가 목적지 하드웨어 주소를 지정하는가?

CHAPTER 09
IP

9.1 데이터그램

9.2 단편화

9.3 옵션

9.4 검사합

9.5 IP 덤프 분석

인터넷 프로토콜(Internet Protocol; IP)은 TCP/IP 프로토콜에서 사용하는 전송 메커니즘이다. 그림 9.1은 프로토콜 스택에서 IP의 위치를 보여주고 있다.

IP는 신뢰성이 없고 비연결형인 데이터그램 프로토콜로서 최선의 노력(best effort) 전달 서비스이다. 최선의 노력이란 의미는 IP는 오류 검사나 추적을 하지 않는다는 것이다. IP는 하위 계층이 신뢰성이 없다고 가정하고 목적지까지 패킷을 전달하기 위하여 최선을 다하지만 보장을 하지는 않는다.

만약 신뢰성이 중요하다면, IP는 TCP와 같이 신뢰성 있는 프로토콜과 함께 사용되어야 한다. 좀 더 쉽게 이해할 수 있는 최선의 노력 전달 서비스의 예로는 우체국이 있다. 우체국은 우편물을 전달하기 위해 최선을 다하지만 언제나 성공하는 것은 아니다. 만약 우편물이 전달 과정에서 분실되어 송신자나 수신자가 우편물이 분실되었다는 것을 알게 되면 이 문제를 해결해야 한다. 우체국은 모든 우편물을 추적할 수가 없고 따라서 우편물이 분실되거나 훼손된 것을 송신자에게 통보할 수 없다.

IP는 데이터그램 방식을 사용하는 패킷 교환 망을 위해 설계된 비연결형 프로토콜이다. 이것은 각 데이터그램이 독립적으로 처리되고 목적지까지 서로 다른 경로를 통하여 전달될 수 있다는 것이다. 그러므로 발신지가 여러 개의 데이터그램을 보내면 순서가 뒤바뀌어 도달할 수 있다. 이 중의 일부는 분실될 수 있고, 일부는 전달 도중 훼손될 수도 있다. 다시 말해 IP는 이러한 모든 문제를 해결하기 위하여 상위 계층의 프로토콜에 의존한다.

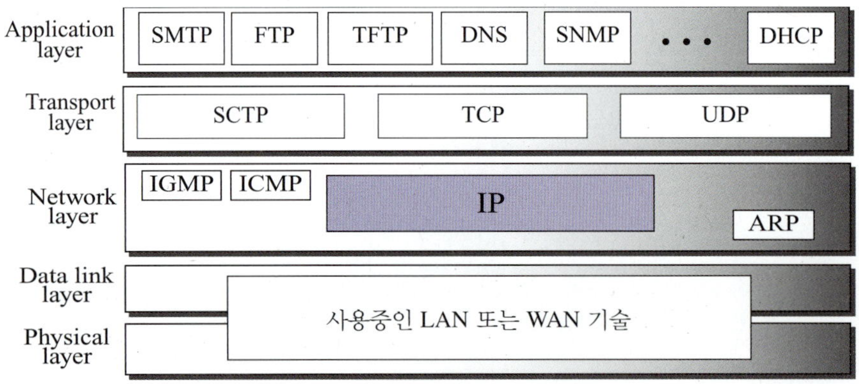

그림 9.1 TCP/IP 프로토콜 그룹 내에서 IP의 위치

9.1 데이터그램

IP 계층의 패킷을 데이터그램(datagram)이라고 한다. 그림 9.2는 IP 데이터그램의 형식을 보여준다. 데이터그램은 가변 길이 패킷으로 헤더와 데이터 부분으로 구성된다. 헤더는 20바이트

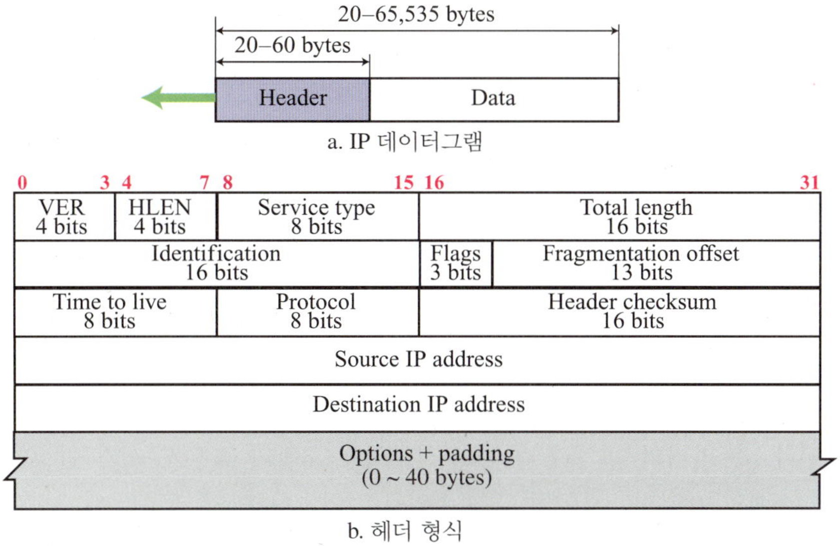

그림 9.2 IP 데이터그램과 헤더 형식

에서 60바이트까지이고, 라우팅(경로지정)과 전달에 필요한 정보를 포함하고 있다. TCP/IP에서는 보통 헤더를 4바이트 단위로 보여준다. 다음은 헤더 내의 필드에 대한 간단한 설명이다.

- 버전(VER). 이 4비트 필드는 IP 프로토콜의 버전(version)을 나타낸다. 현재 버전은 4이다. 그러나 이제 곧 버전 6(또는 IPng)으로 대치될 것이다. 이 필드는 시스템 내에서 수행되고 있는 IP 소프트웨어에게 데이터그램이 버전 4 형식으로 되어 있다는 것을 알려준다. 모든 필드는 버전 4 프로토콜에서 지정된 대로 해석되어야 한다. 만약 시스템이 다른 버전의 IP 소프트웨어를 사용하고 있다면 잘못 해석되지 않도록 이 데이터그램은 폐기된다.
- 헤더 길이(HLEN). 이 4비트 필드는 데이터그램 헤더의 전체 길이를 4바이트 단위로 나타낸다. 이 필드는 데이터그램의 헤더 길이(header length)가 20바이트와 60바이트 사이에서 변할 수 있으므로 필요하다. 만약 선택사항이 없다면 헤더의 길이는 20바이트이고, 이 필드의 값은 5가 된다($5 \times 4 = 20$). 만약 선택사항 필드가 최대 길이라면 이 필드의 값은 15가 된다($15 \times 4 = 60$).
- 서비스 유형(TOS). IP 헤더의 초기 설계에서는 이 필드는 서비스 유형(TOS: Type of Service)이라 불리었고 데이터그램이 어떻게 처리되어야 하는가를 정의하였다. 이 필드의 일부는 데이터그램의 우선순위(precedence)를 정의하기 위하여 사용되었고 나머지 부분은 (저지연, 고처리율 등과 같은) 서비스 유형을 정의하였다. IETF는 이 8비트 필드의 의미를 수정하였다. 이 필드는 현재 차별화된 서비스(differentiated services) 집합이라고 불린다. 그림 9.3은 이 필드의 새로운 의미를 보여주고 있다.

  새 정의에서는 처음 6비트는 코드포인트(codepoint) 부필드이고 마지막 2비트는 사용되지 않는다. 코드포인트 부필드는 다음과 같이 두 방법으로 사용된다.

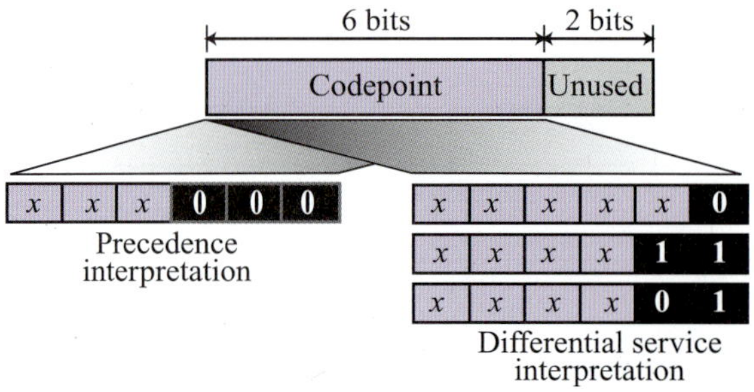

그림 9.3 서비스 유형

a. 오른쪽 세 비트가 0이면 왼쪽 세 비트는 서비스 유형에서의 우선순위와 같은 의미로 해석된다. 즉 과거의 해석과 같다. 우선순위는 혼잡과 같은 문제가 발생하였을 경우 데이터그램의 (0부터 7 사이의) 우선순위를 정의한다. 만약 라우터에 혼잡이 발생하여 데이터그램 일부를 폐기해야 한다면 가장 낮은 우선순위 값을 가진 데이터그램이 가장 먼저 폐기된다. 인터넷에서 어떤 데이터그램은 다른 데이터그램보다 더 중요하다. 예를 들어 네트워크 관리를 위해 사용되는 데이터그램은 사용자 그룹에 옵션 정보를 보내기 위해 사용되는 데이터그램보다 더 급하고 중요하다.

b. 오른쪽 세 비트가 모두 0이 아니면 6비트는 표 9.1과 같이 인터넷이나 지역 당국에 의해 부여된 우선순위에 따라 56(64–8)가지의 서비스를 정의한다. 처음 범주는 24개의 서비스를 포함하고 두 번째와 세 번째 범주들은 각각 16개의 서비스를 포함한다. 첫 범주는 인터넷 당국(IETF)에 의하여 지정된다. 두 번째 범주는 지역 당국(기관)에 의해 지정된다. 세 번째 범주는 임시로서 실험적 목적으로 사용될 수 있다. 이 번호 지정은 아직 최종 결정되지 않았다.

- **전체 길이(Total Length).** 이 16비트의 필드는 헤더와 데이터를 포함하는 IP 데이터그램의 전체 길이를 바이트 단위로 나타낸다. 상위 계층으로부터 받은 데이터 길이를 알아내기 위해 전체 길이에서 헤더 길이를 빼면 된다. 헤더의 길이는 HLEN 필드의 값에 4를 곱하면 된다.

데이터 길이 = 전체 길이 − 헤더 길이

표 9.1 코드 포인트 값

Category	Codepoint	Assigning Auhority
1	XXXXX0	Internet
2	XXXX11	Local
3	XXXX01	Temporary 또는 experimental

필드의 길이가 16비트이므로 IP 데이터그램의 전체 길이는 65,535($2^{16}-1$)바이트로 제한되고, 이 중 20바이트에서 60바이트는 헤더이고 나머지가 상위 계층으로부터 받는 데이터이다.

65,535바이트의 길이는 현재 기술에서 매우 크게 느껴진다. 그러나 하위 계층의 기술이 발달하여 더욱 높은 처리율(더 넓은 대역폭)을 갖는 네트워크를 사용할 수 있게 된다면 가까운 미래에 IP 데이터그램의 길이는 증가할 수 있을 것이다. 다음 절에서 단편화에 대해 논의할 때 어떤 물리 네트워크는 65,535바이트 길이의 데이터그램을 자신의 프레임 내에 포함할 수 없다는 것을 알게 될 것이다. 이러한 네트워크를 통과하기 위해서는 데이터그램은 단편화되어야 한다.

왜 이러한 필드가 필요한지 질문하는 사람도 있을 것이다. 라우터나 호스트와 같은 시스템이 프레임을 받으면 헤더와 트레일러는 없애고 데이터그램만 남긴다. 왜 이러한 여분의 필드를 필요로 하는가? 물론 대부분의 경우 이 필드의 값이 필요하지는 않는다. 그러나 어떤 경우에는 프레임 내에 포함된 것이 데이터그램만이 아니라 추가된 패딩이 있을 수도 있다. 예를 들어 이더넷 프로토콜은 프레임 내에 포함될 수 있는 데이터 길이에 대한 최소값(46바이트)과 최대값(1,500바이트)이 있다. 만약 IP 데이터그램의 길이가 46바이트보다 작다면 이 요구 사항을 만족시키기 위해 패딩이 필요하다. 이러한 경우 시스템이 데이터그램을 프레임에서 추출한 후 어디까지가 데이터이고 어디까지가 패딩인지 알기 위해 전체 길이를 점검해야 한다(그림 9.4 참조).

- **식별**(identification). 이 필드는 단편화를 위하여 사용된다.
- **플래그**(flags). 이 필드는 단편화를 위하여 사용된다.
- **단편화 옵셋**(fragmentation offset). 이 필드는 단편화를 위하여 사용된다.
- **수명**(time to live). 데이터그램은 인터넷을 통하여 전달되는 동안 제한된 수명을 가지게 된다. 원래 이 필드는 타임스탬프 기능을 수행하기 위하여 설계되었고 방문되는 라우터에 의해 감소된다. 이 필드의 값이 0이 되면 데이터그램은 폐기된다. 그러나 이렇게 하기 위해서는 모든 장비의 클록이 동기화 되어야 하고 데이터그램이 한 장치에서 다음 장치까지 가는데 걸리는 시간을 알 수 있어야 한다. 오늘날 이 필드는 데이터그램에 의해 방문되는 최대 홉(라우터) 수를 제어하기 위해 사용된다. 발신지 호스트가 데이터그램을 보낼 때 이 필드에 숫자를 저장한다. 이 값은 대략 두 호스트 사이에 위치한 라우터 수의 두 배이다.

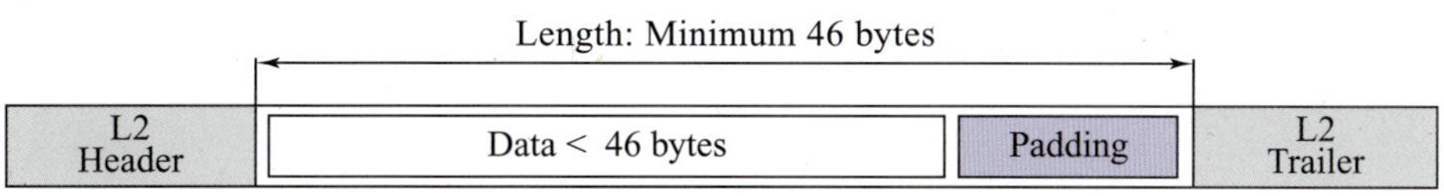

그림 9.4 이더넷 프레임에서 작은 데이터그램의 캡슐화

데이터그램을 처리하는 각 라우터는 이 필드의 값을 1씩 감소시킨다. 만약 감소 후 값이 0이 되면 라우터는 데이터그램을 폐기한다.

인터넷 내의 라우팅 테이블에 오류가 있을 수 있으므로 이 필드가 필요하다. 만약 이러한 일이 발생하면 데이터그램은 둘 또는 그 이상의 라우터들 사이에서 계속 오고 갈 것이다. 이 필드는 데이터그램의 수명을 제한한다.

발신지가 의도적으로 패킷이 전달되는 범위를 제한하고자 할 때 이 필드가 사용될 수도 있다. 예를 들어 발신지가 패킷이 로컬 네트워크 내에서만 전달되기를 원하면 이 필드의 값을 1로 하면 된다. 패킷이 첫 번째 라우터에 도달하면 이 필드의 값은 0으로 감소되고 데이터그램은 폐기된다.

- 프로토콜(protocol). 이 8비트 필드는 IP 계층의 서비스를 사용하는 상위 계층 프로토콜을 정의한다. IP 데이터그램은 TCP, UDP, ICMP, IGMP와 같은 여러 종류의 상위 계층 프로토콜을 캡슐화할 수 있다. 이 필드는 IP 데이터그램이 전달되어야 하는 최종 프로토콜을 나타낸다. 다른 말로 설명하면 IP 프로토콜은 다른 종류의 상위 계층 프로토콜로부터 오는 데이터를 다중화 및 역다중화하므로 데이터그램이 최종 목적지에 도달한 경우 이 필드의 값은 역다중화의 과정을 돕게 된다(그림 9.5 참조). 여러 상위 계층에 해당하는 이 필드의 일부 값이 표 9.2에 나와 있다.
- 검사합(checksum). 오류 확인을 위한 검사합이다.
- 발신지 주소(source address). 이 32비트의 필드는 발신지의 IP 주소를 정의한다. IP 데이터그램이 발신지에서 목적지까지 전달되는 동안 이 값은 변해서는 안 된다.
- 목적지 주소(destination address). 이 32비트 필드는 목적지의 IP 주소를 정의한다. IP 데이터그램이 발신지에서 목적지까지 전달되는 동안 이 값은 변해서는 안 된다.

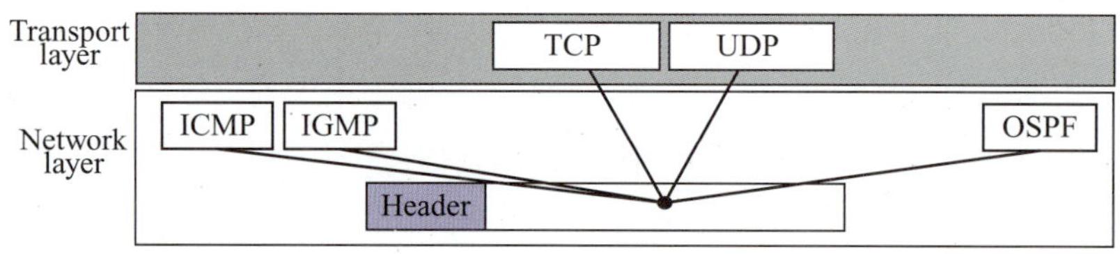

그림 9.5 다중화

표 9.2 프로토콜 필드의 값

Value	Protocol	Value	Protocol
1	ICMP	17	UDP
2	IGMP	89	OSPF
6	TCP		

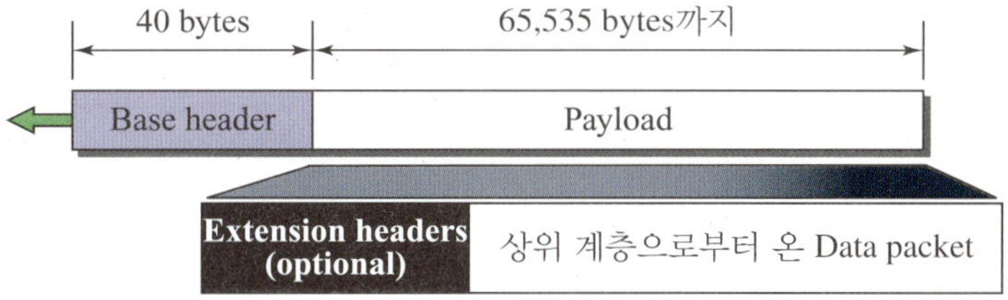

그림 9.6 IPv6 데이터그램

또, IPv4에서 사용되는 주소가 다 소진되어 새로이 설계된 IPv6 패킷은 그림 9.6에 나타나 있다. 각 패킷은 필수적인 기본 헤더와 페이로드(payload)로 구성된다. 페이로드는 두 필드인 선택적인 확장 헤더와 상위 계층에서 온 데이터로 구성된다. 기본 헤더는 40바이트를 차지하며, 반면에 확장 헤더와 상위 계층에서 온 데이터가 최대 65,535바이트까지 차지한다.

기본 헤더

그림 9.7은 8개의 필드를 가진 기본 헤더(base header)를 보여준다.
이 필드들은 다음과 같다.

- **버전(version).** 이 4비트 필드는 IP의 버전을 정의한다. IPv6의 경우 그 값은 6이다.
- **트래픽 클래스(traffic class).** 이 8비트 필드는 서로 다른 전달 요구사항을 갖는 페이로드를 구분하는 데 쓰인다. 이 필드는 IPv4의 서비스 클래스 필드를 대신한다.
- **흐름 레이블(flow label).** 흐름 레이블은 20비트로 구성되며 특정 데이터의 흐름을 특별하게 제어하기 위해 설계되었다.
- **페이로드 길이(payload length).** 이 2바이트 페이로드 길이 필드는 기본 헤더를 제외한 IP 데이터그램의 전체 길이를 정의한다.
- **다음 헤더(next header).** 다음 헤더는 데이터그램에서 기본 헤더 다음의 헤더를 정의하는 8비트 필드이다. 다음 헤더는 IP에 의해 이용되는 선택적인 확장 헤더 중의 하나이거나

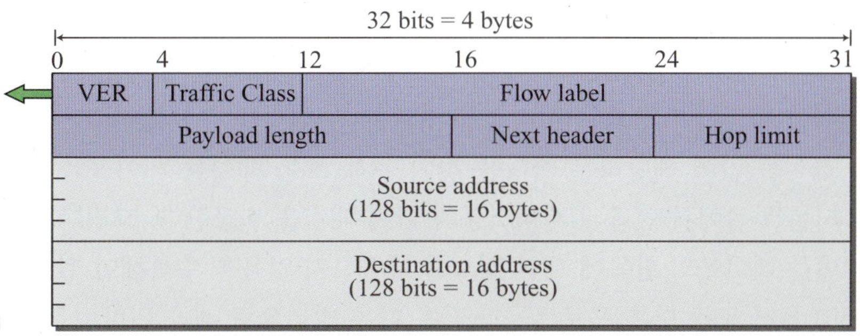

그림 9.7 IPv6 데이터그램의 기본 헤더 형식

표 9.3 다음 헤더 코드

Code	Next Header	Code	Next Header
0	Hop-by-hop option	44	Fragmentation
2	ICMP	50	Encrypted seurity payload
6	TCP	51	Authentication
17	UDP	59	Null(No next header)
43	Source routing	60	Destination option

UDP 또는 TCP와 같은 상위 계층 프로토콜을 위한 헤더이다. 표 9.3은 다음 헤더 값을 나타낸다. 버전 4에서 이 필드는 프로토콜이라고 부르고 있다는 것에 주목해야 한다.

- 홉 제한(hop limit). 이 8비트의 홉 제한 필드는 IPv4의 TTL 필드와 같은 목적으로 사용된다.
- 발신지 주소(source address). 발신지 주소 필드는 보통 데이터그램의 원래 발신지 주소를 식별하는 16바이트(128비트) 인터넷 주소이다.
- 목적지 주소(destination address). 목적지 주소 필드는 데이터그램의 최종 목적지를 식별하는 16바이트(128비트) 인터넷 주소이다. 그러나 발신지 라우팅이 사용된다면 이 필드는 다음 라우터의 주소를 갖는다.

흐름 레이블

IP 프로토콜은 원래 비연결형 프로토콜로서 설계되었다. 그러나 IP 프로토콜을 연결형 프로토콜로 사용하는 경향이 있다. MPLS 기술은 레이블 필드를 사용하여 MPLS 헤더 내에 IPv4 패킷을 캡슐화할 수 있게 해준다. IPv6에서는 흐름 레이블(flow label)이 IPv6 데이터그램의 형식에 추가되어 IPv6를 연결 지향 프로토콜로 사용 할 수 있게 해 준다.

라우터에서 흐름은 같은 경로를 통과하고 같은 자원을 사용하고 같은 수준의 보안을 갖는 등 동일 특성을 공유하는 패킷의 연속이다. 흐름 레이블을 제어할 수 있는 라우터는 흐름 레이블 테이블을 가진다. 그 테이블은 각 능동적 흐름 레이블을 위한 항목을 갖는다. 각 항목은 해당 흐름 레이블에 의해 요구되는 서비스를 정의한다. 패킷을 수신할 때 라우터는 패킷에서 정의된 흐름 레이블 값에 해당하는 항목을 찾기 위해 흐름 레이블 테이블을 참조한다. 그리고 나서 라우터는 항목에서 언급된 서비스들과 함께 패킷을 제공한다. 그러나 흐름 레이블 자체는 흐름 레이블 테이블의 항목에 대한 정보를 제공하지 않음을 주목해야 한다. 정보는 홉간(hop-by-hop) 옵션 또는 다른 프로토콜과 같은 다른 방식으로 제공 된다.

가장 간단한 형태로, 흐름 레이블은 라우터에 의한 패킷의 처리를 빠르게 할 수 있다. 라우터가 패킷을 수신할 때, 다음 홉의 주소를 결정하기 위해 라우팅 테이블을 참조하고 라우팅 알고리즘을 통과하는 대신에 흐름 레이블 테이블에서 다음 홉을 쉽게 찾을 수 있게 된다.

보다 복잡한 형태에서 흐름 레이블은 실시간 오디오와 비디오의 전송을 제공할 수 있다. 디지털 형태인 실시간 오디오와 비디오는 높은 대역폭, 큰 버퍼, 긴 처리 시간 등과 같은 자원을 요구한다. 하나의 프로세스는 실시간 데이터가 자원의 부족으로 인하여 지연되지 않도록 미리 이러한 자원을 예약할 수 있다. 실시간 데이터의 사용과 이러한 자원의 예약은 IPv6에 추가하여 실시간 프로토콜(RTP: Real Time Protocol)과 자원 예약 프로토콜(RSVP: Resource Reservation Protocol)과 같은 다른 프로토콜을 요구한다.

흐름 레이블의 효과적인 사용을 위해서 다음 세 가지 법칙이 정의된다.

1. 흐름 레이블은 발신지 호스트에 의해 패킷에 할당된다. 레이블은 1과 $2^{24}-1$ 사이의 임의의 수이다. 발신지는 현재 흐름이 아직 살아 있는 동안에는 새로운 흐름을 위해서 흐름 레이블을 재사용해서는 안 된다.
2. 호스트가 흐름 레이블을 제공하지 않으면 이 필드를 0으로 설정한다. 만약 라우터가 흐름 레이블을 제공하지 않으면 흐름 레이블을 단순히 무시하면 된다.
3. 동일 흐름에 속하는 모든 패킷은 동일 자원과 동일 목적지, 동일 우선권, 동일 옵션을 가져야 한다.

IPv4와 IPv6 헤더 비교

다음은 IPv4와 IPv6 헤더를 비교한 것이다.

- IPv6에서 헤더의 길이는 고정되어 있기 때문에 헤더 길이 필드가 없다.
- IPv6에서 서비스 유형 필드는 없다. 트래픽 클래스와 흐름 레이블 필드는 서비스 유형 필드의 기능을 대신한다.
- 총 길이 필드는 IPv6에는 없고 페이로드 길이 필드로 대치된다.
- 식별(identification), 플래그(flag) 및 옵셋(offset) 필드는 IPv6 기본 헤더에는 없다. 이 필드는 단편화 확장 헤더에 포함된다.
- TTL 필드는 IPv6에서 홉 제한(hop limit)으로 불린다.
- 프로토콜 필드는 다음 헤더 필드로 대치된다.
- 헤더 검사합(checksum)은 상위 계층 프로토콜에 의해 제공된다. 따라서 네트워크 계층에서는 필요 없다.
- IPv4에서 옵션 필드(option field)는 IPv6에서는 확장 헤더로 구현된다.

9.2 단편화

데이터그램은 서로 다른 네트워크를 지나갈 수 있다. 각 라우터는 수신한 프레임에서 IP 데이터그램을 역캡슐화한 후 다른 프레임에 캡슐화한다. 수신한 프레임의 형식과 크기는 프레임이 방금 지나온 네트워크가 사용하는 프로토콜에 의존한다. 송신할 프레임의 형식과 크기는 프레임이 바로 다음에 지나갈 네트워크가 사용하는 프로토콜에 의존한다. 예를 들어 라우터가 각각 이더넷 네트워크와 토큰링 네트워크에 연결되어 있다면 이더넷 형식의 프레임을 받아 토큰링 형식의 프레임으로 송신한다.

최대 전달 단위

각 데이터링크 계층은 프레임 형식을 가지고 있다. 프레임의 형식에 정의된 필드 중의 하나는 데이터 필드의 최대 크기인 최대 전달 단위(MTU: Maxmum Transfer Unit)이다. 즉 데이터그램이 프레임 속에 캡슐화될 때 데이터그램의 크기는 이 최대 크기보다 작아야 한다. 이 최대 크기는 네트워크 내에서 사용되는 하드웨어와 소프트웨어에 의해 주어지는 제한 조건에 의해 결정된다(그림 9.8 참조).

MTU의 값은 네트워크 프로토콜마다 다르다. 표 9.4는 여러 가지 프로토콜의 MTU 값을 보여주고 있다.

IP 프로토콜을 물리적 네트워크에 독립적으로 만들기 위해 설계자들은 IP 데이터그램의 최대 길이를 지금까지 정의된 MTU(Maximum Transfer Unit) 중에서 가장 큰 값인 65,535바이트로 결정하였다. 만약 MTU가 이렇게 큰 프로토콜을 사용한다면 패킷의 전달은 효율적이 될 수 있을 것이다. 그러나 MTU가 적은 다른 네트워크에서는 데이터그램을 나누어서 보내야 한다. 이것을 **단편화**(fragmentation)라고 한다.

데이터그램이 단편화 될 때 각 단편은 자신의 헤더를 가지는 데 이 헤더 내의 대부분의 필드는 본래의 값과 같으나 일부 필드의 값은 변경된다. 단편화 된 데이터그램이 더 작은 MTU 값을 갖는 네트워크를 지나게 되면 다시 단편화 된다. 다시 말하자면 데이터그램은 최종 목적지에 도착하기 전에 여러 번 단편화 될 수 있다.

데이터그램은 발신지 호스트나 경로 상의 어느 라우터에 의해서도 단편화 될 수 있다. 각

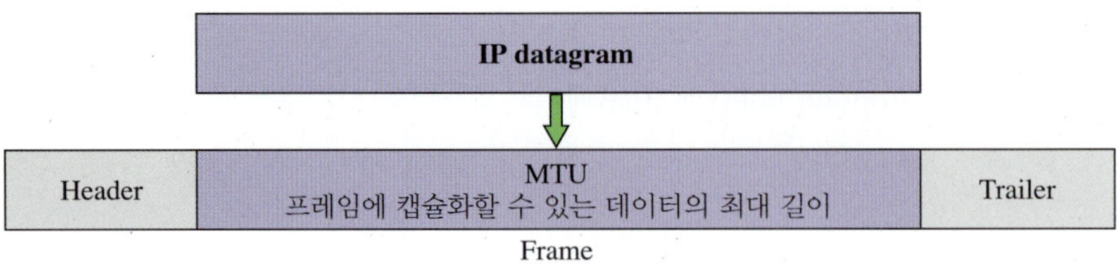

그림 9.8 최대 전달 단위(MTU)

표 9.4 서로 다른 네트워크의 MTU

데이터 링크 기술	MTU 길이(바이트)
Ethernet II	1,500
IEEE 802.3 SNAP	1,492
Token Ring	토큰을 가지고 있는 시간에 따라 다름
FDDI	4,352
X.25	1,600
Frame Relay	1,600
ATM(Classical IP over ATM)	9,180

단편은 독립된 데이터그램이므로 데이터그램의 재조립은 최종 목적지 호스트에 의해서만 행해진다. 단편화 된 데이터그램은 서로 다른 경로를 통해 전달될 수 있고, 단편화된 데이터그램이 어떠한 경로를 지날 것인지 제어하거나 보장할 수 없지만 같은 데이터그램에 속하는 단편들은 모두 목적지 호스트에 도착하여야 한다. 그러므로 재조립은 최종 목적지에서만 행해질 수 있다.

데이터그램이 단편화 될 때 헤더에서 요구되는 부분은 모든 단편에 복사되어야 된다. 옵션은 다음 절에서 설명하는 것과 같이 복사될 수도 있고 그렇지 않을 수도 있다. 데이터그램을 단편화 하는 호스트나 라우터는 다음 세 필드의 값을 변경해야 한다. 이는 플래그, 단편화 옵셋, 전체 길이이다. 물론 검사합 값도 다시 계산되어야 한다.

단편화와 관련된 필드

IP 데이터그램의 단편화와 재조립과 관련된 필드는 식별자, 플래그, 단편화 옵셋이다.

- 식별자(Identification). 이 16비트 필드는 발신지 호스트로부터 나온 데이터그램을 유일하게 식별한다. 식별자와 발신지 IP 주소의 조합은 데이터그램이 발신지 호스트를 떠날 때 유일하게 정의되어야 한다. 이러한 유일성을 보장하기 위해 IP 프로토콜은 카운터를 사용하여 데이터그램에 레이블을 붙인다. 이 카운터는 양의 정수로 초기화된다. IP 프로토콜이 데이터그램을 보낼 때 카운터의 현재 값을 식별자 필드에 복사하고 카운터 값을 1 증가시킨다. 카운터 값이 주기억장치 내에 유지되는 한 유일성은 보장된다. 데이터그램이 단편화 될 때 식별자 필드의 값은 모든 단편에 복사된다. 다시 말해서 모든 단편은 같은 식별자 값을 가지게 되며, 이 값은 원 데이터그램의 값과 같다. 식별자는 목적지에서 데이터그램을 재조립하는데 도움이 된다. 같은 식별자 값을 가지는 모든 단편은 하나의 데이터그램으로 재조립되어야 한다.

- **플래그(Flag).** 이는 3비트 필드이다. 처음 비트는 사용되지 않으며, 두 번째 비트는 do not fragment 비트이다. 이 플래그의 값이 1이면 시스템은 데이터그램을 단편화 해서는 안 된다. 단편화를 수행하여야 하는데 이 비트가 설정되어 있어 네트워크를 통하여 데이터그램을 전달할 수 없다면 데이터그램을 폐기하고 ICMP 오류 메시지를 발신지 호스트에 보낸다(9장 참조). 만약 이 값이 0이면 필요한 경우 데이터그램은 단편화 될 수 있다. 세 번째 비트의 이름은 more fragment 비트이다. 이 값이 1이면 데이터그램은 마지막 단편이 아니라는 것을 알려준다. 만약 0이면 마지막 단편이거나 유일한 단편이다(그림 9.9 참조).
- **단편화 옵셋(Fragmentation offset).** 이 13비트 필드는 전체 데이터그램 내에서 단편의 상대적 위치를 나타낸다. 이 필드는 원래의 데이터그램 내에서 데이터의 옵셋을 8바이트 단위로 나타낸 것이다. 그림 9.10은 데이터 크기가 4,000바이트인 데이터그램이 세 개의 단편으로 나누어진 경우를 보여준다. 원래의 데이터그램 바이트는 0부터 3,999까지의 번호를 가진다. 첫 번째 단편에는 0에서 1,399번까지의 바이트가 있으며 0/8=0의 옵셋 값을 가진다. 두 번째 단편은 1,400번에서 2,799번까지의 바이트를 가지고 있으며 옵셋 값은 1,400/8=175이다. 마지막 세 번째 단편은 2,800번에서 3,999번까지의 바이트를 가지고 있으며 옵셋 값은 2,800/8=350이다.

  옵셋 값은 8바이트 단위로 계산됨을 잊어서는 안 된다. 옵셋 필드의 크기는 13비트이고 8,191보다 큰 값을 표현할 수 없기 때문이다. 그러므로 호스트나 라우터가 데이터그램을 단편화 할 때 각 단편의 첫 번째 바이트의 번호는 8로 나누어지는 숫자이어야 한다.

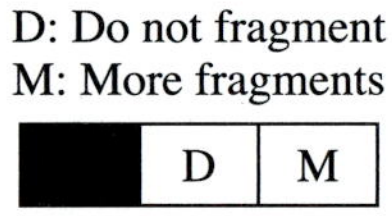

그림 9.9 플래그 필드

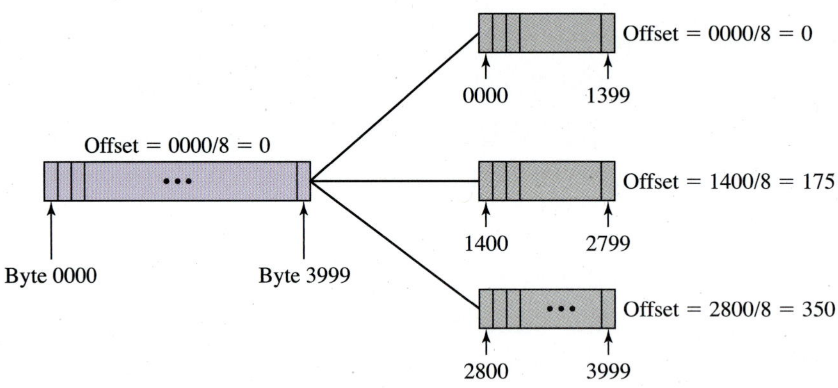

그림 9.10 단편화 예

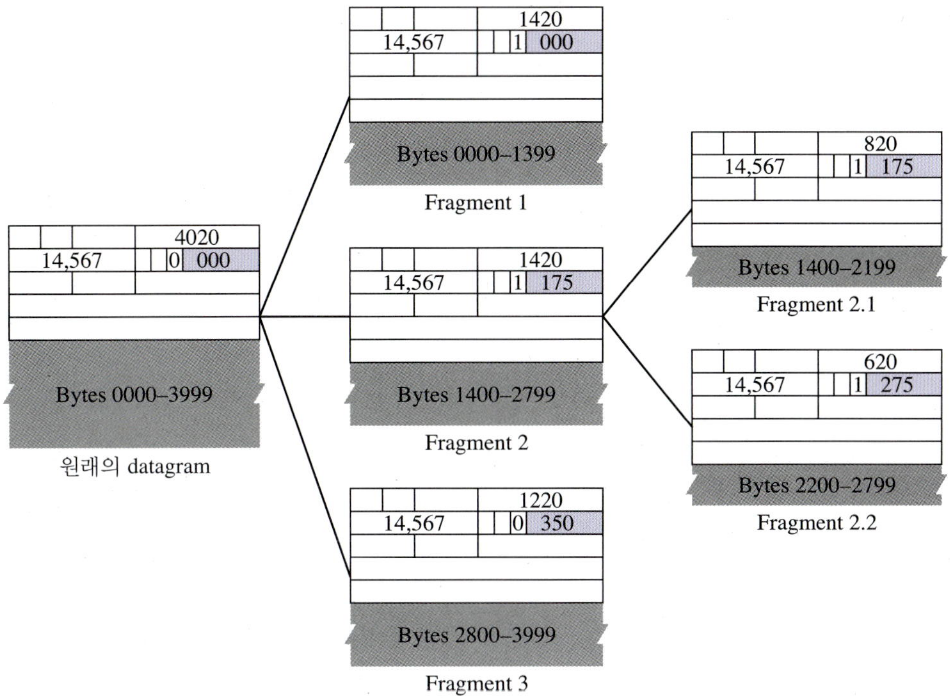

그림 9.11 상세한 단편화 예

그림 9.11은 앞 그림 단편을 확대해서 보여 준다. 모든 단편의 식별자 필드 값이 같음을 알 수 있으며, 마지막 단편을 제외하고는 모든 단편의 more fragment 값이 1로 되어 있음을 알 수 있다. 또 각 단편의 옵셋 값도 나와 있다.

이 그림은 단편이 다시 단편화 되는 경우도 보여 주고 있다. 이 경우 옵셋 필드의 값은 항상 원래 데이터그램에서 상대적인 위치로 결정된다. 예를 들어 두 번째 단편이 다시 800 바이트와 600바이트 두 개의 단편으로 나누어진 경우에도 옵셋은 원래 데이터에 대한 단편의 상대적인 위치로 주어짐을 알 수 있다.

비록 각 단편이 다른 경로를 따라 전달되어 순서가 뒤바꾸어 도착하더라도 최종 목적지 호스트는 분실된 단편이 없다면 다음 방법에 따라 수신한 단편들로부터 원래의 데이터그램을 재조립할 수 있다.

a. 첫 번째 단편의 옵셋 값은 0이다.
b. 첫 번째 단편의 길이를 8로 나눈다. 두 번째 단편의 옵셋 값은 이 결과와 같아야 한다.
c. 두 번째 단편의 길이를 8로 나눈다. 세 번째 단편의 옵셋 값은 이 결과와 같아야 한다.
d. 이러한 과정을 반복한다. 마지막 옵셋은 more fragment 값이 0이다.

9.3 옵션

IP 데이터그램의 헤더는 고정 부분과 가변 부분으로 구성되어 있다. 고정 부분의 길이는 20바이트이고 이미 앞 절에서 설명하였다. 가변 부분은 옵션으로 구성되고 최대 길이는 40바이트이다.

옵션은 그 이름이 암시하듯이 데이터그램 내에서 반드시 필요한 것은 아니다. 이들은 네트워크를 시험하거나 디버그하기 위하여 사용된다. 옵션이 IP 헤더의 필수적인 부분은 아니지만 옵션 처리 기능은 IP 소프트웨어의 필수 부분이다. 즉 모든 표준은 헤더 내에 존재하는 옵션을 처리할 수 있어야 한다.

형식

그림 9.12는 옵션의 형식을 보여 준다. 한 바이트의 코드 필드와 한 바이트의 길이 필드, 그리고 가변 길이의 데이터 필드로 구성된다.

코드

코드 필드는 8비트로서 3개의 서브필드인 복사, 클래스, 번호로 구성된다.

- 복사(copy). 이 1비트 서브필드는 단편화에 옵션을 포함시킬 것인지를 제어한다. 0인 경우에 옵션은 첫 번째 단편에만 복사되어야 한다. 1인 경우에는 옵션이 모든 단편에 복사되어야 한다.
- 클래스(class). 이 2비트 필드는 옵션의 일반적인 목적을 정의한다. 00인 경우에는 옵션이 데이터그램의 제어에 사용된다는 것을 의미한다. 10인 경우에는 옵션이 디버그나 관리 목적이라는 것을 의미한다. 다른 두 값인 01과 11은 아직 정의되지 않았다.

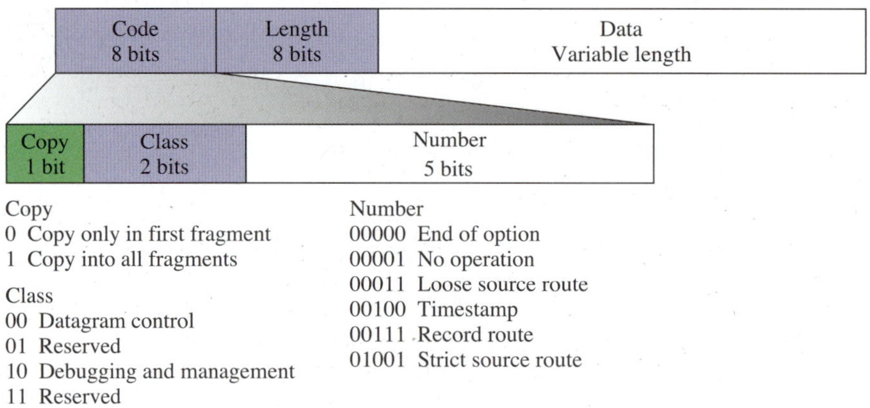

그림 9.12 옵션 형식

- 번호(number). 이 5비트의 필드는 옵션의 유형을 정의한다. 5비트는 32개의 다른 유형을 정의할 수 있지만 현재 여섯 유형만 정의되어 있고 이 절의 뒤에서 자세히 설명할 것이다.

길이

길이 필드는 코드 필드와 길이 필드를 포함한 옵션의 전체 길이를 정의한다. 이 필드는 모든 옵션 유형에 있는 것은 아니다.

데이터

데이터 필드는 특별한 옵션이 필요로 하는 데이터를 포함하고 있다. 길이 필드와 마찬가지로 모든 옵션 유형에 있는 것은 아니다.

옵션 유형

이미 언급한 바와 같이 현재 6개의 옵션만이 정의되어 있다. 이 중 둘은 1바이트 옵션이고 길이나 데이터 필드를 필요로 하지 않는다. 나머지 4개는 다중 바이트 옵션으로 그림 9.13과 같이 길이와 데이터 필드를 필요로 한다.

무연산

무연산(No Operation) 옵션은 한 바이트 옵션으로 옵션들 사이의 여백을 채워준다. 예를 들어 다음 옵션을 16비트나 32비트 경계에 위치시키기 위해 사용될 수 있다(그림 9.14 참조).

옵션 종료

옵션 종료(End of Option) 옵션은 한 바이트이고 옵션의 필드 끝에 패딩의 목적으로 사용된다. 그러나 마지막 옵션으로만 사용될 수 있다. 오직 하나의 옵션 종료만 사용될 수 있다. 이 옵션 이후에는 수신자가 페이로드 데이터를 찾는다. 즉 옵션 필드의 경계를 맞추기 위해 한 바이트

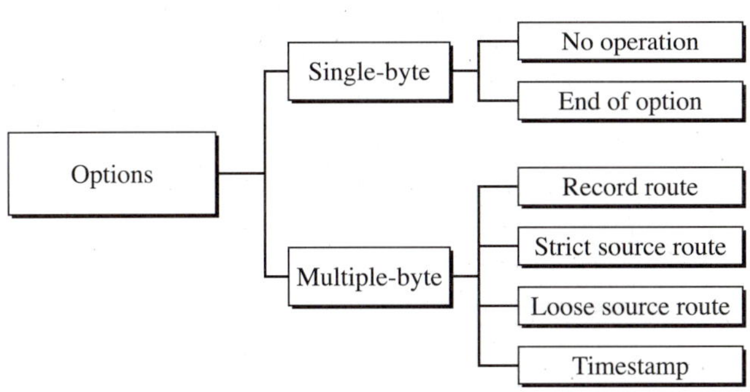

그림 9.13 옵션의 분류

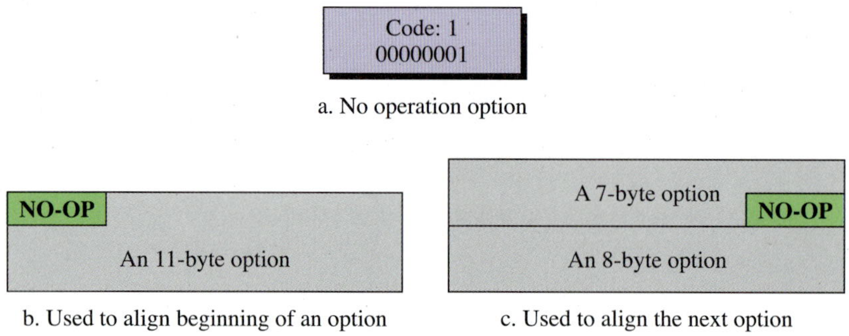

그림 9.14 무연산 옵션

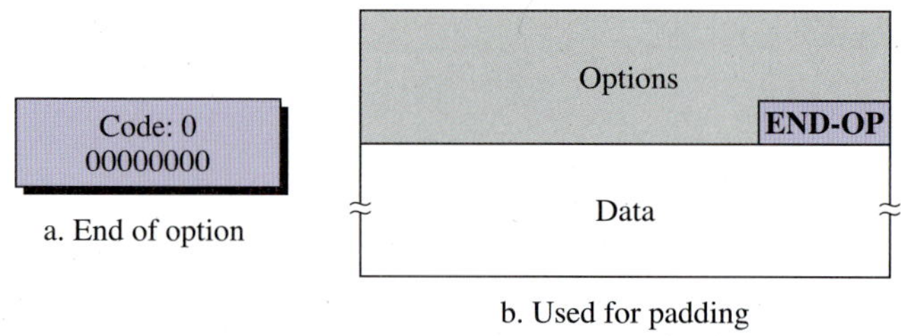

그림 9.15 옵션 종료 옵션

이상이 필요하다면 무연산 옵션이 사용된 후 마지막에 옵션 종료 옵션이 사용되어야 한다(그림 9.15 참조).

경로 기록

경로 기록(Record Route) 옵션은 데이터그램을 처리한 인터넷 라우터들을 기록하기 위해서 사용된다. IP 데이터그램의 헤더 최대 길이가 60바이트이고, 이 중 20바이트는 기본 헤더이므로 최대 9개의 IP 주소까지 기록할 수 있다. 40바이트만이 옵션 부분으로 사용될 수 있다. 발신지는 방문되는 라우터에 채워질 수 있는 공간을 미리 준비한다. 그림 9.16은 경로 기록 옵션의 형식을 보여준다.

코드와 길이 필드는 이미 앞에서 설명하였다. 포인터 필드는 첫 번째 빈 엔트리의 바이트 번호를 포함하는 옵셋 정수 필드이다. 즉 첫 번째 사용 가능한 엔트리를 가리키고 있다.

발신지는 옵션의 데이터 필드에 IP 주소를 위한 빈 필드를 준비한다. 데이터그램이 발신지를 떠날 때 모든 필드는 비어 있다. 포인터 필드는 4 값을 가지며, 첫 번째 빈 필드를 가리키고 있다.

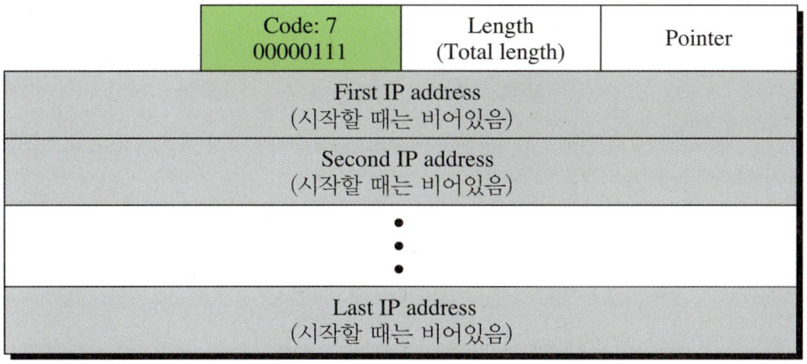

그림 9.16 경로 기록 옵션 형식

데이터그램이 전달되는 동안 데이터그램을 가지고 있는 라우터는 포인터 필드의 값과 길이 필드를 비교한다. 만약 포인터 필드의 값이 길이 값보다 크다면 옵션은 꽉 차 있으므로 아무런 변경을 할 수 없다. 그러나 포인터 값이 길이 값보다 크지 않다면 라우터는 자신의 IP 주소를 다음 빈 필드에 넣는다. 라우터는 한 개 이상의 IP 주소를 가지고 있으므로 데이터그램이 떠나는 인터페이스의 IP 주소를 기록한다. 그리고 라우터는 포인터 값을 4만큼 증가시킨다. 그림 9.17은 데이터그램이 라우터들을 경유하여 왼쪽에서 오른쪽으로 이동하는 과정을 설명하고 있다.

엄격한 발신지 경로

엄격한 발신지 경로(Strict Source Route) 옵션은 데이터그램이 인터넷에서 거쳐야 할 경로를 미리 지정하기 위해 사용된다. 발신지에서 경로를 미리 지정하면 여러 경우에 유용할 수 있다. 발신지는 최소지연을 가지거나 최대 처리율을 제공하는 것과 같이 특별한 유형의 서비스를 제공하는 경로를 선택할 수 있다. 또는 더욱 안전하거나 신뢰성이 있는 경로를 선택할 수도

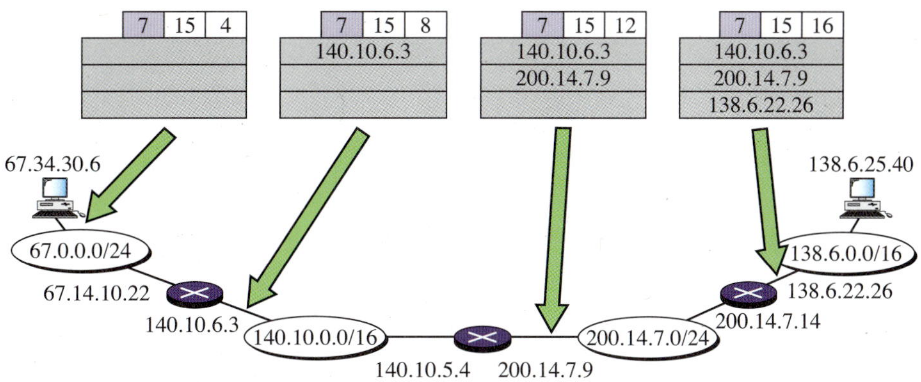

그림 9.17 경로 기록 옵션 개념

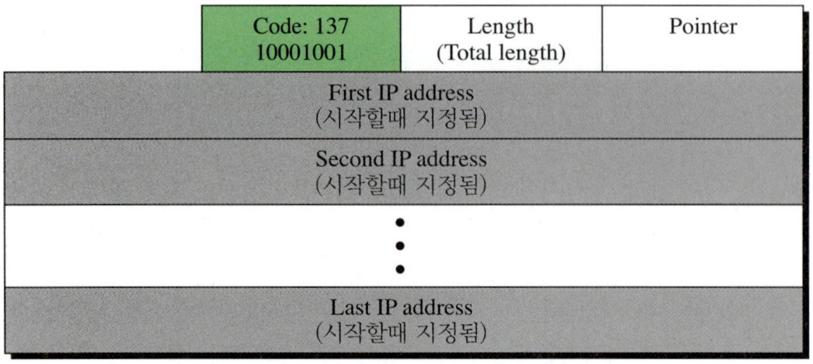

그림 9.18 엄격한 발신지 경로 옵션 형식

있다. 예를 들어 송신자는 자신의 데이터그램이 경쟁자의 네트워크를 통과하지 않도록 경로를 지정할 수 있다.

만약 데이터그램이 엄격한 발신지 경로를 지정하면 데이터그램은 옵션에 정의되어 있는 모든 라우터를 방문하여야 한다. 데이터그램에 주소가 없는 라우터는 방문해서는 안 된다. 만약 데이터그램이 리스트에 없는 라우터를 방문하면 데이터그램은 폐기되고 오류 메시지가 발송된다. 만약 데이터그램이 최종 목적지에 도착하였는 데 리스트에 있는 라우터 중에 방문하지 않은 것이 있었다면 데이터그램은 폐기되고 오류 메시지가 보내진다.

그러나 인터넷에서 특별한 권한이 없는 사용자들은 인터넷의 물리적인 접속형태를 알지 못한다. 결과적으로 대부분의 사용자들은 이 옵션을 사용할 수 없다. 그림 9.18은 엄격한 발신지 경로 옵션의 형식을 보여주고 있다.

모든 IP 주소가 송신자에 의해 미리 지정되어 있다는 것을 제외하고는 경로 기록 옵션과 유사하다.

데이터그램이 이동할 때 데이터그램을 처리하는 라우터는 포인터의 값과 길이 값을 비교한다. 만약 포인터 값이 길이 값보다 크다면 데이터그램은 미리 지정된 라우터들을 전부 방문하였다는 것이다. 이 경우 데이터그램은 더 이상 이동할 수 없으며 데이터그램은 폐기되고 오류 메시지가 보내진다. 만약 포인터 값이 길이 값보다 크지 않다면 라우터는 포인터가 가리키고 있는 IP 주소와 데이터그램이 들어온 IP 주소를 비교한다. 만약 같다면 데이터그램을 처리하고 그렇지 않다면 현재의 IP 주소를 나가는 IP 주소로 대치하고 포인터 값을 4만큼 증가시킨 후 데이터그램을 계속 전달한다. 만약 포인터가 가리키고 있는 IP 주소와 데이터그램이 들어온 IP주소가 같지 않다면 데이터그램을 폐기하고 오류 메시지를 보낸다. 그림 9.19는 데이터그램이 발신지에서 목적지까지 이동하는 과정에서 각 라우터가 수행하는 동작을 보여준다.

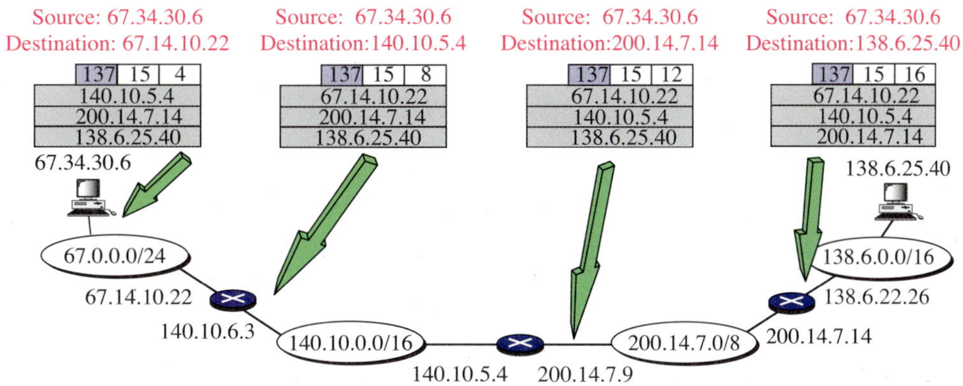

그림 9.19 엄격한 발신지 경로 개념

느슨한 발신지 경로

느슨한 발신지 경로(Loose Source Route) 옵션은 엄격한 발신지 경로와 비슷하나 리스트 속의 각 라우터는 반드시 방문되어야 하지만 리스트에 없는 라우터도 방문할 수 있다. 그림 9.20은 느슨한 발신지 경로 옵션의 형식을 보여주고 있다.

타임스탬프

타임스탬프(Timestamp) 옵션은 라우터가 데이터그램을 처리하는 시간을 기록하기 위해 사용된다. 시간은 세계 표준시(Universal Time) 자정으로부터의 millisecond 단위로 표시된다. 데이터그램이 처리되는 시간을 알 수 있으면 사용자나 관리자가 인터넷상의 라우터들이 어떻게 동작하는지 추적하는 데 도움이 된다. 하나의 라우터에서 다른 라우터까지 가는데 걸리는 시간을 추정할 수 있다. 추정할 수 있다고 말하는 이유는 모든 라우터가 세계 표준시를 사용하지만 각 시계는 정확히 동기화 되지 않을 수도 있기 때문이다.

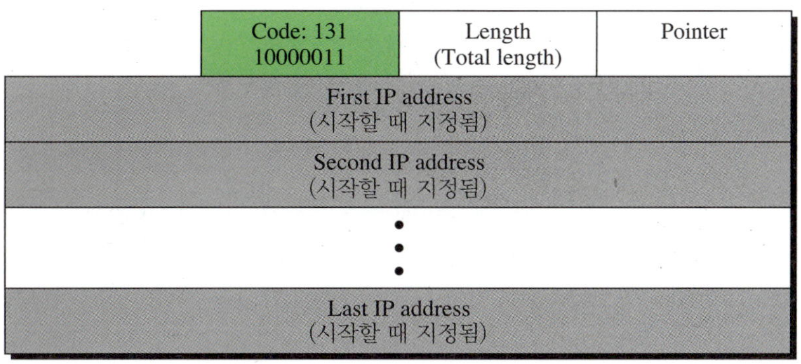

그림 9.20 느슨한 발신지 경로 옵션 형식

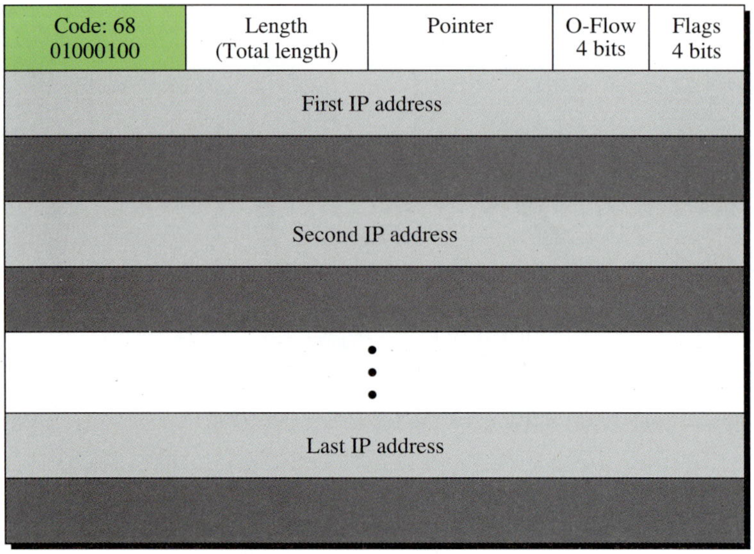

그림 9.21 타임스탬프 옵션 형식

그러나 특별한 권한이 없는 사용자는 인터넷의 물리적 구조를 알 수 없기 때문에 이 옵션을 쓸 수 없다. 그림 9.21은 타임스탬프 옵션의 형식을 보여준다.

이 그림에서 코드와 길이 필드의 의미는 전과 같다. 오버플로우(overflow) 필드는 필드가 더 이상 없기 때문에 타임스탬프를 기록하지 못한 라우터의 수를 기록한다. 플래그 필드는 방문된 라우터의 의무를 나타낸다. 만약 0이라면 각 라우터는 주어진 필드에 타임스탬프만 추가한다. 1인 경우에는 라우터는 나가는 IP 주소와 타임스탬프를 기록한다. 3인 경우에는 라우터는 주어진 IP 주소와 데이터 그램이 들어오는 IP 주소를 비교한다. 만약 이 둘이 같으면 라우터는 IP 주소에 자신의 나가는 IP 주소를 덮어쓰고 타임스탬프를 추가한다(그림 9.22 참조).

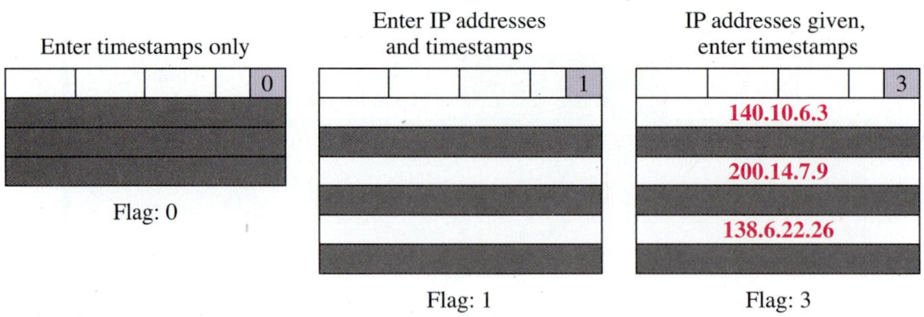

그림 9.22 타임스탬프에서 플래그 사용

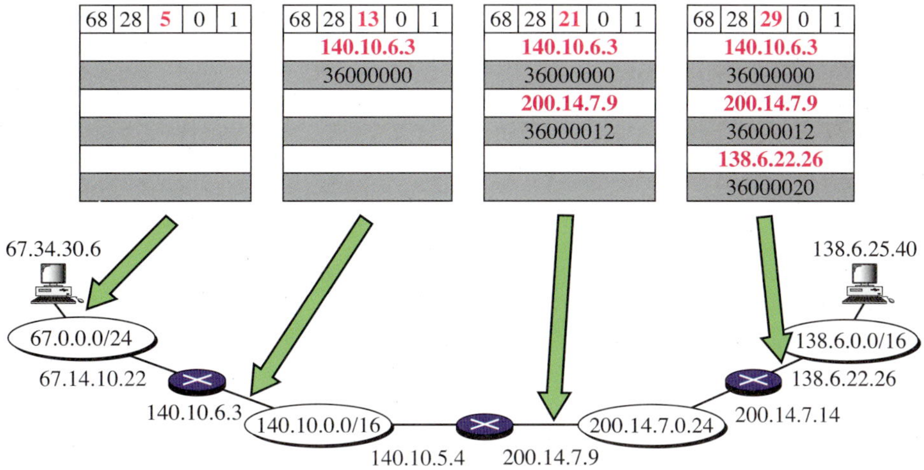

그림 9.23 타임스탬프 개념

그림 9.23은 데이터그램이 발신지에서 목적지까지 이동하는 동안 각 라우터가 수행하는 동작을 보여주고 있다. 그림에서 플래그 값은 1이라고 가정한다.

9.4 검사합

대부분의 TCP/IP 프로토콜에 의해 사용되는 오류 검출 방법은 검사합이다. 검사합(check sum)은 패킷의 전달 중에 발생할 수 있는 오류에 대한 보호를 수행한다. 이것은 패킷에 추가되는 중복된 정보이다.

검사합은 송신자에 의해 계산되고 패킷과 함께 전송된다. 수신자는 검사합을 포함하고 있는 전체 패킷에 대해 같은 계산을 반복한다. 결과가 만족되면 패킷은 받아들여지고 그렇지 않으면 폐기된다.

송신자의 검사합 계산

송신자에서 패킷은 n비트 조각으로 나뉘어진다. 보통 n은 16이다. 이 조각들은 1의 보수 연산을 사용하여 전부 더해져서 n비트의 결과를 생성한다. 이 결과 값의 0을 1로 1은 0으로 바꾸는 방법을 사용하여 이 결과에 대한 보수를 구하게 되는데 이 보수가 검사합이 된다.

검사합을 구하기 위하여 송신자는 다음을 행한다.
- 패킷을 크기가 n비트인 k개의 조각으로 나눈다.
- 모든 조각을 1의 보수 연산을 사용하여 합한다.
- 합에 대한 1의 보수가 검사합이다.

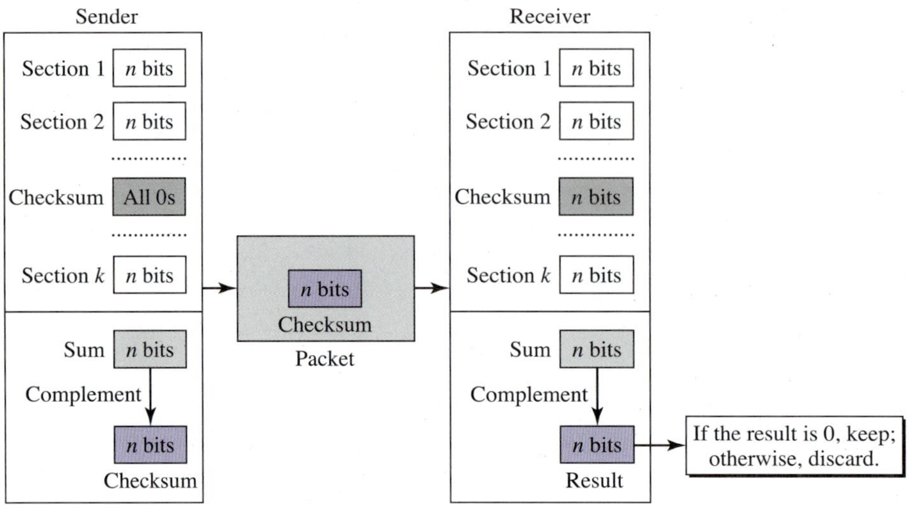

그림 9.24 검사합 개념

수신자의 검사합 계산

수신자는 수신된 패킷을 k개의 조각으로 나눈 후 이들을 전부 합한다. 다음 이 합에 대한 1의 보수를 구한다. 만약 결과가 0이면 패킷을 받아들이고 그렇지 않으면 거부한다.

그림 9.24는 송신자와 수신자에서 발생하는 과정을 보여준다.

데이터 전달과 처리 과정에서 오류가 없다면 수신자가 모든 조각을 더하고 1의 보수를 구한 결과가 0이 되어야 한다. 이것은 1의 보수 연산 규칙이기 때문이다.

송신자에서 모든 조각을 더한 결과가 T라고 가정하자. 이 결과에 대한 일의 보수는 이 수에 대한 음의 수인 $-T$가 된다.

수신자는 패킷을 수신한 후 모든 조각을 합한다. 이것은 T와 $-T$를 합한 것과 같고 그 결과는 -0이 된다. 다시 이에 대한 보수를 구하면 0이 된다. 그러므로 최종 결과가 0이면 받아들이고 그렇지 않으면 거부한다(그림 9.25 참조).

IP 패킷의 검사합

IP 패킷의 검사합 구현은 위에서 설명한 원리를 그대로 따른다. 먼저 검사합 필드를 0으로 만든다. 다음 모든 헤더를 16비트의 조각으로 나누고 이들의 합을 구한다. 이 결과에 대한 보수를 구하여 검사합 필드에 삽입한다.

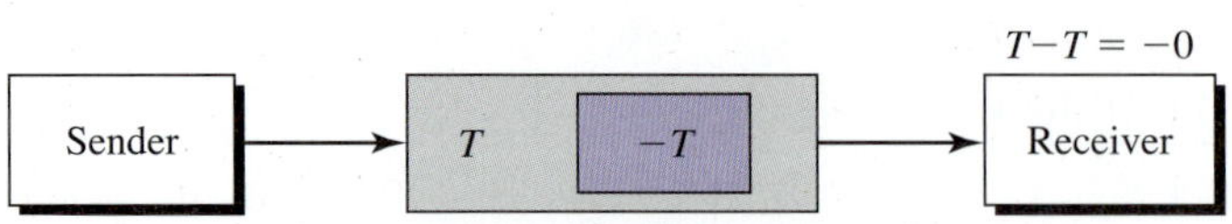

그림 9.25 1의 보수 연산을 이용한 검사합

IP 패킷 내의 검사합은 헤더만 포함하지 데이터는 포함하지 않는다. 여기에는 다음과 같은 두 개의 이유가 있다. 먼저 IP 데이터그램 내의 데이터를 캡슐화하는 모든 상위 계층 프로토콜은 전체 패킷을 포함하는 검사합을 가지고 있다. 그러므로 IP 데이터그램의 검사합은 캡슐화된 데이터를 점검할 필요가 없다. 두 번째로 IP 패킷의 헤더는 라우터를 방문할 때마다 변경될 수 있는 반면 데이터는 그렇지 않다. 그러므로 검사합은 변화되는 부분에 대해서만 구해야 한다. 만약 데이터가 포함되면 각 라우터는 전체 패킷에 대한 검사합을 다시 계산하여야 하고 결과적으로 많은 처리 시간이 필요하게 된다.

예제 9.1 그림 9.26은 옵션이 없는 경우 IP 헤더에 검사합을 구하는 예를 보여주고 있다. 헤더는 16비트의 조각으로 나누어지고 이 조각들을 전부 합한 후 보수를 구한다. 그 결과는 검사합 필드에 삽입된다.

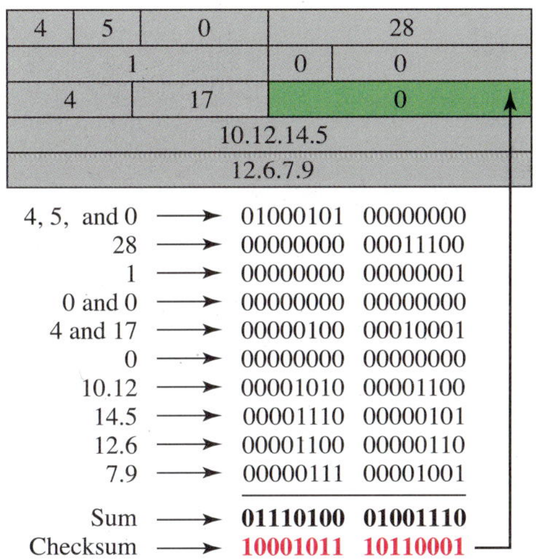

그림 9.26 검사합 계산 예

예제 9.2 같은 예제를 16진수로 하자. 각 행은 4개의 16진수를 가진다. 합을 먼저 구한다. 합의 결과로 1개 이상의 16진수가 생기면 오른쪽 디지트는 현재 열의 디지트가 되고 나머지는 다음 열로 넘어가게 된다. 합의 보수를 취함으로써 검사합을 구한다. 그러나 16진 연산에서는 각 디지트를 15에서 뺀다는 것을 알아야 한다. 이것은 이진 연산에서 1에서 빼는 것과 같다. 즉 E(14)의 보수는 1이고 4의 보수는 B(11)이다. 그림 9.27은 계산 과정을 보여준다. 결과(8BB1)은 예제 11과 같음을 알 수 있다.

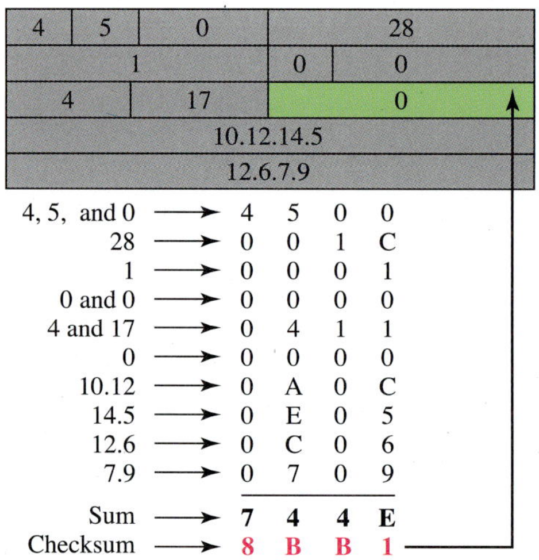

그림 9.27 16진수에서의 검사합 계산 예

IP는 몇 가지 옵션을 지원하지만 이해를 쉽게 할 수 있도록 하기 위해 옵션의 처리는 생략하였다. 그리고 단순하게 설계하기 위하여 효율성은 고려하지 않았다.

9.5 IP 덤프 분석

앞 장에서 ARP 덤프 분석을 살펴보았다. 그때 5번과 6번 프레임의 ARP 요청과 ARP 응답에 의해 통신 상대방의 디폴트 게이트웨이의 MAC 주소를 알 수 있었다.

여기서는 그림 9.28에 나타나 있는 1번 프레임의 IP를 덤프 분석해 보자. 이때에 Ethernet

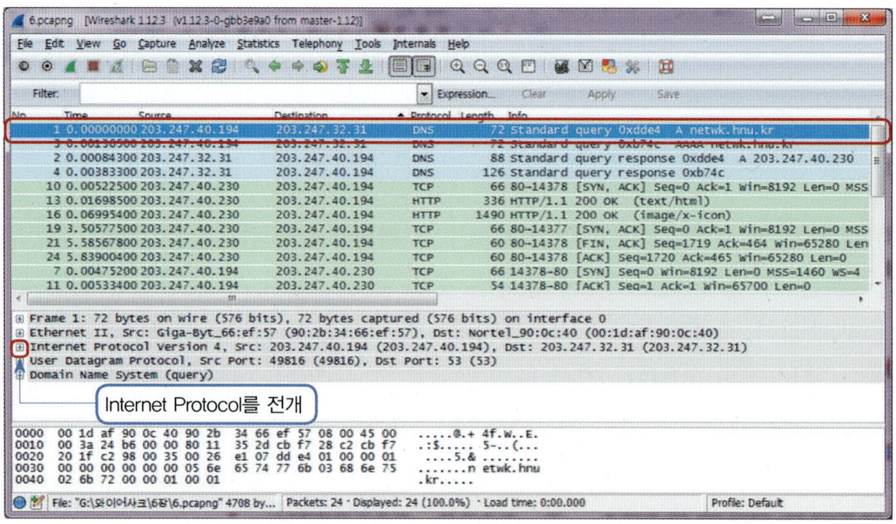

그림 9.28 패킷 상세 정보에서 Internet Protocol 전개 선택 화면

```
⊟ Internet Protocol Version 4, Src: 203.247.40.194 (203.247.40.194), Dst: 203.247.32.31 (203.247.32.31)
    Version: 4
    Header Length: 20 bytes
  ⊟ Differentiated Services Field: 0x00 (DSCP 0x00: Default; ECN: 0x00: Not-ECT (Not ECN-Capable Transport))
      0000 00.. = Differentiated Services Codepoint: Default (0x00)
      .... ..00 = Explicit Congestion Notification: Not-ECT (Not ECN-Capable Transport) (0x00)
    Total Length: 58
    Identification: 0x4b75 (19317)
  ⊟ Flags: 0x00
      0... .... = Reserved bit: Not set
      .0.. .... = Don't fragment: Not set
      ..0. .... = More fragments: Not set
    Fragment offset: 0
    Time to live: 128
    Protocol: UDP (17)
  ⊟ Header checksum: 0x0e6e [validation disabled]
      [Good: False]
      [Bad: False]
    Source: 203.247.40.194 (203.247.40.194)
    Destination: 203.247.32.31 (203.247.32.31)
```

그림 9.29 Internet Protocol 전개 화면

II 헤더의 수신자 MAC 주소에는 디폴트 게이트웨이의 MAC 주소가 사용된다. 그리고 송신자는 자기 PC LAN 카드의 MAC 주소가 된다. 또 「Type」 필드에는 이후에 IP 헤더가 캡슐화되어 있기 때문에 16진수로 0800의 IP가 지정된다.

그럼 바로 Internet Protocol의 헤더 부분을 확인해 보자. 패킷 목록 정보(그림 9.28 참조)에서 1번 프레임을 선택한 다음 패킷 상세 정보에 있는 「Internet Protocol」의 ⊞를 클릭해 보라.

「Internet Protocol」의 ⊞를 클릭하면 그림 9.29처럼 IP 헤더가 전개되어 나타난다. 그림 9.28을 보면 IP 헤더는 앞에서 살펴본 Ethernet II나 ARP에 비해 헤더가 크다는 것을 알 수 있다.

IP 헤더의 맨 앞에는 「Version」 필드가 있다. 이 필드는 4비트로서 IP 버전을 나타낸다. 이 패킷은 버전 4를 사용하고 있다. 이 「Version」 필드를 클릭하면 16진수로 「4」란 숫자가 패킷 바이트 정보에도 나타나 있다.

다음 「Header length」 필드는 IPv4의 헤더 길이를 나타낸다. 앞에서 IP 헤더는 가변 길이라고 설명했지만 이 「Header length」 필드의 값을 이용하여 IP 헤더의 길이를 지정한다. 그러나 이 필드는 4비트로 헤더 길이를 표현하고 있다. 따라서 4바이트(32비트) 단위로 헤더의 길이를 나타내게 된다.

여기서 패킷 바이트 정보를 살펴보자(그림 9.30 참조). 화면 예에서 「45」란 값이 나타나 있다. 「45」에서 「4」는 IP 버전, 「5」는 헤더 길이를 나타낸다. 이 「5」를 주목하라. 4바이트(32비트)

「45」에서 「4」는 버전,
「5」는 헤더 길이를 나타낸다.

```
0000  00 1d af 90 0c 40 90 2b  34 66 ef 57 08 00 45 00   .....@.+ 4f.W..E.
0010  00 3a 4b 75 00 00 80 11  0e 6e cb f7 28 c2 cb f7   .:Ku.... .n..(...
0020  20 1f ef fb 00 35 00 26  e1 07 6d 3d 01 00 00 01    ....5.& ..m=....
0030  00 00 00 00 00 00 05 6e  65 74 77 6b 03 68 6e 75   .......n etwk.hnu
0040  02 6b 72 00 00 01 00 01                             .kr.....
```

그림 9.30 패킷 바이트 정보

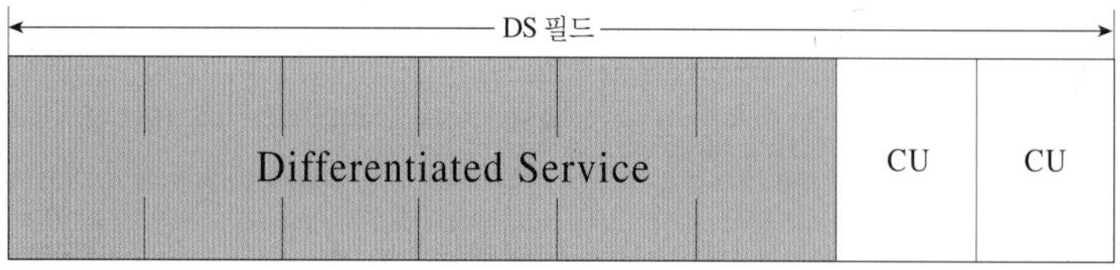

(Differentiated Service CodePoint : 6bit CU : 미사용 2bit)

그림 9.31 Differentiated Services 필드 의미

× 5 = 20이 되므로 헤더 길이는 20바이트임을 알 수 있다.

이어서 「Differentiated Services Field」에는 1바이트 값이 나타나며 ⊞를 클릭하면 더 전개해서 나타난다. 이 「Differentiated Services Field」는 일반적으로 「DiffServ」라고 하며 패킷의 대역을 제어하는 QoS(Quality of Service: 서비스 품질 제어)에 이용된다. IP의 QoS에 의해 서버용 패킷을 우선적으로 처리하거나 VoIP 통신은 최악의 경우 폐기 처리할 수도 있다. 그런데 이 「Differentiated Services Field」는 1바이트 길이이지만 앞쪽 6비트로 「DSCP(Differentiated Service CodePoint)」라는 패킷을 식별하는 필드를 나타낸다(그림 9.31 참조).

DSCP는 패킷 마다 전송 우선순위나 지연 정도를 「클래스」 단위로 분류한다. 패킷 단위에서 이와 같은 우선 제어나 지연 처리를 하는 것을 「PHB(Per Hop Behavior)」라고도 하며 이 처리는 보통 라우터나 계층3 스위치, 로드 밸런서 등에서 이루어진다. 또 DSCP에 값을 설정하는 것을 「마킹(marking)」이라고 하는데, 이 마킹된 패킷의 DSCP 값을 바탕으로 라우터는 대역 제어를 한다. 여기서는 우선 제어를 하지 않으므로 DSCP 값으로 「000000」이 지정되어 있다. 이것은 「디폴트 PHB」라고 하며 최선 노력 서비스를 제공하는 표준 패킷을 의미한다.

앞에 있는 6비트를 이용하여 전송 우선순위나 품질을 지정한다. 좌측 DSCP 값은 DS(Differentiated Services) 필드의 앞쪽 6비트를 의미한다. 또한 PHB(Per Hop Behavior) 값은 DSCP값에 지정되는 패킷 단위의 우선순위나 품질 제어(클래스)를 지정한다.

Differentiated Services 필드는 원래 「Type Of Service(TOS)」라고 불리었고 실제로 현재에도 TOS 필드로서 사용되는 경우가 있다. TOS 필드는 통신 품질을 지정하는 1바이트 필드로써 맨 앞 3비트로 그 패킷의 우선순위를 나타낸다. 또 다음 4비트로 서비스 종류를 나타낸다. 그리고 마지막 1비트로 예약이 끝났음을 의미하는 「0」이 들어간다(그림 9.32 참조).

Differentiated Services Field나 TOS 필드는 계층3에서 QoS(Quality of Service)라는 통신 품질 제어를 위해 사용된다. 예를 들어 하나의 회선에서 중요한 통신과 그렇지 않은 통신을 나눠 보낼 수 있다.

표 9.5 DSCP 필드의 우선순위 비트의 주요 값과 PHB

DSCP 값	PHB(Per Hop Behavior)
000000	표준(디폴트), 최선노력/일반
001000	클래스 선택자(우선)
010000	클래스 선택자(즉시)
011000	클래스 선택자(고속)
100000	클래스 선택자(초고속)
101000	클래스 선택자(긴급)
110000	클래스 선택자(네트워크간 연결 제어)
111000	클래스 선택자(네트워크 제어)
101110	EF(Expedited Forwarding) 최우선, 저손실 처리
001010	포워딩 보장(클래스 1, 폐기 우선순위 1)
001100	포워딩 보장(클래스 1)
001110	포워딩 보장(클래스 1)
010010	포워딩 보장(클래스 2)
010100	포워딩 보장(클래스 2)
010110	포워딩 보장(클래스 2)
011010	포워딩 보장(클래스 3)
011100	포워딩 보장(클래스 3)
011110	포워딩 보장(클래스 3)
100010	포워딩 보장(클래스 4)
100100	포워딩 보장(클래스 4)
100110	포워딩 보장(클래스 4)

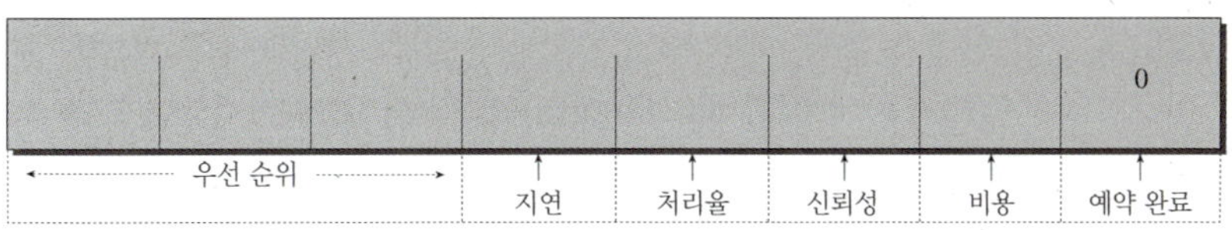

그림 9.32 TOS 필드 형식

표 9.6 TOS 필드의 우선순위 비트 값

값	우선순위
000	표준
001	우선
010	즉시
011	고속
100	초고속
101	긴급
110	네트워크 간 연결 제어
111	네트워크 제어

IP에 의한 네트워크층의 대역 제어에 대해서는 다음과 같은 이미지라 할 수 있다. 종래의 TOS 필드에 의한 IntServ에서는 IP의 종단 간 통신 단위로 우선 제어를 한다. 이에 비해 DSCP를 이용한 DiffServ에 의한 방법에서는 라우터나 접속 장치가 패킷마다 DSCP 헤더를 붙여 우선 제어를 한다.

TOS(Type Of Service)를 이용한 Qos는 일반적으로 「IntServ」라고 한다. IntServ는 인터넷의 초기 단계부터 사용된 방법으로 패킷 단위로 대역을 제어하는 DiffServ 방식과는 달리 IP의 종단 간 단위로 대역 제어를 한다. IntServ는 송신 측과 수신 측 단말과 같은 종단 간에 IP 패킷 단위로 Qos를 실현한다.

우선 통신을 하는 클라이언트와 서버 사이에서 IntServ용 시그널링 프로토콜인 RSVP를 사용하며 미리 필요한 네트워크 자원(대역)을 예약해 둔다. 그리고 이 예약을 바탕으로 라우터가 대역을 확보한다. IntServ는 일정한 대역을 보증하는 「보장형 서비스(GS: Guaranteed Service)」와 최선 노력으로 처리하는 「로드 제어형 서비스(CL: Controlled Load Service)」가 규정되어 있다.

자 다시 화면으로 돌아가자. 「Total Length」 필드에는 IP 패킷의 전체 길이가 2바이트로 나타난다. IP 패킷은 Ethernet II 뿐만이 아니라 브로드밴드에서 이용하는 PPPoE나 PPP 등과 같은 계층2의 여러 가지 프로토콜을 사용할 수 있다. 따라서 IP 패킷은 데이터링크층에 따라 가변 패킷 길이로 되어 있다. 총 길이(Total Length)에 따라 IP 패킷은 이론상 최대로 65,535 바이트까지 길이를 지정할 수 있다.

또한 Total Length에서 Header Length를 뺌으로써 IP 패킷의 데이터(페이로드 길이) 길이를 알 수 있다.

「Total Length」 필드에 이어 「Identification」은 2바이트 필드로 송신하는 패킷을 식별하기 위한 값이다. 이 값은 송신하는 PC에 의해 설정되며 IP 데이터그램을 단편화 해서 보낼 때는

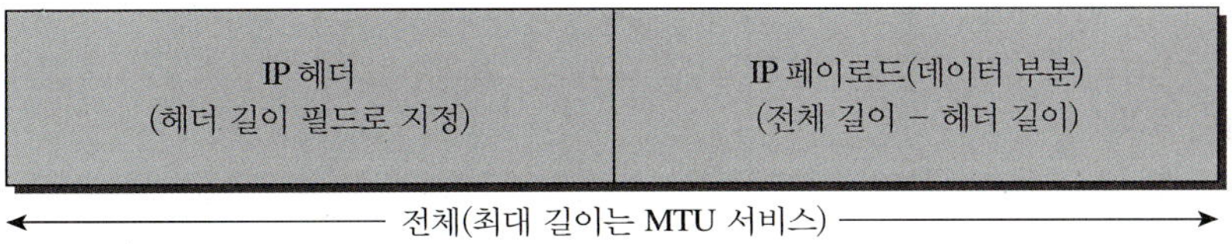

그림 9.33 IP 패킷의 총 길이와 헤더 길이 관계

같은 값을 갖게 된다. 이로써 송신자와 수신자가 같고 내용도 같은 패킷을 구별하도록 하고 있다.

다음으로 「Flags」 필드가 이어진다. 필드의 좌측 끝에 있는 ⊞를 클릭함으로써 더 전개할 수 있게 되어 있다. 「Flags」 필드는 단편화 · 재조립 기능에 이용된다. 단편화 · 재조립 기능이란 길이가 긴 IP 패킷을 한 번에 보낼 수 없는 경우 여러 개의 IP 패킷으로 분할해서 보내고 받는 쪽에서는 이를 다시 결합하는 기능을 말한다. 「Flags」 필드는 그 다음에 오는 「Fragment Offset」 필드와 함께 단편화 · 재조립을 위한 지정을 한다.

이제 「Flags」 필드를 확인해 보기로 하자(그림 9.34 참조). 처음 플래그는 Reserved 비트(예약 비트)이다. 그 다음이 DF(Don't Fragment) 비트이다. DF 비트가 ON(=「1」)이 되면 단편은 금시되며 단편이 발생하민 패킷은 폐기된다. 그 다음으로 MF(More Fragments) 비트가 이어진다. MF 비트는 단편이 금지되어 있지 않은(DF = 「0」) 경우에 후속 단편이 있는지 여부를 구별하기 위해 이용된다. 분할된 패킷이 이 다음에 올 경우 이 MF 비트가 ON이 된다. 지정된 패킷은 단편 처리를 하지 않기 때문에 Reserved 비트, DF 비트 및 MF 비트에는 각각 「0」으로 설정되어있다.

이 플래그와 함께 이용되는 것이 13비트 길이인 「Fragment Offset」이란 필드이다. 단편 옵셋은 분할된 패킷이 전체에서 어느 위치에 있는가를 지정한다. 예를 들어 MTU 서비스가 1,500인 Ethernet II에서 IP 헤더 길이가 옵션이 없는 20바이트라고 하자. 이 경우 첫 번째 프레임에서 MTU 길이 패킷을 보내면 MTU 길이 – IP 헤더 길이 = 1,500 – 20 = 1,480바이트의 페이로드를 보낼 수 있다. 이때 두 번째 패킷의 단편 옵셋은 1,480이 된다. 이처럼 단편 옵셋은 다음에 어느 패킷으로부터 페이로드가 이어지는가를 나타낸다.

단편 옵셋은 13비트로 구성된다. IP 데이터그램은 최대 65,535바이트 있는데 반해 그 안에서의 위치(몇 바이트 째인가)를 13비트로 지정하기 위해 단편 옵셋의 값에 4바이트를 곱한 값이 실제 페이로드의 위치가 된다.

다음으로 「Time To Live」는 TTL이라 불리며 IP 패킷의 수명을 나타내는 1바이트 필드

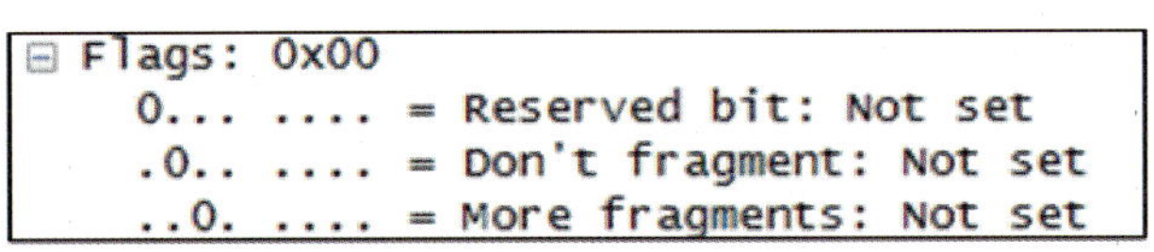

```
⊟ Flags: 0x00
    0... .... = Reserved bit: Not set
    .0.. .... = Don't fragment: Not set
    ..0. .... = More fragments: Not set
```

그림 9.34 Flags 정보

표 9.7 주요 IP 프로토콜 번호와 캡슐화 된 프로토콜

프로토콜 번호	캡슐화 된 프로토콜
1	ICMP
6	TCP
17	UDP
50	ESP

이다. TTL 값은 송신 측에서 최초에 설정하며 라우터나 계층3 스위치 등의 중계 장치를 통과할 때마다 1씩 감소된다. 그리고 통신 도중에 TTL 값이 「0」이 되면 그 패킷은 폐기되게 되어 있다.

또한 「Protocol」 필드는 1바이트로 IP의 다음 계층의 헤더를 나타낸다. 「Protocol」 필드의 대표적인 값으로는 「6」은 TCP, 「17」은 UDP이다.

표 9.7처럼 IP는 계층4 이후의 여러 프로토콜을 페이로드로써 전송할 수 있다. 또한 「Protocol」 필드의 목록은 IANA에 의해 정해져 있으며 다음 URL에서 확인할 수 있다.

http://www.iana.org/assignments/protocol-numbers

이어지는 「Header Checksum」은 IP 헤더의 내용을 확인하기 위한 필드로 헤더에 오류가 없는지를 검사한다. 검사합에 오류가 없으면 와이어샤크가 [correct](바르다)를 추가한다. 또한 여기에 와이어샤크의 판단에 의해 [Good: True](정상) 및 [Bad: False](이상)가 추가된다.

그 다음은 「Source」 필드에는 송신자 IP 주소가 「Destination」 필드에는 수신자 IP 주소가 들어있다. IP 주소는 송신자와 수신자 모두 4바이트로 지정된다. 16진수의 1바이트 마다 10진수로 고치고 점으로 구분해 나타낸다. 예를 들어 송신자 IP 주소가 「10.0.0.200」이라면 10은 16진수로 0a로, 200은 16진수로 c8로 바뀐다. 그리고 1바이트 마다 나뉘어 「0a 00 00 c8」이란 형태로 패킷 바이트 정보에 나타난다.

다음 화면은 윈도우즈의 명령 프롬프트에서 IPv6 주소로 ping 명령을 실행했을 때의 패킷을 캡처한 것이다. 패킷 목록 정보의 Protocol 란에서 ICMPv6 패킷을 선택해서 패킷 상세 정보와 패킷 바이트 정보를 살펴보면 그림 9.35와 같다.

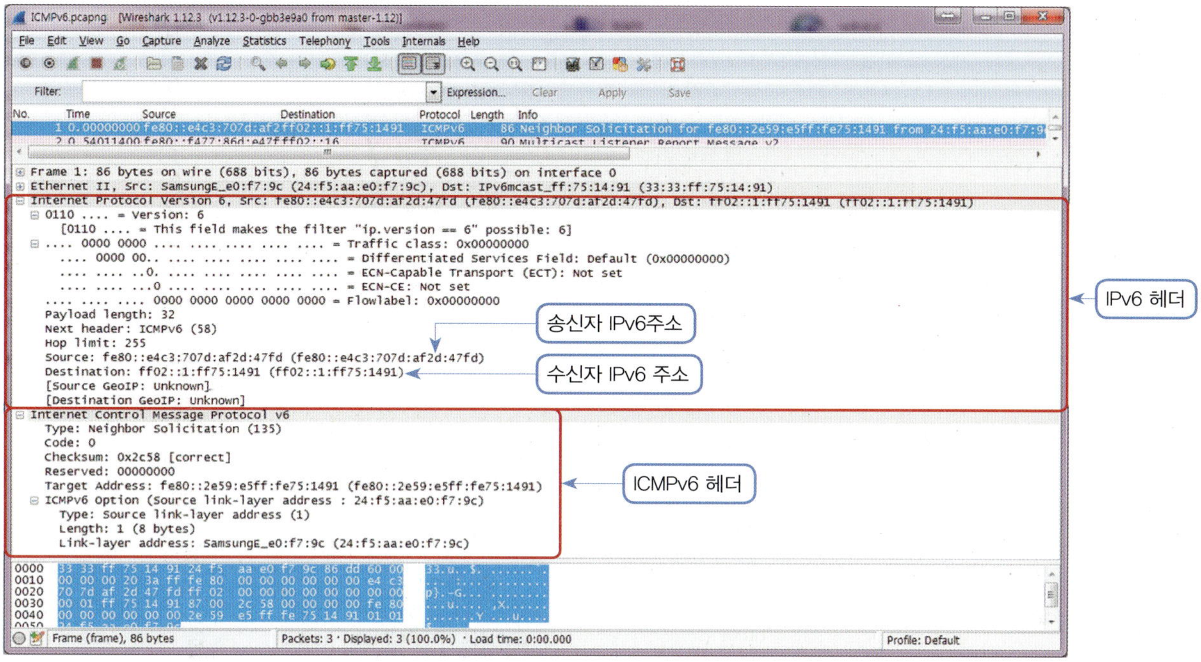

그림 9.35 ICMPv6 패킷 상세 정보 회면

연습문제

TCP/IP 프로토콜의 인터넷 계층에서 주요 프로토콜인 IP(Internet Protocol)는 논리 주소를 기반으로 발신지에서 목적지까지 데이터그램의 경로를 지정한다. 여기서는 IPv4(IP version 4)에 속한 패킷만 캡처해서 살펴본다. UDP와 같이, IP는 비연결형 프로토콜이다. 이것은 네트워크층에서는 발신지나 싱크를 이용한 프레임을 찾을 수 없다는 것이다. IP 헤더는 상위 계층이 IP를 이용할 때만 캡처할 수 있다.

| 순서 |

1. 사용자의 웹브라우저를 시작한 다음 브라우저의 캐시 메모리를 지운다(부록 3 참조). 아직은 어떤 웹사이트도 접속하지 않는다.
2. 와이어샤크를 실행한 다음 캡처를 시작한다.
3. 웹브라우저로 돌아가서 원하는 웹사이트에 있는 임의의 파일을 검색한다. 그러면 와이어샤크는 패킷 캡처를 시작한다.
4. 와이어샤크 필터란에 arp를 입력하고 Apply를 클릭한다.
5. 충분히 패킷을 캡처한 후에 캡처를 종료하고 캡처된 파일을 저장한다.

와이어샤크에 있는 패킷 목록 정보에서 패킷을 하나 선택한다. 패킷 상세 정보에서 Internet Protocol을 선택한다. IP 헤더의 hexdump가 패킷 바이트 정보에 강조되어 나타난다.

질문 1 와이어샤크에 있는 패킷 상세 정보를 보고 다음 질문에 답하라.

a. IP 버전(version)
b. 헤더 길이와 헤더에 있는 바이트 수
c. 서비스 유형(service type)
d. 총 길이(total length)
e. 식별 정보(identification)
f. 플래그 설정(set flags)
g. 단편화 옵셋(fragmentation offset)
h. TTL 값
i. 상위 계층 프로토콜
j. 검사합
k. 발신지 IP 주소
l. 목적지 IP 주소

질문 2 패킷 상세 정보에서 검사합 필드가 정확하게 마크되었다면 IP 페이로드가 손상되지 않았다고 판단할 수 있는가? 설명하라.

질문 3 데이터그램이 단편화 되었는지 아닌지를 설명하라.

질문 4 발신지와 목적지 주소가 특수 주소인가? 특수 주소인 경우 어떤 특수 주소인가?

질문 5 IP 페이로드에 몇 바이트 데이터가 있는가?

위의 질문들에 대해 패킷 상세 정보를 보고 다음 칸에 답을 적어 제출하라.

성명:	학번:	제출 날짜:
1	a. IP version:	
	b. Header length	
	c. Service type:	
	d. Total length:	
	e. Identification:	
	f. Flags:	
	g. Fragmentation offset	
	h. TTL:	
	i. Upper layer protocol:	
	j. Checksum:	
	k. Source IP address:	
	l. Destination IP address:	
2	패킷 상세 정보에서 검사합이 "correct"로 마크 되어 있다면 IP 페이로드가 손상되지 않았다고 할 수 있는가? 설명하라.	
3	데이터그램은 단편화 되었는가? 설명하라	
4	발신지나 목적지 주소가 특수 주소인가? 그렇다면 어떤 특수 주소인가?	
5	IP 페이로드에 들어있는 데이터의 바이트 수는 얼마인가?	

CHAPTER 10
ICMP

10.1 메시지 유형
10.2 메시지 형식
10.3 오류 보고
10.4 조회
10.5 ping 명령어를 이용한 ICMP 덤프 분석

앞 장에서 설명한 바와 같이 IP는 신뢰성이 없고 비연결형인 데이터그램 전달을 제공한다. 이것은 네트워크 자원을 효율적으로 사용하기 위해서 설계되었다. IP 프로토콜은 데이터그램을 원래의 발신지에서 최종 목적지로 전달하는 최선의 노력 전달 서비스이다. 그러나 IP 프로토콜은 오류 제어와 지원 메커니즘이 없다는 단점이 있다.

IP 프로토콜은 오류 보고와 오류 수정 기능이 없다. 만약 무엇인가 잘못이 일어나면 어떻게 되는가? 최종 목적지로 가는 라우터를 찾을 수 없거나 수명 필드가 0이 되어 라우터가 데이터그램을 폐기하면 어떻게 되는가? 주어진 시간 내에 모든 단편을 수신하지 못하여 최종 목적지 호스트가 데이터그램의 모든 단편을 폐기해야 한다면 어떻게 되는가? 이들은 오류가 일어났는데도 불구하고 IP 프로토콜은 원래의 호스트에게 통보할 메커니즘이 없는 경우들의 예이다.

IP 프로토콜은 호스트와 관리 조회를 위한 메커니즘도 없다. 호스트는 간혹 라우터나 다른 호스트가 동작하고 있는지 알 필요가 있다. 그리고 간혹 네트워크 관리자는 다른 호스트나 라우터로부터 정보를 획득할 필요가 있다.

인터넷 제어 메시지 프로토콜(Internet Control Message Protocol; ICMP)은 위의 두 가지 단점을 보완하기 위해서 설계되었다. 그림 10.1은 네트워크 계층의 IP와 다른 프로토콜에 대해 ICMP의 위치를 보여준다.

ICMP는 네트워크 계층 프로토콜이다. 그러나 이 프로토콜의 메시지는 예상과는 달리 직접 데이터링크 계층으로 전달되지 않는다. 대신 메시지는 하위 계층으로 가기 전에 IP 데이터그램에 캡슐화된다(그림 10.2 참조). IP 데이터가 ICMP 메시지임을 알리기 위해 IP 데이터그램의 프로토콜 필드의 값은 1이다.

그림 10.1 네트워크 계층에서 ICMP의 위치

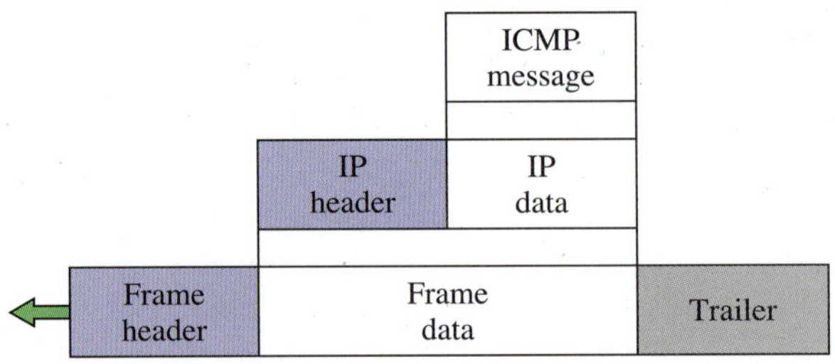

그림 10.2 ICMP 캡슐화

10.1 메시지 유형

ICMP 메시지는 그림 10.3과 같이 크게 오류 보고(error-reporting) 메시지와 조회(query) 메시지로 나눌 수 있다.

오류 보고 메시지는 라우터나 목적지 호스트가 IP 패킷을 처리하는 도중 발견하는 문제를 보고한다. 조회 메시지는 쌍으로 발생되는 데 호스트나 네트워크 관리자가 라우터나 다른 호스트로부터 특정 정보를 획득하기 위해 사용된다. 예를 들어 노드는 이웃들을 발견할 수 있다. 호스트는 같은 네트워크 상의 라우터를 발견하고 라우터는 노드가 메시지를 다른 곳으로 보내는 것을 도울 수 있다. 표 10.1은 각 범주의 대표적인 ICMP 메시지 유형을 정리한 것이

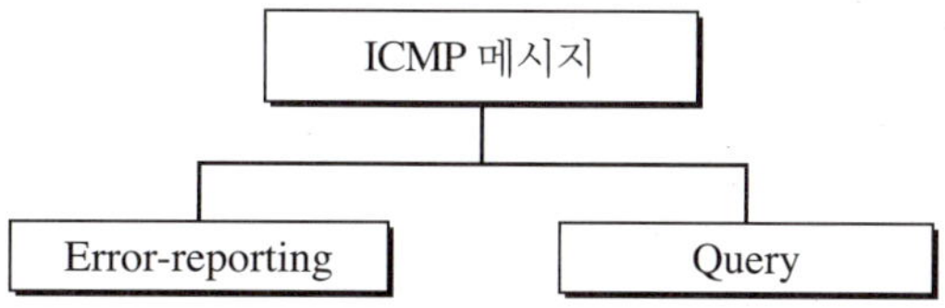

그림 10.3 ICMP 메시지

표 10.1 ICMP 메시지

범주	유형	메시지
오류-보고 메시지	3	Destination unreachable
	4	Source quench
	11	Time exceeded
	12	Parameter problem
	5	Redirection
조회 메시지	0	Echo reply
	8	Echo request
	13	Timestamp request
	14	Timestamp reply
	17	Address mask request
	18	Address mask reply
	9	Router advertisement
	10	Router solicitation

다. 이 목록은 최신 IANA 문서 목록을 기반으로 한다. 이 목록의 최신 버전은 www.iana.org/assienments/icmp-parameters에서 확인할 수 있다.

10.2 메시지 형식

ICMP 메시지는 8바이트의 헤더와 가변 길이의 데이터 부분을 가지고 있다. 헤더의 일반 형식은 각 메시지 별로 다르지만 처음 4바이트는 전부 공통이다. 그림 10.4에서 보듯이 첫 번째 필드인 ICMP type은 메시지의 유형을 나타낸다. 코드(code) 필드는 특정 메시지 유형의 이유를 지정한다. 그리고 공통 필드인 검사합 필드이다. 헤더의 나머지 부분은 각 메시지 별로 다르다.

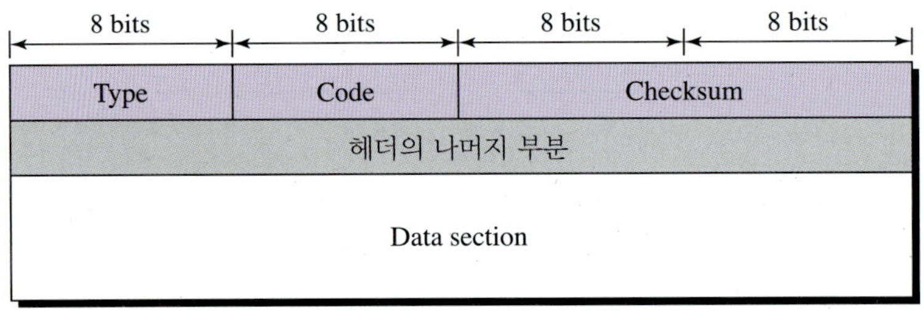

그림 10.4 ICMP 메시지의 일반 형식

오류 메시지의 데이터 부분은 오류를 발생시킨 원래 패킷을 찾기 위한 정보를 전달한다. 조회 메시지에서 데이터 부분은 조회의 유형에 기초한 추가 정보를 전달한다.

10.3 오류 보고

ICMP의 주 임무는 오류를 보고하는 것이다. 기술의 발전은 전달 매체의 신뢰성을 매우 높였지만 여전히 오류는 존재하고 반드시 처리되어야 한다. 9장에서 설명한 것과 같이 IP는 신뢰성이 없는 프로토콜이다. 이것은 오류 검사와 오류 제어가 IP의 관심 사항이 아니라는 것을 의미한다. ICMP는 이러한 단점을 보완하기 위하여 설계되었다. 그러나 ICMP는 오류를 수정하는 것이 아니고 단지 보고를 할 뿐이다. 오류 수정은 상위 계층 프로토콜에 맡긴다. 오류 메시지는 언제나 최초의 발신지에 보내진다. 왜냐하면 데이터그램으로부터 알 수 있는 경로에 대한 정보는 발신지와 목적지뿐이기 때문이다. ICMP는 발신지 IP 주소를 사용하여 오류 메시지를 데이터그램의 발신지로 보낸다.

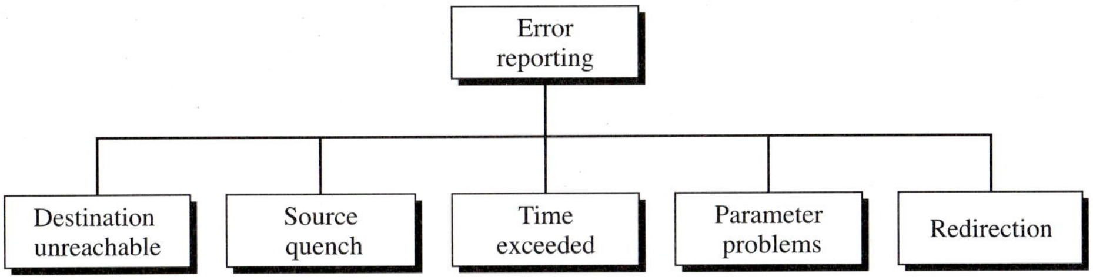

그림 10.5 오류 보고 메시지

다섯 가지의 오류 유형이 처리되는 데, 이는 각각 목적지 도달 불가능, 발신지 억제, 시간 경과, 매개변수 문제 및 재지정이다. 그림 10.5를 참조하라.

다음은 ICMP 오류 메시지에 대한 중요한 사항들이다.

- ICMP 오류 메시지를 전달하는 데이터그램에 대해서는 ICMP 오류 메시지가 생성되지 않는다.
- 처음 단편이 아닌 단편화된 데이터그램에 대해서는 ICMP 오류 메시지가 생성되지 않는다.
- 멀티캐스트 주소를 가진 데이터그램에 대해서는 ICMP 오류 메시지가 생성되지 않는다.
- 127.0.0.0이나 0.0.0.0과 같은 특별한 주소를 가진 데이터그램에 대해서는 오류 메시지가 생성 되지 않는다.

모든 오류 메시지의 데이터 부분에는 원래 데이터그램의 IP 헤더와 이 데이터그램의 데이터 중 처음 8바이트가 포함되어 있다. 원래의 데이터그램 헤더는 오류 메시지를 받는 원래의 발신지에게 데이터그램 자체에 대한 정보를 제공하기 위해 더해졌다. UDP와 TCP에서 살펴보겠지만 IP 데이터 부분의 처음 8바이트는 (TCP와 UDP의) 포트 번호와 (TCP의) 순서 번호(sequence number)에 대한 정보를 제공한다. 이 정보는 발신지가 TCP나 UDP와 같은 프로토콜에게 오류 상황에 대해 알리기 위해 필요하다. ICMP는 오류 패킷을 생성하고 이것은 IP 데이터그램 내에 캡슐화 된다(그림 10.6 참조).

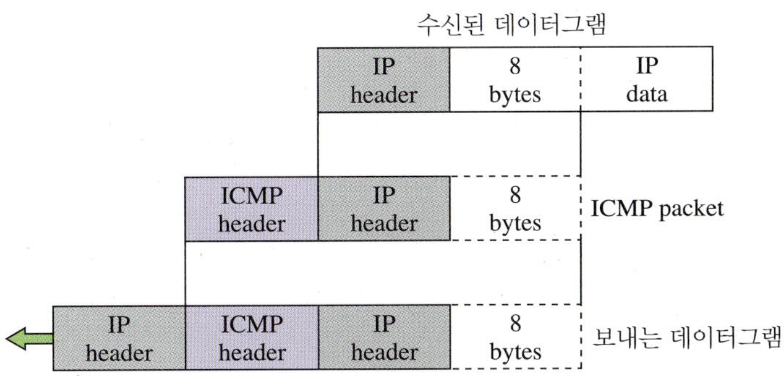

그림 10.6 오류 메시지를 위한 데이터 필드의 내용

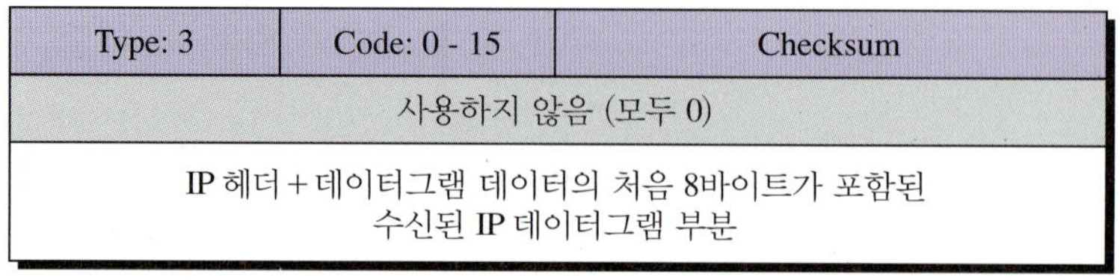

그림 10.7 목적지 도달 불가 메시지 형식

목적지 도달 불가능

라우터가 데이터그램을 라우팅할 수 없거나 호스트가 데이터그램을 배달할 수 없을 때 데이터그램은 폐기되고 라우터나 호스트는 데이터그램을 시작했던 발신지 호스트에게 목적지 도달 불가(Destination Unreachable) 메시지를 보낸다. 그림 10.7은 목적지 도달 불가 메시지의 형식을 보여준다. 이 유형의 코드 필드는 데이터그램을 폐기하는 이유를 나타낸다.

- **코드** 0. 하드웨어 고장 등의 이유로 네트워크에 도달할 수 없다. 이 유형의 메시지는 라우터에 의해서만 생성될 수 있다.
- **코드** 1. 호스트에 도달할 수 없다. 이것은 하드웨어 고장 때문일 수 있다. 이 유형의 메시지는 라우터에 의해서만 생성될 수 있다.
- **코드** 2. 프로토콜에 도달할 수 없다. IP 데이터그램은 UDP, TCP나 OSPF 등과 같은 상위 계층에 속하는 데이터를 전달할 수 있다. 예를 들어 만약 목적지 호스트가 TCP와 같은 프로토콜에 배달되어야 할 데이터그램을 수신했으나 지금 이 시점에 TCP 프로토콜이 수행되고 있지 않다면 코드 2의 메시지가 보내진다. 이 유형의 메시지는 목적지 호스트에 의해서만 생성된다.
- **코드** 3. 포트에 도달할 수 없다. 데이터그램이 향하고 있는 응용 프로그램(프로세스)이 지금 이 시점에 수행되고 있지 않다.
- **코드** 4. 단편화가 필요하나 데이터그램의 DF(do not fragment) 필드가 설정되어 있다. 즉 데이터그램의 송신자가 데이터그램은 단편화가 되어서는 안 된다고 명시하였으나 단편화를 하지 않고는 라우팅을 할 수 없다.
- **코드** 5. 발신지 라우팅이 수행될 수 없다. 즉 발신지 라우팅 옵션에 정의된 한 개 이상의 라우터를 방문할 수 없다.
- **코드** 6. 목적지 네트워크가 알려져 있지 않다. 이것은 코드 0과는 다르다. 코드 0에서는 라우터가 목적지 네트워크가 존재한다는 것은 알고 있으나 현재 시점에 도달할 수 없다는 것이다. 코드 6은 라우터가 목적지 네트워크에 대해 정보를 가지고 있지 않다는 것이다.
- **코드** 7. 목적지 호스트가 알려져 있지 않다. 이것은 코드 1과는 다르다. 코드 1에서는 라우터가 목적지 호스트가 존재한다는 것은 알고 있으나 현재 시점에 도달할 수 없다는 것이다. 코드 7은 라우터가 목적지 호스트의 존재에 대해 알고 있지 않다는 것이다.

- 코드 8. 발신지 호스트가 고립되어 있다.
- 코드 9. 목적지 네트워크와 통신이 관리 상의 이유로 금지되어 있다.
- 코드 10. 목적지 호스트로의 통신이 관리 상의 이유로 금지되어 있다.
- 코드 11. 명시된 서비스 유형에 대해 네트워크에 도달할 수 없다. 이것은 코드 0과는 다르다. 만약 발신지가 가능한 유형의 서비스를 요청했더라면 라우터는 데이터그램을 라우팅할 수 있었을 것이다.
- 코드 12. 명시된 서비스 유형에 대해 호스트에 도달할 수 없다. 이것은 코드 1과는 다르다. 만약 발신지가 가능한 유형의 서비스를 요청했더라면 라우터는 데이터그램을 라우팅할 수 있었을 것이다.
- 코드 13. 관리자가 필터를 설치하여 호스트에 도달할 수 없다.
- 코드 14. 호스트 우선 순위가 위반되었기 때문에 호스트에 도달할 수 없다. 요청된 우선 순위가 목적지를 향해서는 허용되지 않는다는 것을 보이기 위해 라우터가 이 메시지를 보낸다.
- 코드 15. 우선 순위가 충분히 높지 않아서 호스트에 도달할 수 없다. 네트워크 관리자가 네트워크의 운용을 위해 우선 순위의 최소값을 설정하였는데 데이터그램의 우선 순위가 이 최소값보다 낮을 때 이 메시지가 생성된다.

목적지 도달 불가 메시지는 라우터나 목적지 호스트에 의해 생성될 수 있다. 코드 2와 3 메시지는 목적지 호스트에 의해서만 생성될 수 있다. 나머지 코드들은 라우터에 의해서만 생성될 수 있다.

라우터가 목적지 도달 불가 메시지를 보고하지 않았다고 해서 데이터그램이 전달되었다는 것은 아니다. 예를 들어 데이터그램이 이더넷 네트워크를 지나가고 있다면 이더넷은 확인 응답 메커니즘을 제공하지 않으므로 데이터그램이 목적지 호스트나 다음 라우터에 전달되었다는 것을 라우터가 알 수가 없다.

발신지 억제

IP 프로토콜은 비연결형 프로토콜이다. 데이터그램을 생성하는 발신지와 이를 전달하는 라우터, 그리고 이것을 처리하는 목적지 사이에는 통신이 없다. 이러한 통신 부재로 인한 결과 중의 하나가 흐름 제어의 부재이다. IP는 프로토콜에 내장된 흐름 제어 메커니즘을 가지고 있지 않다. 흐름 제어의 부재로 인하여 IP의 수행 중 혼잡(congestion)이라는 심각한 문제를 유발할 수 있다. 발신지 호스트는 라우터나 목적지 호스트가 과대한 양의 데이터그램으로 압도되고 있다는 것을 알 수 없다. 발신지 호스트는 라우터가 전달할 수 있는 수준 이상으로 또는 목적지 호스트가 처리할 수 있는 수준 이상으로 자신이 너무 빨리 데이터그램을 보내고 있다는 사실을 알 수 없다.

Type: 4	Code: 0	Checksum
사용하지 않음 (모두 0)		
IP 헤더 + 데이터그램 데이터의 처음 8바이트가 포함된 수신된 IP 데이터그램 부분		

그림 10.8 발신지 억제 메시지 형식

흐름 제어의 부재는 라우터나 목적지 호스트에서 혼잡의 문제를 야기할 수 있다. 라우터의 경우에는 포워드되기 위해 기다리는 데이터그램을 위하여, 그리고 목적지 호스트의 경우 처리되기 위해 기다리는 데이터그램을 위하여 큐(버퍼)에 저장하고 있는데 이 큐의 크기가 한정되어 있다. 만약 포워드되거나 처리될 수 있는 수준 이상으로 데이터그램이 빨리 들어오면 큐에는 오버플로우가 발생한다. 이러한 경우 라우터나 호스트는 데이터그램 중 일부를 폐기하지 않을 수 없다.

ICMP의 발신지 억제(source quench) 메시지는 IP에 흐름 제어 기능과 유사한 기능을 추가하기 위하여 설계되었다. 혼잡으로 인해 데이터그램을 폐기하면, 라우터나 호스트는 데이터그램의 송신자에게로 발신지 억제 메시지를 보낸다. 이 메시지는 두 가지 목적을 가지고 있다. 첫 번째로 데이터그램이 폐기되었음을 발신지에게 알린다. 두 번째로 경로 상에서 혼잡이 일어났고 발신지는 송신 과정을 천천히(또는 억제) 하여야 한다는 것을 발신지에게 경고한다. 발신지 억제의 메시지 형식은 그림 10.8과 같다.

발신지 억제에 대해서는 다음과 같은 추가 설명이 필요하다. 첫째로 혼잡을 겪고 있는 라우터나 목적지 호스트는 폐기되는 데이터그램 하나당 발신지 억제 메시지 하나를 발신지 호스트에 보내야 한다. 두 번째로 혼잡이 해소되었고 따라서 발신지가 데이터그램의 송신 속도를 예전의 속도로 회복할 수 있다는 것을 알리는 메커니즘은 없다. 발신지는 더 이상의 발신지 억제 메시지가 수신되지 않을 때까지 송신 속도를 낮추어야 한다. 세 번째로 혼잡은 일-대-일 또는 다-대-일 통신에서 발생할 수 있다. 일-대-일 통신에서는 하나의 고속 호스트가 라우터나 목적지 호스트보다 빨리 데이터그램을 생성할 수 있다. 이러한 경우 발신지 억제 메시지는 매우 도움이 될 수 있다. 이 메시지들은 발신지에게 속도를 낮출 것을 요청한다. 다-대-일 통신에서는 라우터나 목적지 호스트에 의해 처리되어야 할 데이터그램을 여러 발신지가 생성할 수 있다. 이러한 경우 각 발신지는 서로 다른 속도로 데이터그램을 보내고 있을 수 있다. 일부는 낮은 속도로 일부는 고속으로 보내고 있을 수 있다. 이러한 경우 발신지 억제 메시지는 별로 유용하지 않을 수 있다. 라우터나 목적지 호스트는 어느 호스트가 혼잡의 발생에 책임이 있는지 알 수 없다. 실제로 혼잡을 발생시킨 호스트로부터 오는 데이터그램 대신에 매우 느린 발신지로부터 오는 데이터그램을 폐기시킬 수도 있다.

Type: 11	Code: 0 또는 1	Checksum
사용하지 않음 (모두 0)		
IP 헤더 + 데이터그램 데이터의 처음 8바이트가 포함된 수신된 IP 데이터그램 부분		

그림 10.9 시간 경과 메시지 형식

시간 경과

시간 경과(Time Exceeded) 메시지는 다음의 두 경우에 생성된다:

- 앞에서 살펴보았듯이 패킷을 수신할 다음 홉(다음 라우터)을 찾기 위해 라우터는 라우팅 테이블을 사용한다. 한 개 또는 그 이상의 라우팅 테이블에 오류가 있다면 패킷은 루프 또는 사이클을 지날 수 있다. 즉 라우터들을 끝없이 방문할 수 있다. 그런데 각 데이터그램은 이러한 경우에 대처하여 수명(time to live) 필드를 가지고 있다. 데이터그램이 라우터를 방문할 때 이 필드의 값은 1씩 감소된다. 이 필드의 값이 0인 데이터그램을 받으면 라우터는 이 데이터그램을 폐기한다. 그러나 데이터그램이 폐기될 때 라우터는 시간 경과 메시지를 원 발신지에 송신해야 한다.
- 둘째로 한 개의 메시지에 속하는 단편들이 정해진 시간 내에 목적지 호스트에 전부 도착하지 않은 경우에도 시간 경과 메시지가 생성된다. 첫 번째 단편이 도착하면 목적지 호스트는 타이머를 시작한다. 만약 타이머가 만료되었음에도 불구하고 아직 모든 단편이 도착하지 않았다면 원래 발신지에게로 시간 경과 메시지를 보낸다.

그림 10.9는 시간 경과 메시지의 형식을 나타낸다. 코드 0은 수명 필드의 값이 0이 되어 데이터그램을 폐기하는 경우 사용한다. 코드 1은 단편의 일부가 정해진 시간 내에 도착하지 않아서 이미 도착한 단편을 폐기하는 경우 사용된다.

매개변수 문제

데이터그램의 헤더 부분에 불명확한 점이 있으면 데이터그램이 인터넷을 통하여 전달되는 동안 문제를 발생시킬 수 있다. 만약 라우터나 목적지 호스트가 데이터그램의 필드에서 불명확하거나 빠진 값을 발견하게 되면 데이터그램을 폐기하고 매개변수 문제(Parameter Problem) 메시지를 발신지에게 보낸다.

그림 10.10은 매개변수 문제 메시지의 형식을 보여주고 있다. 이 경우 코드 필드는 왜 데이터그램을 폐기하였고 정확히 무엇이 실패하였는지를 나타낸다.

Type: 12	Code: 0 또는 1	Checksum
Pointer	사용하지 않음 (모두 0)	
IP 헤더 + 데이터그램 데이터의 처음 8바이트가 포함된 수신된 IP 데이터그램 부분		

그림 10.10 매개변수 문제 메시지 형식

- 코드 0. 헤더 필드 중에서 불명료하거나 빠진 것이 있다. 이 경우 포인터 필드의 값은 문제가 있는 바이트를 가리킨다. 예를 들어 값이 0이라면 첫 번째 바이트가 틀렸다는 것이다.
- 코드 1. 옵션의 요구되는 부분이 빠졌다는 것이다. 이 경우 포인터는 사용되지 않는다.

재지정

라우터가 다른 네트워크로 가는 패킷을 송신하여야 하는 경우 적절한 다음 라우터의 IP 주소를 알아야 한다. 송신자가 호스트인 경우에도 마찬가지다. 라우터나 다음 라우터의 주소를 알기 위해 라우터와 호스트는 라우팅 테이블을 가지고 있어야 한다. 라우터는 라우팅 갱신 프로세스에 참여하여 항상 라우팅 테이블을 갱신하고 있다. 라우팅은 동적이다.

인터넷 내에는 라우터의 수보다 더 많은 호스트가 존재하기 때문에 효율성을 이유로 호스트는 라우팅 갱신 프로세스에 참여하지 않는다. 호스트의 라우팅 테이블을 동적으로 갱신하면 네트워크 트래픽이 지나치게 많아지게 된다. 호스트는 일반적으로 정적 라우팅을 사용한다. 호스트가 동작할 때 호스트의 라우팅 테이블은 한정된 수의 엔트리를 가지고 있다. 보통 디폴트 라우터 한 개의 IP 주소를 알고 있을 때가 많다. 이러한 이유로 다른 네트워크로 가는 데이터그램을 보낼 때 호스트는 틀린 라우터에게 보낼 수 있다. 이러한 경우 데이터그램을 받은 라우터는 데이터그램을 올바른 라우터에게 전송한다. 이때 호스트의 라우팅 테이블을 갱신하기 위해 호스트에게 재지정 메시지를 보낸다. 재지정(Redirection) 메시지의 개념은 그림 10.11에 나타나 있다. 호스트 A는 호스트 B에게 데이터그램을 보내려 한다. 물론 라우터 R2가 가장 효율적인 선택이지만 호스트 A는 라우터 R2를 선택하지 않는다. 대신 데이터그램은 라우터 R1으로 간다. 자신의 라우팅 테이블을 참조한 결과 R1은 패킷이 R2로 가야한다는 것을

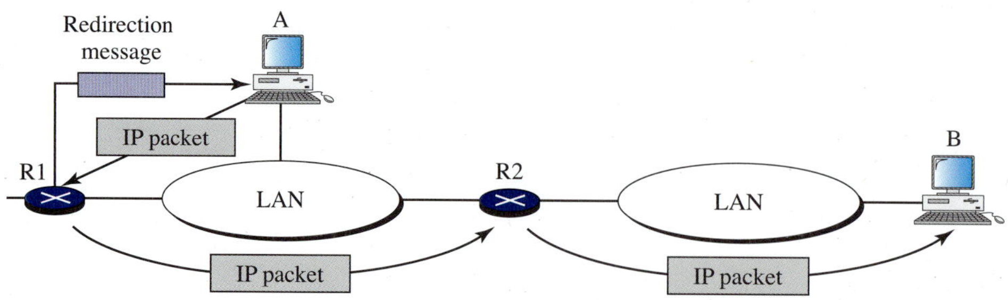

그림 10.11 재지정 개념

Type: 5	Code: 0 - 3	Checksum
타켓 라우터의 IP 주소		
IP 헤더 + 데이터그램 데이터의 처음 8바이트가 포함된 수신된 IP 데이터그램 부분		

그림 10.12 방향 재지정 메시지 형식

알아낸다. R1은 패킷을 R2로 보내고 호스트 A에게는 재지정 메시지를 보낸다. 이제 호스트 A의 라우팅 테이블이 갱신된다.

재지정 메시지 형식은 그림 10.12와 같다. 적절한 타겟의 IP 주소는 두 번째 행에 있음을 주지하기 바란다.

재지정 메시지는 오류 보고 메시지로 생각될 수 있지만 다른 오류 보고 메시지와는 다르다. 이 경우 라우터는 데이터그램을 폐기하지 않고 적절한 라우터에게 보낸다. 재지정 메시지의 코드 필드는 재지정을 제한한다.

- 코드 0. 네트워크 지정 경로를 위한 재지정
- 코드 1. 호스트 지정 경로를 위한 재지정
- 코드 2. 특정한 서비스 유형에 기초한 네트워크 지정 경로를 위한 재지성
- 코드 3. 특정한 서비스 유형에 기초한 호스트 지정 경로를 위한 재지정

10.4 조회

오류 보고 외에 ICMP는 네트워크 문제를 진단할 수도 있다. 이러한 기능은 그림 10.13과 같은 4개의 조회 메시지를 통하여 수행될 수 있다. 이 유형의 ICMP 메시지에서는 노드가 메시지를 보내면 목적지 노드가 특정한 형식에 따라 응답을 한다. 원래는 정보 요청/응답(Information Request/Reply)이라는 메시지도 정의되어 있었으나 사용되지 않고 있다. 이 메시지들은 호스트가 시작될 때 자신의 인터넷 주소를 가져오기 위하여 설계되었으나 이 기능은 현재 BOOTP에 의해 대체되었다.

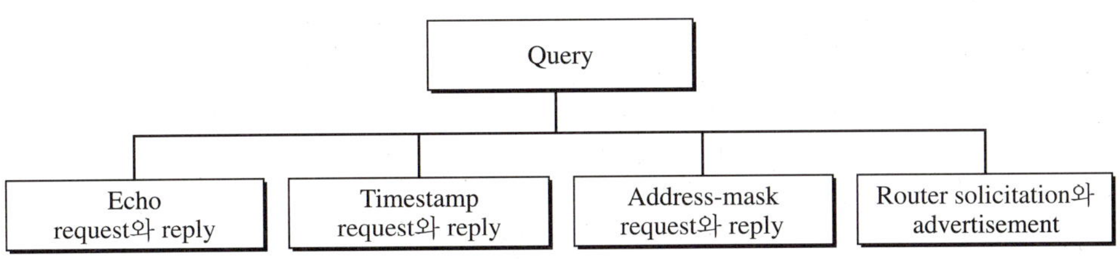

그림 10.13 조회 메시지

에코 요청과 응답

에코 요청과 에코 응답(Echo Request and Reply) 메시지는 고장 진단의 목적으로 설계되었다. 네트워크 관리자와 사용자들은 이 메시지를 사용하여 네트워크 문제를 발견할 수 있다. 에코 요청과 에코 응답 메시지의 조합은 두 시스템(호스트나 라우터)이 서로 통신할 수 있는지 결정할 수 있다.

호스트나 라우터는 에코 요청 메시지를 다른 호스트나 라우터에게 보낼 수 있다. 에코 요청 메시지를 받은 호스트나 라우터는 에코 응답 메시지를 생성하여 원래의 송신자에게 보낸다.

에코 요청과 에코 응답 메시지는 IP 계층에서 통신이 되는지 결정하기 위하여 사용될 수 있다. ICMP 메시지는 IP 데이터그램에 의해 캡슐화되므로 에코 요청이 보내진 장치로부터 에코 응답이 왔다는 사실은 송신자와 수신자의 IP 프로토콜이 IP 데이터그램을 사용하여 서로 통신하고 있다는 것을 증명한다. 이 사실은 중간에 있는 라우터들도 IP 데이터그램을 수신하고, 처리하고 전송한다는 것도 증명한다.

에코 요청과 에코 응답 메시지를 사용하면 또한 호스트가 다른 호스트에 도달할 수 있는지를 점검할 수 있다. 사용자 레벨에서 이것은 패킷 인터넷 탐색 명령인 ping을 수행함으로써 이루어진다. 오늘날 대부분의 시스템은 하나가 아닌 여러 개의 에코 요청과 에코 응답 메시지를 생성하고 이들에 대한 통계 정보도 제공하는 ping 명령을 제공하고 있다.

에코 요청과 에코 응답은 노드가 정상적으로 동작하고 있는지 검사할 수 있다. 검사될 호스트에 에코 요청 메시지를 보낸다. 선택적 데이터 필드에는 응답하는 노드가 에코 응답 메시지에 반드시 반복하여 보내야 하는 메시지를 포함하고 있다. 그림 10.14는 에코 요청과 에코 응답 메시지의 형식을 보여주고 있다. 식별자(identifier)와 순서 번호(sequence number) 필드는 프로토콜에 의해 정형적으로 정의되어 있지는 않고 송신자에 의해 임의로 사용될 수 있다. 예를 들어 식별자 필드는 문제 그룹을 정의하고 순서 번호는 전송한 특정 에코 요청 메시지를 추적할 수 있다. 식별자는 요청을 보낸 프로세스의 프로세스 ID와 같을 수 있다.

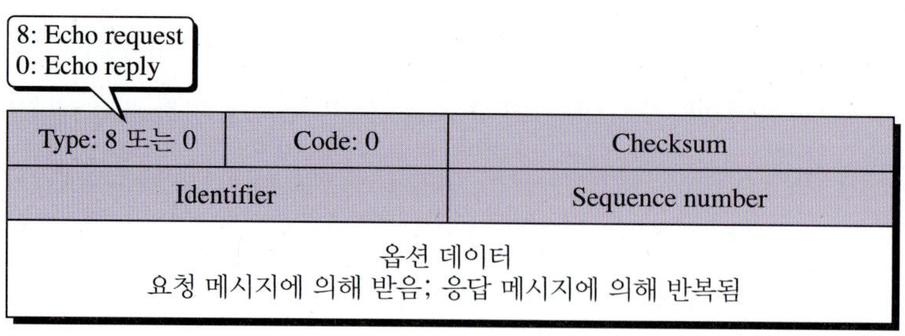

그림 10.14 에코 요청 및 에코 응답 메시지

13: request
14: reply

Type: 13 또는 14	Code: 0	Checksum
Identifier		Sequence number
Original timestamp		
Receive timestamp		
Transmit timestamp		

그림 10.15 타임스탬프 요청과 타임스탬프 응답 메시지 형식

타임스탬프 요청과 응답

두 시스템(호스트나 라우터)은 타임스탬프 요청과 응답(Timestamp Request and Reply) 메시지를 사용하여 IP 데이터그램이 이 둘 사이를 오고가는 데 필요한 왕복 시간(round-trip time)을 결정할 수 있다. 이 메시지는 두 장치의 시계를 동기화하기 위해서도 사용될 수 있다. 이 두 메시지의 형식은 그림 10.15와 같다.

3개의 타임스탬프 필드는 각각 32비트 길이를 갖는다. 각 필드에는 그리니치 표준시(Greenwich Mean Time)라 불렸던 세계 표준시(Universal Time)의 자정으로부터의 시간을 milliseconds 단위로 표현한 값이 저장된다(32비트는 0에서 4,294,967,295 사이의 수를 표현할 수 있으나 이 경우의 타임스탬프는 86,400,000 = 24 × 60 × 60 × 1,000을 넘을 수 없음을 주지하기 바란다).

발신지는 타임스탬프 요청 메시지를 생성한다. 발신지는 출발시각에서의 자신의 시계 값을 세계 표준시로 표현한 값을 원래 타임스탬프(original timestamp) 필드에 삽입한다. 다른 두 타임스탬프 필드는 0으로 채워져 있다.

목적지는 타임스탬프 응답 메시지를 생성한다. 목적지는 요청 메시지에 있는 원래 타임스탬프 값을 응답 메시지의 같은 필드에 복사한다. 그런 다음 수신 타임스탬프(receive timestamp) 필드에는 요청이 수신된 시점에서의 자신의 시계 값을 세계 표준시로 표현하여 삽입한다. 마지막으로 전달 타임스탬프(transmit timestamp) 필드에는 응답 메시지가 출발하는 시점의 시계 값을 세계 표준시로 표현하여 삽입한다.

타임스탬프 요청과 응답 메시지는 데이터그램이 발신지에서 목적지로 가서 다시 돌아오는 동안 걸리는 편도 또는 왕복 시간을 계산하는 데 사용될 수 있다. 공식은 다음과 같다.

송신시간 = 수신 타임스탬프의 값 − 원래 타임스탬프의 값
수신시간 = 패킷이 돌아온 시간 − 전달 타임스탬프의 값
왕복시간 = 송신시간 + 수신시간

발신지와 목적지 시스템의 시계가 동기화되어 있어야만 송신시간과 수신시간 계산이 정확할 수 있다. 그러나 두 시계가 동기화 되어 있지 않다 하더라도 왕복 시간의 계산은 정확하다. 이것은 각 시계의 값이 왕복 시간 계산에서 각각 두 번 적용되고 그 결과로 동기화의 차이점이 서로 상쇄되기 때문이다.

주소 마스크 요청과 응답

호스트의 IP 주소는 네트워크 주소, 서브넷 주소와 호스트 식별자로 구성된다. 호스트는 IP 주소 전체를 알 수도 있지만 주소의 어느 부분이 네트워크 주소이고 어느 부분이 서브넷 주소이며 또 어느 부분이 호스트 식별자인지 모를 수 있다. 예를 들어 호스트는 다음의 32비트 IP 주소를 알고 있다고 하자.

10011111 00011111 11100010 10101011

그러나 왼쪽의 20비트가 네트워크와 서브넷 주소이고 나머지 12비트가 호스트 식별자인지 모를 수 있다. 이러한 경우 호스트는 다음의 마스크를 필요로 한다:

11111111 11111111 11110000 00000000

앞에서 이미 보았듯이 마스크 내의 1은 netid와 subnetid를 위해 사용되는 비트들의 위치를 알려준다. 0은 hostid를 위한 비트들의 위치이다.

예를 들어 위의 마스크를 앞의 IP 주소에 적용하면 다음 결과를 얻는다.

netid와 subnetid	−□ 10011111 00011111 1110
hostid	−□ 0010 10101011

이 마스크 값을 얻기 위해 호스트는 LAN 상의 라우터에 주소 마스크 요청 메시지를 보낼 수 있다. 만약 호스트가 라우터의 주소를 안다면 이 요청을 라우터에게 직접 보낸다. 만약 모르면 메시지를 브로드캐스트 할 수 있다. 주소 마스크 요청 메시지를 수신한 라우터는 주소 마스크 응답 메시지를 보냄으로써 호스트가 필요로 하는 마스크를 보낸다. 이 값이 전체 IP 주소에 적용되어 서브넷 주소를 구할 수 있다.

그림 10.16은 주소 마스크 요청과 주소 마스크 응답 메세지 형식이다. 요청 메시지에는 주소 마스크 필드가 0으로 채워져 있다. 라우터가 주소 마스크 응답을 호스트에게 보내면 이 필드에는 netid는 1로 hostid는 0으로 되어 있는 실제 마스크 값이 들어 있다.

17: Request
18: Reply

<table>
<tr><td>Type: 17 또는 18</td><td>Code: 0</td><td colspan="2">Checksum</td></tr>
<tr><td colspan="2">Identifier</td><td colspan="2">Sequence number</td></tr>
<tr><td colspan="4">Address mask</td></tr>
</table>

그림 10.16 마스크 요청과 마스크 응답 메시지 형식

라우터 간청과 광고

재지정 메시지 절에서 언급했듯이 다른 네트워크 상의 호스트에게 데이터를 보내고자 하는 호스트는 자신의 네트워크에 연결된 라우터의 주소를 알아야 한다. 그리고 라우터가 정상적으로 동작하고 있는지도 알아야 한다. 라우터 간청(solicitation)과 라우터 광고(advertisement) 메시지는 이러한 상황에 유용하다. 호스트는 라우터 간청 메시지를 브로드캐스트하거나 멀티캐스트할 수 있다. 하나 또는 그 이상의 라우터가 이 요청 메시지를 받은 후 라우터 광고 메시지를 사용하여 라우팅 정보를 브로드캐스트할 수 있다. 호스트가 요청을 하지 않았더라도 라우터는 주기적으로 라우터 광고 메시지를 보낼 수 있다. 라우터가 광고 메시지를 보낼 때 자신의 존재 뿐 아니라 자신이 알고 있는 같은 네트워크에 있는 모든 라우터의 존재에 대하여 광고한다. 그림 10.17은 라우터 간청 메시지의 형식이다.

그림 10.18은 라우터 광고 메시지 형식이다. 수명(lifetime) 필드는 엔트리가 유효할 것으로

<table>
<tr><td>Type: 10</td><td>Code: 0</td><td colspan="2">Checksum</td></tr>
<tr><td colspan="2">Identifier</td><td colspan="2">Sequence number</td></tr>
</table>

그림 10.17 라우터 간청 메시지 형식

<table>
<tr><td>Type: 9</td><td>Code: 0</td><td colspan="2">Checksum</td></tr>
<tr><td>Number of addresses</td><td>Address entry size</td><td colspan="2">Lifetime</td></tr>
<tr><td colspan="4">Router address 1</td></tr>
<tr><td colspan="4">Address preference 1</td></tr>
<tr><td colspan="4">Router address 2</td></tr>
<tr><td colspan="4">Address preference 2</td></tr>
<tr><td colspan="4">⋮</td></tr>
</table>

그림 10.18 라우터 광고 메시지 형식

생각되는 시간을 초 단위로 표현한 값이다. 광고 내의 각 라우터 엔트리는 적어도 라우터 주소(router address)와 주소 선호 레벨(address preference level) 필드를 가지고 있다. 주소 선호 레벨은 라우터의 순위를 정의한다. 선호 레벨은 디폴트 라우터를 선택하기 위하여 사용된다. 만약 주소 선호 레벨이 0이면 이 라우터가 디폴트 라우터로 고려된다. 만약 주소 선호 레벨이 8000000016이라면 이 라우터는 절대로 디폴트 라우터로 선택되지 않는다.

10.5 ping 명령어를 이용한 ICMP 덤프 분석

네트워크에 문제점 해결을 위해 가장 많이 사용하고 있는 명령어가 ping이다. ping 명령은 네트워크 트러블 해결의 기본 명령어로서 초보자부터 상급자까지 아주 폭넓게 활용되고 있다.

여기서 트러블슈팅의 기본 명령어인 ping에 대해서 그 동작과 프로토콜의 상세한 내용을 실제로 패킷을 캡처하면서 확인해 보도록 한다.

확인 순서는 다음과 같다.

1. 와이어샤크를 실행하여 패킷을 캡처한다.
2. 명령 프롬프트에서 ping 명령을 실행하고 그 결과를 확인한다.
3. 패킷 캡처를 정지하고 내용을 확인한다.

10.5.1 패킷 캡처 개시와 ping 명령어 실행

ping 명령어를 실행하기 전에 먼저 패킷을 캡처한다. 와이어샤크를 실행시켜 스타트업 화면 왼쪽 위의 「Interface List」에서 평상시 사용하고 있는 LAN 카드의 링크를 클릭하여 패킷 캡처를 시작한다(그림 10.19 참조).

이제 네트워크를 통하여 전달되고 있는 모든 패킷은 와이어샤크에 의해 기록되고 있다. 여기서 ping 명령어를 실행하여 그 결과를 확인해 보자.

먼저 명령 프롬프트를 실행시킨다. Windows의 「시작」 메뉴에서 「모든 프로그램 → 보조 프로그램 → 명령 프롬프트」를 선택하기 바란다.

명령 프롬프트에서는 입력 대기 문자열로 「C:\>」나 「C:\Users\Administrator>」와 같이 「>」가 표시될 것이다. 이것은 '지금부터 명령어를 입력해도 된다'라는 신호이다.

자 이제 ping 명령어를 입력할 준비가 되었다. 「>」 다음에 「ping」이라고 입력하고 스페이스에 이어 「netwk.hnu.kr」이라고 입력해 보자. 그리고 엔터키를 누르면 ping 명령이 실행되고 그 결과가 명령 프롬프트 화면에 나타난다(그림 10.20 참조).

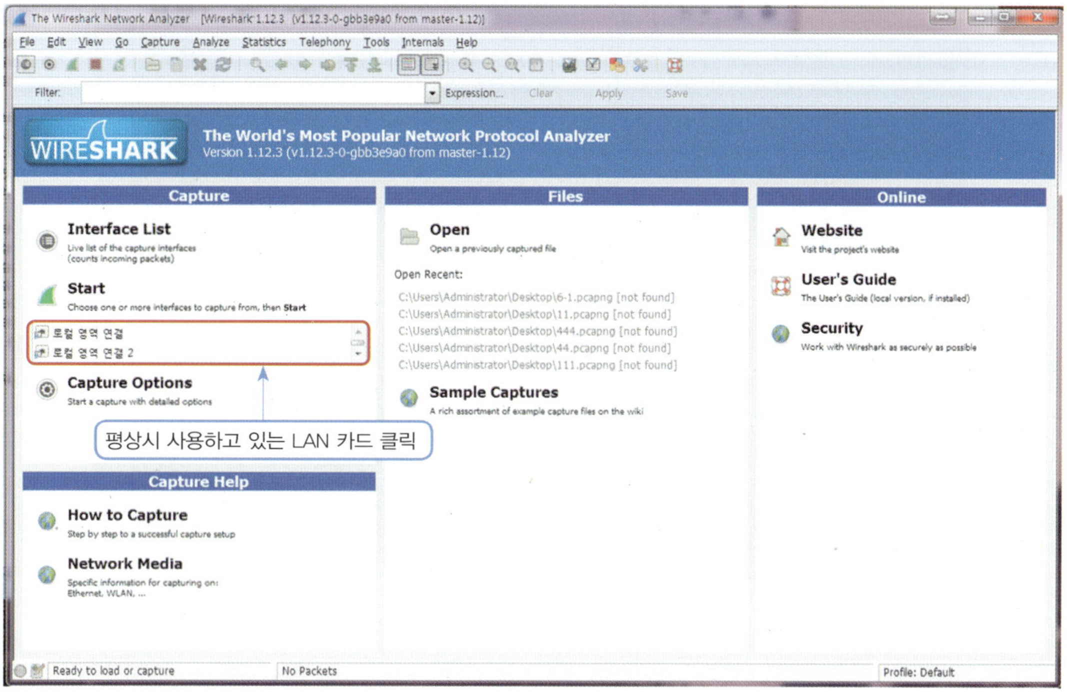

그림 10.19 와이어샤크 스타트업 화면에 있는 Interface List에서 링크 선택 화면

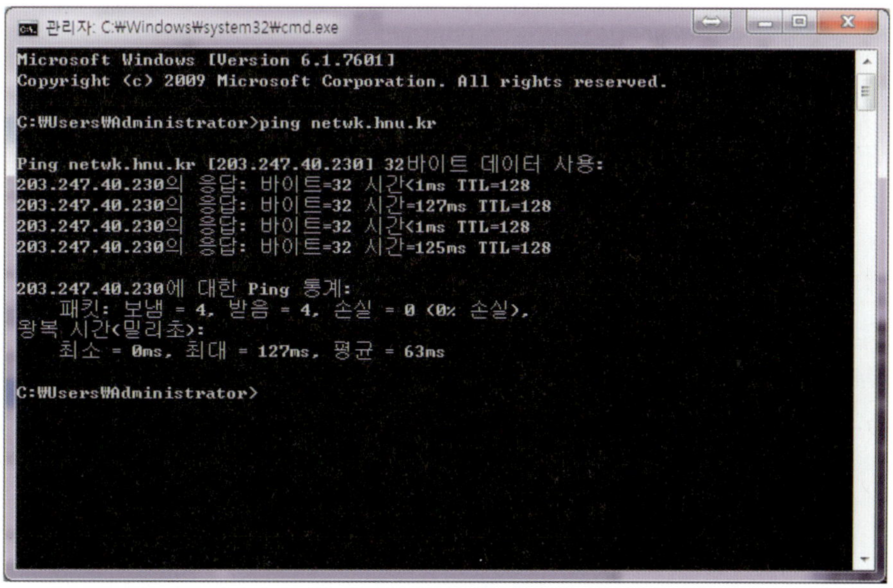

그림 10.20 ping 명령 실행 결과 화면

여기서 응답 메시지의 의미를 설명한다. 「ping netwk.hnu.kr [203.247.40.230] 32바이트 데이터 사용:」 부분은 목표로 하는 서버의 FQDN인 netwk.hnu.kr(IP 주소는 203.247.40.230)과의

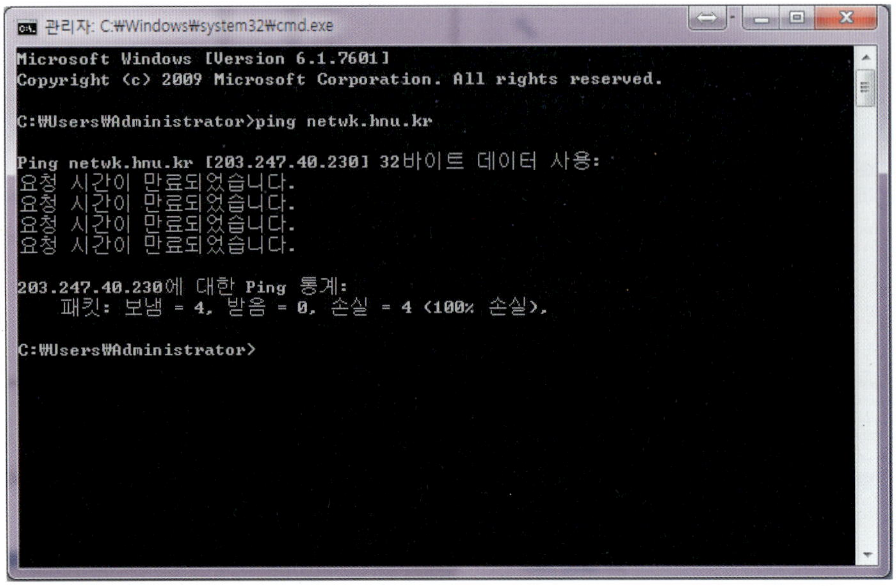

그림 10.21 ping 명령을 실패했을 때 화면

사이에서 32바이트(영숫자 32문자)의 응답 테스트용 메시지를 송수신(ICMP 오류 요구 메시지 송신과 ICMP 에코 응답 메시지 수신)함을 나타낸다.

또한 다음 줄의 「netwk.hnu.kr의 응답: 바이트=32 시간=1ms TTL=128」 부분은 IP 주소 203.247.40.230으로부터 답장이 있고 데이터 길이는 32바이트, 또 ping 명령의 송신에서 수신까지 걸린 왕복 지연 시간은 1밀리초이며 IP 패킷의 수명 값(TTL)이 128임을 의미한다. 이 메시지가 4개 이어지는 데 이것은 4회에 거쳐 테스트를 수행했음을 나타내고 있다. 여기에서는 「응답」이란 문자가 있어 되풀이해서 테스트를 확인할 수 있었다는 점이 가장 중요한 포인트이다.

만약에 ping 명령어가 실패하면 그림 10.21과 같은 결과가 나타난다. 그림 10.21의 예를 보면 PC가 에코용 패킷을 4회 송신했음에도 불구하고 1회도 응답이 없었음을 나타내고 있다. 「요청 시간이 만료되었습니다.」는 원래 ping으로 정해진 시간(여기서는 1,000밀리초, 즉 1마이크로초)의 사이에 상대 서버로부터 응답이 없어서 시간이 초과되었음을 의미하고 있다. 4회 시도하여 4회 모두 안될 경우에는 이 예처럼 4개 연속으로 나타난다.

첫 번째 패킷만 타임아웃된 경우

ping 명령을 실행한 결과 그림 10.22와 같은 화면이 나타나는 경우가 있을 수 있다. 이 예에서 4회 보낸 ping 가운데 처음 1회째의 응답만이 요청 시간이 만료되었음을 나타내고 있다.

ping 명령의 일부가 타임아웃된 이유는 몇 가지 생각할 수 있다. 예를 들어 처음 1회째의 ping에서는 ping 명령을 실행하기 전에 통신 상대의 MAC 주소를 발견할 필요가 있는데

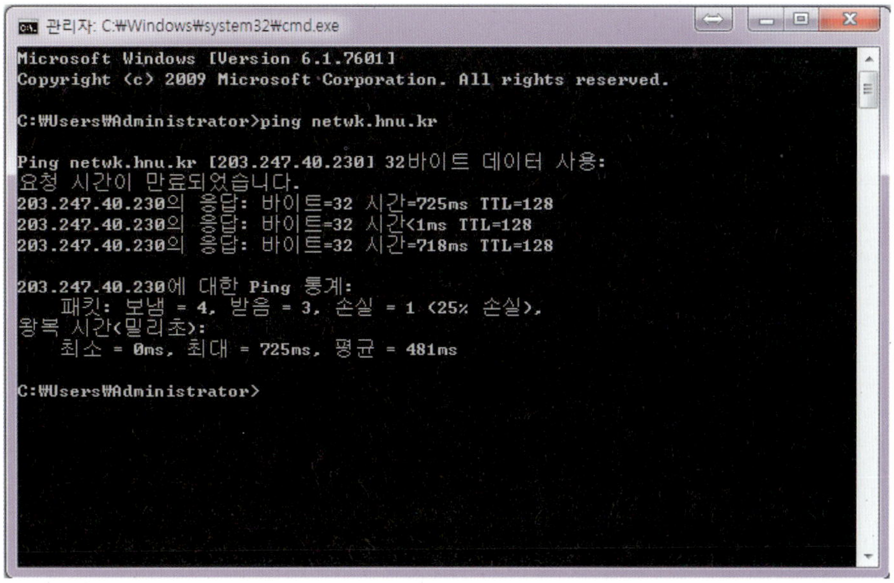

그림 10.22 첫 번째 패킷만 타임아웃된 경우 화면

ARP 요청 ■ ARP 응답에 시간이 걸렸기 때문에 1회째 ping의 타임아웃 시간[디폴트는 1초(=1,000밀리초)]을 초과해 버렸고 그 결과 「요청 시간이 만료되었다.」라고 나타나는 경우가 있다. 또한 통신 회선의 품질이나 네트워크의 트래픽 문제로 인해 중계 과정에서 패킷이 폐기되거나 상당한 지연이 발생하여 불특정하게 「요청 시간이 만료되었다.」로 되는 경우도 있다.

이러한 이유로 특히 처음 1회째 ping에 대해서는 이와 같은 시간 초과 메시지가 나타나는 경우가 종종 있다.

또한 이 문제와는 별도로 통신 환경이 좋지 않을 경우, 통신 도중에 패킷이 없어져 버려 1회째의 ping이 아니어도 요청 시간이 만료되어 버리는 경우도 있다. 물론 이 경우에도 한 번만이라도 통신이 되었으면 패킷은 캡처되어 있다. 환경에 의해 패킷 캡처 결과가 달라진다. 실제 장애 구분에서는 가까운 쪽에서 먼 쪽을 향해 라우터나 서버에 ping을 실행하면 좋다. 또한 이름 해결에 문제가 있는 경우에는 서버의 FQDN를 ping의 수신자로 지정하면 실패하며 서버의 IP 주소를 수신자로 지정하면 성공하는 경우도 있다.

10.5.2 패킷 캡처 정지와 내용 확인

메인 화면에 있는 툴바의 [Stop] 버튼을 클릭하여 패킷 캡처를 정지한다. 이때 화면에는 ping 패킷뿐만 아니라 같은 시간에 PC가 송수신한 다른 패킷도 나타난다. 따라서 필터 디스플레이 기능을 사용하여 ping에 이용되는 ICMP 패킷만으로 제한한다. 필터 툴바의 텍스트 상자에 「arp or icmp」라고 입력하고 엔터키를 누른다. 이 디스플레이 필터 문자열은 ARP 프로토콜 또는 ICMP 프로토콜을 사용하고 있는 패킷을 추출한다는 의미이다(그림 10.23 참조).

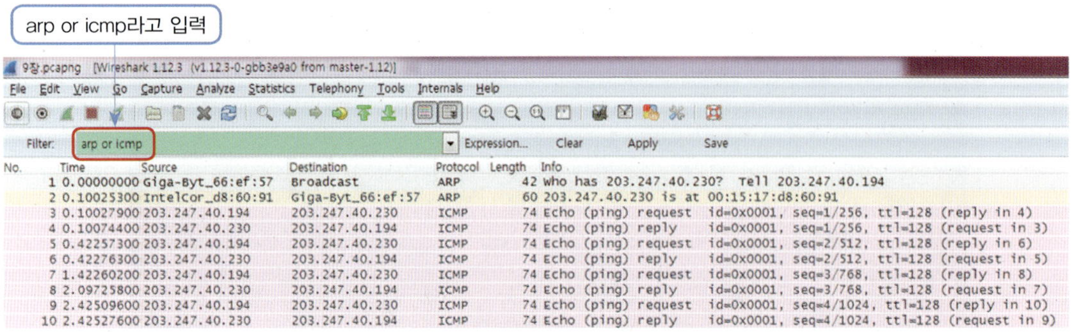

그림 10.23 필터난에 arp or icmp 입력 화면

그러면 패킷이 제한되게 된다. 패킷 목록 정보의「Protocol」열에 맨 먼저 ARP 패킷이 나타난 다음 ICMP가 이어지면 패킷 캡처는 성공이다.

그림 10.23에서 패킷 목록 정보를 확인해 보자. 디폴트에서 ARP 패킷은 엷은 물색, ICMP 패킷은 엷은 보라색으로 나타나 있다.

엷은 물색으로 표시된 ARP 패킷 가운데 패킷 목록 정보의「Info」열에서「who has ....」라고 표시된 것이 ARP 요청 패킷이고「... is at ...」이라고 표시된 것이 ARP 응답 패킷이다. 또한 엷은 보라색으로 표시되어 있는 ICMP 패킷 가운데「Echo (ping) request」라고 표시된 것이 ping 명령의 송신(에코 요청) 패킷이며「Echo (ping) reply」라고 표시된 것이 ping 명령의 수신(에코 응답) 패킷이다. 여기서 이들 4개의 패킷을 각각 마크하여 반전 표시시켜 보자. 패킷 목록 정보에서 패킷을 클릭하고 메뉴바에서「Edit → Mark/Unmark Packet」을 선택하면 그 패킷이 마크된다(그림 10.24 참조).

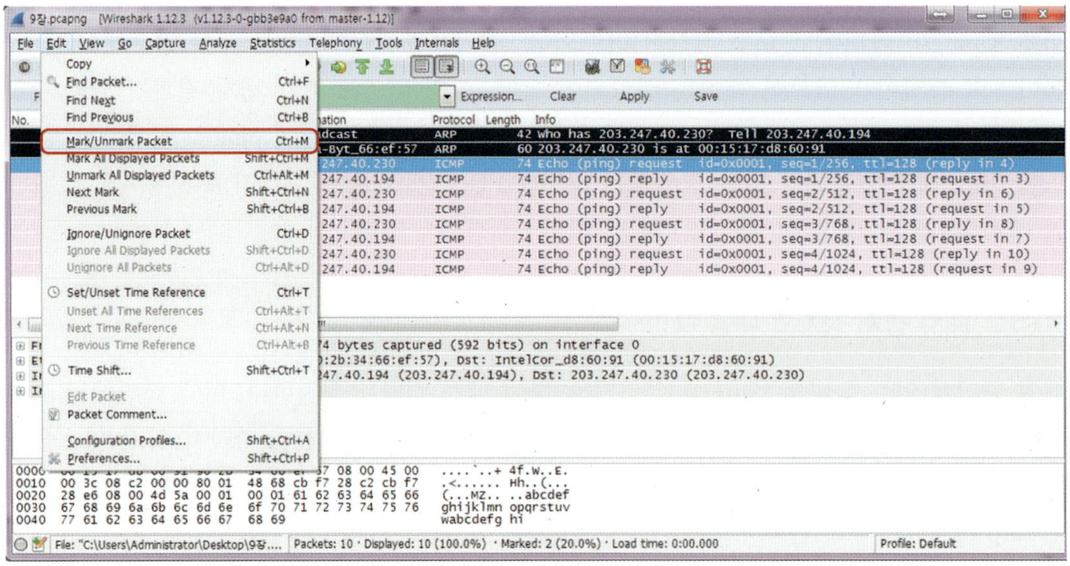

그림 10.24 메뉴 바에서「Edit → Mark/Unmark Packet」선택 화면

이어서 메뉴 바에서 「File → Export specified packets....」를 선택하고 패킷을 저장한다(그림 10.25 참조). 그러면 그림 10.26과 같이 파일 저장 화면이 나타난다. 이때 파일 저장 화면의 「Packet Range」란에서 「Captured」와 「Marked packets」을 선택하고 적당한 파일명을 붙여 저장한다. 또한 파일명이나 저장 장소에 대해서는 자유로이 설정해도 된다.

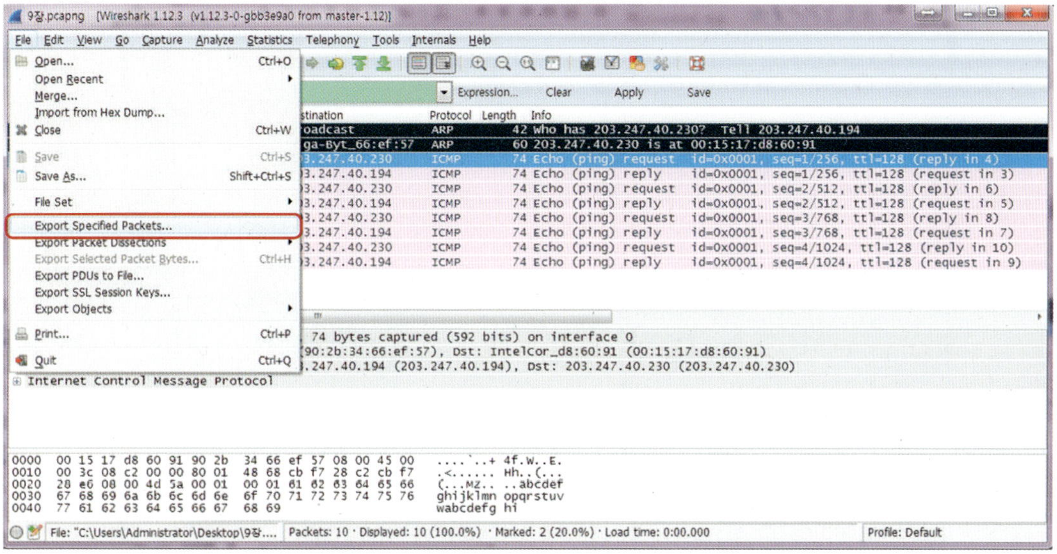

그림 10.25 메뉴 바에서 「File → Export specified packets....」를 선택하여 패킷 저장

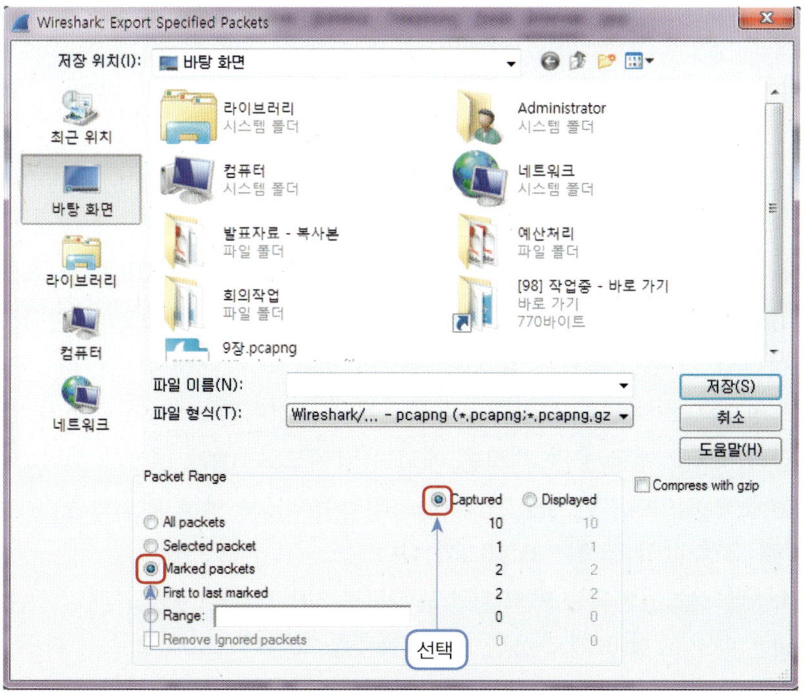

그림 10.26 파일 저장 화면

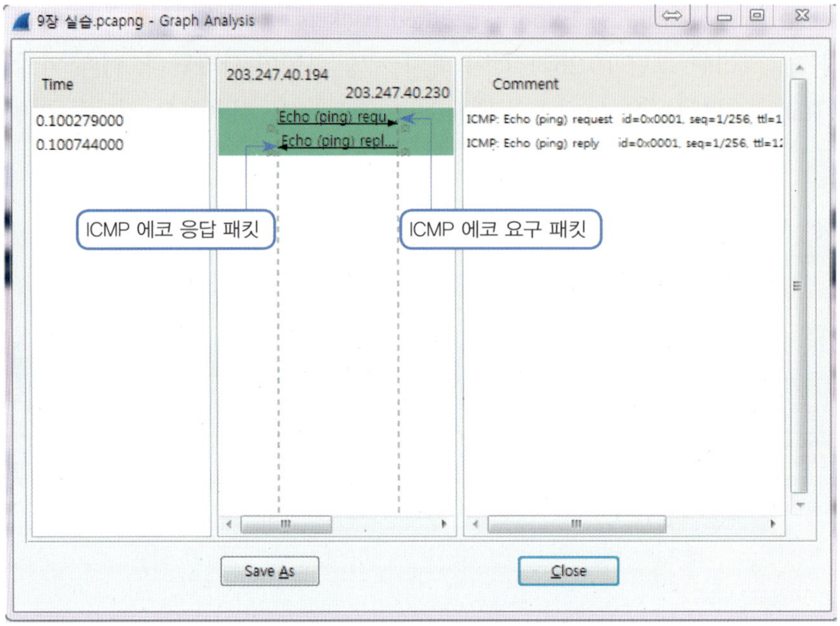

그림 10.27 Graph Analysis 화면

참고로 저장한 2개의 패킷을 Graph Analysis 화면에서 확인하면 그림 10.27과 같다.

10.5.3 ICMP 덤프 분석

ICMP(Internet Control Message Protocol)는 IP의 접속 시험을 하기 위한 프로토콜이다. ICMP에는 에코 요청, 에코 응답 등의 메시지 종류가 정의되어 있으며, ping을 비롯하여 네트워크 상태 확인을 위해 이용된다.

여기서는 앞서 캡처한 패킷 가운데 패킷 목록 정보의 「Info」 열에서 「Echo(ping)request」, 「Echo(ping)reply」라고 표시된 2개의 패킷에 대하여 덤프 분석해 보자. 각 패킷의 Ethernet II 헤더, IP 헤더 다음에 이어지는 ICMP 헤더를 확인해 보자. 먼저 ICMP 에코 요청 패킷을 전개하면 그림 10.28과 같고, ICMP 에코 응답 패킷을 전개하면 그림 10.29와 같다.

맨 위에 나타난 「Type」 필드는 ICMP 패킷의 종류를 나타낸다. 여기서 3번 프레임의 ICMP 에코 요청 패킷을 확인해 보자. 이번에는 에코 요청이므로 「8」이 들어가 있다. 또한 다음 4번 프레임의 ICMP 에코 응답 패킷은 에코 응답이므로 「0」이 들어가 있다. 에코(echo)란 메아리와 같은 뜻으로 이야기한 내용이 그대로 되돌아오므로 에코 테스트를 말한다. 에코 요청, 에코 응답과 유형 값의 관계는 표 10.3과 같다.

다음 「Code」 필드는 이번에는 에코 테스트이므로 3번 프레임, 4번 프레임 모두 코드 「0」이 들어간다. ping은 에코 요청과 에코 응답 2개의 패킷을 교환함으로써 접속성 확인을 수행한다.

또한 이어지는 「Checksum」 필드에는 검사합이 2바이트 들어간다. 이것은 ICMP 메시지가

```
⊟ Internet Control Message Protocol
    Type: 8 (Echo (ping) request)
    Code: 0
    Checksum: 0x4d5a [correct]
    Identifier (BE): 1 (0x0001)
    Identifier (LE): 256 (0x0100)
    Sequence number (BE): 1 (0x0001)
    Sequence number (LE): 256 (0x0100)
    [Response frame: 4]
  ⊟ Data (32 bytes)
      Data: 6162636465666768696a6b6c6d6e6f7071727374757677 61...
      [Length: 32]
```

그림 10.28 ICMP 에코 요청 패킷의 예

```
⊟ Internet Control Message Protocol
    Type: 0 (Echo (ping) reply)
    Code: 0
    Checksum: 0x555a [correct]
    Identifier (BE): 1 (0x0001)
    Identifier (LE): 256 (0x0100)
    Sequence number (BE): 1 (0x0001)
    Sequence number (LE): 256 (0x0100)
    [Request frame: 3]
    [Response time: 0.465 ms]
  ⊟ Data (32 bytes)
      Data: 6162636465666768696a6b6c6d6e6f7071727374757677 61...
      [Length: 32]
```

그림 10.29 ICMP 에코 응답 패킷의 예

표 10.3 에코 요청, 에코 응답과 유형 값의 관계

메시지	유형 값
에코 요청	8
에코 응답	0

도중에 변경되지 않았는지 데이터 내용을 확인하기 위해 준비된 필드이다. 이 필드는 에코 요구와 에코 응답 모두 「correct」로 되어 있다. 또한 이 뒤에 2바이트의 「Identifier」가 들어간다. 이것은 ICMP 메시지가 여러 개 있을 경우에 각각을 구별하기 위하여 준비된 식별 필드이다. 이어서 2바이트의 「Sequence number」 필드가 들어간다. 이 필드에는 연속하여 ping을 송신할 때에 각각의 ping을 구별하기 위한 순서번호가 들어간다. 이번에는 에코 요구와 에코 응답으로 「Sequence number」가 일치하고 있는 점에 주의하기 바란다. 또한 「Sequence number」 필드는 상위 자리에서 하위 자리를 향해 비트를 계산하는 방법(BE: Big Endian)으로 나타낸다. 이에 대하여 「Sequence number(LE)」 필드는 아래 자리에서부터 비트를 계산하는 방법(LE: Little Endian)으로 나타낸다.

그리고 마지막 「Data」 필드에 ICMP 에코 데이터가 들어간다. 일반적으로 ping에서 이용하는 메시지의 초기 길이는 윈도우즈에서는 32바이트 UNIX/Linux 등에서는 64바이트가 많은 것 같다. 또한 옵션을 지정하고 메시지의 길이를 바꿀 수도 있다.

ping 명령의 메시지 표기 방법은 OS나 기기에 따라 다르다. 예를 들어 윈도우즈에서는 알파벳의 「abcd…uvw」까지의 문자를 반복하여 이용한다. 또한 UNIX/Linux 등은 「!" #$…()=~」 등의 기호를 이용하는 수도 있다.

이제 ICMP 패킷 분석이 끝났다. 이상이 ping을 실행할 때의 패킷 흐름이다. 네트워크 트러블슈팅의 기본 명령어인 ping에 대하여 공부해 두면 실제 문제를 대처할 때에 아주 도움이 된다.

또, ping과 마찬가지로 네트워크층에서 접속을 확인하는 명령어로 tracert가 있다. tracert 명령어는 일반적으로 「traceroute」라고 하며 Linux와 UNIX에서는 traceroute 명령어로 준비되어 있다. 또 라우터나 계층3 스위치 등에도 있는 명령어이다.

tracert 명령어는 타겟 서버까지 중계하는 라우터의 IP 주소나 이름과 그 응답 시간을 순차적으로 기록해 나감으로써, 타겟 서버까지 라우터 목록을 보여준다. 이 명령어를 이용함으로써 어떤 라우터를 경유하여 도착했는가 하는 네트워크의 경로를 확인할 수 있다. 또 각 경유지의 지연 시간을 비교함으로써 어느 라우터나 통신 회선에서 시간이 걸렸는가 하는 이른바 병목현상을 발견할 수도 있다.

tracert 명령은 윈도우즈의 명령 프롬프트에 의해 「tracert」 다음에 목적지 서버 이름 또는 IP 주소를 입력하고 엔터키를 쳐서 실행한다. 그러면 한 줄마다 중계 라우터의 수, 즉 홉 수(1부터 시작되는), 지연 시간[3회분 (통신 오류가 발생한 경우에는 *로 표시된다.)], IP 주소 또는 이름과 같은 순서로 타겟 서버까지의 경로가 표시된다.

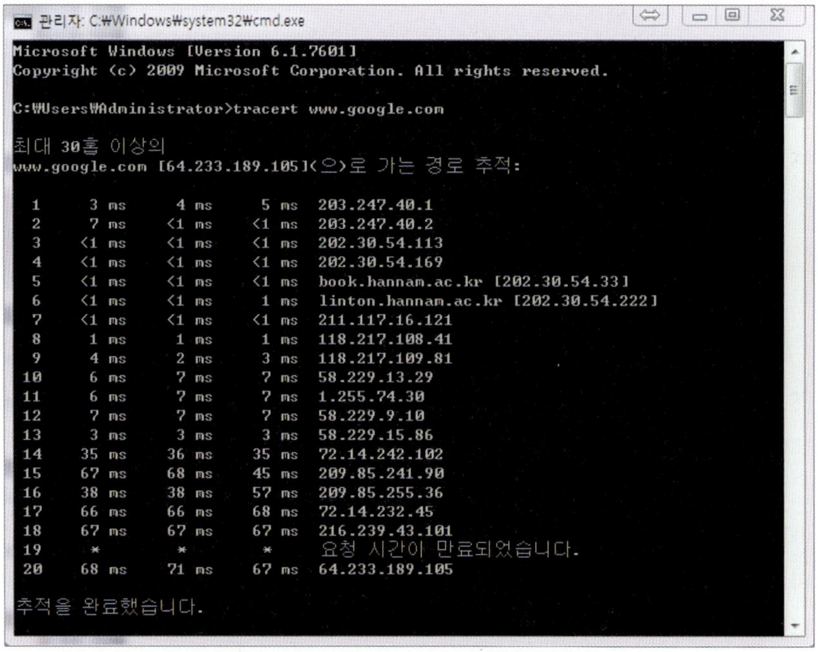

그림 10.30 tracert 명령 실행 결과 화면

- (예) www.google.com에 대한 tracert 커맨드의 실행 결과

  그림 10.30을 보면 클라이언트 PC부터 목표로 삼은 www.google.com(64.233.189.105)까지는 20대의 라우터(또는 계층3 스위치 등)를 경유하여 도착한 것임을 알 수 있다.

연습문제

ICMP(Internet Control Message Protocol)는 네트워크층에 있는 보조 프로토콜이다. 이것은 두 가지 목적으로 사용된다. 하나는 IP, UDP, TCP에 대한 예상치 못한 상태의 오류를 보고한다. IP 데이터그램이 전달되는 경로를 찾거나 호스트나 라우터는 가동 유무를 확인하는 데 사용된다. 현재 이 프로토콜은 두 개의 버전인 ICMPv4와 ICMPv6가 사용되고 있다. 여기서는 많이 사용되고 있는 ICMPv4에 대해서 살펴보도록 한다.

ICMPv4는 오류 보고와 조회라는 두 범주의 패킷을 사용한다. 여기서는 ICMPv4 패킷의 두 가지 유형인 오류 보고와 조회 패킷을 캡처해서 분석한다.

ICMPv4 조회 메시지는 ping 프로그램을 이용하여 아주 쉽게 생성할 수 있다. 오류-보고 패킷은 경로 상에 오류가 발생했을 때에 자동적으로 생성된다. 그런데 경로 상에 오류가 발생하는 것을 기다릴 수 없다. 그래서 IP가 오류-보고 ICMP 패킷을 만들 수 있는 조건을 강제적으로 만들 수 있다. 이는 traceroute(Unix 환경에서) 또는 tracert(윈도우즈 환경에서)라는 프로그램을 이용하면 가능할 수 있다. 우리는 ICMP 패킷을 캡처하기 위해 ping 과 tracert 명령을 이용한다.

▣ ping 유틸리티 이용

앞에서 설명한 것처럼 ICMPv4 조회 패킷(에코 요청과 에코 응답)을 캡처하기 위해 ping 유틸리티 프로그램을 이용한다. ping 유틸리티 프로그램은 클라이언트-서버 프로그램이다. 클라이언트 프로그램의 명령 프롬프트에서 입력된 ping 명령은 에코 요청 패킷을 생성하게 한다. 항상 백그라운드로 실행되고 있는 서버 프로그램은 에코 요청 메시지로부터 신호를 기다렸다가 신호가 오면 에코 응답 메시지를 생성한다. ping 프로그램은 메시지를 ICMPv4 패킷에 삽입하지 않는다. 다만 메시지가 생성되게 하고 식별자와 순서번호 필드 값을 제공한다.

우리는 이를 위해 두 개의 부분인 Part I과 Part II로 나눈다. Part I에서 ping 레벨에서 교환된 메시지를 살펴본다. part II에서는 IPv4에 캡슐화된 ICMPv4 패킷을 전달하는 프레임을 캡처한다.

Part I Ping 분석하기

- Wireshark을 실행시킨 다음 패킷 캡처를 시작한다.
- 명령 프롬프트에서 ping hostname을 입력한다. hostname은 사용자가 알고 있는 사이트의 도메인 이름이나 IP 주소이면 된다. ping 명령의 결과는 다음 그림 10.31을 참조하면 된다.
- 와이어샤크로 돌아가서 패킷 캡처를 종료하고 캡처된 파일을 저장한다.

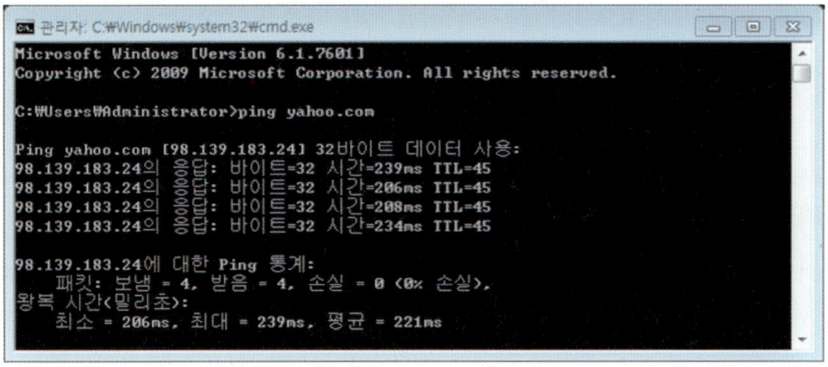

그림 10.31 ping 명령 결과(예제)

질문 위의 그림에서 명령 프롬프트 창에 있는 ping 명령의 결과를 보고 다음 질문을 답하라. 그리고 보고서에 있는 해당되는 칸을 채워라.

1. 목적지 IP 주소는 무엇인가?
2. 얼마나 많은 ping 메시지를 보냈는가?
3. 각 ping 메시지는 몇 바이트 데이터로 되어있는가?
4. 각 패킷의 왕복시간(round-trip time)은 얼마인가?
5. 최소, 평균, 최대 왕복시간은 얼마인가?

ping 명령어에 대한 와이어샤크 패킷 캡처

Part II

- Part I에서 캡처된 파일을 Open한다.
- 와이어샤크 창에 있는 필터 필드에 소문자로 된 icmp를 입력하고 Apply를 클릭한다.

질문 캡처된 파일에 있는 정보 결과를 이용하여 다음 질문에 답하라.

1. 에코 요청 ICMP에 있는 목적지 주소는?
2. 패킷 목록 정보에 몇 개의 에코 요청 ICMP 패킷이 있는가?
   패킷 목록 정보에 몇 개의 에코 응답 ICMP 패킷이 있는가?
3. 각 ICMP 패킷에 의해 전달되는 데이터의 바이트 수는 얼마인가?
4. 첫 번째 에코 메시지를 보낸 시간과 첫 번째 응답 메시지를 받은 시간 간의 차이는 얼마인가?
5. 에코 요청 ICMP 메시지와 에코 응답 ICMP 메시지를 비교해서 다음에 답하라.
   a. 어떤 필드의 내용이 같은가? 이유를 설명하라.
   b. 어떤 필드의 내용이 다른가? 이유를 설명하라.

6. 모든 에코 요청 ICMP 메시지를 비교해서 다음을 답하라.
   a. 어떤 필드의 내용이 같은가? 이유를 설명하라.
   b. 어떤 필드의 내용이 다른가? 이유를 설명하라.

▣ tracert 유틸리티 이용

ICMPv4 오류-보고 패킷을 캡처하기 위해 tracert 유틸리티를 이용한다. tracert 유틸리티 프로그램은 IP 서비스를 이용하는 클라이언트-서버 프로그램이다. 윈도우즈에서 사용하는 tracert 유틸리티는 유닉스에서 사용하는 traceroute 유틸리티와 다르다. traceroute는 이용할 수 없는 포트번호와 함께 UDP를 보내지만 tracert는 TTL 값이 1, 2, 3 등으로 된 IP 데이터그램에 캡슐화된 $(n+1)$ ICMP 에코 메시지를 보낸다. 라우터가 이 메시지를 받으면 TTL 필드 값을 감소시킨 다음 TTL 값이 0이 되면 시간-초과 메시지를 보낸다. 에코 메시지가 목적지 호스트에 도착하면 에코 응답 메시지가 발신지 호스트로 보내진다.

여기서 두 부분인 Part III와 Part IV로 나눈다. Part III에서 tracert 레벨에서 교환되는 메시지를 살펴본다. part IV에서 IPv4 패킷에 캡슐화 된 ICMPv4 패킷을 전달하는 프레임을 캡처한다.

Part III tracert 분석

- 와이어샤크를 실행시켜 패킷 캡처를 시작한다. Part I에서 캡처된 패킷은 Part IV에서 사용한다.
- 명령 프롬프트에서 tracert -d hostname을 입력한다. hostname은 사용자가 알고 있는 사이트의 도메인 이름이나 IP 주소이면 된다. -d 옵션은 IP 주소가 도메인 이름으로 변환되는 것을 막고 정보가 천천히 디스플레이되게 한다. 명령 프롬프트 창에서 tracert 명령의 결과는 다음 그림 10.32와 같다.
- 와이어샤크 창으로 돌아와서 패킷 캡처하는 것을 멈추고 캡처된 파일을 저장한다.

질문 그림 10.32에 나타나 있는 tracert 명령의 결과를 보고 다음 질문에 답하라.

1. 각 TTL 값에 대해 발신지에서 목적지로 보내진 프루브(probe) 패킷이 몇 개인가?
2. 목록에 있는 첫 번째 IP 주소는 무엇인가? 이것은 원격 네트워크에 대한 물리적인 연결을 제공하는 로컬 서브넷에 있는 호스트인 디폴트 라우터의 IP 주소이다.
3. 발신지와 목적지 사이에 몇 개의 라우터가 있는가?
4. 목적지의 IP 주소는 무엇인가?

```
관리자: C:₩Windows₩system32₩cmd.exe

C:₩Users₩Administrator>tracert -d yahoo.com

최대 30홉 이상의
yahoo.com [98.139.183.24]<으>로 가는 경로 추적:

  1     2 ms     2 ms     2 ms  203.247.40.1
  2     1 ms    <1 ms    <1 ms  203.247.40.2
  3    <1 ms    <1 ms    <1 ms  202.30.54.113
  4    <1 ms    <1 ms    <1 ms  202.30.54.169
  5    <1 ms    <1 ms    <1 ms  202.30.54.33
  6    <1 ms    <1 ms    <1 ms  202.30.54.222
  7     1 ms    <1 ms    <1 ms  211.117.16.121
  8     1 ms     1 ms     1 ms  118.217.109.41
  9     5 ms     2 ms     3 ms  118.217.109.49
 10     4 ms     7 ms     3 ms  58.229.13.25
 11     6 ms     7 ms     3 ms  118.221.7.54
 12   147 ms   147 ms   147 ms  58.229.92.194
 13   140 ms   169 ms   141 ms  206.72.210.195
 14   168 ms   168 ms   169 ms  216.115.96.50
 15   317 ms   255 ms   197 ms  216.115.96.99
 16   260 ms   259 ms   206 ms  216.115.101.147
 17   253 ms   260 ms   237 ms  216.115.100.73
 18   253 ms   256 ms   250 ms  98.139.130.19
 19   244 ms   231 ms   235 ms  72.30.22.7
 20   237 ms   209 ms   228 ms  98.139.129.243
 21   257 ms   265 ms   262 ms  98.139.183.24

추적을 완료했습니다.
```

그림 10.32 tracert 명령 결과(예)

Part IV

tracert의 와이어샤크 캡처

Part III에서 캡처된 파일을 열고, 필터 필드난에 소문자 icmp를 입력하고 Apply를 클릭한다.

질문 캡처된 결과를 이용하여 다음 질문에 답하라.

1. 패킷 목록 정보에 얼마나 많은 ICMP 패킷이 있는가?
2. Part III에서 방문한 네트워크 수와 관련된 ICMP 패킷의 수는 몇 개인가 ?
3. 마지막 몇 개의 ICMP 패킷을 제외하고는 패킷 목록 정보에 있는 모든 에코 요청 ICMP 패킷은 TTL이 초과된 ICMP 패킷이 이어진다. 패킷 상세 정보에서 에코 요청 ICMP 패킷과 TTL 초과 ICMP 패킷이 이어진다. 두 개의 패킷의 내용을 설명하라. TTL 초과된 ICMP 패킷의 내용과 대응되는 에코 요청 ICMP 패킷의 내용과 어떤 연관이 있는가?
4. 마지막 몇 개의 에코-요청 패킷은 에코-응답 ICMP 패킷이 이어진다. 이들 패킷의 TTL 값은 무엇인가? TTL 값을 이용하여, 발신지 호스트와 목적지 호스트 사이에서 방문한 라우터의 수를 찾아라.
5. 에코 응답 메시지의 발신지 IP 주소는 무엇인가? 어떤 개체가 이 주소를 지정하는가?

앞의 질문들에 대해 패킷 상세 정보를 보고 다음 칸에 답을 적어 제출하라.

Part I	
1	목적지 IP 주소(Destination IP address):
2	ping 메시지를 보낸 횟수:
3	각 ping 메시지에서 보낸 데이터 바이트의 수:
4	각 패킷에 대한 왕복 시간(round–trip time):
5	최소 왕복 시간(Minimum round–trip): 평균 왕복 시간(Average round–trip): 최대 왕복 시간(Maximum round–trip):

Part II	
1	에코 요청(Echo request) ICMP 메시지의 목적지 IP 주소:
2	에코 요청 ICMP 패킷의 수: 에코 응답(Echo reply) ICMP 패킷의 수:
3	각 ICMP 패킷에 의해 전달되는 데이터 바이트의 수:
4	첫 번째 에코 메시지를 보낸 시간과 첫 번째 응답 메시지를 받은 시간 간의 차이는 얼마인가?
5	a. 에코 요청과 에코 응답이 같은 내용이 들어있는 필드: 이유: b. 에코 요청과 에코 응답이 서로 다른 필드: 이유:
6	a. 에코 요청들에서 같은 필드: 이유: b. 에코 요청에서 서로 다른 필드: 이유:

Part III	
1	각 TTL 값에 대한 프루브 패킷의 수:
2	디폴트 라우터의 IP 주소:
3	발신지와 목적지 간에 몇 개의 라우터가 있는가?
4	목적지 IP 주소:

Part IV	
1	패킷 목록 정보에 ICMP 패킷의 수:
2	tracert에 의해 방문한 네트워크 수와 ICMP 패킷 수에 대한 관계:
3	에코 요청 ICMP 패킷의 내용: TTL 초과된 ICMP 패킷의 내용: TTL 초과된 ICMP 패킷의 내용과 대응되는 에코 요청 ICMP 패킷의 내용과 어떤 연관이 있는가?
4	마지막 에코-요청 패킷 ICMP 패킷의 TTL 값: 발신지 호스트와 목적지 호스트 사이에서 방문한 라우터의 수:
5	에코 응답 ICMP 패킷의 발신지 IP 주소: 어떤 개체(entity)가 이 주소를 지정하는가?

CHAPTER 11
UDP

11.1 프로세스-대-프로세스 통신
11.2 사용자 데이터그램
11.3 UDP 동작
11.4 UDP 사용
11.5 UDP 덤프 분석

TCP/IP 프로토콜 모음은 전송 계층에 대하여 3개의 프로토콜인 UDP(User datagram protocol)와 TCP, 그리고 SCTP 프로토콜을 갖는다. 그림 11.1은 TCP/IP 프로토콜 모음의 다른 프로토콜과 계층에 대하여 UDP가 갖는 관계를 보여주고 있다. UDP는 TCP와 같이 응용 계층과 IP 계층 사이에 위치하며 응용 프로그램과 네트워크 동작 사이의 중개자 역할을 한다.

전송 프로토콜은 여러 가지 임무를 수행해야 한다. 이 중 하나는 프로세스-대-프로세스 통신을 생성하는 것이다. 여기서 프로세스는 수행되고 있는 응용 프로그램을 의미한다. UDP는 이러한 통신을 생성하기 위해 포트 번호를 사용한다. 또 다른 임무는 전송 계층의 흐름 제어와 오류 제어 메커니즘이다. UDP는 이들 임무를 최소한의 수준에서 수행한다. 흐름 제어는 없고 수신된 패킷에 대한 확인응답도 없다. 그러나 UDP는 어느 정도의 오류제어 기능을 제공하고 있다. 만약 UDP가 수신된 패킷에서 오류를 탐지하면 조용히 이를 폐기한다.

전송 계층은 프로세스에 대해 연결 메커니즘을 제공해야 한다. 수신자와 연결을 설정하고, 스트림을 전송할 수 있는 단위(unit)로 나누고, 이들에게 번호를 붙인 후 하나씩 송신하는 것은 송신자 측 전송 계층의 임무이다. 같은 프로세스에 속하는 모든 단위를 수신하고, 오류가 없는지 검사를 한 후 수신 프로그램에게 스트림으로 전달하는 것은 수신 측 전송 계층의 임무이다. 모든 스트림이 보내어진 후 전송 계층은 연결을 해제해야 한다. 그러나 UDP는 이 중 아무 것도 수행하지 않는다. UDP는 프로세스로부터 데이터 단위를 받은 후 이를 수신자에게 신뢰성 없이 전달만 한다. 데이터 단위는 UDP 패킷에 들어갈 수 있도록 충분히 작아야 한다.

UDP는 비연결형, 신뢰성 없는 전송 프로토콜이라고 한다. 호스트-대-호스트 통신 대신에 프로세스-대-프로세스 통신을 제공하는 것 이외에는 IP 서비스에 추가하는 것이 아무 것도 없다. 그리고 극히 제한된 오류 점검 기능만을 수행한다.

UDP가 아무런 기능이 없다면 왜 프로세스는 이것을 사용하는가? 단점도 있지만 장점도 있다. UDP는 최소한의 오버헤드만 사용하는 매우 간단한 프로토콜이다. 만약 프로세스가

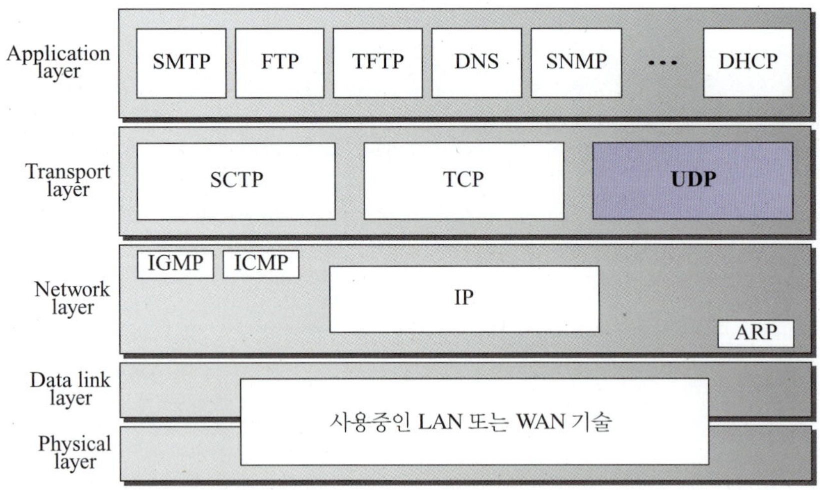

그림 11.1 TCP/IP 프로토콜 모음에서 UDP의 위치

작은 메시지를 보내고자 하고 신뢰성에 대해서 걱정하지 않는다면 UDP를 사용할 수 있다. 작은 메시지를 보내기 위해서는 UDP를 사용하는 것이 TCP를 사용하는 경우보다 송신자와 수신자 사이에 상호 대화가 훨씬 적다.

11.1 프로세스-대-프로세스 통신

UDP에 대해 자세히 살펴보기 전에 호스트-대-호스트 통신과 프로세스-대-프로세스 통신 사이의 차이점에 대해 설명하고자 한다.

IP는 컴퓨터 레벨의 통신(호스트-대-호스트 통신)에만 책임이 있다. 네트워크 계층 프로토콜로서 IP는 목적지 호스트에게만 메시지를 전달할 수 있다. 메시지는 정확한 프로세스에게 전달되어야 한다. 바로 이점이 UDP와 같은 전송 계층 프로토콜이 필요하게 되는 점이다. UDP는 적절한 프로세스에게 메시지를 전달할 책임을 갖는다. 그림 11.2는 IP와 UDP의 영역을 보여주고 있다.

포트 번호

프로세스-대-프로세스 통신을 수행하는 방법에는 몇 가지가 있지만 가장 보편적인 방법은 클라이언트 서버 패러다임이다. 클라이언트라는 로컬 호스트에 있는 프로세스는 보통 서버라는 원격 호스트의 서비스를 필요로 한다.

클라이언트와 서버 프로세스는 같은 이름을 가지고 있다. 예를 들어 원격 시스템으로부터 날짜와 시간을 얻기 위해서는 로컬 호스트에서 수행되고 있는 Daytime 클라이언트 프로세스와 원격 호스트에서 수행되고 있는 Daytime 서버 프로세스가 필요하다.

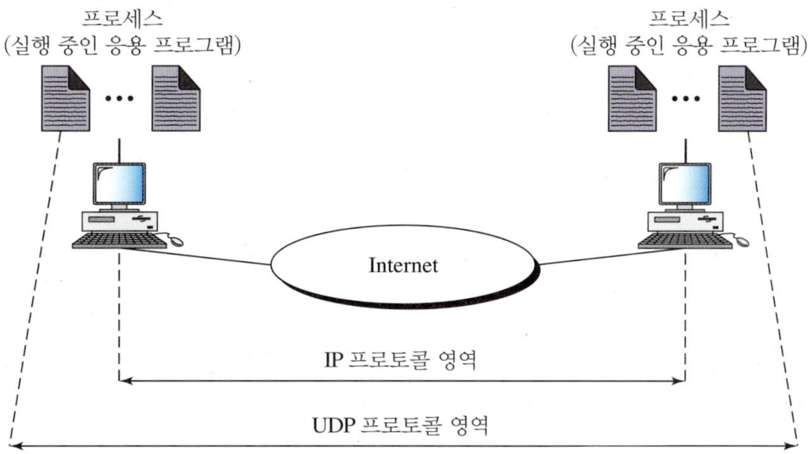

그림 11.2 UDP-대-IP

그러나 오늘날의 운영체제는 다중 사용자와 다중 프로그래밍 환경을 모두 수행할 수 있다. 원격 컴퓨터는 한 번에 여러 개의 서버 프로그램을 동시에 수행할 수 있으며, 로컬 컴퓨터도 여러 개의 클라이언트 프로그램을 동시에 수행할 수 있다. 따라서 통신을 위해서는 다음과 같은 사항이 정의되어야 한다.

- 로컬 호스트(Local host)
- 로컬 프로세스(Local process)
- 원격 호스트(Remote host)
- 원격 프로세스(Remote process)

로컬 호스트와 원격 호스트는 IP 주소를 사용하여 정의된다. 프로세스들을 정의하기 위하여 포트 번호라는 식별자가 필요하다. TCP/IP 프로토콜 모음에서 포트 번호는 0과 65,535 사이의 정수이다.

클라이언트 프로그램은 클라이언트 호스트 상의 UDP 소프트웨어가 임의로 선택한 포트 번호로 자신을 정의한다. 이 번호를 **임시 포트 번호**(ephemeral port number)라고 한다.

서버 프로세스도 포트 번호로 자신을 정의하여야 한다. 그러나 이 포트 번호는 임의로 선택할 수 없다. 만약 서버 프로세스를 수행하는 서버 측의 컴퓨터가 임의의 번호를 포트 번호로 지정한다면 이 서버 사용을 원하는 클라이언트 측의 프로세스는 포트 번호를 알 수 없다. 물론 특정한 서버에게 특별한 패킷을 보내어 포트 번호를 요청할 수도 있지만 오버헤드가 더 많아진다. TCP/IP는 서버를 위해서 범용 포트 번호를 사용하기로 결정하였고, 이를 **잘–알려진 포트 번호**(well-known port number)라 한다. 여기에는 몇 가지 예외가 있다. 예를 들면 잘–알려진 클라이언트 포트 번호를 할당받는 클라이언트도 있다. 모든 클라이언트 프로세스는 대응하는 서버 프로세스의 잘–알려진 포트 번호를 알고 있다. 예를 들어 위에서 언급한 Daytime 클라이언트 프로세스는 임시 포트 번호 52,000을 사용할 수 있지만 Daytime 서버 프로세스는 잘–알려진 포트 번호 13을 사용해야 한다. 그림 11.3은 이 개념을 보여주고 있다.

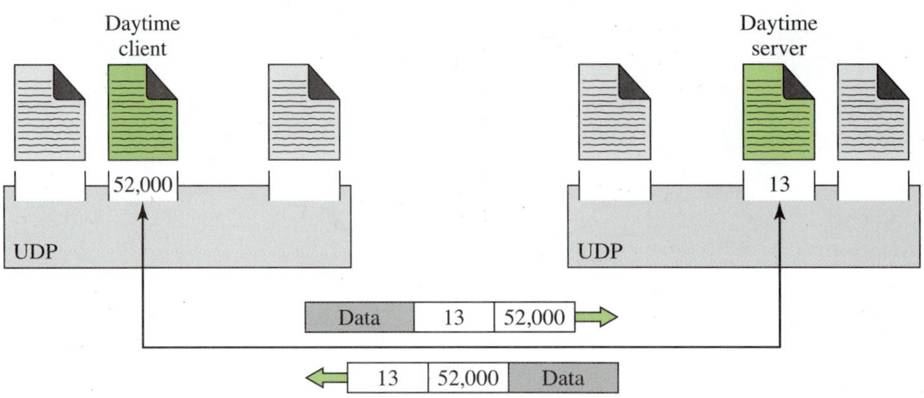

그림 11.3 포트 번호

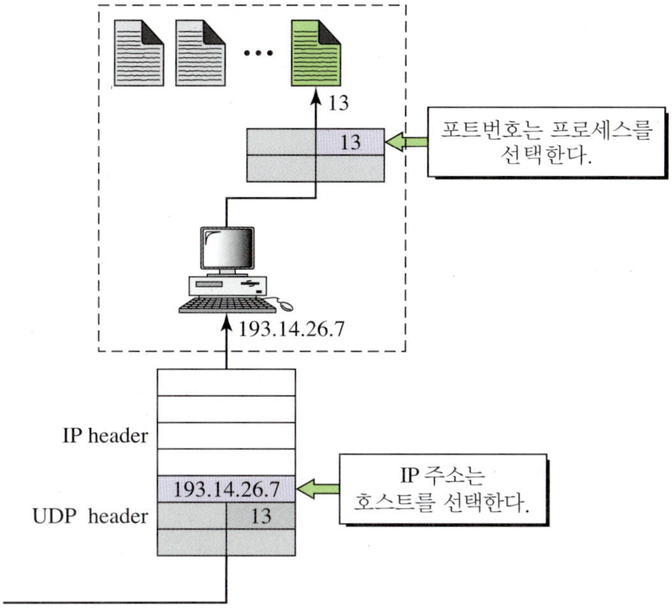

그림 11.4 IP 주소-대-포트 번호

데이터의 최종 목적지를 선택함에 있어서 IP 주소와 포트 번호가 담당하는 역할이 다르다는 것을 명백히 이해하여야 한다. 목적지 IP 주소는 전 세계의 호스트 중에서 특정 호스트를 정의하기 위하여 사용된다. 호스트가 선택된 후에는 포트 번호가 이 특정 호스트 내에 있는 여러 프로세스 중 하나의 프로세스를 정의한다(그림 11.4 참조).

IANA 범위

IANA는 포트 번호를 다음과 같은 세 범위로 나누었다. 이 세 범위는 그림 11.5와 같이 잘 알려진, 등록된, 동적(또는 개인)이다.

- **잘-알려진 포트**(Well-known ports). 0과 1,023 범위 내의 포트는 IANA에 의해 배정되고 제어된다. 이것은 잘-알려진 포트이다.
- **등록된 포트**(Registered ports). 1,024에 49,151 사이의 포트는 IANA에 의해 배정되거나 제어되지 않는다. 중복을 피하기 위해서만 IANA에 등록될 수 있다.

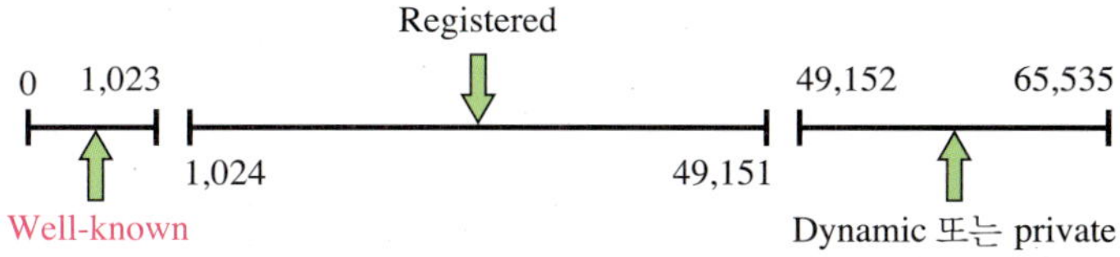

그림 11.5 IANA 범위

- 동적 포트(Dynamic ports). 49,152와 65,535 사이의 포트는 제어되거나 등록되지 않는다. 이들은 어느 프로세스라도 사용할 수 있으며 임시 포트이다.

UDP의 잘-알려진 포트

표 11.1은 UDP에 의해 사용되는 잘-알려진 포트 번호를 보여주고 있다. 어떤 포트 번호는 UDP와 TCP에 의해 같이 사용될 수 있다. 최신 포토 번호 목록은 IANA의 홈페이지에서 확인할 수가 있다. IANA의 홈페이지 URL은 다음과 같다.

http://www.iana.org/assignments/port-numbers

소켓 주소

이미 살펴본 바와 같이 각 종단점에서 연결을 만들기 위하여 UDP는 IP 주소와 포트 번호라는 두 개의 식별자를 필요로 한다. IP 주소와 포트 번호의 조합을 소켓 주소(Socket addresses)라 한다. 클라이언트 소켓 주소는 클라이언트 프로세스를 유일하게 정의하고, 서버 소켓 주소는 서버 프로세스를 유일하게 정의한다(그림 11.6 참조).

표 11.1 UDP에서 사용되는 잘-알려진 포트

포트	프로토콜
7	Echo
9	Discard
11	Users
13	Daytime
17	Quote
19	Chargen
53	Domain Name server
67	BOOTP/DHCP 서버
68	BOOTP/DHCP 클라이언트
69	TFTP
111	RPC
123	NTP
161	SNMP
162	SNMP-TRAP
520	RIP

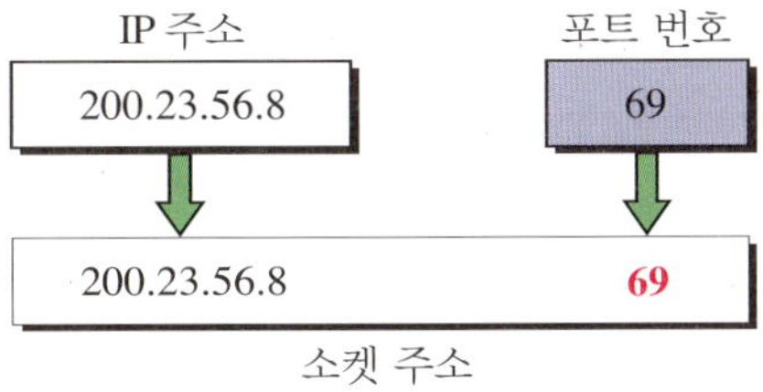

그림 11.6 소켓 주소

UDP 서비스를 사용하기 위해서는 클라이언트 소켓 주소와 서버 소켓 주소가 필요하다. 이 4개의 정보는 IP 헤더와 UDP 헤더의 일부분이다. IP 헤더는 IP 주소를 UDP 헤더는 포트 번호를 포함한다.

11.2 사용자 데이터그램

사용자 데이터그램(user datagram)이라는 UDP 패킷은 8바이트의 고정 크기 헤더를 가진다. 그림 11.7은 사용자 데이터그램의 형식을 나타낸다.

필드들은 다음과 같다.

- **발신지 포트 번호**(Source port number). 이것은 발신지 호스트 상에서 수행되는 프로세스에 의해 사용되는 포트 번호이다. 16비트이므로 포트 번호는 0에서 65,535의 범위 내에 있을 수 있다. 만약 발신지 호스트가 요청을 보내는 클라이언트라면 대부분의 경우 포트 번호는 프로세스에 의해 요청되고 발신지 호스트의 UDP 소프트웨어가 선택한 임시 포트 번호이다. 만약 발신지 호스트가 응답을 보내는 서버라면 대부분의 경우 포트 번호는 잘-알려진 포트 번호이다.
- **목적지 포트 번호**(Destination port number). 이것은 목적지 호스트 상에서 수행되는 프로세스에 의해 사용되는 포트 번호이다. 만약 목적지 호스트가 클라이언트에 의해 요청이 보내지는 서버라면 대부분의 경우 포트 번호는 잘-알려진 번호이다. 만약 목적지 호스트가

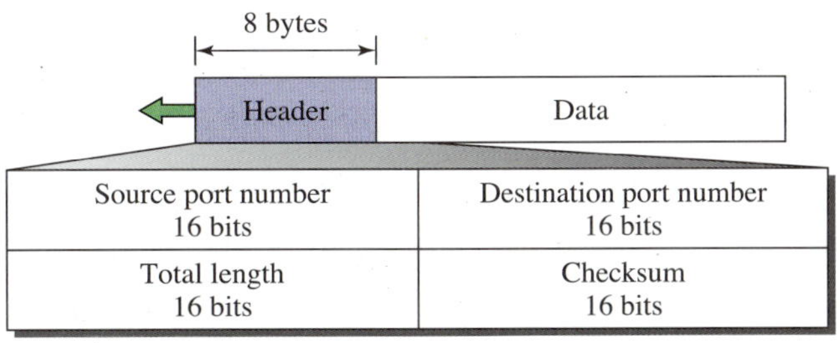

그림 11.7 사용자 데이터그램 형식

서버가 보낸 응답을 받는 클라이언트라면 대부분의 경우 포트 번호는 임시 포트 번호이다. 이 경우 서버는 수신한 요청 패킷으로부터 얻을 수 있는 수신된 임시 포트 번호를 복사하여 사용한다.

- 길이(Length). 이 16비트 필드는 헤더와 데이터를 합한 사용자 데이터그램의 전체 길이를 정의한다. 16비트는 0에서 65,535 사이의 전체 길이를 정의할 수 있다. 그러나 최소 길이는 8바이트로 헤더만 있고 데이터는 없는 사용자 데이터그램의 경우이다. 그러므로 데이터의 길이는 0에서 65,507(65,535 − 20 − 8)바이트 사이가 된다(여기서 20바이트는 IP 헤더를 8바이트는 UDP 헤더이다).

UDP 사용자 데이터그램의 길이 필드는 실제로 필요가 없다. 사용자 데이터그램은 IP 데이터그램에 의해 캡슐화된다. IP 데이터그램에는 전체 길이를 정의하는 필드가 있고 또 헤더의 길이를 정의하는 필드가 있다. 그러므로 만약 첫 번째 필드로부터 두 번째 필드의 값을 빼면 IP 데이터그램에 의해 캡슐화된 UDP 데이터그램의 길이를 알아낼 수 있다.

UDP 길이 = IP 길이 − IP 헤더 길이

그러나 UDP 프로토콜의 설계자는 목적지 UDP가 IP 소프트웨어에게 이 정보를 요청하는 것보다 UDP 사용자 데이터그램에 있는 정보를 사용하여 데이터의 길이를 계산하는 것이 좀 더 효율적이라고 생각했다. IP 소프트웨어가 UDP 계층에 UDP 사용자 데이터그램을 전달할 때 이미 IP 헤더는 없앴다는 사실을 기억해야 한다.

- 검사합(Checksum). 이 필드는 헤더와 데이터를 모두 포함한 사용자 데이터그램 전체에 대해 오류를 탐지하기 위해서 사용된다.

11.3 UDP 동작

UDP는 전송 계층의 공통적인 개념을 사용한다. 이 절에서는 이 개념에 대해 간단히 설명하고, TCP를 설명한 12장에서 더욱 자세히 설명할 것이다.

비연결형 서비스

이미 언급한 바와 같이 UDP는 비연결형 서비스를 제공한다. 이것은 UDP에 의해 보내어진 각 사용자 데이터그램은 서로 독립적이라는 것을 의미한다. 동일한 발신지 프로그램으로부터 동일한 목적지 프로그램으로 전송되더라도 서로 다른 데이터그램들 사이에는 아무런 연관 관계가 없다. 사용자 데이터그램에는 번호가 붙지 않는다. TCP 프로토콜의 경우에 볼 수 있는 연결 설정(connection establishment)과 연결 종료(connection termination)의 과정이 없다. 이것은 각 사용자 데이터그램이 서로 다른 경로를 통하여 전달될 수 있다는 것을 의미한다.

비연결형 서비스 결과 중의 하나는 UDP를 사용하는 프로세스가 UDP에 하나의 긴 데이터 스트림을 보내고, UDP가 이 스트림을 서로 연관된 사용자 데이터그램들로 나누기를 기대할 수 없다는 것이다. 따라서 하나의 사용자 데이터그램에 들어갈 수 있을 수 있도록 각 요청의 크기가 충분히 작아야 한다. 이렇게 작은 메시지를 보내는 프로세스만이 UDP를 사용할 수 있다.

흐름 제어와 오류 제어

UDP는 매우 간단하고 신뢰성이 없는 전송 프로토콜이다. 흐름 제어도 없고 윈도우 메커니즘도 없다. 수신 측에서는 들어오는 메시지로 인해 오버플로우가 발생할 수 있다.

검사합을 제외하고 UDP에는 오류 제어 메커니즘이 없다. 이것은 메시지가 없어지거나 중복되었는지 송신자가 알 수 없다는 것이다. 수신자가 검사합을 사용하여 오류가 있음을 발견하면 사용자 데이터그램은 조용히 폐기된다.

흐름 제어와 오류 제어가 없으므로 UDP를 사용하는 프로세스는 이러한 메커니즘을 제공해야 한다.

캡슐화와 역캡슐화

한 프로세스에서 다른 프로세스로 메시지를 보내기 위하여 UDP 프로토콜은 그림 11.8과 같이 메시지를 캡슐화 하고 역캡슐화 한다.

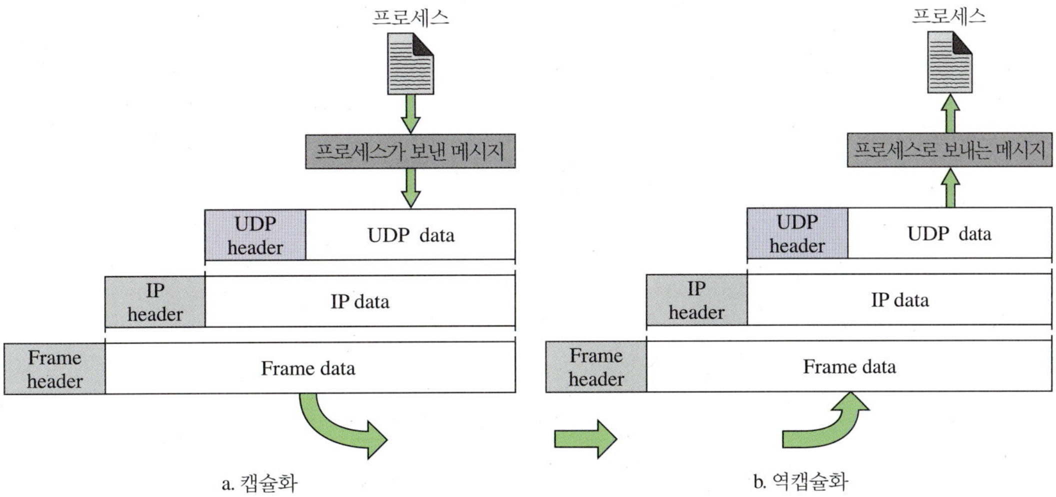

그림 11.8 캡슐화와 역캡슐화

캡슐화

프로세스가 UDP를 통하여 보낼 메시지가 있을 때, UDP로 메시지와 한 쌍의 소켓 주소 그리고 데이터의 길이를 보낸다. UDP는 데이터를 받은 후 UDP 헤더를 추가한다. 그런 다음 UDP는 소켓 주소와 함께 사용자 데이터그램을 IP로 보낸다. IP는 자신의 헤더를 추가하는데, 이 헤더에서 프로토콜 필드의 값을 17로 설정하여 데이터가 UDP로부터 왔음을 알린다. 그 다음 IP 데이터그램은 데이터링크 계층에 전달된다. IP 데이터그램을 받은 데이터링크 계층은 자신의 헤더를 추가하고 (경우에 따라서는 트레일러도 추가) 그 결과를 물리 계층에 보낸다. 물리 계층은 비트들을 전기 또는 광 신호로 부호화한 후 이를 원격 시스템으로 보낸다.

역캡슐화

메시지가 목적지 호스트에 도착하면 물리 계층은 신호를 비트로 복호화 한 후 이를 데이터링크 계층으로 보낸다. 데이터링크 계층은 헤더를 (그리고 트레일러를) 사용하여 데이터를 점검한다. 만약 오류가 없으면 헤더와 트레일러를 없앤 후 데이터를 IP로 보낸다. IP 소프트웨어는 IP 단계의 검사를 수행한다. 만약 오류가 없으면 헤더를 없앤 후 송신자/수신자 IP 주소와 함께 사용자 데이터그램을 UDP로 보낸다. UDP는 검사합을 사용하여 전체 사용자 데이터그램을 검사한다. 만약 오류가 없으면 헤더를 없앤 후 송신자 소켓 주소와 함께 응용 데이터를 프로세스에 전달한다. 수신된 메시지에 대해 응답을 보낼 필요가 있을 경우에 대비하여 송신자 소켓 주소가 프로세스에 전달된다.

큐잉

지금까지는 실제적인 구현에 대한 설명 없이 포트에 대해 언급하였다. 그림 11.9와 같이 UDP에서는 포트에 큐(queue)가 연계되어 있다.

클라이언트에서 프로세스가 시작될 때 이 프로세스는 운영체제에게 포트 번호를 요청한다. 어떤 구현에서는 각 프로세스에 연계된 입력 큐와 출력 큐가 같이 생성된다. 또 다른 구현에서는 프로세스에 연계된 입력 큐만 생성한다.

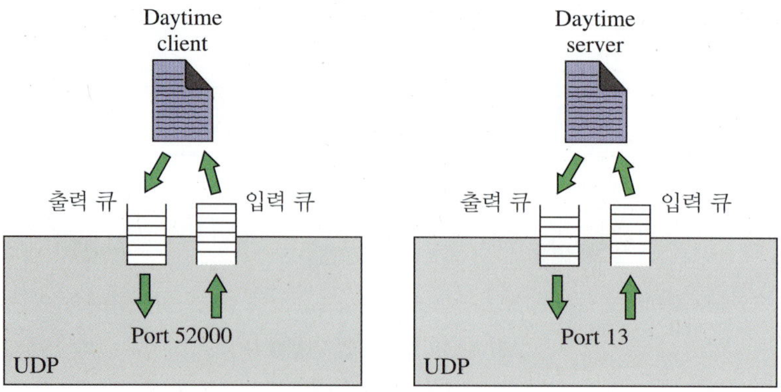

그림 11.9 UDP에서 큐

프로세스가 여러 프로세스와 통신하기를 원한다 하더라도 하나의 포트 번호만을 배정받으며, 결과적으로 하나의 입력 큐와 출력 큐만을 받는다는 사실을 주지하여야 한다. 대부분의 경우 클라이언트가 획득한 큐는 임시 포트 번호로 식별된다. 프로세스가 수행되는 동안 큐도 동작을 한다. 프로세스가 종료되면 큐는 제거된다.

클라이언트 프로세스는 요청에 명시된 발신지 포트 번호를 이용하여 출력 큐에 메시지를 보낸다. UDP는 메시지를 하나씩 가져와 UDP 헤더를 추가한 후 IP에 전달한다. 출력 큐에는 오버플로우가 발생할 수 있다. 만약 이러한 일이 발생하면 운영체제는 클라이언트 프로세스에게 메시지를 더 보내기 전에 기다리라고 요청한다.

메시지가 클라이언트에 도착하면 UDP는 사용자 데이터그램에 지정된 포트 번호에 대한 입력 큐가 생성되어 있는지 점검한다. 만약 큐가 있다면 UDP는 수신된 사용자 데이터그램을 큐의 끝에 추가한다. 만약 큐가 없다면, UDP는 사용자 데이터그램을 폐기하고 ICMP 프로토콜에 "port unreachable" 메시지를 서버로 보낼 것을 요청한다.

서버 측에서는 큐를 생성하는 메커니즘이 다르다. 이후의 장에서 다른 유형의 서버들이 있다는 것을 볼 것이다. 그러나 가장 간단한 경우 서버는 수행되기 시작할 때 잘 알려진 포트를 사용하여 입력 큐와 출력 큐를 요청한다. 서버가 수행되고 있는 동안에는 큐는 열려 있다.

서버에 메시지가 도착하면 UDP는 사용자 데이터그램의 목적지 포트 번호 필드에 지정된 포트 번호를 위한 입력 큐가 생성되어 있는지 점검한다. 만약 큐가 있으면 UDP는 수신된 사용자 데이터그램을 큐의 끝에 추가한다. 만약 큐가 없다면 UDP는 사용자 데이터그램을 폐기한 후 ICMP 프로토콜에 "port unreachable" 메시지를 클라이언트로 보낼 것을 요청한다. 입력 큐에는 오버플로우가 발생할 수 있다. 이러한 일이 발생하면 UDP는 사용자 데이터그램을 폐기한 후 클라이언트에게 "port unreachable" 메시지를 보내도록 ICMP에게 요청한다.

서버가 클라이언트에게 응답하기를 원하면 요청 메시지에 있는 발신지 포트 번호를 사용하여 메시지를 보낸다. UDP는 메시지를 하나씩 꺼내어 UDP 헤더를 추가한 후 IP에 전달한다. 출력 큐에는 오버플로우가 발생할 수 있다. 이러한 일이 발생하면 서버에서 메시지를 더 이상 보내기 전에 기다릴 것을 요청한다.

11.4 UDP 사용

다음은 UDP 프로토콜을 사용하는 경우들을 나열하고 있다.

- UDP는 단순한 요청–응답 통신을 필요로 하고, 흐름 제어와 오류 제어가 필요 없는 프로세스에 적절하다. FTP와 같이 대량의 데이터를 보내야 하는 프로세스에서는 보통 사용되지 않는다.

- UDP는 내부적인 흐름 제어와 오류 제어 메커니즘을 가지고 있는 프로세스에 적절하다. 이의 예로는 TFTP가 있는데, 이 프로세스는 흐름 제어와 오류 제어를 가지고 있으므로 쉽게 UDP를 사용할 수 있다.
- UDP는 멀티캐스팅과 브로드캐스팅을 위한 전송 프로토콜로 적절하다. 멀티캐스팅과 브로드캐스팅 기능은 UDP 소프트웨어에 내장되어 있지만 TCP 소프트웨어의 경우는 그렇지 못하다.
- UDP는 SNMP와 같은 관리 프로세스에 사용된다.
- UDP는 라우팅 정보 프로토콜(RIP: Routing Information Protocol)과 같은 경로 갱신 프로토콜에 사용된다.

11.5 UDP 덤프 분석

이제 UDP 패킷을 살펴보도록 하자. 그림 11.10의 메인 화면에 있는 패킷 목록 정보에서 1번 프레임을 선택한 다음 패킷 상세 정보의 「User Datagram Protocol」의 ⊞를 클릭해 보라.

「User Datagram Protocol」의 ⊞를 클릭하면 그림 11.11과 같이 UDP의 헤더가 전개된다.

맨 먼저 2바이트의 「Source Port(송신자 포트 번호)」 필드와 「Destination port(수신자 포트 번호)」 필드가 표시되어 있다. 이 예에서 송신자 포트 번호는 61435가 할당되어 사용되고 있다. 이 번호는 클라이언트의 윈도우즈가 이용하고 있지 않은 UDP 포트 번호를 동적으로

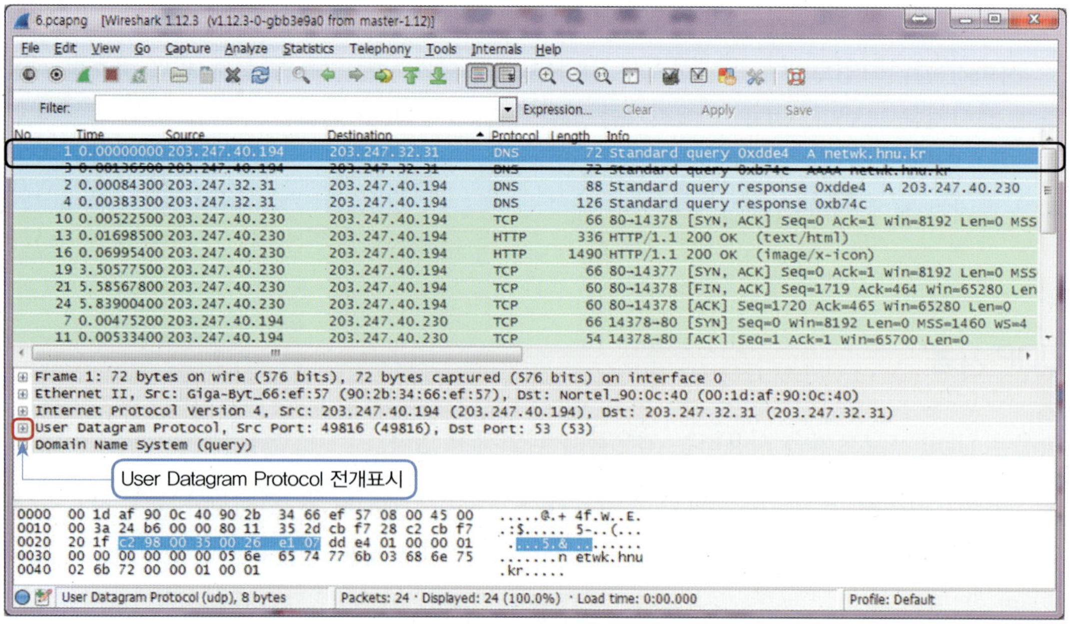

그림 11.10 와이어샤크 메인 화면

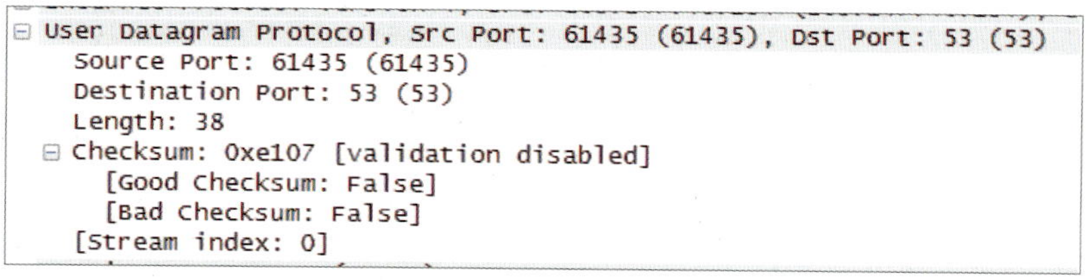

그림 11.11 UDP 전개 화면

할당한 것이다. 또 수신자 포트 번호는 53번으로 되어 있다. 이것은 앞서 표 11.1에서 설명한 Well-Known 포트 번호로서 DNS 애플리케이션을 나타내고 있음을 알 수 있다. 따라서 UDP 다음에 이어지는 프로토콜은 DNS가 되며, UDP 헤더 다음에는 DNS 메시지가 캡슐화 되어 있다.

포트 번호 다음에는 2바이트의 「Length(길이)」 필드가 이어진다. 「Length」 필드에서 UDP 데이터 그램의 길이가 지정된다. 그리고 2바이트의 「Checksum(검사합)」 필드가 이어진다. 이것은 패킷의 내용을 확인하기 위해 사용되는 필드이다. 이것이 UDP 패킷의 구조이다.

참고로 UDP는 DNS나 DHCP에 이용될 뿐만 아니라 IP 전화나 비디오 회의, 네트워크 게임과 같은 멀티미디어 통신에 아주 적합한 프로토콜이다. UDP는 비연결형이므로 접속 확인 등이 없고 헤더도 단순하기 때문에 처리가 빠르게 동작될 수 있다.

멀티미디어 통신에서는 일부 정보가 누락되어도 통신 그 자체에는 영향이 없기 때문에 재송신이나 순서 제어 등이 필요없어 UDP를 이용한다.

아래 그림 11.12는 「Skype」라는 IP 전화 소프트웨어로 통신할 경우의 패킷 캡처 예이다.

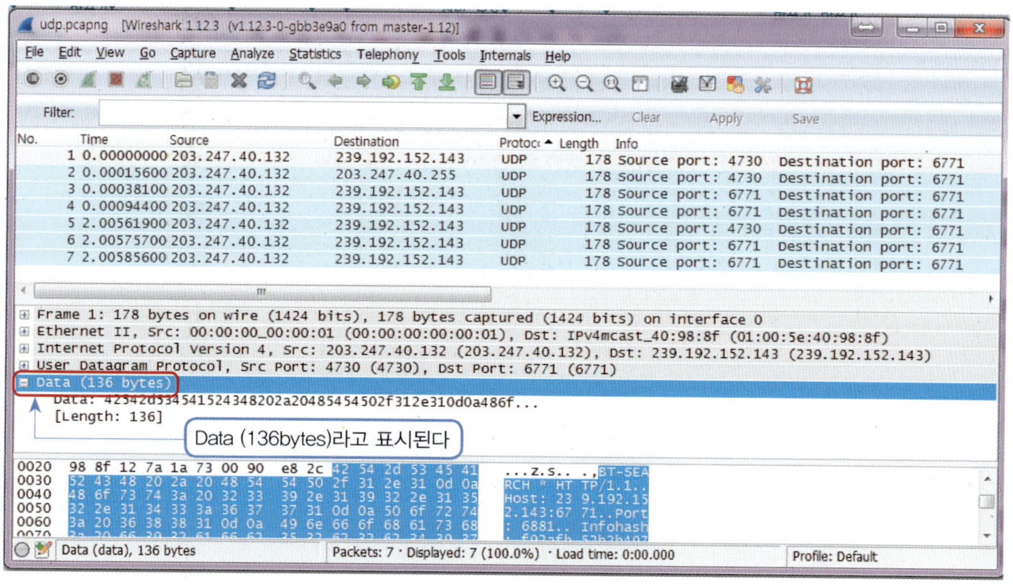

그림 11.12 VoIP 소프트웨어인 Skype를 이용한 통신 패킷 캡처 화면

음성 데이터(일반적으로 「미디어 데이터」라고 한다)가 작은 UDP 패킷으로 분할되어 송신되고 있음을 알 수 있다.

UDP 패킷의 데이터 부분을 보기 바란다. Skype의 독자적인 프로토콜에 의해 음성 데이터가 세분화되어 있다. 또한 와이어샤크는 Skype 프로토콜을 디코드(해석)할 수 없기 때문에 패킷 상세 정보에서는 「Data(136 bytes)」와 같이 그대로 표시된다. 데이터를 세분화하고 중단되지 않도록 보내는 것을 「스트리밍」이라고 하는데, 이 스트리밍 기술에 의해 지연이 큰 인터넷에서도 Skype는 원활하게 전화할 수 있게 되어 있다. 또한 IP 전화 등에서 UDP에 RTP(Real-time Transport Protocol)가 표준적으로 이용되어 미디어 데이터가 전송된다.

오늘날 멀티미디어 통신이나 네트워크 게임에서는 TCP 프로토콜이나 UDP 프로토콜 외에 SCTP(Stream Control Transmission Protocol) 프로토콜도 이용된다. SCTP는 TCP와 UDP의 장점을 합한 프로토콜로서 폭주 제어와 동시에 도착 순서도 보장한다.

연습문제

와이어샤크를 이용하여 패킷을 캡처하여 UDP 패킷을 공부해보자. 먼저 UDP 사용자 데이터그램 헤더의 서로 다른 필드를 살펴본다. 이 필드에 있는 값을 이용하여 사용자 데이터그램에 대한 모든 정보를 찾고, 총 길이 필드에 있는 값과 사용자 데이터그램에 있는 바이트의 총 수(헤더와 데이터)가 서로 일치하는지 확인한다. 또, 검사합이 패킷에 대해 계산된 것인지 살펴보기 위해 확인한다. UDP는 비연결형 프로토콜이어서 연결 설정과 연결 종료가 없다. 패킷은 UDP에 의해 생성된다. 이는 UDP가 캡처된 프로토콜에서 소스나 싱크 프로토콜이 될 수 없다는 것을 의미한다. UDP 헤더를 분석하기 위해, UDP 서비스를 이용하는 응용계층에 있는 소스나 싱크 프로토콜을 이용하는 것이 필요하다. DNS가 좋은 대안이다. DNS 패킷은 UDP나 TCP 패킷에 캡슐화될 수 있다(길이에 따라). 따라서 UDP 서비스를 이용하는 DNS 패킷만 선택할 필요가 있다. 모든 클라이언트-서버 프로그램(DNS만 제외)은 첫 번째 단계로 DNS를 이용하므로 DNS 패킷을 캡처하기 위해 모든 응용 프로그램을 오픈할 수 있다. 이러한 목적을 위해 친숙한 웹사이트에 접속할 것을 권한다.

| 순서 |

1. 사용자의 웹브라우저를 시작한 다음 브라우저의 캐시 메모리를 지운다(부록 3 참조). 아직은 어떤 웹사이트도 접속하지 않는다.
2. 와이어샤크를 실행한 다음 캡처를 시작한다.
3. 웹브라우저로 돌아가서 원하는 웹사이트에 있는 임의의 파일을 검색한다. 그러면 와이어샤크는 패킷 캡처를 시작한다.
4. 충분히 패킷을 캡처한 후에 캡처를 종료하고 캡처된 파일을 저장한다.
5. 캡처된 파일을 이용하여 UDP 서비스를 이용한 DNS 패킷만 선택하기 위해 필터난에 udp를 입력하고 Apply를 선택한다. 그러면 와이어샤크 창에 있는 패킷 목록 정보에 많은 양의 DNS 메시지가 나타난다. 각 DNS 메시지는 UDP 패킷으로 전달된다.

질문 와이어샤크에서 캡처된 정보를 이용하여 다음 질문에 답하라.

1. 패킷 목록 정보에서 첫 번째 DNS 패킷을 선택한다. 패킷 상세 정보에서 User Datagram Protocol을 선택한다. UDP hexdump 정보가 패킷 바이트 정보에 강조되어 나타난다. 이 정보를 보고 다음 질문에 답하라.
   a. 발신지 포트 번호(source port number).
   b. 목적지 포트 번호(destination port number).
   c. 사용자 데이터그램 총 길이(total length of the user datagram).
   d. 데이터 길이(length of the data).

e. 패킷이 클라이언트에서 서버로 가는 것인가 아니면 그 반대인가?
f. 응용층 프로토콜(application-layer protocol)은?
g. 이 패킷에 대해 검사합(checksum)이 계산됐는가?

2. 조회 메시지에 있는 발신지와 목적지 IP 주소는 무엇인가? 응답 메시지에 있는 발신지와 목적지 IP 주소는 무엇인가? 이들 두 주소 간의 관계는 무엇인가?
3. 조회 메시지에서 발신지와 목적지 포트 번호는 무엇인가? 응답 메시지에 있는 발신지와 목적지 포트 번호는 무엇인가? 이들 두 개의 포트 번호 간의 관계는 무엇인가? 어느 포트 번호가 잘-알려진(well-known) 포트 번호인가?
4. 첫 번째 패킷의 길이는 얼마인가? 첫 번째 패킷으로 얼마나 많은 바이트가 페이로드로 전달되는가?
5. 패킷 상세 정보에서 Domain Name System를 선택하라. DNS 메시지가 패킷 바이트 정보에 강조되어 나타난다. 패킷 바이트 정보에서 강조되어 나타난 바이트 수를 세어보라. 이 숫자와 질문 4에 있는 답과 일치하는가?
6. 첫 번째 UDP 패킷에 대해 검사합(checksum)이 계산되었는가? 검사합 값은 얼마인가?

위의 질문들에 대해 패킷 상세 정보를 보고 다음 칸에 답을 적어 제출하라.

성명:	학번:	제출 날짜:
1	a. 발신지 포트 번호:	
	b. 목적지 포트 번호:	
	c. 사용자 데이터그램의 총 길이:	
	d. 데이터 길이(Length):	
	e. 패킷은 클라이언트로부터 온 것인가 서버로부터 온 것인가?	
	f. 응용층 프로토콜:	
	g. 검사합이 계산되었는가?	
2	조회 메시지에서 발신지와 목적지 IP 주소: 응답 메시지에서 발신지와 목적지 IP 주소: IP 주소 간의 관계:	
3	조회 메시지에서 발신지와 목적지 포트 번호: 응답 메시지에서 발신지와 목적지 포트 번호: 포트 번호 간의 관계: 어느 포트 번호가 well-known 포트인가?	
4	첫 번째 UDP 패킷의 길이: 몇 바이트의 페이로드가 첫 번째 UDP 패킷에 의해 전달되는가?	
5	DNS 메시지에 있는 바이트 수:	
6	첫 번째 UDP 패킷에 대해 검사합 계산이 되었는가?	

CHAPTER 12
TCP

12.1 프로세스 간 통신
12.2 TCP 서비스
12.3 바이트 번호화
12.4 흐름 제어
12.5 어리석은 윈도우 신드롬
12.6 오류 제어
12.7 TCP 타이머
12.8 혼잡 제어
12.9 세그먼트
12.10 옵션
12.11 연결
12.12 상태 천이 다이어그램
12.13 TCP 동작
12.14 TCP 덤프 분석

TCP/IP 프로토콜 모음에는 UDP와 TCP, 그리고 SCTP 프로토콜이 전송 계층에서 정의되어 있다. 11장에서는 UDP에 대해서 살펴보았고, 본 장에서는 TCP에 대해서 살펴보고자 한다.

TCP/IP 프로토콜 모음에서 TCP와 다른 프로토콜과의 관계는 그림 12.1에 나타나 있다. TCP는 응용 계층과 네트워크 계층 사이에 위치하고 있어, 응용 프로그램과 네트워크 동작 사이의 매개체로 사용된다.

전송 계층 프로토콜은 다음과 같은 여러 가지 기능을 제공한다. 하나는 프로세스 간 (프로그램 간) 통신을 개설하는 것이다. TCP는 프로세스 간 통신을 위해 포트 번호를 이용한다. 전송 계층 프로토콜의 또 다른 기능은 전송 단계에서 흐름 제어와 오류 제어 메커니즘을 제공하는 것이다. TCP는 흐름 제어를 위하여 슬라이딩 윈도우 프로토콜을 이용한다. 또한 TCP는 오류 제어를 위하여 확인응답 패킷, 시간-초과, 그리고 재전송 방식을 이용한다.

전송 계층은 또한 응용 프로그램을 위하여 연결 메커니즘을 제공할 의무가 있다. 응용 프로그램은 전송 계층으로 데이터 스트림을 전송한다. 송신 측의 전송 계층은 수신 측과 연결을 설정하고, 데이터 스트림을 전송할 수 있는 단위로 나누고, 각 단위마다 번호를 부여한 후 하나씩 전송하는 등의 기능을 수행한다. 수신 측에 있는 전송 계층은 하나의 응용 프로그램에 속하는 각 단위들이 모두 도착할 때까지 기다리고, 오류가 있는지 확인하여 오류가 없도록 만들고, 그것들을 데이터 스트림으로서 수신 응용 프로그램에 전달하는 임무를 수행한다. 모든 데이터 스트림이 전송된 후에는 전송 계층은 연결을 종료한다. TCP는 이러한 모든 임무를 수행한다.

TCP는 연결형의 신뢰성 있는 전송 프로토콜이라고 한다. TCP는 IP의 서비스에 연결형과 신뢰성의 특징을 추가한다.

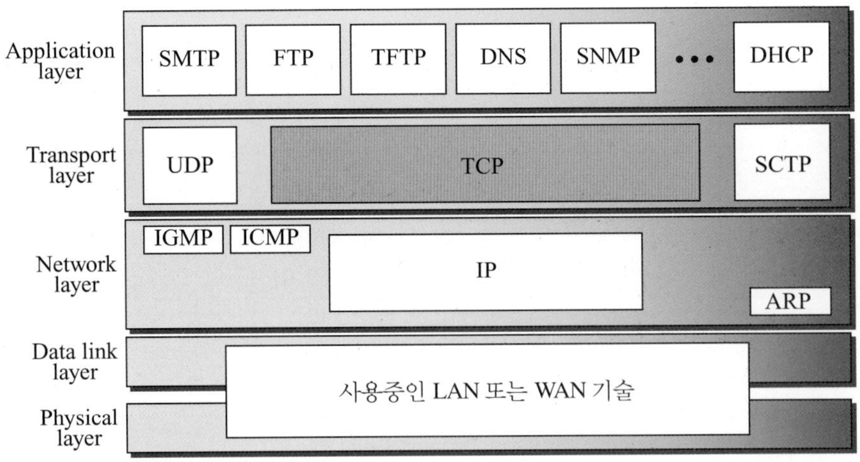

그림 12.1 TCP/IP 프로토콜 모음

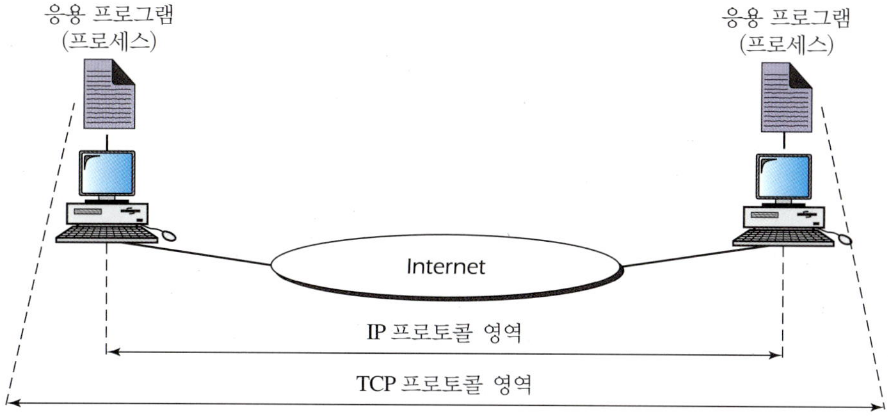

그림 12.2 TCP-대-IP

12.1 프로세스 간 통신

TCP를 살펴보기 전에 먼저 호스트 간 통신과 프로세스 간 통신에 대해서 살펴보고, 그들 간의 차이에 대해서 살펴보고자 한다.

IP는 컴퓨터 레벨에서의 통신(즉, 호스트 간 통신)의 기능을 담당한다. 즉 네트워크 계층 프로토콜로서, IP는 메시지를 목적지 컴퓨터까지만 전송한다. 그러나 IP에 의한 전송을 완전한 전송이라고 할 수는 없다. 즉, 메시지를 올바른 응용 프로그램으로 전송할 필요가 있다. 이것이 TCP와 같은 전송 계층 프로토콜이 담당할 임무이다. TCP는 적절한 응용 프로그램으로 메시지를 전송하는 역할을 담당한다. 그림 12.2는 IP와 TCP 임무의 범위를 보여준다.

포트 주소

11장에서 본 것과 같이, 프로세스 간 통신은 클라이언트-서버의 예를 통하여 설명될 수 있다.

원격 컴퓨터는 여러 개의 서버 프로그램이 동시에 실행될 수 있다. 또한 로컬 컴퓨터에는 하나 이상의 클라이언트 프로그램이 동시에 실행될 수 있다. 클라이언트-서버 간 통신을 위해서는 먼저 다음과 같은 것이 정의되어야 한다.

- 로컬 호스트
- 로컬 클라이언트 프로그램
- 원격 호스트
- 원격 서버 프로그램

IP 주소는 로컬 호스트와 원격 호스트를 정의한다. 클라이언트와 서버 프로그램을 정의하기 위해서는 포트 번호(port number)라고 하는 제 2의 식별자가 필요하다. TCP/IP 프로그램

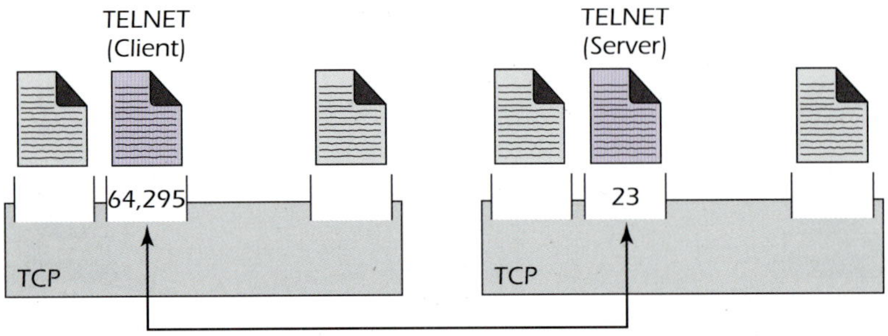

그림 12.3 포트 번호

모음에서 포트 번호는 0에서 65,535 사이의 정수이다.

11장의 UDP에서 언급한 것과 같이, 로컬 컴퓨터에서 실행되는 클라이언트 프로그램은 로컬 호스트에서 실행되는 TCP 소프트웨어에 의해서 임의로 선택되는 포트 번호에 의해서 정의되며, 이러한 번호를 임시(ephemeral) 포트 번호라고 한다.

원격 컴퓨터에서 실행되는 서버 프로그램 또한 포트 번호를 통하여 정의된다. 11장의 UDP에서 언급한 것과 같이, 서버는 잘-알려진 포트 번호를 이용한다. 그림 12.3의 예에 나타나 있는 것과 같이, TELNET 클라이언트 프로그램은 자신을 식별하기 위하여 64,295의 임시 포트 번호를 이용한다. 반면, TELNET 서버 프로그램은 항상 잘-알려진 (영구) 포트 번호 23을 사용한다.

표 12.1에는 TCP에서 사용되는 잘-알려진 포트 번호가 나타나 있다.

표 12.1 TCP에서 사용되는 잘-알려진 포트

포트	프로토콜	설명
7	Echo	에코
9	Discard	수신된 데이터그램 폐기
11	Users	Active users
13	Daytime	날짜와 시간을 알려준다.
17	Quote	오늘의 인용구
19	Chargen	문자 스트링 생성
20과 21	FTP	File Transfer Protocol (Data와 Control)
23	TELNET	Terminal Network
25	SMTP	Simple Mail Transfer Protocol
53	DNS	Domain Name Server
67	BOOTP	Bootstrap Protocol
79	Finger	Finger
80	HTTP	Hypertext Transfer Protocol

소켓 주소

UDP와 마찬가지로 TCP도 종단 간 연결을 설정하기 위하여 IP 주소와 포트 번호라는 식별자를 필요로 한다. IP 주소와 포트 번호의 조합을 소켓 주소(socket address)라고 한다. TCP (또는 UDP) 서비스를 이용하기 위해서는 클라이언트의 소켓 주소와 서버의 소켓 주소가 한 쌍인 소켓 주소가 필요하다. 클라이언트 소켓 주소는 하나의 클라이언트 응용 프로그램을 유일하게 정의한다. 서버 소켓 주소는 하나의 서버 응용 프로그램을 유일하게 정의한다. IP 헤더와 TCP 헤더에는 이러한 네 가지 정보가 포함되어 있다. 즉 IP 헤더는 IP 주소를 포함하고 있으며, TCP 헤더는 포트 번호를 포함한다.

12.2 TCP 서비스

TCP의 동작을 살펴보기 전에, TCP가 응용 계층의 프로세스에게 제공하는 서비스에 대해서 살펴보고자 한다.

스트림 배달 서비스

UDP와는 다르게, TCP는 스트림(stream) 기반의 프로토콜이다. UDP에서 프로세스(즉 응용 프로그램)는 전달을 위하여 여러 바이트를 데이터 단위로 만들어 UDP에게 전송한다. UDP는 이러한 데이터 단위에 자신의 헤더를 붙여서(이것을 데이터그램이라고 함) IP에게로 전달한다. 프로세스는 여러 개의 데이터 단위를 UDP에게 전달하지만, UDP는 이들 간의 연관성을 살펴보지 않고 데이터 단위 각각을 독립적으로 처리한다.

반면 TCP에서는 송신 프로세스가 바이트 스트림 형태로 데이터를 전송할 수 있으며, 수신 프로세스는 바이트 스트림 형태로 데이터를 수신할 수 있다. TCP에서는 두 개의 프로세스가 가상의 "튜브"로 연결되어 있어서, 이러한 튜브를 통하여 인터넷 상에서 데이터를 전송하는 것과 같은 환경을 제공한다. 이와 같은 가상의 환경은 그림 12.4에 나타나 있다. 송신 프로

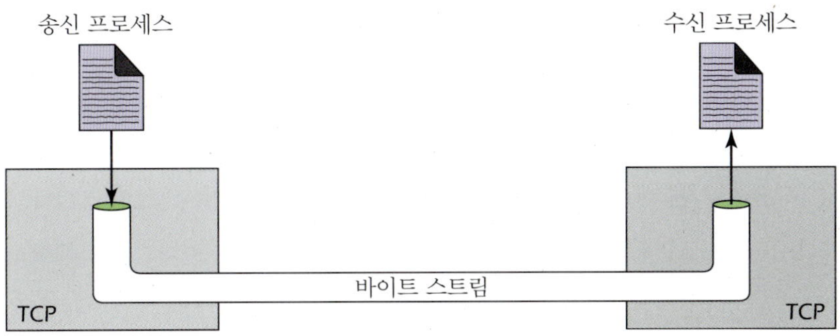

그림 12.4 스트림 배달

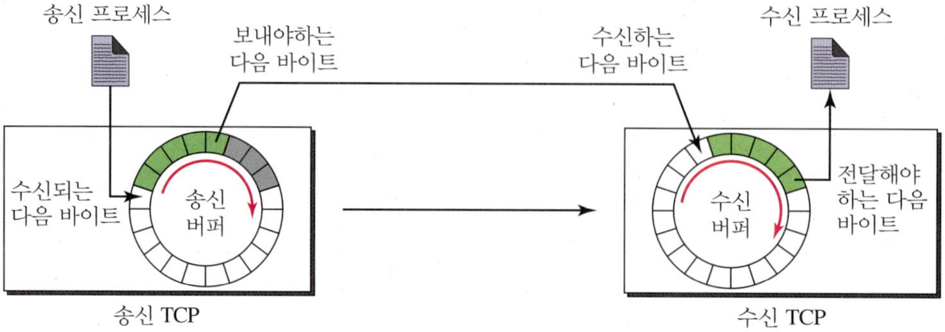

그림 12.5 송신 버퍼와 수신 버퍼

세스는 바이트 스트림을 생성하고 수신 프로세스는 바이트 스트림을 소비한다.

송신 버퍼와 수신 버퍼

송신 및 수신 프로세스가 동일한 속도로 데이터를 생성하거나 소비하지는 않을 수도 있기 때문에, TCP에는 보관을 위한 버퍼가 필요하다. TCP에는 각 방향마다 송신 버퍼와 수신 버퍼가 있다(이 버퍼들은 뒷부분에서 설명되는 흐름 및 오류 제어 메커니즘에서도 사용된다). 버퍼를 구현하는 한 가지 방법은 그림 12.5에 나타나 있는 것과 같이 1바이트 단위를 기억하는 순환 배열로 구현하는 것이다. 그림에서는 간단하게 각각 20바이트를 저장할 수 있는 두 개의 버퍼를 보여준다. 그렇지만 일반적으로 버퍼는 구현에 따라서 수백 또는 수천 바이트를 저장할 수 있다. 또한 그림에서는 동일한 크기의 버퍼를 보여주지만, 항상 크기가 동일한 것은 아니다.

그림 12.5에서는 한 방향으로의 데이터 이동을 보여준다. 송신 측에 있는 버퍼는 세 가지 유형으로 이루어져 있다. 하얀 부분은 빈 공간을 나타내며, 송신 프로세스(즉 생산자)에 의해서 채워진다. 회색 부분은 전송은 되었지만 아직 확인응답되지 않은 바이트를 나타낸다. TCP는 확인응답을 수신하기 전까지는 이러한 바이트를 버퍼에 계속 보관한다. 컬러 부분은 송신 TCP가 전송할 바이트를 나타낸다. 이 장의 뒷부분에서 언급되어 있는 것과 같이, TCP는 이러한 컬러 부분에 있는 바이트의 일부분만을 전송할 수 있는데, 이것은 수신 프로세스가 느리게 데이터를 소비하거나 또는 망에서의 혼잡 현상의 경우에 일어날 수 있다. 또한 회색 부분에 있는 바이트가 확인응답되면, 그 공간은 비워져서 송신 프로세스가 사용할 수 있다. 이것이 순환버퍼로 나타낸 이유이다.

수신 측에서 버퍼의 동작은 더욱 간단하다. 순환 버퍼는 하얀 부분과 컬러 부분으로 나뉘어진다. 하얀 부분은 빈 공간을 나타내며, 망으로부터 수신되는 바이트에 의해서 채워진다. 컬러 부분은 수신은 되었지만 아직 수신 프로세스가 소비하지 않은 바이트를 나타낸다. 바이트가 수신 프로세스로부터 소비되면, 그 부분은 빈 공간에 더해져서 재활용된다.

세그먼트

비록 버퍼 방식이 생산(즉 송신) 프로세스와 소비(즉 수신) 프로세스 간의 속도의 불일치를 처리하지만, 데이터를 전송하기 위해서는 하나의 단계가 더 필요하다. TCP에 대한 서비스 제공자로서의 IP는 바이트 스트림 형태가 아닌 패킷 형태로 데이터를 전달한다. 전송 계층에서 TCP는 일련의 바이트를 세그먼트(segment)라고 하는 패킷으로 그룹화한다. TCP는 각각의 세그먼트에 (제어를 목적으로) 헤더를 붙이고, 전송을 위하여 IP 계층에 이러한 세그먼트를 배달한다. 이 세그먼트는 IP 데이터그램으로 캡슐화 되어 전송된다. 이러한 전반적인 동작은 수신 프로세스에 투명하게 이루어진다. 뒤에서 이러한 세그먼트가 순서에 어긋하게 수신되거나, 없어지거나 또는 훼손되고 재전송되는 것을 볼 수 있다. 이러한 모든 일은 TCP에서 처리되어 수신 프로세스는 어떠한 동작도 알 필요가 없도록 한다. 그림 12.6은 버퍼에 있는 바이트로부터 세그먼트가 어떻게 만들어지는지를 보여준다.

물론 TCP 세그먼트가 동일한 크기일 필요는 없다. 그림 12.6에서는 간략히 3바이트를 포함하는 세그먼트와 5바이트를 포함하는 세그먼트를 보여준다. 실제로 세그먼트는 수백 바이트를 전달한다.

전이중 서비스

TCP는 전이중 서비스를 제공한다. 즉 데이터를 동시에 양방향으로 전송할 수 있다. 각 TCP는 송신 버퍼와 수신 버퍼를 가지고 있으며, 세그먼트는 양방향으로 전송된다.

연결형 서비스

TCP는 UDP와는 다르게 연결형 프로토콜이다. A에 있는 프로세스가 B에 있는 프로세스와 데이터를 주고받고자 하는 경우에는 다음과 같은 일이 발생한다.

1. A의 TCP는 B의 TCP에게 데이터를 보내고, B의 TCP로부터 확인응답을 받는다.

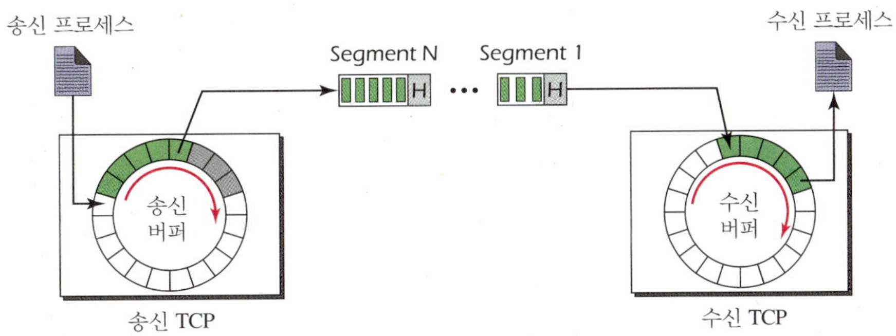

그림 12.6 TCP 세그먼트

2. A의 TCP와 B의 TCP는 양방향으로 데이터를 교환한다.
3. 두 개의 프로세스가 더 이상 전송할 데이터가 없고 버퍼도 비게 되면, 두 TCP는 자신의 버퍼를 없앤다.

여기에서 TCP 간의 연결은 실제의 물리적인 연결이 아니라 가상의 연결이다. TCP 세그먼트는 IP 데이터그램으로 캡슐화되어 순서에 어긋나게 전송되거나, 손실되거나, 훼손되고, 재전송될 수 있다. 또한 각각의 세그먼트는 서로 다른 경로를 거쳐서 목적지에 도달할 수 있다. 즉 실제의 물리적인 연결은 없다. 그렇지만, TCP가 스트림 기반의 환경을 제공하여 상대방에게 순서에 맞게 바이트를 전달할 책임이 있으며, 이러한 환경은 여러 개의 섬을 연결하는 다리를 만들고 하나의 단일 연결에 있는 한 섬으로부터 다른 섬으로 바이트들을 전송하는 것과 유사하다.

신뢰성 서비스

TCP는 신뢰성있는 전송 프로토콜이다. TCP는 데이터가 제대로 동작했는지를 확인하기 위하여 확인응답 메커니즘을 이용한다. 이것은 오류 제어를 설명하는 절에서 좀 더 자세히 살펴볼 예정이다.

12.3 바이트 번호화

TCP는 전송되거나 수신되는 세그먼트를 기억하지만, 세그먼트 번호 값을 위한 필드는 없고 대신에 순서 번호와 확인응답 번호라는 두 개의 필드가 존재한다. 이 두개의 필드는 세그먼트 번호가 아닌 바이트 번호와 관련이 있다.

바이트 번호

TCP는 한 연결에서 전송되는 모든 데이터 바이트에 번호를 매긴다. 이 번호는 각 방향에 대해 독립적이다. TCP가 프로세스로부터 데이터 바이트를 수신하여 송신 버퍼에 보관하면, TCP는 각 바이트마다 번호를 매긴다. 번호는 0부터 시작할 필요는 없고 임의의 값부터 시작한다. TCP는 0에서 $2^{32}-1$ 사이의 임의의 값을 선택하여 처음 바이트의 번호로 설정한다. 예를 들어 임의의 값이 1,057이고 전송하고자 하는 총 데이터가 6,000바이트라면, 바이트는 1,057부터 7,056까지 순서화된다. 바이트 순서화는 흐름 및 오류 제어에서 사용된다.

순서 번호

바이트에 번호가 매겨지면, TCP는 전송하고자 하는 각 세그먼트에 순서 번호를 할당한다. 각 세그먼트의 순서 번호는 그 세그먼트로 전달되는 첫 번째 바이트의 번호이다.

예제 12.1 TCP 연결이 6,000바이트의 파일을 전송한다고 가정해보자. 첫 번째 바이트는 10010 번호를 가지고 있다. 만일 처음 네 개의 세그먼트는 1,000바이트를 전달하고 마지막 세그먼트는 2,000바이트를 전달하는 다섯 개의 세그먼트로 데이터가 전송된다면, 각 세그먼트의 순서 번호는 어떻게 되는가?

답

다음은 각 세그먼트의 순서 번호를 보여준다.

세그먼트 1 –□ 순서 번호 : 10,010 (범위: 10,010에서 11,009)
세그먼트 2 –□ 순서 번호 : 11,010 (범위: 11,010에서 12,009)
세그먼트 3 –□ 순서 번호 : 12 ,010 (범위: 12,010에서 13,009)
세그먼트 4 –□ 순서 번호 : 13,010 (범위: 13,010에서 14,009)
세그먼트 5 –□ 순서 번호 : 14,010 (범위: 14,010에서 16,009)

확인응답 번호

앞에서 언급한 것과 같이 TCP 통신은 양방향으로 이루어진다. 즉 연결이 설정되면 양측은 동시에 데이터를 송/수신할 수 있다. 양측은 서로 다른 시작 번호를 이용하여 바이트에 순서를 매긴다. 각 방향의 순서 번호는 세그먼트에 의해서 전달되는 첫 번째 바이트의 번호를 보여준다. 한쪽은 또한 자신이 바이트를 수신하였다는 것을 확인하기 위하여 확인응답 번호를 이용한다. 확인응답 번호는 자신이 수신하기를 기대하는 다음 바이트의 번호를 나타낸다. 또한 확인응답 번호는 누적된다. 즉 한쪽편에서는 제대로 수신한 마지막 바이트의 번호에 1을 더한 값을 확인응답 번호로 다른 편에 알린다. 여기에서 누적이라는 단어의 의미는 예를 들어 한쪽편에서 확인응답 번호로서 5,643를 사용했다면, 처음부터 5,642번까지의 모든 바이트를 수신했다는 것을 의미한다. 물론 이것이 5,642바이트를 수신했다는 것을 의미하지는 않는다. 왜냐하면 첫 번째 바이트의 번호가 0부터 시작되지는 않기 때문이다.

12.4 흐름 제어

흐름 제어(flow control)는 목적지로부터 확인응답을 수신하기 전에 발신지가 전송할 수 있는 데이터의 양을 정의한다. 극단의 경우에 전송 계층 프로토콜은 단지 한 바이트를 전송하고, 전송된 바이트에 대한 확인응답을 수신한 후에야 비로소 다음 바이트를 전송할 수 있다. 그러나 이러한 방식은 매우 느리게 데이터를 처리하게 된다. 만일 데이터가 먼 거리를 이동할 경우에 발신지는 확인응답의 수신을 기다리는 동안에 더 이상의 데이터를 전송하기 못하고 휴지(idle) 상태가 된다.

다른 극단으로는 전송 계층 프로토콜은 확인응답을 고려하지 않고 보내고자 하는 데이터 모두 전송하는 방식을 선택할 수도 있다. 이 방식을 이용하면 송신 측에서의 데이터 처리 속도는 증가할 수 있지만, 수신 측에서 처리할 수 있는 속도를 초과할 수도 있다. 이 외에도 데이터의 일부분이 손실되거나, 중복되거나, 순서가 어긋나거나 또는 훼손된 경우에는 발신지는 목적지에서 확인해주기 전까지는 데이터가 제대로 전송되었는지를 알 수가 없다.

TCP는 이 두 극단 사이에서 동작하는 방식을 이용한다. TCP는 응용 프로그램으로부터 전달되는 데이터를 저장하기 위하여 버퍼를 사용하고, 전송할 데이터 크기를 결정하기 위하여 윈도우를 정의한다. TCP는 슬라이딩 윈도우 프로토콜에서 정의된 개수만큼의 데이터를 전송할 수 있다.

슬라이딩 윈도우 프로토콜

흐름 제어를 수행하기 위하여, TCP는 슬라이딩 윈도우 프로토콜(sliding window protocol)을 이용한다. 이 프로토콜에서, 호스트는 각 연결마다 하나의 윈도우를 이용한다. 윈도우는 다른 호스트로부터의 확인응답없이 한 호스트가 전송할 수 있는 버퍼의 범위를 나타낸다. 이러한 윈도우는 데이터가 전송되고 확인응답이 수신될 때마다 버퍼의 범위가 미끄러지듯이(sliding) 이동하기 때문에 슬라이딩 윈도우라고 한다.

그림 12.7은 이전에 정의한 송신 측의 버퍼를 보여준다. 그렇지만 순환 버퍼로 표시하는 대신에 여기서는 단순하게 편평한 버퍼로 나타내고자 한다. 단 버퍼의 양 끝을 연결하면 그림 12.5에 있는 순환 버퍼와 같이 된다.

그림 12.7에서는 200번 이전의 바이트는 전송되어 확인응답되었고, 송신 측은 이 부분을 다시 이용할 수 있다. 200에서 202번째 바이트는 전송은 되었지만 확인응답되지는 않았다. 송신 측은 이들이 손실되거나 손상되는 경우를 위하여 버퍼에 이 바이트들을 계속 보관한다. 203에서 211번째 까지의 바이트들은 (프로세스에 의해서 생성되어) 버퍼에 보관되어 있지만 아직 전송되지는 않은 바이트들이다.

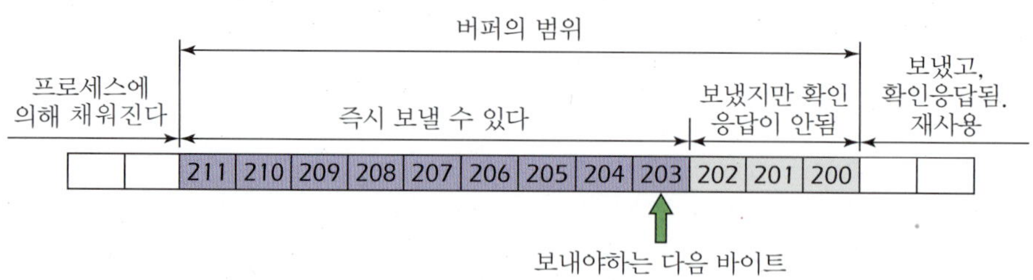

그림 12.7 송신 측 버퍼

이제 슬라이딩 윈도우 프로토콜이 없는 상황을 가정해보자. 이 경우에서 송신자는 수신자의 상태를 고려하지 않고 자신의 버퍼에 있는 (211번까지의) 모든 바이트를 전송할 수 있다. 수신 측에서는 수신 프로세스가 충분히 빠르게 데이터를 소비하지 못하여, 제한된 크기의 수신 측의 버퍼가 다 차 있을 수도 있다. 따라서 수신 측에서 버려지는 초과된 바이트들은 재전송을 필요로 한다. 즉 송신자는 수신 측에서 이용 가능한 공간만큼 스스로 조정할 수 있어야 한다.

수신 윈도우

그림 12.8은 수신 측의 버퍼를 보여준다. 여기에서 수신 (응용) 프로세스에서 소비될 다음 바이트는 194번째 바이트이다. 수신 TCP는 (이미 송신 측으로부터 전송되었지만 수신되지는 않은) 200번째 바이트의 수신을 기대하고 있다. 수신 TCP는 얼마나 많은 바이트를 수신할 수 있는가? 만일 수신 버퍼의 전체 크기가 *N*이고 *M* 부분이 이미 차 있으면, 단지 *N*-*M*개의 추가 바이트만이 수신될 수 있다. 이 값을 수신 윈도우라고 한다. 예를 들어 *N*=13이고 *M*=6이면, 수신 윈도우의 값은 7이 된다.

송신 윈도우

만일 송신 측에서 수신 윈도우보다 작거나 같은 크기를 갖는 윈도우(송신 윈도우)를 만든다면 흐름 제어를 할 수 있다. 송신 윈도우는 전송되었지만 확인응답되지 않은 바이트와 전송될 수 있는 바이트를 포함한다. 그림 12.9는 송신 윈도우를 가진 송신 버퍼를 보여준다.

여기에서 송신 윈도우의 크기는 수신 윈도우의 크기(즉 앞의 예에서 7)와 동일하다. 그렇지만, 이것은 송신 측에서 7개의 바이트를 더 보낼 수 있다는 것을 의미하지는 않는다. 송신 측은 이미 3개의 바이트를 전송했기 때문에 4개의 바이트 만을 송신할 수 있다. 또한 207에서 211번째 까지의 바이트는 송신 버퍼에는 있지만, 수신 측으로부터 새로운 소식이 올 때까지는 전송되지 못한다.

그림 12.8 수신 윈도우

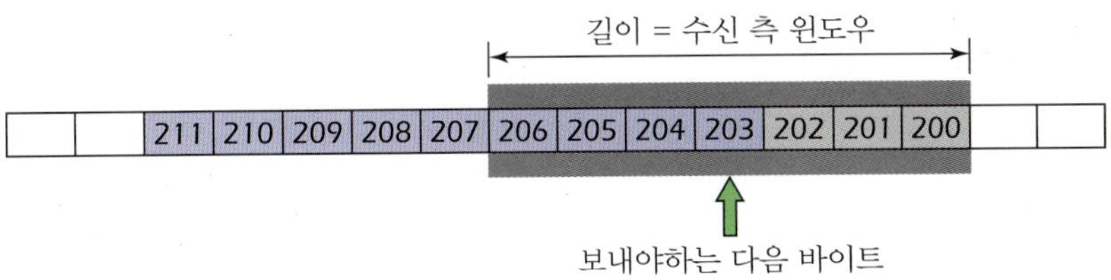

그림 12.9 송신 버퍼와 송신 윈도우

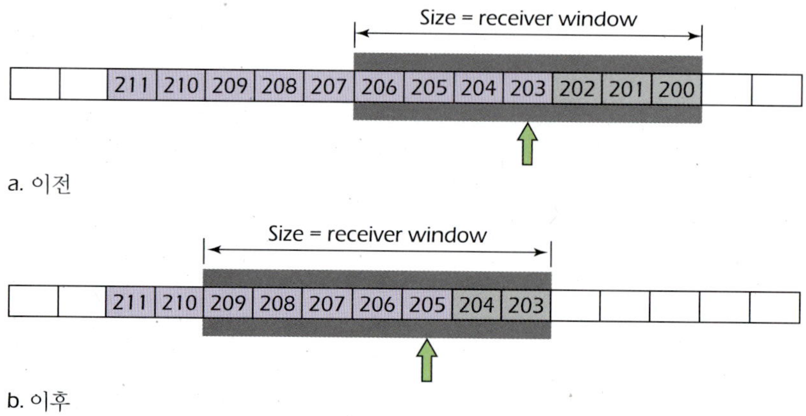

그림 12.10 송신 윈도우의 이동

송신 윈도우의 이동

이제는 수신 측으로부터의 메시지가 어떻게 송신 윈도우의 위치를 변화시키는가를 살펴보고자 한다. 앞의 예에서, 송신 측에서 2개의 바이트를 추가로 전송하고 수신 측으로부터(204번째 바이트를 기대하는) 확인응답을 수신하고, 또한 수신 윈도우의 크기 변화가 없다고 가정해 보자(즉 여전히 7). 송신 측은 자신의 송신 윈도우를 이동하고, 200~202번째 바이트에 의해서 점유되었던 부분은 재활용된다. 그림 12.10은 이러한 이벤트 이전과 이후의 송신 버퍼와 송신 윈도우의 위치를 보여준다. 그림의 두 번째 부분에서 송신 측은 이제 205에서 209번째의 바이트(5개의 추가 바이트)를 전송할 수 있다.

송신 윈도우의 확장

만일 수신 프로세스가 자신이 수신하는 것보다 더욱 빠른 속도로 데이터를 소비한다면, 수신 윈도우의 크기는 확장된다(버퍼는 더 많은 빈 공간을 가진다). 이러한 내용은 송신 측에 전달되어 송신 윈도우의 크기가 증가(확장)된다. 그림 12.11에서 수신 측은 2개의 추가 바이트의 수신을 확인응답하고(205번째 바이트의 수신을 기대) 동시에 수신 윈도우의 값을 10으로 증가시킨다. 반면 송신 프로세스를 4개의 추가 바이트를 생성하고 송신 TCP는 5개의 바이트를 전송했다.

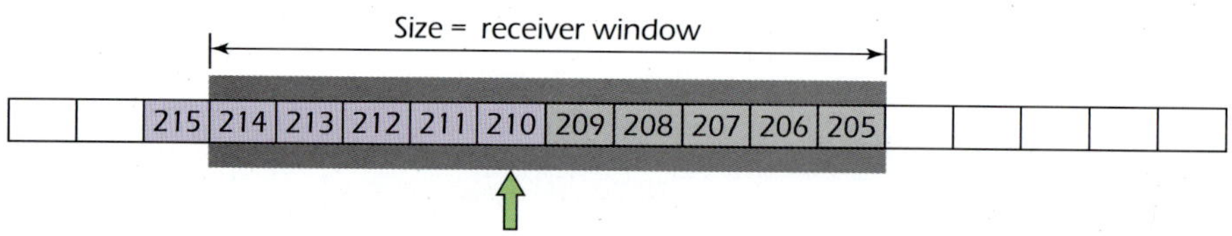

그림 12.11 송신 윈도우의 확장

송신 윈도우의 축소

만일 수신 프로세스가 수신하는 것보다 느린 속도로 데이터를 소비하게 되면, 수신 윈도우의 크기는 줄어든다(축소된다). 이 경우에 수신 측은 송신 측에게 알려서 송신 측으로 하여금 자신의 송신 윈도우의 크기를 축소하도록 한다. 그림 12.12에서 수신 측은 (205에서 209까지의) 5개의 바이트를 수신하였다. 그렇지만 수신 프로세스는 단지 하나의 바이트만을 소비하여, 수신 버퍼의 빈 공간의 수는 6(10 − 5+1)로 줄어든다. 수신 TCP는 205에서 209번째의 바이트를 확인응답하고 (210번째 바이트의 수신을 기대하고) 또한 송신 측에게 송신 윈도우의 크기를 축소하도록 해서 송신 측에서 6개보다 많은 수의 바이트를 전송하지 못하도록 한다. 만일 송신 측에서 이러한 소식을 들었을 때 이미 2개의 바이트를 전송하고 3개의 바이트를 송신 프로세스로부터 수신하였다면, 윈도우와 버퍼는 그림 12.12와 같이 된다.

송신 윈도우를 닫음

수신 버퍼가 모두 다 차게 되면 어떻게 될까? 이 경우에 수신 윈도우의 크기는 0이 된다. 이것이 송신 측에 전달되면, 송신 측은 자신의 윈도우를 닫는다(윈도우의 왼쪽과 오른쪽 경계가 겹처진다). 송신 측은 수신 측에서 0이 아닌 윈도우 값을 알려주기 전까지는 더 이상의 바이트를 전송할 수 없다. 이 내용은 TCP 타이머를 설명할 때 다시 한번 다룰 예정이다.

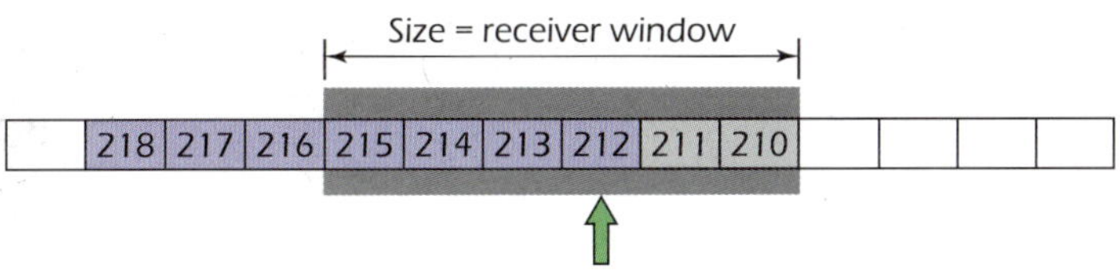

그림 12.12 송신 윈도우의 축소

12.5 어리석은 윈도우 신드롬

슬라이딩 윈도우 동작에서는 전송 응용 프로그램이 데이터를 천천히 발생하거나, 또는 수신 응용 프로그램이 데이터를 천천히 소비하는 경우에 심각한 문제가 발생한다. 이와 같은 경우에는 아주 적은 수의 데이터를 포함하는 세그먼트의 전송을 초래하게 되며, 동작의 효율이 감소하게 된다. 예를 들어 TCP가 단지 1바이트의 데이터를 포함하는 세그먼트를 전송하는 경우에는, 단지 1바이트의 사용자 데이터를 전달하기 위해서 41바이트의 데이터그램(20바이트의 TCP 헤더와 20바이트의 IP 헤더)이 전송되어야 한다. 즉 오버헤드는 41/1이 되고, 네트워크의 용량은 상당히 비효율적으로 사용되게 된다. 이러한 문제를 어리석은 윈도우 신드롬(silly window syndrome)이라고 한다. 먼저 각 사이트에서 어떻게 문제가 발생하는지 살펴보고, 문제를 해결하기 위한 방식을 살펴보기로 한다.

송신 측에서 발생하는 신드롬

송신 TCP가 한번에 한 바이트씩 데이터를 천천히 발생하는 응용 프로그램을 다루는 경우에 어리석은 윈도우 신드롬이 발생한다. 응용 프로그램이 송신 TCP의 버퍼에 한번에 한 바이트씩 쓰는 경우를 생각해보자. 송신 TCP에 어떤 특별한 지시 사항이 없는 경우, 송신 TCP는 한 바이트의 데이터를 포함하는 세그먼트를 만들게 되고, 41바이트 크기의 세그먼트가 인터넷을 통해서 전달된다.

이러한 문제를 해결하는 한가지 방법은 송신 TCP가 한 바이트 단위의 데이터를 전송하지 못하도록 하는 것이다. 전송 TCP는 데이터를 취합하여 가능한 한 큰 블록으로 데이터를 전송하도록 하는 것이다. 이 경우에는 충분한 데이터가 버퍼에 쌓이도록 전송 TCP가 일정 시간 기다려야 하는데, 얼마나 오랜 기간 전송 TCP가 기다려야 하는가? 만일 이 기간이 너무 길면 프로세스에서의 지연이 생기게 된다. 만일 이 기간이 충분히 길지 않으면 역시 적은 데이터를 포함하는 세그먼트가 전송될 것이다. Nagle은 이러한 문제를 해결하기 위하여 다음과 같은 훌륭한 해결책을 제시하였다.

Nagle 알고리즘

Nagle 알고리즘은 매우 간단하지만, 위와 같은 문제를 해결할 수 있다. Nagle 알고리즘은 송신 TCP에서 실행되는 알고리즘이다.

1. 송신 TCP는 단지 한 바이트라 하더라도 송신 응용 프로그램으로부터 수신하는 첫 데이터를 세그먼트로 만든 후 전송한다.
2. 첫 번째 세그먼트를 전송한 후에, 송신 TCP은 수신 TCP로부터 확인응답을 수신하거나 또는 최대 크기의 세그먼트를 구성할 수 있을 정도로 충분한 데이터가 출력 버퍼에 저장되기 전까지는 데이터를 출력 버퍼에 저장한다. 위의 둘 중의 한 경우가 발생되면, 송신 TCP는 세그먼트를 전송한다.
3. 나머지 전송 기간동안 2번째 단계를 반복한다. 즉 세그먼트 2에 대한 확인응답이 수신되거나 최대 크기의 세그먼트를 채울 수 있을 정도로 충분한 데이터가 저장되었을 경우에는 세그먼트 3이 전송된다.

Nagle 알고리즘의 장점은 매우 단순하다는 것과 이 알고리즘이 응용 프로그램으로부터의 데이터 발생 속도와 네트워크의 데이터 전달 속도를 고려하였다는 것이다. 만일 응용 프로그램이 네트워크보다 빠르면 세그먼트는 (최대 크기의 세그먼트로) 커지게 된다. 만일 응용 프로그램이 네트워크보다 느리면 세그먼트는 (최대 크기의 세그먼트보다 작은 크기로) 작아지게 된다.

수신 측에서 발생하는 신드롬

수신 TCP가 한번에 한 바이트씩 천천히 데이터를 소비하는 응용 프로그램에 서비스를 제공하는 경우에는 수신 TCP에 어리석은 윈도우 신드롬 현상이 발생하게 된다. 송신 응용 프로그램으로부터 1K 블록의 데이터가 발생되지만, 수신 응용 프로그램이 한번에 한 바이트씩 소비한다고 가정해보자. 또한 수신 TCP의 입력 버퍼는 4K라고 하자. 송신 측에서 처음에 4 킬로바이트의 데이터를 전송하면, 수신 측에서는 수신된 데이터를 버퍼에 저장하고 수신 버퍼는 모두 데이터로 차게 된다. 수신 버퍼가 모두 차게 되면, 수신 TCP는 윈도우 크기를 0으로 설정하여 통보하고, 이 정보를 수신한 송신 측에서는 데이터 전송을 멈춘다. 수신 응용 프로그램이 수신 TCP의 입력 버퍼로부터 첫 번째 바이트의 데이터를 읽으면 입력 버퍼에 한 바이트 정도의 공간이 생기게 된다. 수신 TCP는 한 바이트의 윈도우 크기를 송신 TCP로 통보하며, 송신 TCP는 이 통보를 좋은 소식이라고 간주하고 단지 한 바이트의 데이터를 포함하는 세그먼트를 전송하며, 이러한 절차가 계속된다. 다시 말하면, 한 바이트의 데이터가 수신 응용 프로그램으로부터 소비되고 한 바이트를 전달하는 세그먼트가 송신 TCP로부터 전송된다. 따라서 효율성의 문제와 어리석은 윈도우 신드롬 문제가 다시 발생하게 된다.

도착하는 속도보다 천천히 데이터를 소비하는 응용 프로그램에 의해서 발생되는 어리석은 윈도우 신드롬 현상을 예방하기 위해서 다음의 두 가지 방법이 제시되었다.

Clark 해결 방법

Clark 해결 방법은 데이터가 도착하자마자 확인응답을 전송하지만, 수신 버퍼에 최대 크기의 세그먼트를 수용할 수 있는 충분한 공간이 있거나 또는 적어도 반 이상의 버퍼가 비어 있을 때까지는 윈도우 크기를 0으로 통보하는 것이다.

확인응답 지연

두 번째 방법은 확인응답의 전송을 지연하는 것이다. 즉 수신 측에서는 세그먼트가 도착하자마자 즉시 세그먼트에 대한 확인응답을 전송하는 대신에, 수신 버퍼에 충분한 공간이 있을 때까지 도착한 세그먼트의 확인응답을 보류한다. 확인응답의 지연은 송신 TCP로 하여금 자신의 윈도우를 진행하지 못하도록 한다. 즉 송신 TCP는 윈도우만큼의 데이터를 전송한 후에는 전송을 멈춘다. 이 방법을 이용하여 신드롬을 없앨 수 있다.

확인응답의 지연을 이용하면 다음과 같은 또 다른 장점을 얻을 수 있다. 수신 측에서는 각 세그먼트에 대해서 확인응답을 전송할 필요가 없기 때문에, 수신 측에서 발생하는 트래픽이 감소된다. 반면, 확인응답의 지연은 송신 측에서 확인응답을 받지 못한 세그먼트를 재전송할 가능성이 있기 때문에 단점도 있다.

TCP 프로토콜은 이러한 장점과 단점의 균형을 맞추도록 한다. 즉 TCP에서는 확인응답이 0.5초 이상 지연되지 않도록 정의되어 있다.

12.6 오류 제어

TCP는 신뢰성 있는 전송 계층 프로토콜이다. 이것은 데이터 스트림을 TCP로 전달하는 응용 프로그램은 TCP가 전체 스트림을 순서에 맞고 오류 없이, 또한 부분적인 손실이나 중복 없이 상대편에 있는 응용 프로그램에게 전달할 것이라고 확신한다는 것을 의미한다.

TCP는 오류 제어를 이용하여 신뢰성을 제공한다. 오류 제어는 손상 세그먼트, 손실 세그먼트, 순서가 어긋난 세그먼트, 그리고 중복 세그먼트를 감지하는 메커니즘을 포함한다. 오류 제어는 또한 일단 이러한 오류가 발생한 세그먼트가 감지되면 오류를 정정하기 위한 메커니즘도 포함한다.

오류 발견과 정정

TCP에서의 오류 발견은 세 가지 간단한 도구인 검사합, 확인, 그리고 시간-초과 등을 통하여 수행된다. 각 세그먼트에는 검사합 필드가 있으며, 이 필드는 세그먼트가 손상되었는지를 검사하기 위하여 사용된다. 만일 세그먼트가 손상되면, 수신 TCP는 손상으로 판명된 세그먼트를 버린다. TCP에서는 목적지 TCP가 손상되지 않은 세그먼트를 수신하였다는 것을 송신 측에 알려주는 확인 방식을 이용한다. TCP에서는 부정 확인응답(Negative acknowledgement)을 사용하지 않는다. 만일 하나의 세그먼트가 시간-초과 전까지 확인되지 않으면, 송신 TCP는 그 세그먼트를 손상되었거나 손실되었다고 간주한다.

TCP에 의해서 사용되는 오류 정정 메커니즘도 역시 매우 간단하다. 발신지 TCP는 전송되는 각 세그먼트마다 하나의 시간-초과 카운터를 실행한 후, 각 카운터를 주기적으로 확인한다. 만일 카운터가 설정된 값에 다다르게 되면, 해당 세그먼트는 손상되거나 손실되었다고 간주하고, 다시 재전송된다.

훼손 세그먼트

그림 12.13은 세그먼트가 손상된 상태로 목적지에 도착하는 경우를 보여준다. 이 그림에서 발신지는 각각 200바이트인 세 개의 세그먼트(즉 세그먼트 1, 2, 3)를 전송한다. 세그먼트 1의 순서 번호는 1,201부터 시작한다. 수신 TCP는 세그먼트 1과 2를 수신하고, 검사합을 이용하여 그것들이 오류가 없다는 것을 확인한다. 수신 TCP는 확인 번호 1,601을 이용하여 세그먼트 1과 2를 수신하였다는 것을 확인한다. 즉 확인 번호 1,601은 수신 TCP가 오류 없이 1,201부터 1,600바이트를 수신하고, 1,601번 바이트의 수신을 기대한다는 것을 의미한다. 수신 TCP가 세그먼트 3이 손상되었다는 것을 발견하면, 수신 TCP는 세그먼트 3을 버린다. 즉 비록 수신 TCP는 세그먼트 3에 포함되어 있는 1,601번부터 1,800번까지의 바이트를 수신하였지만, 수신 측에서는 이 세그먼트가 손상되었기 때문에 수신으로 간주하지 않는다. 세그먼트 3에 대한 시간-초과 타이머가 만기가 되면, 송신 TCP는 세그먼트 3을 재전송한다. 세그먼

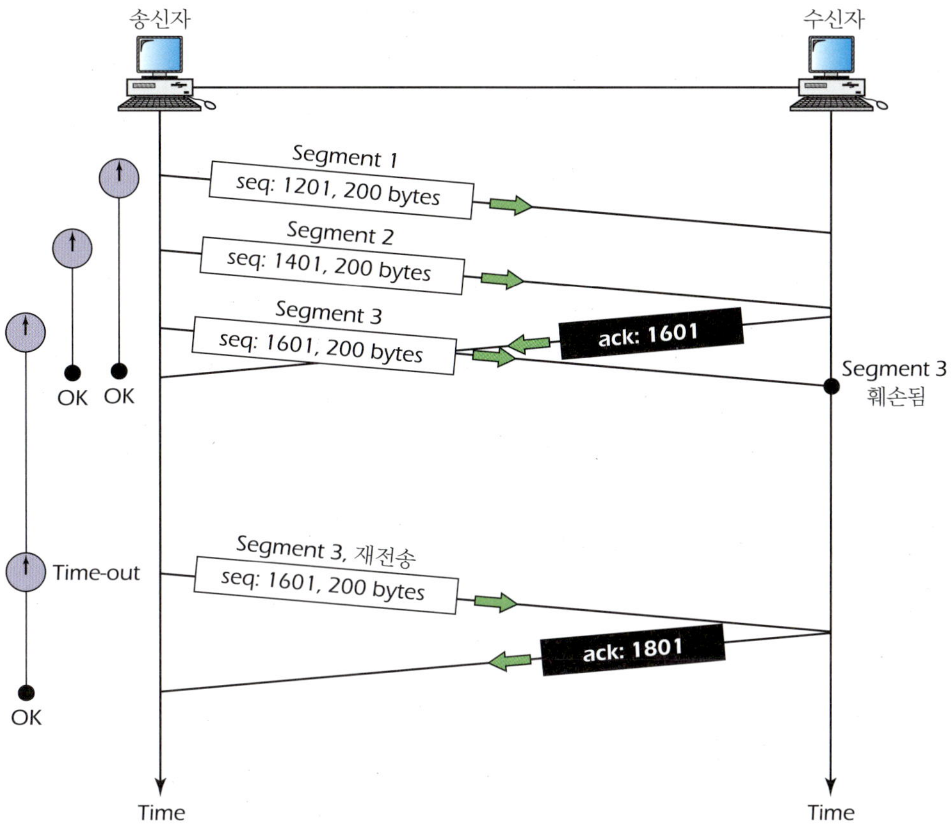

그림 12.13 훼손 세그먼트

트 3을 손상 없이 제대로 수신하게 되면, 목적지에서는 바이트 1,801에 대한 확인응답을 전송하며, 이것은 수신 TCP가 1,201번부터 1,800번까지의 데이터를 완전하게 수신했다는 것을 나타낸다.

손실 세그먼트

그림 12.14는 손실 세그먼트를 보여준다. 손실 세그먼트의 경우는 훼손 세그먼트의 경우와 동일하다. 다시 말하면, 송신 측과 수신 측의 관점에서 보면, 손실 세그먼트와 훼손 세그먼트는 동일하게 처리된다. 훼손 세그먼트는 최종 목적지에서 버려지는 반면, 손실 세그먼트는 중간 노드에서 버려져서 목적지까지 다다르지 못하게 된다.

중복 세그먼트

중복 세그먼트는, 예를 들면 시간-초과 이전에 확인응답이 도착하지 않은 송신 TCP에 의해서 발생된다. 중복 세그먼트의 처리는 목적지 TCP에게는 단순한 작업이다. 목적지 TCP는 일련의 바이트 스트림을 기대한다. 만일 이미 수신한 세그먼트와 같은 순서 번호를 포함하는 패킷

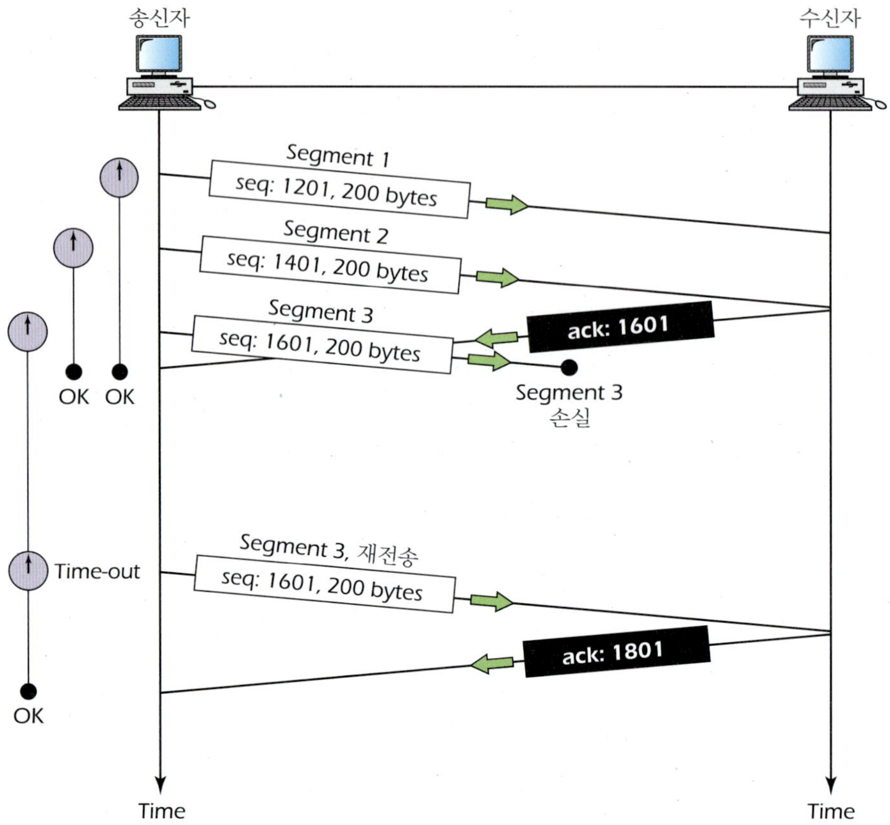

그림 12.14 손실 세그먼트

이 수신되면, 목적지 TCP는 단순히 그 패킷을 버린다.

순서가 어긋난 세그먼트

TCP는 신뢰성 없는 비연결형 네트워크 계층 프로토콜인 IP 서비스를 이용한다. TCP 세그먼트는 IP 데이터그램으로 캡슐화(Encapsulation)되며, IP 데이터그램은 독립적인 개체가 된다. 즉 라우터는 적절하다고 판단되는 경로로 각각의 데이터그램을 독립적으로 전송한다. 따라서 어떤 데이터그램은 짧은 지연의 경로로 전송되는 반면 또 다른 데이터그램은 긴 지연을 요하는 또 다른 경로를 따라 전송될 수 있다. 만일 데이터그램이 순서에 어긋나게 도착하면, 데이터그램에 포함되는 TCP 세그먼트 역시 순서가 어긋나게 된다. 목적지 TCP에서 순서가 어긋난 세그먼트를 처리하는 방식은 매우 간단하다. 목적지 TCP는 이전의 세그먼트를 모두 수신하기 전까지는 순서가 어긋난 세그먼트의 확인응답을 전송하지 않는다. 물론, 확인응답이 지연되면, 순서가 어긋난 세그먼트에 대한 타이머는 시간-초과가 발생하고, 발신지 TCP는 시간-초과가 발생한 세그먼트를 재전송할 것이다. 목적지 TCP는 중복된 세그먼트를 버린다.

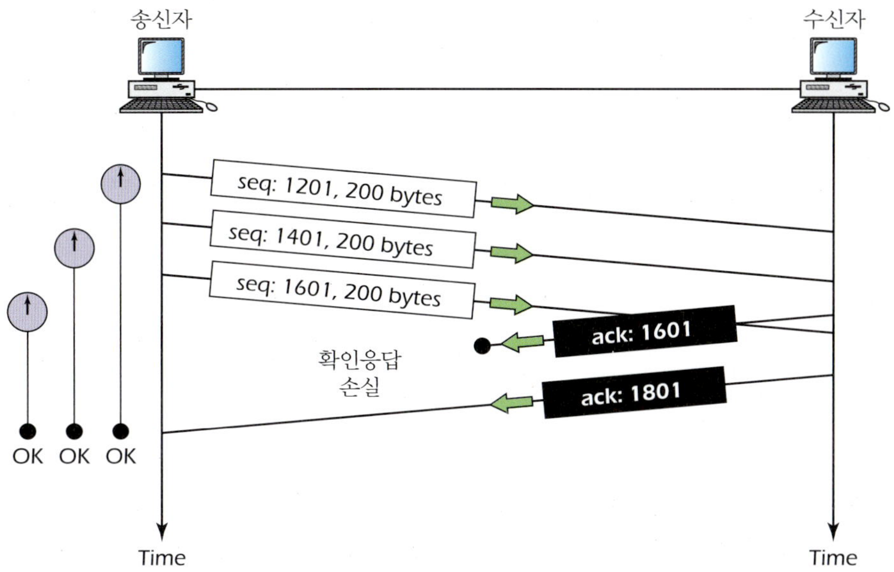

그림 12.15 확인응답의 손실

확인응답의 손실

그림 12.15는 목적지에서 전송된 확인응답이 손실되는 경우를 보여준다. TCP 확인응답 메커니즘의 경우, 확인응답이 손실되더라도 발신지 TCP는 확인응답이 손실 되었는지를 알 수가 없다. TCP는 누적 확인 시스템이다. 즉 각 확인응답은 확인응답 번호에 명시되어 있는 바이트까지의 모든 것을 수신하였다는 것을 나타낸다. 예를 들면 목적지가 바이트 1,801의 확인응답 번호를 가진 확인응답 세그먼트를 전송하였다는 것은, 목적지가 1,201번부터 1,800번까지의 바이트를 수신했다는 것을 확인응답하는 것이다. 만일 목적지가 바이트 1,601의 확인응답을 전송하였으면, 그것을 1,201번부터 1,600번까지의 바이트를 수신하였다는 것을 의미하며, 확인응답의 손실과는 전혀 관계가 없다.

12.7 TCP 타이머

TCP의 동작을 순조롭게 수행하기 위하여, TCP는 그림 12.16에 있는 것과 같은 네 가지의 타이머를 이용한다.

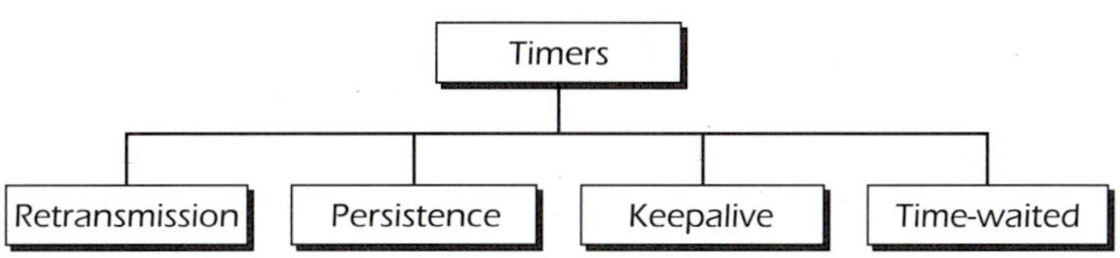

그림 12.16 TCP 타이머

재전송 타이머

손실 또는 손상되어서 버려지는 세그먼트를 처리하기 위하여 TCP는 재전송 타이머(retransmission timer)를 가지고 있다. 재전송 타이머는 재전송 시간을 처리하며, 재전송 시간은 한 세그먼트를 전송하고 확인응답을 기다리는 시간으로 정의된다. TCP는 세그먼트를 전송한 후, 해당 세그먼트를 위한 재전송 타이머를 구동한다. 이때에는 다음과 같은 두 가지 상황이 일어날 수 있다.

1. 타이머가 끝나기 전에 특정한 세그먼트에 대한 확인응답이 수신되면, 그 타이머는 소멸된다.
2. 만일 응답이 수신되기 전에 타이머가 종료되면 해당 세그먼트는 재전송되고 타이머는 초기화된다.

재전송 시간의 계산

TCP 프로토콜은 전송 계층 프로토콜이다. 각 연결은 두 개의 TCP를 연결하는 데, TCP가 구현되어 있는 두 시스템은 동일한 네트워크에 접속되어 있을 수도 있고, 또는 상당히 멀리 떨어져 있을 수도 있다. 다시 말하면, 한 연결에 의해서 만들어지는 경로의 길이는 다른 연결에 의해서 만들어지는 경로의 길이와는 판이하게 차이가 날 수 있다. 이것은 TCP가 동일한 재전송 시간을 모든 연결에 일률적으로 적용할 수 없다는 것을 의미한다. 고정된 재전송 시간을 모든 연결에 동일하게 설정하는 것은 심각한 결과를 낳을 수 있다. 만일 한 세그먼트가 목적지에 도착해서 그 세그먼트에 대한 확인응답이 발신지에 도착할 때까지의 충분한 시간으로 재전송 시간을 설정하지 않으면, 전달 중인 세그먼트가 재전송되는 결과를 초래하게 된다. 반대로 재전송 시간이 짧은 거리에서 필요한 것보다 재전송 시간이 더 길게 되면 응용 프로그램에서의 지연의 결과를 가져올 수도 있다.

하나의 단일 연결의 경우에서도, 재전송 시간을 고정하는 것을 다음과 같은 문제를 야기할 수 있다. 한 연결의 경우를 살펴보면, 혼잡 기간 동안보다는 트래픽이 별로 없는 기간 동안에 세그먼트가 더욱 빨리 전송되고 해당 세그먼트에 대한 확인응답을 수신할 수 있을 것이다. 따라서 TCP에서는 각 연결마다 다르고 또한 동일한 연결 기간 동안이라도 가변적으로 변화하는 동적인 재전송 시간-초과 방식을 이용한다.

재전송 시간-초과는 왕복(round-trip) 시간을 기반으로 하여 동적으로 계산된다. 재전송 시간-초과를 동적으로 계산하기 위하여 여러 가지 방식이 사용될 수 있다. 가장 보편적인 방식은 재전송 시간을 RTT의 두 배로 계산하는 것이다.

$$\text{재전송 시간} = 2 \times \text{RTT}$$

RTT 계산

문제는 어떻게 TCP 스스로가 RTT를 계산할 수 있을까 하는 것이다. RTT 역시 동적으로 계산된다. RTT를 계산하는 데는 두 가지 방법이 있다. 첫 번째 방법은 앞에서 언급한 타임스탬프 옵션을 사용하는 것이다. 두 번째 방법은 TCP가 세그먼트를 전송하고, 타이머를 구동하여 확인응답을 기다리는 방법이다. TCP는 세그먼트를 전송하는 시간과 확인응답을 수신하는 시간 사이를 측정하여 왕복 시간을 계산한다. 다음 세그먼트의 재전송 시간을 계산하는 데 사용되는 RTT는 다음과 같은 공식에 의해서 구해진다.

$$\text{RTT} = \alpha \times \text{이전 RTT} + (1 - \alpha) \times \text{현재 RTT}$$

α의 값은 보통 90퍼센트이다. 이것은 새로운 RTT는 이전 RTT 값의 90퍼센트와 현재 RTT 값의 10퍼센트를 합친 값이 된다는 것이다. 예를 들어 이전 RTT가 250 μs이고, 한 세그먼트를 전송하고 그 세그먼트의 확인을 수신하는데 70 μs가 걸렸다면, 새로운 RTT의 값과 재전송 시간은 다음과 같이 계산된다.

$$\text{RTT} = 90\% \times 250 + 10\% \times 70 = 232\ \mu s$$
$$\text{재전송 시간} = 2 \times 232 = 464\ \mu s$$

Karn 알고리즘

하나의 세그먼트가 재전송 기간동안 확인응답되지 못하고 재전송되었다고 생각해보자. 송신 TCP에서 이 세그먼트에 대한 확인응답을 수신하였다면, 송신 TCP는 이 확인응답이 원래의 세그먼트에 대한 확인응답인지 아니면 재전송 세그먼트에 대한 확인응답인지를 알 수가 없다. 새로운 RTT의 값은 세그먼트의 출발을 기본으로 계산되어야 한다. 그런데 만일 원래의 세그먼트가 손실되고 확인응답이 재전송 세그먼트에 대한 확인이면, 현재 RTT의 값은 세그먼트가 재전송된 시간부터 계산되어야 한다. 이것이 Karn에 의해서 해결된 딜레마이다. Karn의 해법은 매우 단순하다. 새로운 RTT의 계산에 재전송 세그먼트의 RTT는 고려하지 않는 것이다. 즉 세그먼트를 전송하고 재전송 없이 확인응답을 수신하기 전까지는 RTT를 갱신하지 않는다.

영속 타이머

0의 윈도우-크기를 통보하는 경우를 처리하기 위하여 TCP에는 또 다른 타이머가 필요하다. 수신 TCP가 윈도우 크기 0으로 통보하였다고 가정해보자. 그러면 송신 TCP는 수신 TCP로부터 0이 아닌 윈도우 크기를 알리는 확인응답을 수신하기 전까지는 세그먼트의 전송을 보류하게 된다. 이러한 확인응답은 손실될 수 있다. 만일 이러한 확인응답이 손실되면, 수신 TCP

는 자신의 임무를 다했다고 간주하고 송신 TCP가 세그먼트를 전송하기를 기다린다. 송신 TCP는 확인응답을 수신하지 못하고 수신 TCP가 윈도우 크기를 알리는 확인응답을 전송하기만을 기다린다. 즉 모든 TCP는 서로 기다리기를 계속한다.

이러한 교착상태(deadlock)를 해결하기 위하여 TCP는 각 연결마다 하나의 영속 타이머(persistence timer)를 사용한다. 송신 TCP가 0의 윈도우 크기를 가진 확인을 수신하면, 송신 TCP는 영속 타이머를 구동한다. 영속 타이머가 종료되면, 송신 TCP는 프로브(probe)라고 하는 특수한 세그먼트를 전송한다. 이 세그먼트에는 단지 한 바이트의 데이터가 포함되어 있다. 이 세그먼트는 순서 번호를 가지고 있지만, 이 순서 번호는 확인응답되지 않고, 데이터의 순서 번호 계산에서도 무시된다. 이 프로브는 수신 TCP에게 확인응답이 손실되었고 따라서 확인응답을 재전송하도록 알려준다.

영속 타이머의 값은 재전송 시간의 값으로 설정된다. 그러나 수신 측으로부터 확인응답을 수신하지 못하면, 또 다른 프로브 세그먼트가 전송되고 영속 타이머의 값은 두 배가 되며 초기화된다. 송신 측은 프로브 세그먼트의 전송과 영속 타이머 값을 두 배로 하고 초기화 하는 과정을 타이머의 값이 임계치(threshold, 보통 60초)에 다다를 때까지 계속한다. 그 이후에는 윈도우가 재 개시될 때까지 매 60초마다 하나의 프로브 세그먼트를 전송한다.

킵얼라이브 타이머

킵얼라이브 타이머(Keepalive timer)는 두 TCP 사이에 설정된 연결이 오랜 기간동안 휴지(idle) 상태에 있는 것을 방지하기 위해서 사용된다. 한 클라이언트가 서버로 TCP 연결을 설정하고 데이터를 전송한 후, 더 이상 데이터를 전송하지 않는 경우를 생각해보자. 클라이언트에 고장이 발생한 경우에 TCP 연결은 연결된 상태를 영원히 유지하게 될 것이다.

이러한 상황을 해결하기 위하여 대부분의 서버에는 킵얼라이브 타이머가 구현되어 있다. 서버가 클라이언트로부터 세그먼트를 받을 때마다 서버는 이 타이머를 초기화한다. 시간-종료는 일반적으로 2시간이다. 만일 서버가 2시간이 지나도록 클라이언트로부터 어떠한 세그먼트로 수신하지 못하면, 서버는 프로브 세그먼트를 전송한다. 각각 75초의 시간 간격으로 10개의 프로브를 전송하였는 데도 어떠한 응답도 수신하지 못 하였을 경우에 서버는 클라이언트가 다운되었다고 간주하고 연결을 종료한다.

시간-대기 타이머

시간-대기 타이머(Time-waited timer)는 연결 종료 동안에 사용된다. TCP가 연결을 종료할 때, TCP는 시간-대기(time-waited) 기간 동안(12.12와 12.13절 그리고 그림 12.29 참조) 연결을 유지한다. 이 기간동안 목적지에 중복 FIN 세그먼트가 도착하면, 목적지에서는 이러한 세그먼트를 버린다. 이 타이머의 값은 보통 세그먼트의 평균 수명의 두 배로 설정된다.

12.8 혼잡 제어

앞에서 언급한 것과 같이, 인터넷은 네트워크와 연결 장비(즉 라우터)들의 집합으로 이루어져 있다. 송신 측에서 출발한 패킷은 여러 개의 라우터를 거친 후에 최종 목적지에 도달하게 된다. 라우터는 버퍼를 가지고 있어서, 수신한 패킷을 저장하고 처리한 후 적절한 출력 포트로 전송한다. 혼잡(congestion) 현상은 라우터가 패킷을 처리할 수 있는 속도보다 더욱 빨리 패킷을 수신하는 경우에 발생하며, 혼잡이 발생하면 패킷이 손실될 수 있다. 패킷이 목적지에 도달하지 못하면, 그 패킷에 대한 확인응답도 전송되지 못한다. 송신 측에서는 재전송을 통하여 손실된 패킷을 복구하는 것 외에는 다른 방법이 없다. 손실된 패킷의 재전송은 혼잡 현상을 더욱 심화시킬 수 있으며, 또한 더욱 많은 패킷을 버리게 되어 더 많은 재전송과 심화된 혼잡 현상의 결과를 낳게 된다. 또한 혼잡으로 인하여 모든 시스템이 붕괴되어 더 이상 데이터를 보낼 수 없게 된다. 따라서 TCP에는 이러한 현상을 방지하기 위한 방법이 적용되어야 한다.

앞에서 흐름 조절과 수신 측에서 처리할 수 있는 것보다 더욱 빨리 데이터가 들어올 때의 해결 방법에 대해서 설명하였다. 송신 측 윈도우 크기는 수신 측의 이용 가능한 버퍼 공간에 의해서 결정된다고 하였다. 다시 말하면, 오로지 수신 측에서 송신 측의 윈도우 크기를 결정할 수 있다고 가정하였다. 여기에서는 또 다른 개체인 네트워크가 전적으로 무시되었다. 만일 네트워크가 송신 측에서 발생하는 속도보다 빠르게 데이터를 전달할 수 없다면, 네트워크는 송신 측의 데이터를 천천히 보내도록 할 수 있어야 한다. 다시 말하면 네트워크가 수신 측과 더불어 송신 측의 윈도우 크기를 결정할 수 있는 또 다른 개체가 되어야 한다.

혼잡 윈도우

현재에는 송신 측의 윈도우 크기는 수신 측에서뿐만 아니라 네트워크의 혼잡에 의해서도 결정된다.

송신 TCP는 수신 TCP에서 알려주는 윈도우 크기와 혼잡 윈도우 크기 등 두 가지의 정보를 가지고 있다. 윈도우의 실제 크기는 이러한 두 개의 윈도우의 최소값으로 결정된다.

> 실제 윈도우 크기 = 최소(수신 측에서 알려주는 윈도우 크기, 혼잡 윈도우 크기)

혼잡 회피

혼잡을 없애기 위해 송신 TCP는 두 가지 방식을 이용한다. 하나는 **느린 시작과 가산 증가**(slow start & additive increase)이고, 다른 하나는 **지수 감소**(multiplicative decrease)이다.

느린 시작과 가산 증가

이것은 느린 시작과 가산 증가의 두 가지가 혼합된 방식이다.

느린 시작 연결이 설정되면 송신 TCP는 혼잡 윈도우의 크기를 최대 세그먼트 크기로 설정하고, 또한 최대 윈도우 크기의 반에 해당하는 값을 임계치(threshold)로 설정한다. 송신 TCP는 혼잡 윈도우의 크기가 임계치에 도달하기 전까지 전송된 각 세그먼트에 대한 확인응답을 수신할 때마다 혼잡 윈도우 크기를 하나의 최대 세그먼트 크기만큼 증가시킨다. 이러한 방식을 느린 시작(slow start)이라고 하지만, 실제적으로는 혼잡 윈도우의 크기가 증가하는 속도가 전혀 느리지 않기 때문에 용어 상으로는 오해하기 쉽다. 혼잡 윈도우의 크기는 지수 형태로 증가한다. 송신 측에서는 한 세그먼트를 전송하여 전송된 세그먼트에 대한 확인응답을 수신하면 혼잡 윈도우 크기를 두 세그먼트의 크기로 증가하고, 두 개의 세그먼트를 전송하여 두 개의 세그먼트에 대한 확인응답을 수신하면 혼잡 윈도우 크기를 네 세그먼트의 크기로 증가하고, 네 개의 세그먼트를 전송한 후 네 세그먼트에 대한 확인응답을 수신하면 혼잡 윈도우 크기를 여덟 세그먼트의 크기로 증가하는 등의 작업을 반복한다. 다시 말하면 세 번째 확인을 수신한 후의 윈도우 크기는 여덟 세그먼트의 크기로 증가한다. 혼잡 윈도우의 크기는 지수($2^3=8$) 형태로 증가한다.

가산 증가 혼잡이 발생하기 전에 미리 혼잡을 예방하기 위해서는 이러한 지수 형태로 증가하는 속도는 늦춰져야 한다. 혼잡 윈도우의 크기가 임계치에 도달하게 되면 비록 여러 개의 세그먼트에 대한 확인응답이 도착하더라도 하나의 확인응답마다 하나의 세그먼트만큼 혼잡 윈도우 크기를 증가시킨다. 이러한 가산 증가 방식은 확인응답이 시간-초과되기 이전에 도착하거나 또는 혼잡 윈도우의 크기가 수신 윈도우 값에 도달할 때가지 계속된다.

지수 감소

만일 혼잡이 발생하면 혼잡 윈도우 크기는 감소되어야 한다. 혼잡이 발생하였다고 송신 측에서 예측할 수 있는 유일한 방법은 세그먼트의 손실을 통해서이다. 만일 송신 측에서 재전송 타이머가 종료되기 이전에 세그먼트에 대한 확인응답을 수신하지 못하면, 송신 측은 혼잡이 발생했다고 간주한다. 현재의 네트워크는 잡음이 거의 없기 때문에, 세그먼트는 손상되기보다는 손실될 가능성이 훨씬 높다. 따라서 이 방식에서는 만일 시간-초과가 발생하면, 송신 TCP는 임계치를 최종 혼잡 윈도우 크기의 반으로 설정하고, 혼잡 윈도우 크기를 하나의 최대 세그먼트 크기로 설정한 후 다시 시작한다. 다시 말하면 송신 측은 느린 시작 단계로 복귀한다. 임계값은 시간-초과가 일어날 때마다 반으로 줄어든다. 즉 임계값의 크기는 기하급수로 감소(지수 감소)한다. 그림 12.17은 이러한 방식을 보여준다.

그림 12.17에서는 최대 윈도우의 크기를 32 세그먼트로 가정한다. 임계값은 16 세그먼트(최대 윈도우 크기의 반)로 설정된다. 느린 시작 절차에서 윈도우 크기는 1부터 시작하여

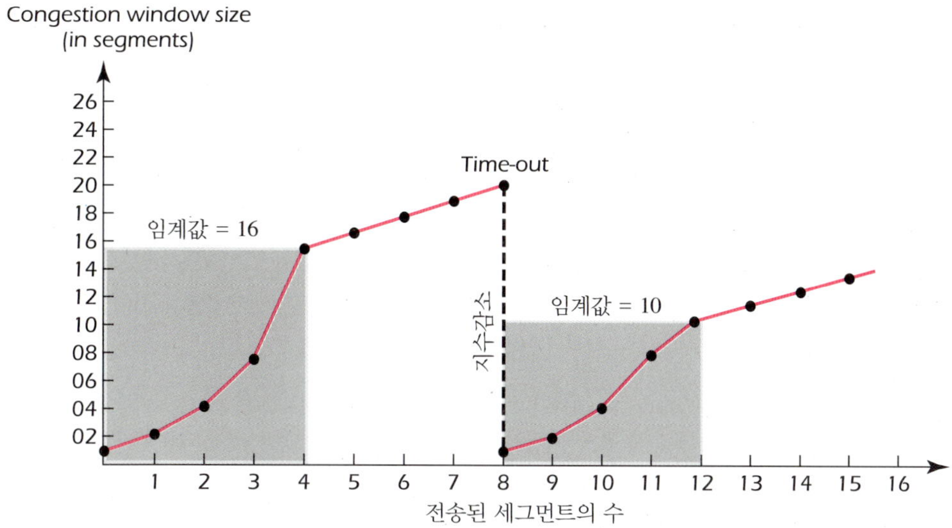

그림 12.17 지수 감소

시간-초과가 없는 상태에서 임계값에 도달할 때까지는 기하급수로 증가한다. 임계값에 도달한 후에는, 가산 증가 방식이 적용되어 윈도우의 크기는 시간-초과가 일어나거나 또는 최대

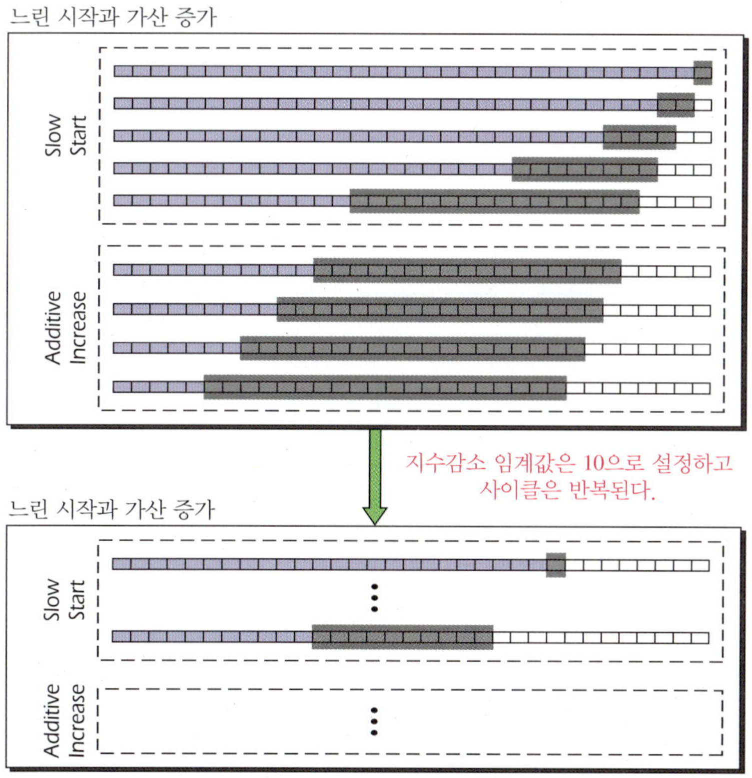

그림 12.18 혼잡 회피 전략

윈도우 크기에 도달할 때까지는 선형으로 증가한다. 이 그림에서 세그먼트 8이 전송되었을 때 시간-초과가 발생하였다. 이 순간에는 지수 감소 방식이 뒤를 이어 임계값을 앞의 윈도우의 크기의 반으로 줄인다. 시간-초과가 일어났을 때의 앞의 윈도우이 값은 20이었고, 따라서 새로운 임계값은 10이 된다.

이러한 (느린 시작, 가산 증가, 지수 감소) 사이클은 계속되며, 이럴 때마다 윈도우의 크기는 매번 1로 설정된다. 그림 12.18은 위의 내용을 보여준다. 여기에서는 그림의 크기를 줄이기 위하여 윈도우 내에 바이트 대신에 세그먼트를 사용하였다.

12.9 세그먼트

TCP를 이용하여 두 개의 장치 사이에 전달되는 데이터의 단위를 **세그먼트**(segment)라고 한다. 세그먼트의 형식은 그림 12.19에 나타나 있다.

세그먼트는 20에서 60바이트의 헤더와 응용 프로그램으로부터 발생되는 데이터로 구성되어 있다. 헤더는 옵션이 없는 경우에는 20바이트이고, 옵션을 포함하는 경우 최대 60 바이트로 구성된다. 이 절에서는 헤더 필드에 대해서 다루고자 한다. 헤더의 각 필드의 의미와 목적은 설명을 진행하게 되면 더 자세히 알게 될 것이다.

- **발신지 포트 주소**(Source port address). 이 필드는 세그먼트를 전송하는 호스트에 있는 응용 프로그램의 포트 번호를 정의하는 16-비트 필드이다. 이것은 11장에서 살펴본 UDP 헤더에 있는 발신지 포트 주소와 동일한 목적을 제공한다.

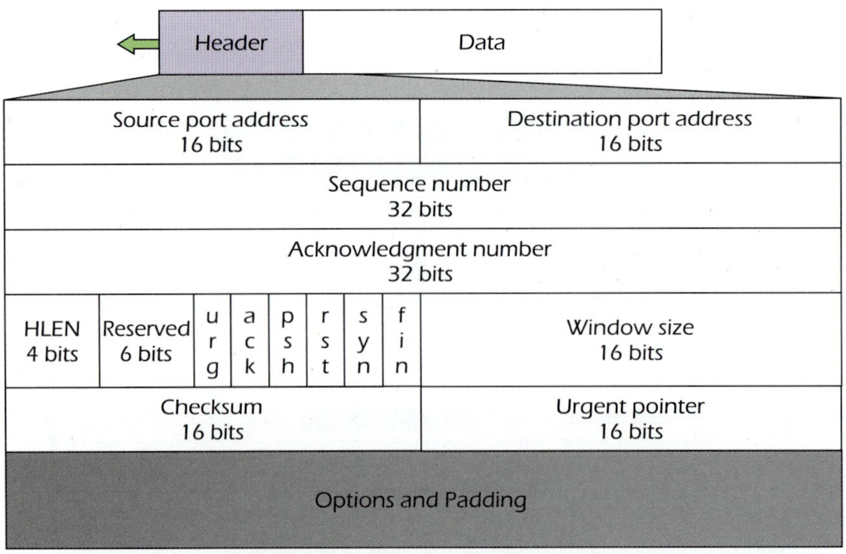

그림 12.19 TCP 세그먼트 형식

- **목적지 포트 주소**(Destination port address). 이 필드는 세그먼트를 수신하는 호스트에 있는 응용 프로그램의 포트 번호를 지정하는 16-비트 필드이다. 이것은 11장에서 살펴본 UDP 헤더에 있는 목적지 포트 주소와 동일한 목적을 제공한다.
- **순서 번호**(Sequence number). 이 32-비트 필드는 세그먼트에 포함된 데이터의 첫 번째 바이트에 부여된 번호를 나타낸다. 이전에 언급한 바와 같이 TCP는 스트림 전달 프로토콜이다. TCP는 신뢰성 있는 연결을 보장하기 위하여 전달되는 각 바이트마다 번호를 부여한다. 순서 번호는 목적지 TCP에게 세그먼트의 첫 번째 바이트가 이 순서 번호에 해당하는 바이트라는 것을 알려준다. 연결 설정(12.12절 참조) 단계 동안 각 TCP에서는 난수 발생기를 이용하여 **초기 순서 번호**(Initial sequence number; ISN)를 만들며, 이때 사용되는 ISN은 각 방향에 따라 일반적으로 다른 번호가 사용된다. 예를 들어 만일 ISN이 2,367이고 첫 번째 세그먼트가 1,000바이트를 전달하면 순서 번호는 2,369가 된다(2,367과 2,368은 연결 설정 기간 동안 사용된다). 500바이트를 전달하는 두 번째 세그먼트는 3,369의 순서 번호를 가진다. 목적지에서는 데이터 블록의 크기(즉 IP 패킷 길이-IP 헤더 길이-TCP 헤더 길이)를 이용하여 마지막 바이트의 번호를 결정할 수 있다. 순서 번호에 대해서는 흐름 제어와 슬라이딩 윈도우 프로토콜을 설명할 때 자세히 설명되었다.
- **확인응답 번호**(Acknowledgement number). 이 32-비트 번호는 세그먼트의 발신지 노드가 상대편 노드로부터 수신하고자 하는 바이트의 번호를 정의한다. 만일 세그먼트를 수신한 수신 노드가 상대 노드로부터 바이트 번호 x를 성공적으로 수신했다면, 수신자는 확인 번호를 $x + 1$로 정의한다. 앞에서 언급한 것과 같이, 확인응답과 데이터는 함께 피기백(piggyback) 될 수 있다.
- **헤더 길이**(Header length). 이 4비트 필드는 TCP 헤더의 길이를 4바이트 워드 갯수로 나타낸다. 헤더의 길이는 20에서 60바이트가 될 수 있다. 따라서 이 필드의 값은 5($5 \times 4=20$)에서 15($15 \times 4 = 60$) 사이의 값이 될 수 있다.
- **예약**(Reserved). 이 필드는 차후의 사용을 위해서 예약된 6-비트 필드이다.
- **제어**(Control). 이 필드는 그림 12.20에 나타나 있는 것과 같이 6개의 서로 다른 제어 비트 또는 플래그를 나타내며, 동시에 여러 개의 비트가 1로 설정될 수 있다.

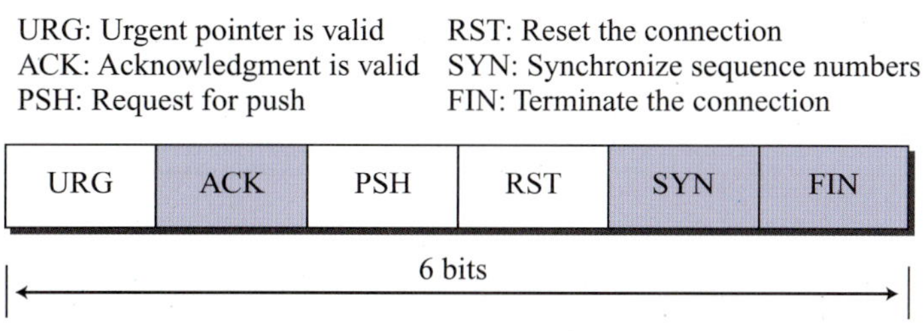

그림 12.20 제어 필드

이 비트들은 흐름 제어, 연결 설정 및 종료, 그리고 TCP에서의 데이터 전송 모드를 위하여 사용된다.

- **윈도우 크기**(Window size). 이 필드는 상대편에서 유지되어야 하는 바이트 단위의 윈도우 크기를 정의한다. 이 필드의 길이가 16비트이기 때문에, 윈도우의 최대 크기는 65,535 바이트이다.
- **검사합**(checksum). 이 16-비트 필드는 검사합을 포함한다. 검사합은 12.11절에 설명되어 있다.
- **긴급 포인터**(Urgent pointer). 긴급 플래그(urgent flag)가 1로 설정되어 있는 경우에만 유효한 이 16-비트 필드는 세그먼트가 긴급 데이터를 포함하고 있을 때 사용된다. 이 필드에 있는 값과 순서 번호를 더하면 세그먼트의 데이터 부분에 있는 마지막 긴급 바이트의 번호를 알 수 있다. 긴급 포인터는 이 장의 뒷부분에서 설명될 것이다.
- **옵션**(Option). TCP 헤더에는 최대 40바이트까지의 옵션 정보가 있을 수 있다. 다음 절에서 TCP 헤더에서 현재 사용되고 있는 여러 가지 옵션에 대해서 살펴보고자 한다.

12.10 옵션

TCP 헤더에는 최대 40바이트의 옵션 정보가 있을 수 있다. 이러한 옵션 정보들은 목적지에게 부가 정보를 전달하거나 또는 다른 옵션의 정렬을 맞추기 위하여 사용된다. 옵션은 단일-바이트 옵션과 다중-바이트 옵션의 두 범주로 나누어 질 수 있다. 첫 번째 범주에는 옵션-끝(end of option)과 무-동작(no operation)의 두 가지 유형의 옵션이 있다. 두 번째 범주에는 최대 세그먼트 크기(maximum segment size), 윈도우 확장 인자(window scale factor), 그리고 타임스탬프(timestamp) 등 세 가지 유형의 옵션이 있다(그림 12.21 참조).

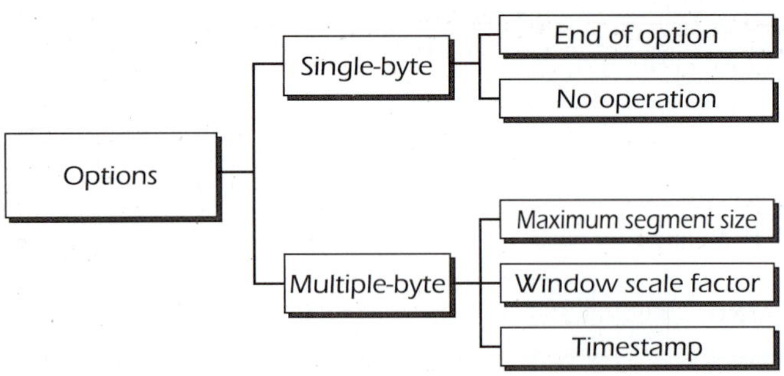

그림 12.21 옵션

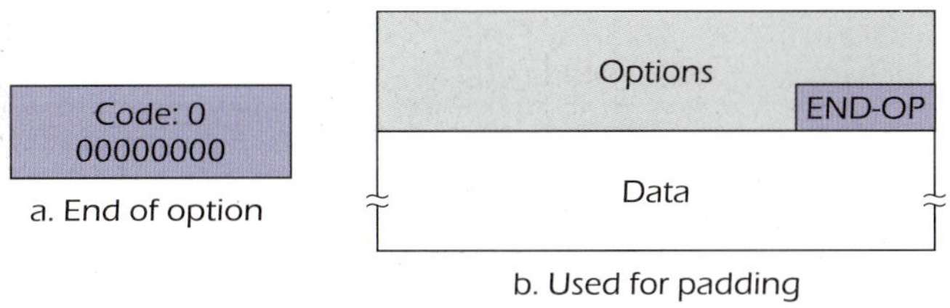

그림 12.22 옵션-끝

- **옵션-끝**(End of option). 이것은 옵션 필드의 끝에 패딩을 위하여 사용되는 단일-바이트 옵션이다. 이것은 마지막 옵션으로서만 사용될 수 있으며, 또한 단지 한 개의 옵션만 사용될 수 있다. 이 옵션 이후에 수신 측에서는 페이로드 데이터를 찾는다. 다시 말하면 옵션 필드에 정렬이 필요한 경우에는 단지 하나의 옵션-끝 다음에 여러 개의 무-동작 옵션이 있을 수 있다(그림 12.22 참조). 옵션-끝 옵션은 목적지에게 다음의 세 가지 정보를 제공한다.
  1. 헤더에 더 이상의 옵션은 없다.
  2. 32-비트 워드의 나머지는 불필요한 정보이다.
  3. 응용 프로그램으로부터의 데이터는 다음 32-비트 워드의 처음부터 시작된다.
- **무-동작**(No operation). 이것은 옵션 사이의 채우기(filler)로서 사용되는 단일-바이트 옵션이다. 예를 들면 이것은 16-비트 또는 32-비트의 경계로 다음 옵션의 정렬을 위하여 사용된다(그림 12.23 참조).
- **최대 세그먼트 크기**(Maximum segment size; MSS). 이 옵션은 TCP 세그먼트의 목적지에서 수신할 수 있는 데이터 세그먼트의 최대 크기를 정의한다. 최대 세그먼트 크기라는 이름에도 불구하고, 이 옵션은 세그먼트의 최대 크기를 정의하는 것이 아니라 데이터 부분의 최대 크기를 정의한다. 이 필드는 16비트로 이루어져 있기 때문에 0에서 65,535바이트 사이의 값을 가질 수 있다. 이 옵션의 기본값(default)은 536이다.

  최대 데이터 크기는 연결 설정 단계 동안 결정된다. 최대 데이터 크기는 세그먼트의 발신지에 의해서가 아니라, 세그먼트의 목적지에 의해서 결정된다. 따라서 TCP 1은 TCP 2로부터 전송되는 세그먼트의 MSS를 결정한다. TCP 2는 TCP 1으로부터 전송되는 세그먼트의 MSS를 결정한다. 만일 어느 쪽도 크기를 정의하지 않으면 기본값이 선택된다.

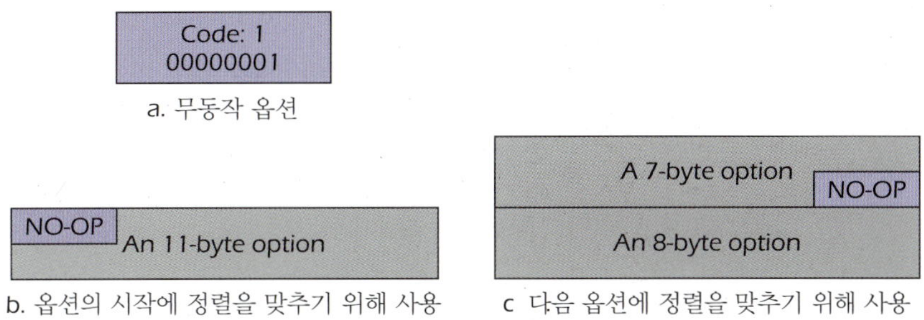

그림 12.23 무-동작 옵션

Code: 2 00000010	Length: 4 00000100	Maximum segment size
1 byte	1 byte	2 bytes

그림 12.24 최대 세그먼트 크기 옵션

이 옵션은 연결을 설정하는 세그먼트에서만 사용될 수 있으며, 데이터 전송 기간 동안 세그먼트에는 사용될 수 없다. 그림 12.24는 이 옵션의 형식을 보여준다.

- **윈도우 확장 인자.** 헤더에 있는 윈도우 크기 필드는 슬라이딩 윈도우의 크기를 정의한다. 이 필드는 16비트로 이루어져 있으므로 윈도우는 0에서 65,535바이트의 범위를 가질 수 있다. 65,535는 윈도우 크기로서는 매우 큰 값처럼 보이지만,전송되는 바이트마다 번호가 부여되기 때문에, 특히 데이터가 고속의 처리율과 긴 지연시간을 가진 전송 매체를 통해서 전달될 때에는 이 크기가 충분하지 않을 수 있다. 예를 들어 1,244.160Mbps의 속도를 가지고 있는 광섬유 채널(OC-24)을 이용하여 6,000마일 떨어져 있는 두 개의 컴퓨터를 연결하는 경우를 생각해보자. 한 컴퓨터에서 다른 컴퓨터로 데이터를 전송하고, 그 데이터에 대한 확인을 수신할 때까지 적어도 64ms 정도의 시간이 걸린다. 이 기간동안 10메가 바이트의 데이터가 전송될 수 있지만, 윈도우 크기의 제약으로 인하여 한 컴퓨터는 단지 65,535바이트의 데이터를 전송할 수 있다.

  윈도우 크기를 증가시키기 위해 윈도우 확장 인자가 사용된다. 새로운 윈도우 크기를 구하기 위하여, 먼저 윈도우 확장 인자에 명시된 수 만큼의 2의 급수를 구한다. 그 이후에 이 결과를 헤더에 있는 윈도우 크기의 값에 곱하므로써 새로운 윈도우 크기를 결정한다.

$$\text{새로운 윈도우 크기} = \text{헤더에서 정의된 윈도우 크기} \times 2^{\text{윈도우 확장 인자}}$$

  예를 들면 만일 윈도우 확장 인자가 3이면, 실제의 윈도우 크기는 윈도우 크기 값의 8배가 된다. 윈도우 확장 인자는 최대 255의 값을 가질 수 있지만, TCP/IP에서 설정될 수 있는 최대값은 16이다. 즉 설정될 수 있는 최대 윈도우 크기는 $2^{16} \times 2^{16} = 2^{32}$이며, 이 값은 순서 번호(sequence number)의 최대값과 같다. 윈도우의 크기는 순서 번호의 최대값을 초과할 수 없다.

  윈도우 확장 인자는 연결 설정 단계에서만 결정될 수 있다. 데이터 교환 중에는 (헤더에 명시되어 있는) 윈도우의 크기는 변할 수 있지만, 이 값은 동일한 확장 인자로 곱해져야 한다. 윈도우 확장 인자 옵션의 형식은 그림 12.25에 나타나 있다.

Code: 3 00000011	Length: 3 00000011	Scale factor
1 byte	1 byte	1 byte

그림 12.25 윈도우 확장 인자 옵션

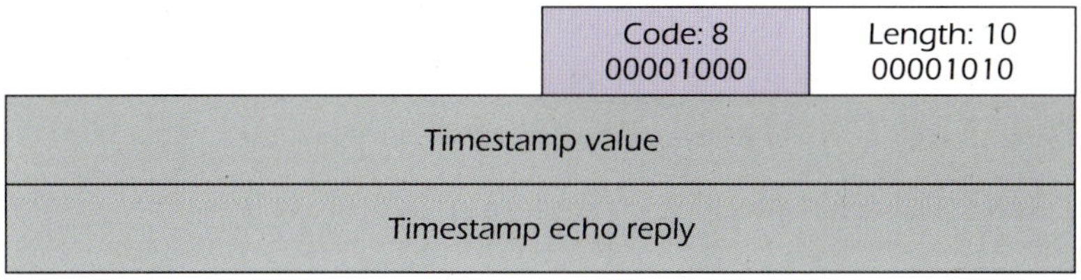

그림 12.26 타임스탬프 옵션

확장 인자는 때때로 이동 계수(shift count)라고도 한다. 이것은 한 숫자에 2의 급수를 곱하는 것과 그 숫자를 (비트 단위 동작으로) 왼쪽으로 이동하는 것의 결과가 동일하기 때문이다.

- **타임스탬프**(timestamp). 이것은 그림 12.26에 나타나 있는 것과 같은 형식으로 이루어진 10-바이트 옵션이다. 발신지는 현재 시각을 타임스탬프 값(timestamp value)으로 설정한 후 세그먼트를 전송한다. 목적지에서는 세그먼트를 수신하고 타임스탬프 값을 저장한다. 목적지가 수신한 세그먼트에 대한 확인응답을 전송할 때, 목적지는 이전에 저장한 값을 에코 응답(echo reply) 필드에 넣는다. 확인응답을 수신한 발신지는 현재 시간과 이 값을 비교하며, 이러한 시간의 차이가 왕복 시간(round-trip time)이 된다. 왕복 시간은 앞에서 이미 언급된는 것과 같이, TCP에서 재전송 시간 초과를 능동적으로 결정하기 위하여 사용된다.

12.11 연결

TCP는 연결형 프로토콜이다. 연결-지향 프로토콜은 발신지와 목적지 간에 가상 경로를 설정한다. 메시지에 속하는 모든 세그먼트들은 설정된 가상 경로를 통하여 전송된다. 전체 메시지를 하나의 단일 가상 경로를 이용하여 전송하므로써, 손상 또는 손실된 프레임의 재전송뿐만 아니라 확인응답 프로세스도 가능하게 된다.

TCP에서 연결형 전송은 연결 설정과 연결 종료라는 두 가지 절차를 통해서 이루어진다.

연결 설정

TCP에서 데이터는 전이중(full-duplex) 모드로 전송된다. 두 장비 사이의 TCP가 연결되면, 그들은 동시에 서로 세그먼트를 주고받을 수 있어야 한다. 이것은 데이터의 교환이 이루어지기 이전에, 한 편에서는 통신을 개시하고 다른 편에서는 통신 개시의 요구에 대한 승인이 먼저 이루어져야 한다는 것을 의미한다. 따라서 데이터 전송이 이루어지기 전에 호스트 A와 호스트 B는 다음과 같은 네 가지 단계를 수행하여야 한다.

1. 호스트 A는 호스트 B에게 연결을 설정하고자 한다는 것을 알리기 위한 세그먼트를 전송한다. 이 세그먼트에는 A로부터 B로의 트래픽에 대한 초기화 정보가 포함되어 있다.
2. 호스트 B는 A의 요구를 확인응답(승인)하기 위한 세그먼트를 전송한다.
3. 호스트 B는 B로부터 A로 향하는 트래픽에 대한 초기화 정보를 포함하는 세그먼트를 전송한다.
4. 호스트 A는 B의 요구를 확인응답(승인)하기 위한 세그먼트를 전송한다.

TCP 연결 설정은 이러한 4단계로 이루어진다. 그러나 2와 3단계 사이에 시간 간격을 둘 필요가 없기 때문에, 2와 3단계는 하나의 단계로 결합될 수 있다. 즉 호스트 B는 호스트 A로부터의 요구에 대한 확인과 자신의 요구를 동시에 할 수 있다.

3-단계 핸드셰이크

위에서 언급한 연결 설정을 3-단계(또는 3-방향) 핸드셰이크(three-way handshaking)라고 한다. 이 절차에서 응용 프로그램(즉 클라이언트)은 또 다른 응용 프로그램(즉 서버)과 전송 계층 프로토콜로서 TCP를 이용하여 연결을 설정하고자 한다.

3-단계 핸드셰이크 절차는 서버에서부터 시작한다. 서버 프로그램은 자신의 TCP에게 연결을 수락할 준비가 되어 있다는 것을 알린다. 이것을 수동 개방(passive open)을 위한 요구라고 한다. 수동 개방이라는 것은 비록 TCP가 다른 시스템으로부터 어떠한 연결도 수락할 수 있지만, 자신이 먼저 연결을 개설할 수는 없다는 것을 의미한다.

클라이언트 프로그램은 능동 개방(active open)을 위한 요구를 실행한다. 서버와 연결하고자 하는 클라이언트는 자신의 TCP에게 특정한 서버와 연결을 설정할 필요가 있다는 것을 알린다. TCP는 이제 그림 12.27에 나타나 있는 것과 같은 3-단계 핸드셰이크 절차를 시작한다.

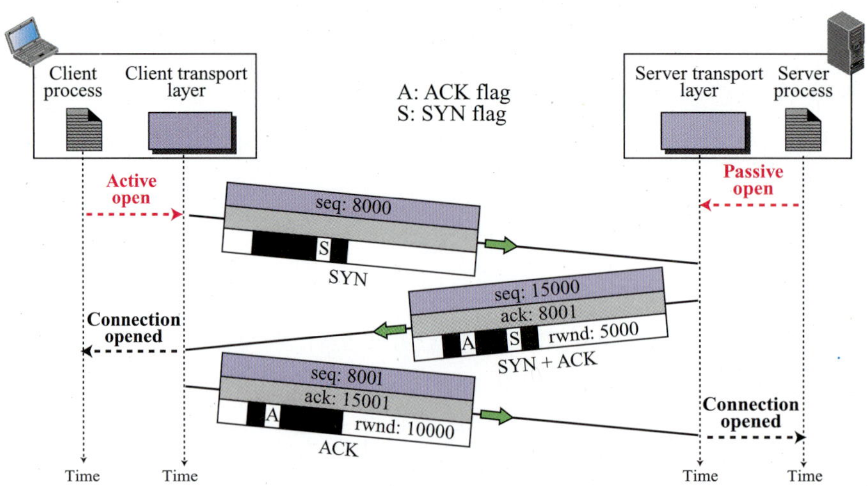

그림 12.27 3-단계 핸드셰이크

3-단계 핸드셰이크 절차는 다음과 같다.

1. 클라이언트는 첫 번째 세그먼트로서 SYN 세그먼트를 전송한다. 이 세그먼트에는 발신지와 목적지 포트 번호가 포함된다. 목적지 포트 번호는 클라이언트가 접속하고자 하는 서버를 명백히 지정한다. 세그먼트에는 또한 클라이언트로부터 서버로 전송되는 데이터 바이트에 번호를 부여하기 위하여 사용되는 클라이언트의 초기 순서 번호(ISN: Initialization Sequence Number)가 포함된다. 만일 클라이언트가 서버로부터 수신하고자 하는 MSS를 지정하고자 하면, 클라이언트는 이 세그먼트에 MSS 옵션을 추가할 수 있다. 또한 클라이언트가 좀 더 큰 윈도우를 사용하고자 하면, 클라이언트는 적절한 옵션을 이용하여 윈도우 확장 인자를 지정할 수 있다. 이 세그먼트는 클라이언트가 특정한 매개 변수로 연결을 설정하고자 한다는 것을 나타낸다. 이 세그먼트에는 확인응답 번호가 포함되지 않는다. 또한 이 세그먼트에는 윈도우 크기도 정의되지 않는다. 윈도우 크기의 정의는 세그먼트가 확인을 포함할 경우에만 의미가 있다.
2. 서버는 두 번째 세그먼트로서 SYN+ACK 세그먼트를 전송한다. 이 세그먼트는 두 가지 목적을 가지고 있다. 첫 번째로 이 세그먼트는 ACK 플래그와 확인응답 번호 필드를 이용하여 첫 번째 세그먼트의 수신을 확인한다. 확인응답 번호는 클라이언트의 ISN+1의 값으로 설정된다. 서버는 또한 클라이언트의 윈도우 크기를 정의해야 한다. 두 번째로, 이 세그먼트는 서버의 초기 세그먼트로서 사용된다. 이 세그먼트에는 서버로부터 클라이언트로 전송되는 바이트에 번호를 부여하기 위한 초기 순서 번호가 포함된다. 이 세그먼트에는 또한 (필요하다면) 서버로부터 사용되고자 하는 윈도우 확장 인자 옵션과 서버에 의해서 지정되는 MSS도 포함된다. 앞에서 언급한 것과 같이, 이 세그먼트는 두 개의 세그먼트를 하나로 결합한 것이다.
3. 클라이언트는 세 번째 세그먼트를 전송한다. 이것은 단순히 ACK 세그먼트이다. 이 세그먼트는 ACK 플래그와 확인응답 번호 필드를 이용하여 두 번째 세그먼트의 수신을 확인한다. 확인응답 번호는 서버의 초기 순서 번호에 1을 더한 값이다. 클라이언트는 또한 서버의 윈도우 크기를 지정해야 한다. 데이터는 이 세 번째 세그먼트에서부터 전송될 수 있다.

두 프로세스가 동시에 서로에게 능동 개방을 요구하는 상황이 일어날 수도 있다. 이 경우 양쪽 TCP는 서로에게 SYN+ACK 세그먼트를 전송하게 되고 하나의 단일 연결이 두 TCP 사이에 설정된다.

연결 종료

데이터를 교환하는 (클라이언트와 서버의) 어느 쪽도 연결을 종료할 수 있다. TCP 연결은 양방향으로 이루어져 있으며, 한 방향의 연결이 종료되더라도 다른 시스템은 다른 방향을 통하여 데이터 전송을 계속할 수 있다. 따라서 양 방향 연결이 종료되기 위해서는 다음의 4단계가 필요하다.

1. 호스트 A는 연결을 종료하고자 한다는 것을 알리는 세그먼트를 전송한다.
2. 호스트 B는 A의 요구를 확인응답(승인) 하는 세그먼트를 전송한다. 이 이후에는 한 방향의 연결을 종료되지만 다른 방향의 연결은 계속 유지된다. 즉 호스트 B는 A로 데이터를 계속 전송할 수 있다.
3. 호스트 B가 자신의 데이터 전송을 완료하면, B는 자신이 연결을 해지하고자 한다는 것을 알리기 위한 세그먼트를 전송한다.
4. 호스트 A는 B의 요구를 확인응답(승인)한다.

연결 종료를 위해서는 4단계가 필요하다. 그렇지만, 연결 종료에서는 연결 설정의 경우에서와 같이 2와 3단계를 결합할 수는 없다. 2와 3단계는 동시에 일어날 수도 있고, 그렇지 않을 수도 있다. 즉 연결은 한 방향으로는 종료될 수 있지만, 다른 방향으로는 계속 개방인 상태로 남아 있을 수 있다.

4-단계 핸드셰이크

위에서 언급한 연결 종료를 4-단계 핸드셰이크(four-way handshaking)라고 한다. 이 절차에서는 일반적으로 클라이언트라고 하는 응용 프로그램이 연결의 종료를 요구한다.

연결 종료 절차는 클라이언트로부터 시작한다. 클라이언트 프로그램은 자신의 TCP에게 데이터 전송이 종료되었고 따라서 연결을 종료하고자 한다는 것을 알린다. 이것을 능동 종료(active close) 요구라고 한다.

능동 종료 요구를 수신한 후에, 클라이언트 TCP는 클라이언트-서버 방향의 연결을 종료한다. 그러나 다른 방향으로의 통신은 여전히 개방되어 있다.

서버 프로그램이 서버-클라이언트 방향으로의 데이터 전송을 끝마치게 되면, 서버는 서버-클라이언트 방향의 연결 해제를 자신의 TCP에게 요구할 수 있다. 보통은 이것을 수동 종료(passive close)라고 한다. 4단계 핸드셰이크는 그림 12.28에 나타나 있다.

연결 종료를 위한 4단계는 다음과 같다.

1. 클라이언트 TCP는 첫 번째 세그먼트로서 FIN 세그먼트를 전송한다.
2. 서버 TCP는 클라이언트로부터의 FIN 세그먼트의 수신을 확인하기 위하여 두 번째 세그먼트인 ACK 세그먼트를 전송한다. 이 세그먼트에서 TCP는 FIN 세그먼트로부터 수신한 순서 번호에 1을 더한 값을 확인응답 번호로서 사용한다.
3. 서버 TCP는 서버-클라이언트 방향으로의 데이터 전송을 계속할 수 있다. 만일 더 이상 보낼 데이터가 없으면, 서버 TCP는 세 번째 세그먼트를 전송한다. 이 세그먼트는 FIN 세그먼트이다.
4. 클라이언트 TCP는 TCP 서버로부터의 FIN 세그먼트 수신을 확인하기 위하여 네 번째 세그먼트인 ACK 세그먼트를 전송한다. 이 세그먼트에는 서버로부터의 FIN 세그먼트로부터 수신된 순서 번호에 1을 더한 값으로 설정되는 확인응답 번호가 포함된다.

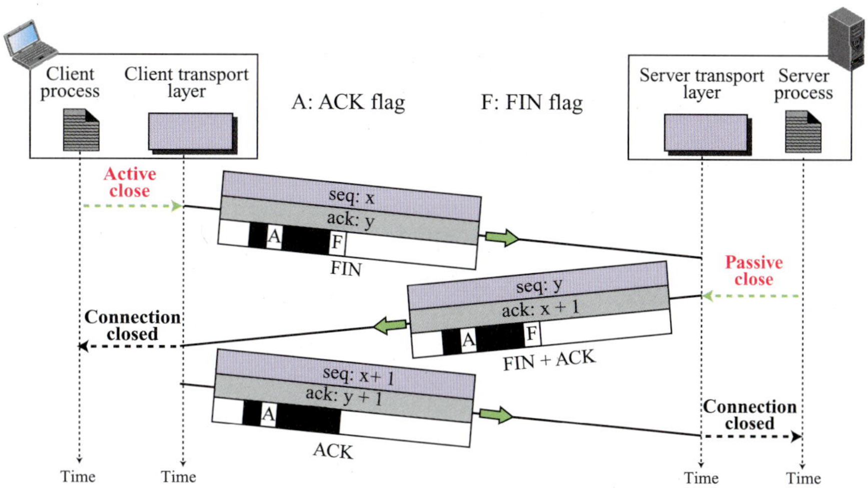

그림 12.28 4-단계 핸드셰이크

연결 리셋

TCP는 연결의 리셋(connection reset)을 요구할 수 있다. 여기에서 리셋이라는 것은 연결이 파기되었다는 것을 의미한다. 리셋은 다음과 같은 세 가지의 경우에 발생할 수 있다.

1. 한 쪽의 TCP가 존재하지 않은 포트로 연결을 요구하면, 다른 쪽의 TCP는 연결을 파기하기 위하여 RST 비트를 설정한 세그먼트를 전송한다.
2. 한 TCP는 비 정상적인 상황으로 인하여 연결의 중단을 요구할 수 있다. 이 경우 TCP는 연결을 종료하기 위하여 RST 세그먼트를 전송할 수 있다.
3. 한 쪽의 TCP는 다른 쪽의 TCP가 긴 시간동안 휴지 상태에 있다는 것을 확인한 후, 연결을 파기하기 위하여 RST 세그먼트를 전송한다.

12.12 상태 천이 다이어그램

연결 설정, 연결 종료, 그리고 데이터 전송 기간 동안 발생하는 여러 가지의 이벤트들을 관리하기 위하여, TCP 소프트웨어는 **유한 상태 기기**(finite state machine)를 이용하여 구현된다. 유한 상태 기기는 제한된 수의 상태를 가지는 기기이다. 어느 순간에 기기는 여러 개의 상태 중의 하나에 있을 수 있으며, 이벤트가 발생하기 전까지는 그 상태에 계속 머무른다. 만일 이벤트가 발생하면, 기기는 자신의 상태를 새로운 상태로 바꾸거나 또는 어떠한 행동을 수행한다. 다시 말하면 이벤트는 상태에 적용되는 입력이다. 이벤트는 상태를 변화시킬 수 있고, 또한 출력이 발생할 수도 있다. 표 12.2는 TCP의 상태를 보여준다.

표 12.2 TCP의 상태

상태	설명
CLOSED	연결되지 않음
LISTEN	서버는 클라이언트로부터 호출(call)을 기다림
SYN-SENT	연결 요청(SYN)을 보냄, 확인응답(ACK)을 기다림
SYN-RCVD	SYN + ACK를 보냄, 확인응답(ACK)을 기다림
ESTABLISHED	연결이 설정됨. 데이터 전송 가능
FIN-WAIT-1	첫 번째 FIN을 보냄, 확인응답(ACK)을 기다림
FIN-WAIT-2	첫 번째 FIN에 대한 확인응답(ACK)을 받음, 두 번째 FIN을 기다림
CLOSING	양측이 동시에 종료를 결정함
TIME-WAIT	두 번째 FIN을 받음, ACK를 보냄, 2MSL 타임아웃을 기다림
CLOSE-WAIT	첫 번째 FIN을 받음, ACK 보냄, 응용이 종료를 기다람
LAST-ACK	두 번째 FIN을 보냄, 확인응답(ACK) 기다림

상태와 이벤트에 대한 개념을 설명하기 위하여 상태 천이 다이어그램(state transition diagram)을 이용한다. 상태는 타원형으로 표시되어 있다. 한 상태에서 다른 상태로의 천이는 지시 선으로 표시되어 있다. 각 선에는 사선으로 나누어지는 두 개의 문자 열이 있다. 첫 번째 열은 TCP가 수신하는 입력을 나타내고, 두 번째는 TCP가 전송하는 출력을 나타낸다. 그림 12.29에는 클라이언트와 서버 TCP의 상태 천이 다이어그램이 나타나 있다. 이 그림에서 점선은 서버를 나타내고, 실선은 클라이언트를 나타내며, 가는 선은 비정상적인 상황을 나타낸다.

클라이언트 다이어그램

클라이언트는 CLOSED, SYN-SENT, ESTABLISHED, FIN-WAIT-1, FIN-WAIT-2와 TIME-WAIT의 상태 중의 하나에 있을 수 있다.

- 클라이언트 TCP는 CLOSED 상태에서부터 시작한다.
- CLOSED 상태에 있는 클라이언트 TCP가 클라이언트 응용 프로그램으로부터 능동 개방 요구를 수신하면, 클라이언트 TCP는 서버 TCP로 SYN 세그먼트를 전송하고 SYN-SENT 상태로 진행한다.
- SYN-SENT 상태에 있는 클라이언트 TCP가 서버 TCP로부터 SYN+ACK 세그먼트를 수신하면, 클라이언트 TCP는 서버 TCP에게 ACK 세그먼트를 전송하고 ESTABLISHED 상태로 진행한다. ESTABLISHED는 데이터 전달 상태이다. 클라이언트는 데이터를 주고 받는 동안 이 상태에 머무른다.

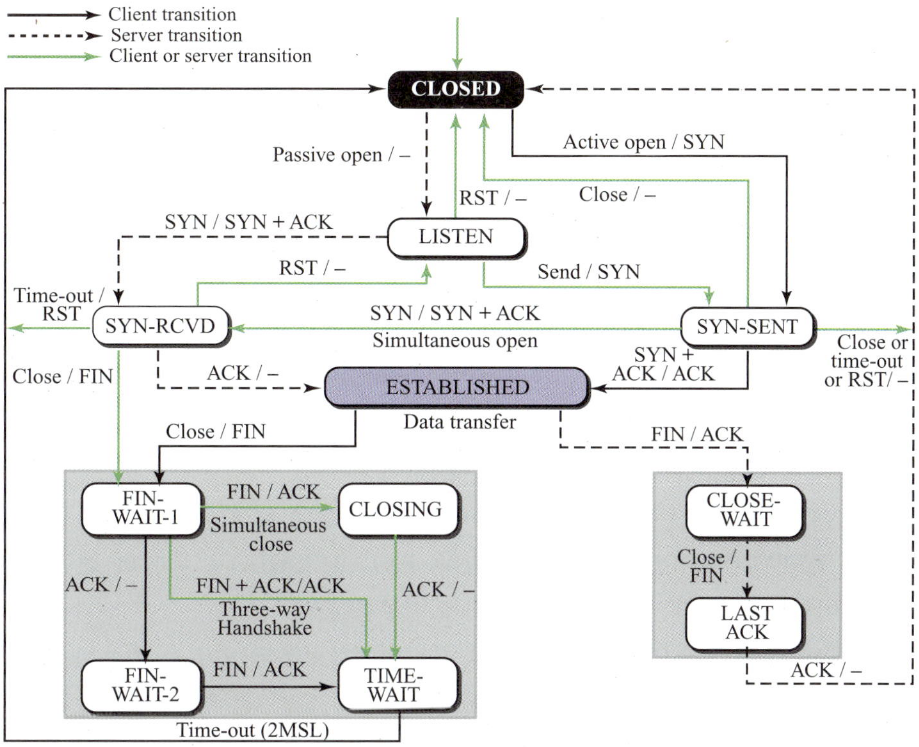

그림 12.29 상태 천이 다이어그램

- ESTABLISHED 상태에 있는 클라이언트 TCP가 클라이언트 응용 프로그램으로부터 해지 요구를 수신하면, 클라이언트 TCP는 서버 TCP에게로 FIN 세그먼트를 전송하고 FIN−WAIT−1 상태로 진행한다.
- FIN−WAIT−1 상태에 있는 클라이언트 TCP는 서버 TCP로부터 ACK를 수신하기를 기다린다. ACK가 수신되면, 클라이언트 TCP는 FIN−WAIT−2로 진행한다. FIN−WAIT−2 상태의 TCP는 아무것도 전송하지 않는다. 이 상태에서 한 방향의 연결은 종료된다.
- FIN−WAIT−2 상태에 있는 클라이언트는 서버가 서버-클라이언트 방향으로의 연결을 종료하기를 기다린다. 만일 클라이언트가 상대방으로부터 FIN 세그먼트를 수신하면, 클라이언트는 ACK 세그먼트를 전송하고 TIME−WAIT 상태로 진행한다.
- TIME−WAIT 상태에 있는 클라이언트는 타이머를 구동하여 타이머가 종료될 때까지 기다린다. 이 타이머의 값은 최대 크기의 세그먼트 수명의 두 배로 설정된다. 클라이언트는 목적지로부터 도착하는 중복 패킷을 버릴 수 있도록 하기 위하여 완전히 연결을 종료하기 전에 이 상태에 머무른다. 타이머가 종료되면 클라이언트는 CLOSED 상태로 진행하고, 그곳에서 다시 시작한다.

서버 다이어그램

서버는 11개의 상태 중의 하나에 있을 수 있지만, 정상 동작의 경우 서버는 CLOSED, LISTEN, SYN−RCVD, ESTABLISHED, CLOSE−WAIT, 그리고 LAST−ACK의 상태 중에 하나에 있을 수 있다.

- 서버 TCP는 CLOSED 상태에서부터 시작한다.
- CLOSED 상태에 있는 서버 TCP가 서버 응용 프로그램으로부터 수동 개방 요구를 수신하면 서버 TCP는 LISTEN 상태로 진행한다.
- LISTEN 상태에 있는 서버 TCP가 클라이언트 TCP로부터 SYN 세그먼트를 수신하면, 서버 TCP는 클라이언트 TCP로 SYN+ACK 세그먼트를 전송하고 SYN−RCVD 상태로 진행한다.
- SYN−RCVD 상태에 있는 서버 TCP가 클라이언트로부터 ACK 세그먼트를 수신하면, 서버 TCP는 ESTABLISHED 상태로 진행한다. ESTABLISHED는 데이터 전송 상태이다. 서버는 데이터를 주고 받는 동안에 이 상태에 머무른다.
- ESTABLISHED 상태에 있는 서버 TCP가 클라이언트로부터 연결을 종료하기 위한 FIN 세그먼트를 수신하면, 서버는 클라이언트에게 ACK 세그먼트를 전송하고 CLOSE−WAIT 상태로 진행한다.
- CLOSE−WAIT 상태에 있는 서버는 서버 프로그램으로부터 종료 요구를 수신할 때까지 기다린다. 만일 수신하면 서버는 클라이언트에게 FIN 세그먼트를 전송하고 LAST−ACK 상태로 진행한다.
- LAST−ACK 상태에 있는 서버는 마지막 ACK 세그먼트를 기다린 후, ACK 세그먼트를 수신하면 CLOSED 상태로 진행한다.

예제 12.2 이 예제에서 어떻게 클라이언트 프로세스가 서로 다른 상태를 거치면서 서버와 연결을 설정하고 데이터를 교환하는지를 살펴보고자 한다. 클라이언트 프로세스가 TCP에게 능동 개방 명령을 요구하면, TCP는 SYN 세그먼트(그림 12.29의 연결 과정에서의 첫 번째 세그먼트)를 서버에게 전송한다. 클라이언트 측에 있는 TCP는 이제 서버 측에 있는 TCP로부터 SYN+ACK 세그먼트를 수신하기 전까지는 SYN−SENT 상태에 머무른다. SYN+ACK 세그먼트(그림 12.29의 연결 과정에서의 두 번째 세그먼트)를 수신한 후에, 클라이언트 측의 TCP는 ACK 세그먼트(그림 12.29의 연결 과정에서의 세 번째 세그먼트)를 전송하고, ESTABLISHED 상태로 들어간다. 이로써 연결 과정은 완료되고 클라이언트와 서버는 데이터를 교환할 수 있다(그림 12.29 참조).

이 예제에서, 클라이언트 프로세스는 모든 데이터를 서버에게 전송한 후에 연결을 종료하고자 한다. 클라이언트 프로세스는 TCP에게 종료 명령을 요구한다. TCP는 서버 측에 있는 TCP에게로 FIN 세그먼트(그림 12.29의 종료 과정에서의 첫 번째 세그먼트)를

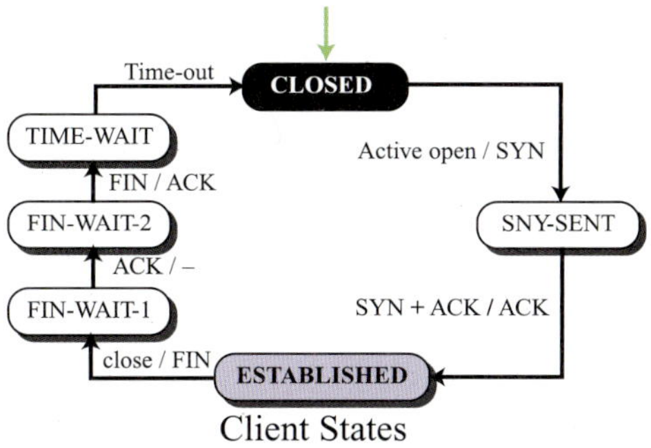

그림 12.30 클라이언트 상태

전송하고 FIN−WAIT−1 상태로 들어간 후, 서버 측의 TCP로부터 ACK를 수신하기 전까지는 이 상태에 머무른다. ACK 세그먼트(그림 12.28의 해제 과정에서의 두 번째 세그먼트)를 수신하면, TCP는 FIN−WAIT−2 상태로 들어가서 서버 측의 TCP가 FIN 세그먼트(그림 12.29의 종료 과정에서의 세 번째 세그먼트)를 전송하기를 기다린다. FIN 세그먼트를 수신한 후에(이제는 서버가 역시 연결을 해지하고자 하는 경우임) 클라이언트 측의 TCP는 서버 측으로부터의 해지 요구를 확인응답하기 위하여 ACK 세그먼트를 전송하고 TIME−WAIT 상태로 들어간다. 그리고 (30초에서 60초 기간의) 타이머를 설정하고 이 상태에서 머무르며 마지막으로 보낸 ACK가 손실되지 않음을 확인한다(만일 ACK가 손실되면 재전송한다). 그리고는 CLOSED 상태로 들어간다. 그림 12.30은 상태간 천이를 보여준다.

예제 12.3 이 예제에서는 어떻게 서버 프로세스가 여러 상태를 거치면서 클라이언트와 연결을 설정하고 데이터를 교환하는지를 보여준다. 서버 프로세스는 수동 개방 명령을 실행한다. 이 명령은 서버가 연결을 먼저 설정하는 것을 의미하는 것은 아니고, 클라이언트로부터의 연결 설정을 기다린다는 것의 의미한다. 수동 개방 명령을 수신하면 서버 측에 있는 TCP는 클라이언트로부터의 요청을 기다리며 LISTEN 상태에 머무른다. 클라이언트로부터 SYN 세그먼트(그림 12.29의 연결 설정 과정에서의 첫 번째 세그먼트)를 수신하면, 서버 측의 TCP는 SYN + ACK 세그먼트(그림 12.29의 연결 설정 과정에서의 두 번째 세그먼트)를 전송하고 SYN – RCVD 상태에 들어가서 클라이언트로부터 ACK 세그먼트(그림 12.29의 연결 설정 과정에서의 세 번째 세그먼트)가 들어오기를 기다린다. ACK 세그먼트가 수신되면 ESTABLISHED 상태로 들어가고, 클라이언트와 데이터를 교환한다.

다시 위의 예제에서 클라이언트가 연결을 종료한다고 가정하자. 서버는 클라이언트로부터 FIN 세그먼트(그림 12.29의 종료 과정에서의 첫 번째 세그먼트)를 수신하기 전까지는 ESTABLISHED 상태에 머무른다. FIN 세그먼트를 수신하면 서버는 ACK 세그

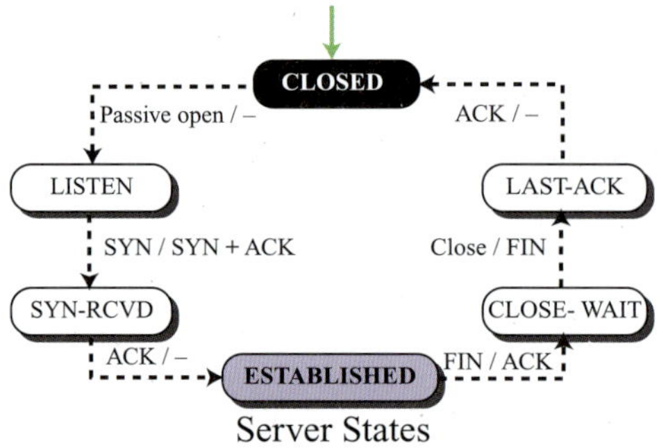

그림 12.31 서버 상태

먼트(그림 12.29의 연결 종료 과정에서의 두 번째 세그먼트)를 전송하고 CLOSE WAIT 상태에 들어간다. 그 상태에 있으면서 서버 프로세스가(서버가 클라이언트로 보낼 더 이상의 데이터가 없다는 것을 나타내는) 종료 명령을 요구할 때까지 기다린다. 서버 프로세스가 종료를 명령하면, TCP는 FIN 세그먼트를 클라이언트에게로 전송하고 LAST-ACK 상태로 들어가서 클라이언트로부터 ACK 세그먼트(그림 12.29의 종료 과정에서의 네 번째 세그먼트)를 수신할 때까지 그 상태에서 머무른다(그림 12.31 참조).

12.13 TCP 동작

전송 계층의 개념은 TCP와 UDP 모두에 공통이다. 이 개념은 UDP에서 살펴보았으며, 복습을 위하여 다시 반복하고자 한다.

캡슐화와 역캡슐화

한 응용 프로그램에서 다른 응용 프로그램으로 메시지를 전송하기 위하여 TCP 프로토콜은 메시지를 캡슐화(encapsulation)하고 역캡슐화(decapsulation)한다(그림 12.32 참조).

버퍼링

앞에서 언급한 것과 같이 TCP는 각 연결마다 송신 버퍼와 수신 버퍼를 만든다.

다중화와 역다중화

TCP/IP 프로토콜 모음에서 TCP는 단지 하나지만 TCP의 서비스를 이용하고자 하는 응용 프로그램은 여러 개가 있을 수 있다. 이러한 상황을 처리하기 위해 TCP는 다중화(multiplexing)와 역다중화(demultiplexing)를 이용한다(그림 12.33 참조).

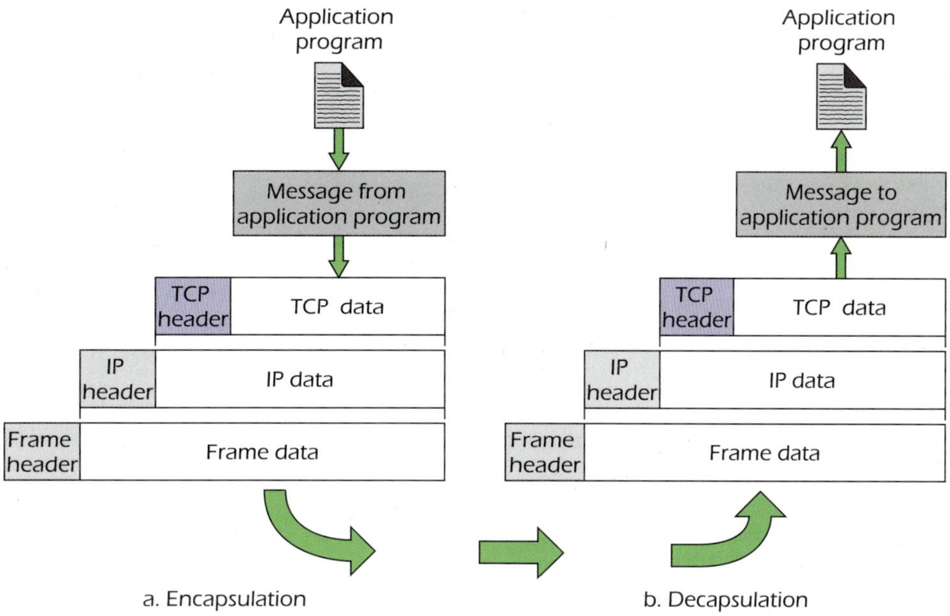

그림 12.32 캡슐화와 역캡슐화

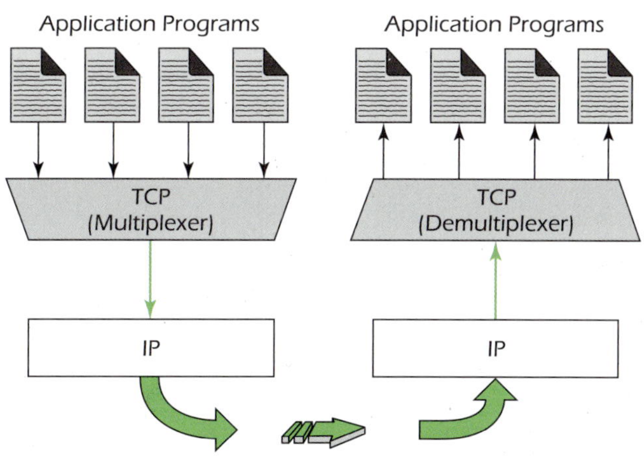

그림 12.33 다중화와 역다중화

푸싱(pushing) 데이터

송신 TCP는 송신 응용 프로그램으로부터 들어오는 데이터 스트림을 저장하기 위하여 버퍼를 이용한다. 송신 TCP는 데이터 스트림으로부터 임의의 크기의 세그먼트를 만들 수 있다. 수신 TCP 역시 수신한 데이터를 저장하기 위한 버퍼를 가지고 있으며, 응용 프로그램이 수신할 준비가 되어 있을 때 데이터를 응용 프로그램으로 전달한다. 이러한 종류의 신축성이 TCP의 효율을 향상시킨다.

그러나 때때로 이러한 신축성이 편리하지 않은 응용 프로그램이 있다. 예를 들어 다른 편에 있는 응용 프로그램과 대화 방식으로 통신하는 한 응용 프로그램을 고려해 보자. 한 쪽에 있는 응용 프로그램은 다른 쪽에 있는 응용 프로그램에게 키보드를 통하여 입력된 문자를 전송하고 즉시 전송한 문자에 대한 확인응답을 수신하고자 한다. 이러한 응용 프로그램에서는(송신 TCP에서 네트워크로) 데이터의 전송을 지연하거나(수신 TCP에서 수신 응용 프로그램으로) 데이터의 전달을 지연하는 것은 받아들일 수 없을 것이다.

TCP에서는 이러한 상황을 처리할 수 있다. 전송 측에 있는 응용 프로그램은 푸시(push) 동작을 요구할 수 있다. 이것은 송신 TCP가 윈도우가 다 찰 때까지 기다리지 않는다는 것을 의미한다. 송신 TCP는 세그먼트를 만들어서 즉시 전송해야 한다. 송신 TCP는 또한 push(PSH) 비트를 1로 설정하여 수신 TCP에게 세그먼트가 가능한 한 빨리 수신 응용 프로그램으로 전달되어야 하는 데이터를 포함하고 있고 따라서 더 이상의 데이터가 오기를 기다리지 않도록 한다.

비록 푸시 동작이 응용 프로그램에 의해서 지시되지만, 현재의 대부분의 TCP 구현에서는 이러한 요구를 무시한다. TCP는 이러한 동작을 할 것인가 말 것인가에 대한 선택을 가지고 있다.

긴급 데이터

TCP는 스트림 방식의 프로토콜이다. 이것은 데이터가 응용 프로그램으로부터 TCP로 문자 스트림의 형태로 전달된다는 것을 의미한다. 데이터의 각 바이트는 스트림 내에서 위치를 가지고 있다. 그러나 응용 프로그램이 긴급(urgent) 바이트를 전송할 필요가 있을 때가 있다. 이것은 송신 응용 프로그램으로부터 전송된 데이터의 일부분을 수신 응용 프로그램이 순서에 어긋나게 읽었으면 한다는 것을 의미한다. 송신 응용 프로그램이 수신 응용 프로그램에서 처리되기 위한 데이터를 전송하고 있다고 간주해보자. 처리 결과가 돌아왔을 때, 송신 응용 프로그램이 무언가 잘못되었다는 것을 발견하면, 송신 응용 프로그램은 즉시 데이터의 처리를 중지해야 한다. 만일 이미 많은 양의 데이터가 전송된 후에 송신 응용 프로그램이 중지 명령어(Control + C)를 전송하면, 이러한 두 개의 문자는 수신 TCP 버퍼의 맨 끝에 저장되고, 모든 데이터가 처리된 후에야 비로소 수신 응용 프로그램에 전달될 것이다.

이러한 긴급 데이터를 처리하는 방법은 URG 비트를 1로 설정하는 것이다. 송신 응용 프로그램은 송신 TCP에게 데이터의 일부분이 긴급하다는 것을 알린다. 송신 TCP는 세그먼트의 시작에 긴급 데이터를 넣고 세그먼트를 만든다. 세그먼트의 나머지 부분에는 버퍼로부터의 일반 데이터가 포함될 수 있다. 헤더에 있는 긴급 포인터 필드는 긴급 데이터의 끝과 일반 데이터의 시작을 표시한다.

수신 TCP가 URG 비트가 설정된 세그먼트를 수신하면, 수신 TCP는 긴급 포인터의 값을 이용하여 세그먼트로부터 긴급 데이터를 추출하고, 순서에 상관없이 긴급 데이터를 먼저 수신 응용 프로그램으로 전달한다.

12.14 TCP 덤프 분석

먼저 TCP 헤더를 펼쳐 보자. 그림 12.34에서 다음의 패킷에 대해서 덤프 분석을 수행한다.

No	Time	Source	Destination	Protocol	Length	개요
18	3.00499500	클라이언트 PC	웹서버	TCP	66	3-단계 핸드세이크 (SYN)
19	3.00516200	웹서버	클라이언트 PC	TCP	66	3-단계 핸드세이크 (SYN+ACK)
20	3.00521600	클라이언트 PC	웹서버	TCP	54	3-단계 핸드세이크 (ACK)

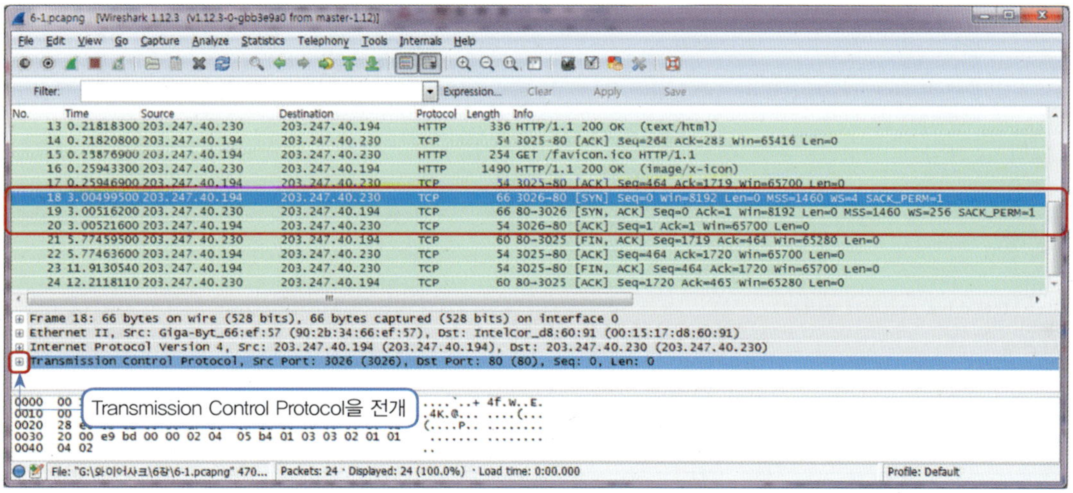

그림 12.34 패킷 캡처 정보

그림 12.34의 18번부터 20번까지 프레임에서 TCP 연결을 설정하는 3-단계 핸드세이크가 이루어진다.

TCP 세그먼트의 교환은 Graph Analysis 화면의 화살표 선으로 확인할 수 있다. 이 화면을 보려면 메뉴 바에서 「Statistics → Flow Graph」를 선택하면 Flow Graph 화면이 나타난다. 여기서 「Choose flow type」난에서 「TCP flow」를 선택한 다음 [OK] 버튼을 클릭한다. 그러면 그림 12.35와 같이 Graph Analysis 화면이 나타난다.

그림 12.34에 있는 패킷 목록 정보에 있는 Time 열 정보와 그림 12.35에 있는 Time 열과 비교해보면 해당 패킷을 정확하게 알 수 있다.

여기서 먼저 18번 프레임을 확인해 보자. 패킷 목록 정보에서 18번 프레임을 선택한 다음

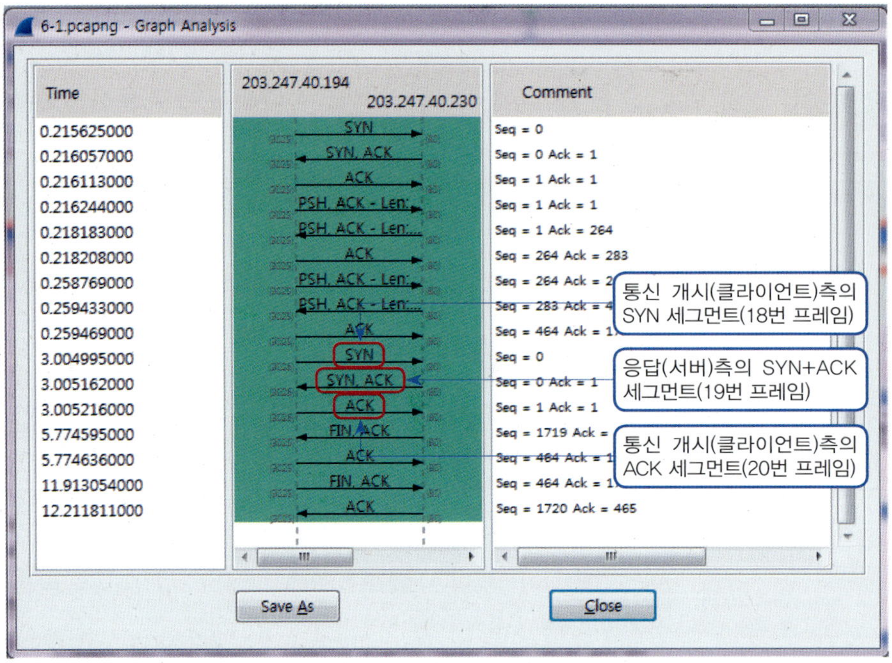

그림 12.35 Graph Analysis 화면

```
⊟ Transmission Control Protocol, Src Port: 3026 (3026), Dst Port: 80 (80), Seq: 0, Len: 0
    Source Port: 3026 (3026)
    Destination Port: 80 (80)
    [Stream index: 1]
    [TCP Segment Len: 0]
    Sequence number: 0    (relative sequence number)
    Acknowledgment number: 0
    Header Length: 32 bytes
  ⊞ .... 0000 0000 0010 = Flags: 0x002 (SYN)
    Window size value: 8192
    [Calculated window size: 8192]
  ⊞ Checksum: 0xe9bd [validation disabled]
    Urgent pointer: 0
  ⊞ Options: (12 bytes), Maximum segment size, No-Operation (NOP), Window scale, No-Operation (NOP), No-Operation (NOP), SACK permitte
```

그림 12.36 패킷 상세 정보 화면

패킷 상세 정보의 「Transmission Control Protocol」의 ⊞를 클릭해 보라. 그러면 그림 12.36과 같이 나타난다.

그림 12.36을 보면 맨 먼저 「Source port(송신자 포트 번호)」 필드에 클라이언트 측이 동적으로 할당된 16비트 포트 번호(3026)가 나타나 있다. 또한 「Destination port(수신자 포트 번호)」도 16비트 필드로서 웹(HTTP)을 나타내는 「80」번이 지정되어 있다. 다음으로 와이어샤크가 TCP의 접속에 대하여 일련번호를 부여한 「Stream index」가 부가된 다. 여기서는 「Stream index : 1」이므로 첫 번째 TCP 접속이 된다.

다음의 「Sequence number(순서 번호)」는 32비트(4바이트) 필드에서 패킷의 순서 번호가 지정되어 있다. 패킷 상세 정보를 보면 「0」으로 되어 있고 그 우측 옆에 「relative sequence number(상대적인 순서 번호)」라 표시되어 있다. 이것은 실제 초기 순서 번호에는 다른 번호가

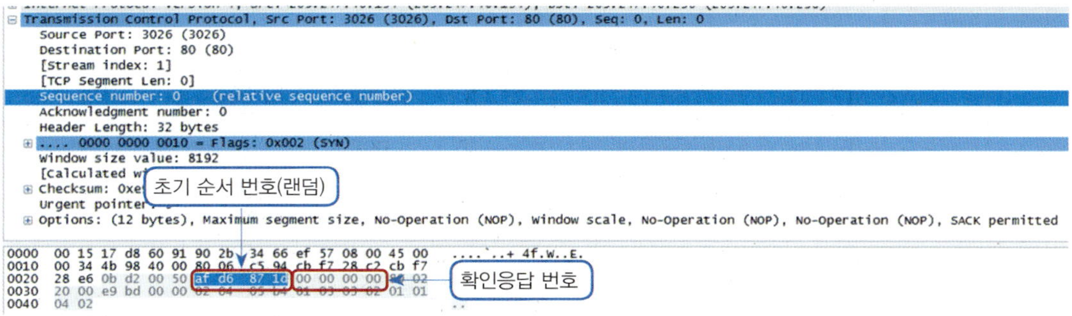

그림 12.37 패킷 바이트 정보에서 확인응답 번호 확인

붙어있는데 통신 순서 번호가 알기 쉽게 상대 표기를 하고 있음을 의미한다. TCP 세그먼트의 패킷 바이트 정보를 확인해 보라. 실제로는 초기 순서 번호로써 랜덤한 값이 붙어 있다.

또한 확인응답 번호는 패킷 상세 정보에는 나타나있지 않는데 패킷 바이트 정보를 보면 「0」이 들어가 있음을 알 수 있다(그림 12.37 참조). 참고로 실제 패킷에서는 이후 32비트(4바이트)의 확인응답 번호 필드가 준비되어 있다. 다음 「Header length(헤더 길이)」 필드는 TCP 헤더의 길이를 나타낸다. 이번에는 「32 bytes」란 값이 들어가 있다. 옵션이 없는 경우 TCP 헤더는 20바이트이므로 이는 TCP 옵션이 12바이트가 부가되어 있음을 알 수 있다.

원래 TCP 헤더는 가변 길이 헤더인데 옵션이 붙지 않을 경우 헤더 길이는 20바이트가 된다. 이것은 옵션이 붙지 않을 경우의 IP 헤더 길이(20)와 같은 값이다. 참고로 최대 세그먼트 길이(MSS)는 TCP나 IP의 옵션이 없는 경우에는 IP의 헤더를 포함한 데이터 그램의 최대 길이(MTU)에서 40(= 20 + 20)을 뺀 값이 된다.

또한 패킷 상세 정보에는 나타나있지 않았지만 실제로는 이후에 4비트의 예약 필드가 있으며, 8비트의 「Flags(플래그)」 필드가 이어진다. 「Flags」의 ⊞를 클릭하면 그림 12.38과 같이 나타난다.

TCP 플래그는 각각 1비트로 구성되어 「1」이 설정되면 플래그가 유효하게 된다. 플래그의 맨 앞에는 예약 부분이 있다. 이 부분은 지금까지 「0」이 설정되어 사용되지 않는 영역으로

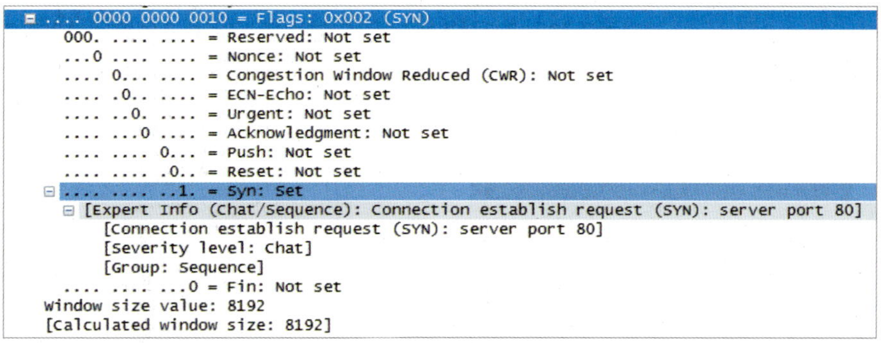

그림 12.38 Flags 정보 확인 화면

되어 있었는데 오늘날에는 CWR(Congestion Window Reduced: 폭주시의 윈도우 축소) 플래그나 ECN(Explicit Congestion Notification: 폭주 통지) 플래그 등으로써 QoS(서비스 품질 제어)가 이루어질 경우에 이용되고 있다. 이 패킷에서는「0」으로 설정되어 있다.

다음은 Nonce 플래그, CWR 플래그 및 ECN-Echo 플래그에 대해 설명한다. 먼저 Nonce 플래그는 ECN-Nonce라고도 하며, 이후의 ECN-Echo와 함께 네트워크가 혼잡했을 때 일시적인 통지를 위해 이용된다. 또 CWR는 폭주 제어를 위해 준비된 플래그이며 IP 프로토콜의 ECN 기능(DiffServ라 불리우는 새로운 우선 제어 방식으로 이용되는 기능)과 함께 이용된다. 구체적으로는 ECN 대응 기기에서 패킷이 혼잡하여 폭주가 발생하면 IP 헤더 DiffServ 부분의 CE(Congestion Experienced: 폭주 경험) 비트가 ON이 된다. 그리고 TCP의 윈도우 길이가 감소하면 CWR 플래그가 유효하게 된다. 여기서 이 플래그는 OFF, 즉「0」이 설정되어 있다. 마지막으로 ECN-Echo 플래그는 네트워크가 혼잡했을 때에 수신 측의 기기가 송신 측에 폭주 통지를 할 경우에 ON이 된다.

이어서 URG, ACK, PSH, RST, SYN, FIN과 같은 통상적인 플래그에 대하여 확인해 보자. URG(URGent) 플래그는「긴급 포인터 플래그」라고 하며 통신 도중에 중요한 데이터를 끼어 넣어 보낼 경우에 ON이 된다. 그리고 끼어 넣는 세그먼트 데이터의 장소를 검사합 뒤의 긴급 포인터 플래그에 따라 지정한다. 또 ACK(ACKnowledgement) 플래그는 확인응답 번호를 유효하게 할 경우에 ON이 된다. 이어서 PSH(PuSH) 플래그는 푸시 기능에 의해 수신 윈도우에 버퍼된 세그먼트를 애플리케이션에 건넬 때 ON이 된다. 다음으로 RST(ReSeT) 플래그는 통신 도중에 강제 종료할 경우에 ON이 되는 플래그이다. 웹브라우저의 [중지] 버튼 등을 클릭하면 이 플래그가 ON이 된 패킷이 보내진다. 더욱이 SYN(SYNchronize) 플래그는 통신 개시시에 동기를 취할 경우, 또 FIN(FINish) 플래그는 통신 종료 시에 각각 ON이 된다. 여기서는 3-단계 핸드세이크를 수행하기 위해 SYN 플래그가 ON이 되며 다른 플래그는 모두 OFF가 되어 있다.

또한 이 SYN 패킷에서는 와이어샤크가 통신을 분석하고 Expert 정보를 추가하였다. 구체적으로는 [Expert info(Chat/Sequence) : Connection establish request(SYN) : server port http]이며, 이 패킷이 HTTP(80번 포트)의 3-단계 핸드세이크의 연결 설정 패킷으로 회화/순서로 분류됨을 의미한다.

「Flags(플래그)」 필드의 바로 아래에 나타난「Window size」 필드는 TCP 소켓의 수신 버퍼인 윈도우의 길이를 16비트로 나타낸다. 이 윈도우 길이는「RWIN(Receive WINdow)」라고 하며 TCP의 폭주 제어나 흐름 제어에 이용된다. 이 패킷의 RWIN은「8192」로 되어 있다. RWIN 값은 OS의 종류나 버전 등에 따라 다르다. 또 레지스트 항목을 변경함으로써 값을 바꿀 수도 있다. 또한 윈도우 길이는 네트워크의 상태에 따라 수시로 증감되어 통신이 효율적으로 이루어지게 한다.

다음의「Checksum」 필드는 16비트이며 TCP 세그먼트의 오류를 확인한다. 또한 패킷

```
⊟ Options: (12 bytes), Maximum segment size, No-Operation (NOP), Window scale, No-Operation (NOP), No-Operation (NOP), SACK permitted
  ⊞ Maximum segment size: 1460 bytes
  ⊞ No-Operation (NOP)
  ⊞ Window scale: 2 (multiply by 4)
  ⊞ No-Operation (NOP)
  ⊞ No-Operation (NOP)
  ⊞ TCP SACK Permitted Option: True
```

그림 12.39 Options 필드 화면

상세 정보에는 나타나 있지 않지만 URG 플래그 부분에서 설명한 16비트의 긴급 포인터 필드가 이 부분에 포함된다.

일반적인 헤더는 여기까지이다. 이후에는「Options(옵션)」필드가 있는데, 이 부분에 대해서도 전개해 보라. TCP 옵션은 그림 12.39와 같이 구성되어 있다.

「Maximum segment size」필드는 TCP 세그먼트(TCP의 데이터 부분)의 최대 길이를 나타낸다. TCP 세그먼트의 최대 길이를 적절하게 설정함으로써 이것에 TCP 헤더가 부가되어 IP에 캡슐화된 경우의 최대 데이터 길이(MTU 길이) 내에 패킷을 포함시킬 수 있게 되어 있다. 여기에 나타난「1460」이란 값은 옵션없는 TCP와 IP 헤더 길이 20바이트씩을 더했을 때 정확하게 Ethernet II의 MTU 길이인 1,500이 되게 된다.

다음「NOP」필드는 No Operation의 줄임말로「조작 없음」을 의미한다. NOP 필드는 1바이트 길이로 TCP 옵션을 4바이트 단위로 저장하기 위해 이용된다. 또 다음의「Window scale: 2(multiply by 4)」는 윈도우 확장 옵션으로 수신 윈도우의 크기를 2의 2승배(4배)로 하여 취급함을 의미한다. 이로써 윈도우 길이는 표준인 2바이트 크기로 나타내는 0~65535바이트에서 0~262140바이트까지 4배 범위로 맞추게 된다.

다음의「TCP SACK permitted Option」필드는 선택적 확인응답(Selective ACK)을 유효하게 한다는 의미이다. 통상적인 확인응답은 세그먼트를 받을 때마다 확인응답 번호를 유효로 하여 ACK 세그먼트를 되돌려 보낸다. 만약 세그먼트의 확인응답을 받지 못하고 재전송 타이머가 타임아웃이 되면 그때까지 수신 윈도우에 버퍼된 세그먼트는 모두 클리어 되며 무효가 되어 버린다. 이 경우 단 하나의 세그먼트가 도착하지 않은 것이며 애플리케이션에 보내기 위해 그때까지 PSH 플래그에 의해 윈도우에 축적되어 있던 모든 세그먼트가 클리어 되어 버린다.

그러나 여기에서「SACK」가 유효하게 되어 있어(화면에는「TCP SACK Permitted Option: True」라고 되어 있다) 세그먼트의 특정 부분을 지정하여 확인응답이 수행되도록 된다. 이로써 세그먼트가 도달하지 않고 재전송 타이머가 타임아웃이 되어도 해당 세그먼트만을 선택하여 재전송이 이루어지기 때문에 통신 오류가 발생했을 경우의 재전송 효율이 좋아진다.

이번에는 19번 프레임을 확인해 보자. 패킷 목록 정보에서 19번 프레임을 선택한 다음 패킷 상세 정보의「Transmission Control Protocol」의 ⊞를 클릭하면 그림 12.40과 같이 나타난다.

19번 프레임은 웹서버가 클라이언트 PC로 보내는 TCP의 2번째 세그먼트이다.「Source port(송신자 포트 번호)」필드는 웹서버의 Well-Known 포트 번호인「80」번이며,「Destination port(수신자 포트 번호)」필드는 클라이언트 PC가 송신한 임의의 포트 번호「14397」이 된다.

```
⊟ Transmission Control Protocol, Src Port: 80 (80), Dst Port: 14377 (14377), Seq: 0, Ack: 1, Len: 0
    Source Port: 80 (80)
    Destination Port: 14377 (14377)
    [Stream index: 1]
    [TCP Segment Len: 0]
    Sequence number: 0    (relative sequence number)
    Acknowledgment number: 1    (relative ack number)
    Header Length: 32 bytes
  ⊞ .... 0000 0001 0010 = Flags: 0x012 (SYN, ACK)
    Window size value: 8192
    [Calculated window size: 8192]
  ⊞ Checksum: 0x72cb [validation disabled]
    Urgent pointer: 0
  ⊞ Options: (12 bytes), Maximum segment size, No-Operation (NOP), Window scale, No-Operation (NOP), No-Operation (NOP), SACK permitted
  ⊞ [SEQ/ACK analysis]
```

그림 12.40 19번 TCP 패킷 전개 화면

또한「Sequence number(순서 번호)」필드는「0」으로 되어 있는데 실제로는 응답 측의 초기 순서번호가 설정된다. 여기서「Acknowledgment number(확인응답 번호)」필드가「1」로 설정되어 있음을 확인하라. 이것은 클라이언트 PC 측이 보낸 순서번호(상대적으로는 0)에 1을 더한 값(상대적으로는 1)이다.

상대가 보내 온 순서번호에 1을 더한 값을 확인응답 번호로 하는 절차로부터 3-단계 핸드세이크를 수행하고 있음을 알 수 있다.

18번 프레임에서 했던 것과 마찬가지로「Flags」를 전개하면 그림 12.41과 같이 나타난다. 이번에는 접속 절차를 수행하기 위한 SYN 플래그가 ON이 되어 있으며 또한 확인응답 번호로 하기 위해 ACK 플래그도 ON이 되어 있음을 알 수 있다. 또한 이 SYN + ACK 패킷에서는 와이어샤크가 통신을 분석하여 익스퍼트 정보를 추가하고 있다. 구체적으로는 [Expert Info(Chat/Sequence) : Connection establish acknowledge(SYN+ACK) : server port 80]라고 되어 있으며, 이 패킷이 HTTP(80번 포트)의 3-단계 핸드세이크 접속 응답(SYN + ACK) 패킷이며 회화/순서로 분류됨을 의미한다.

```
⊟ Transmission Control Protocol, Src Port: 80 (80), Dst Port: 3026 (3026), Seq: 0, Ack: 1, Len: 0
    Source Port: 80 (80)
    Destination Port: 3026 (3026)
    [Stream index: 1]
    [TCP Segment Len: 0]
    Sequence number: 0    (relative sequence number)
    Acknowledgment number: 1    (relative ack number)
    Header Length: 32 bytes
  ⊟ .... 0000 0001 0010 = Flags: 0x012 (SYN, ACK)
      000. .... .... = Reserved: Not set
      ...0 .... .... = Nonce: Not set
      .... 0... .... = Congestion Window Reduced (CWR): Not set
      .... .0.. .... = ECN-Echo: Not set
      .... ..0. .... = Urgent: Not set
      .... ...1 .... = Acknowledgment: Set
      .... .... 0... = Push: Not set
      .... .... .0.. = Reset: Not set
    ⊟ .... .... ..1. = Syn: Set
      ⊟ [Expert Info (Chat/Sequence): Connection establish acknowledge (SYN+ACK): server port 80]
          [Connection establish acknowledge (SYN+ACK): server port 80]
          [Severity level: Chat]
          [Group: Sequence]
      .... .... ...0 = Fin: Not set
    Window size value: 8192
    [Calculated window size: 8192]
```

그림 12.41 Flags 전개 화면

```
⊟ Options: (12 bytes), Maximum segment size, No-Operation (NOP), Window scale, No-Operation (NOP), No-Operation (NOP), SACK permitted
  ⊞ Maximum segment size: 1460 bytes
  ⊞ No-Operation (NOP)
  ⊞ Window scale: 8 (multiply by 256)
  ⊞ No-Operation (NOP)
  ⊞ No-Operation (NOP)
  ⊞ TCP SACK Permitted Option: True
⊟ [SEQ/ACK analysis]
    [This is an ACK to the segment in frame: 18]
    [The RTT to ACK the segment was: 0.000167000 seconds]
    [iRTT: 0.000221000 seconds]
```

그림 12.42 Options 필드 전개 화면

여기서「Options(옵션)」필드를 전개하면 그림 12.42와 같이 나타난다.

「Maximum segment size」필드는「1460」으로 되어 있다(MSS = Ethernet II MTU「1,500」 - IP 헤더 길이「20」- TCP 헤더 길이「20」). 또한 앞에서와 마찬가지로 TCP 옵션의 길이를 조정하기 위하여 NOP 필드가 삽입되어 있다. 그리고 선택적 확인응답을 유효하게 함과 동시에 윈도우 확장 옵션을 2의 8승(256배)으로 지정함으로써 윈도우 길이를 256배로 취급함을 나타내고 있다.

이에 덧붙여 와이어샤크가 접속을 분석한 [SEQ/ACK analysis]란 필드도 생성되어 있다. 구체적으로는 [This is an ACK to the segment in frame : 18]이라 되어 있고 이 패킷이 18번의 SYN 패킷에 대응한 ACK 패킷임을 나타내고 있다. 더욱이 [The RTT to ACK the segment was : 0.000167000 seconds]란 부분에서 응답 시간도 확인할 수 있다.

마지막으로 20번 프레임을 확인해 보도록 하자. 패킷 목록 정보에서 20번 프레임을 선택한 다음, 패킷 상세 정보의「Transmission Control Protocol」의 ⊞를 클릭하면 그림 12.43과 같이 나타난다.

20번 프레임은 웹서버로부터 응답을 받아 클라이언트 PC가 웹서버로 보내는 세 번째 TCP 세그먼트이다.「Source port(송신자 포트 번호)」필드는 클라이언트 PC가 이용하고 있는 포트 번호「3026」,「Destination port(수신자 포트 번호)」필드는 웹서버의 Well-Known 포트 번호「80」이 된다. 또한「Sequence number(순서 번호)」필드는 상대적인 것으로서「1」로 되어 있는데 실제로는 클라이언트 PC의 초기 순서 번호에 1을 더한 값이 된다. 더욱이「Acknowledgement number(확인응답 번호)」필드가「1」로 되어 있음을 확인하라. 이것은

```
⊟ Transmission Control Protocol, Src Port: 3026 (3026), Dst Port: 80 (80), Seq: 1, Ack: 1, Len: 0
    Source Port: 3026 (3026)
    Destination Port: 80 (80)
    [Stream index: 1]
    [TCP Segment Len: 0]
    Sequence number: 1    (relative sequence number)
    Acknowledgment number: 1    (relative ack number)
    Header Length: 20 bytes
  ⊞ .... 0000 0001 0000 = Flags: 0x010 (ACK)
    Window size value: 16425
    [Calculated window size: 65700]
    [Window size scaling factor: 4]
  ⊞ Checksum: 0xe9b1 [validation disabled]
    Urgent pointer: 0
  ⊞ [SEQ/ACK analysis]
```

그림 12.43 20번 프레임 TCP 전개 화면

```
⊟ .... 0000 0001 0000 = Flags: 0x010 (ACK)
    000. .... .... = Reserved: Not set
    ...0 .... .... = Nonce: Not set
    .... 0... .... = Congestion Window Reduced (CWR): Not set
    .... .0.. .... = ECN-Echo: Not set
    .... ..0. .... = Urgent: Not set
    .... ...1 .... = Acknowledgment: Set
    .... .... 0... = Push: Not set
    .... .... .0.. = Reset: Not set
    .... .... ..0. = Syn: Not set
    .... .... ...0 = Fin: Not set
  Window size value: 16425
  [Calculated window size: 65700]
  [Window size scaling factor: 4]
⊞ Checksum: 0xe9b1 [validation disabled]
  Urgent pointer: 0
⊟ [SEQ/ACK analysis]
    [This is an ACK to the segment in frame: 19]
    [The RTT to ACK the segment was: 0.000054000 seconds]
    [iRTT: 0.000221000 seconds]
```

그림 12.44 Flags 필드 전개 화면

웹서버의 초기 순서 번호에 1을 더한 값이다. 이처럼 3-단계 핸드셰이크의 마지막 세그먼트에서는 순서 번호, 확인응답 번호 모두 초기 값에 1을 더한 값이 된다.

또 「Flags」 필드를 전개하면 확인응답 번호를 유효하게 하기 위해 ACK 플래그가 ON이 되어 있음을 알 수 있다(그림 12.44 참조). 이에 덧붙여 와이어샤크가 접속을 분석한 [SEQ/ACK analysis]란 필드도 생성되어 있다. 구체적으로는 [This is an ACK to the segment in frame : 19]라 되어 있으며, 이 패킷이 19번의 SYN 패킷에 대응한 ACK 패킷임을 나타내고 있다. 또한 [The RTT to ACK the segment was : 0.000054000 seconds]이며 응답 시간도 확인할 수 있다.

이상 3개의 세그먼트를 주고 받으며 3-단계 핸드셰이크가 종료한다. 또한 접속 종료에 대해서는 21~24번 패킷에서 확인할 수 있는데 환경에 따라서는 FIN-ACK, ACK 세그먼트의 교환이 아니라 RST 플래그를 사용하여 접속이 종료되는 경우도 있다.

연습문제

TCP가 가진 많은 기능을 살펴보기 위해 먼저 와이어샤크를 이용하여 TCP 패킷을 캡처해보자. HTTP, SMTP, TELNET, FTP와 같은 많은 애플리케이션은 TCP 서비스를 이용한다. 실습을 위해 비교적 긴 파일을 다운로드하기 위해 HTTP 응용을 이용한다. TCP는 UDP와 달리 연결형(connection-oriented) 프로토콜이다. 이 프로토콜은 연결 설정, 연결 종료, 데이터 전송을 위한 패킷을 사용한다. 이것은 소스나 싱크 프로토콜로서 TCP를 이용하여 패킷을 캡처할 수 있다. 이 실습에서는 두 가지 유형의 패킷을 캡처한다. 그리고 이들을 서로 구분해 보자.

| 순서 |

- 웹브라우저를 실행시키고 브라우저의 캐시 메모리를 지운다. 하지만 아직은 웹사이트를 접속하지 않는다.
- 와이어샤크를 실행시킨 다음 패킷 캡처를 시작한다.
- 웹브라우저를 가서 웹사이트에 있는 임의의 파일을 검색한다. 그러면 와이어샤크는 패킷 캡처를 시작한다.
- 충분하게 패킷을 캡처한 후에 와이어샤크를 종료시키고 캡처된 파일을 저장한다.
- 캡처된 파일을 이용하여 TCP 서비스를 이용한 패킷만 선택한다. 이를 위해 필터 필드에 tcp를 입력하고 Apply를 누른다. 그러면 와이어샤크 패킷 목록 정보에 많은 패킷이 나타날 것이다.

연결 설정(Connection Establishment) 단계

Part I

연결 설정에 이용된 패킷을 구분하라. 연결 설정에 사용된 가장 마지막 패킷은 소스 프로토콜로서 응용층을 이용한다.

질문 캡처된 정보를 이용하여 연결 설정에 사용된 패킷을 보고 다음 질문에 답하라.

1. 각 패킷의 소켓 주소는 무엇인가?
2. 각 패킷에 설정된 플래그는?
3. 각 패킷에 대해 순서 번호와 확인응답 번호는?
4. 각 패킷의 윈도우 크기는?

Part II 데이터 전송(Data Transfer) 단계

데이터 전송 단계 메시지는 HTTP GET request message 로 시작하고 HTTP OK message로 끝난다.

질문 캡처된 정보를 이용하여 데이터 전송에 이용된 패킷을 보고 다음 질문에 답하라.

1. 첫 번째 데이터 전송 패킷(HTTP GET message)에 설정된 TCP 플래그는 무엇인가?
2. 이 패킷을 이용하여 몇 바이트를 전송했는가?
3. 수신자는 얼마나 자주 확인응답을 했는가? 사용된 확인응답의 규칙은 무엇인가?
4. 각 패킷에서 몇 바이트를 전송했는가? 전송된 바이트 수에 대한 순서 번호와 확인응답 번호의 관계는 무엇인가?
5. 클라이언트와 서버에 의해 설정된 원래의 윈도우 크기는 얼마인가? 이 숫자는 예상한 숫자인가? 클라이언트에 의해 수신된 세그먼트에 따라 어떻게 변하는가?
6. 윈도우 크기가 흐름제어에 어떻게 사용되는지 설명할 수 있는가?
7. 데이터 전송 단계에서 HTTP OK message의 목적은 무엇인가?

Part III 연결 종료(Connection Termination) 단계

데이터 전송 단계 다음이 연결 종료 단계이다. 연결 종료 단계에 사용된 일부 패킷은 응용층에 있는 소스 또는 싱크 프로토콜을 가질 수 있다. 연결 종료에 사용된 패킷을 찾아라.

질문 캡처된 정보를 이용하여 연결 종료에 사용된 패킷을 보고 다음 질문에 답하라.

1. 이 단계에서 몇 개의 TCP 세그먼트가 교환되었는가?
2. 어느 쪽이 연결 종료 단계를 시작한 것인가?
3. 세그먼트에 있는 플래그 중 연결 종료 단계에서 설정된 것은?

Part IV 모든 TCP 패킷과 관련된 일반적인 내용

질문 캡처된 정보를 보고 다음 질문에 답하라.

1. hexdump를 이용하여 임의의 패킷에 대해 다음 질문에 답하라.
   a. 발신지 포트 번호:
   b. 목적지 포트 번호:
   c. 순서 번호:

   d. 확인응답 번호:
   e. 헤더 길이:
   f. 설정된 플래그:
   g. 윈도우 크기:
   h. 긴급 포인터 값:
2. 패킷 상세 정보를 이용하여 질문 1에 대한 답을 확인하라.
3. TCP 패킷 헤더의 어느 부분이 옵션을 전달하는가? 설명하라.
4. 옵션이 없는 TCP 패킷의 길이는 얼마인가? 옵션이 있는 TCP 패킷의 길이는 얼마인가?
5. 윈도우 크기가 0인 TCP 패킷이 있는가? 설명하라.

위의 질문들에 대해 패킷 상세 정보를 보고 다음 칸에 답을 적어 제출하라.

<table>
<tr><td colspan="2">성명:</td><td>학번:</td><td>제출 날짜:</td></tr>
<tr><td colspan="4">Part I</td></tr>
<tr><td>1</td><td colspan="3">소켓 주소:</td></tr>
<tr><td>2</td><td colspan="3">설정된 플래그:</td></tr>
<tr><td>3</td><td colspan="3">순서 번호와 확인응답 번호:</td></tr>
<tr><td>4</td><td colspan="3">윈도우 크기:</td></tr>
<tr><td colspan="4">Part II</td></tr>
<tr><td>1</td><td colspan="3">HTTP GET message에 설정된 플래그:</td></tr>
<tr><td>2</td><td colspan="3">HTTP GET message에 의해 전송된 바이트 수:</td></tr>
<tr><td>3</td><td colspan="3">확인응답 주기:
해당 규칙:</td></tr>
<tr><td>4</td><td colspan="3">각 패킷에 의해 전송된 바이트 수:
순서번호와 확인응답 번호의 관계:</td></tr>
<tr><td>5</td><td colspan="3">원래의 윈도우 크기:
예상된 숫자인가?
윈도우 크기가 어떻게 변경되었는가?</td></tr>
<tr><td>6</td><td colspan="3">윈도우 크기가 흐름제어에 어떻게 이용되었는가?</td></tr>
<tr><td>7</td><td colspan="3">HTTP OK message의 목적:</td></tr>
</table>

<table>
<tr><td colspan="3">Part III</td></tr>
<tr><td>1</td><td colspan="2">연결 종료에 교환된 TCP 세그먼트 수:</td></tr>
<tr><td>2</td><td colspan="2">어느 종단점이 연결 종료단계를 시작했는가?</td></tr>
<tr><td>3</td><td colspan="2">연결 종료를 위해 각 세그먼트에 설정된 플래그:</td></tr>
<tr><td colspan="3">Part IV</td></tr>
<tr><td rowspan="4">1</td><td>a. 발신지 포트 번호:</td><td>b. 목적지 포트 번호:</td></tr>
<tr><td>c. 순서 번호:</td><td>d. 확인응답 번호:</td></tr>
<tr><td>e. 헤더 길이:</td><td>f. 설정된 플래그:</td></tr>
<tr><td>g. 윈도우 크기:</td><td>h. 긴급 포인터:</td></tr>
<tr><td>2</td><td colspan="2">질문 1에 있는 답을 패킷 상세 정보를 통하여 확인했는가?</td></tr>
<tr><td>3</td><td colspan="2">TCP 패킷 헤더에서 어느 것이 옵션을 전달하는가? 설명하라</td></tr>
<tr><td>4</td><td colspan="2">옵션이 없는 TCP 패킷의 길이:
옵션이 있는 TCP 패킷의 길이:</td></tr>
<tr><td>5</td><td colspan="2">윈도우 크기가 0인 TCP 패킷이 있는가? 설명하라:</td></tr>
</table>

CHAPTER 13
DNS

13.1 이름 공간

13.2 도메인 이름 공간

13.3 이름 공간의 분산

13.4 인터넷 내에서의 DNS

13.5 해석

13.6 DNS 메시지

13.7 레코드의 종류

13.8 DDNS

13.9 캡슐화

13.10 DNS 덤프 분석

TCP/IP 프로토콜은 개체를 구분하기 위해서 인터넷에서 호스트 연결을 유일하게 식별하는 IP 주소를 사용한다. 그러나 사람들은 주소보다는 이름을 사용하고자 하는 경향이 있다. 그러므로 이름을 주소로 바꿔주고 주소를 이름으로 주는 시스템이 필요하게 된다.

인터넷이 작은 규모일 경우에는 호스트 파일(host file)을 사용하여 이러한 매핑을 수행할 수 있다. 호스트 파일은 이름과 주소로 이루어지는 2개의 항목을 가진다. 각 호스트는 디스크에 해당 호스트 파일을 저장하고 주기적으로 주 호스트 파일로부터 이를 갱신한다. 프로그램이나 사용자가 이름을 주소로 매핑하고자 하면 호스트는 호스트 파일에 조회하여 매핑 결과를 찾게 된다.

그러나 오늘날에 와서 단 하나의 호스트 파일을 가지고 모든 주소를 이름과 관계를 맺거나 그 반대를 수행하는 것은 불가능하다. 즉 모든 호스트에 대한 호스트 파일을 저장하기에는 그 크기가 너무 크다. 게다가 전 세계에 있는 모든 호스트 파일을 변화가 있을 때마다 갱신하는 것도 불가능하다.

하나의 해결책은 전체 호스트 파일을 단일 컴퓨터에 저장한 후 매핑을 요구하는 모든 컴퓨터에게 이 정보를 접근해 가져갈 수 있도록 하는 것이다. 그러나 이렇게 할 경우 인터넷에 많은 트래픽이 발생하게 될 것이다.

다른 해결책으로 현재 사용되고 있는 것은, 아주 많은 정보를 작은 부분으로 나눈 후 서로 다른 컴퓨터에 각 부분을 나누어 저장하는 것이다. 이 방법에 따르면 각 호스트들은 매핑이 필요할 경우 이 정보를 가지는 가장 가까운 컴퓨터와 통신하게 된다. 이 방법이 도메인 이름 시스템에 의해 사용된다. 이 장에서 우리는 DNS(Domain Name Systems)의 기본 개념과 그 바탕이 되는 아이디어를 살펴본다. 그리고 DNS 프로토콜 자체를 설명한다.

13.1 이름 공간

혼란을 피하기 위해 각 장치에 할당되는 이름은 이름과 IP 주소 간의 매핑을 담당하는 이름 공간(name space)으로부터 신중하게 선택되어야 한다. 다시 말하면, 각 IP 주소가 유일하듯이 이름도 유일하여야 한다. 각 주소를 유일한 이름에 매핑하는 이름 공간은 두 가지 방법으로 구성된다. 하나는 단층적(flat)인 것이고 다른 하나는 **계층적**(hierarchical)인 것이다.

단층적 이름 공간

단층적 이름 공간에서 이름은 주소에 할당된다. 이 공간에서 이름은 구조적이지 않은 문자의 연속으로 나타난다. 이름은 공통 부분을 가질 수도 있고 아닐 수도 있는데, 만약 가진다면 어떤 의미도 가지지 않게 된다. 단층적 이름 공간의 가장 큰 단점은 인터넷과 같은 큰 시스템에서는 사용할 수 없다는 것인데, 이는 할당되는 이름들이 중복되지 않고 명확하게 사용되기 위해서는 중앙에서 전체적으로 관리가 되어야 하기 때문이다.

계층적 이름 공간

계층적 이름 공간에서 각 이름은 여러 부분으로 나뉘어 구성된다. 첫 번째 부분은 조직의 성격을 나타내고 두 번째 부분은 조직의 이름, 세 번째 부분은 조직 내의 부서를 나타내는 식으로 구성된다. 이런 식으로 이름 공간을 할당하고 관리하는 기관이 분산되어 진다. 중앙 기관은 조직의 성격과 조직의 이름을 정의하는 이름의 일부만을 할당할 수 있다. 이름의 나머지 부분을 할당하는 책임은 그 조직에게 주어진다. 각 조직은 그 이름에 접두사나 접미사를 붙여 호스트나 자원을 정의한다. 한 조직 내의 관리자는 동일한 접두사나 접미사가 다른 조직 내에서 사용되었는지에 대해 걱정할 필요가 없다. 이는 이름의 일부가 같더라도 전체 이름은 다르기 때문이다. 예를 들어 두 개의 대학과 한 회사가 자신들의 컴퓨터를 각각 cs라고 부른다고 하자. 첫 번째 대학은 중앙 기관에서 hnu.ac.kr이라고, 두 번째 대학은 hbu.ac.kr, 그리고 회사는 smart.co.kr이라고 주어지는 경우 주어진 이름에 자신의 호스트를 나타내기 위한 동일한 접두사가 붙어도 전체 이름은 다음과 같이 달라지게 된다. 그 각각은 cs.hnu.ac.kr, cs.hbu.ac.kr, cs.smart.co.kr이 된다. 이 이름들은 중앙에서 할당하지 않더라도 유일하게 된다. 즉 중앙에서는 선제가 아니라 이름의 일부만을 관리하게 된다.

13.2 도메인 이름 공간

계층적 이름 공간을 가지기 위해서는 **도메인 이름 공간**(Domain Name Space)이 만들어진다. 여기서 이름은 맨 위에 루트를 가지는 역 트리 구조로 정의된다. 트리는 0에서 127까지의 128 레이블만을 가진다. 모든 트리는 루트에서 연결되며 트리의 각 레벨이 계층 레벨을 나타낸다(그림 13.1 참조).

레이블

트리의 각 노드는 **레이블**(label)을 가지는데 이는 최대 63개의 문자로 구성되는 스트링이다. 루트 레이블은 널 스트링(혹은 empty string)이다. DNS는 동일 노드에서 연결되어지는 노드들인 자식 노드들이 다른 레이블을 가질 수 있도록 하여 도메인 이름의 유일성을 보장한다.

도메인 이름

트리의 각 노드는 **도메인 이름**(Domain Name)을 가진다. 완전한 도메인 이름은 점(.)으로 구분되는 레이블의 연속이다. 도메인 이름은 항상 노드에서 루트 방향으로 읽혀진다. 따라서

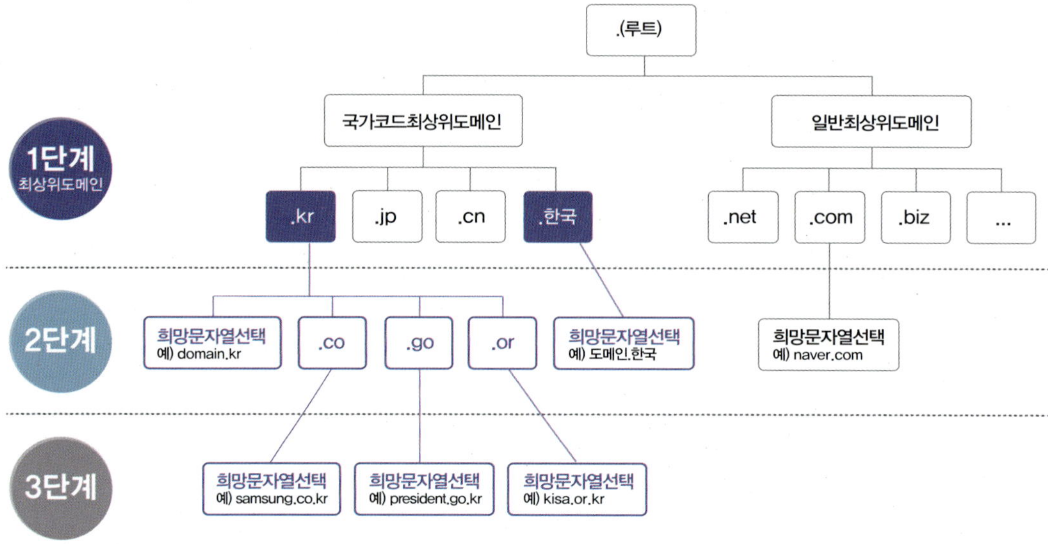

그림 13.1 도메인 이름 공간과 국내 도메인 이름 공간

마지막 레이블은 루트의 레이블인 널이 된다. 널 스트링이 아무 것도 없는 것을 말하므로 완전한 도메인 이름은 항상 점으로 끝나게 된다는 것을 말한다. 그림 13.2는 몇 가지 도메인 이름을 보여준다.

FQDN

레이블이 널 스트링으로 끝나는 것을 FQDN(Fully Qualified Domain Name)이라 한다. FQDN은 호스트의 완전한 이름을 포함하는 도메인 이름이다. FQDN은 호스트의 이름을 유일하게 정의하는 가장 명시적인 것(즉 가장 세부적인 것)부터 가장 일반적인 것까지의 모든 레이블을 포함한다. 예를 들어 도메인 이름 cs.hnu.ac.kr은 한국에 있는 한남대학교에 설치된

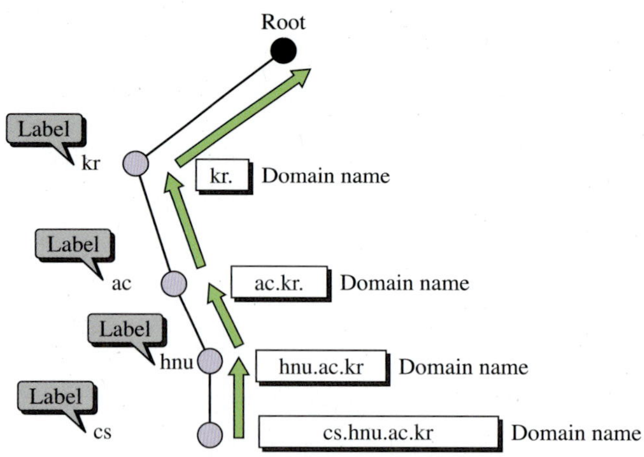

그림 13.2 도메인 이름과 레이블

cs라는 컴퓨터의 FQDN이다. DNS 서버는 하나의 주소에 대해 하나의 FQDN만을 가질 수 있다. 이름은 항상 널 레이블로 끝나야 하는데 이것이 아무 것도 의미하지 않으므로 레이블은 항상 점으로 끝난다.

PQDN

만약 레이블이 널 스트링으로 끝나지 않으면 이를 부분적으로 PQDN(Partially Qualified Domain Name)이라고 한다. PQDN은 노드로부터 시작하나 루트에 도달하지는 않는다. 이는 해석할 이름이 클라이언트와 동일한 사이트에 속해 있을 때 사용된다. 여기서 해석기(resolver)는 FQDN을 생성하기 위해 첨자(suffix)라고 불리는 나머지 빠져 있는 부분을 제공한다. 예를 들어 hnu.ac.kr 사이트에 있는 사용자가 cs 컴퓨터의 IP 주소를 얻고 싶다면, 부분적 이름인 cs를 정의하게 되고 이때 DNS 클라이언트는 DNS 서버로 주소를 보내기 전에 hnu.ac.kr라는 첨자를 추가하게 된다. DNS 클라이언트는 보통 suffix의 항목을 가진다. 널 첨자는 아무 것도 정의하지 않음을 의미한다. 이 첨자는 사용자가 FQDN을 정의할 때 추가되어 진다.

hnu.ac.kr
ac.kr
null

그림 13.3은 FQDN과 PQDN의 몇 가지 예를 보여준다.

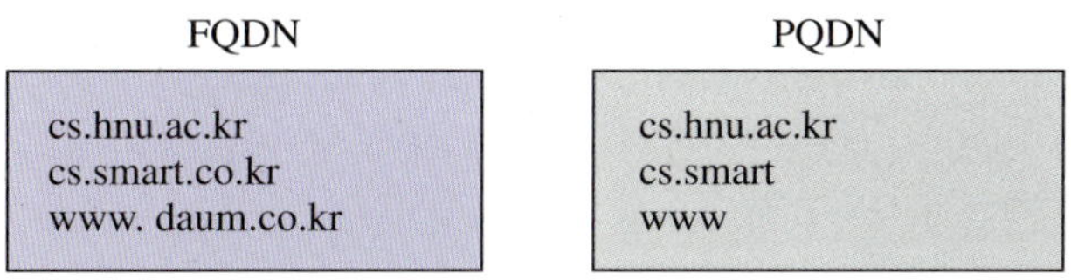

그림 13.3 FQDN과 PQDN

도메인

도메인은 도메인 이름 공간의 서브 트리이다. 도메인 이름은 서브 트리의 가장 상위에 있는 노드의 도메인 이름이다. 그림 13.4는 몇 가지 도메인을 보여준다. 도메인은 그 자체가 다른 도메인들(또는 서브 도메인들)로 나뉘어 질 수 있다.

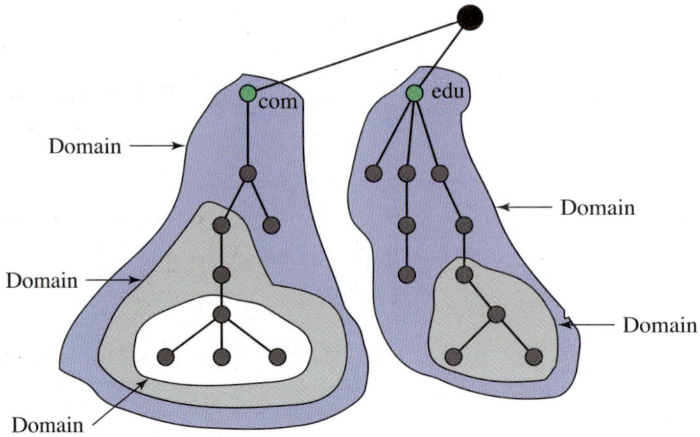

그림 13.4 도메인

13.3 이름 공간의 분산

도메인 이름 공간에 포함된 정보는 저장되어야만 한다. 그러나 이렇게 엄청나게 많은 양의 정보를 하나의 컴퓨터에만 저장하는 것은 비효율적이고 안전하지도 않다. 비효율적이라는 것은 전 세계에서 오는 모든 요구들에게 답하려면 상당한 부하가 시스템에 걸리기 때문이며, 안전하지 않다는 것은 장애가 발생한 경우 모든 데이터베이스가 접근 불가능하기 때문이다.

이름 서버의 계층

이러한 문제점의 해결책은 정보들을 DNS 서버라는 많은 컴퓨터에 분산시키는 것이다. 이렇게 하기 위한 하나의 방법은 모든 공간을 첫 번째 레벨에 기초하여 많은 도메인으로 나누는 것이다. 다른 말로 하면 루트를 독립적으로 두고, 첫 번째 레벨의 노드만큼 많은 도메인(서브트리)을 두는 것이다. 이런 식으로 만들어진 도메인은 매우 클 수 있으므로, DNS는 도메인을 더 작은 도메인인 서브 도메인으로 더 나누게 된다. 각 서버는 더 작거나, 혹은 더 큰 도메인으로 나눌 수 있는 책임과 권한을 가진다. 달리 말해 우리가 이름들의 계층을 가지는 것과 같이 서버들의 계층도 가질 수 있다(그림 13.5 참조).

영역

서버가 책임을 지거나 권한을 가지는 곳을 영역, 즉 zone이라 한다. 서버가 도메인에 대한 책임을 수락하고 이를 더 작은 도메인으로 나누지 않았다면 도메인과 영역은 같은 것을 의미한다. 서버는 영역 파일(zone file)이라는 데이터베이스를 가지며 그 도메인 내의 모든 노드 정보를 여기에 보관한다. 그러나 서버가 도메인을 서브 도메인으로 나누고 일부를 다른 서버에 권한 이양하게 되면 도메인과 영역은 서로 다른 의미가 된다. 서브 도메인의 노드에 대한

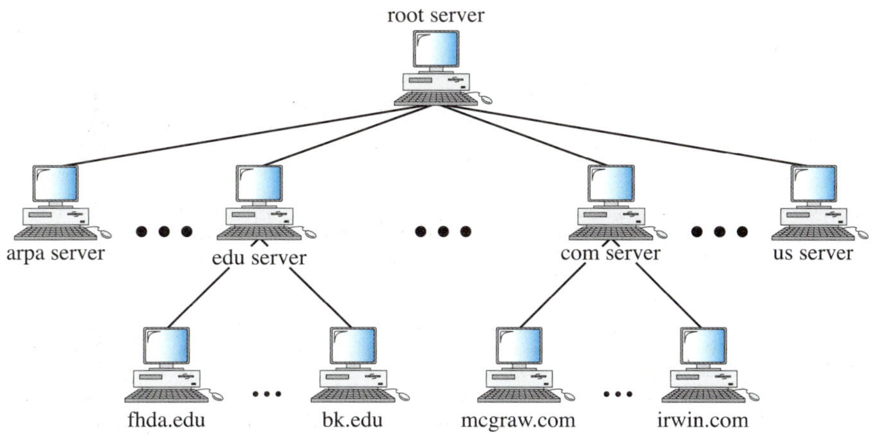

그림 13.5 이름 서버의 계층

정보는 더 낮은 레벨의 서버에 저장되고 원래의 서버는 더 낮은 레벨의 서버에 대한 참조 정보만 가지게 된다. 물론 원래의 서버가 전체 책임에서 자유롭다는 것을 말하지는 않는다. 이는 여전히 영역에 대한 책임을 가진다. 다만, 자세한 정보만 더 낮은 레벨의 서버에 저장되게 된다(그림 13.6 참조).

서버는 도메인을 부분적으로 나누고 도메인 일부를 자신에게 남겨둔 채 책임을 위임할 수도 있다. 이 경우 영역은 위임을 받지 않은 도메인의 일부와 위임을 받은 일부분에 대한 참조에 관해서 자세한 정보를 가져야 한다.

루트 서버

루트 서버는 전체 트리를 영역으로 가지는 서버이다. 루트 서버는 보통 도메인에 대한 어떠한 정보도 가지지 않으며 자신의 권한을 다른 서버들에게 이양하고 자신은 이러한 서버들에 대한 참조만을 가지게 된다. 현재 13개 이상의 루트 서버가 있으며 각각은 전체 이름 공간을 다루고 있다. 서버들은 전 세계에 분산되어 있다.

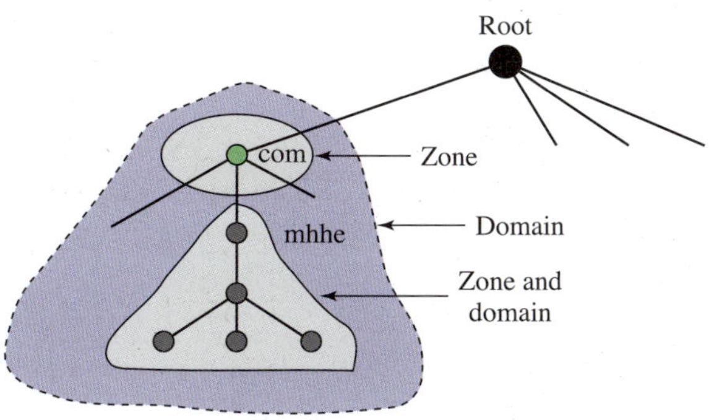

그림 13.6 영역과 도메인

일차 및 이차 서버

DNS는 **일차 서버**와 **이차 서버**의 두 가지 서버를 정의한다. 일차 서버는 자신이 권한을 가지는 영역에 대한 파일을 가진다. 이는 영역 파일에 대한 생성, 관리, 갱신에 대한 책임을 가지며 로컬 디스크에 영역 파일을 저장한다.

이차 서버는 다른 서버(일차 및 이차 서버)로부터 영역에 관한 완전한 정보를 수신하여 로컬 디스크에 파일을 저장하는 서버이다. 이차 서버는 영역 파일을 생성하지도 않고 갱신하지도 않는다. 갱신이 필요하면 이는 일차 서버에서 이루어진 후 이차 서버로 갱신된 버전이 보내지게 된다.

일차와 이차 서버는 모두 자신들이 서비스하는 영역에 권한을 가진다. 이차 서버가 더 낮은 레벨의 권한을 가지는 것은 아니며 하나의 서버가 실패할 경우 다른 서버가 클라이언트를 계속 서비스할 수 있도록 중복된 데이터를 유지하는 것이다. 하나의 서버는 특정 영역에 대해서는 일차 서버가 되며 다른 영역에 대해서는 이차 서버가 될 수 있다. 그러므로 서버를 일차, 혹은 이차 서버로 지정할 경우 지정하는 영역에 대해 주의 깊게 살펴보아야 한다.

> **주의** 일차 서버는 디스크 파일에 모든 정보를 저장한다. 이차 서버는 일차 서버로부터 수신한 모든 정보를 저장한다. 일차 서버가 이차 서버로부터 정보를 다운로드 받을 때 이를 영역전달(zone transfer)이라고 한다.

13.4 인터넷 내에서의 DNS

DNS는 여러 다른 플랫폼에서 사용될 수 있다. 인터넷에서 도메인 이름 공간(트리)은 세 가지 다른 섹션으로 나뉘어 진다. 일반 도메인, 국가 도메인, 인버스(inverse) 도메인이 그것이다(그림 13.7 참조).

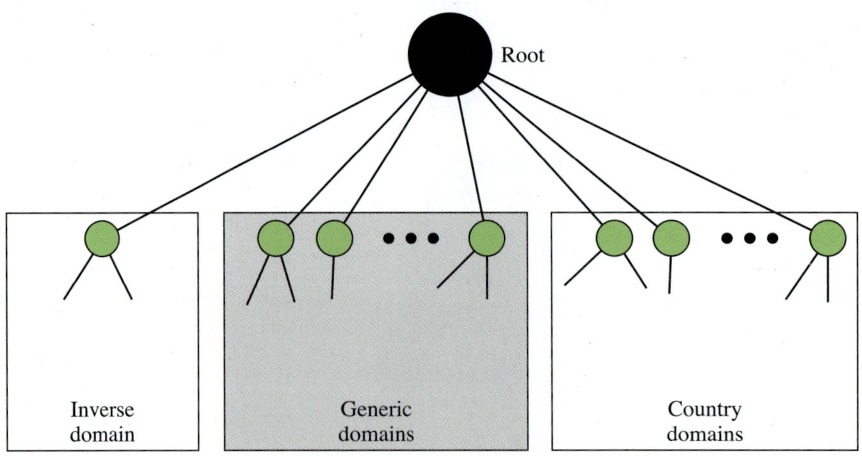

그림 13.7 인터넷에서 사용되는 DNS

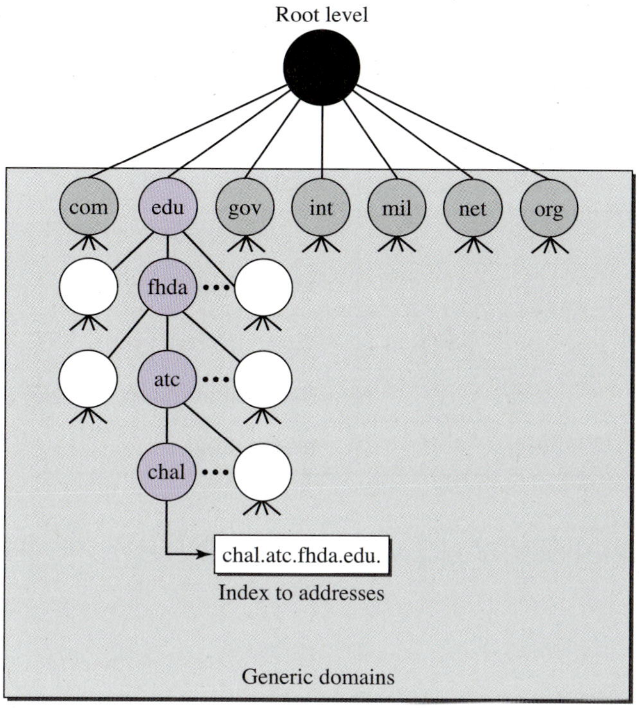

그림 13.8 일반 도메인

일반 도메인

일반 도메인은 그들의 일반적인 특성에 따라 등록된 호스트를 정의한다. 트리에 있는 각 노드는 도메인을 정의하며, 이는 도메인 이름 공간 데이터베이스에 대한 색인을 의미한다(그림 13.8 참조).

트리를 보면 일반 도메인 섹션에 있는 첫 번째 레벨에서 7개의 세 문자로 구성된 레이블이 허용 가능함을 알 수 있다. 각 레이블은 표 13.1에 나열한 것과 같은 조직의 종류를 기술한다.

표 13.1 일반 도메인 레이블

레이블	설명
com	상업기관
edu	교육기관
gov	정부기관
int	연구기관
mil	군 관련 기관
net	네트워크 지원 센터
org	비영리기관

표 13.2 새로운 일반 도메인 레이블

레이블	설명
arts	문화기관
firm	비즈니스 또는 농업
info	정보 서비스 제공자
nom	개인 nomenclatures
rec	레크레이션/엔터테인먼트 기관
store	구매를 위한 비즈니스 제공 상품
web	웹-관련 기관

최근에 들어 몇 가지 첫 번째 레벨 레이블이 새로 제안되었는 데, 이를 표 13.2에 나타내었다.

국가 도메인

국가 도메인(Country domain) 섹션은 일반 도메인과 동일한 형태를 가지나 앞에서와 같이 세 문자로 구성된 것이 아니라 두 문자로 국가의 약자 형태를 표시한다(예를 들면 us는 United States를 나타냄). 두 번째 레벨의 레이블은 조직을 나타낼 수도 있고, 아니면 더 명시적으로 국가 지정이 될 수도 있다. 예를 들어 United States는 us의 상세 분류로 각 주의 약자를 사용할 수 있다(예: ca.us).

그림 13.9는 국가 도메인 섹션을 보여준다. anza.cup.ca.us는 미국(United States) California주의 Cupertino에 있는 De Anza College로 번역될 수 있다. 국내의 경우는 그림 13.1을 참고하면 된다.

인버스 도메인

인버스 도메인(inverse domain)은 주소를 이름으로 매핑하는 데 사용되며, 서버가 클라이언트로부터 이러한 업무를 요청 받은 경우에 일어날 수 있다. 서버가 인증된 클라이언트들의 항목을 포함하는 파일을 가지고 있긴 하지만, 이 클라이언트가 현재 인증된 항목에 있는지 없는지를 결정하기 위해서는 DNS 서버에 질의하고 주소를 이름으로 바꾸도록 해석기에게 요청하여야 한다. 왜냐하면 서버는 수신한 IP 패킷으로부터 얻은 클라이언트의 IP 주소만을 항목으로 가지고 있기 때문이다.

이러한 질의를 인버스 또는 포인터(PTR: pointer) 질의(query)라고 한다. 포인터 질의를 처리하기 위해서는 arpa(역사적 이유로)라고 불리는 첫 번째 레벨의 노드를 가지는 도메인

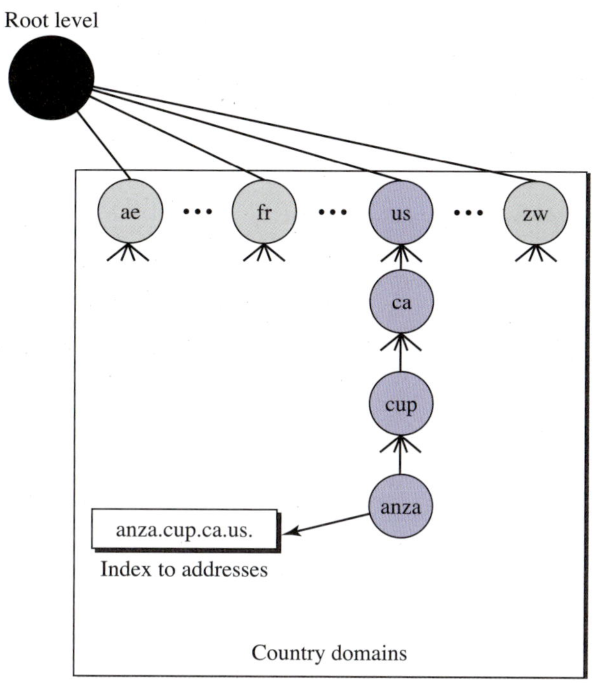

그림 13.9 국가 도메인

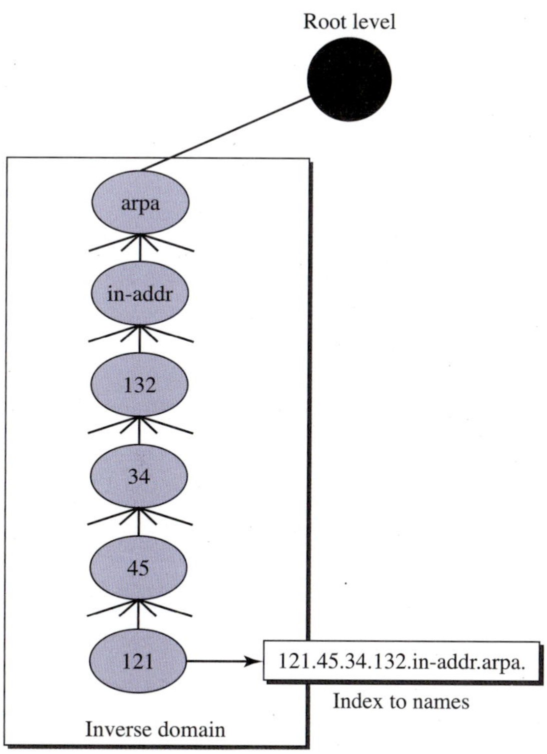

그림 13.10 인버스 도메인

이름 공간에 인버스 도메인이 추가되어야 한다. 인버스 주소에서는 두 번째 레벨도 역시 inaddr라는 하나의 단일 노드이다. 도메인의 나머지가 IP 주소를 정의한다.

인버스 도메인을 처리하는 서버들도 계층적이다. 이는 주소의 netid 부분이 subnetid 부분보다 더 높은 레벨이어야 함을 의미하고 subnetid는 hostid보다 높은 레벨이어야 함을 의미한다. 이와 같은 방식으로 전체 사이트를 서비스하는 서버는 각 서브 네트워크를 서비스하는 서버보다 레벨이 높다. 이런 설정이 일반, 혹은 국가 도메인과 비교할 때 도메인이 거꾸로 된 것처럼 보이게 만든다. 도메인 이름을 밑에서부터 맨 위로 읽어 가는 과정을 따르면 132.34.45.121과 같은 IP 주소는(이는 netid 132.34를 가지는 클래스 B 주소) 121.45.34.132.inaddr.arpa.로 읽힌다. 인버스 도메인 설정의 설명을 위해 그림 13.10을 참조하라.

13.5 해석

이름을 주소로 매핑하거나 주소를 이름으로 매핑하는 것을 이름-주소 해석(name-address resolution)이라 한다.

해석기

DNS는 클라이언트/서버 응용으로 설계되었다. 주소를 이름으로, 혹은 이름을 주소로 매핑하기 원하는 호스트는 해석기(resolver)라고 불리는 DNS 클라이언트를 호출한다. 해석기는 매핑 요구를 보내기 위해 가장 가까운 DNS 서버에 접속한다. 만약 서버가 정보를 가지고 있으면 해석기에 대한 응답을 줄 수 있으나 그렇지 않으면 해석기가 다른 서버를 참조하게 하거나 다른 서버가 이 정보를 제공하도록 요구한다.

해석기가 매핑 결과를 수신한 후 제대로 온 것인지 아니면 오류가 난 것인지를 알아보기 위해 응답을 해석한 다음, 최종적으로 그 결과를 요청한 프로세서에 전달한다.

이름을 주소로 매핑

대부분 해석기는 도메인 이름을 서버에 주고 해당 주소를 요청한다. 이 경우 서버는 매핑을 찾기 위해 일반 도메인, 혹은 국가 도메인을 검사한다.

만약 도메인 이름이 일반 도메인 섹션에 있으면 해석기는 "chal.atc.fhda.edu."와 같은 도메인 이름을 수신한다. 질의는 해석을 위해 해석기에 의해 로컬 DNS 서버로 보내진다. 만약 로컬 서버가 질의를 해결하지 못하면 해석기에게 다른 서버를 참조하도록 하거나 다른 서버에게 직접 요청한다.

만약 도메인 이름이 국가 도메인 섹션에 있으면 해석기는 "ch.fhda.cu.ca.us."와 같은 도메인 이름을 수신한다. 절차는 동일하다.

주소를 이름으로 매핑

DNS 클라이언트는 도메인 이름으로 매핑되어질 IP 주소를 서버로 보낸다. 앞서 언급한대로 이를 PTR 질의라고 한다. 이런 종류의 질의에 응답하기 위해 DNS는 인버스 도메인을 사용한다. 그러나 이때 질의에는 IP 주소가 반대로 되어야 하고 인버스 도메인 섹션에서 받아들여질 수 있는 도메인이 만들어지도록 두 레벨인 in-a ddr과 arpa가 추가되어야 한다. 예를 들어 해석기가 132.34.45.121인 IP 주소를 받아들이면, 해석기는 먼저 주소를 반대로 하고 전송하기 전에 두 레벨을 추가한다. 전송된 도메인 이름은 "121.45.34.132.in-addr.arpa."가 되며 이것이 로컬 DNS에서 받아들여지고 번역되어진다.

귀환적 해석

클라이언트(해석기)는 이름 서버에 귀환적인(recursive) 응답을 요청할 수 있다. 이는 해석기가 서버로부터 최종적인 해석 결과를 얻을 수 있을 것이라고 기대함을 의미한다. 만약 서버가 도메인 이름에 대한 권한을 가진다면, 데이터베이스를 찾아본 뒤 응답을 한다. 만약 서버가 권한이 없다면 다른 서버(주로 부모 서버)에게 요청을 보내고 응답을 기다린다. 만약 부모서버가 권한을 가진다면 응답을 하고, 그렇지 않다면 또 다른 서버에게 질의를 보내게 된다. 질의가 최종적으로 해석되면, 응답은 요청을 보낸 클라이언트에게 도달할 때까지 거꾸로 거슬러 가게 된다. 이 과정이 그림 13.11에 나타나 있다.

반복적 해석

만약 클라이언트가 귀환적 해석을 요청하지 않으면, 매핑은 반복적(iterative)으로 진행된다. 서버가 이름에 대한 권한을 가진다면 응답을 보낸다. 그렇지 않다면 이 질의를 해석할 수 있을 것 같은 서버의 IP 주소를 클라이언트에게 되돌려 준다. 클라이언트는 이 두 번째 서버에 질의를 반복할 의무를 가진다. 만약 새로 선택된 서버가 문제를 해결할 수 있으면 질의에 대한 IP 주소를 답하게 된다. 그렇지 않으면 새로운 서버의 IP 주소를 되돌려 준다. 이제 클라이

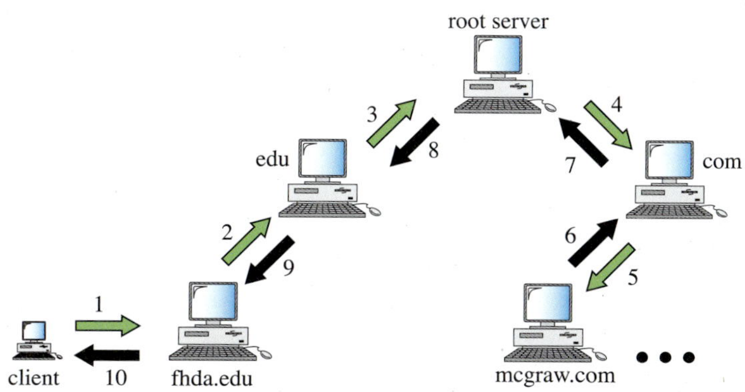

그림 13.11 귀환적 해석

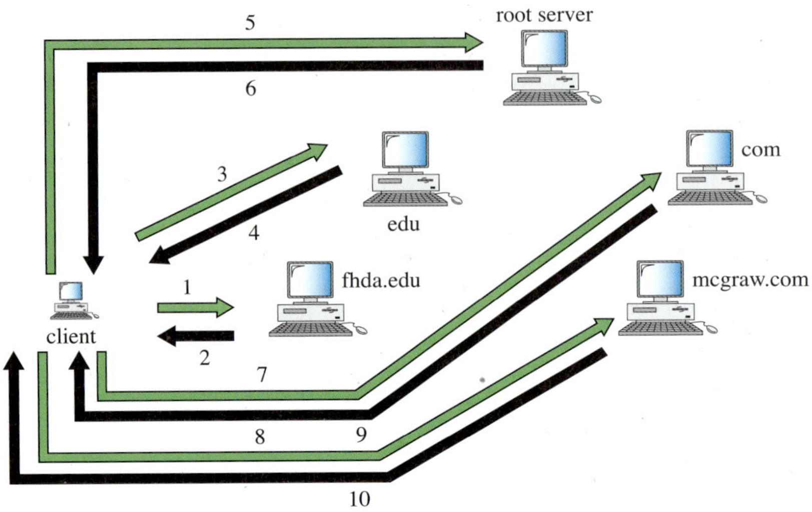

그림 13.12 반복적 해석

언트는 세 번째 서버에 질의를 반복한다. 이 과정을 반복적이라 하는데 이는 클라이언트가 다수의 서버들에게 같은 질의를 하기 때문이다. 그림 13.12에서는 mcgraw.com 서버로부터 답을 얻기까지 4개의 서버에게 질의하는 과정을 보여준다.

캐싱

서버는 자신의 도메인에 있지 않은 이름에 대한 조회를 받을 때마다, 서버 IP 주소에 대한 데이터베이스 검색을 요구한다. 이 검색 시간의 감소가 효율 증가를 가져온다. DNS는 이를 위해 캐싱(caching)이라는 절차를 이용한다. 서버가 다른 서버에게 매핑 정보를 요청하고 응답을 수신하면 이 정보를 클라이언트에게 전달하기 전에 캐쉬 메모리에 저장한다. 동일한, 혹은 다른 클라이언트가 동일한 매핑을 조회해오면 서버는 자신의 캐쉬 메모리를 검색한 후 문제를 해결한다. 그러나 클라이언트에게 지금 이 응답이 권위 있는 기관이 아니라 캐쉬 메모리에서 얻어진 것임을 알리기 위해 서버는 응답을 인증 받지 못했다(unauthoritative)는 표시를 하여 보낸다.

캐싱은 주소 해석 속도를 높일 수 있지만 문제 또한 가지고 있다. 만약 서버가 오랫동안 캐쉬 정보를 가지고 있다면 클라이언트에게 잘못된 매핑 정보를 보낼 수도 있다. 이를 해결하기 위해 두 가지 기법이 사용된다. 하나는 권한 있는 서버가 매핑 정보에다 수명(TTL: time-to-live)이라는 추가적인 정보를 제공하는 것이다. 이는 수신하는 서버가 정보를 캐쉬에 넣어 놓을 수 있는 초 단위 시간을 의미한다. 이 시간이 지나면 매핑 정보는 무효화되고 권한 있는 서버로 다시 질의가 전송되어 져야만 한다. 두 번째는 각 서버가 캐쉬하고 있는 각 매핑에 대해 TTL 카운터를 가지도록 DNS가 요구하는 것이다. 캐쉬 메모리는 주기적으로 검색되고 만료된 TTL을 가지는 매핑들은 사라지게 되는 것이다.

13.6 DNS 메시지

DNS는 두 가지 종류의 메시지를 가지는데 질의(Query)와 응답(Response)이 그것이다(그림 13.13 참조). 두 종류 모두 동일한 형식을 가진다. 질의 메시지는 헤더와 질문 레코드(question records)로 구성된다. 응답 메시지는 헤더와 질문 레코드, 응답 레코드(answering records), 권한 레코드(authoritative records)와 추가적인 레코드들로 구성된다(그림 13.14 참조).

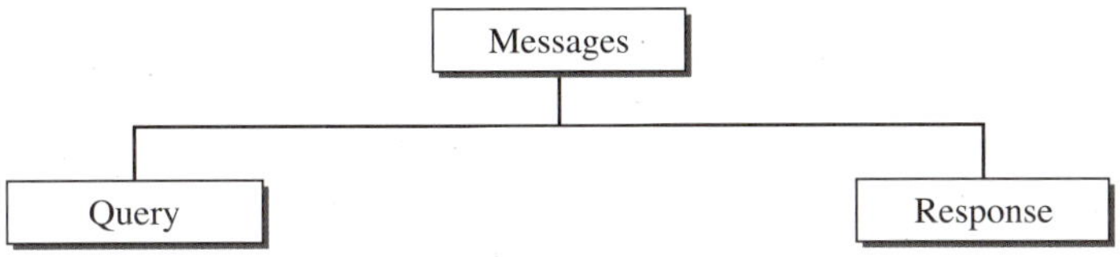

그림 13.13 DNS 메시지

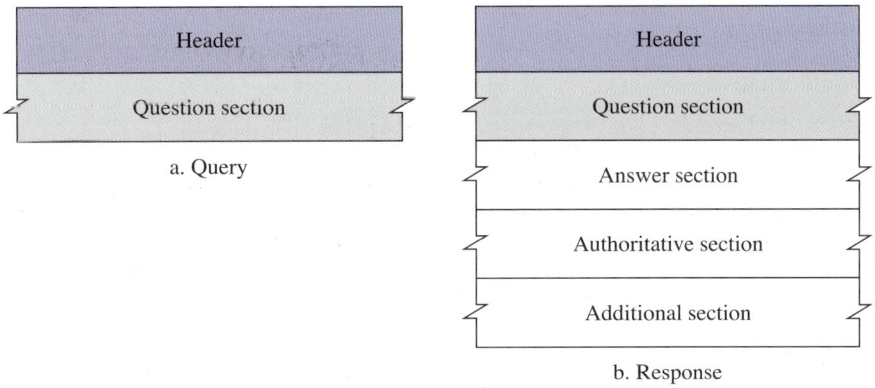

그림 13.14 질의와 응답 메시지

헤더

질의와 응답 메시지는 모두 같은 헤더 형식을 가지며 질의 메시지의 경우 몇 개의 필드는 0으로 지정된다. 헤더는 12바이트이며 이의 형식이 그림 13.15에 나타나 있다.

Identification	Flags
질문 레코드 수	응답 레코드 수 (질의 메시지에는 모두 0)
권한 레코드의 수 (질의 메시지에는 모두 0)	추가적인 레코드의 수 (질의 메시지에는 모두 0)

그림 13.15 헤더 형식

헤더 필드들은 아래와 같다.

- **식별자.** 이는 클라이언트에서 질의에 대한 응답과의 비교를 위해 사용하는 16비트 필드이다. 클라이언트는 질의를 보낼 때마다 서로 다른 식별자 번호를 사용한다. 서버는 해당 응답에 이 번호를 복사하여 넣는다.
- **플래그.** 이는 그림 13.16에서 보듯이 서브 필드들로 구성되는 16비트 필드이다.

그림 13.16 플래그 필드

각 플래그 서브 필드의 간단한 설명은 아래와 같다.

a. QR(query/response) : 이 한 비트 서브 필드는 메시지의 종류를 나타낸다. 이것이 0이면 메시지는 질의이고 1이면 응답이 된다.

b. OpCode : 이 4비트 서브 필드는 질의나 응답의 종류를 나타낸다(0이면 표준, 1이면 인버스, 그리고 2이면 서버 상태 요청이다).

c. AA(authoritative answer) : 이 한 비트 서브 필드는 1로 지정된 경우 이름 서버가 권한이 인정된 서버임을 나타낸다. 이는 응답 메시지에서만 사용된다.

d. TC(truncated) : 이 한 비트 서브 필드는 1로 지정되면 응답이 512바이트 이상이라 512바이트로 잘려 졌음을 나타낸다. 이는 DNS가 UDP 서비스를 사용할 때 사용되어진다.

e. RD(recursion desired) : 이 한 비트 서브 필드는 1로 지정되면 클라이언트가 귀환적인 응답을 원함을 나타낸다. 이는 질의 메시지에서 지정되며 응답 메시지에서 반복된다.

f. RA(recursion available) : 이 한 비트 서브 필드는 응답에서 지정될 경우 반복적인 응답이 가능함을 나타낸다. 이는 응답 메시지에서만 지정된다.

g. Reserved : 이는 000으로 지정된 3비트 서브 필드이다.

h. rCode : 이는 4비트 서브 필드로 응답에 들어가는 오류의 상태를 보여준다. 물론, 권한이 인정된 서버만이 이러한 판단을 내릴 수 있다. 표 13.3은 가능한 이 필드의 값들을 보여준다.

  - **질문 레코드의 수.** 이 16비트 필드는 메시지의 질문 섹션 내의 질문 수를 포함한다.
  - **응답 레코드의 수.** 이 16비트 필드는 응답 메시지의 응답 섹션에 있는 응답 레코드의 수를 포함한다. 이 값은 질의 메시지에서는 0이다.
  - **권한 레코드의 수.** 이 16비트 필드는 응답 메시지의 권한 섹션 내의 권한 레코드의 수를 포함한다. 이 값은 질의 메시지에서는 0이다.
  - **추가 레코드의 수.** 이 16비트 필드는 응답 메시지의 추가 섹션에 있는 추가 레코드의 수를 포함한다. 이 값은 질의 메시지에서는 0이다.

표 13.3 rCode의 값

값	의미
0	오류 없음
1	형식 오류
2	이름 서버에 문제있음
3	도메인 참조 문제
4	조회 유형이 지원되지 않음
5	관리적으로 금지되어있음
6–15	예비용

질문 섹션

이 섹션은 하나 이상의 질문 레코드들로 구성된다. 이는 질문과 응답 메시지에 모두 존재한다. 질문 레코드에 관해서는 다음 절에서 살펴보기로 한다.

응답 섹션

이 섹션은 하나 이상의 자원 레코드들로 구성된다. 이는 응답 메시지에만 존재한다. 이 섹션은 서버로부터 클라이언트로의 응답을 포함한다. 자원 레코드에 관해서는 다음 절에서 살펴보기로 한다.

권한 섹션

이 섹션은 하나 이상의 자원 레코드들로 구성된다. 이는 응답 메시지에만 존재한다. 이 섹션은 질문에 대한 하나 이상의 권한이 있는 서버에 대한 정보(도메인 이름)를 제공한다.

추가적인 정보 섹션

이 섹션은 하나 이상의 자원 레코드들로 구성된다. 이는 응답 메시지에만 존재한다. 이 섹션은 해석기에 도움이 될만한 추가적인 정보들을 제공한다. 예를 들어 서버는 권한 섹션에 권한이 있는 서버의 도메인 이름을 해석기에 제공하면서 동시에 이들의(권한이 있는 서버) IP 주소를 추가 정보 섹션에 제공할 수 있다.

13.7 레코드의 종류

앞 절에서 살펴 본 바와 같이 DNS에서는 두 가지 종류의 레코드가 사용된다. 질문 레코드는 질의와 응답 메시지의 조회 섹션에 사용된다. 자원 레코드는 응답 메시지의 응답, 권한 및 추가 정보 섹션에 사용된다.

질문 레코드

질문 레코드는 클라이언트가 서버로부터 정보를 얻기 위해 사용한다. 이는 도메인 이름을 포함한다. 그림 13.17은 질문 레코드의 형태를 보여준다. 아래에 있는 리스트는 질문 레코드 필드를 보여준다.

- **질문 이름.** 이 필드는 가변 길이를 가지며 도메인 이름을 포함한다(그림 13.18 참조).
- **질문 종류.** 이 16비트 필드는 질의 종류를 나타낸다. 표 13.14는 많이 사용되는 종류들의 몇 가지를 보여준다. 마지막 두 가지는 질문에서만 사용된다.
- **질문 클래스.** 이 16비트 필드는 DNS를 사용하는 특정 프로토콜을 정의한다. 표 13.5는 현재 값을 나타낸다. 이 책에서는 클래스 1만을 살펴본다(인터넷).

자원 레코드

각 도메인 이름(트리 상의 각 노드)은 자원 레코드라는 레코드와 관계된다. 서버 데이터베이스는 자원 레코드들로 구성된다. 자원 레코드들은 서버에서 클라이언트로 반환되는 것이기도 하다. 그림 13.19는 자원 레코드의 형식을 보여준다.

- **도메인 이름.** 이 필드는 가변 길이를 가지며 도메인 이름을 포함한다. 이는 질문 레코드에 있는 도메인 이름을 복사한 것이다. DNS는 이름이 반복되는 곳이면 어디든지 압축 기법의 사용을 요구하기 때문에 이 필드는 질문 레코드에 있는 도메인 이름 필드에 대한 포인터 옵셋을 나타낸다.

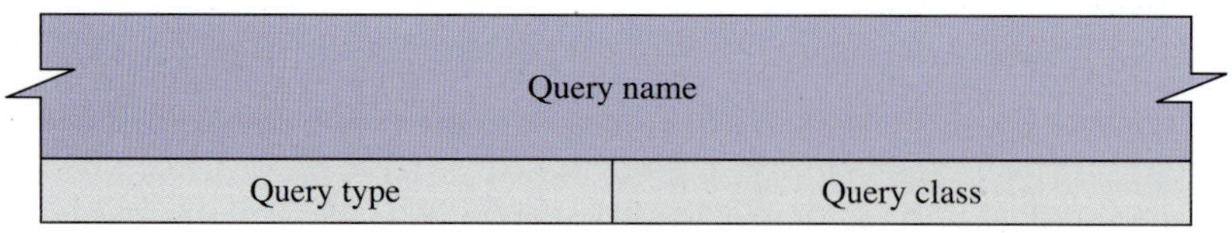

그림 13.17 질문 레코드 형식

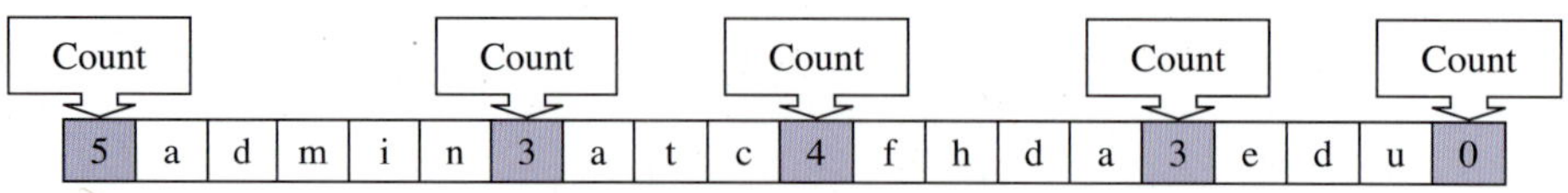

그림 13.18 질문 이름 형태

표 13.4 질문 종류

유형	연상 기호	설명
1	A	주소. 32-비트 IPv4 주소
2	NS	이름 서버
5	CNAME	표준 이름
6	SOA	기관의 시작
11	WKS	잘-알려진 서비스
12	PTR	포인터
13	HINFO	호스트 정보
15	MX	메일 교환
28	AAAA	주소. IPv6 주소
252	AXFR	전체 존의 이동을 위한 요구
255	ANY	모든 레코드 요구

표 13.5 클래스

클래스	연상기호	설명
1	IN	인터넷
2	CSNET	CSNET 네트워크
3	CS	COAS 네트워크
4	HS	mit에서 개발된 Hesiod 서버

- **도메인 종류.** 이 필드는 질문 섹션에 있는 질의 종류 필드와 동일하나 마지막 두 종류만 허락되지 않는다. 더 자세한 정보는 표 13.4를 참고하라.

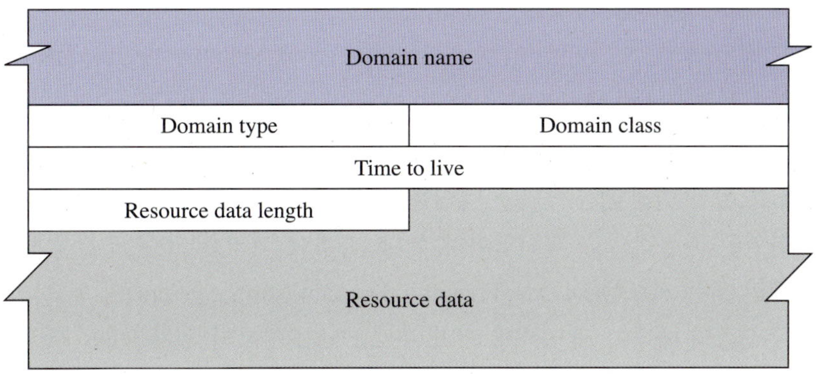

그림 13.19 자원 레코드 형식

- **도메인 클래스.** 이 필드는 질문 섹션에 있는 질문 클래스 필드와 동일하다(표 13.5 참조).
- **수명**(time to live). 이 32비트 필드는 응답이 유효한 초 단위 시간을 나타낸다. 수신자는 이 기간 동안 응답을 캐쉬하고 있을 수 있다. 0 값은 자원 레코드가 단일 처리에만 사용되고 캐쉬되지 않음을 나타낸다.
- **자원 데이터 길이.** 이 16비트 필드는 자원 데이터의 길이를 나타낸다.
- **자원 데이터.** 이 필드는 가변 길이를 가지며 응답 섹션의 경우 질문에 대한 응답을 포함하거나 권한 섹션의 경우 권한이 있는 서버의 도메인 이름을 포함하며 추가 정보 섹션의 경우 추가 정보를 포함한다. 이 필드의 형태 및 내용은 종류 필드의 값에 의존한다. 이는 다음 중 하나이다.

  a. **번호**: 8진수로 표시된다. 예를 들어 IPv4 주소인 경우 8진수 정수 값 4, IPv6인 경우 8진수 정수 값 16이 된다.

  b. **도메인 이름**: 도메인 이름은 레이블의 순서로 표시된다. 각 레이블은 레이블에 있는 문자의 수를 나타내는 한 바이트 길이 필드로 시작한다. 모든 도메인 이름이 널 레이블로 끝나기 때문에 모든 도메인 이름의 마지막 바이트는 0의 값을 가지는 길이 필드이다. 길이 필드와 옵셋 포인터를 구분하기 위해 뒤에 설명하겠지만 길이 필드의 상위 두 비트는 항상 00이 되어야 한다. 이렇게 하면 레이블의 길이가 최대 6비트(111111)인 63을 넘지 않기 때문에 문제가 발생하지 않는다.

  c. **옵셋 포인터**: 도메인 이름은 옵셋 포인터로 대체될 수 있다. 옵셋 포인터는 두 바이트 필드로 상위 두 비트는 11이다.

  d. **문자 스트링**: 문자 스트링은 한 바이트 길이 필드와 길이 필드에 정의된 만큼의 문자들로 표현된다. 길이 필드는 도메인 이름 길이 필드처럼 제한되지는 않는다. 문자 스트링은 길이 필드를 포함하여 256 문자 길이 만큼을 가질 수 있다.

13.8 DDNS

DNS가 설계될 때 아무도 주소에 많은 변경이 가해질지 예측하지 못했었다. DNS에 새로운 호스트를 추가하거나 호스트를 제거하거나, 혹은 IP 주소를 변경하거나 하는 등의 변화가 발생하면 DNS 주 파일에 변경이 이루어져야만 한다. 이러한 종류의 변경은 많은 수 작업을 통한 갱신이 필요하다. 오늘날 인터넷의 크기는 이러한 수 작업이 이루어지기에는 너무 방대하다.

DNS 주 파일은 자동적으로 갱신되어야 한다. 따라서 이러한 요구 조건을 만족시켜 주기 위해 동적 도메인 이름 시스템(DDNS: Dynamic Domain Name System)이 필요하다. DDNS에서는 이름과 주소간의 매핑이 필요하게 되면 주로 DHCP로부터 일차 DNS 서버로 정보가 전송된다. 일차 서버는 영역을 갱신한다. 이차 서버는 능동적, 혹은 수동적으로 이를 통보 받는다. 능동적 통보의 경우 일차 서버는 영역의 변경을 이차 서버로 전송하게 되고, 수동적 통보의 경우 이차 서버는 주기적으로 어떤 변경이 이루어 졌는지 살펴본다. 어떤 경우에서도 변경에 대한 통보가 이루어 진 후 일차 서버는 전체 영역에 대한 정보를 요청하게 된다(영역 전달).

보안을 제공하고 DNS 레코드의 인증되지 않은 변경을 방지하기 위해 DDNS는 인증 방안을 사용할 수 있다.

13.9 캡슐화

DNS는 UDP, 혹은 TCP를 사용한다. 어느 경우든 서버에 의해 사용되는 잘 알려진 포트는 53이다. 응답 메시지의 크기가 512바이트보다 작으면 UDP를 사용하는 데 이는 최대 UDP 패키지의 크기가 512바이트로 제한되기 때문이다. 응답 메시지의 크기가 512바이트 이상이면 TCP 연결이 사용된다. 이 경우 아래 둘 중의 한 시나리오가 발생한다.

- 만약 해석기가 응답 메시지의 크기가 512바이트 이상이라는 사전 지식을 가지고 있다면 TCP 연결을 사용하여야 한다. 예를 들어 클라이언트로 동작하는 이차 이름 서버가 일차 서버로부터 영역전달을 요구하는 경우 TCP 연결을 사용하여야 한다. 이는 전송되는 정보의 크기가 보통 512바이트 이상이기 때문이다.
- 만약 해석기가 응답 메시지의 크기에 대해 알지 못하면 UDP 포트를 사용한다. 그러나 이 경우 응답 메시지의 크기가 512바이트 이상이면 서버는 메시지를 512바이트 크기로 자른 뒤 TC 비트를 1로 설정한다. 그러면 해석기는 TCP 연결을 개설한 후 서버로부터의 완전한 응답을 요청하게 된다.

13.10 DNS 덤프 분석

이제 응용층 프로토콜인 DNS 덤프 분석을 시작해보자. 전송층까지의 덤프 분석은 기호나 어려운 필드가 많았지만 DNS를 비롯한 응용층 프로토콜들은 비교적 읽기 쉽게 되어있다. 이것은 응용층 통신이 요청과 응답 교환이라는 일반 문자열 교환(바이트 스트림)으로 이루어지고 있기 때문이다.

TCP/IP 프로토콜은 특별하게 암호화하지 않는 한 기본적으로 평문으로 통신을 수행한다. 따라서 패킷의 내용은 그대로 평문으로 전송된다. 패킷 상세 정보에서 각 필드를 확인함과 동시에 대응하는 패킷 바이트 정보의 ASCII 표시도 확인해 보도록 하자.

DNS 패킷을 덤프 분석해 보자. 그림 13.20에 나타난 패킷 목록 정보에 나타난 1번 프레임의 DNS 조회 요청과 2번 프레임의 DNS 조회 응답을 덤프 분석한다.

여기서는 다음 패킷에 대해서 덤프 분석을 한다.

No	Time	Source	Destination	Protocol	Length	개요
①	0.00000000	클라이언트 PC	DNS 서버	DNS	72	DNS 조회 요청
②	0.00084300	DNS 서버	클라이언트 PC	DNS	88	DNS 조회 응답

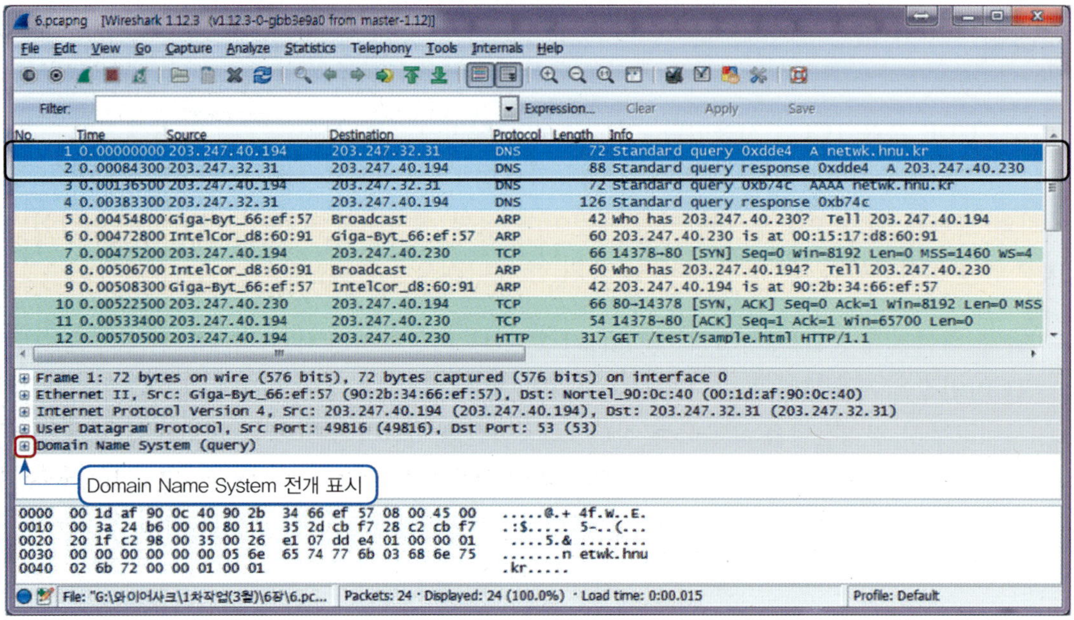

그림 13.20 패킷 캡처 정보 화면

1번 프레임과 2번 프레임의 DNS 메시지 구성은 그림 13.21과 같다.

DNS 헤더	질문 레코드	응답 레코드	권한 레코드	추가 레코드

그림 13.21 DNS 메시지의 구성

DNS 메시지는 처음에 헤더가 있고, 다음으로 질문 레코드, 그 다음으로 응답 부분 자원 레코드, 응답기관 정보(권위(SOA))를 나타내기 위한 권한 레코드, 그리고 정보의 제공처 서버와 같은 부가 정보로 이루어진 추가 자원 레코드 부분으로 구성된다.

이 책의 예에서는 우선 처음에 클라이언트 PC에서 서버로 보내지는 조회 요청 메시지의 내용이 헤더 및 조회 부분으로 구성되어 있다. 그리고 서버로부터 클라이언트 PC로 되돌아오는 조회 응답 메시지의 내용이 헤더, 조회 부분 및 응답 부분으로 구성되어 있다.

```
⊟ Domain Name System (query)
    [Response In: 2]
    Transaction ID: 0x6d3d
  ⊟ Flags: 0x0100 Standard query
      0... .... .... .... = Response: Message is a query
      .000 0... .... .... = Opcode: Standard query (0)
      .... ..0. .... .... = Truncated: Message is not truncated
      .... ...1 .... .... = Recursion desired: Do query recursively
      .... .... .0.. .... = Z: reserved (0)
      .... .... ...0 .... = Non-authenticated data: Unacceptable
    Questions: 1
    Answer RRs: 0
    Authority RRs: 0
    Additional RRs: 0
  ⊟ Queries
    ⊟ netwk.hnu.kr: type A, class IN
        Name: netwk.hnu.kr
        [Name Length: 12]
        [Label Count: 3]
        Type: A (Host Address) (1)
        Class: IN (0x0001)
```

그림 13.22 DNS 조회 요청 메시지 정보

이것들을 실제로 화면에서 확인해 보자. 우선 패킷 목록 정보에서 1번 프레임을 선택한 다음 패킷 상세 정보에서 「Domain Name System(query)」의 ⊞를 클릭해 보라. 그러면 DNS 조회 요구의 헤더 및 조회 부분이 그림 13.22와 같이 전개 표시된다.

이어서 패킷 목록 정보에서 2번 프레임을 선택한 다음 패킷 상세 정보에서 「Domain Name System(reponse)」의 ⊞를 클릭해 보라. 그러면 DNS 조회 요구의 헤더, 조회 부분 및 응답 부분이 그림 13.23과 같이 나타난다.

```
⊟ Domain Name System (response)
    [Request In: 1]
    [Time: 0.000831000 seconds]
    Transaction ID: 0x6d3d
  ⊟ Flags: 0x8580 Standard query response, No error
      1... .... .... .... = Response: Message is a response
      .000 0... .... .... = Opcode: Standard query (0)
      .... .1.. .... .... = Authoritative: Server is an authority for domain
      .... ..0. .... .... = Truncated: Message is not truncated
      .... ...1 .... .... = Recursion desired: Do query recursively
      .... .... 1... .... = Recursion available: Server can do recursive queries
      .... .... .0.. .... = Z: reserved (0)
      .... .... ..0. .... = Answer authenticated: Answer/authority portion was not authenticated by the server
      .... .... ...0 .... = Non-authenticated data: Unacceptable
      .... .... .... 0000 = Reply code: No error (0)
    Questions: 1
    Answer RRs: 1
    Authority RRs: 0
    Additional RRs: 0
  ⊟ Queries
    ⊟ netwk.hnu.kr: type A, class IN
        Name: netwk.hnu.kr
        [Name Length: 12]
        [Label Count: 3]
        Type: A (Host Address) (1)
        Class: IN (0x0001)
  ⊟ Answers
    ⊟ netwk.hnu.kr: type A, class IN, addr 203.247.40.230
        Name: netwk.hnu.kr
        Type: A (Host Address) (1)
        Class: IN (0x0001)
        Time to live: 43200
        Data length: 4
        Address: 203.247.40.230 (203.247.40.230)
```

링크를 추가

응답 시간을 확인할 수 있다.

그림 13.23 DNS 조회 응답 메시지

여기서 헤더 부분의 구성을 자세히 살펴보자. 또한 구성 내용은 DNS 서버의 종류나 OS 등에 의해 다르기 때문에 주의가 필요하다.

우선 와이어샤크가 1번 프레임의 조회 요청에 대해서는 [Response In: 2], 2번 프레임의 조회 응답에 대해서는 [Request In: 1]의 링크를 각각 추가하고 파일을 보기 쉽게 했다. 또한 조회 응답에서는 [Transaction ID] 필드가 있지만 여기서는 조회를 구별하는 식별자가 2바이트로 표시된다. 이것은 DNS 조회 요구 메시지, DNS 조회 응답 메시지로 공통의 값이 된다.

다음 「Flags」는 DNS의 제어를 하기 위한 필드이다. 우선 최초 1비트 부분의 플래그는 「QR」 비트라 불리며 「0」이면 조회 요구 메시지, 「1」이면 조회 응답 메시지를 나타낸다. 예를 들어 그림 13.23의 화면에는 「1」이 들어가 있으므로 이것은 조회 응답 메시지임을 알 수 있다. 다음의 「Opcode」는 조회의 종류를 4비트로 나타낸다. 예를 들어 「0」은 표준 조회, 「1」은 거꾸로 조회, 「2」는 서버의 상태를 요구하는 조회를 나타낸다. 이번에는 조회 요구, 조회 응답 모두 「0」이 있으므로 표준 조회임을 알 수 있다. 그 다음의 「Authoritative」는 「AA」라 불리며 도메인에 대한 권한처의 메시지인지 아닌지를 1비트로 나타낸다. 이번에는 「1」이 있으므로 도메인에 대한 권한처임을 알 수 있다. 또 「Truncated」는 「TC」라 불리며 메시지가 절단되어 분할되어 있는지 아닌지를 1비트로 나타낸다. 이번에는 「0」이 있으므로 분할되어 있지 않음을 알 수 있다.

다음의 「Recursion desired」의 1비트는 「RD」 비트로서 재귀 조회를 하는 경우에 ON이 된다. 이번에는 가장 가까운 DNS 서버에 정보가 없고 또 캐시 등도 준비되어 있지 않기 때문에 상위의 DNS 서버에게 조회를 하는 재귀 조회가 된다. 따라서 여기에는 「1」이 설정되어 있다. 이어지는 「Recursion available」의 1비트는 「RA」라 불리며 서버가 재귀 조회를 할 수 있는 경우에 ON이 된다. 이번 경우에는 조회 응답 패킷에서 ON이 되어 있다. 그리고 예약이 된 1비트의 「Z」비트에 「0」이 들어간다.

다음의 「Answer authenticated」는 다른 서버에서 온 회답이 그 서버에 의해 권위가 부여되었는지 아닌지를 1비트로 나타낸다. 이번 패킷은 조회 응답에서 OFF로 되어 있기 때문에 권위가 부여되어 있지 않음을 알 수 있다. 또한 「Non-authenticated data」의 1비트에서는 권위가 부여되어 있지 않은 데이터를 받아들일 수 있는지 여부를 나타낸다. 이번 패킷에서는 조회 요구와 조회 응답 모두 OFF 되어 있다.

「Flags」 필드 다음에 「Questions」 필드가 이어지는 데 여기서는 조회부의 엔트리 수를 16비트로 나타낸다. 이번에는 「1」이 들어가 있다. 또한 「Answer RRs」 필드는 응답부의 자원 레코드 수는 16비트로 나타낸다. 이번에는 조회 요구에 응답부가 없기 때문에 「0」이 된다. 또한 조회 응답에서는 응답부의 자원 코드가 두 개 있으므로 「2」가 되어 있다. 그리고 「Authority RRs」 필드는 DNS 서버의 정보에 대해 기록한 권위(SOA) 레코드의 수를 16비트로 나타낸다. 이번에는 조회 요구와 조회 응답 모두 SOA 레코드를 포함하지 않기 때문에 「0」이 되어 있다. 마지막의 「Additional RRs」 필드는 부가적인 정보에 관한 자원 레코드 수를 16비트로 나타낸다. 이번

```
⊟ Queries
  ⊟ netwk.hnu.kr: type A, class IN
      Name: netwk.hnu.kr
      [Name Length: 12]
      [Label Count: 3]
      Type: A (Host Address) (1)
      Class: IN (0x0001)
```

그림 13.24 Queries 전개 화면

에는 조회 요구와 조회 응답 모두 추가 레코드는 없기 때문에 이 값은「0」이 되어 있다.

이상이 DNS 메시지의 헤더가 된다.

이어서「Queries」필드를 살펴보도록 하자. 또한 이번 패킷에서는 조회 필드의 내용이 조회 요청과 조회 응답 모두 공통이다.

패킷 상세 정보에서「Queries」의 ⊞를 클릭하면「netwk.hnu.kr: type A, class IN」이란 문자열이 전개 표시된다. 이와 같이 이번 패킷에서는「Queries」필드가「netwk.hnu.kr: type A, class IN」이란 하나의 조회로 구성되어 있다. 이것은 netwk.hnu.kr의 FQDN에 대응하는 IP 주소를 자원 코드 내의 A 레코드를 참조하여 조회하는 것을 의미한다. 이「netwk.hnu.kr: type A, class IN」의 ⊞를 클릭해 보라. 그러면「Queries」필드의 내용이 그림 13.24와 같이 전개되어 나타난다.

여기서 처음「Name」필드에서 조회를 한 이름을 저장한다. 이번에는「netwk.hnu.kr」이란 문자열이 저장된다. 실제로는 각 도메인마다 문자의 길이, 문자의 내용 순서로 저장된다. 각 도메인 부분의 최대 길이는 NIC에 따라 달라서 예를 들어 KRNIC에서는 3문자 이상 63문자 이내로 되어 있다.

다음「Type」필드는 조회의 종류를 16비트로 나타낸다. 조회하는 DNS 서버의 자원 레코드 종류에 따라「Type」값이 지정된다. 또한 주요 TYPE 값은 표 13.6과 같다.

표 13.6 주요 TYPE 값과 레코드 종류

TYPE 값	조회하는 레코드 종류
1	A(Address) 레코드
2	NS(Name Server) 레코드
5	CNAME(Canonical NAME) 레코드
6	SOA(Start Of Authority) 레코드
120	PTR(PoinTeR) 레코드
121	HINFO(Hardware INFOmation) 레코드
123	MX(Mail eXchanger) 레코드
125	AAAA(IVv6 Address) 레코드

표 13.7 주요 CLASS 값과 조회 대상(도메인)

CLASS 값	조회 대상(도메인)
1	Internet(인터넷)
2	CSNET[Computer Science NETwork, 미국 NSF(National Science Foundation: 미국과학재단)의 네트워크]

(TCP/IP에서는 원칙적으로 클래스 1의 인터넷(IN)이 조회 대상이 된다.)

이번 「Type」 값으로는 「1(A)」가 들어가 있으므로 A 레코드의 조회임을 알 수 있다. 또 다음의 「Class」 필드는 DNS의 조회 대상 도메인을 16비트로 나타낸다. 여기에서 주요 CLASS 값을 표 13.7로 나타내었다.

DNS는 인터넷 이외에도 확장이 가능하게 설계되어 있는데 여기에서는 「Class」 필드에 「1」이 들어가 있으므로 인터넷 도메인의 조회임을 알 수 있다.

이상이 조회 메시지 내용이다.

다음으로 응답 부분의 자원 레코드를 저장하는 「Answers」 필드의 구성을 확인해 보자. 이 책의 패킷 예에서 이 필드는 DNS 조회 요구 메시지에는 없고 DNS 조회 응답 메시지만 표시되는 필드이므로 주의하기 바란다.

여기서 Answers의 각 요소를 전개해 보라. 그러면 그림 13.25와 같이 나타난다.

```
⊟ Answers
  ⊟ netwk.hnu.kr: type A, class IN, addr 203.247.40.230
      Name: netwk.hnu.kr
      Type: A (Host Address) (1)
      Class: IN (0x0001)
      Time to live: 43200
      Data length: 4
      Address: 203.247.40.230 (203.247.40.230)
```

그림 13.25 Answers 전개 화면

그림 13.25를 보면 「Answers」 필드는 「netwk.hnu.kr」의 CNAME 레코드의 응답 「netwk.hnu.kr」과 「netwk.hnu.kr」의 A레코드의 응답 「203.247.40.230」으로 구성되어 있다. 이처럼 「Answers」 필드는 조회 내용에 따라 복수의 응답 메시지로 구성된다.

「Answers」 필드는 우선 처음 「Name」 필드로 조회할 때의 이름이 저장된다. 다음 「Type」 필드는 자원 코드의 종류를 16비트로 나타낸다. 또 다음의 16비트인 「Class」 필드에서는 DNS의 조회 대상 도메인이 지정되어 있다. 이어서 「Time to live」 필드는 자원 레코드의 유효 기한을 32비트의 시간 값으로 나타낸다. 자원 레코드의 유효 기한은 DNS 서버의 TTL 정보 등에 의거하여 결정된다. 또 「Data length」 필드는 이 다음에 이어지는 응답 데이터의 길이를 16비트로 나타낸다. 그리고 마지막으로 조회 응답 부분이 저장된다.

「Answers」 필드 안의 또 하나의 회답인 「netwk.hnu.kr:type A, class IN, addr 203.247.40.230」의 내용을 보자.

「Name」 필드에는 「netwk.hnu.kr」가 도메인마다 문자 수, 내용 순으로 저장되어 있다. 또한 「Type」 필드에는 「A(Host address)」가 들어가 있는데 이것은 호스트명에 대응하는 IP 주소를 나타내는 A 레코드임을 의미한다. 이어지는 「Class」 필드에는 인터넷 도메인을 나타내는 「1」이 들어간다. 또 「Time to live」 필드에는 레코드의 생존 시간으로써 「43200」이, 「Data length」 필드에는 데이터부의 크기로써 「4」(4바이트)가 각각 들어간다. 그리고 마지막으로 「203.247.40.230」이란 A 레코드의 내용이 들어간다(「Addr」).

이런 점에서 두 번째 응답은 netwk.hnu.kr란 호스트명의 A레코드인 203.247.40.230임을 알 수 있다. 이상이 DNS 덤프 분석이다.

연습문제

마이크로소프트 윈도우즈와 UNIX 계열 운영체제는 네트워크 트러블슈팅에 유용한 여러 가지 네트워크 관리 도구가 있는데, 이 중에 가장 많이 사용되는 도구는 다음과 같다.

- dig(Domain Information Groper)는 DNS 서버를 조회하는 데 사용된다. 이 유틸리티는 nslookup을 대체할 수 있는 도구이다.
- 윈도우즈용 ipconfig(Internet Protocol Configuration)이나 유닉스용 ifconfig(Interface Configuration)는 TCP/IP 네트워크 인터페이스 파라메터들을 구성하고, 제어하고 조회하는 데 사용된다.

이 실습은 3개의 part로 되어있는 데, Part I은 dig 유틸리티를 이용하고, Part II는 ipconfig 유틸리티를 사용한다. Part II는 DNS 프로토콜에 의해 교환되는 패킷에 관한 정보를 알기 위하여 와이어샤크를 이용한다.

Part I dig 이용

dig 유틸리티는 DNS 레코드에 대한 DNS 이름 서버를 조회하는 데 이용된다. 만약 사용자 시스템에 이 유틸리티가 없다면 다음 웹사이트에서 CLI(command line interface) 버전을 다운받을 수 있다.

http://members.shaw.ca/nicholas.fong/dig/

설치와 설정 명령도 같은 웹사이트에 있다. 다음 웹사이트의 dig 사용설명서 페이지를 찾을 수 있다.

https://www.isc.org/software/bind/documentation/arm95#man.dig

dig를 실행할 수 있는 많은 웹사이트가 있지만 이 실습에서는 다음 웹사이트로부터 실행한다.

http://www.kloth.net

위의 사이트에 접속한 다음 서비스를 선택하고 dig를 실행한다. 그러면 다음과 같이 나타난다.

```
; <<>> DiG 9.3.2 <<>> www.riohondo.edu A
;; global options: printcmd
;; Got answer:
;; ->>HEADER<<- opcode: QUERY, status: NOERROR, id: 64295
;; flags: qr rd ra; QUERY: 1, ANSWER: 1, AUTHORITY: 0,
ADDITIONAL: 0
;; QUESTION SECTION:
;www.riohondo.edu. IN A
;; ANSWER SECTION:
www.riohondo.edu.6884 IN A 156.3.125.16
;; Query time: 0 msec
;; SERVER: 127.0.0.1#53(127.0.0.1)
;; WHEN: Sat Dec 18 23:00:33 2010
;; MSG SIZE rcvd: 50
```

첫 번째 줄은 dig 버전(9.2.3)과 조회를 알려준다. 두 번째 줄은 global options (printcmd)를 보여준다.

"Got answer"절은 DNS 서버로부터 받은 답에 대해 기술적으로 자세한 내용을 보여준다.

QUESTION SECTION 후에 있는 라인에서 IN (Internet)과 A(IP address query)에 대한 조회를 다시 본다.

ANSWER SECTION은 TTL 번호(이 예에서 6884초)로 시작하고 www.riohondo.edu의 IP address (156.3.125.16)로 종료된다. 마지막 출력 절은 조회에 대한 통계가 들어있다.
만약 NS(name server) 옵션을 이용한 같은 조회를 하게 되면 option 결과는 다음과 같다.

```
...
;www.riohondo.edu.          IN          NS
;; AUTHORITY SECTION:
riohondo.edu.     6535      IN          SOA       nccunix.lacoe.edu.
art.mssmtp.lacoe.edu.       2010120801            10800     1800 3600000 7200
...
```

이 경우에서 AUTHORITY SECTION은 riohondo.edu에 대한 두 개의 authoritative DNS(nccunix.lacoe.edu.와 art.mssmtp.lacoe.edu.)를 알려준다. 이제 로컬 서버 대신 조회를 반복할 수 있어서 조회를 수행하기 위하여 루트 서버인 nccunix.lacoe.edu에 요청할 수 있다. 결과는 다음과 같다.

```
...
;; QUESTION SECTION:
;www.riohondo.edu. IN A
;; ANSWER SECTION:
www.riohondo.edu. 7200 IN A 156.3.125.16
;; AUTHORITY SECTION:
riohondo.edu. 7200 IN NS ns3.csu.net.
riohondo.edu. 7200 IN NS nccunix.lacoe.edu.
riohondo.edu. 7200 IN NS netmgr.lacoe.edu.
riohondo.edu. 7200 IN NS pws.lacoe.edu.
;; ADDITIONAL SECTION:
pws.lacoe.edu. 14400 IN A 156.3.1.1
netmgr.lacoe.edu. 14400 IN A 156.3.1.3
nccunix.lacoe.edu. 14400 IN A 156.3.1.8
...
```

이 시간에 AUTHORITY SECTION을 보면 조회에 대한 uthoritative answer를 제공할 수 있는 4개의 DNS 서버 이름을 알 수 있다. ADDITION SECTION은 AUTHORITY SECTION에 나열된 있는 DNS 서버의 IP 주소를 제공한다.

rm 밖의 다른 조회 유형은 MS(mail exchange), SOA(start of query), ANY(any type)를 포한한다. dig 조회의 한 가지 중요한 특징은 trace 옵션이다. trace 옵션을 이용한 조회를 하기 위해서는 trace 박스를 선택한다. 그러면 결과가 다음 박스에 나타난다.

```
; <<>> DiG 9.3.2 <<>> @localhost www.riohondo.edu A +trace
; (2 servers found)
;; global options: printcmd
. 192837 IN NS j.root-servers.net.
...
;; Received 228 bytes from 127.0.0.1#53(127.0.0.1) in 1 ms
edu. 172800 IN NS g.edu-servers.net.
...
;; Receive190 bytes from 156.3.1.8#53(nccunix.lacoe.edu) in
177 ms
```

이때에 dig는 . 뒤의 edu를 담당하고 있는 루트 서버와 "iohondo.edu."를 담당하고 있는 이름 서버를 보여준다.

질문 query한 후에 다음 질문에 답하라.

1. 사용 중인 캠퍼스의 IP 주소를 얻는다.
2. 조회에 대해 authoritative answer를 제공하는 DNS 서버의 이름과 IP 주소를 찾아라.
3. 질문 1에 대해 trace 옵션을 실행하고 결과를 해석하라.
4. 사용자의 메일 서버의 IP를 얻기 위하여 DNS 조회를 실행하라.

ipconfig 이용

Part II

컴퓨터의 시작 메뉴에서 명령 프롬프트를 실행하라. 명령 프롬프트에서 ipconfig/all을 입력하고 엔터키를 누른다, 그러면 사용자의 네트워크에 대한 현재의 TCP/IP 설정이 화면에 나타난다.

질문 ipconfig 실행 결과 화면을 보고 다음 질문에 답하라.

1. 호스트 이름은 무엇인가?
2. 연결별 DNS 접미사는?
3. 물리적(데이터링크) 주소는 무엇인가?
4. IP 주소는 무엇인가?
5. 기본 게이트웨이의 IP 주소는? 이 주소는 원격 네트워크에 대한 물리적인 연결을 제공하는 로컬 서브넷에 있는 호스트의 IP 주소이다.

DNS 패킷을 캡처하기 위해 와이어샤크 이용

Part III

캡처하고자 하는 패킷이 호스트 캐시 메모리에 저장되어있지 않고 DNS 서버와 호스트 사이에 교환된 패킷을 캡처하기 위해서는 다음과 같이 호스트 메모리에 있는 DNS 레코드와 브라우저의 캐시 메모리를 비우고 시작해야 한다.

먼저, 사용자 컴퓨터의 캐시 메모리에 있는 DNS 레코드를 지우기 위하여 명령 프롬프트에서 ipconfig/flushdns을 입력하고 엔터키를 누른다. 그런 다음 브라우저의 캐시 메모리를 지운다.

와이어샤크를 실행하고 캡처를 시작하게 한다. 브라우저에서 캠퍼스의 웹 주소를 입력하고 엔터키를 누른다. 와이어샤크가 패킷 캡처를 시작한다. 필터 란에 dns(소문자)를 입력하고 Apply를 누르면 DNS 메시지만 화면에 나타난다. 캡처를 종료하고 캡처된 파일을 저장한다.

와이어샤크의 패킷 목록 정보에 여러 개의 DNS 패킷이 나타난다. 패킷 상세 정보에 있는 + 기호가 있는 박스를 눌러서 모두 전개하고 다음 질문에 답하라.

질문 캡처된 정보를 이용하여 다음 질문에 답하라.

1. DNS 메시지는 UDP나 TCP 서비스를 사용하는가?
2. 조회 DNS 메시지의 source와 destination 포트 번호는 무엇인가?
3. 응답 DNS 메시지의 source와 destination 포트 번호는 무엇인가?
4. 조회 메시지를 보낸 IP 주소와 네트워크는 무엇인가?
5. 조회 메시지의 ID number는 무엇인가? 응답 메시지의 ID number는 무엇인가? 이 필드의 목적은 무엇인가?
6. DNS 메시지의 플래그 필드는 몇 비트가 들어있는가?
7. 플래그 필드에 있는 어느 비트가 메시지가 조회인지 응답인지 결정하는가?
8. 어느 비트가 응답 메시지에서만 사용하는가? 응답 메시지에서 이 비트들의 기능은 무엇인가?

위의 질문들에 대해 패킷 상세 정보를 보고 다음 칸에 답을 적어 제출하라.

<table>
<tr><td colspan="2">성명:</td><td>학번:</td><td>제출 날짜:</td></tr>
<tr><td colspan="4">Part I</td></tr>
<tr><td>1</td><td colspan="3">사용 중인 캠퍼스의 IP 주소:</td></tr>
<tr><td>2</td><td colspan="3">조회에 대해 authoritative answer을 제공하는 DNS 서버의 이름과 IP 주소:</td></tr>
<tr><td>3</td><td colspan="3">질문 1에 대해 trace 옵션을 실행하고 결과를 해석하라.</td></tr>
<tr><td>4</td><td colspan="3">DNS 조회를 이용하여 얻은 사용자의 메일 서버의 IP 주소:</td></tr>
<tr><td colspan="4">Part II</td></tr>
<tr><td>1</td><td colspan="3">호스트 이름은?</td></tr>
<tr><td>2</td><td colspan="3">연결별 DNS 접미사는?</td></tr>
<tr><td>3</td><td colspan="3">물리적(데이터링크) 주소는?</td></tr>
<tr><td>4</td><td colspan="3">IP 주소는?</td></tr>
<tr><td>5</td><td colspan="3">기본 게이트웨이의 IP 주소는?</td></tr>
<tr><td colspan="4">Part III</td></tr>
<tr><td>1</td><td colspan="3">DNS 메시지는 UDP나 TCP 서비스를 사용하는가?</td></tr>
<tr><td>2</td><td colspan="3">조회 DNS 메시지의 source와 destination 포트 번호는 무엇인가?</td></tr>
<tr><td>3</td><td colspan="3">응답 DNS 메시지의 source와 destination 포트 번호는 무엇인가?</td></tr>
<tr><td>4</td><td colspan="3">조회 메시지를 보낸 IP 주소와 네트워크는 무엇인가?</td></tr>
</table>

5	조회 메시지의 ID number는 무엇인가? 응답 메시지의 ID number는 무엇인가? 이 필드의 목적은 무엇인가?
6	DNS 메시지의 플래그 필드는 몇 비트가 들어있는가?
7	플래그 필드에 있는 어느 비트가 메시지가 조회인지 응답인지 결정하는가?
8	어느 비트가 응답 메시지에서만 사용하는가? 응답 메시지에서 이 비트들의 기능은 무엇인가?
9	조회 메시지에 있는 questions records의 갯수는 얼마인가? 조회 메시지에 있는 answer records의 갯수는 얼마인가? 조회 메시지에 있는 authority records의 갯수는 얼마인가? 조회 메시지에 있는 addition records의 갯수는 얼마인가?
10	패킷의 질문과 응답 영역에 있는 정보를 해석해 보라

CHAPTER 14

HTTP (Hypertext Transfer Protocol)

14.1 HTTP 트랜잭션

14.2 요청 메시지

14.3 응답 메시지

14.4 헤더

14.5 HTTP 덤프 분석

하이퍼텍스트 전송 프로토콜(HTTP: Hypertext Transfer Protocol)은 월드 와이드 웹에서 데이터를 액세스하는 데 주로 사용되는 프로토콜이다. 이 프로토콜은 평문(plaintext), 하이퍼텍스트, 오디오, 영상 등의 형태로 데이터를 전송한다. 하지만 이 프로토콜이 하이퍼텍스트 전송 프로토콜로 불리는 이유는 문서간의 빠른 이동이 가능한 하이퍼텍스트 환경에서의 효율성 때문이다.

HTTP의 기능은 FTP와 SMTP의 조합과 비슷하다. 이는 파일을 전송하고 TCP의 서비스를 사용한다는 점에서 FTP와 비슷하다. 그러나 이 프로토콜은 단지 하나의 TCP 연결만을 (잘-알려진 포트 80) 사용하기 때문에 FTP보다 훨씬 간단하다. 별도의 제어 연결없이, 단지 데이터만 클라이언트와 서버 사이에 전송된다.

HTTP는 SMTP와도 유사한 데 그 이유는 클라이언트와 서버 사이에 전송되는 데이터가 SMTP 메시지와 비슷하게 보이기 때문이다. 덧붙여 메시지의 형식이 MIME과 비슷한 헤더에 의해 제어된다. 하지만 HTTP는 메시지가 클라이언트와 서버사이에 양방향으로 전송된다는 점에서 SMTP와 다르다. 또 다른 차이점은 SMTP 메시지는 결국 사람이 읽게 되지만, HTTP 메시지는 HTTP 서버와 HTTP 클라이언트(브라우저)에 의해 읽혀지고 해석된다는 점이다. SMTP 메시지는 저장된 후 전달되지만, HTTP 메시지는 즉시 전달된다는 것도 또 하나의 차이이다.

HTTP의 아이디어는 매우 간단하다. 클라이언트는 전자우편과 비슷하게 보이는 요청을 서버에게 보낸다. 서버는 전자우편 응답과 비슷하게 보이는 응답을 클라이언트에 보낸다. 요청과 응답 메시지는 MIME과 비슷한 형식을 갖는 편지 형태로 데이터를 운반한다.

클라이언트로부터 서버로의 명령은 편지 형태의 요청 메시지에 포함된다. 요청되어진 파일의 내용이나 다른 정보도 또한 편지 형태의 응답 메시지에 내장된다.

14.1 HTTP 트랜잭션

그림 14.1에 클라이언트와 서버 사이의 HTTP 트랜잭션을 나타내었다. 비록 HTTP가 TCP의 서비스를 이용하지만, HTTP 자체는 상태가 존재하지 않는(stateless) 프로토콜이다. 클라이언트는 요청 메시지를 보내어 트랜잭션을 초기화한다. 서버는 응답을 보내어 대답한다.

메시지

그림 14.2에 보이는 바와 같이 HTTP에는 두 가지 일반적인 유형의 메시지가 있다. 이 메시지는 둘 다 거의 같은 형식을 갖는다.

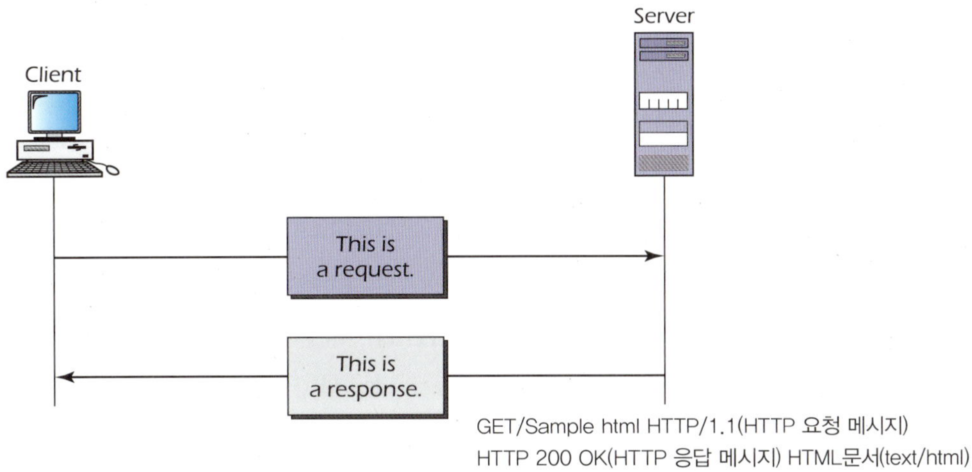

그림 14.1 HTTP 트랜잭션

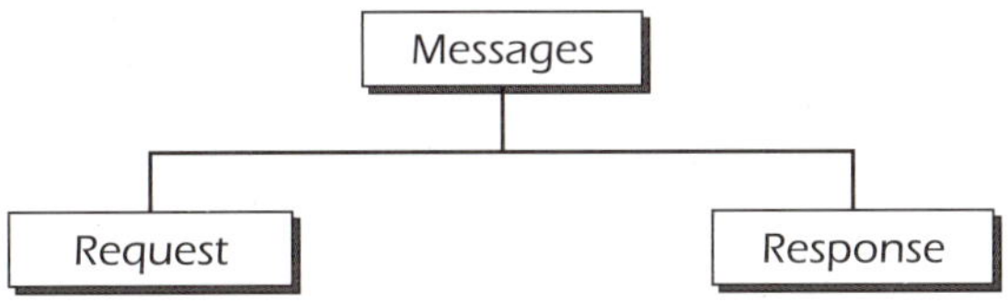

그림 14.2 메시지 분류

14.2 요청 메시지

요청 메시지는 요청 라인(Request line), 헤더(Headers), 그리고 때때로 본문(Body)으로 구성된다(그림 14.3참조).

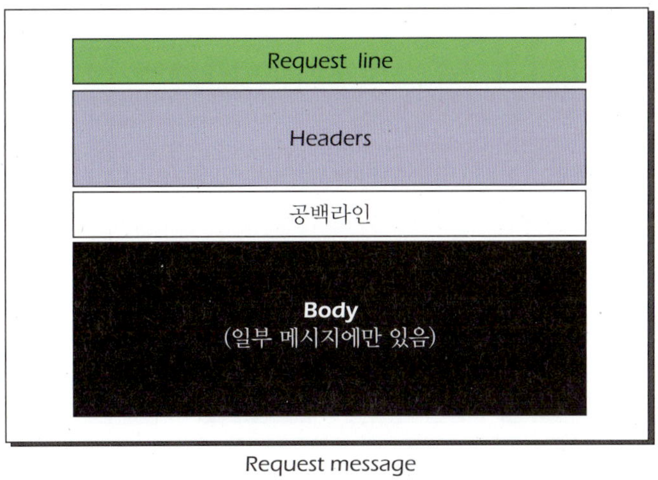

그림 14.3 요청 메시지

그림 14.4 요청 라인

요청 라인

요청 라인은 요청 유형(메소드), 자원 (URL), HTTP 버전 등을 정의한다. 요청 라인은 그림 14.4에 보이는 것처럼 요청 유형, 공백, URL, 공백, HTTP 버전으로 구성된다.

- **요청 유형**(request type). HTTP 버전 1.1에서는 여러 가지 요청 유형이 정의된다. 요청 유형은 요청 메시지를 여러 가지 메소드(method)로 분류한다. 이는 나중에 살펴볼 것이다.
- **URL**(Uniform Resource Locator). 웹 페이지를 액세스하기 원하는 클라이언트는 주소를 필요로 한다. 전 세계에 퍼져있는 문서들에 대한 액세스를 가능하게 하기 위하여, HTTP는 위치 지정자(locator)라는 개념을 사용한다. URL은 인터넷에서 어떤 종류의 정보든 지정할 수 있는 표준이다. URL은 그림 14.5에서 나타낸 바와 같이 메소드(Method), 호스트 컴퓨터, 포트, 경로라는 네 가지 부분을 정의한다.

  메소드는 문서를 검색하는 데 사용되는 프로토콜이다. 문서를 검색하는 데는 여러 가지 프로토콜이 사용될 수 있다. 이들 중에는 고퍼(Gopher), FTP, HTTP, News, TELNET 등이 있다.

  호스트는 정보가 위치하고 있는 컴퓨터이다. 이 컴퓨터의 이름은 별칭으로 나타낼 수 있다. 웹 페이지는 보통 컴퓨터에 저장되어 있고, 컴퓨터는 보통 "www"란 글자로 시작되는 별칭 이름을 갖는다. 그러나 이는 강제적인 사항은 아니므로, 호스트는 웹 페이지를 갖고 있는 컴퓨터에 주어진 어떤 이름도 될 수 있다.

  URL에 서버의 포트 번호를 사용하는 것은 선택이다. 만일 포트가 포함된다면 이는 호스트와 경로사이에 위치해야 한다. 그리고 콜론을 사용해 호스트와 분리되어야 한다.

  경로는 정보가 위치하고 있는 파일의 경로 이름이다. UNIX 운영체제에서 경로는 서브 디렉터리와 파일들을 디렉터리로부터 분리하는 사선을 사용한다는 점을 유념하라.

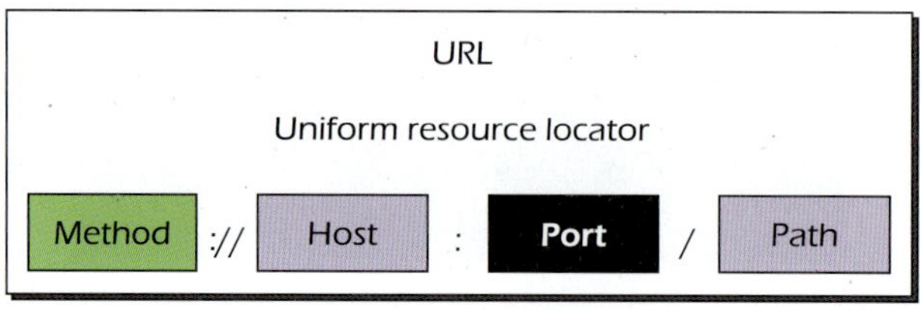

그림 14.5 URL

- 버전(version). 현재 대부분의 HTTP 버전이 1.1이지만 HTTP 버전 1.0과 0.9도 여전히 사용된다.

메소드

요청 메시지의 요청 유형 필드는 메소드라는 여러 종류의 메시지를 정의한다. 요청 메소드는 클라이언트가 서버에게 보내는 실제 명령이거나 요청이다. 여기서 몇 가지 메소드의 목적을 간단히 알아보자.

GET

GET 메소드는 클라이언트가 서버로부터 문서를 읽어오기 원할 때 사용된다. 문서의 주소는 URL에 정의되어 있다. 이는 문서를 검색하는 주요 메소드이다. 서버는 오류가 없는 경우 보통 응답 메시지의 본문에 문서의 내용을 담아서 응답한다.

HEAD

HEAD 메소드는 클라이언트가 문서 자체가 아니라 문서에 대한 어떤 정보를 원할 때 사용된다. 이는 GET과 비슷하지만 서버로부터의 응답에 본문이 없는 점이 다르다.

POST

POST 메소드는 클라이언트가 서버에게 어떤 정보를 제공할 때 사용된다. 예를 들어 서버에게 입력을 보내는 데 사용될 수 있다.

PUT

PUT 메소드는 클라이언트가 서버에 저장될 새 문서, 혹은 교체 문서를 제공하기 위해 사용된다. 문서는 요청의 본문에 포함되고 URL에 의해 지정된 위치에 저장될 것이다.

PATCH

PATCH는 PUT과 비슷하나 요청이 기존 파일에서 구현되어야 하는 변경사항의 목록만을 포함하고 있다는 점이 다르다.

COPY

COPY 메소드는 파일을 다른 위치로 복사하기 위해 사용된다. 원본 파일의 위치는 요청 라인(URL)에서 주어지고 목적지의 위치는 항목 헤더(헤더 절에서 설명된다)에서 주어진다.

MOVE

MOVE 메소드는 파일을 다른 위치로 이동하기 위해 사용된다. 원본 파일의 위치는 요청 라인(URL)에서 주어지고 목적지의 위치는 항목 헤더에서 주어진다.

DELETE

DELETE 메소드는 서버에서 문서를 제거하기 위해 사용된다.

LINK

LINK 메소드는 문서에서 다른 위치로의 링크나 링크들을 생성하기 위해 사용된다. 파일의 위치는 요청 라인(URL)에서 주어지고 목적지의 위치는 항목 헤더에서 주어진다.

UNLINK

UNLINK 메소드는 LINK 메소드에 의해 생성된 링크를 삭제하기 위해 사용된다.

OPTION

OPTION 메소드는 클라이언트가 서버에게 사용 가능한 옵션을 질의하기 위해 사용한다.

14.3 응답 메시지

응답 메시지는 상태 라인, 헤더, 그리고 때때로 본문(Body)으로 구성된다(그림 14.6 참조).

상태 라인

상태 라인(status line)은 응답 메시지의 상태를 정의한다. 이는 HTTP 버전, 공백, 상태 코드, 공백, 상태 문구로 구성된다(그림 14.7 참조).

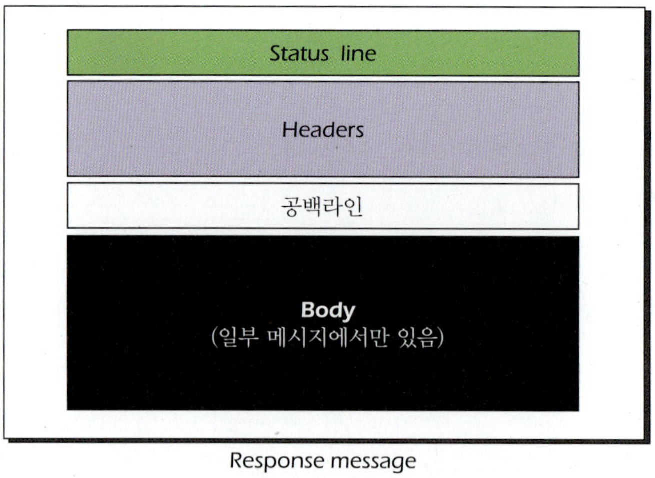

그림 14.6 응답 메시지

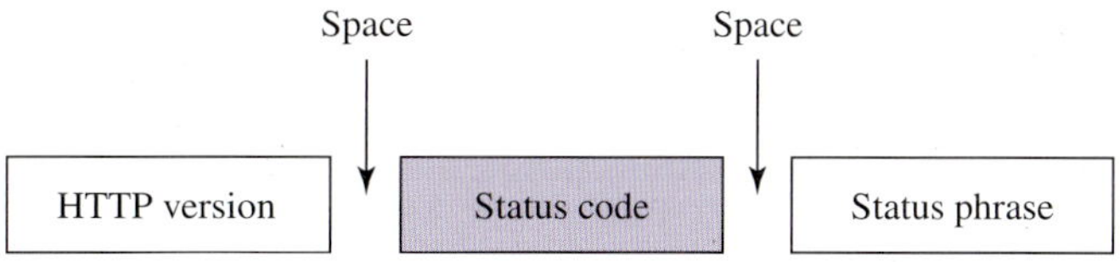

Status code: FTP 응답과 같은 형식 (3자리 숫자)

그림 14.7 상태 라인

- **HTTP 버전.** 이 필드는 요청 라인의 필드와 동일하다.
- **상태 코드(status code).** 상태 코드 필드는 FTP와 SMTP 프로토콜에 있는 것과 유사하다. 이는 세 자리 숫자로 구성된다. 100 범위의 코드들은 단지 정보 차원인데 반하여, 200 범위의 것들은 요청이 성공적임을 나타낸다. 300 범위의 코드들은 클라이언트를 또 다른 URL로 재지정하며, 400 범위의 코드들은 클라이언트 사이트에서의 오류를 나타낸다. 마지막으로 500 범위의 코드들은 서버 사이트에서의 오류를 나타낸다. 표 14.1에 가장 공통적인 코드들을 나열하였다.
- **상태 문구(status phrase).** 이 필드는 문자 형태로 상태 코드를 설명한다. 표 14.1에서 상태 문구도 같이 설명되어있다.

표 14.1 상태 코드와 상태 문구

상태 코드	상태 문구	설명
1xx(조건부 응답) 조건부 응답을 나타내고 요청자에게 계속 진행할 것을 요구하는 상태 코드이다.		
100	Continue	요청자는 요청을 계속해야 한다.
101	Switching	요청자가 서버에 프로토콜 전환을 요청했으며, 서버는 이를 승인하는 중이다.
2xx (성공) 서버가 요청을 성공적으로 처리했음을 의미한다.		
200	OK	서버가 요청을 성공적으로 처리했다.
201	Created	성공적으로 요청되었으며, 서버가 새 리소스를 작성했다.
202	Accepted	서버가 요청을 접수했지만 아직 처리하지 않았다.
203	신뢰할 수 없는 정보	서버가 요청을 성공적으로 처리했지만 다른 소스에서 수신된 정보를 제공하고 있다.
204	No content	서버가 요청을 성공적으로 처리했지만 콘텐츠를 제공하지 않는다.

	3xx (redirection 완료)	
301	moved permanently	요청한 페이지를 새 위치로 영구적으로 이동했다.
302	moved temporarily	현재 서버가 다른 위치의 페이지로 요청에 응답하고 있지만 요청자는 향후 요청 시 원래 위치를 계속 사용해야 한다.
304	not modified	마지막 요청 이후 요청한 페이지는 수정되지 않았다. 서버가 이 응답을 표시하면 페이지의 콘텐츠를 반환하지 않는다.
305	프록시 사용	요청자는 프록시를 사용할 때에만 요청한 페이지에 액세스할 수 있다.
	4xx(요청 오류)	
400	bad request	서버가 요청의 구문을 인식하지 못했다.
401	unauthorized	이 요청은 인증이 필요하다. 서버는 로그인이 필요한 페이지에 대해 이 요청을 제공할 수 있다.
403	forbidden	서버가 요청을 거부하고 있다.
404	not found	서버가 요청한 페이지를 찾을 수 없다.
405	method not allowed	요청에 지정된 방법을 사용할 수 없다.
406	not acceptable	요청한 페이지가 요청한 콘텐츠 특성으로 응답할 수 없다.
408	요청 시간초과	서버가 요청을 기다리는 동안 시간이 초과되었다.
409	충돌	서버가 요청을 수행하는 중에 충돌이 발생했다.
	5xx(서버 오류)	
500	internal server error	서버에 오류가 발생하여 요청을 수행할 수 없다.
501	Not implement	서버에 요청을 수행할 수 있는 기능이 없다.
502	불량 게이트웨이	서버가 게이트웨이나 프록시 역할을 하고 있거나, 또는 업스트림 서버에서 잘못된 응답을 받았다.
503	service unabailable	서버가 오버로드되었거나 유지관리를 위해 다운되었기 때문에 현재 서버를 사용할 수 없다. 이는 대개 일시적인 상태이다.
504	게이트웨이 시간초과	서버가 게이트웨이나 프록시 역할을 하고 있거나, 또는 업스트림 서버에서 제때 요청을 받지 못했다.
505	HTTP 버전이 지원되지 않음	서버가 요청에 사용된 HTTP 프로토콜 버전을 지원하지 않는다.

14.4 헤더

헤더는 클라이언트와 서버 사이에 추가적인 정보를 교환한다. 예를 들어 클라이언트가 특별한 형식으로 문서가 전송되도록 요청할 수도 있고, 또는 서버가 문서에 대한 추가적인 정보를 전송할 수도 있다.

헤더는 한 줄 이상의 헤더라인이 될 수 있다. 각 헤더 라인은 헤더 이름, 콜론, 공백, 헤더 값으로 구성된다(그림 14.8 참조).

헤더 라인은 일반 헤더, 요청 헤더, 응답 헤더, 항목 헤더의 네 가지 분류 중 하나에 속하게 된다. 요청 메시지는 일반, 요청, 항목 헤더만을 포함할 수 있다. 반면에 응답 메시지는 일반, 응답, 항목 헤더만을 포함할 수 있다. 그림 14.9에 요청 메시지와 응답 메시지를 나타내었다.

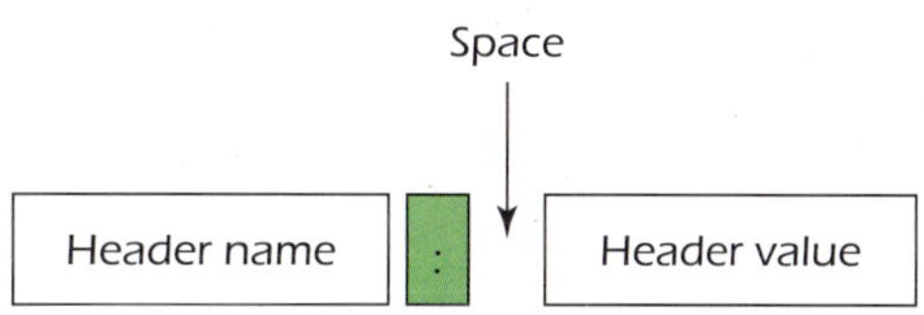

그림 14.8 헤더 형식

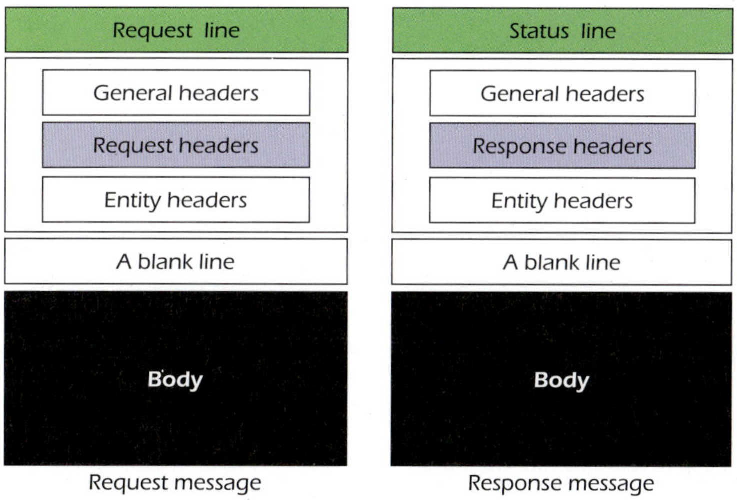

그림 14.9 헤더

표 14.2 일반 헤더

헤더	설명
Connection	클라이언트와 서버가 요청/응답 연결에 대한 옵션을 정할 수 있게 해준다.
Date	메시지가 언제 만들어졌는지에 대한 날짜와 시간을 제공한다.
MIME-Version	발송자가 사용한 MIME 버전
Transfer-Encoding	수신자에게 안전한 전송을 위해 메시지에 어떤 인코딩이 적용되었는지 보여준다.
Via	이 메시지가 어떤 중개자(프락시, 게이트웨이)를 거쳐왔는지 보여준다.

일반 헤더

일반 헤더(General Header)는 메시지에 대한 일반적인 정보를 제공하며 요청과 응답에 모두 존재할 수 있다. 표 14.2에 몇 가지 일반 헤더를 설명과 함께 나열하였다.

요청 헤더

요청 헤더(Request Header)는 요청 메시지에만 존재할 수 있다. 이는 클라이언트의 구성과 클라이언트가 선호하는 문서 형식을 지정한다. 표 14.3에 몇 가지 요청 헤더를 설명과 함께 나열하였다.

응답 헤더

응답 헤더(Response Header)는 응답 메시지에만 존재할 수 있다. 이는 서버의 구성과 요청에 대한 특별한 정보를 지정한다. 표 14.4에 몇 가지 응답 헤더와 그 설명을 보였다.

표 14.3 요청 헤더

헤더	설명
Client-IP	클라이언트가 실행된 컴퓨터의 IP
From	클라이언트 사용자의 메일 주소
Host	요청의 대상이 되는 서버의 호스트 명과 포트
Referer	현재의 요청 URI가 들어있었던 문서의 URL을 제공한다.
UA-*	클라이언트 정보를 보냄
User-Agent	요청을 보낸 애플리케이션 이름을 서버에게 전달

표 14.4 응답 헤더

헤더	설명
Age	응답이 얼마나 오래 되었는지
Public	서버가 특정 자원에 대해 지원하는 요청 메소드 목록
Retry-After	현재 자원이 사용 불가능한 상태일 때 언제 가능해지는지
Server	서버 애플리케이션의 이름과 버전
Title	HTML 문서에서 주어진 것과 같은 제목
Warning	경고 메시지

항목 헤더

항목 헤더(Entity Header)는 문서의 본문에 대한 정보를 제공한다. 이는 주로 응답 메시지에 존재하지만, POST나 PUT 메소드와 같이 본문을 포함하는 몇 가지 요청 메시지도 또한 이러한 종류의 헤더를 사용한다. 표 14.5에 몇 가지 항목 헤더와 설명이 나타나 있다.

표 14.5 항목 헤더

헤더	설명
Allow	이 개체에 대해 수행될 수 있는 요청 메소드들을 나열한다.
Location	클라이언트에게 엔터티가 실제로 어디에 위치하고 있는지 말해준다. 수신자에게 자원에 대한 위치를 알려줄 때 사용
Content-Base	본문에서 사용된 상대 URL을 계산하기 위한 Base URL
Content-Encoding	본문에 적용된 인코딩
Content-Language	본문을 이해하는 데 가장 적절한 언어
Content-Length	길이나 크기
Content-Location	자원이 실제로 어디 위치하는지
Content-MD5	본문의 MD5
Content-Range	전체 자원에서 이 개체가 해당하는 범위를 바이트 단위로 표현
Content-Type	이 본문이 어떤 종류의 객체인지

14.5 HTTP 덤프 분석

HTTP 요구 메시지

그럼 바로 HTTP 패킷의 덤프 분석을 시작해 보자. 여기서는 다음 패킷에 대해서 덤프 분석한다.

No	Time	Source	Destination	Protocol	개요
⑫	0.00570500	클라이언트 PC	웹서버	HTTP	HTTP 요구 메시지
⑬	0.01698500	웹서버	클라이언트 PC	HTTP	HTTP 응답 메시지(정상 응답)

그림 14.10에 나타난 패킷 목록 정보에서 프로토콜이 http인 패킷을 선택해서 분석해보자. 패킷 목록 정보에서 「Info」 열에 「GET /test/sample.html HTTP/1.1」이라고 표시된 12번 프레임이 HTTP 요구 메시지를 포함한 패킷이다.

이 12번 프레임을 선택한 다음 패킷 상세 정보에서 「Hypertext Transfer Protocol」의 ⊞를 클릭하면 그림 14.11과 같이 나타난다.

가장 맨 위에 메소드로 「GET /test/sample.html HTTP/1.1 \r \n」이라고 표시되어 있다. 이것은 GET 메소드를 이용하여 HTTP1.1 프로토콜에서 웹페이지(실제는 홈페이지의 도큐멘트 루트에 있는 /test/simple.html)을 취득하라는 명령을 나타낸다. 참고로 홈페이지의 인덱스 페이지를 취득할 경우에는 HTML 파일을 지정하지 않고 「GET /HTTP/1.1 \r \n」이 된다. 또한 \r\n은 CR과 LF의 개행 코드를 나타낸다.

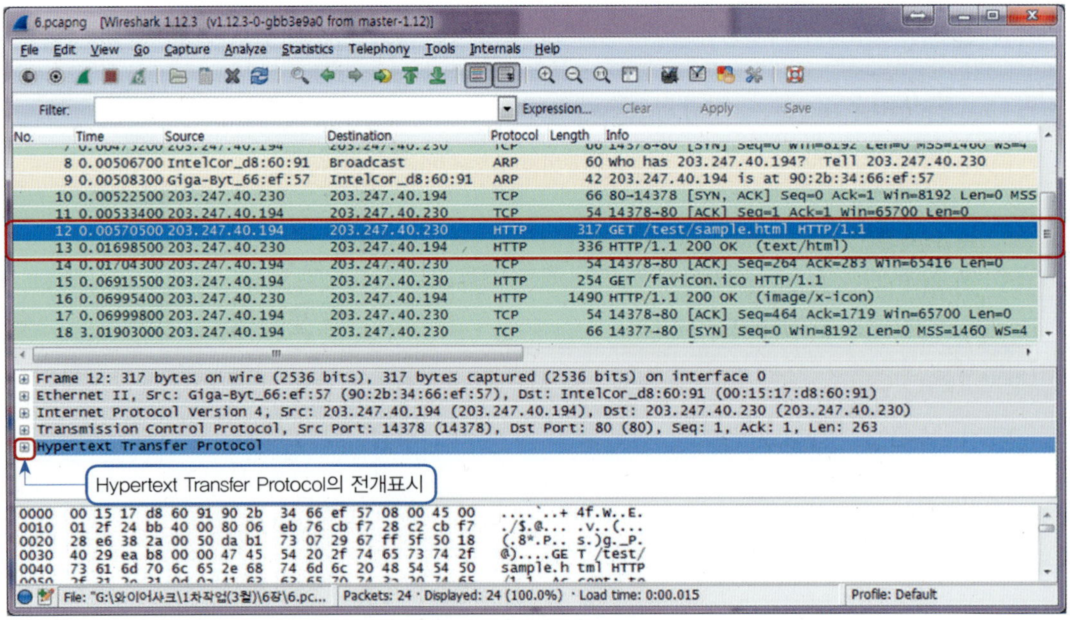

그림 14.10 패킷 캡처 화면

```
⊟ Hypertext Transfer Protocol
  ⊟ GET /test/sample.html HTTP/1.1\r\n
    ⊞ [Expert Info (Chat/Sequence): GET /test/sample.html HTTP/1.1\r\n]
      Request Method: GET
      Request URI: /test/sample.html
      Request Version: HTTP/1.1
    Accept: text/html, application/xhtml+xml, */*\r\n
    Accept-Language: ko-KR\r\n
    User-Agent: Mozilla/5.0 (Windows NT 6.1; WOW64; Trident/7.0; rv:11.0) like Gecko\r\n
    Accept-Encoding: gzip, deflate\r\n
    Host: netwk.hnu.kr\r\n
    Connection: Keep-Alive\r\n
    \r\n
    [Full request URI: http://netwk.hnu.kr/test/sample.html]
    [HTTP request 1/2]
    [Response in frame: 13]
    [Next request in frame: 15]
```

그림 14.11 http 전개 화면

「Request Method」 필드에 「GET」라고 표시되어 있는데, 이것은 홈페이지를 취득하는 GET 메소드를 의미한다. 또 「Request URI」 필드에는 「/test/simple.html」이라고 되어 있는데, 이것은 홈페이지 장소에 대하여 도큐먼트 루트(첫 페이지)에 있는 /test/simple.html란 웹페이지를 취득하라는 명령을 나타내고 있다. 더욱이 「Request Version」 필드에는 「HTTP/1.1」이라고 되어 있는데, 이것은 홈페이지를 취득할 때의 방법으로서 HTTP 버전 1.1을 이용한다는 것을 의미하고 있다. 또한 이 패킷에서도 와이어샤크의 Export 기능에 의해 [Expert Info(Chat/Sequence): GET /test/sample.html HTTP/1.1 \r\n]이란 필드가 추가되어 있다. 이것은 중요도는 회화이고 HTTP의 순서로 분류된다. 그리고 「GET /test/sample.html HTTP/1.1 \r\n」이란 메시지를 보내고 있음을 의미한다.

메소드 다음에는 HTTP 요구 헤더가 이어진다. 「Accept」 필드에는 웹브라우저가 받아들일 파일의 형식이 지정되어 있다. 또한 「Accept-Language」 파일에는 웹브라우저가 받아들일 언어 설정, 「User-Agent」 필드에는 웹브라우저의 종류, 「Accept-Encoding」 필드에는 웹브라우저가 대응하고 있는 인코드 방식이 각각 지정되어 있다. 이어지는 「Host」 필드에서는 접속을 수행하는 호스트, 「Connection」 필드에는 접속 상태가 각각 나타나 있다. 그리고 마지막으로 아무 지정도 하지 않고 「\r\n」의 개행 코드를 넣음으로써 빈 줄로 헤더의 마지막을 나타낸다.

이들 부가 정보는 웹서버에 전달되어 웹서버가 HTTP 응답 메시지를 돌려보낼 때에 이용된다.

참고로 HTTP 버전 1.0에서는 하이퍼텍스트를 취득하기 위한 단순한 메소드와 응답 코드가 기술되어 있으며, 홈페이지나 화상을 연속하여 취득하려면 몇 번이나 연결을 작성하여 요구와 응답을 반복해야 했었다.

그러나 HTTP 버전 1.1에서는 메소드나 응답 코드가 확장되었을 뿐만 아니라 connection 헤더를 이용하여 복수의 HTML이나 XML 도큐먼트, 화상 등의 파일을 한 번의 연결로 한 번에 정리하여 취득할 수 있게 되었다. 더욱이 한 번 취득한 홈페이지를 일시 보존해 두는 캐시 확인 기능도 추가되었다. 캐시 기능에 의해 홈페이지의 갱신을 프로토콜에서 확인할 수 있으며, 한 번 취득한 홈페이지와 내용이 변하지 않을 경우에는 네트워크에서 다시 다운로드할 필요가 없기 때문에 통신량이 적어져 결과적으로 고속 처리가 가능해졌다.

HTTP 응답 메시지

패킷 목록 정보의 「Info」 열에서 「HTTP/1.1 200 OK (text/html)」라고 표시된 13번 프레임이 HTTP 응답 메시지를 포함한 패킷이다. 이 프레임을 선택한 다음 패킷 상세 정보에서 「Hypertext Transfer Protocol」의 ⊞를 클릭하면 그림 14.12와 같이 나타난다.

제일 위에 HTTP 응답 코드인 「HTTP/1.1 200 OK\r\n」 필드가 있으며, 그 다음에 HTTP 응답 헤더 이어진다. \r\n 만을 지정한 빈줄 부분을 기점으로 HTTP 헤더가 끝난 다음 「Line-based text data」 필드가 이어지는데, 여기에는 HTML 형식의 홈페이지 메시지 본체의 내용이 들어간다. 또 이 패킷에서도 와이어샤크의 Expert 기능에 의해 [Expert Info (Chat/Sequence):HTTP/1.1 200 OK\r\n]이란 필드가 추가되어 있다. 이것은 중요도는 대화이고 HTTP의 순서로 분류된다. 그리고 「HTTP/1.1 200 OK\r\n」이란 정상 응답을 받고 있음을 의미한다.

HTTP 응답 코드의 「HTTP/1.1 200 OK\r\n」을 펼쳐 보면 「200」이란 값이 들어가 있는데 이것은 「정상 응답」을 의미한다.

또 「Request Version」 필드에서 「HTTP/1.1」이라고 표시되어 있다. 여기서 HTTP 버전 1.1을 HTTP 응답에 이용함을 알 수 있다. 더욱이 「Status Code」 필드에는 「200」이라고 되어 있는데, 이것은 정상 응답임을 의미한다. 이상 응답일 경우에는 도큐먼트를 발견할 수 없음을 의미하는 「404(Not Found)」를 비롯하여 여러 가지 에러 응답 코드(4XX) 등이 표시된다.

다음으로 HTTP 응답 메시지의 각 헤더를 확인한다. 「Date」 필드에는 웹서버가 응답을

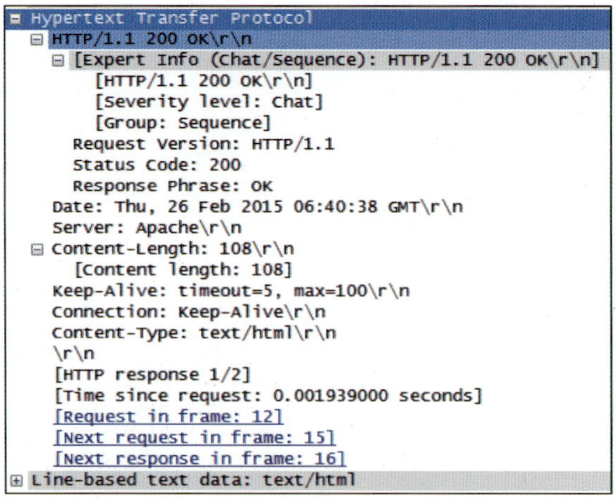

그림 14.12 http 응답 메시지 전개 화면

수행한 시간이 들어간다. 또 「Server」 필드에는 응답을 수행한 서버의 정보가 들어간다. 이 부분은 「배너 메시지」라고 하며, 서버의 종류나 버전을 확인하는 데 도움이 된다. 또한 이 「Server」 필드는 보안 상의 이유로 전부 또는 일부가 나타나지 않는 경우도 있다. 이번에는 「Server: Apache\r\n」이라고 표시되어 있음으로 웹서버는 Apache 임을 알 수 있다.

이어서 「Content-Length」 필드에는 메시지 본체의 내용 길이, 「Connection」 필드에는 접속에 관한 설정(접속을 닫는 등), 「Content-Type」 필드에는 메시지 본체의 형식이 각각 지정되어 있다. 그리고 마지막에 「\r\n」 만의 한 줄이 들어가 응답 메시지의 종료를 나타낸다.

이상으로 HTTP 응답 헤더가 구성되며, 이들 내용이 웹브라우저에 전달된다. 그리고 웹브라우저는 홈페이지를 보여주기 위한 준비를 수행한다.

HTTP 응답 메시지 본체는 이어지는 「Line-based text data」 필드로 구성된다(그림 14.13 참조). 이 내용은 텍스트 형식의 정보이다. 내용은 HTML 형식의 「sample.html」의 소스와 같다. 구체적으로는 〈html〉~〈/html〉 사이의 부분으로 HTML 도큐먼트를 나타낸다. 〈h1〉~〈/h1〉

```
⊟ Line-based text data: text/html
    <!doctype html>\r\n
    <html>\r\n
    <head>\r\n
    <title>sample</title>\r\n
    </head>\r\n
    <body>\r\n
    <h1>homepage</h1>\r\n
    </body>\r\n
    </html>
```

그림 14.13 Line-based text data 화면

표 14.6 HTTP 덤프 분석에서 자주 등장하는 HTTP 헤더와 와이어샤크에서 디스플레이 필터식 예

헤더명	설명	디스플레이 필터식
Host	접속한 호스트 명 및 포트 번호를 기술한다.	http.host
Server	웹서버의 정보를 보여준다.	http.server
Cache-Control	웹페이지의 캐시 정보를 지정한다.	http.cache_control
Content-Type	웹페이지의 데이터 형식을 지정한다.	http.content_type
User-Agent	웹브라우저의 정보를 보여준다.	http.user_agent
Referer	하이퍼링크를 사용하여 액세스한 경우에는 직전에 참조한 웹페이지를 나타낸다.	http.referer
Location	웹페이지를 표시한 직후에 재차 다른 웹페이지로 이동할 경우(이것을 「재지정」라고 한다)에 새로운 웹페이지를 지정한다.	http.location
Cookie	웹브라우저가 보존하고 있는 쿠키 값을 송신한다.	http.cookie
Set-Cookie	웹서버가 웹브라우저에 쿠키를 설정한다.	http.set_cookie

에서 헤드 1인 지정을 하고 homepage란 문자를 표시하고 있다. 이 HTML 형식의 소스 내용을 웹브라우저가 해석한다. 그리고「homepage」란 문자를 화면 상에 헤드 1의 큰 문자로 표시한다.

이상이 HTTP의 덤프 분석을 하였다. HTTP를 분석할 때에는 지금까지 설명한 헤더 외에도 더 많은 헤더가 등장한다. 여기서는 그 중에서 주로 이용되는 헤더를 표 14.6로 나타내었다. 또한 각 헤더의 패킷으로 제한하기 위한 디스플레이 필터도 함께 나타내었다.

연습문제

HTTP는 웹페이지를 처리하는데 이용된다. 이 실습에서는 웹페이지를 검색하고, 와이어샤크를 이용하여 HTTP 패킷을 캡처한다. 여기서 가장 일반적인 메시지인 GET과 response 메시지에 대해 살펴본다. 또한 브라우저 캐싱의 역할도 살펴본다.

실습은 세 part로 나뉘어져있다.

Part I

| 순서 |

- 웹브라우저를 실행시키고, 브라우저의 캐시 메모리를 지운다. 하지만 아직은 웹사이트에 접속하지 않는다.
- 와이어샤크를 실행시킨 다음 패킷 캡처를 시작한다.
- 웹브라우저에 가서 내장된 객체(그림, 로고 등)가 들어있는 웹페이지를 검색한다.
- 브라우저의 캐시 메모리가 지워져있기 때문에 웹페이지는 원래의 목적지를 검색하게된다. 와이어샤크에 있는 필터 필드에 http라고 입력하고 Apply를 클릭한다. 그러면 HTTP 메시지만 화면에 나타난다.
- 풀다운 메뉴에서 Capture를 선택하여 충분하게 패킷을 캡처한 후에, 캡처를 종료하기 위해 stop를 선택한다. 그러면 와이어샤크의 패킷 목록 정보에 많은 HTTP 패킷이 나타날 것이다.

질문 캡처된 정보를 이용하여 다음 질문에 답하라.

1. 첫 번째 GET 메시지의 발신지 IP 주소는 무엇인가?
2. 첫 번째 GET 메시지의 목적지 IP 주소는 무엇인가?
3. 첫 번째 response 메시지의 발신지 IP 주소는 무엇인가?
4. 첫 번째 response 메시지의 목적지 IP 주소는 무엇인가?
5. 첫 번째 response 메시지에 있는 발신지와 목적지 주소는 첫 번째 GET 메시지에 있는 발신지와 목적지 주소와 어떤 관계가 있는가?
6. GET 메시지의 타임스탬프와 response 메시지의 타임스탬프를 이용하여 GET 메시지를 받은 시간부터 response 메시지를 받은 시간까지 얼마나 시간이 걸렸는가? 기본적으로 시간 컬럼의 값은 와이어샤크가 추적을 한 이후의 초 단위로 나타낸 것이다.
7. 메시지를 살펴보고 HTTP 버전을 기술하라.
8. 첫 번째 GET 메시지로부터 웹사이트의 URL을 기술하라.
9. 첫 번째 GET 메시지로부터 user agent를 기술하라.

10. 첫 번째 GET 메시지를 이용하여 클라이언트가 받아들일 수 있는 medium format, language, encoding, character set를 기술하라.
11. 첫 번째 response 메시지의 status code는 무엇인가? 이 코드의 설명을 보기 위해 status code 표를 확인하라.
12. 첫 번째 response 메시지의 etag(identity tag)를 기술하라. HTTP에 있는 조건적인 요청(conditional request)에 있는 etag의 애플리케이션은 무엇인가?
13. 첫 번째 response 메시지에 있는 content-length 필드의 값은 무엇인가?

Part II 내장된 객체

대부분의 웹페이지는 내장된 객체(embedded object)의 형태로 그림, 로고 등이 들어있다. 이 페이지들을 오픈할 때 내장된 객체는 같은 웹사이트나 서로 다른 웹사이트에서 검색된다. Part 2에서는 캡처된 파일에서 내장된 객체에 대한 정보를 찾아본다.

질문 캡처된 파일을 이용하여 다음 질문에 답하라.

1. 페이지 안에 얼마나 많은 내장된 객체가 있는지 브라우저를 확인하라.
2. 내장된 객체를 검색하기 위하여 브라우저는 몇 개의 GET 메시지를 보냈는가?
3. 각 내장된 객체의 URL은 무엇인가?
4. 지속적이거나 비-지속적인 연결을 이용한 HTTP가 있는가?

Part III 브라우저의 캐시 메모리

응답시간과 인터넷 트래픽을 줄이기 위해 대부분의 브라우저는 최근에 수신된 HTTP 객체를 자신의 캐시 메모리에 저장해둔다. 브리우저가 웹 파일을 검색하기위해 요청을 받으면 먼저 자신의 케시 메모리를 확인한다. 만약에 파일 안에 있으면, 조건적인 GET(IF-Modified-Since) 요청을 보낸다. 서버는 파일이 수정되었으면 “Not Modified" 응답을 보낸다.
와이어샤크를 열고 다시 캡처를 시작한다. 브라우저로 가서 브라우저에 있는 reload나 refresh bottom을 클릭하여 다시 같은 웹페이지를 검색한다. 이때에 이 페이지는 캐시 메모리로부터 검색된다. 와이어샤크의 필터 필드에 http를 입력하고 Apply를 클릭한다. 그러면 HTTP 메시지만 화면에 나타난다. 와이어샤크를 종료하고 캡처된 파일을 저장한다.

질문 캡처된 파일을 이용하여 다음 질문에 답하라.

1. response 메시지에 있는 content-length 필드의 값은 무엇인가?
2. 1번 질문의 답을 설명하라.

위의 질문들에 대해 패킷 상세 정보를 보고 다음 칸에 답을 적어 제출하라.

성명:	학번:	제출 날짜:
Part I		
1	첫 번째 GET 메시지의 발신지 IP 주소:	
2	첫 번째 GET 메시지의 목적지 IP 주소:	
3	첫 번째 response 메시지의 발신지 IP 주소:	
4	첫 번째 response 메시지의 목적지 IP 주소:	
5	첫 번째 response 메시지에 있는 발신지, 목적지 주소와 첫 번째 GET 메시지에 있는 발신지, 목적지 주소와의 관계:	
6	GET 메시지를 보낸 시간부터 response 메시지를 받을 때까지 걸린 시간은 얼마인가?	
7	HTTP 버전:	
8	웹사이트의 URL:	
9	user agent:	
10	클라이언트가 수용할 수 있는 medium format: 클라이언트가 수용할 수 있는 language : 클라이언트가 수용할 수 있는 encoding : 클라이언트가 수용할 수 있는 character set :	
11	첫 번째 response 메시지의 status codes : 이 코드의 설명:	
12	첫 번째 response 메시지의 etag (identity tag) : HTTP에서 조건적인 요청에 있는 estag의 애플리케이션:	
13	response 메시지의 content-length 필드에 있는 값:	
Part II		
1	페이지에 있는 embedded objects의 수:	
2	embedded objects를 검색하기 위해 보낸 GET messages의 수:	
3	각 embedded object의 URL:	
4	HTTP가 persistent 또는 non-persistent 연결을 가지고 있는가? 답에 대해 설명하라.	
Part III		
1	response message의 content-length 필드의 값:	
2	1번 질문에 대한 답을 설명하라:	

CHAPTER 15

GeoIP 기능을 이용하여 세계 지도에 IP 주소 표시하기

이 장에서는 캡처한 패킷의 IP 주소를 기반으로 IP 주소를 관리하고 있는 조직(ISP 등)의 AS 번호나 장소(국가, 위도, 경도 등)를 디스플레이하는 「GeoIP 기능」을 살펴본다. 이 기능은 IP 주소와 지리 정보(Geometrics)를 한꺼번에 볼 수 있는 GeoIP 데이터베이스와 연계함으로써 가능하다.

이 책에서는 미국 MaxMind사(http://www.maxmind.com/)가 제공하는 GeoIP 데이터베이스(GeoLite Country/GeoLite City/GeoLite ASN)를 사용한다. 이 GeoIP 데이터베이스는 무료로 이용할 수 있으며, C 언어와 Apache(Perl) 등에서 사용할 수 있는 라이브러리를 제공하고 있기 때문에 와이어샤크와도 연계해서 IP 주소를 이용하여 국가, 위도, 경도, AS 번호 등의 정보를 알 수 있다.

이 GeoIP 데이터베이스는 대략 매월 1회씩 갱신되고 있으며, MaxMind 사의 웹페이지에서 다운로드할 수 있다. 이때 국가 정보 데이터베이스는 GeoLite Country, 도시 정보 데이터베이스는 GeoLite City, AS 번호 데이터베이스는 GeoLite ASN으로 구성되어 있다.

그럼 먼저 GeoIP 데이터베이스를 다운로드해 보자.

GeoIP 데이터베이스 다운로드 순서

❶ 웹브라우저를 실행하여 MaxMind사 홈페이지에 접속한다(그림 15.1 참조).

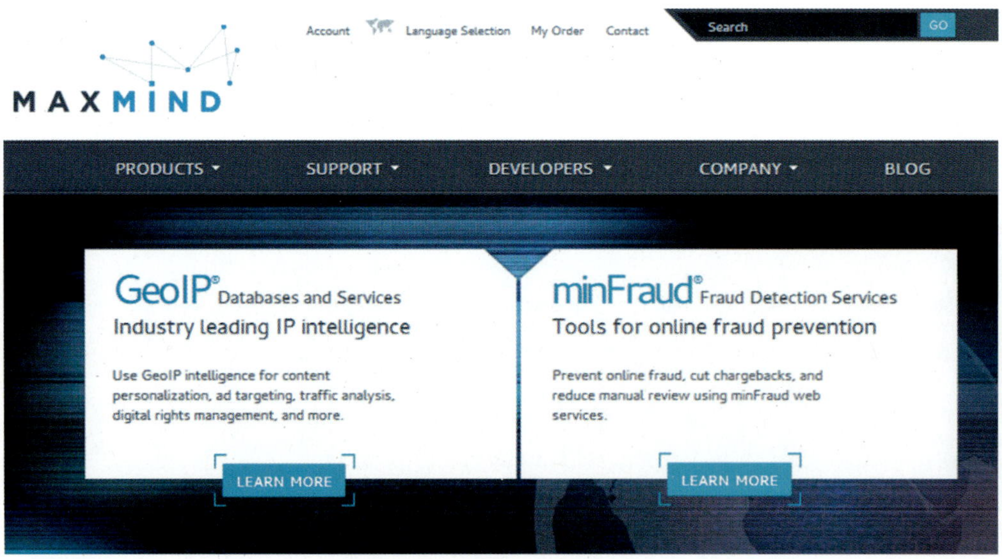

그림 15.1 MaxMind사 홈페이지

여기서 DEVELOPERS를 선택한 다음 나타나는 메뉴에서 GeoIP를 선택한다. 그러면 그림 15.2와 같은 화면이 나타난다.

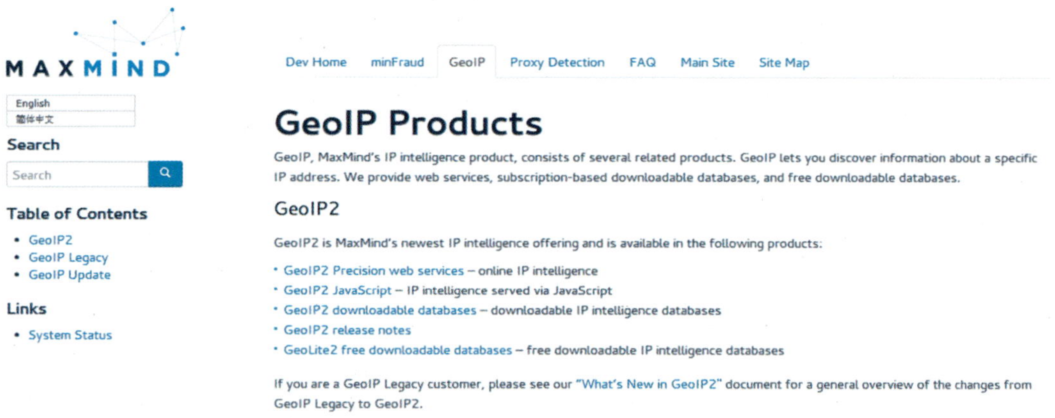

그림 15.2 GeoIP 화면

그림 15.2에 있는 화면에서 GeoLite2 free downloadable databases를 선택하면, 국가 정보 데이터베이스를 구성하는 「GeoLite Country」의 페이지 (http://dev.maxmind.com/geoip/legacy/geolite)가 나타난다(그림 15.3 참조). 여기서 GeoLite Country의 Binary/gzip 「Download」를 클릭한다.

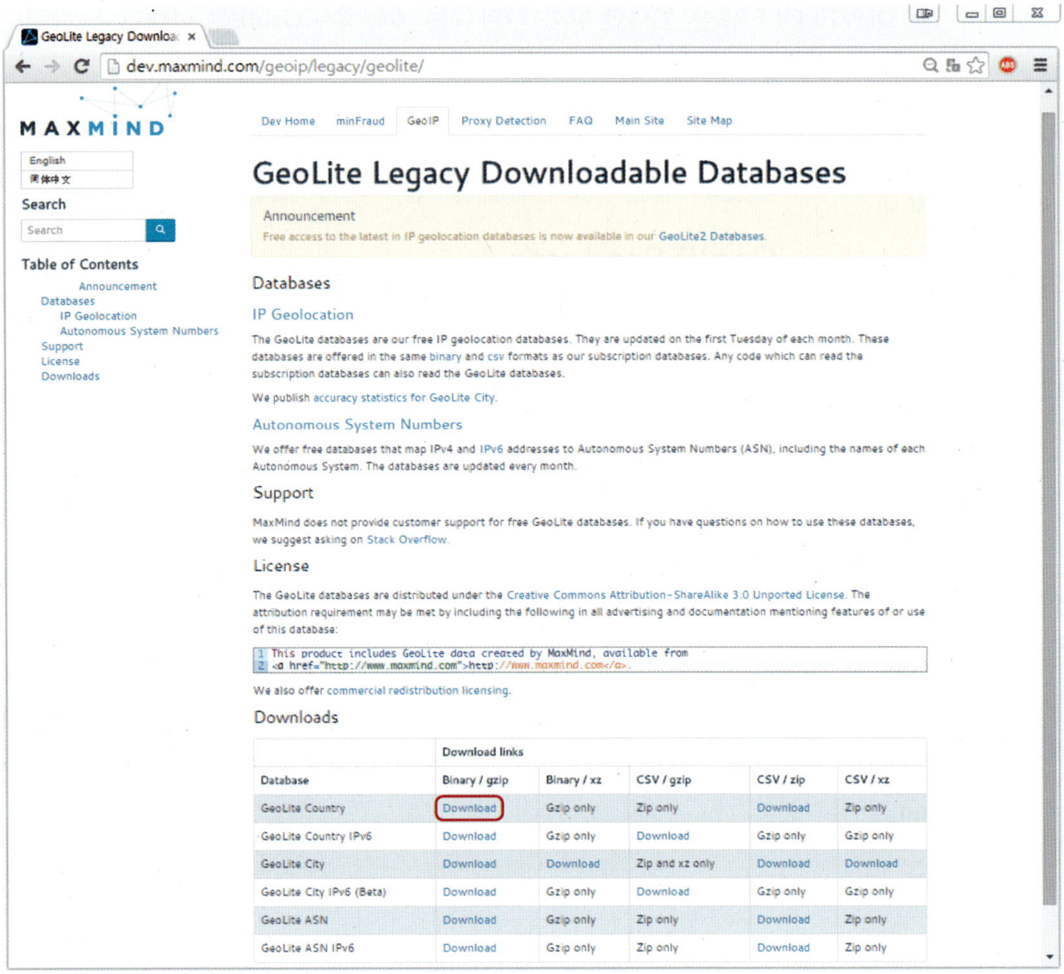

그림 15.3 GeoLite Country 다운로드 홈페이지

그러면 그림 15.4와 같이 다운로드된다.

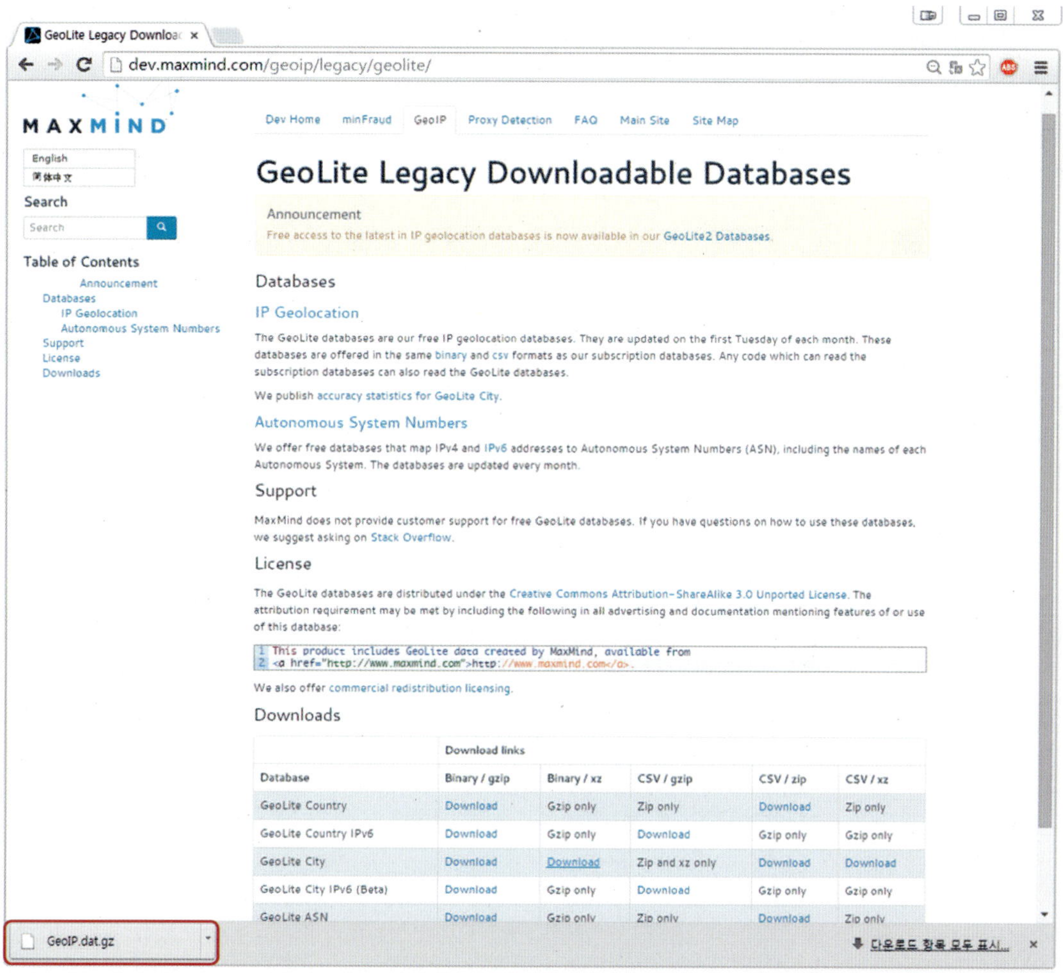

그림 15.4 파일 다운로드 화면

❷ 이어서 도시 정보 데이터베이스인 「GeoLite City」 옆에 있는 Download를 선택하여 「GeoLiteCity.dat.gz」 파일을 다운로드 받는다(그림 15.5 참조).

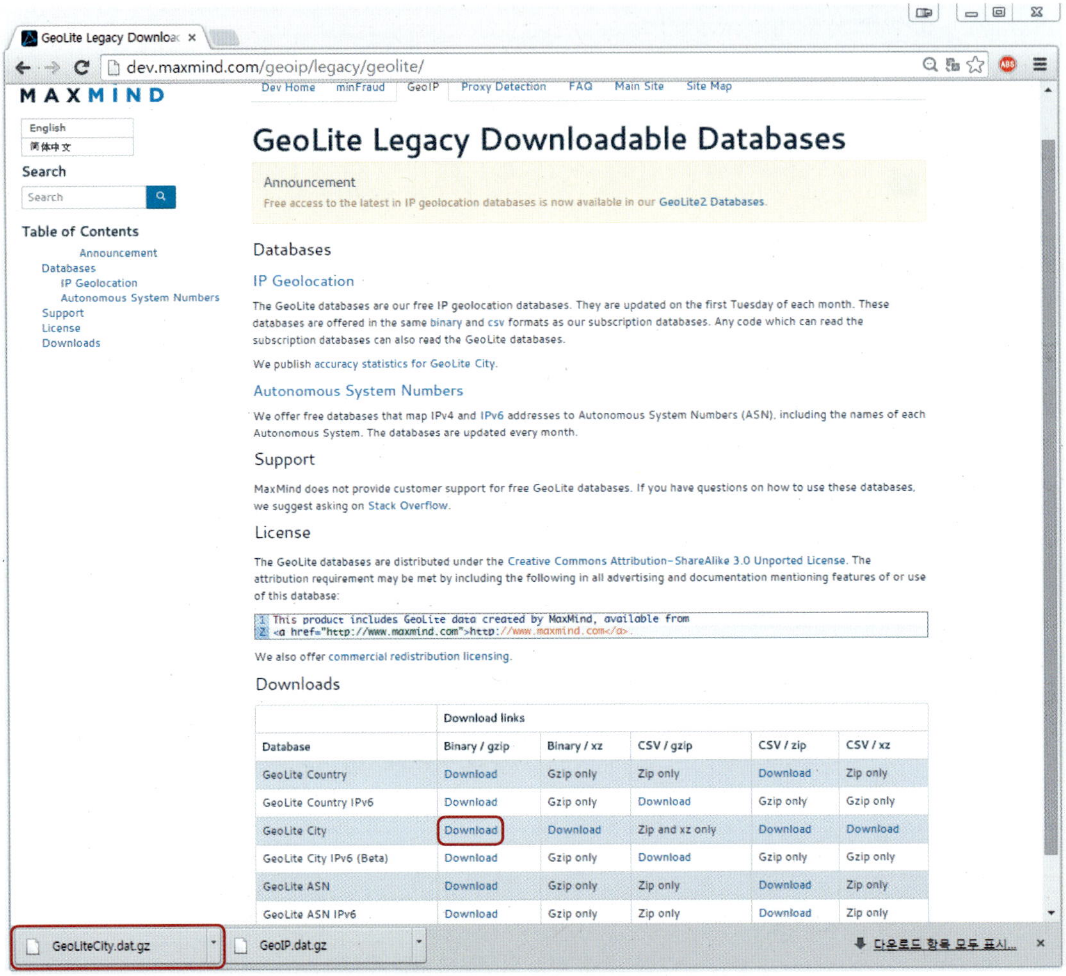

그림 15.5 GeoLiteCity.dat.gz 파일 다운로드

❸ 이어서 GeoLite ASN 옆에 있는 Download를 선택하여 「GeoIPASNum.dat.gz」를 다운로드 받는다(그림 15.6 참조).

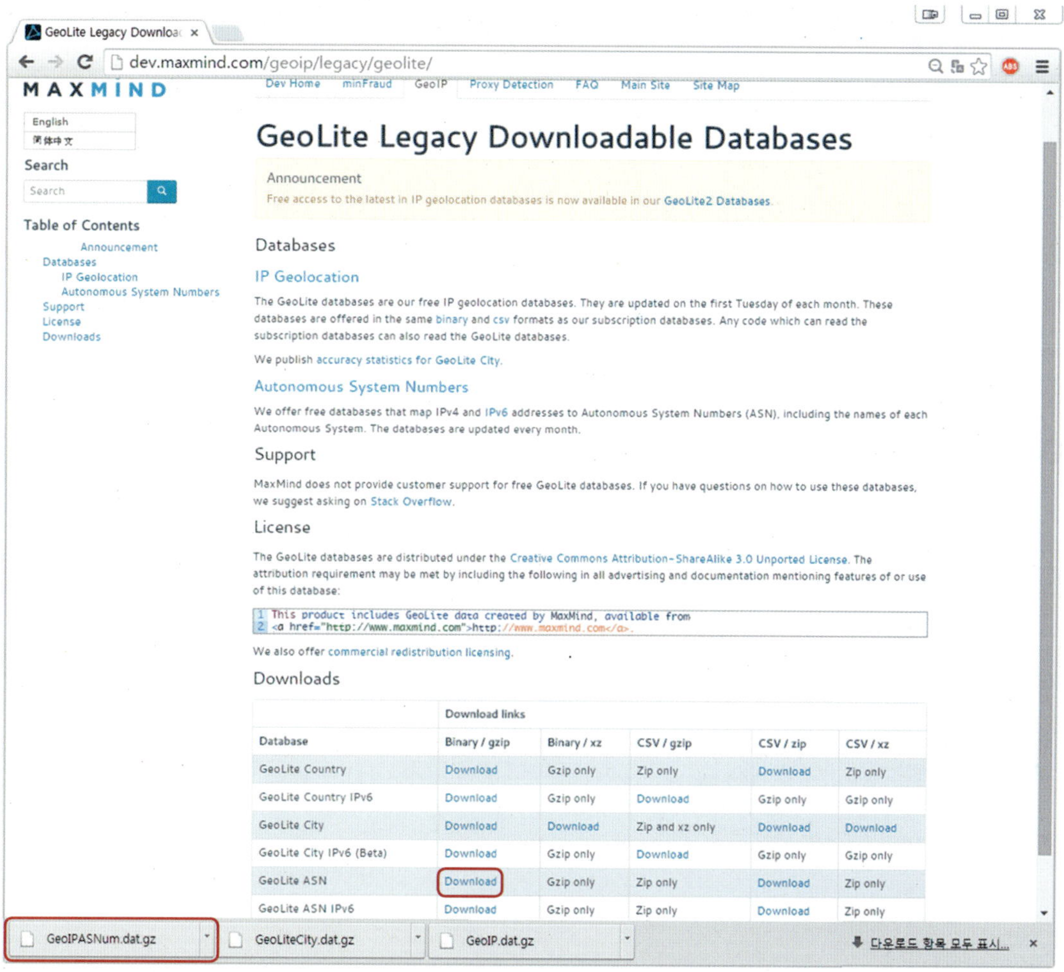

그림 15.6 GeoIPASNum.dat.gz 파일 다운로드

❹ 그런 다음 다운로드 폴더에 3개의 파일인 「GeoIP.dat.gz」「GeoLiteCity.dat.gz」「GeoIPASNum.dat.gz」가 저장되었음을 확인한다(그림 15.7 참조).

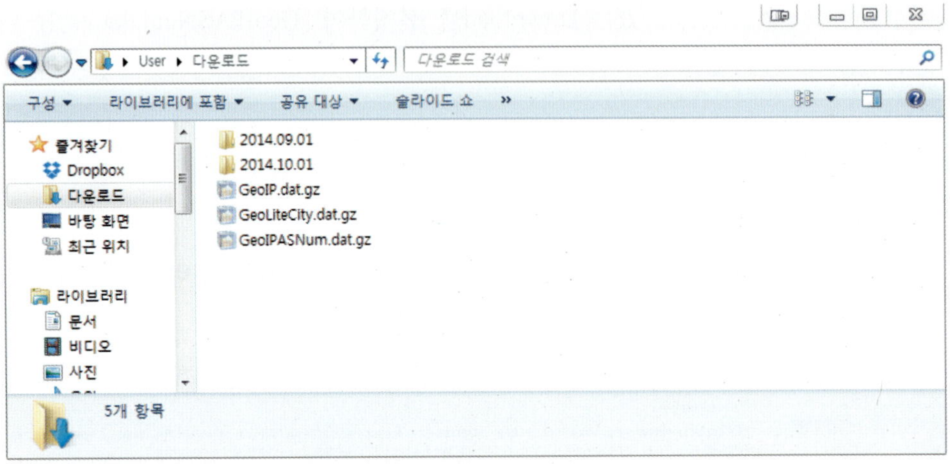

그림 15.7 3개의 파일 저장 확인 화면

❺ gz 형식의 파일을 압축 해제할 수 있는 공개 소프트웨어인 알집이나 반디집 등을 이용하여 세 파일을 압축 해제한다. 그러면 바이너리 형식의 데이터베이스 파일 「GeoIP.dat」 「GeoLiteCity.dat」, 「GeoIPASNum.dat」이 생성된다(그림 15.8 참조).

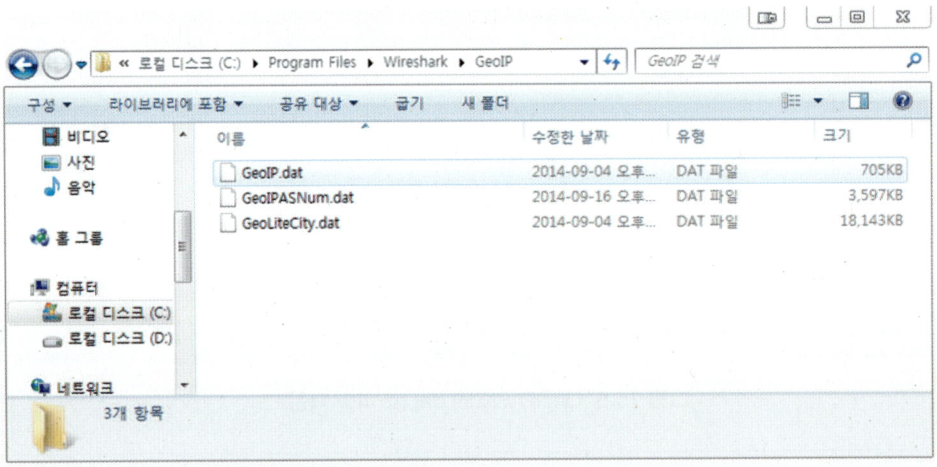

그림 15.8 압축 해제된 데이터베이스 파일 확인 화면

❻ 압축 해제한 3개의 데이터베이스 파일을 같은 폴더에 넣는다. 예를 들어 와이어샤크의 설치 디렉토리(표준에서는 C:₩Program Files₩Wireshark)에 「GeoIP」란 이름의 폴더를 새로 만들어 이 안에 넣으면 된다.

이것으로 GeoIP 데이터베이스 다운로드가 끝난 것이다. 이제는 와이어샤크에서 GeoIP 데이터베이스를 이용하기 위한 설정을 한다.

GeoIP 데이터베이스를 이용하기 위한 설정 순서

❶ 메인 화면 툴바에 있는 [설정] 버튼을 클릭한다(또는 단축 키 「Ctrl+Shift+P」를 누른다)(그림 15.9 참조). 그러면 설정 화면이 나타난다.

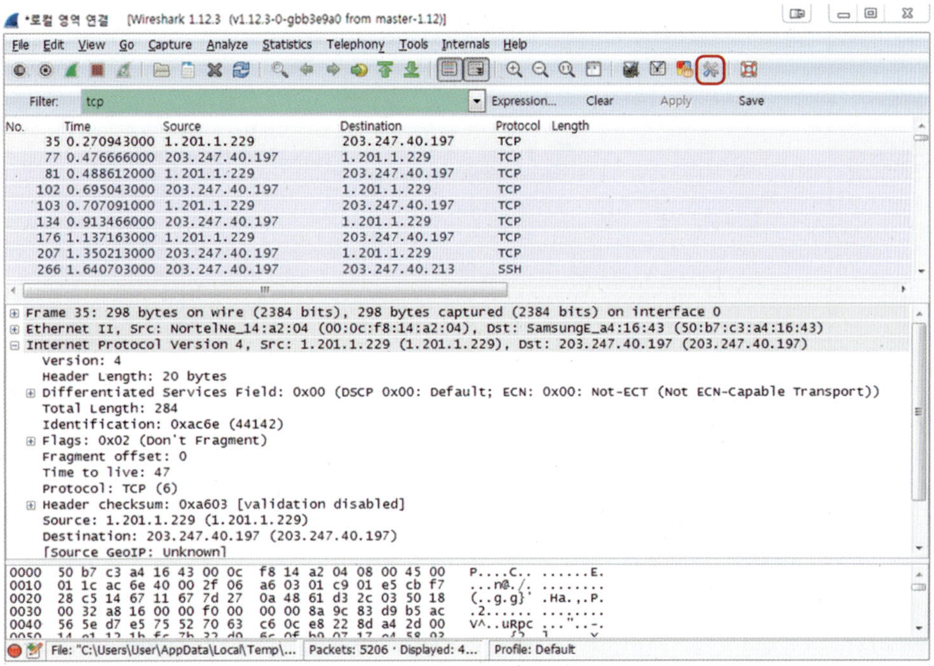

그림 15.9 설정 버튼 선택 화면

❷ 설정 화면에서 왼쪽에 있는 「Name Resolution」을 선택하고 오른쪽난에서 「GeoIP database directories」의 오른쪽 옆에 있는 [Edit] 버튼을 클릭한다(그림 15.10 참조). 그러면 GeoIP 데이터베이스 디렉토리 화면이 나타난다(그림 15.11 참조).

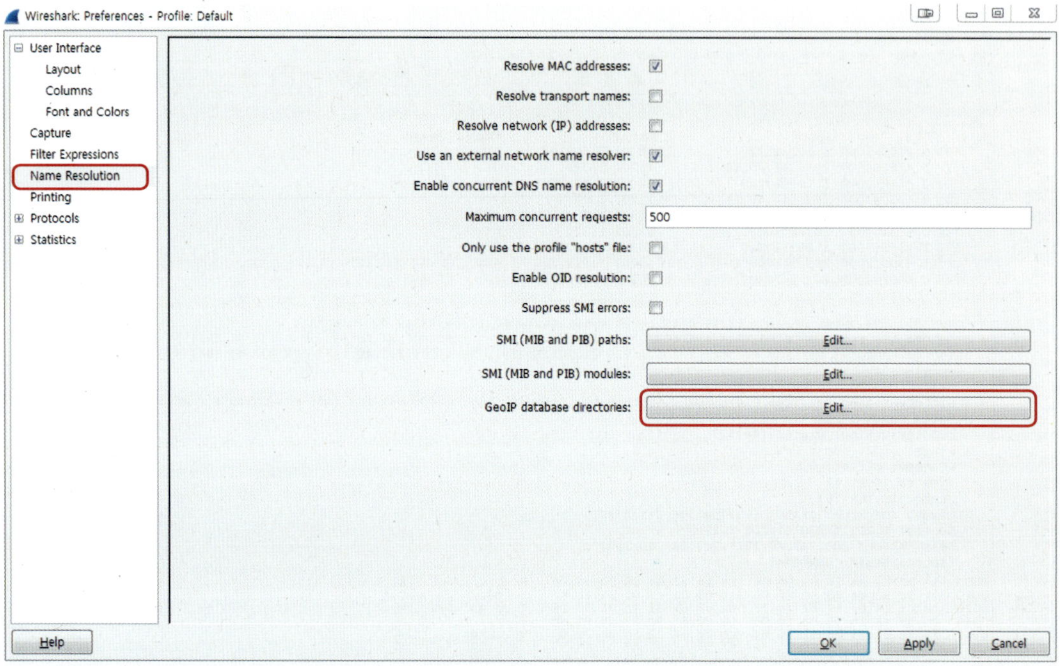

그림 15.10 Name Resolution 선택, Edit 버튼 클릭

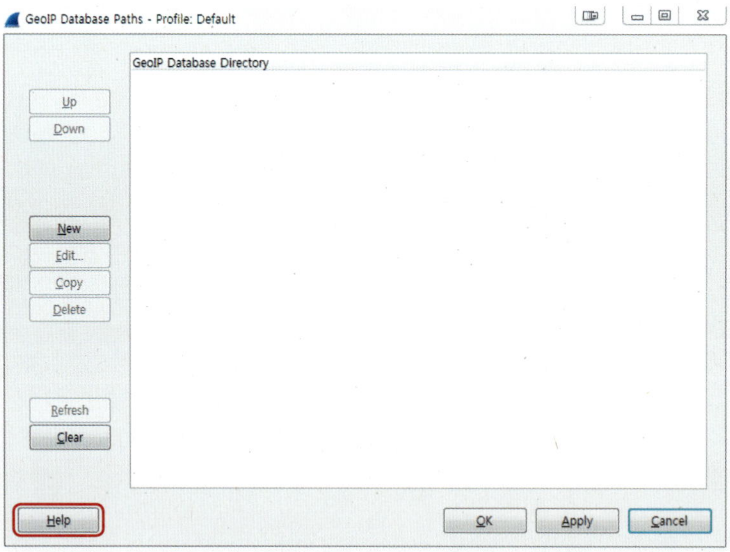

그림 15.11 GeoIP 데이터베이스 디렉토리 화면

❸ 그림 15.11의 맨 왼쪽 밑에 있는 [Help] 버튼을 클릭한다. 그러면 이용자 가이드 화면이 나타난다(그림 15.12 참조).

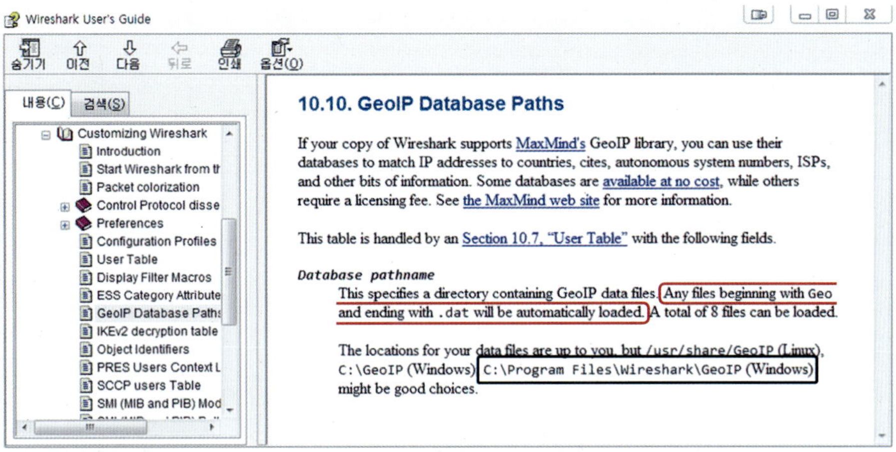

그림 15.12 이용자 가이드 화면

❹ 「GeoIP Database pathname」이란 곳에 「Any files beginning with Geo and ending with .dat will be automatically loaded.」라 씌어 있다. 이것은 지정한 디렉토리 내의 「Geo」에서 시작하여 「.dat」으로 끝나는 파일을 불러온다는 의미이다. 또 다음 단락을 보면 GeoIP 데이터 파일이 있는 디렉토리를 지정하는 예가 설명되어 있다. 화면을 보면 「C:＼Program Files＼Wireshark＼GeoIP(Windows) might be good choices.」라고 씌여있는 데 이 문장의 위치를 정확히 기억하기 바란다. 데이터베이스 저장 디렉토리를 해당 위치로 선택해야 한다.

❺ GeoIP 데이터 베이스 디렉토리 화면으로 바꿔 [New] 버튼을 클릭한다(그림 15.13 참조). 그러면 새로운 GeoIP 데이터베이스 디렉토리 화면이 나타난다(그림 15.14 참조).

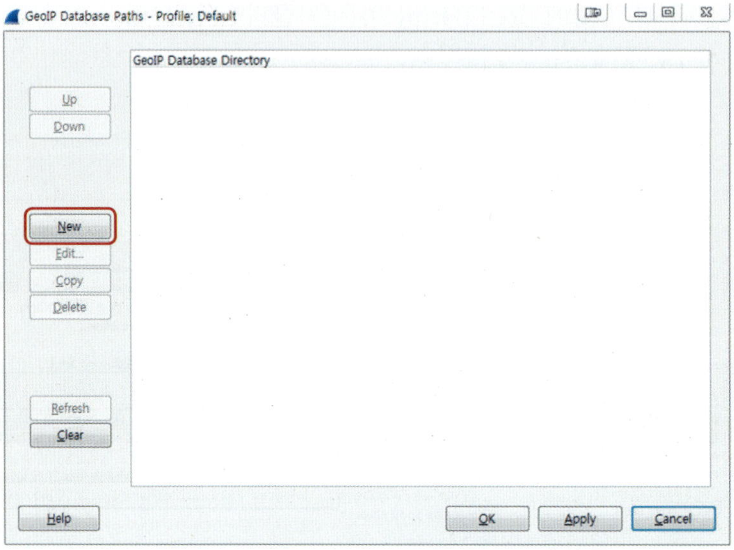

그림 15.13 New 버튼 클릭

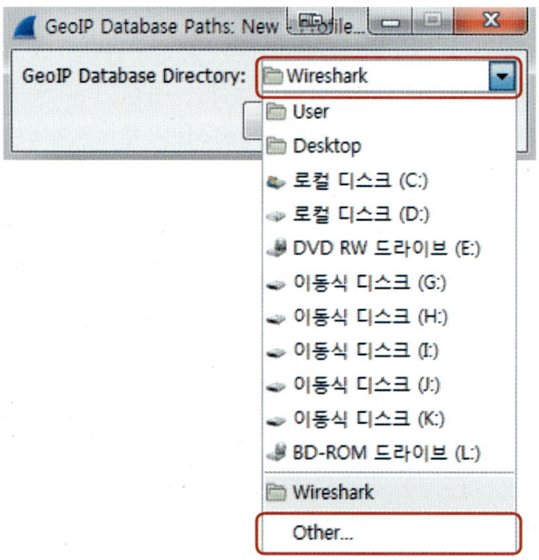

그림 15.14 「Other」 선택 화면

❻ 「GeoIP Database Directory」의 텍스트 상자에 「C:＼Program Files＼Wireshark＼GeoIP」로 찾아 넣기 위해 「Other...」를 클릭한다(그림 15.14 참조).

❼ 「C:＼Program Files＼Wireshark＼GeoIP」로 찾아 넣고 「Open」 버튼을 클릭한다(그림 15.15 참조). 그러면 GeoIP 데이터베이스의 디렉토리 화면으로 되돌아간다(그림 15.16 참조).

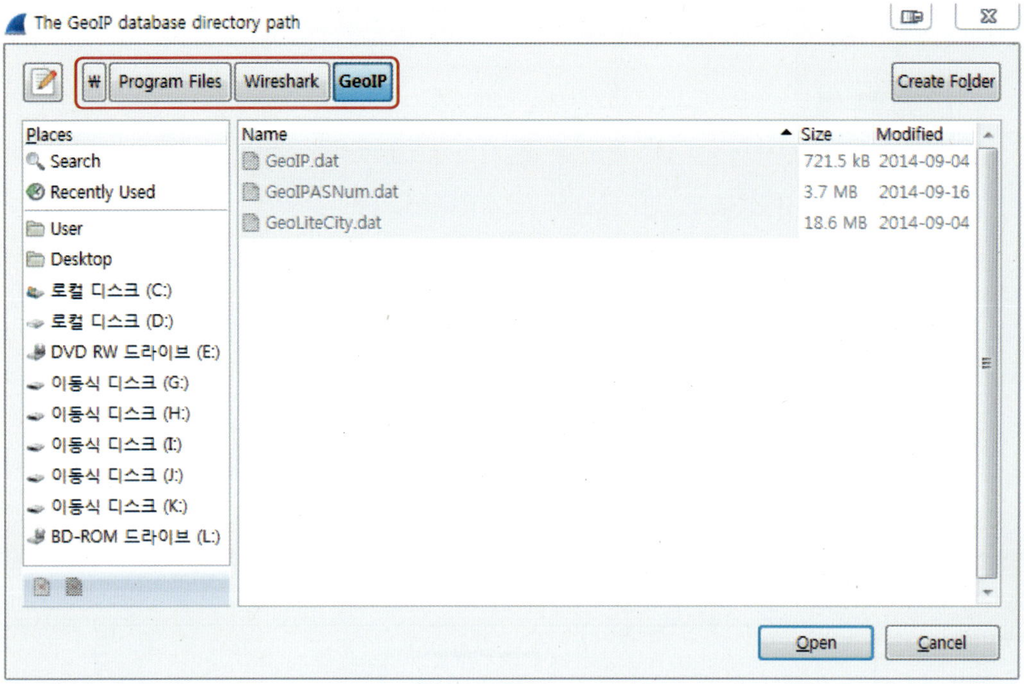

그림 15.15 Open 버튼 클릭 화면

❽ 「GeoIP Database Directory」난에 「GeoIP」라고 나타나 있음을 확인한다(그림 15.16 참조). 이어서 [OK] 버튼을 클릭한다. 그러면 이 화면이 닫힌다.

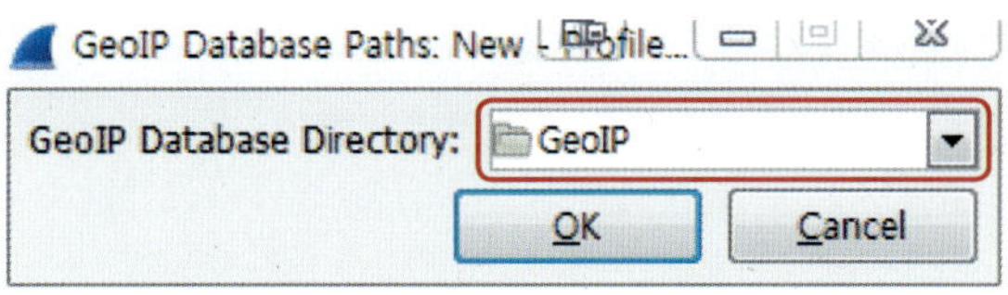

그림 15.16 데이터베이스 디렉토리 화면

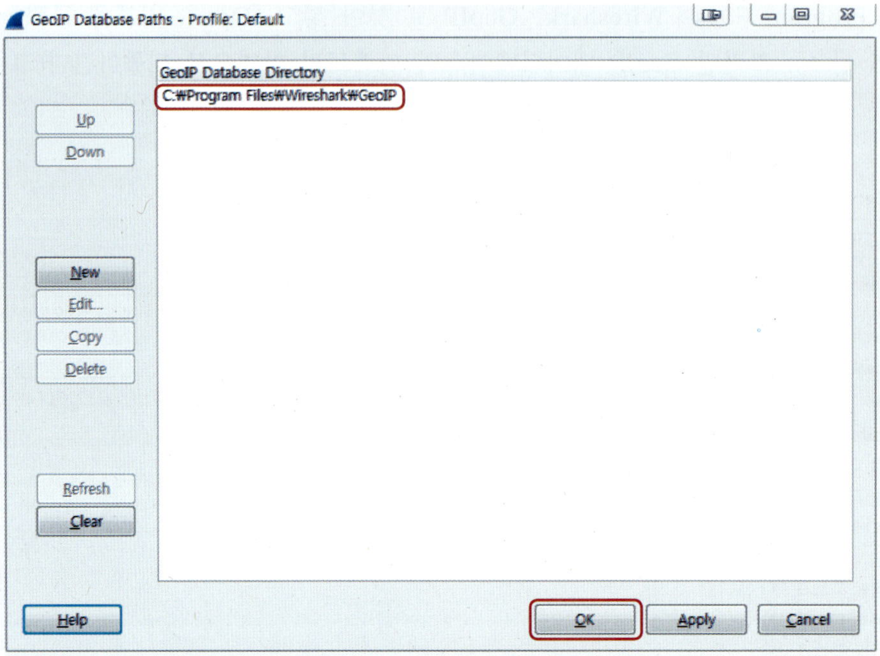

그림 15.17 OK 버튼 클릭

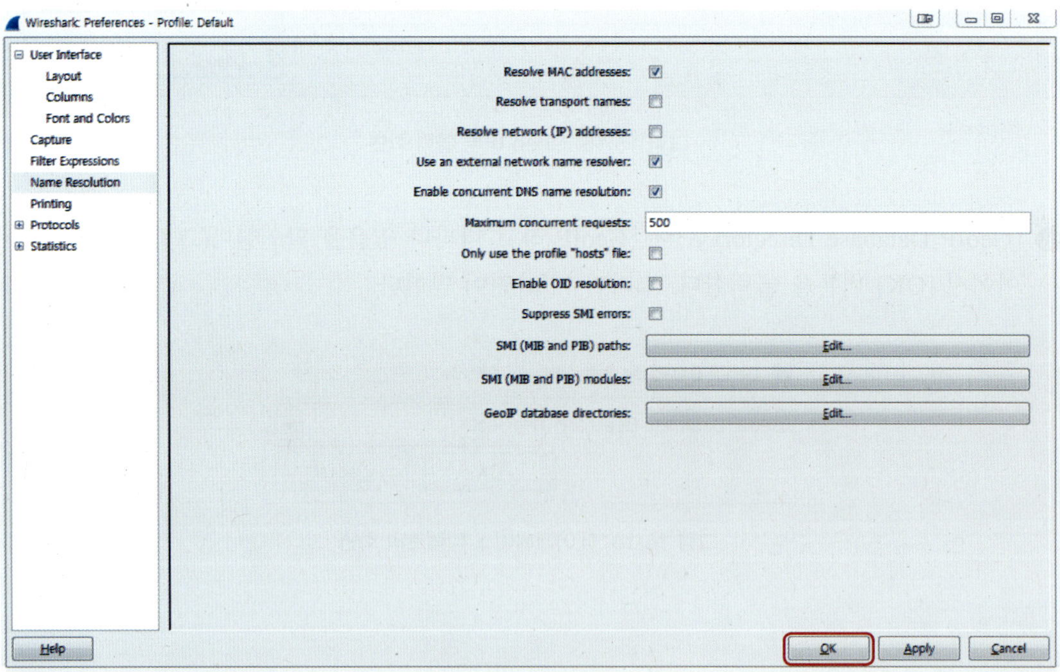

그림 15.18 OK 버튼 클릭

❾ 설정 화면도 닫는다. [OK] 버튼을 클릭하라(그림 15.7, 15.18 참조). 이어서 파일 잠금을 해제하고 정확한 디렉토리를 읽어들이기 위해 와이어샤크를 모두 종료시킨다.

이제 GeoIP 데이터베이스를 와이어샤크의 화면에서 확인해 보자. 우선 먼저 와이어샤크에서 임의의 패킷을 캡처한다. 이어서 「Endpoints(statistics)」 기능을 이용하여 캡처한 패킷의 국가별, 지역별, 도시별, AS별 등의 통계를 보도록 하자.

GeoIP 데이터베이스를 와이어샤크 화면 상에서 확인하는 순서

❶ 와이어샤크를 실행하고 패킷을 캡처한다(그림 15.19 참조). 임의의 패킷을 캡처해도 되지만 좋아하는 국가나 도시의 웹사이트에 대한 패킷을 캡처하는 것이 좋다.

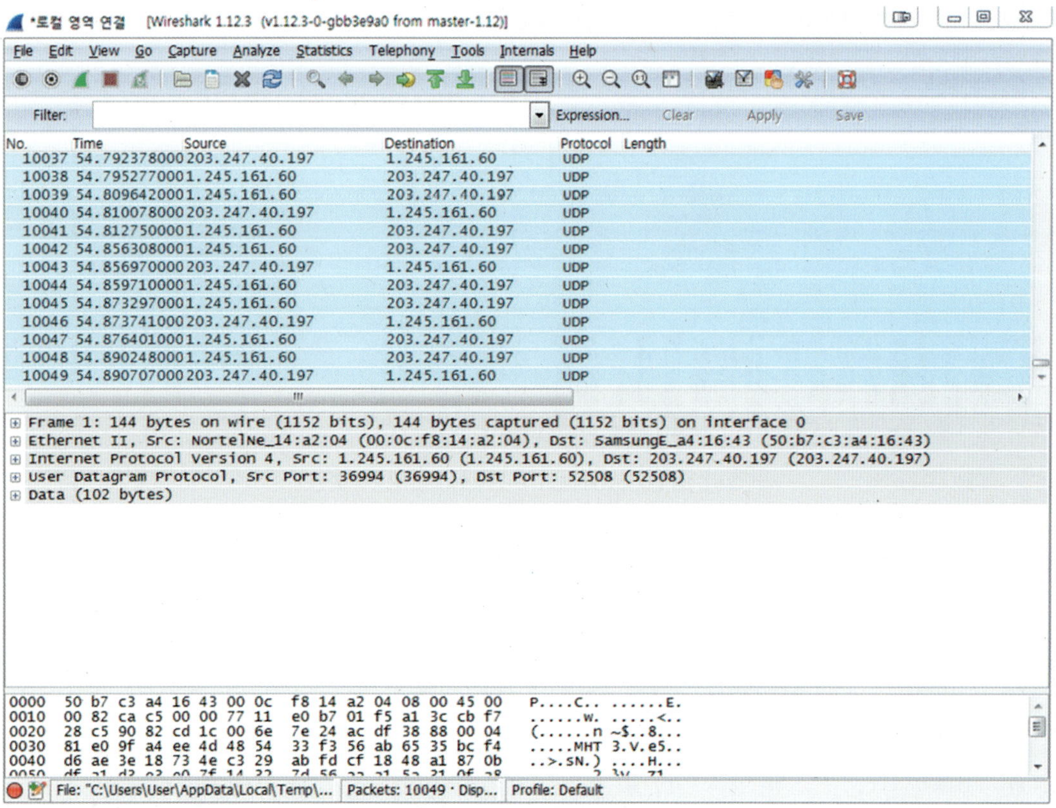

그림 15.19 파일 캡처 화면

❷ 메인 화면의 메뉴 바에서 「Statistics → Endpoints」를 선택한다(그림 15.20 참조). 그러면 Endpoints 목록 화면이 나타난다(그림 15.21 참조).

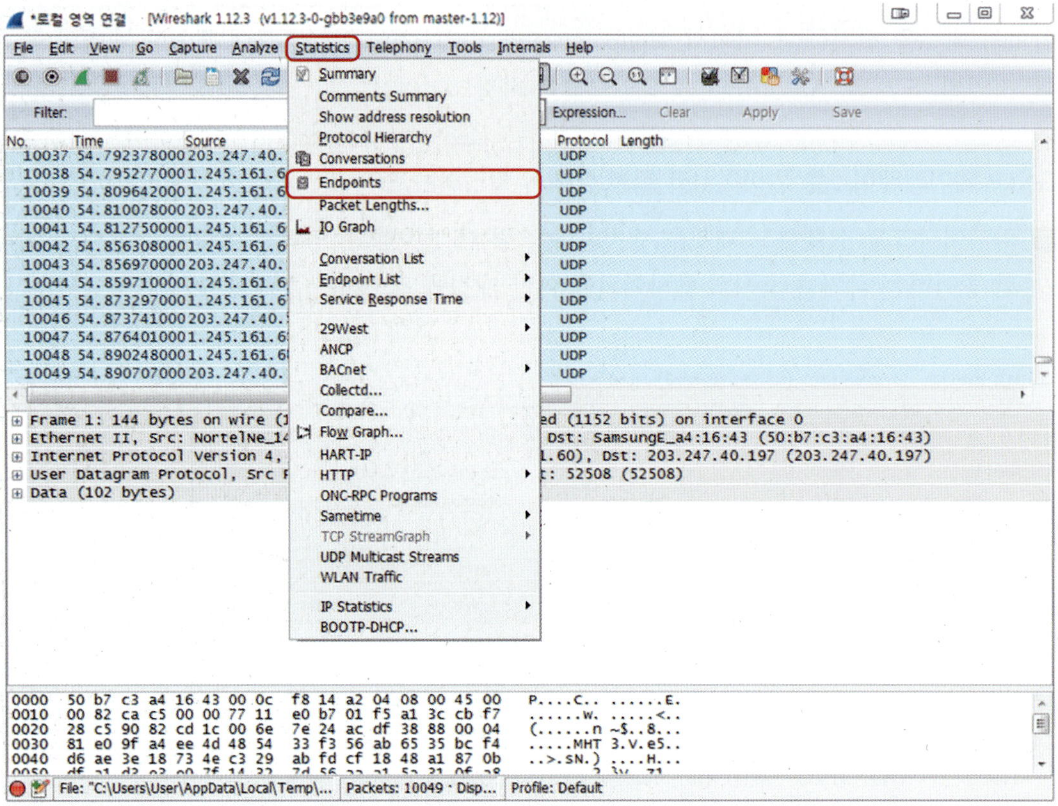

그림 15.20 Statistics → Endpoints 선택 화면

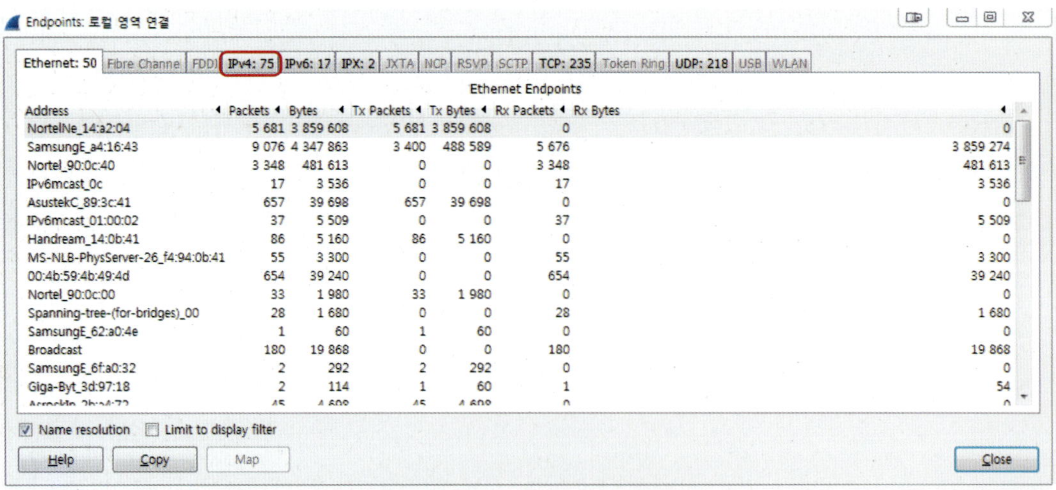

그림 15.21 IPv4 변경 화면

❸ 초기 상태에는 Ethernet 주소의 통계가 나타나 있다. 통계 내용을 IPv4로 변경한다(그림 15.21 참조). IPv4 탭을 클릭하면 된다. 그러면 IPv4의 통계가 나타난다(그림 15.22 참조).

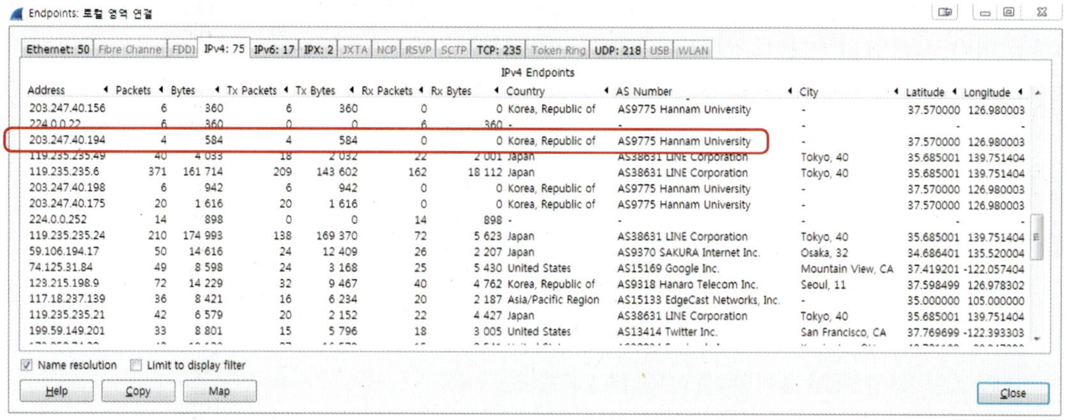

그림 15.22 IPv4 통계 화면

❹ IPv4 탭의 모든 열을 확인한다.

획득한 지리 정보 확인

여기서 순서 4의 화면을 확대해 보자(그림 15.23 참조). Address(주소), Packets(패킷), Bytes(바이트), Tx Packets(송신 패킷), Tx Bytes(송신 바이트), Rx Packets(수신 패킷), Rx Bytes(수신 바이트)와 더불어 「Country(국가)」, 「AS Number(AS 번호)」, 「City(도시)」, 「Latitude (위도)」, 「Longitude(경도)」 정보가 나타나 있음을 알 수 있다.

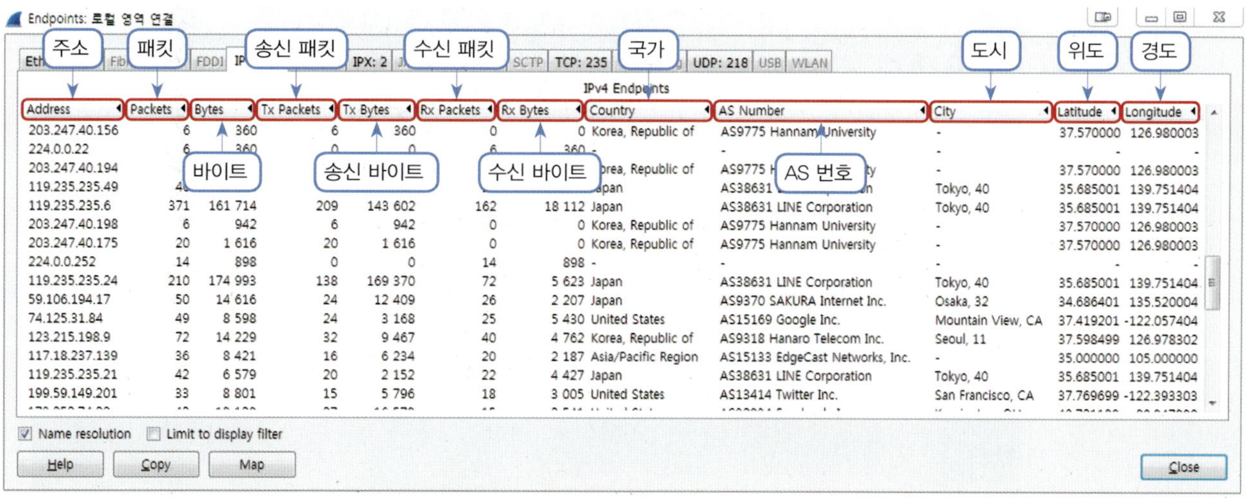

그림 15.23 IPv4 탭 모든 열 확인

또 City(도시) 등이 나타나 있지 않은 부분이 있는데, 이것은 보안상 이유 때문이다.

Endpoints 목록 화면의 IPv4 탭에는 획득한 지리 정보를 지도 상에서 확인할 수 있도록 맨 밑 좌측에 [Map] 버튼이 달려 있다. 획득한 지리 정보를 지도 상에서 확인하는 순서는 다음과 같다. 여기서 보안상 이유로 인해 이 책에서 설명하는 지도가 나타나지 않는 경우가 있다. 따라서 참고 정보로 살펴보기 바란다.

순서

❶ 앞에 설명한 순서 4에 나타난 정보를 세계 지도에서 확인해 보자. Endpoints 목록 화면의 IPv4 탭에서 [Map] 버튼을 클릭한다. 그러면 패킷에 포함된 IP 주소에서 GeoIP 데이터베이스를 참조하여 위도와 경도를 각각 추출한다. 그리고 이를 바탕으로 한 지도 화면을 PC 파일로써 작성하고 보여준다(그림 15.24 참조).

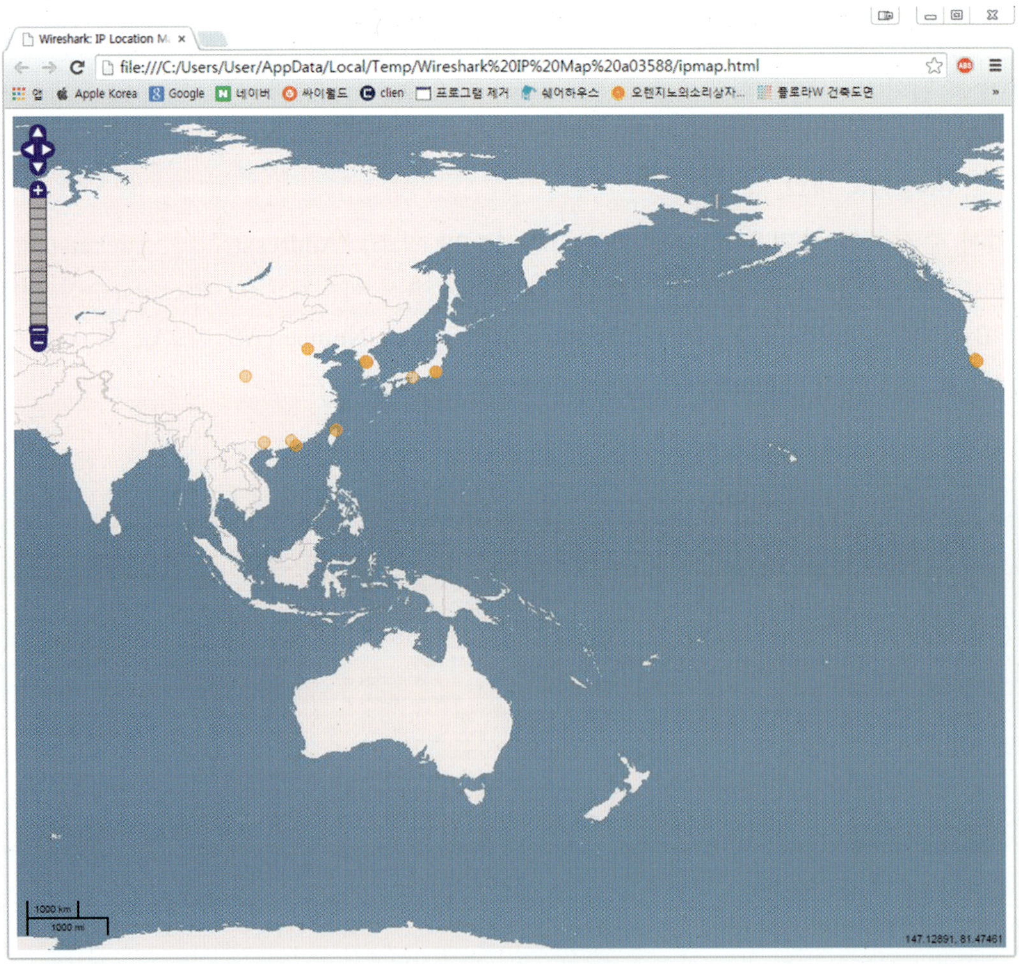

그림 15.24 지도 화면

❷ 나타난 지도를 확인한다. 지도는 디폴트 웹브라우저에 나타나는데 인터넷 익스플로러에서는 보안상 이유로 스크립트 실행이 실패하는 경우가 있다. 이럴 경우 구글 크롬이나 모질라 파이어폭스 등 다른 웹브라우저로 확인하면 된다. 이 책에서는 구글 크롬으로 확인하였다.

❸ 지도 상에서 원하는 장소를 클릭한다. 그러면 AS 번호나 인터넷 서비스 제공자명, 국가명, 도시명, 패킷 수, 바이트 수 같은 상세한 정보가 나타난다(그림 15.25 참조). 데이터베이스는 무료이지만 정확도나 정보의 신뢰성에는 어느 정도 한계가 있다. 따라서 그림 15.25와 같이 정보가 자세하게 나타나지 않는 경우도 있다. 또한 나타나 있어도 인터넷 서비스 제공자가 실제와 다른 경우도 있다.

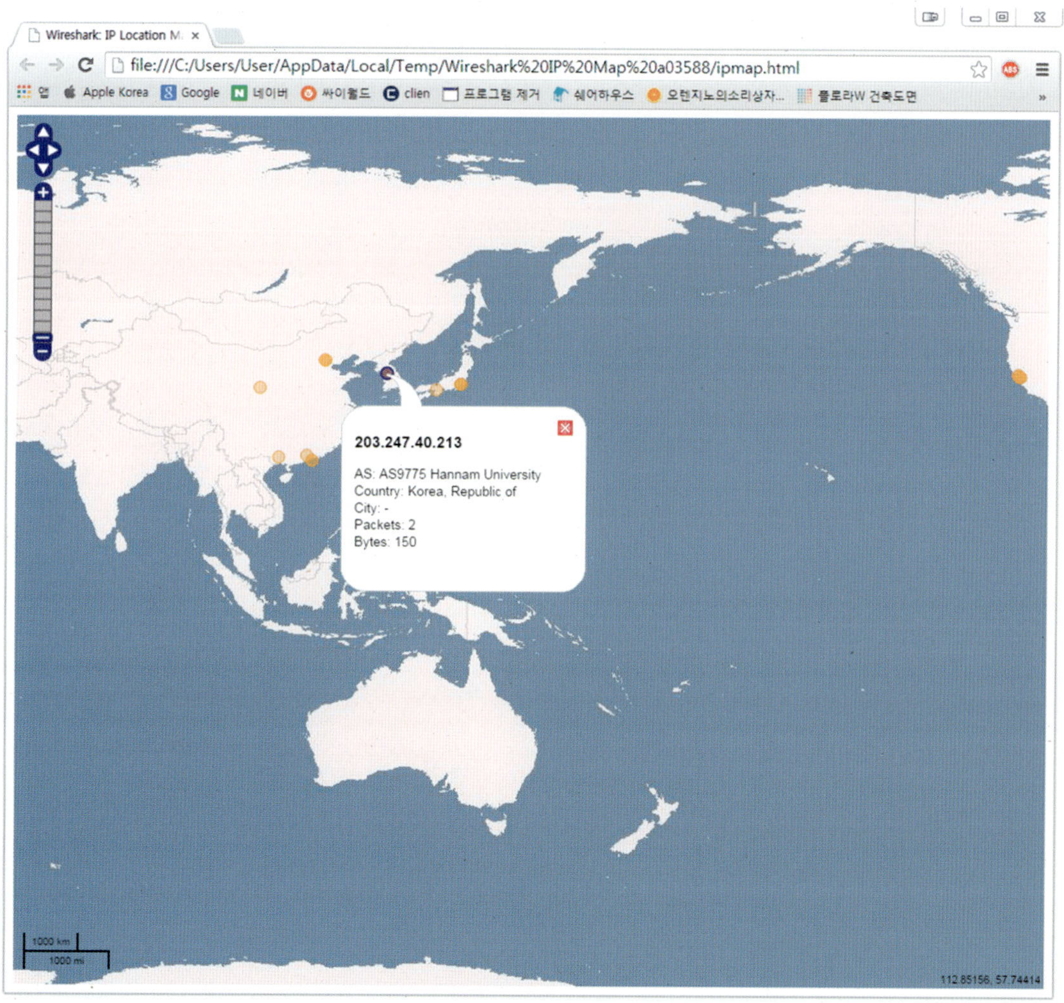

그림 15.25 지도 상세 화면

연습문제

1. GeoIP 데이터베이스 갱신 주기는 얼마인가?

2. GeoIP가 유용한 점은 무엇인가?

부록 01
커맨드라인 도구 활용

커맨드라인 도구 활용

와이어샤크는 GUI 소프트웨어이며 화면의 버튼이나 툴에 GTK(GIMP Tool Kit)란 오픈 소스를 사용하고 있다. 그래서 Windows 자신이 가지는 라벨이나 버튼 구조인 Windows Forms과는 외관이나 동작이 일부 다르다. 장시간 안정되게 패킷을 캡처하고 싶은 경우에는 tshark.exe을 포함한 다음 도구들을 활용하는 것이 좋다.

■ editcap.exe

editcap.exe 툴은 캡처 파일[캡처한 패킷이 저장된 파일(확장자 .pcap인 파일 등)]을 읽어서 별도의 캡처 파일로 출력하는 프로그램이다.

그림 1은 옵션 커맨드인「-h」를 붙여 실행하여 editcap 커맨드의 Help를 표시한 것이다. editcap 커맨드를 사용하면 캡처 파일 형식을 변환할 수 있기 때문에 와이어샤크에서 취득한 패킷을 Sniffer(Netscout Systems사의 상용 LAN 분석기)를 비롯한 상용 LAN 분석기 형식으로 변환하거나 분석기의 캡처 파일을 와이어샤크나 다른 분석기의 캡처 형식으로 변환할 수가 있다. 더욱이 캡처 파일의 시간 등도 변경할 수 있으므로 해외에서 취득한 패킷의 타임존을 맞추는데 편리하다.

```
C:\Program Files\Wireshark>editcap -h
Editcap 1.12.0 (v1.12.0-0-g4fab41a from master-1.12)
Edit and/or translate the format of capture files.
See http://www.wireshark.org for more information.

Usage: editcap [options] ... <infile> <outfile> [ <packet#>[-<packet#>] ... ]

<infile> and <outfile> must both be present.
A single packet or a range of packets can be selected.

Packet selection:
  -r                     keep the selected packets; default is to delete them.
  -A <start time>        only output packets whose timestamp is after (or equal
                         to) the given time (format as YYYY-MM-DD hh:mm:ss).
  -B <stop time>         only output packets whose timestamp is before the
                         given time (format as YYYY-MM-DD hh:mm:ss).

Duplicate packet removal:
  -d                     remove packet if duplicate (window == 5).
  -D <dup window>        remove packet if duplicate; configurable <dup window>
                         Valid <dup window> values are 0 to 1000000.
                         NOTE: A <dup window> of 0 with -v (verbose option) is
                         useful to print MD5 hashes.
  -w <dup time window>   remove packet if duplicate packet is found EQUAL TO OR
                         LESS THAN <dup time window> prior to current packet.
                         A <dup time window> is specified in relative seconds
                         (e.g. 0.000001).
```

```
          NOTE: The use of the 'Duplicate packet removal' options with
          other editcap options except -v may not always work as expected.
          Specifically the -r, -t or -S options will very likely NOT have the
          desired effect if combined with the -d, -D or -w.

Packet manipulation:
  -s <snaplen>           truncate each packet to max. <snaplen> bytes of data.
  -C [offset:]<choplen>  chop each packet by <choplen> bytes. Positive values
                         chop at the packet beginning, negative values at the
                         packet end. If an optional offset precedes the length,
                         then the bytes chopped will be offset from that value.
                         Positive offsets are from the packet beginning,
                         negative offsets are from the packet end. You can use
                         this option more than once, allowing up to 2 chopping
                         regions within a packet provided that at least 1
                         choplen is positive and at least 1 is negative.
  -L                     adjust the frame length when chopping and/or snapping
  -t <time adjustment>   adjust the timestamp of each packet;
                         <time adjustment> is in relative seconds (e.g. -0.5).
  -S <strict adjustment> adjust timestamp of packets if necessary to insure
                         strict chronological increasing order. The <strict
                         adjustment> is specified in relative seconds with
                         values of 0 or 0.000001 being the most reasonable.
                         A negative adjustment value will modify timestamps so
                         that each packet's delta time is the absolute value
                         of the adjustment specified. A value of -0 will set
                         all packets to the timestamp of the first packet.
  -E <error probability> set the probability (between 0.0 and 1.0 incl.) that
                         a particular packet byte will be randomly changed.

Output File(s):
  -c <packets per file>  split the packet output to different files based on
                         uniform packet counts with a maximum of
                         <packets per file> each.
  -i <seconds per file>  split the packet output to different files based on
                         uniform time intervals with a maximum of
                         <seconds per file> each.
  -F <capture type>      set the output file type; default is pcapng. An empty
                         "-F" option will list the file types.
  -T <encap type>        set the output file encapsulation type; default is the
                         same as the input file. An empty "-T" option will
                         list the encapsulation types.

Miscellaneous:
  -h                     display this help and exit.
  -v                     verbose output.
                         If -v is used with any of the 'Duplicate Packet
                         Removal' options (-d, -D or -w) then Packet lengths
                         and MD5 hashes are printed to standard-error.


C:\Program Files\Wireshark>
```

그림 1 editcap.exe –h 옵션

■ text2pcap.exe

text2pcap.exe 툴은 ASCII 형식 패킷의 16진수 덤프를 읽어 와이어샤크의 표준 tcpdump 형식으로 변환하는 프로그램이다.

그림 2는 「-h」를 붙여 커맨드의 Help를 표시한 것이다. text2pcap.exe를 사용함으로써 와이어샤크가 지원하지 않는 분석기나 로그 등에 들어있는 16진수 덤프 데이터를 와이어샤크로 읽어드릴 수 있게 된다. 또한 변환할 때에 부족한 헤더에 대해서는 와이어샤크가 자동적으로 가상 헤더를 작성하여 부가한다.

```
C:\Program Files\Wireshark>text2pcap.exe -h
Text2pcap 1.12.0 (v1.12.0-0-g4fab41a from master-1.12)
Generate a capture file from an ASCII hexdump of packets.
See http://www.wireshark.org for more information.

Usage: text2pcap [options] <infile> <outfile>

where  <infile> specifies input  filename (use - for standard input)
      <outfile> specifies output filename (use - for standard output)

Input:
  -o hex|oct|dec         parse offsets as (h)ex, (o)ctal or (d)ecimal;
                         default is hex.
  -t <timefmt>           treat the text before the packet as a date/time code;
                         the specified argument is a format string of the sort
                         supported by strptime.
                         Example: The time "10:15:14.5476" has the format code
                         "%H:%M:%S."
                         NOTE: The subsecond component delimiter, '.', must be
                         given, but no pattern is required; the remaining
                         number is assumed to be fractions of a second.
                         NOTE: Date/time fields from the current date/time are
                         used as the default for unspecified fields.
  -D                     the text before the packet starts with an I or an O,
                         indicating that the packet is inbound or outbound.
                         This is only stored if the output format is PCAP-NG.
  -a                     enable ASCII text dump identification.
                         The start of the ASCII text dump can be identified
                         and excluded from the packet data, even if it looks
                         like a HEX dump.
                         NOTE: Do not enable it if the input file does not
                         contain the ASCII text dump.

Output:
  -l <typenum>           link-layer type number; default is 1 (Ethernet).  See
                         http://www.tcpdump.org/linktypes.html for a list of
                         numbers.  Use this option if your dump is a complete
                         hex dump of an encapsulated packet and you wish to
                         specify the exact type of encapsulation.
                         Example: -l 7 for ARCNet packets.
```

```
Prepend dummy header:
  -e <l3pid>             prepend dummy Ethernet II header with specified L3PID
                         (in HEX).
                         Example: -e 0x806 to specify an ARP packet.
  -i <proto>             prepend dummy IP header with specified IP protocol
                         (in DECIMAL).
                         Automatically prepends Ethernet header as well.
                         Example: -i 46
  -4 <srcip>,<destip>    prepend dummy IPv4 header with specified
                         dest and source address.
                         Example: -4 10.0.0.1,10.0.0.2
  -6 <srcip>,<destip>    replace IPv6 header with specified
                         dest and source address.
                         Example: -6 fe80:0:0:0:202:b3ff:fe1e:8329,2001:0db8:85a
3:0000:0000:8a2e:0370:7334
  -u <srcp>,<destp>      prepend dummy UDP header with specified
                         source and destination ports (in DECIMAL).
                         Automatically prepends Ethernet & IP headers as well.
                         Example: -u 1000,69 to make the packets look like
                         TFTP/UDP packets.
  -T <srcp>,<destp>      prepend dummy TCP header with specified
                         source and destination ports (in DECIMAL).
                         Automatically prepends Ethernet & IP headers as well.
                         Example: -T 50,60
  -s <srcp>,<dstp>,<tag> prepend dummy SCTP header with specified
                         source/dest ports and verification tag (in DECIMAL).
                         Automatically prepends Ethernet & IP headers as well.
                         Example: -s 30,40,34
  -S <srcp>,<dstp>,<ppi> prepend dummy SCTP header with specified
                         source/dest ports and verification tag 0.
                         Automatically prepends a dummy SCTP DATA
                         chunk header with payload protocol identifier ppi.
                         Example: -S 30,40,34

Miscellaneous:
  -h                     display this help and exit.
  -d                     show detailed debug of parser states.
  -q                     generate no output at all (automatically disables -d).
  -n                     use PCAP-NG instead of PCAP as output format.

C:\Program Files\Wireshark>
```

그림 2 text2pcap.exe –h 옵션

■ mergecap.exe

mergecap.exe 툴은 복수의 캡처 파일을 읽어 들여서 하나의 캡처 파일로 만들 수 있는 프로그램이다.

그림 3은 「-h」를 붙여 커맨드의 Help를 표시한 것이다. mergecap을 사용하면 파일의 결합과 동시에 캡처 파일 형식을 변환할 수 있다. 일반적으로 장시간 걸려 취득한 캡처 파일을 결합하여 이것을 분석에 이용한다. 예를 들어 지사에서 단시간에 취득한 복수의 작은 사이즈의 캡처 파일을 결합하여 이것을 본사에서 분석하는 활용법이 있다.

```
C:\Program Files\Wireshark>mergecap.exe -h
Mergecap 1.12.0 (v1.12.0-0-g4fab41a from master-1.12)
Merge two or more capture files into one.
See http://www.wireshark.org for more information.

Usage: mergecap [options] -w <outfile>|- <infile> [<infile> ...]

Output:
  -a                concatenate rather than merge files.
                    default is to merge based on frame timestamps.
  -s <snaplen>      truncate packets to <snaplen> bytes of data.
  -w <outfile>|-    set the output filename to <outfile> or '-' for stdout.
  -F <capture type> set the output file type; default is pcapng.
                    an empty "-F" option will list the file types.
  -T <encap type>   set the output file encapsulation type;
                    default is the same as the first input file.
                    an empty "-T" option will list the encapsulation types.

Miscellaneous:
  -h                display this help and exit.
  -v                verbose output.

C:\Program Files\Wireshark>
```

그림 3 mergecap.exe –h 옵션

■ capinfos.exe

capinfos 툴은 캡처 파일에 관한 정보를 표시할 수 있는 프로그램이다. capinfos 커맨드에는 보고서를 출력하기 위한 옵션을 많이 가지고 있다.

그림 4는 「-h」를 붙여 커맨드의 Help를 표시한 것이다. capinfos를 사용하면 캡처 파일을 열지 않아도 파일의 내용을 확인할 수 있으므로 편리하다.

```
C:\Program Files\Wireshark>capinfos.exe -h
Capinfos 1.12.0 (v1.12.0-0-g4fab41a from master-1.12)
Prints various information (infos) about capture files.
See http://www.wireshark.org for more information.

Usage: capinfos [options] <infile> ...

General infos:
  -t display the capture file type
  -E display the capture file encapsulation
  -H display the SHA1, RMD160, and MD5 hashes of the file
  -k display the capture comment

Size infos:
  -c display the number of packets
  -s display the size of the file (in bytes)
  -d display the total length of all packets (in bytes)
  -l display the packet size limit (snapshot length)
```

```
Time infos:
  -u display the capture duration (in seconds)
  -a display the capture start time
  -e display the capture end time
  -o display the capture file chronological status (True/False)
  -S display start and end times as seconds

Statistic infos:
  -y display average data rate (in bytes/sec)
  -i display average data rate (in bits/sec)
  -z display average packet size (in bytes)
  -x display average packet rate (in packets/sec)

Output format:
  -L generate long report (default)
  -T generate table report
  -M display machine-readable values in long reports

Table report options:
  -R generate header record (default)
  -r do not generate header record

  -B separate infos with TAB character (default)
  -m separate infos with comma (,) character
  -b separate infos with SPACE character

  -N do not quote infos (default)
  -q quote infos with single quotes (')
  -Q quote infos with double quotes (")

Miscellaneous:
  -h display this help and exit
  -C cancel processing if file open fails (default is to continue)
  -A generate all infos (default)

Options are processed from left to right order with later options superceding
or adding to earlier options.

If no options are given the default is to display all infos in long report
output format.

C:\Program Files\Wireshark>
```

그림 4 capinfos.exe –h 옵션

■ tshark.exe

tshark 툴은 문자 표시만으로 동작하는 CUI(Character User Interface, 텍스트 기반) 기반 와이어샤크이다.

그림 5는 「-h」를 붙여 이 커맨드의 Help를 표시한 것이다. tshark는 GUI를 필요로 하지 않기 때문에 Telnet 접속에 의한 패킷 캡처가 가능하다. 예를 들면 본사에서 와이어샤크가 설치된 지점의 서버에 Telnet으로 접속하여 그 지점의 단말 패킷을 캡처할 수 있다.

```
C:\Program Files\Wireshark>tshark.exe -h
TShark 1.12.0 (v1.12.0-0-g4fab41a from master-1.12)
Dump and analyze network traffic.
See http://www.wireshark.org for more information.

Copyright 1998-2014 Gerald Combs <gerald@wireshark.org> and contributors.
This is free software; see the source for copying conditions. There is NO
warranty; not even for MERCHANTABILITY or FITNESS FOR A PARTICULAR PURPOSE.

Usage: tshark [options] ...

Capture interface:
  -i <interface>           name or idx of interface (def: first non-loopback)
  -f <capture filter>      packet filter in libpcap filter syntax
  -s <snaplen>             packet snapshot length (def: 65535)
  -p                       don't capture in promiscuous mode
  -B <buffer size>         size of kernel buffer (def: 2MB)
  -y <link type>           link layer type (def: first appropriate)
  -D                       print list of interfaces and exit
  -L                       print list of link-layer types of iface and exit

Capture stop conditions:
  -c <packet count>        stop after n packets (def: infinite)
  -a <autostop cond.> ...  duration:NUM - stop after NUM seconds
                           filesize:NUM - stop this file after NUM KB
                              files:NUM - stop after NUM files
Capture output:
  -b <ringbuffer opt.> ... duration:NUM - switch to next file after NUM secs
                           filesize:NUM - switch to next file after NUM KB
                              files:NUM - ringbuffer: replace after NUM files
RPCAP options:
  -A <user>:<password>     use RPCAP password authentication
Input file:
  -r <infile>              set the filename to read from (no stdin!)

Processing:
  -2                       perform a two-pass analysis
  -R <read filter>         packet Read filter in Wireshark display filter syntax

  -Y <display filter>      packet displaY filter in Wireshark display filter
                           syntax
  -n                       disable all name resolutions (def: all enabled)
  -N <name resolve flags>  enable specific name resolution(s): "mntC"
  -d <layer_type>==<selector>,<decode_as_protocol> ...
                           "Decode As", see the man page for details
                           Example: tcp.port==8888,http
  -H <hosts file>          read a list of entries from a hosts file, which will
                           then be written to a capture file. (Implies -W n)
Output:
  -w <outfile|->           write packets to a pcap-format file named "outfile"
                           (or to the standard output for "-")
  -C <config profile>      start with specified configuration profile
  -F <output file type>    set the output file type, default is pcapng
                           an empty "-F" option will list the file types
  -V                       add output of packet tree        (Packet Details)
  -O <protocols>           Only show packet details of these protocols, comma
                           separated
```

```
  -P                           print packet summary even when writing to a file
  -S <separator>               the line separator to print between packets
  -x                           add output of hex and ASCII dump (Packet Bytes)
  -T pdml|ps|psml|text|fields
                               format of text output (def: text)
  -e <field>                   field to print if -Tfields selected (e.g. tcp.port,
                               _ws.col.Info)
                               this option can be repeated to print multiple fields
  -E<fieldsoption>=<value> set options for output when -Tfields selected:
     header=y|n                switch headers on and off
     separator=/t|/s|<char> select tab, space, printable character as separator
     occurrence=f|l|a          print first, last or all occurrences of each field
     aggregator=,|/s|<char> select comma, space, printable character as
                               aggregator
     quote=d|s|n               select double, single, no quotes for values
  -t a|ad|d|dd|e|r|u|ud        output format of time stamps (def: r: rel. to first)
  -u s|hms                     output format of seconds (def: s: seconds)
  -l                           flush standard output after each packet
  -q                           be more quiet on stdout (e.g. when using statistics)
  -Q                           only log true errors to stderr (quieter than -q)
  -g                           enable group read access on the output file(s)
  -W n                         Save extra information in the file, if supported.
                               n = write network address resolution information
  -X <key>:<value>             eXtension options, see the man page for details
  -z <statistics>              various statistics, see the man page for details
  --capture-comment <comment>
                               add a capture comment to the newly created
                               output file (only for pcapng)

Miscellaneous:
  -h                           display this help and exit
  -v                           display version info and exit
  -o <name>:<value> ...        override preference setting
  -K <keytab>                  keytab file to use for kerberos decryption
  -G [report]                  dump one of several available reports and exit
                               default report="fields"
                               use "-G ?" for more help

C:\Program Files\Wireshark>
```

그림 5 tshark.exe –h 옵션

tshark.exe의 옵션

와이어샤크의 새로운 버전으로 tshark.exe에는 화면에 나타내는 방법이나 통계에 관한 옵션이 추가되었다. 예를 들어 「tshark -q -z io, phs -r C:₩packet.pcap」를 실행하면 다음과 같은 처리를 할 수 있다.

-r로 지정한 파일(여기서는 C 드라이브의 packet.pcap 파일)을 읽어 들여 패킷을 표시하지 않고(-q), io, phs로 지정한 입출력과 프로토콜 계층의 통계를 출력한다(-z).

```
C:\Program Files\Wireshark>tshark -q -z io,phs -r C:\packet.pcap

===================================================================
Protocol Hierarchy Statistics
Filter:

eth                                      frames:1224 bytes:89509
  arp                                    frames:995 bytes:59682
  ip                                     frames:216 bytes:28999
    tcp                                  frames:11 bytes:895
      data                               frames:4 bytes:505
    udp                                  frames:203 bytes:27892
      data                               frames:197 bytes:26898
      bootp                              frames:1 bytes:590
      dns                                frames:2 bytes:128
      nbns                               frames:3 bytes:276
    ospf                                 frames:1 bytes:78
    icmp                                 frames:1 bytes:134
  data                                   frames:6 bytes:360
  llc                                    frames:4 bytes:240
    stp                                  frames:3 bytes:180
    ndp                                  frames:1 bytes:60
  ipv6                                   frames:2 bytes:168
    udp                                  frames:2 bytes:168
      dns                                frames:2 bytes:168
  arp.duplicate-address-detected         frames:1 bytes:60
    arp                                  frames:1 bytes:60
===================================================================

C:\Program Files\Wireshark>
```

그림 6 tshark의 옵션을 이용한 packet.pcap 통계 출력

■ reordercap.exe

reordercap에서는 패킷의 타임스탬프에 따라 캡처 파일을 정렬하는 프로그램이다.

그림 7은 「-h」를 붙여 커맨드의 Help를 표시한 것이다. 「-n」 커맨드를 입력하고 infile과 outfile을 지정하면 재정렬하여 새로 저장해준다. infile을 outfile로 덮어쓰기 하지 않도록 주의하는 것이 좋다.

■ dumpcap.exe

dumpcap는 네트워크 트래픽 덤프 도구이다. 이것은 라이브 네트워크에서의 패킷 데이터를 수집하여 파일로 기록한다. dumpcap의 기본 캡처 파일 형식은 Wireshark에서 사용하는 형식인 pcapng이다. 옵션을 설정하지 않으면 사용 가능한 네트워크에서 트래픽을 캡처하는 pcap 라이브러리를 사용한다. 인터페이스는 pcapng 파일에 패킷의 타임스탬프와 함께 수신된 원시 패킷 데이터를 기록한다. 캡처 필터의 구문은 pcap 라이브러리 규칙에 따른다.

그림 8은 「-h」를 붙여 커맨드의 Help를 표시한 것이다.

```
Microsoft Windows [Version 6.1.7601]
Copyright (c) 2009 Microsoft Corporation. All rights reserved.

C:₩Users₩duribun>cd "C:₩Program Files₩Wireshark"

C:₩Program Files₩Wireshark>reordercap.exe -h
Reordercap 1.12.3
Reorder timestamps of input file frames into output file.
See http://www.wireshark.org for more information.

Usage: reordercap [options] <infile> <outfile>

Options:
  -n         don't write to output file if the input file is ordered.
  -h         display this help and exit.

C:₩Program Files₩Wireshark>
```

그림 7 reordercap.exe –h 옵션

```
C:₩Program Files₩Wireshark>dumpcap.exe -h
Dumpcap 1.12.3 (v1.12.3-0-gbb3e9a0 from master-1.12)
Capture network packets and dump them into a pcapng file.
See http://www.wireshark.org for more information.

Usage: dumpcap [options] ...

Capture interface:
  -i <interface>           name or idx of interface (def: first non-loopback),
                           or for remote capturing, use one of these formats:
                               rpcap://<host>/<interface>
                               TCP@<host>:<port>
  -f <capture filter>      packet filter in libpcap filter syntax
  -s <snaplen>             packet snapshot length (def: 65535)
  -p                       don't capture in promiscuous mode
  -B <buffer size>         size of kernel buffer in MiB (def: 2MiB)
  -y <link type>           link layer type (def: first appropriate)
  -D                       print list of interfaces and exit
  -L                       print list of link-layer types of iface and exit
  -d                       print generated BPF code for capture filter
  -k                       set channel on wifi interface <freq>,[<type>]
  -S                       print statistics for each interface once per second
  -M                       for -D, -L, and -S, produce machine-readable output

RPCAP options:
  -r                       don't ignore own RPCAP traffic in capture
  -u                       use UDP for RPCAP data transfer
  -A <user>:<password>     use RPCAP password authentication
  -m <sampling type>       use packet sampling
                           count:NUM - capture one packet of every NUM
                           timer:NUM - capture no more than 1 packet in NUM ms
Stop conditions:
  -c <packet count>        stop after n packets (def: infinite)
  -a <autostop cond.> ...  duration:NUM - stop after NUM seconds
                           filesize:NUM - stop this file after NUM KB
                              files:NUM - stop after NUM files
```

```
Output (files):
  -w <filename>            name of file to save (def: tempfile)
  -g                       enable group read access on the output file(s)
  -b <ringbuffer opt.> ... duration:NUM - switch to next file after NUM secs
                           filesize:NUM - switch to next file after NUM KB
                              files:NUM - ringbuffer: replace after NUM files
  -n                       use pcapng format instead of pcap (default)
  -P                       use libpcap format instead of pcapng
  --capture-comment <comment>
                           add a capture comment to the output file
                           (only for pcapng)

Miscellaneous:
  -N <packet_limit>        maximum number of packets buffered within dumpcap
  -C <byte_limit>          maximum number of bytes used for buffering packets
                           within dumpcap
  -t                       use a separate thread per interface
  -q                       don't report packet capture counts
  -v                       print version information and exit
  -h                       display this help and exit

Example: dumpcap -i eth0 -a duration:60 -w output.pcapng
"Capture packets from interface eth0 until 60s passed into output.pcapng"

Use Ctrl-C to stop capturing at any time.

C:\Program Files\Wireshark>
```

그림 8 dumpcap.exe –h 옵션

■ rawshark.exe

rawshark는 파일 또는 파이프에서 패킷 스트림을 읽어와 행을 출력하고, 각 패킷에 해당하는 필드 집합은 표준 출력을 따른다.

그림 9는 「-h」를 붙여 커맨드의 Help를 표시한 것이다.

```
C:\Program Files\Wireshark>rawshark.exe -h
Rawshark 1.12.3 (v1.12.3-0-gbb3e9a0 from master-1.12)
Dump and analyze network traffic.
See http://www.wireshark.org for more information.

Copyright 1998-2015 Gerald Combs <gerald@wireshark.org> and contributors.
This is free software; see the source for copying conditions. There is NO
warranty; not even for MERCHANTABILITY or FITNESS FOR A PARTICULAR PURPOSE.

Usage: rawshark [options] ...

Input file:
  -r <infile>              set the pipe or file name to read from
```

```
Processing:
  -d <encap:linktype>|<proto:protoname>
                           packet encapsulation or protocol
  -F <field>               field to display
  -n                       disable all name resolution (def: all enabled)
  -N <name resolve flags>  enable specific name resolution(s): "mntC"
  -p                       use the system's packet header format
                           (which may have 64-bit timestamps)
  -R <read filter>         packet filter in Wireshark display filter syntax
  -s                       skip PCAP header on input

Output:
  -l                       flush output after each packet
  -S                       format string for fields
                           (%D - name, %S - stringval, %N numval)
  -t ad|a|r|d|dd|e         output format of time stamps (def: r: rel. to first)

Miscellaneous:
  -h                       display this help and exit
  -o <name>:<value> ...    override preference setting
  -v                       display version info and exit

C:\Program Files\Wireshark>
```

그림 9 rawshark.exe –h 옵션

부록 02

ASCII 문자 코드표

ASCII 문자 코드표는 16진수 덤프의 1바이트(2문자)를 1문자로 변환하는 테이블이다. 제일 윗줄은 비트 패턴의 상위 자리수를 가장 좌측 열은 하위 자리수를 나타낸다. 예를 들어 패킷 바이트 정보에 「61」이라고 표시되어 있는 경우에 최초의 16진수 문자 「6」을 열 부분에, 또 다음 16진수 문자 「1」을 행 부분에 맞춘다. 그러면 ASCII 문자 코드 「a」로 치환할 수 있다(표 1 참조).

표 1 ASCII 문자 코드표

Symbol	*Hex*	*Symbol*	*Hex*	*Symbol*	*Hex*	*Symbol*	*Hex*
NULL	00	SP	20	@	40	`	60
SOH	01	!	21	A	41	a	61
STX	02	"	22	B	42	b	62
ETX	03	#	23	C	43	c	63
EOT	04	$	24	D	44	d	64
ENQ	05	%	25	E	45	e	65
ACK	06	&	26	F	46	f	66
BEL	07	'	27	G	47	g	67
BS	08	(	28	H	48	h	68
HT	09	)	29	I	49	i	69
LF	0A	*	2A	J	4A	j	6A
VT	0B	+	2B	K	4B	k	6B
FF	0C	,	2C	L	4C	l	6C
CR	0D	–	2D	M	4D	m	6D
SO	0E	.	2E	N	4E	n	6E
SI	0F	/	2F	O	4F	o	6F
DLE	10	0	30	P	50	p	70
DC1	11	1	31	Q	51	q	71
DC2	12	2	32	R	52	r	72
DC3	13	3	33	S	53	s	73
DC4	14	4	34	T	54	t	74
NAK	15	5	35	U	55	u	75
SYN	16	6	36	V	56	v	76
ETB	17	7	37	W	57	w	77
CAN	18	8	38	X	58	x	78
EM	19	9	39	Y	59	y	79
SUB	1A	:	3A	Z	5A	z	7A
ESC	1B	;	3B	[	5B	{	7B
FS	1C	<	3C	\	5C	|	7C
GS	1D	=	3D	]	5D	}	7D
RS	1E	>	3E	^	5E	~	7E
US	1F	?	3F	_	5F	DEL	7F

부록 03

Internet Explorer 캐시 삭제 방법

Internet Explorer 8

❶ 브라우저가 열리면 도구 메뉴를 클릭한다. 또는 단축키 Ctrl+Shift+Delete를 누르면 검색 기록 삭제 창이 열린다.

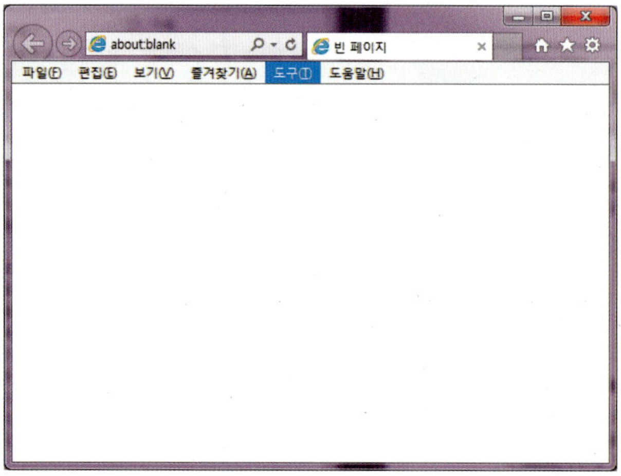

❷ 검색 기록 삭제를 클릭한다.

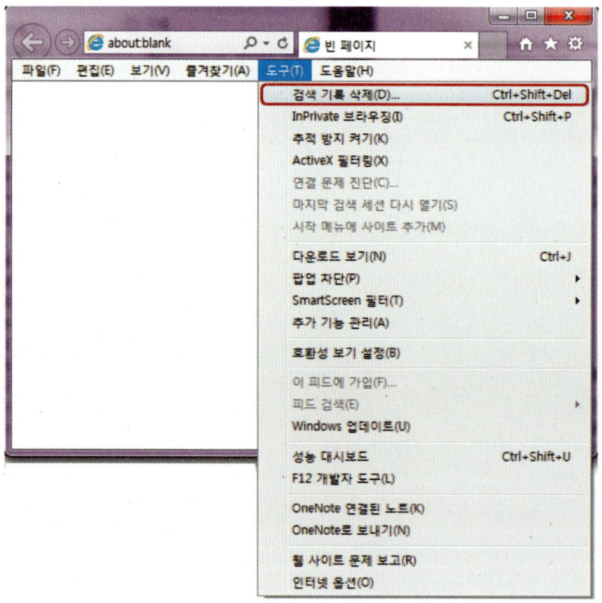

❸ 인터넷 임시 파일을 선택한다.

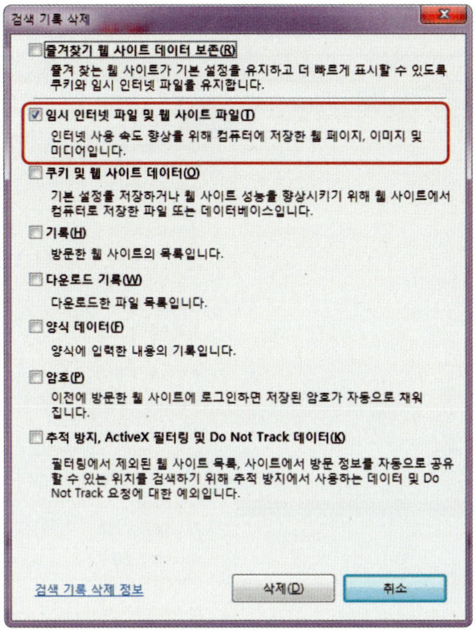

❹ 임시 인터넷 파일을 삭제하는 창의 아래쪽에 있는 삭제 버튼을 클릭한다(즉 캐시 삭제).

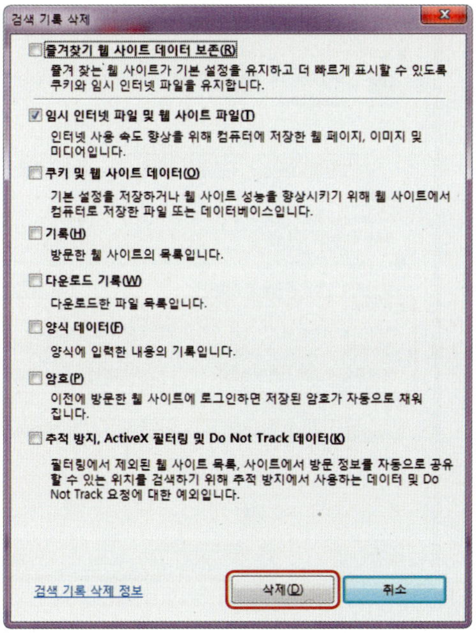

❺ 만약 당신이 브라우저를 닫을 때마다 자동으로 캐시를 지우려면 메뉴에서 [도구] → [인터넷 옵션] 선택 후 [종료할 때 검색기록 삭제]를 체크한다.

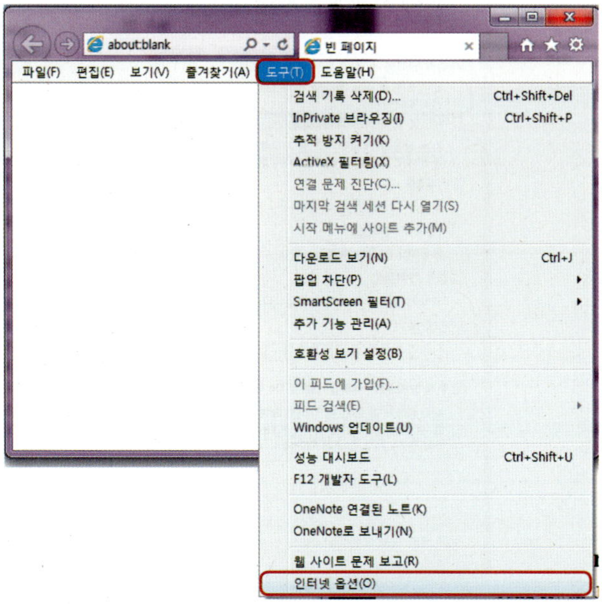

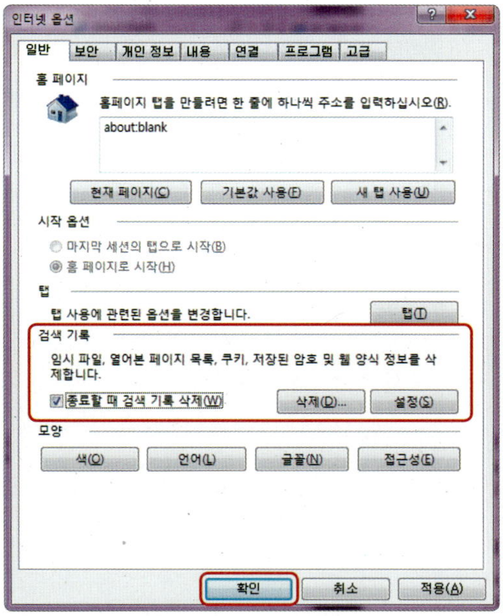

참고 IE8은 사용자가 체크하지 않아도 일부 쿠키를 유지 후 삭제하는 "방문한 웹 사이트 보존" 기능을 가지고 있다. 만약 사용자가 실제로 캐시를 지울 필요가 있다면 그것을 체크하지 않는다.

Internet Explorer 9

❶ 브라우저가 열리면 오른쪽 상단에 있는 기어 아이콘을 클릭해 설정 메뉴를 연다. 그런 다음 안전을 선택하고 "검색 기록 삭제"를 클릭한다. 또는 단축키 Ctrl+Shift+Delete을 눌러 "검색 기록 삭제"창을 연다.

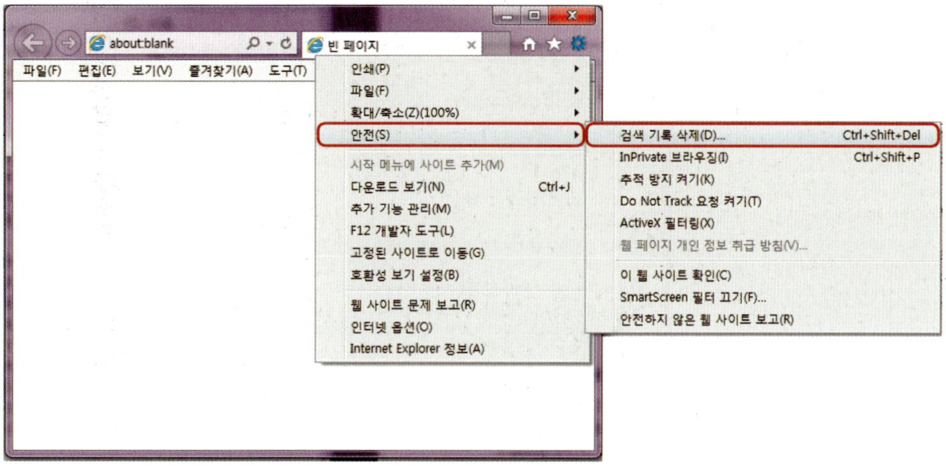

❷ 인터넷 임시파일을 선택한다. 특히 즐겨찾기 웹 사이트 보존 체크 박스를 해제할 필요가 있다. 이 옵션은 완전히 캐시를 지워야할 필요가 있을 때 즐겨 찾기 폴더의 웹 사이트 개체를 삭제한다.

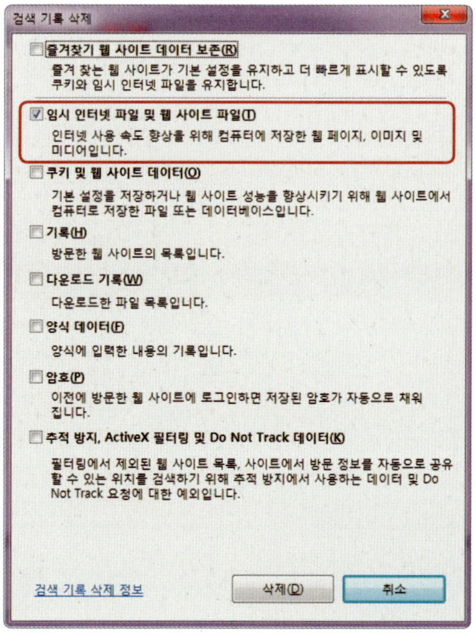

❸ 창 하단에 있는 삭제 버튼을 클릭한다(즉 임시 파일을 삭제하여 캐시를 삭제).

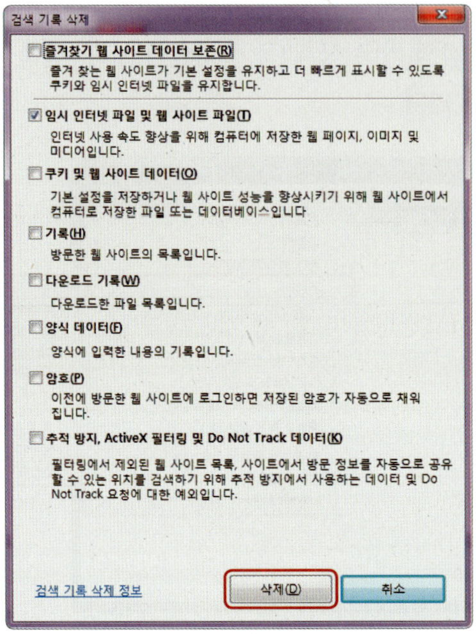

❹ 컴퓨터가 잠시 동안 작동한 후 프로세스가 완료될 것이다. 이제 성공적으로 인터넷 익스플로러9의 캐시를 삭제했다.

1. 민병호, "티샤크를 활용한 네트워크 트래픽 분석", 에이콘출판사, 2013
2. 김경곤, 장은경, "와이어샤크를 활용한 실전 패킷 분석", 에이콘출판사, 2007
3. Bejtlich, Richard, "The Practice of Network Security Monitoring: Understanding Incident Detection and Response", Oreilly & Associates Inc, 2013
4. 김혁준, "네트워크 보안 모니터링", 비제이퍼블릭, 2015
5. 이재광, 김봉한, 조한진, 이원구, "와이어샤크를 활용한 실전 패킷 분석 2판", 에이콘출판사, 2012
6. Laura Chappell, "Wireshark Certified Network Analyst", Chappell University, 2010
7. Laura Chappell, "Gerald Combs, Wireshark Network Analysis", 2nd, Chappell University, 2014
8. 이재광, 전태일, "와이어샤크 네트워크 완전 분석", 개정판, 에이콘출판사, 2014
9. Sanders, Chris, "Practical Packet Analysis", 2nd, No Starch Press, 2011
10. Orzach, Yoram, "Network Analysis Using Wireshark Cookbook", Packt Publishing, 2013
11. 竹下惠, "パケットキャプチャ入門", 改訂版, リックテレコム, 2011
12. 인터넷진흥원 https://www.kisa.or.kr/
13. 국가기술표준원 http://www.kats.go.kr
14. 한국정보통신기술협회 http://www.tta.or.kr
15. (사)개방형컴퓨터연구회 http://www.osia.or.kr
16. 이재광, 전태일. 와이어샤크 개론, 에이콘출판사, 2013
17. 이재광, 홍충선, 박동규, 김중규, "데이터통신과 네트워킹", 맥그로우힐코리아, 2013
18. 이재광, "데이터통신", 맥그로우힐코리아, 2014
19. 김병철, 박찬영, 심영철, 이재광, 이재훈, " TCP/IP 프로토콜. 4판, 2012
20. 이재광, 추현승, 허의남, 홍충선, " 컴퓨터 네트워크", 맥그로우힐코리아, 2012

■ ㄱ ■

가산 증가 • 363
개발판 • 57
개방(open) 표준 • 12
개방 시스템(Open System) • 24
개방 시스템 상호연결 • 24
개방형 모바일 연합 • 16
개체 • 11
검사합 • 264, 279, 368
경로 기록 • 274
계층적 • 396
계층적 이름 공간 • 397
관리 • 34
관리자 권한 • 128
광대역 포럼 • 15
광역 통신망 • 232
교착상태 • 362
구문 • 11
국가기술표준원 • 16
국가 도메인 • 402
국가별 • 463
국가 서비스 제공자 • 5
국제 서비스 제공자 • 5
국제 표준화 기구 • 12
귀환적 해석 • 407
근거리 통신망 • 232
기록단계(Historic) • 18
기술 규격서(technical specification) • 11
긴급 데이터 • 382
긴급 포인터 • 368
길이 • 332
길이 필드 • 273

■ ㄴ ■

네트워크 가상 터미널 • 33
네트워크 계층(network layer) • 29
네트워크 인터페이스 카드 • 38
네트워크 인터페이스 카드(NIC • 57
논리 링크 제어 • 233
논리 연산자 • 159
논리주소 • 39, 244
느린 시작 • 363
느슨한 발신지 경로 • 277
능동 개방 • 372
능동 종료(active close) • 374

■ ㄷ ■

다음 헤더 • 265
다중화(multiplexing) • 380
단축 키 • 120
단층적 • 396
단층적 이름 공간 • 396
단편화 • 268
단편화 옵셋 • 263, 270

덤프 분석(Dump Analysis) • 204, 223
데이터 • 234
데이터그램(datagram) • 260
데이터링크 계층(data link layer) • 29
데이터 필드 • 273
도구 메뉴 • 114
도메인 • 399
도메인 이름 • 397
도메인 이름 공간 • 397
도시별 • 463
도움말 메뉴 • 115
동적 도메인 이름 시스템 • 414
동적 변환 • 244
동적 포트 • 330
디렉토리 서비스 • 34
디스플레이 필터 • 60, 154
디스플레이 필터 서식 • 156

■ ㄹ ■

라우터 간청 • 307
라우터 광고 • 307
라우팅 정보 프로토콜 • 336
레이블 • 397
로컬 서비스 제공자 • 5
로컬 주소 • 244
루트 서버 • 401
리셋(connection reset) • 375
링크 계층 주소 • 38

■ ㅁ ■

매개변수 문제 • 301
매체 접근 제어 • 209, 233
멀티캐스트 • 38
멀티캐스트 주소 • 47
메뉴 바 • 81, 93
메소드 • 433
메일링리스트 • 62
목적지 도달 불가 • 298
목적지 주소 • 234, 264, 266
목적지 포트 번호 • 331
목적지 포트 주소 • 367
무-동작 • 369
무선 LAN • 143
무선 스니퍼 • 52
무연산 • 273
무차별 모드(Promiscuous Mode) • 57
문서 링크 • 62
물리 계층(physical layer) • 27
물리 주소 • 38

■ ㅂ ■

바이트 번호 • 348
반복적 해석 • 407
발신지-대-목적지 전달 • 30
발신지 억제 • 299
발신지 주소 • 234, 264, 266
발신지 포트 번호 • 331
발신지 포트 주소 • 366
백본(Backbone) ISP • 6
버전 • 265
버전(VER) • 261
버퍼링 • 380

번호 • 273
법률 표준 • 12
보장형 서비스 • 286
복사 • 272
부정 확인응답 • 356
분석 메뉴 • 107
브로드캐스트 • 38
비교 연산자 • 157
비연결형 서비스 • 332
비특허(non-proprietary) 표준 • 12

■ ㅅ ■

사실 표준 • 12
사용자 데이터그램 • 331
사용자 데이터그램 프로토콜 • 37
상태 라인 • 434
상태 바 • 82
상태 천이 다이어그램 • 375
샘플 캡처 • 61
생략형 • 46
서버 다이어그램 • 378
서비스 유형(TOS) • 261
세그먼트(Segment) • 209, 347, 366
세션 계층 • 31
소프트웨어 분석기 • 53
손실 세그먼트 • 357
송신 버퍼 • 346
송신 윈도우 • 351
수동 개방 • 372
수동 종료(passive close) • 374
수명 • 263, 307
수신 버퍼 • 346
수신 윈도우 • 351
수신 타임스탬프 • 305
순서 번호 • 348, 367
스니핑(sniffing) • 52
스타트업 화면 • 130
스트림 배달 서비스 • 345
스트림 제어 전송 프로토콜 • 37
슬라이딩 윈도우 프로토콜 • 350
시간 경과 • 301
시간–대기 타이머 • 362
시작 화면 • 78
식별(identification) • 263
식별자 • 269
신뢰성 서비스 • 348
실시간 프로토콜 • 267
실행 단축 • 122
실험 단계(Experimental) • 18

■ ㅇ ■

안정판 • 57
알려진 포트 번호 • 328
애니캐스트 주소 • 47
어리석은 윈도우 신드롬 • 353
엄격한 발신지 경로 • 275
에코 요청 • 304
에코 응답 • 304
역다중화(demultiplexing) • 380
역 주소 변환 프로토콜 • 244
역캡슐화 • 333, 380
연결 설정 • 333

연결 종료 • 333, 373
연결형 서비스 • 347
영속 타이머 • 361
영역 • 400
영역 파일 • 400
예약 • 367
오류 보고 • 295, 296
옵션 • 368
옵션-끝 • 369
옵션 종료 • 273
와이어샤크(Wireshark) • 52
와이어샤크 추적 파일 • 61
완성 단계(maturity levels) • 17
왕복(round-trip) • 360
요청 라인 • 432
요청 메시지 • 431
요청 헤더 • 438
우선순위 • 261
원래 타임스탬프 • 305
월드 와이드 웹(WWW: World Wide Web) • 6
월드 와이드 웹 컨소시엄 • 15
윈도우 크기 • 368
윈도우 확장 인자 • 370
유니캐스트 • 38
유니캐스트 주소 • 47
유한 상태 기기 • 375
응답 메시지 • 434
응답 헤더 • 438
응용 계층 • 33, 37
응용 지정 주소 • 48
의미 • 11
이더넷 스니퍼 • 52
이더넷 유형 • 234
이동(Go) • 172
이동 메뉴 • 105
이름 공간 • 396
이름–주소 해석 • 406
이차 서버 • 402
인버스(inverse) 도메인 • 402
인터넷 공학 전문팀(Internet Engineering Task Force) • 15
인터넷 그룹 메시지 프로토콜 • 36
인터넷 제어 메시지 프로토콜 • 36, 294
인터넷 초안(Internet Draft) • 17
인터넷 표준(Internet Standard) • 17
인터넷 프로토콜 • 36, 260
인터넷 협회(Internet Society) • 15
인터페이스 • 131
일괄처리 • 80
일반 도메인 • 402
일반 헤더 • 438
일차 서버 • 402
임계치(threshold) • 364
임시 포트(ephemeral port number) • 48
임시 포트 번호 • 328

■ ㅈ ■

자원 레코드 • 412
자원 예약 프로토콜 • 267
잘-알려진 포트(well-known port) • 48
재전송 타이머 • 360
재지정 • 302

전달 타임스탬프 • 305
전송 계층(transport layer) • 30
전송 제어 프로토콜 • 37
전이중 • 371
전이중 서비스 • 347
전자우편 서비스 • 34
전화 메뉴 • 112
접근 • 34
정보 제공(Informational) • 18
제럴드 콤즈(Gerald Combs) • 54
제안 표준(Proposed Standard) • 17
제어 • 367
조회 • 295, 303
주소 마스크 요청 • 306
주소 마스크 응답 • 306
주소변환 프로토콜 • 36, 244
중복 세그먼트 • 357
지수 감소 • 363
지역별 • 463
지역 서비스 제공자 • 5
질문 레코드 • 412
질의 • 404

■ ㅊ ■

차별화된 서비스 • 261
초고속정보통신망 • 7
초기 순서 번호 • 367, 373
최대 세그먼트 크기 • 369
최대 전달 단위 • 268
추가 타스크 선택 화면 • 72
침입탐지시스템 • 56

■ ㅋ ■

캐싱 • 408
캐시(cache) • 142
캡슐화(encapsulation) • 27, 333, 380
캡처 메뉴 • 106
캡처 파일 결합 • 193
캡처 파일을 여는 법 • 190
캡처 파일 인쇄 • 198
캡처 파일 일괄 처리 • 194
캡처 파일 저장 • 192
캡처 파일 출력 • 195
캡처 파일 형식 • 191
캡처 필터 • 150
캡처한다 • 52
커맨드라인 도구 • 80
컴포넌트 선택 • 71
코드포인트 • 261
큐(queue) • 334
클라이언트 다이어그램 • 376
클래스 • 272
클래스 A • 41
클래스 B • 41
클래스 C • 41
킵얼라이브 타이머 • 362

■ ㅌ ■

타이밍 • 11
타임스탬프 • 277, 371
타임스탬프 요청 • 305
타임스탬프 응답 • 305
토큰 패싱 • 232

툴 바 • 81, 116
트래픽 클래스 • 265
특허(proprietary) 표준 • 12

■ ㅍ ■

파일 다운로드 • 69
파일 메뉴 • 93
파일 전송 • 34
파일 처리 • 190
패딩(Padding) • 213, 235
패킷(Packet) • 52, 209
패킷 검색 • 169
패킷 마크 • 174
패킷 목록 정보 • 82, 85
패킷 바이트 정보 • 82, 89
패킷 분석기 • 52
패킷 상세 정보 • 82, 87
패킷 스니퍼 • 52
패킷 이름 변환 • 184
패킷 캡처 • 53, 129
패킷 캡처 드라이버 • 57
패킷 해석(Decode) • 204
페이로드 길이 • 265
편집 메뉴 • 97
평문(plaintext) • 430
폐쇄(closed) 표준 • 12
포럼 • 15
포인터 • 404
포트 번호 • 343
포트 주소 • 48, 343
표시(View) 메뉴 • 99
표준 • 10
표현 계층 • 32
푸싱(pushing) 데이터 • 381
프레임(Frame) • 209
프레임 확인 순서 • 235
프로세스-대-프로세스 전달 • 30
프로세스-대-프로세스 통신 • 327
프로토콜 • 10, 264
프리엠블 • 234
플래그 • 263, 270
플러그인 • 60
피기백 • 367
필터 구문 • 150
필터 내용 • 150
필터 툴 바 • 82, 118

■ ㅎ ■

하드웨어 분석기 • 53
하이퍼텍스트 전송 프로토콜 • 430
한국산업표준원 • 16
한국인터넷정보센터 • 21
한국인터넷진흥원 • 8
한국정보통신기술협회 • 16
항목 헤더 • 439
해석기(resolver) • 60, 406
헤더 • 409, 437
헤더 길이 • 367
헤더 길이(HLEN) • 261
헤더 확인 • 209
호스트-대-호스트 통신 • 327
혼잡 • 363

혼잡 윈도우 • 363
혼잡 회피 • 363
홈페이지(http://www.wireshark.org) • 68
홉 제한 • 266
확인응답 번호 • 349, 367
확인응답 지연 • 355
환경설정 • 82
훼손 세그먼트 • 356
흐름 레이블 • 265, 266
흐름 제어 • 349

■ A ■

ACK(ACKnowledgement) • 386
Acknowledgement number • 218
AirPcap • 58
ANS(Advanced Network and Service) • 4, 13
ARPANET • 2
ARP 요청 • 245
ARP 응답 • 245
AS별 • 463
ATM LAN • 232
ATM 망 • 8

■ B ■

BE: Big Endian • 315

■ C ■

capinfos.exe • 80
Capture • 78, 83
Capture Help • 78
Capture Options • 139, 142
capture.pcapng • 146
Case sensitive • 170
Character set • 170
checksum • 219
CIDR 표기 • 47
Clark 해결 방법 • 355
Coloring Rules • 84
CSMA/CD • 232
CSNET • 4
CWR(Congestion Window Reduced • 386

■ D ■

Daytime 서버 • 327
Daytime 클라이언트 • 327
DCA(Defense Communication Agency) • 3
Destination • 215
Destination port • 217
Differentiated Services Field • 214, 284
Direction • 171
Display Options • 140
DNS • 396
Download • 68
DS(Differentiated Services) • 284

■ E ■

Echo(ping)reply • 314
Echo(ping)request • 314
ECN(Explicit Congestion Notification • 386
editcap.exe • 80
EIA • 14

Ethereal • 54
Ethernet II • 232

■ F ■

FAQ • 61
FCS(Frame Check Sequence) • 213
FDDI • 232
File Extensions • 73
Files • 79
Filter Expression • 83, 160
Find • 171
Flags • 215, 218
Flow Graph • 225
Flow Graph 디스플레이 • 188
Follow TCP Stream • 181
FQDN(Fully Qualified Domain Name) • 398
Fragment offset • 215

■ G ■

GeoIPASNum.dat.gz • 455
GeoIP Database Directory • 460
GeoIP Database pathname • 459
GeoIP.dat.gz • 455
GeoIP 데이터베이스 • 450
GeoLite City • 454
GeoLiteCity.dat.gz • 454, 455
getmac • 240
GIMP(GNU Image Manipulation Program) • 60
Go to Packet • 172
GPL(General Public License) • 54
GUI(Graphical User Interface) • 160

■ H ■

Hardware type • 253
Header checksum • 215
Header length • 214, 218
Hide capture info dialog • 140
hostid • 42
HSRP(Hot Standby Routing Protocol) • 61
HTTP 응답 메시지 • 442
HTTP 트랜잭션 • 430
HTTP 헤더 • 220
Hypertext Transfer Protocol • 220

■ I ■

IAB(Internet Architecture Board) • 19
IANA(Internet Assigned Numbers Authority) • 7, 20
IANA 범위 • 329
ICANN(Internet Corporation for Assigned Names and Numbers) • 20
ICMP • 294
Identification • 215
IEEE • 14
IEEE 802 • 232
IEEE 802.3 WG • 233
IETF(Internet Engineering Task Force) • 19
IMP(Interface Message Processor) • 2
Internals 메뉴 • 114
IntServ • 286
ipconfig • 240

IP(Internetworking Protocol) • 3
IPv6 • 44, 45, 267
IPv6 주소 • 45
IP 헤더 • 214
IRSG(Internet Research Steering Group) • 20
IRTF(Internet Research Task Force) • 19
ISOC(Internet Society) • 19
ISP(Internet Service Provider) • 5
ITU-T • 13

■ K ■

Karn 알고리즘 • 361

■ L ■

LAN 분석기 • 52
LAN 카드 • 143
libpacp • 64
LibPcap • 58
Little Endian • 315

■ M ■

MAC 주소 • 38, 235, 244
Maximum segment size • 387
MaxMind사 • 450
mergecap.exe • 80
Microsoft NDIS 어댑터 • 143
MILNET(Military Network) • 4
MPLS(Multi Protocol Label Switching) • 61

■ N ■

Nagle 알고리즘 • 354
Name Resolution • 83
netid • 42
Network Interface Card) • 57
Next Sequence number • 218
NIC(Network Information Center) • 20
NIST • 14
No Operation • 387
NSFNET • 4
N 파일 셋 화면 • 195

■ O ■

Online • 79
OSIA • 17
Output to file • 147

■ P ■

Packet details • 170
PHB(Per Hop Behavior) • 284
ping 명령 • 304
port unreachable • 335
PPP • 286
PPPoE • 286
PQDN(Partially Qualified Domain Name) • 399
Preferences • 82
Printing • 83
Protocol • 83, 215
PSH(PuSH) • 386

■ Q ■

Q&A 포럼 • 62

QoS(Quality of Service) • 284

■ R ■

reorder.exe • 80
Request URI • 222
RFC(Request For Comment) • 17
RIR(Regional Internet Registry) • 20
RST(ReSeT) • 386
RSVP • 286
RTP(Real-time Transport Protocol) • 338
RWIN(Receive WINdow) • 386

■ S ■

SCTP(Stream Control Transmission Protocol) • 338
SDN(System Development Network) • 7
Search In • 170
Sender IP address • 254
Sender MAC address • 252, 254
SEQ/ACK analysis • 219
Sequence number • 218
SFD(Start of Frame Delimeter) • 213
SMTP • 430
Source • 215
Source port • 217
Statistics • 83
Stream index:2 • 217
String Options • 170
SYN(SYNchronize) • 386

■ T ■

Target MAC address • 252
Task Group • 233
tcpdump • 64
TCP(Transmission Control Protocol) • 3
TCP/IP • 3
TCP SACK permitted Option • 387
TCP Stream 디스플레이 • 181
TCP 동작 • 380
TCP 타이머 • 359
TCP 헤더 • 217
text2pcap.exe • 80
Tim Berners-Lee • 6
Time to live • 215
Time 열 디스플레이 • 177
Total Length • 215
traceroute • 316
tracert • 316
tshark.exe • 80

■ U ■

UDP • 326
URG(URGent) • 386
URI(Uniform Resource identifier) • 222
User Interface • 82
User's Guide • 79

■ V ■

Version • 214

■ W ■

Wiki • 61
Windows size • 219
WinPcap • 58
WinPcap 홈페이지 • 64

■ 기타 ■

3-단계 핸드셰이크 • 372
4-단계 핸드셰이크 • 374